COMPLIANCE E INTEGRIDADE

NO SETOR PÚBLICO E PRIVADO

GUIA DE IMPLEMENTAÇÃO DE PROGRAMAS

GIOVANNI PACELLI

FRANCISCO NETTO

COMPLIANCE E INTEGRIDADE NO SETOR PÚBLICO E PRIVADO

GUIA DE IMPLEMENTAÇÃO DE PROGRAMAS

2ª edição revista, atualizada e ampliada

2025

EDITORA *Jus*PODIVM
www.editorajuspodivm.com.br

EDITORA *Jus*PODIVM
www.editorajuspodivm.com.br

Rua Canuto Saraiva, 131 – Mooca – CEP: 03113-010 – São Paulo – São Paulo
Tel: (11) 3582.5757
• Contato: https://www.editorajuspodivm.com.br/central-de-relacionamento

Diagramação: Ana Paula Lopes Corrêa *(aninha_lopescorrea@hotmail.com)*

Capa: Ana Caquetti

P115c Pacelli, Giovanni.
Compliance e Integridade no Setor Público e Privado - Guia de Implementação de Programas / Giovanni Pacelli e Francisco Netto – 2.ed., rev., atual. e ampl. - São Paulo: Editora JusPodivm, 2025.

624 p.

Inclui Bibliografia
ISBN: 978-85-442-5871-2

1. Direito Empresarial. 2. Administração Pública. 3. Administração de Empresas.4. Integridade. I. Costa, Giovanni Pacelli Carvalho Lustosa da. II. Netto, Francisco. III. Título.

CDD 342.2

BIBLIOTECÁRIA RESPONSÁVEL

Ana Carolina Ribeiro Mois – CRB7 – RJ 007348/0

2.ª ed., *2.ª tir.:* jun./2025; *3.ª tir.:* ago./2025; *4.ª tir.:* out./2025.

À minha esposa amada e admirada, Danielle.
Aos meus pais presentes, Eugênio e Rosa.
Aos meus filhos queridos João Pedro, Davi Lucca e Maria Luiza.
Aos meus patriarcas, Dario e Odete, Costa e Dolores.

Prof. Dr. Giovanni Pacelli, autor

Dedico primeiramente a Deus, minha fonte de amor e perseverança.

À minha esposa Nicolli por sempre estar
ao meu lado e por conceder apoio precioso.

Ao meu filho Antônio Carlos e a à minha presente mãe Ana lúcia.

Dedico in memoriam *ao meu pai Francisco Carlos.*

Prof. Me. Francisco Netto, autor

AGRADECIMENTO ESPECIAL

Queremos agradecer a Deus por mais essa porta aberta em nossas vidas.

Queremos agradecer à Editora Juspodivm nas pessoas de Vauledir Ribeiro Santos e Ricardo Gouveia Didier pelo apoio nesse projeto que demonstra o apreço da Editora em difundir o conhecimento de compliance e integridade visando uma sociedade mais íntegra e justa.

Queremos agradecer a todas as *experts* e a todos os *experts* que participaram dos PODCASTs por ordem dos capítulos:

José Eduardo Elias Romão

Vládia de Sousa Ferreira

Patrícia Santoz

Guilherme France

Wagner de Campos Rosário

Georg Wink

Patrícia Alvares de Azevedo Oliveira

Débora Severino

Roberta Muniz Codignoto

Marcos Gerhardt Lindenmayer

Thiago José Tavares Ávila

Paula Chies Schommer

Edson Leonardo Dalescio Sá Teles

Ailton Alves da Silva

Gilberto Waller Junior

Sergio Filgueiras de Paula

Valdir Agapito Teixeira

Antônio Leonel

Rogéria Francisca Silva

Kleberson Souza

Marcelo Gaspar Thiers

Rodrigo Fontenelle
Edmar Camata
Renata Kelly Rezende
Mariana Andrade Covre
Susana Amaral
Larissa Ananda
Louise Gomes
Daiesse Jaala
Eduardo Alencar Nepomuceno
Valmir Dias
Iuri Camilo
Nicole Verillo
Maria Dominguez
Paulo Henrique Rocha
José Matias-Pereira
Luana Cardoso
Cláudia Fusco

Prof. Dr. Giovanni Pacelli, autor
Prof. Me. Francisco Netto, autor

PREFÁCIO DO PROF. DR. JOSÉ MATIAS-PEREIRA

As transformações em curso no mundo, com a chegada da Quarta Revolução Tecnológica, que permite a convergência de inovações tecnológicas em nível físico, biológico e digital, estão modificando a forma das pessoas de viver, trabalhar e de se relacionar. Ela – a Quarta Revolução Tecnológica – tem como principais impulsores a internet das coisas, a computação em nuvem e a utilização acelerada da inteligência artificial e da robótica. Essas mudanças estão impactando tanto no setor privado como no setor público, fomentando o surgimento de novos conceitos e princípios no campo da administração, que por sua vez estão repercutindo na agenda governamental, afetando as estruturas das organizações e as políticas públicas, e, por decorrência, estimulando a produção de estudos acadêmicos. Assim, a integridade surge como um novo conceito de gestão, visto que está presente em toda a sociedade. Trata-se de um conceito dinâmico e em transformação.

A leitura do livro '***Compliance* e Integridade no Setor Público e Privado - Guia de Implementação de Programas de Integridade**', de autoria de Giovanni Pacelli & Francisco Netto, publicado pela Editora Juspodivm, explicita, de forma didática, a relevância do tema "integridade" na atualidade. A obra se propõe a ser um guia de orientação para a implementação de medidas de integridade em instituições.

É sabido que a preocupação com a integridade não é algo novo. O esforço das organizações no sentido de prevenir, detectar e remediar atos de corrupção de forma sistemática já vem ocorrendo há bastante tempo. O diferencial na atualidade, no contexto dessas mudanças, é que a integridade vem contribuindo para elevar o nível de confiança nas relações entre as pessoas e entre organizações.

Pode-se afirmar que as expectativas e exigências das sociedades em relação às organizações, no mundo atual, sejam elas públicas ou privadas, estão se tornando cada vez mais rigorosas. No setor privado, as empresas que adotam práticas éticas e de *compliance* robustas têm uma vantagem competitiva, atraindo investidores, clientes e funcionários comprometidos. Integridade na gestão pública, por sua vez, não se restringe apenas ao combate à corrupção, na medida em que incorpora também as dimensões de transparência, dados abertos, prevenção a conflito de interesses, entre outros.

É importante destacar que, neste livro, Giovanni Pacelli & Francisco Netto reúnem e compartilham suas visões e experiências sobre compliance e integridade nos setores público e privado. Eles exploram tópicos que vão desde a legislação e regulamentação que orientam as práticas de conformidade até estudos de casos que ilustram os desafios e as soluções em organizações do mundo real. Para facilitar a compreensão dos assuntos tratados neste livro, os autores dedicam especial atenção aos conceitos relacionados ao tema "integridade" no setor privado e no setor público.

Assim, deixam evidenciado que o debate que trata da integridade já ultrapassou o entendimento de ser uma apenas agenda anticorrupção, passando a agregar agendas que buscam fortalecer a confiança entre organizações e entre pessoas. Sustentam os autores que a integridade resgatou algo genuíno, que é o fortalecimento das relações de confiança entre as pessoas e entre organizações.

Nesse sentido, buscam debater e analisar as transformações da agenda da integridade em curso no Brasil, notadamente no setor público e no setor privado. Para alcançar o objetivo do livro, os autores formulam cinco perguntas instigantes: Qual o conceito de integridade e compliance? Quais as funções da integridade? Integridade é algo realmente novo? Quais os eixos de um sistema de integridade segundo a OCDE? O que a Dinamarca pode nos ensinar sobre integridade?

A estrutura do livro "Compliance e Integridade no Setor Público e Privado - Guia de Implementação de Programas de Integridade", que apresenta práticas de gestão baseadas em acertos e erros observados, contém cinco unidades, assim distribuídas:

Na Unidade Didática I são apresentadas questões conceituais e reflexões sobre integridade, programas de integridade e compliance público e privado, eixos da OCDE e confiança; na Unidade II são discriminadas todas as instâncias das funções de integridade com o devido aprofundamento nas atividades típicas e dilemas de cada função; a Unidade III contempla as informações e boas práticas de gestão necessárias para elaboração, implementação e monitoramento dos programas de integridade no setor público; a Unidade IV traz a metodologia de implementação de programas de integridade na perspectiva privada, especialmente para empresas que se relacionam ou buscam se relacionar com o setor público. Registre-se que, nessa unidade, são feitas comparações com os programas de integridade do setor público e feitas reflexões sobre os programas de integridade para pequenas empresas e microentidades que se relacionam com o setor público; e, por fim, a Unidade V apresenta tópicos especiais transversais aos programas de integridade com breves sobrevoos em relação ao ambiente externo, economia comportamental, mitos e perspectivas para as políticas públicas. Merece ser destacado que os autores disponibilizam para os leitores as entrevistas realizadas com especialistas nos temas dos capítulos do livro (PODCAST com *Expert*).

O objetivo dos autores é fornecer um guia abrangente e prático para aqueles que buscam entender e implementar programas de compliance e integridade eficazes, independentemente de estarem no setor público ou privado. O livro cumpre esse papel de ser uma fonte de inspiração e orientação para aqueles que acreditam que a integridade e a conformidade são fundamentais para o sucesso a longo prazo das organizações e para a construção de uma sociedade mais justa e ética.

Diante dessa evolução, fica cada vez mais evidente que o Estado necessita orientar-se por uma postura inovadora, com visão estratégica, na busca de resultados efetivos, na questão da integridade. O tema integridade no setor privado e no setor público tem como referência as melhores práticas que vêm sendo implementadas pelos países mais desenvolvidos. Na medida que os leitores navegarem pelas complexidades do compliance e da integridade, irão encontrar *insights* valiosos e soluções práticas que irão ajudá-los a enfrentar os desafios e aprimorar suas próprias práticas.

Assim, este livro surge como uma relevante contribuição para o diálogo contínuo sobre como se pode construir um mundo mais íntegro e transparente, onde as organizações públicas e privadas desempenhem um papel fundamental na promoção da ética e da conformidade. Nesse sentido, constata-se que a publicação deste livro surge como uma referência para os interessados envolvidos com a integridade para compreender os desafios complexos e as oportunidades relacionados a esse tema crucial.

Pode-se afirmar, por fim, que Giovanni Pacelli & Francisco Netto propiciam aos leitores um consistente guia de orientação para a implementação de medidas de integridade em instituições no setor privado e público, a partir de uma visão mais acurada, do ponto de vista teórico, conceitual, institucional e prático.

Prof. Dr. José Matias-Pereira

PREFÁCIO DA ESPECIALISTA SÊNIOR DO BANCO MUNDIAL SUSANA AMARAL

Em um mundo onde a confiança é a moeda do sucesso, os pilares de conformidade e integridade são os guardiões da conduta ética nos setores público e privado. A jornada rumo a uma sociedade mais ética e responsável começa com cada uma de nós, quer você seja um funcionário público, um executivo corporativo, um oficial de conformidade ou um líder aspirante. Os desafios que enfrentamos no mundo atual, complexo e interconectado, exigem um compromisso incansável com a conformidade e a integridade. As consequências de comportamentos antiéticos podem ser de longo alcance, corroendo a confiança pública, prejudicando a reputação e minando as próprias bases de nossas instituições. É imperativo que nos equipemos com o conhecimento, ferramentas e estratégias para navegar neste panorama com integridade e garantir um futuro sustentável para as próximas gerações.

Ao explorar as dimensões multifacetadas de conformidade e integridade, mergulhando nos marcos jurídicos, culturas organizacionais e responsabilidades individuais, este livro comprova a importância crítica de manter esses princípios em nossas organizações e sociedade como um todo, sendo uma rica fonte para fomentar discussões significativas e impulsionar mudanças positivas na forma como as decisões são tomadas e que a integridade seja mantida no setor público e privado, servindo como um catalisador da mudança, inflamando a paixão pela conformidade e integridade que transcende fronteiras, setores e gerações. É um apelo à ação, instando todos nós a assumir nossos papéis como administradores da confiança e defensores da conduta ética. É vital embarcarmos nessa jornada transformadora juntos, sabendo que nossos esforços coletivos podem moldar um futuro em que a ética e a excelência andam lado a lado. Sabendo que a conformidade e a integridade não são meras caixas de verificação a serem marcadas, mas valores arraigados em nosso DNA, exigem vigilância constante, aprendizado contínuo e comprometimento incansável.

Susana Amaral

NOTA DOS AUTORES

Muito mais do que um guia contendo normas e fluxos, essa obra apresenta práticas de gestão baseadas em acertos e erros observados. Isso mesmo, o erro é algo comum em processos inovadores. O *Guia de Implementação de Programas de Integridade* está distribuído em cinco unidades didáticas. Na Unidade Didática I são apresentadas questões conceituais e reflexões sobre integridade, programas de integridade e compliance público e privado, eixos da OCDE e confiança. Na Unidade II são discriminadas todas as instâncias das funções de integridade com o devido aprofundamento nas atividades típicas e dilemas de cada função. A Unidade III contempla as informações e boas práticas de gestão necessárias para elaboração, implementação e monitoramento dos programas de integridade. A Unidade IV traz a metodologia de implementação de programas de integridade na perspectiva privada especialmente para empresas que se relacionam ou buscam se relacionar com o setor público. Nessa unidade são feitas comparações com os programas de integridade do setor público e feitas reflexões sobre os programas de integridade para pequenas empresas e micro entidades que se relacionam com o setor público. A Unidade V apresenta tópicos especiais transversais aos programas de integridade com breves sobrevoos em relação ao ambiente externo, economia comportamental, mitos e perspectivas para as políticas públicas.

Giovanni Pacelli considera que o guia atende tanto os dirigentes que devem se comprometer com os programas de integridade quanto os responsáveis pelas funções de integridade: "*O guia reúne experiência profissional iniciada em dezembro de 2018 relacionada ao monitoramento de unidades federais que tinham por missão implementar os programas de integridade. Ainda em março 2019, fomos a primeira unidade a cumprir a meta de monitoramento da fase 1, na qual 5 unidades federais apresentaram o plano de integridade aprovado pela alta administração acompanhado de fluxos e estruturas das instâncias. Nos anos seguintes, diversas implementações foram incorporadas aos programas de integridade dentre as quais destaco uma proposta de monitoramento baseada na institucionalização das realizações e não apenas na existência*".

Francisco Netto, por sua vez, considera que o guia atende empresas do setor privado que se relacionam com o setor público e que vão ser demasiadamente demandadas para entregar valor social e ético nas relações contratuais partícipes: "*O conceito de integridade é dinâmico e deve acompanhar as tendências insti-*

tucionais dos poderes legalmente constituídos e do mercado, este cada vez mais competitivo e globalizado".

Neste guia não há espaço para divagações ou delírios, apenas para reflexões e sonhos.

Além de ser um guia sólido para profissionais que atuam com a prática de compliance e integridade no setor público e no privado, o livro é indicado para programas de graduação nas áreas de Economia, Direito, Administração, Contabilidade, cursos de educação executiva (MBA) e de pós-graduação.

Prof. Dr. Giovanni Pacelli, autor
Prof. Me. Francisco Netto, autor

SUMÁRIO

CAPÍTULO 17
MONITORAMENTO DE PROGRAMA DE INTEGRIDADE NO SETOR PÚBLICO

Unidade Didática IV:
Particularidades dos programas de integridade e compliance no setor privado e suas interfaces com o setor público

CAPÍTULO 18
O PORQUÊ DO PODER PÚBLICO SE RELACIONAR COM A INICIATIVA PRIVADA MEDIANTE PROGRAMAS DE INTEGRIDADE

Unidade Didática V:
Tópicos Especiais Transversais

CAPÍTULO 26

CAPÍTULO 27

CAPÍTULO 28

CAPÍTULO 29

CAPÍTULO 30

LISTA DE PODCASTS COM *EXPERTS*

UNIDADE DIDÁTICA I:

Conceitos e Reflexões Iniciais

Qual o conceito de integridade e compliance?

Quais as funções da integridade?

Integridade é algo realmente novo?

Quais os eixos de um sistema de integridade segundo a OCDE?

O que a Dinamarca pode nos ensinar sobre integridade?

Materiais complementares de apoio aos leitores	

CAPÍTULO 01

EVOLUÇÃO DO *COMPLIANCE*: DAS REGRAS E VALORES ATÉ A INTEGRIDADE

1. DA CONFORMIDADE AO *COMPLIANCE* MODERNO

A expressão *compliance* vem do verbo "***to comply***" cuja tradução que mais se aproxima do significado em língua portuguesa é do verbo concordar. Assim, o conceito correto adotado pelo jargão de controle e auditoria parece ser mais razoável entender a origem da expressão ***compliance*** no sentido de **conformidade**.

Então o termo ***compliance***, em sua origem epistemológica pode ser compreendido como o verbo **concordar ou conformidade**. Desta maneira, a expressão ***compliance*** está atrelada ao **cumprimento de padrão de normas e condutas previstas na legislação, bem como de políticas internas da própria organização**.

A necessidade de uma organização cumprir os aspectos legais e regulatórios decorre justamente de estar ser inserida em um Estado democrático de direito, onde impera o poder da lei. As leis existem para que possa a sociedade viver de maneira harmoniosa, com previsibilidade nas relações entre indivíduos, organizações e o Estado. Nesse sentido, organizações públicas ou privadas fazem parte deste ambiente social e, como tais quais as pessoas físicas, também têm direitos e obrigações que devem ser cumpridas.

O perfeito cumprimento das regras e regulamentos pelas organizações se mostra necessário para sua competitividade e busca da sua missão institucional. Assim, devido a sua relevância (na geração de emprego e de renda, bem como em determinados setores de mercado) órgãos reguladores passaram a exigir cada vez mais o cumprimento de leis e regulamentos por parte das organizações a fim de buscar competições justas e/ou proteger o bem-estar de pessoas. Por exemplo, a criação da ***Food and Drug Administration*** (FDA) em 1906, bem como da ***Federal Reserve System (FED)*** em 1913, nos EUA, se deu da necessidade de melhor regulação do poder público nas áreas de medicamentos e sistema bancário. Logo, as organizações dos setores envolvidos começaram, ainda que timidamente em um primeiro momento, a buscarem atender tais normativos para estarem **em conformidade** com a legislação.

Ainda nos EUA, com o advento de outras legislações cujo resgate histórico será feito à miúde em tópico seguinte (como a *Foreign Corrupt Practices FCPA de 1977*), as organizações passaram, em maior ou menor medida, a adotar **programas** visando se adequarem para atender às normas, regulamentos e políticas internas. Nesse sentido, visando padronizar esses programas, a agência norte-americana ***U.S. Federal Sentencing Commission***, publicou em 1991 o normativo ***U.S. Federal Sentencing Guidelines*, em que ser previam critérios objetivos para a formulação de programas de *compliance*.**

Entretanto, não obstante a uma melhor tabulação por parte da agência americana de requisitos de programas de *compliance*, verificou-se um grande número de programas meramente formais. Ou seja, o mais importante era atender aos critérios previstos pela norma sem atentar para a sua efetividade. Neste sentido, mais de uma década depois, por volta de 2004, a agência americana ***U.S. Federal Sentencing Guidelines*** alterou a forma de avaliar programas de ***compliance*** mediante a introdução do preceito de **ética.** Surgiam os **programas de compliance e ética** que **consolidam valores e políticas que promovam padrões éticos em seus negócios, rejeitando atos ilegais, ilegítimos e de corrupção.**

Nessa senda, os programas de compliance da atualidade avançaram da **conformidade legal** para **uma gestão ética focada no fortalecimento da cultura organizacional.** A importância da introdução da ética nos programas de compliance pode ser representada na Figura 1.1.

Figura 1.1: Evolução do Compliance

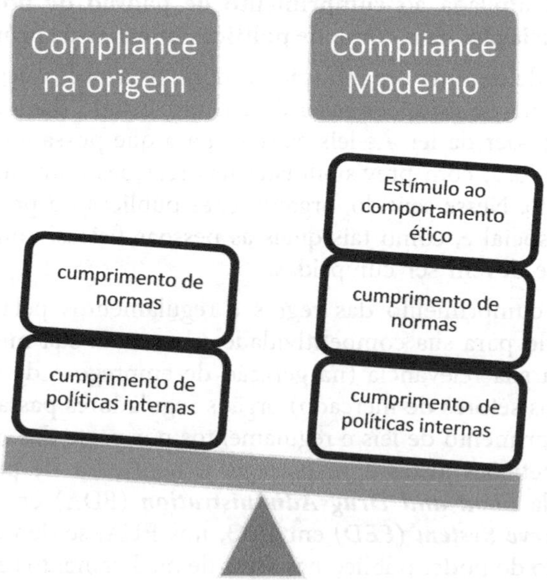

Fonte: Elaborada pelos autores.

A Figura 1.1 ilustra que os incentivos aos valores éticos deram maior peso ao conceito de programa de compliance em razão de ser realmente algo que faz a diferença e que impacta no "fiel da balança" de uma organização, por ter maior importância na prevenção de riscos e diminuir as chances de ocorrência de eventos adversos que impactam negativamente nos objetivos da organização, seja pública, seja privada.

Por sua vez, é oportuno verter ainda o comentário de que a mudança de programas eminentemente formais para a indução da ética tem o condão de mudar o escopo da dinâmica da própria elaboração do programa em si. **É o fenômeno que denominamos institucionalização do programa.**

Outro aspecto importante seria como conjugar o tripé: prevenção, detecção e remediação. Por exemplo, o estímulo ao comportamento ético dá mais ênfase ao eixo prevenção, enquanto normalmente os responsáveis pelo sistema de controle tendem a dar muita ênfase aos eixos detecção e remediação. Assim, na nossa visão, pode-se ter dois tipos de programas de compliance em uma organização: (i) aquele que está preso ao aspecto da conformidade apenas, fazendo assim somente a *necropsia da entidade* (detecta e pune, mas os prejuízos financeiros e sociais já são imensos, podendo, destarte, *enterrar* o seu legado); (ii) aquele que institui mecanismos que cada vez mais *fazem a biopsia,* identificando as causas da doença (ausência de fluxos, falta de meritocracia nas funções chave e descontentamento no trabalho com chances de erros) e as tratando de maneira tempestiva (gestão de riscos, políticas que visem evitar ocorrências de conflitos de interesses e ações de prevenção ao assédio moral e sexual).

Por derradeiro, não é excessivo alertar para o fato de que os programas de compliance devem, em sua concepção moderna, fomentar a cultura de integridade dentro da organização, sem deixar de cumprir as diversas obrigações legais de cunho puramente de conformidade (regras e regulamentos). Dessa maneira, deve-se alinhar a estratégia de um programa de compliance moderno baseada em regras e em valores, dentre eles a integridade. A Tabela 1.1 extraída de guia da OCDE[1] contribui para essa reflexão.

Tabela 1.1: Tipos de Estratégias Aplicadas em Programas de Compliance

Fator	Estratégia baseada em regras	Estratégia baseada em valores
Objetivo	Evitar má conduta	Possibilidar uma conduta responsável
Valores morais	Conformidade com padões impostos externamente	Autogoverno de acordo com valores e padrões de conduta escolhidos
Gestão	Orientado por advogado/agentes de conformidade	Orientado pela gestão com a ajuda de conselheiros de integridade e de ética, do RH e da área jurídica
Suposições comportamentais	Seres autônomos guiados pelo interesse material	Seres sociais guiados por valores, padrões de conduta, pares

1 Manual de Integridade Pública, OCDE, 2022.

Fator	Estratégia baseada em regras	Estratégia baseada em valores
Normas	Direito Penal e Regulatório	Código de ética, código de conduta e políticas públicas, regulamentos e leis relacionados
Pessoal	Advogados/RH/agentes de conformidade	Agentes de integridade, RH, gerentes
Método	Educação na estrutura legal existente, padrões e sistemas de conformidade, descrição reduzida, relatórios de má conduta, auditoria e controles, processos de investigação, sanções etc.	Fortalecer a competência ética dos agentes públicos por meio do desenvolvimento de valores organizacionais, de educação e de treinamento em valores e em padrões de conduta; treinamento de integridade e aconselhamento de ética; elaboração de modelos de liderança e de papés gerenciais; prestação de contas, transparência, estruturas de integridade, auditória e sanções; integração de valores nos processos cotidianos de administração, de comunicação e de conscientização

Fonte: Manual de Integridade Pública, OCDE, 2022.

2. *COMPLIANCE* É SOBRE CORRUPCÃO?

O termo **corrupção** vem do verbo corromper ou depravar[2]. Para a legislação brasileira existem condutas criminosas que se atrelam a desvios de comportamento graves que ofendem a integridade institucional do patrimônio público e da moralidade. Assim, condutas como corrupção ativa, corrupção passiva, tráfico de influência, peculato e concussão são consideradas crimes no código penal pátrio. Certamente todas as condutas citadas são graves e causam prejuízo social muito grande.

As organizações que possuem seus dirigentes e colaboradores envolvidos em condutas deploráveis acabam por sofrer com a perda de credibilidade, competitividade e chegam até a fecharem as portas pela implosão de seus aspectos morais.

Agora uma pergunta: o que seriam condutas deploráveis que devem estar no radar de programas de compliance? Somente são os crimes tipificados penalmente? Ou, no caso do Brasil, seriam crimes e improbidades, sendo estas últimas apenas as consideradas ofensas qualificadas ao princípio da moralidade?

Para o escopo de ações de ***compliance***, certamente as condutas mencionadas não devem passar ao largo do radar de prevenção, detecção e remediação. Ocorre que outras condutas, ainda que não sejam crimes ou ofensas graves a moralidade e ética, são potencialmente graves para gestão ética e reputacional de uma organização. Ainda que não consumadas, determinadas condutas são perniciosas para a existência permanente de uma organização.

A organização das nações unidas fez referencial de condutas consideradas como corrupção. Condutas estas que estão dentro da alçada de atuação de pro-

2 MICHAELIS: Moderno Dicionário da Língua Portuguesa, 2014.

gramas de ***compliance*** dentre as quais destacam-se: (i) solicitação ou recebimento de vantagem (suborno), (ii) manipulação de propostas e carteis (conluio), (iii) rotatividade de funcionários de altos cargos públicos irem para iniciativa privada e vice-versa com proveito dessa situação de maneira a comprometer a imparcialidade (porta giratória), (iv) favorecimento na seleção de pessoas independentemente de sua qualificação (patronagem), (v) agenciamento de informações coorporativas obtidas de maneira ilegal (agenciamento ilegal de informação) e (vi) não pagamento de imposto na jurisdição devida (evasão fiscal).

Figura 1.2: Exemplos de Categorias de Atos de Corrupção

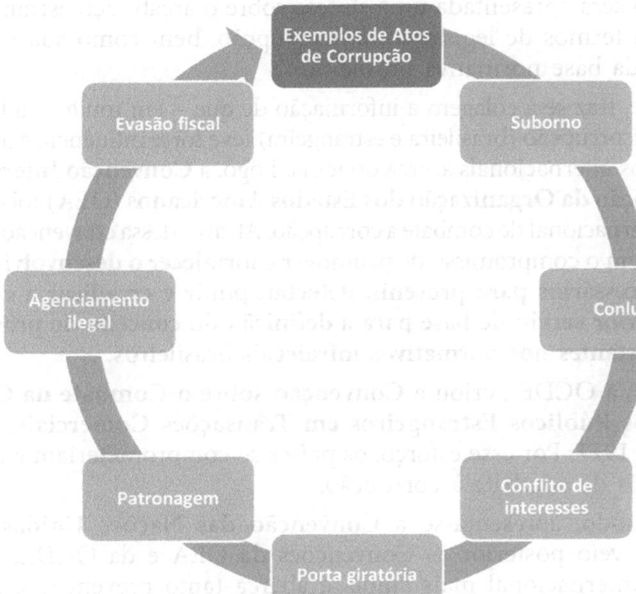

Fonte: Adaptado do Guia de Avaliação de Riscos das Nações Unidas.

Esse aspecto multifacetado do que seria corrupção repercute também em esforços de busca para realizar suas medições para auxiliar na tomada de decisão estratégicas de sua erradicação em nível de governo ou dentro de organizações não governamentais. De 1990 até os tempos atuais, os governos de diversos países têm solicitado medidas confiáveis de corrupção e anticorrupção que possam ser comparadas entre jurisdições e ao longo do tempo. O Índice de Percepção da Corrupção de 1995, o Índice de Pagadores de Suborno de 1999 e os Indicadores de Governança Mundial de 2002 são esforços que visam essa medição[3].

3 Manual de integridade Pública, OCDE, 2022.

A conclusão que deve se levar em consideração é que um programa de **compliance** não é sinônimo de atuação visando primordialmente um viés de enfrentamento da corrupção em sentido estrito e penalmente culpável, mas sim um conjunto de medidas e ações estruturadas que impulsionam a organização a cumprir seus objetivos organizações de maneira que ética e coesa.

3. UMA CONSTRUÇÃO HISTÓRICA DA LEGISLAÇÃO ANTICORRUPÇÃO

Nesta seção será apresentada uma síntese sobre o arcabouço estrangeiro mais significativo em termos de legislação anticorrupção, bem como sua repercussão na formulação da base normativa brasileira.

Inicialmente, traz se à colagem a informação de que – em muito – a formulação da legislação anticorrupção (brasileira e estrangeira) teve forte influência e impulsionamento de esforços internacionais acerca do tema. Logo, a **Convenção Interamericana contra a Corrupção da Organização dos Estados Americanos (OEA)** foi o **primeiro instrumento** internacional de combate a corrupção. Através dessa convenção, os estados membros assumem o compromisso de **promover e fortalecer o desenvolvimento dos mecanismos necessários para prevenir, detectar, punir e erradicar a corrupção**[4]**. O conceito anterior serviu de base para a definição do conceito de programas de integridade constantes nos normativos infralegais brasileiros.**

Por sua vez, a OCDE[5], criou a **Convenção sobre o Combate da Corrupção de Funcionários Públicos Estrangeiros em Transações Comerciais**, a qual foi promulgada em 1977. Por esse esforço, os países se comprometeriam a aprovarem suas próprias leis de combate à corrupção.

De igual modo, apresenta-se a **Convenção das Nações Unidas contra a Corrupção** que veio posterior às Convenções da OEA e da OCDE, entretanto é a convenção internacional mais ampla e abarca tanto prevenção e quanto ao combate à corrupção. A Convenção das Nações Unidas versa sobre vários temas cujos destaques são: a prevenção, a penalização e a cooperação internacional.

Portanto, esse esforço internacional fomentou que diversos países, dentre eles o Brasil, começassem a elaborar legislações convergentes com as convenções internacionais.

3.1. Foreign Corrupt Practices Act (1977)

O Foreign Corrupt Practices Act (FCPA) foi a primeira lei anticorrupção estrangeira aprovada. A publicação da FCPA ocorreu após investigações das autoridades norte-americanas que verificaram que as grandes empresas mantinham fundos offshore e pagavam propinas para garantir negócios fora dos Estados

4 O Brasil aprovou a Convenção da OEA através do Decreto Legislativo n.° 152/2002 e do Decreto Presidencial n.° 4.410/2002.

5 Organização para a Cooperação e Desenvolvimento Econômico.

Unidos no caso famoso Watergate. Em complemento ao FCPA, as autoridades norte-americanas disponibilizam um guia que auxilia na compreensão das disposições do FCPA e implementação do programa de compliance, nos termos exigidos pela lei norte-americana. O referido guia se denomina ***Resource Guide to the U.S. Foreign Corrupt Practices Act*** (FCPA Guide).

O FCPA é divido em dois capítulos: (i) anticorrupção; e (ii) registros contábeis e controles internos. As disposições anticorrupção penalizam os atos de prometer, oferecer, pagar ou autorizar pagamento, ou qualquer coisa de valor para funcionários públicos estrangeiros com a finalidade de obter ou manter negócios, ou adquirir qualquer vantagem indevida. Como qualquer item de valor entende-se brindes, presentes, entretenimento, doações, favores, etc. As disposições de registros contábeis penalizam a fraude nos livros e registros das empresas, bem como a ausência de controles internos que assegurem a confiabilidade das transações.

A quem se aplica a FCPA?
De modo geral, a FCPA se aplica a qualquer um que seja considerado norte-americano, pessoa física ou jurídica, bem com as empresas que possuem seus papéis negociados na bolsa de valores de Nova Iorque ou a qualquer um que de alguma forma tenha conduzido seus negócios sob a jurisdição norte-americana. O alcance do FCPA é extraterritorial, logo, as autoridades norte-americanas podem investigar e punir fatos que ocorreram fora dos Estados Unidos, mas que de alguma forma estão sob sua jurisdição.

As autoridades norte-americanas com competência para punir no âmbito do FCPA são: (i) *Department of Justice* (DOJ); e (ii) *U.S. Securities and Exchange Commission* (SEC). O DOJ apura os atos das disposições anticorrupção e a SEC apura os atos das disposições de registros contábeis e controles internos. As sanções são cíveis e penais. Vale mencionar que as penalidades aplicadas pela SEC são mais severas que as penalidades aplicadas pelo DOJ.

Entretanto e em relação ao FCPA um ponto é de suma importância: no começo de 2025 e até o fechamento desta edição tem-se que o instrumento sofreu um revés significativo em sua aplicabilidade. Em 10 de fevereiro de 2025, o então presidente dos Estados Unidos, Donald J. Trump, promulgou uma ordem executiva determinando a suspensão da aplicação do *Foreign Corrupt Practices Act*. A medida estipula que a procuradora-geral dos Estados Unidos proceda à revisão e reformulação das diretrizes e políticas que regem a investigação e aplicação do FCPA, com o objetivo de restaurar a competitividade das empresas norte-americanas no mercado internacional e resguardar a segurança nacional.

A ordem executiva sustenta que, desde a entrada em vigor do FCPA em 1977, sua interpretação e aplicação pelas autoridades foram excessivamente amplas, resultando em prejuízos aos interesses econômicos e comerciais dos Estados Unidos. De acordo com o documento, práticas comerciais consideradas rotineiras em outros países têm sido classificadas como ilícitas, o que tem comprometido a competitividade das corporações norte-americanas.

O fundamento da decisão presidencial reside no argumento de que a aplicação das normas anticorrupção, tal como conduzida pelas autoridades norte-americanas, tem prejudicado diretamente a capacidade competitiva das empresas nacionais. Essa situação, por sua vez, comprometeria recursos que poderiam ser direcionados para a preservação das liberdades econômicas e da segurança nacional do país.

Em feitos práticos, a medida do mandatário americano estipula que em um prazo de 180 dias a partir da promulgação da ordem executiva, a procuradora-geral dos Estados Unidos deverá:

Suspender a instauração de novas investigações ou a proposição de ações judiciais relacionadas ao FCPA, salvo em casos excepcionais que exijam intervenção urgente;
Revisar detalhadamente todas as investigações e medidas em andamento sob a legislação, priorizando a proteção dos interesses econômicos e comerciais do país;
Publicar novas diretrizes e políticas para harmonizar a aplicação do FCPA com a autoridade do presidente em matéria de relações exteriores e fomentar a competitividade das empresas norte-americanas.

É sem sombra de dúvida um revés significativo no enfrentamento à corrupção global sem precedentes em aspectos de retrocesso. É sabido que a pauta anticorrupção é pauta significativa para todas a nações e muita legislação pelo mundo foram inspirada na inovação americana do FCPA.

A ordem executiva indica uma mudança significativa no cenário da aplicação do FCPA. No entanto, a extensão dessas alterações ainda permanece desconhecida e com repercussão em sentimento de inseguranças jurídica para as próprias empresas sujeitas à legislação.

Assim, até que novas diretrizes sejam publicadas, é recomendável que as corporações não afrouxem seus mecanismos de fomento à cultura ética e antissuborno baseados em parâmetros alardeados pelos organismos internacionais e às boas práticas já convencionadas de tanto tempo.

Independente de novas regras que venham emergir é inegável um potencial prejuízo à cooperação entre os Estados Unidos e outros países no combate à corrupção corporativa. Sem contar, ainda, com o efeito nefasto em economias como as situadas na América Latina ou em outras áreas de subdesenvolvidas que estão a mercê de entidades com apetite voraz por vantagem competitiva e que, não raras as vezes, podem se sintir mais tentadas a atuar com práticas não republicanas em mercados emergentes visando lucro. Países do Terceiro mundo tem se esforçado em acompanhar revoluções consagradas de enfrentamento a corrupção, mas que agora recebem um freio no propósito de que a ética vale lucro e é sempre bom para os negócios.

Frise de igual modo que a cooperação de entidades americanas serviu de movimento positivo para a américa latina, mas que agora recebe com pavor a investida atual contra o FCPA. À título de exemplo dessa cooperação, o DoJ (*Departamet of justice)* foi protagonista em investigações corporativas que impactaram em empresas brasileiras nos últimos 15 anos.

Independentemente dos efeitos, a mensagem que se passa é no mínimo receio no *espirito* global de enfrentamento a corrução haja vista que mais de 40 países têm leis inspiradas na FCPA, e os EUA têm sido líderes nessa questão por décadas.

De qualquer forma apresentamos 2 pontos dignos de Nota:

a)É inegável o fato de que o FCPA seja a legislação anticorrupção mais conhecida e de referência em nível mundial, mas as empresas devem estar cientes de que as o avanço que temos tivemos até hoje continua sendo ensinado por essa obra, pois as leis anticorrupção existentes em vários países ao redor do mundo continuam intactas e não terão impacto imediato como o caso do UK Bribery Act (Reino Unido), da Lei Sapin II (França) ou a lei anticorrupção brasileira (lei 12.846/13 e seus atos normativos regulamentadores).

b)Essa obra adota vários parâmetros do FCPA que continuam válidos como boas práticas e que são reproduzidos, quase na totalidade nos países, ao redor do mundo. Por isso adotamos direito comparado em praticamente todos os capítulos de pontos significativos das instâncias de integridade.

3.2. U.K. Bribery Act

O Reino Unido, como diversos outros países, assinou a Convenção contra a corrupção da OCDE se comprometendo a promulgar uma lei específica no combate à corrupção de funcionário públicos estrangeiros. Assim, em 2010, o U.K. Bribery Act ("UKBA") entrou em vigência.

Assim como o FCPA, o UKBA também dispõe sobre elementos do programa de compliance. De acordo como UKBA, os elementos que serão analisados e/ou devem ser implementados por uma empresa são: (i) procedimentos proporcionais ao risco de envolvimento em atos de corrupção, tamanho, escala e complexidade de suas atividades; (ii) comprometimento da alta administração; (iii) avaliação de riscos; (iv) *due diligence* de terceiros; (v) comunicação e treinamento; e (vi) monitoramento e revisão periódica das políticas e procedimentos.

O UKBA aplica a penalidades sobre quatro tipos de condutas: (i) o suborno de indivíduos funcionários públicos ou não; (ii) o indivíduo que aceita ser subornado; (iii) o indivíduo que desempenha inadequadamente atividade relacionada ao suborno; e (iv) as empresas que falham em prevenir a prática corrupta.

De forma distinta da FCPA, no Reino Unido foi designada apenas uma autoridade responsável por investigar e aplicar as disposições do UKBA: o Serious Fraud Office.

A quem se aplica a UKBA?
Estão sujeitas a penalidades: (i) cidadãos ou residentes do Reino Unido; (ii) cidadãos do território britânico; (iii) indivíduos considerados cidadão britânico, de acordo com as leis do Reino Unido; (iv) pessoas jurídicas constituídas sob as leis de qualquer um dos países do Reino Unido; e (v) sociedade escocesa de pessoas. Assim como o FCPA, o UKBA também possui alcance extraterritorial podendo punir indivíduos considerados cidadãos do Reino Unido ainda que fora do país.

3.3. Lei Anticorrupção Brasileira (Lei Empresa Limpa)

A Lei nº 12.846/13 (Lei Anticorrupção brasileira) pune as empresas pelos atos praticados contra a administração pública, nacional e estrangeira. Os indivíduos são penalizados pelas disposições estabelecidas no Código Penal e em leis esparsas, como a Lei de Improbidade Administrativa. No caso do Brasil, a referida lei não é uma lei penal, é uma lei de âmbito civil ou administrativo. Interessante observar que a Lei Anticorrupção Brasileira responsabiliza objetivamente a pessoa jurídica pelos atos práticos por seus indivíduos, o que significa que as autoridades não analisarão se a empresa teve dolo ou culpa na atuação do ato lesivo contra a administração pública.

Os seguintes pontos merecem destaque: (i) aplicação a qualquer pessoa jurídica que tenham sede, filial ou representação no território brasileiro, constituídas de fato ou de direito, ainda que temporariamente; (ii) responsabilização solidária entre as entidades do grupo econômico; (iii) responsabilização sucessória nas reorganizações societárias; (iv) extensão dos atos lesivos contra a administração para atos ilícitos também em licitações; (v) julgamento do ato lesivo através do Processo Administrativo de Responsabilização - PAR; (vi) possibilidade de celebração de acordos de leniência; (vii) cadastro das empresas condenadas no Cadastro Nacional de Empresas Inidôneas e Suspensas - CEIS e Cadastro Nacional de Empresas Punidas - CNEP; e (viii) **incentivo para a implementação de programas de compliance** (na lei são denominados procedimentos de integridade e no decreto regulamentador de programas de integridade).

No caso brasileiro, não há uma autoridade única ou de fácil identificação para instrução e julgamento do PAR (Processo de Apuração da Responsabilidade da Pessoa Jurídica) conforme:

> *Lei 12.846/13*
>
> *Art. 8º A instauração e o julgamento de processo administrativo para apuração da responsabilidade de pessoa jurídica cabem à autoridade máxima de cada órgão ou entidade dos Poderes Executivo, Legislativo e Judiciário, que agirá de ofício ou mediante provocação, observados o contraditório e a ampla defesa.*

São atos puníveis, conforme a legislação brasileira, os atos lesivos contra a administração pública, nacional ou estrangeira, bem como os atos lesivos praticados em licitações. Assim, as condutas reprimidas pela Lei Anticorrupção Brasileira são: (i) prometer, oferecer ou dar, direta ou indiretamente, vantagem indevida a agente público, ou a terceira pessoa a ele relacionada; (ii) financiar, custear, patrocinar ou subvencionar a prática dos atos ilícitos; (iii) utilizar-se de interposta pessoa física ou jurídica para ocultar ou dissimular seus reais interesses ou a identidade dos beneficiários dos atos praticados; (iv) dificultar investigação ou fiscalização de órgãos, entidades ou agentes públicos, ou intervir em sua atuação; e (v) fraudar licitações e contratos com o governo.

As penalidades da Lei Anticorrupção Brasileira são aplicadas nas esferas administrativas e judiciais. Na esfera administrativa, as penalidades são: (i) multa: de 0,1 a 20% do faturamento bruto do último exercício ao início do Processo de Apuração de Responsabilidade ou de R$ 6.000 a R$ 60.000.000, caso não seja possível utilizar o critério do faturamento bruto; e (ii) publicação extraordinária da decisão condenatória a expensas da pessoa jurídica.

Já na esfera judicial, as penalidades decorrem desde perdimento dos bens, direitos ou valores que representem vantagens ou proveitos, direta ou indiretamente, obtidos da infração; bem como a proibição de receber incentivos, subsídios, subvenções, doações ou empréstimos, passando por suspensão ou interdição parcial de suas atividades. É possível ainda nessa esfera a dissolução compulsória da pessoa jurídica.

Além desse copioso rol de penalidades mencionadas, a empresa ainda é obrigada a reparar integralmente o dano causado e a inclusão em cadastros públicos de empresas inidôneas, suspensas e punidas.

Importante ainda noticiar que a possibilidade de acordo de leniência[6] no âmbito da Lei Anticorrupção brasileira é aplicável apenas para as empresas.

3.4. Semelhanças entre a legislação americana, do Reino Unido e a Brasileira

Procedendo um comparado entre legislação a legislação americana (FCPA), do Reino Unido (UKBA) e a legislação brasileira anticorrupção (Lei nº 12.846/2013) pode se observar pontos comuns e divergentes. Por exemplo: na legislação do Reino Unido e na brasileira a responsabilidade é do tipo objetiva; enquanto na americana é do tipo subjetiva. Por sua vez a legislação americana a multa aplicada é ilimitada, diferente do Reino Unido e do Brasil em que há um teto. Atinente a benefício de cooperação voluntária e alcance, e outras penalidades além de multa, as três normas trazem tal disposição. Entretanto, penalidade por descumprimento de dispositivos contábeis, somente resta presente na norma americana. A Figura 1.3 expõe de maneira didática tal comparativo.

6 Art. 16. A autoridade máxima de cada órgão ou entidade pública poderá celebrar acordo de leniência com as pessoas jurídicas responsáveis pela prática dos atos previstos nesta Lei que colaborem efetivamente com as investigações e o processo administrativo, sendo que dessa colaboração resulte:
I - a identificação dos demais envolvidos na infração, quando couber; e
II - a obtenção célere de informações e documentos que comprovem o ilícito sob apuração.
[...]
10. A Controladoria-Geral da União - CGU é o órgão competente para celebrar os acordos de leniência no âmbito do Poder Executivo federal, bem como no caso de atos lesivos praticados contra a administração pública estrangeira.

Figura 1.3: Pontos convergentes e divergentes na legislação anticorrupção comparada entre Reino Unido, EUA e Brasil

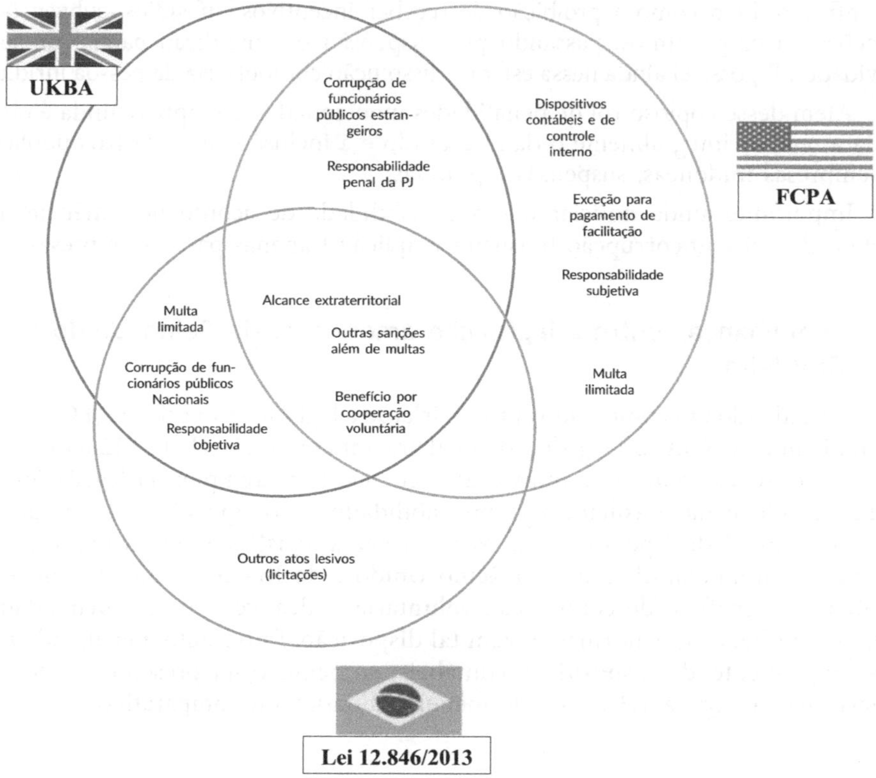

Fonte: Elaborada pelos autores.

4. PARAMÊTROS PARA IMPLANTAÇÃO DE PROGRAMA DE COMPLIANCE

Tao importante quanto à existência de conceitos dos fatos puníveis, jurisdição e apuração conforme previsto na legislação anticorrupção de vários países conforme citado em tópico anterior, é a implantação de programa de compliance.

Programas de **compliance** são um conjunto de atos que servem para instituir rotinas, fluxos, politicas internas e estímulo ao comportamento ético corporativo de maneira a tentar evitar fatos negativos que correspondem ao enquadramento de condutas puníveis, conforme bojo das respectivas legislações de cada Estado soberano.

Vale rememorar que uma vez acontecendo eventos negativos, é possível ter redução de penalidade em razão da existência de programas de compliance. Agora, um questionamento obvio: qual o parâmetro para se instituir um programa de compliance? A resposta de tal indagação vem do fato de que os próprios países possuem guias de orientação e/ou manuais de mensuração da efetividade de tais programas de integridade. Existem, por exemplo, as diretrizes americanas FCPA e U.S. SENTENCING, o do Reino Unido e o Brasil. No caso brasileiro, o padrão de diretrizes que a ser adotado estará em conformidade com Decreto Federal nº 11.129/2022 e com o Decreto Federal nº 12.304/2024 que está convergente com os parâmetros do ***Foreign Corrupt Practices Act***, com as diretrizes francesas e as diretrizes do Reino Unido.

As diretrizes para a existência e efetividade de um programa de integridade vão desde o comprometimento da alta administração, passando por canais de denúncias e instituição de atividades de comunicação e monitoramento, por exemplo. **No caso brasileiro, o Decreto Federal nº 11.129/2022, em seu art. 57, estipula 15 incisos norteadores para a implantação de programas de *compliance* na perspectiva do PAR (processo de apuração de responsabilidade de pessoa jurídica) e dos acordos de leniência, enquanto o Decreto Federal nº 12.304/2024, em seu art. 3º, estipula 17 incisos norteadores quanto ao parâmetros de um programa de integridade para fins de desempate em licitações públicas à luz da Lei nº 14.133/2021.**

A Figura 1.4 evidencia os requisitos e um programa de integridade no Brasil correlacionado com aos requisitos de programas de compliance estrangeiros.

Figura 1.4: Correspondência entre os requisitos do Programa de Integridade da Legislação Brasileira em relação aos requisitos dos Programas de Compliance da França, Reino Unido e Estados Unidos.

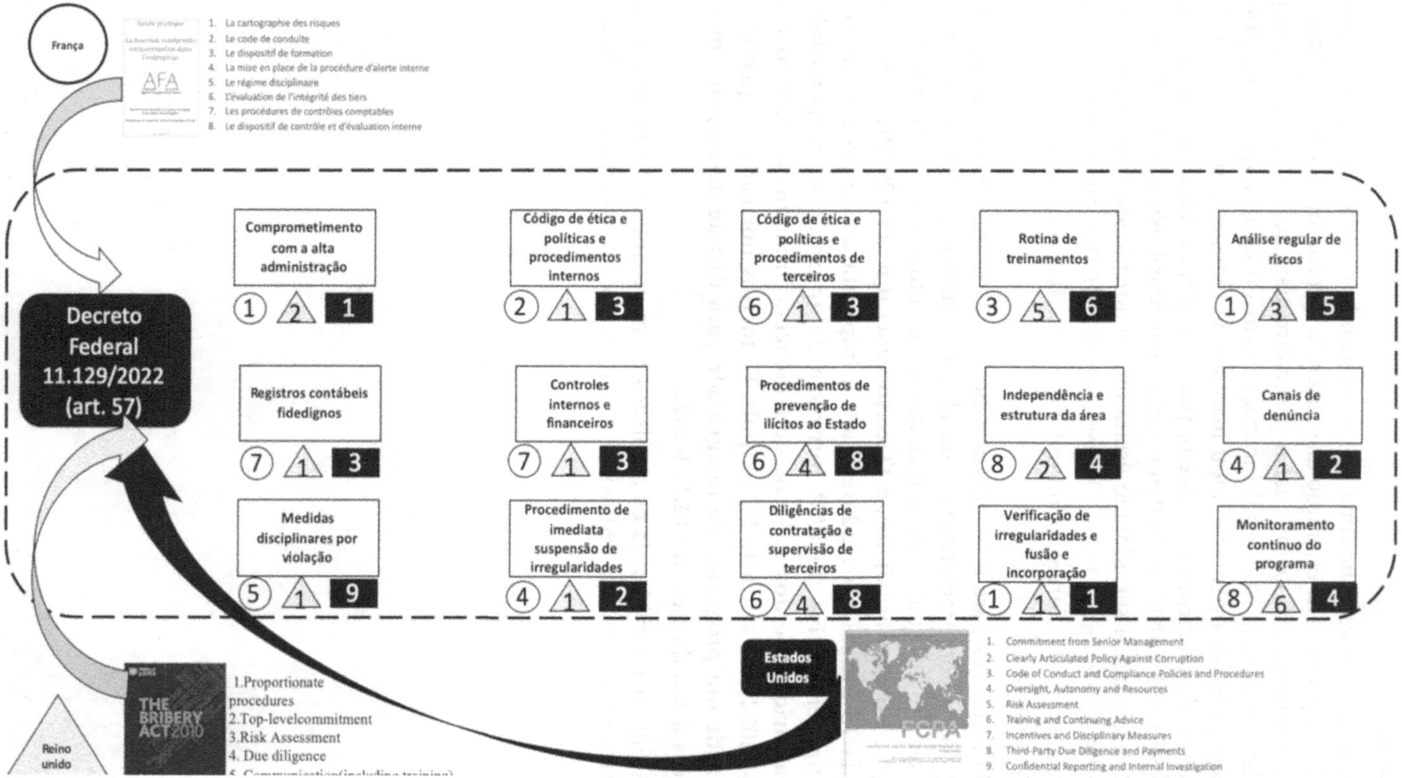

Fonte: Elaborada pelos autores.

Nessa perspectiva é possível perceber que no direito comparado existem vários parâmetros diretivos dos componentes de programa de integridade que são incontroversos tanto pela legislação pátria quanto pela estrangeira. A consequência dessa convergência é a de que: (i) existe um núcleo central de componentes de integridade que não podem faltar em um programa de integridade (no capítulo 5 será evidenciado quais são componentes e como eles interagem entre si); e (ii) é possível, dessa forma, comparar boas práticas entre países e adaptar à realidade brasileira.

5. A IMPLANTAÇÃO DE PROGRAMAS EFETIVOS DE *COMPLIANCE* E INTEGRIDADE É UM DESAFIO PARA AS ORGANIZAÇÕES BRASILEIRAS

As organizações privadas necessitam urgentemente internalizar em sua cultura de gestão às boas práticas de construção de programas de ***compliance*** pois é pressuposto de competitividade (como requisito de negócios no exterior com algumas organizações) e de contribuição institucional para a busca de uma melhor eficácia do dispositivo constitucional pátrio, uma vez que adotamos os valores sociais do trabalho e a livre iniciativa (art. 1º, IV, CF/88) conquanto fundamento de nossa república.

Como esperança, vale o registro de Pesquisa feita pela Quaest (2023), que em parceria com a Transparência Internacional-Brasil, mostra que 95% dos entrevistados que atuam nas 100 das maiores empresas brasileiras aprovam a lei anticorrupção. Assim, apenas 5% consideram que a legislação é negativa para o setor empresarial[7].

Os desafios também são enormes no serviço público; em relatório do Conselho Nacional de Controle interno e o Banco Mundial[8] (2021), em parceria evidenciou a baixa existência de Programas de Integridade entre as unidades centrais de controle interno dos Estados. São dados que chamam a atenção, na medida em que apenas 39,13% dos Estados respondentes apontaram a existência de algum programa.

Já em relação as capitais brasileiras, o relatório identificou que há vedação regulatória de práticas de nepotismo em mais de 90% das capitais participantes. Por outro lado, apenas 20% delas regulamentam conflitos de interesse e acompanham a evolução patrimonial dos agentes públicos. Além disso, quase metade das capitais não regulamentaram a Lei Anticorrupção. Ou seja, são medidas esparsas que indicam inexistência de ações coordenadas. Pode-se observar na pesquisa que ainda existem questões preliminares a serem resolvidas, como o fato de que em que pese 95% das Unidades Centrais de Controle Interno das Capitais estarem inseridas no primeiro escalão da administração, aproximadamente 20% delas não possuem acesso irrestrito aos documentos para exercerem suas fiscalizações.

7 De 12 a 28 de julho a partir de entrevistas online, com questionário estruturado. Ao todo, foram feitas 100 entrevistas em 100 das 250 maiores empresas do Brasil.

8 https://conaci.org.br/noticias/conaci-e-banco-mundial-divulgam-diagnostico-nacional-de--controle-interno/.

Em 2023, o Conselho Nacional de Controle Interno – CONACI e o Banco Mundial[9], publicaram novo relatório, mas agora levando em consideração municípios de maneira a abarcar os que não são capitais, e os resultados clamam urgentemente por estratégias de gestão de compliance e integridade pelos seguintes dados:

1. Mais de 90% dos municípios não possuem Programas de Integridade próprios. Quase 70% dos municípios que possuem algum nível de estruturação das Unidades Centrais de Controle interno não se inspiram em metodologias/ frameworks internacionais para orientar o trabalho delas;

2. Apesar de grande parte das Unidades Centrais de Controle Interno contarem com áreas responsáveis pela Promoção da Integridade (55%), uma pequena parte dos municípios que contam com Unidades Centrais de Controle Interno, no âmbito do Poder Executivo, apresentam Programas de Integridade próprios (8.8%), instrumento fundamental para instituição de medidas voltadas à prevenção, remediação, punição de práticas de corrupção, fraudes e irregularidades, no contexto de uma organização;

3. A Lei Anticorrupção (nº 12.846/2013) completa 10 anos neste ano de 2023 e, apesar de sua longevidade, ela ainda não é regulamentada em quase 60% dos municípios brasileiros;

4. Apenas 20.6% dos municípios brasileiros contam com regulamentação de conflitos de interesse e apenas 43.4% dos municípios realizam acompanhamento da evolução patrimonial.

Enfim, esse guia de implantação se propõe a instrumentalizar a todos os leitores com soluções para mudar essa realidade. Outro ponto importante é de que o desafio de implantar uma conduta ética nas organizações não é uma tarefa exclusiva dos atores responsáveis pelos setores afins de cada organização, mas é também de todo o aparato social, cívico e político de um Estado. Desse modo, a obra tratará de estratégias de engajamento coletivas de promoção da confiança e da integridade.

> **Nos termos do Decreto Federal nº 11.129/2022 e do Decreto Federal nº 12.304/2024 se utilizará a nomenclatura "Programas de integridade" como referência aos "Programas de compliance mais amplos e robustos" que focam em valores éticos e atuam de forma equilibrada sobre os 3 eixos: prevenção, detecção e remedição.**

9 https://conaci.org.br/wp-content/uploads/2023/06/Digital-Diagnostico-Nacional-do--Controle-Interno.pdf.

Os programas de integridade no setor público e a Resolução CNMP 305, de 11 de fevereiro de 2025

O Conselho Nacional do Ministério Público de forma arrojada e vanguardeira publicou em fevereiro de 2025 Resolução que institui as diretrizes para atuação dos membros, e para o desenvolvimento de políticas pelas unidades do Ministério Público Estadual, pelo Ministério Público Federal, pelo Ministério Público do Trabalho e pelo Ministério Público do Distrito Federal e Territórios, para a adoção de medidas preventivas em prol da defesa da probidade administrativa, em especial, o incentivo à implantação de Programas de Integridade perante os órgãos da administração pública.

A seguir constam trechos relevantes da norma e as respectivas considerações:

1. No preambulo da forma, o CNMP relembra o diagnóstico nacional do CONACI que relata que mais de 90% dos municípios brasileiros não possuem Programas de Integridade próprios e que a Lei Anticorrupção (Lei nº 12.846/2013) não foi regulamentada em quase 60% dos municípios brasileiros.

2.Em seu art. 4º a norma define que:

> *Art. 4º O* ***membro do Ministério Público deve instaurar procedimento administrativo*** *(art. 8º, II e IV da Resolução nº 174/2017)* ***para verificar a existência e adequado funcionamento*** *de Programa de Integridade na Administração Pública, se não houver outro procedimento investigativo em curso sobre o tema.*

Nesse aspecto, o CNMP foca na existência e institucionalização do programa (conceitos essenciais que serão aprofundados em capítulos seguintes).

3.Em seu art. 6º a norma define que:

> *Art. 6º Para o diagnóstico a respeito da efetiva implantação e adequação dos Programas de Integridade, os integrantes do Ministério Público* ***devem atentar para a ineficácia jurídica de programas de integridade meramente formais****, entendidos como aqueles que não foram verdadeira ou corretamente estruturados, bem como aqueles que se encontrem sem efetivo funcionamento nas rotinas da Administração Pública.*

Nesse aspecto, o CNMP estará atento a programas meramente formais. Mais uma vez há o foco na existência e na institucionalização do programa.

4.Em seu art. 7º a norma define que:

> *Art. 7º Após o diagnóstico e definida a abrangência inicial da atuação,* ***o membro do Ministério Público deve iniciar a negociação com os agentes públicos e adotar providências para a implementação ou adequação dos Programas de Integridade*** *a partir das informações obtidas.*

Nesse aspecto, o CNMP busca uma solução consensual visando a implementação e/ou aperfeiçoamento de programa de integridade.

Assim, não resta dúvida que todos os órgãos federais, estaduais e municipais devem possuir programas de integridade efetivos.

PODCAST com *expert*:

José Eduardo Elias Romão traz convergências e divergências da integridade pública e privada.

CAPÍTULO 02

CONCEITOS ESSENCIAIS DOS PROGRAMAS DE *COMPLIANCE* E INTEGRIDADE

No capítulo 1 foi apresentada a evolução dos programas de *compliance* até chegar ao modelo brasileiro de programas de integridade. Neste capítulo serão apresentados os **conceitos essenciais associados aos programas de integridade.**

1. ESTABELECENDO CONCEITOS INICIAIS

Durante todos os capítulos desta obra serão tratados preceitos e mandamentos relacionados ao *compliance* e integridade. Devido a frequência de ocorrência, algumas expressões necessitam da devida familiaridade.

Este capítulo então se faz útil porque alguns dos conceitos são distintos, mas não raras as vezes causam confusão por parte do leitor. **Por exemplo: as expressões "plano de integridade" e "programa de integridade"; ou "auditoria interna" e "sistema de controle interno" são distintas, mas não raramente confundidas por profissionais que atuam na temática.**

Outro fator que às vezes dificulta o entendimento são as inúmeras legislações pelo país (especialmente nos Estados) que podem trazer mesmos termos, entretanto, com possibilidade de significados diferentes.

Logo esse capítulo se propõe a: padronizar termos usados nessa obra e permitir que seja um porto seguro para que o profissional da temática, na medida que tiver que rememorar algum termo, possa regressar a essa seção.

A Figura 2.1 representa os principais conceitos essenciais que serão vertidos nos parágrafos seguintes.

Figura 2.1: Conceitos Essenciais

Fonte: Elaborada pelos atores.

2. O QUE É INTEGRIDADE?

Não se imagina hoje uma Organização Pública ou Privada que não busque relações íntegras entre seus usuários internos (empregados e colaboradores) e seus usuários externos (clientes, fornecedores e órgãos reguladores). **Mas o que seria ser íntegro?**

Integridade do Indivíduo
De acordo com o Manual de Integridade para pequenos negócios[1], integridade seria a qualidade daquele que se comporta da maneira **correta**, **honesta** e **contrária à corrupção**.

Integridade no nível Organizacional
De acordo com a Transparência Internacional[2], integridade seriam os **comportamentos e ações** consistentes com um conjunto de princípios e padrões **éticos ou morais** adotados por indivíduos e instituições, criando uma **barreira para a corrupção.**

1 Integridade para pequenos negócios. Construa o país que desejamos a partir da sua empresa. Sebrae (2019).

2 https://transparencia.pt/glossario-anti-corrupcao/.

A integridade está presente em toda sociedade, seja no setor privado, seja no setor público. A seguir constam os conceitos de integridade pública e integridade privada.

Integridade Pública segundo a OCDE[3]
Integridade pública refere-se ao alinhamento consistente e à adesão de valores, princípios e normas éticas comuns para sustentar e priorizar o interesse público sobre os interesses privados no setor público.

Integridade Privada segundo a CGU[4]
Integridade privada refere-se consolidação de valores e políticas que promovam padrões éticos em seus negócios, rejeitando atos ilegais, ilegítimos e de corrupção.

Um ponto a ser observado no debate sobre a integridade é que ela ultrapassou as fronteiras de ser uma "apenas" agenda anticorrupção e passou a agregar agendas que buscam fortalecer a confiança entre organizações e entre pessoas. Nesse sentido, além da agenda anticorrupção foram incorporados temas como: prevenção ao assédio moral e sexual; prevenção à discriminação de raça, cor ou opção sexual, etc. Será observado que a agenda corrupção acaba sendo dinâmica, pois leva em consideração conceitos de acordo com seu tempo tais quais questões ambientais e direitos à proteção de dados, por exemplo.

3. INSTÂNCIAS DAS FUNÇÕES DE INTEGRIDADE

Não se pode dizer que integridade é algo novo, pois de fato as organizações buscam prevenir, detectar e remediar atos de corrupção de forma sistemática não apenas agora. Contudo, pode-se afirmar que a integridade resgatou algo genuíno que é fortalecimento das relações de confiança entre as pessoas e entre organizações (não por acaso será evidenciado que a confiança é a base de algumas sociedades plurais e democráticas como a Dinamarca[5]).

Por outro lado, é preciso no nível organizacional definir setores responsáveis pelo tema ainda que se atue de forma transversal. Pode-se afirmar que um dos primeiros normativos que ousou definir as instâncias das funções de integridade

3 OCDE. Brazil's Federal Court of Accounts: Insight and Foresight for Better Governance, OECD Public Governance Reviews, OECD Publishing, 2017, Paris.

4 https://www.gov.br/cgu/pt-br/assuntos/etica-e-integridade/setor-privado.

5 Capítulo 4 desta obra trata sobre "o caso da Dinamarca".

foi a Portaria CGU nº 1.089[6,7], de 25 abril de 2018. A seguir constam as instâncias responsáveis pelas funções de integridade de 1ª geração.

Instâncias responsáveis pelas funções de Integridade de 1ª Geração
1. Promoção da Ética. 2. Transpatência Ativa. 3. Acesso à Informação. 4. Tratamento de Conflito de Interesses. 5. Tratamento de Nepotismo. 6. Tratamento de Denúncias. 7. Funcionamento de Controles Internos. 8. Cumprimento de Recomendações de Auditoria. 9. Procedimentos de Responsabilização. 10. Gestão de Riscos para Integridade.

Uma dúvida recorrente que surge nas organizações na implementação de programas de integridade seria a necessidade de cada instância possuir uma estrutura organizacional no regimento interno. **Ao nosso ver trata-se de um mito** (existem muitos outros que serão apresentados especificamente no capítulo 23). O profissional atuante do setor de *compliance* e integridade deve perceber que a multidisciplinaridade é característica comum entre os bons gestores de integridade.

Para cada instância faz-se necessário haver uma estrutura formal no organograma da Organização?
Não, trata-se de um mito. Depende de cada caso.
O exemplo clássico seria a Comissão de Ética que é uma comissão formada por servidores ou funcionários que normalmente ocupam cargos gerenciais na organização e se reúnem periodicamente. A comissão não consta no organograma, mas nem por isso a função de integridade deixa se ser exercida.

6 *Art. 6º Para o cumprimento do disposto no inciso III do art. 5º desta Portaria, os órgãos e as entidades deverão atribuir a unidades novas ou já existentes as competências correspondentes aos seguintes processos e funções:*

I - promoção da ética e de regras de conduta para servidores, observado, no mínimo, o disposto no Decreto nº 1.171, de 22 de junho de 1994, no Decreto nº 6.029, de 1º de fevereiro de 2007, e na Resolução nº 10, de 29 de setembro de 2008, da Comissão de Ética Pública - CEP;

II - promoção da transparência ativa e do acesso à informação, observado no mínimo o disposto na Lei nº 12.527, de 18 de novembro de 2011, no Decreto nº 7.724, de 16 de maio de 2012, e na Resolução nº 11, de 11 de dezembro de 2017, da CEP;

III - tratamento de conflitos de interesses e nepotismo, observado no mínimo o disposto na Lei nº 12.813, de 16 de maio de 2013, no Decreto nº 7.203, de 4 de junho de 2010, e na Portaria Interministerial nº 333, do Ministério do Planejamento, Desenvolvimento e Gestão e do Ministério da Transparência e Controladoria-Geral da União, de 19 de setembro de 2013;

IV - tratamento de denúncias, observado, no mínimo, o disposto na Lei nº 13.460 de 26 de junho de 2017, na Instrução Normativa Conjunta nº 1 da Corregedoria-Geral da União e da Ouvidoria-Geral da União, de 24 de junho de 2014, e na Instrução Normativa nº 1 da Ouvidoria-Geral da União, de 05 de novembro de 2014;

V - verificação do funcionamento de controles internos e do cumprimento de recomendações de auditoria, observado no mínimo o disposto na Instrução Normativa CGU nº 03, de 9 de junho de 2017, e da Instrução Normativa CGU nº 08, de 6 de dezembro de 2017; e

VI - implementação de procedimentos de responsabilização, observado, no mínimo, o disposto no Decreto nº 5.480, de 30 de junho de 2005, na Portaria CGU nº 335, de 30 de maio de 2006, na Portaria CGU nº 1.043, de 24 de julho de 2007, e na Portaria CGU nº 1.196, de 23 de maio de 2017.

7 **Posteriormente foi atualizada pela Portaria CGU nº 57, de 4 de janeiro de 2019.**

Outro exemplo seria a Ouvidoria que normalmente possui um cargo destinado para a função. Conforme a organização, a Ouvidoria pode acumular as funções de: transparência ativa, acesso à informação e/ou tratamento das denúncias.

4. PLANO DE INTEGRIDADE *VERSUS* PROGRAMA DE INTEGRIDADE

Outro conceito que pode gerar confusão inicial seria plano de integridade e programa de integridade. **Não são conceitos sinônimos.**

Plano de Integridade
Documento, aprovado pela alta administração, que organiza as medidas de integridade a serem adotadas em determinado período, devendo ser **revisado periodicamente.**

Programa de Integridade
Conjunto estruturado de medidas institucionais voltadas para a prevenção, detecção, punição e remediação de práticas de corrupção, fraudes, irregularidades e desvios éticos e de conduta.

Observa-se que o plano é o documento com uma proposta de atuação para os próximos anos assumida pela Alta Administração, enquanto o Programa inclui medidas dentre a quais se destaca a adoção de um Plano de Integridade.

Quadro 2.1: Plano de Integridade versus Programa de Integridade

Programa de Integridade	Plano de Integridade
Contém a abordagem completa das ações de integridade: implementação e execução.	Está contido no Programa de Integridade.
O programa não possui uma data de revisão. Possui caráter permanente e está em constante evolução e monitoramento.	O plano é revisado periodicamente: a cada 3 ou 4 anos.
Deve ser acompanhado periodicamente por relatório de acompanhamento do programa de integridade: a cada 6 meses ou a cada ano.	As metas do plano são inseridas no relatório de acompanhamento do programa. Em função dos apontamentos do acompanhamento, surgem oportunidades de melhoria para o próximo Plano.

O relatório de acompanhamento de programa de integridade faz a integração entre o programa e plano.

5. *COMPLIANCE* E INTEGRIDADE

Conforme tratado no capítulo 1, o termo do verbo Inglês “TO COMPLY”, tem a definição de “estar de acordo”. Definição atual foi ampliada para **estar de acordo com a lei e os princípios éticos.**

A Gestão de *Compliance* seria responsável por monitorar os atos normativos com foco na ética e transparência: duas das instâncias da integridade.

O “*Compliance*” moderno significa literalmente o cumprimento de leis e regras e, **com a inserção do mecanismo da Integridade ao seu sistema**, seu conceito se expande para alcançar a ÉTICA, estabelecendo uma cultura de se fazer o certo em toda a corporação.

A "Integridade", por sua vez, é a forma mais efetiva, no ambiente corporativo, para o combate à corrupção, fraudes e demais ilicitudes contra a Administração Pública. Baseia-se em três pilares de sustentação: **prevenção, detecção e remediação** que se conectam com diversas instâncias da integridade.

6. RISCOS PARA A INTEGRIDADE

De acordo com a Portaria CGU 57/2019, **riscos para integridade são vulnerabilidades** que podem favorecer ou facilitar a **ocorrência de práticas de corrupção, fraudes, irregularidades e/ou desvios éticos e de conduta**, podendo **comprometer os objetivos da instituição**. Perceba que o conceito de riscos não quer dizer que ocorreu fraude ou desvio. Trata-se que um conceito atrelado à possibilidade de aquelas ocorrerem. Não necessariamente risco é o que certamente irá acontecer, mas é relativo a algo antiético que tem probabilidade de ocorrer. Por isso que os programas de integridade trabalham também com a prevenção (elemento de incerteza) e não somente com a detecção e correção.

Aqui surge a primeira premissa para qualquer gestão de riscos: existência e execução de um planejamento estratégico razoável. Sem isso, a gestão de riscos não alcançará sua missão e será vista como mais um elemento burocrático.

Elementos Essenciais do Planejamento Estratégico que serão úteis na Gestão de Riscos (inclusive riscos para Integridade)
- Estruturas de Governança com destaque com instância em que o Dirigente Máximo participe.
- Mapa estratégico contendo: missão, visão, valores, objetivos e indicadores.
- Cadeia de Valor contendo os macroprocessos: gerenciais, finalísticos e de suporte.
- Programas segmentados em: projetos de produtos transformadores, projetos ordinários e atividades continuadas.
- Modelo de priorização dos programas e seus segmentos.

O que ocorre muitas vezes é que se parte para medir gestão de riscos para integridade sem que se tenha minimamente os elementos essenciais do planejamento estratégico. Nestes casos, a chance de conflito entre áreas é elevada, pois, ainda não há uma cultura propícia para se implementar um programa de integridade.

Outro fato importante para se gerenciar riscos estratégicos seria a definição da política de riscos, pois é nela que se define entre outros elementos, o **apetite ao risco** que é o quanto que gestores e atores do processo estão dispostos a aceitar em caso de concretização.

Elementos Essenciais da Gestão de Riscos que serão úteis na Gestão de Riscos para Integridade
- Política de Riscos contendo[8]: conceitos, área responsável pela gestão de riscos, apetite ao risco e a quem se deve reportar os eventos críticos (autoridade máxima ou instância colegiada máxima).
- Plano de Gestão de Riscos contendo: processos críticos, prazos e responsáveis.
- Metodologia de Gestão de Riscos (que pode estar ou não inclusa no plano de gestão de riscos).

8 **IN Conjunta nº 01 MP/CGU 2016.** Art. 17. A política de gestão de riscos, a ser instituída pelos órgãos e entidades do Poder Executivo federal em até doze meses a contar

7. ITENS DIRETA E INDIRETAMENTE OBSERVÁVEIS EM UM PROGRAMA DE INTEGRIDADE E *COMPLIANCE*

O ser humano é movido pelo campo visual. Existe até aquele ditado "Sou igual a Tomé, tenho que ver para crer". Contudo, um programa de integridade não é composto apenas por itens diretamente observáveis ou facilmente verificáveis. **Por exemplo: como medir o engajamento da alta administração? Como avaliar a cultura organizacional?**

Trata-se de perguntas desafiadoras. Assim, nossa contribuição inicial é que existem itens diretamente observáveis e indiretamente observáveis em um programa de integridade. O desafio reside nos itens do segundo grupo.

Quadro 2.2: Itens observáveis diretamente e indiretamente em um programa de integridade e *compliance*

Itens Observáveis Diretamente em um Programa de Integridade	Itens Observáveis Indiretamente em um Programa de Integridade
- Estrutura das instâncias de integridade com atribuições definidas e estruturadas. - Fluxo dos processos relevantes de cada instância. - Quadros demonstrativos dos produtos gerados por cada instância de integridade. - Plano de Integridade. - Política de Riscos. - Metodologia de gestão de riscos para Integridade. - Aplicação da metodologia de gestão riscos para integridade a processos relevantes. - Campanhas educativas de integridade.	- Desempenho das instâncias de integridade. - Acompanhamento do Programa de Integridade. - Mudanças comportamentais efetivas em função das campanhas educativas de integridade. - Engajamento da Alta Administração. - Cultura Organizacional voltada para Integridade.

Por isso que, conforme capítulo 1, ao elaborar um plano de integridade deve-se dosar as estratégias entre: (i) aquelas baseadas em regras(normas) e (ii) aquelas baseadas em valores (princípios).

da publicação desta Instrução Normativa, deve especificar ao menos: I – princípios e objetivos organizacionais; II – diretrizes sobre: a) como a gestão de riscos será integrada ao planejamento estratégico, aos processos e às políticas da organização; b) como e com qual periodicidade serão identificados, avaliados, tratados e monitorados os riscos; c) como será medido o desempenho da gestão de riscos; d) como serão integradas as instâncias do órgão ou entidade responsáveis pela gestão de riscos; e) a utilização de metodologia e ferramentas para o apoio à gestão de riscos; e f) o desenvolvimento contínuo dos agentes públicos em gestão de riscos; e III – competências e responsabilidades para a efetivação da gestão de riscos no âmbito do órgão ou entidade.

8. IMPLEMENTAÇÃO E MONITORAMENTO

Um programa de integridade envolve 2 fases: implementação e monitoramento. Caso seja a primeira versão do programa, a implementação necessariamente passará por definição de instâncias, designação dos responsáveis, elaboração dos primeiros fluxos e "sentir" as primeiras dificuldades de integração entre as instâncias. Essa implementação pode ter como marco simbólico a aprovação do 1º Plano de Integridade.

Caso seja um programa de integridade de 2ª geração, deve-se utilizar os relatórios de acompanhamento anteriores com as informações úteis para direcionar os trabalhos. **Por exemplo, caso o canal de denúncia da Organização contenha diversos casos de assédio moral que posteriormente não se confirmaram na Comissão de Ética como assédio moral, mas sim falta de entendimento por parte dos denunciantes sobre o papel do chefe; o próximo plano de integridade deve ter como uma de suas metas realizar campanhas e capacitações que diferenciem o que de fato consiste em assédio moral e o que é dever do chefe imediato no curso normal de suas atribuições para uma gestão baseada em resultados. Além disso, pode ser realizado um curso específico de comunicação não agressiva para os chefes.**

Quanto ao monitoramento, é essencial que haja uma forma de acompanhar o programa de integridade. Um aspecto essencial do monitoramento é que **o documento que sintetize as realizações seja feito de forma natural e rotineira a partir dos produtos gerados por cada instância** e que possibilitem a a Alta Administração identificar qual função da integridade necessita maior atenção e apoio.

Nesses relatórios de acompanhamento, deve-se priorizar informações do que foi acompanhado e muito pouco do que será feito, exceto se forem correções de fragilidades que foram detectadas pelo acompanhamento.

9. MODELOS DE MATURIDADE

Existem modelos de maturidade relacionados às funções de integridade. No caso da auditoria interna existe o IA-CM[9]; no caso da corregedoria pode-se citar o exemplo do CRG-MM[10] da CGU; e no caso da ouvidoria pode-se citar o exemplo do MMOuP[11] da CGU; no caso da ética foi desenvolvido painel gerencial do Sistema de Gestão da Ética Pública;[12] e no caso da integridade foi desenvolvido o Modelo de Maturidade Integridade Pública 1.0 - MMIP (que contou inclusive com

9 https://conaci.org.br/ia-cm/.

10 https://www.gov.br/corregedorias/pt-br/acoes-e-programas/siscor/modelo-de-maturidade-correcional-cgm.

11 https://www.gov.br/ouvidorias/pt-br/ouvidorias/modelo-de-maturidade-em-ouvidoria-publica.

12 Sistema de Gestão de Ética Pública disponível em https://www.gov.br/planalto/pt-br/acesso-a-informacao/acoes-e-programas/governanca/etica-publica/servicos-em-destaque/paineis-gerenciais.

participação de um dos autores desta obra na equipe técnica). O que todos esses modelos possuem em comum? Duas macro variáveis: existência e institucionalização.

Quadro 2.3: Existência e Institucionalização nos Modelos de Maturidade

Existência (Fase 1)	Institucionalização (Fase 2)
O critério da existência seria o alicerce inicial de um modelo de maturidade. Ele consiste nos recursos (pessoal e material) alocados em determinada instância e procedimentos formais definidos em lei, norma, regulamento.	O critério da institucionalização seria o objetivo final de um modelo de maturidade. A partir dos recursos e procedimentos formais existentes cada instância deve efetivamente atuar e gerar os produtos associados e buscar integrar-se ao seu público alvo.
Exemplos de itens relacionados à existência: -Estrutura das instâncias de integridade com atribuições definidas e estruturadas. -Fluxo dos processos relevantes de cada instância. -Plano de Integridade. -Política de Riscos. -Metodologia de gestão de riscos para Integridade.	**Exemplos de itens relacionados à institucionalização:** -Quadros demonstrativos dos produtos gerados por cada instância de integridade. -Aplicação da metodologia de gestão riscos para integridade a processos relevantes. -Campanhas educativas de integridade. -Desempenho das instâncias de integridade. -Atas de reunião do comitê estratégico ou órgão equivalente com deliberações. -Relatório de Acompanhamento do Programa de Integridade.

Avaliação ESG e o Greenwashing[13]: caso em que a existência estava presente, porém sem a institucionalização
Empresas com classificação alta na métrica amplamente aceita de governança ambiental, social e corporativa (conhecida como ESG, na sigla em inglês), **poluem tanto quanto as companhias com pontuação baixa, descobriu uma pesquisa.** Essa ausência perversa de correlação se mantém mesmo quando a intensidade de carbono das empresas – suas emissões de carbono por unidade de receita ou capitalização de mercado — é comparada unicamente à sua pontuação ambiental, segundo a consultoria e fornecedora de índices Scientific Beta. Segundo Felix Goltz: "É muito possível que uma empresa com altas emissões seja muito boa em governança ou satisfação dos funcionários. Não existe uma relação forte entre a satisfação do funcionário ou qualquer um desses fatores e a intensidade do carbono". Ainda segundo ele, "Mesmo o pilar ambiental não tem muita relação com as emissões de carbono", acrescentou, já que essa classificação é determinada em parte por fatores como o uso de recursos hídricos e práticas de gerenciamento de resíduos pela empresa. **Assim, a métrica ESG neste caso está dissociada da realidade efetiva.**

13 https://painelrioverde.wordpress.com/2023/08/01/empresas-com-boa-nota-esg-poluem-tanto-quanto-as-mal-avaliadas/.

Caso Americanas de 2023 e o Integritywashing[14]: caso em que a existência estava presente, porém sem a institucionalização
Durante o caso das Americanas em 2023, uma das notícias que chamou bastante a atenção foi a ausência de atas do Comitê de Auditoria. Ou seja, o Comitê existia, possuía um fluxo de deliberação, se reunia; porém, não houve registro das atas e não houve comunicação aos destinatários devidos. Ou seja, faltava a institucionalização daquela instância. Importante destacar que o Conselho de Administração ao não receber as atas, deveria ter atuado tempestivamente.

10. CONCEITOS ESSENCIAIS DIANTE DE INOVAÇÕES EMERGENTES

Faz-se aduzir que de maneira não eventual surgem novos conceitos e ferramentas de gestão que podem ser utilizadas para auxiliar as organizações. Ferramentas como a de inteligência artificial (IA), por exemplo, cada vez mais fazem parte do cotidiano das entidades públicas ou privadas para melhoria dos processos meios e processos finalísticos. De igual modo, por exemplo, as mudanças legislativas que venham induzir mudanças de paradigmas de transformação digital e proteção de dados pessoais sem sombra de dúvida afetam a cultura organizacional e fazem surgir novos riscos organizacionais. Portanto uma pergunta se faz necessária: Esses conceitos e ferramentas e temas emergentes que irão surgir com cada vez mais frequência, deixariam defasados os conceitos básicos trazidos neste capítulo? A resposta é negativa. Defende-se que os conceitos de programa de integridade, riscos e maturidade definidos como essenciais continuarão válidos e aplicáveis. Ocorre que ferramentas novas de gestão e marcos normativos incidentais podem maximizar oportunidades de implantação de programas de integridade para que sejam mais efetivos (novas oportunidades de melhoria), bem como surge o zelo de procurar evitar outros riscos que não existiam (vazamento de dados e informações sensíveis), mas não mudam o fato de que as organizações devem estar comprometidas com valores de ética e integridade.

PODCAST com *Expert*:
Vládia Ferreira traz conceitos essenciais dos programas de integridade.

14 https://valor.globo.com/empresas/noticia/2023/07/03/americanas-diz-a-administrador-judicial-que-no-tem-atas-do-comit-de-auditoria.ghtml.

CAPÍTULO 03

EIXOS ESSENCIAIS DA INTEGRIDADE NO SETOR PÚBLICO SEGUNDO A OCDE APLICADOS ÀS ORGANIZAÇÕES NO BRASIL

1. EIXOS ESSENCIAIS DA INTEGRIDADE

Ao discorrer sobre a evolução histórica do conceito de programa de integridade (capítulo 1) pode-se perceber que é um conceito dinâmico e em transformação. Assim, a integridade aplicada às organizações depende da correta percepção sobre o que significa de fato ela sair de aspectos legais de conformidade para a incorporação, também, de valores éticos.

Após a percepção da abrangência do conceito de integridade tem-se ainda a necessidade de construir uma **estrada pavimentada** para que se institua um bom programa de integridade. Certamente um bom programa não será feito sem uma diretriz. Até os normativos brasileiros que serão estudados se basearam em premissas quase que na totalidade oriundos de boas práticas internacionais.

Como ponto de partida para construir a **estrada pavimentada** vamos verificar o que nos evidencia a OCDE (Organização para a Cooperação e Desenvolvimento Econômico). Esta entidade multinacional lançou em 2017 guia contendo recomendações de seu Conselho quanto à Integridade Pública[1]. Tal guia tem o condão de lançar luz à direção da estrada, especialmente no âmbito do poder público. As recomendações do conselho da OCDE são medidas não vinculantes às quais os países membros podem aderir de maneira voluntária, mas que contam com acompanhamento constante do secretariado da entidade, como forma de

1 https://www.oecd.org/gov/ethics/integrity-recommendation-pt.pdf.

acompanhar seu desenvolvimento e implementação em países membros e aliados da organização (como o Brasil).

Essas recomendações visam fortalecer os sistemas de controle com foco em resultados e promoção da integridade no setor público.

De igual modo, as recomendações da OCDE possuem o condão de influenciar entidades não governamentais (seja com ou sem fins lucrativos) para a busca da integridade por meio de ações coletivas (mais adiante, a obra insculpirá pormenorizadamente como ocorrem essas interações de autorregulação). É também digno de nota que os amplos espaços de discussão na OCDE proporcionam o surgimento de compromissos que têm elevada chance de serem seguidos pelos consignatários haja vista serem assumidos publicamente.

Portanto, a primeira coisa que temos que ter em mente é que para a OCDE a implantação de medidas de integridade é baseada em **um tripé necessário** e indispensável. São eles **(i) sistemas, (ii) cultura e (iii) prestação de contas.** Assim, nascem os eixos que podem ser adotados como base para a construção de um programa de integridade. Esses eixos são a base, a diretriz ou o norte a ser seguido que inclusive influenciaram a construção da legislação brasileira (decreto 11.129/22). De tais eixos há o desdobramento de *componentes* (que no capítulo 5 chamaremos de elos da corrente e vocês entenderão o porquê). Quanto a tais eixos é possível aduzir que: **(i) Quanto ao sistema:** A OCDE recomenda que os Membros e os não membros que aderiram à recomendação (denominados **"Aderentes"**) criem um sistema de integridade pública coerente e abrangente. O Quadro 3.1 contém os elementos do Eixo 1 e boas práticas observadas nos órgãos públicos. **(ii) Quanto à cultura:** A OCDE recomenda que os **Aderentes** promovam uma cultura de integridade pública. O Quadro 3.2 contém os elementos do Eixo 2 e boas práticas observadas nos órgãos públicos. **(iii) Quanto à prestação de contas:** A OCDE recomenda que os **Aderentes** possibilitem uma prestação de contas adequadas. O Quadro 3.3 contém os elementos do Eixo 3 e boas práticas observadas nos órgãos públicos.

A Figura 3.1 contém os 3 eixos e os respectivos componentes. O leitor poderá perceber que o compromisso público em se adequar as orientações da OCDE é um importante impulsionador de ações que visem a promoção da integridade, além de motivar alterações normativas visando a adequação.

Figura 3.1: Eixos da Integridade Pública conforme as recomendações do Conselho da OCDE

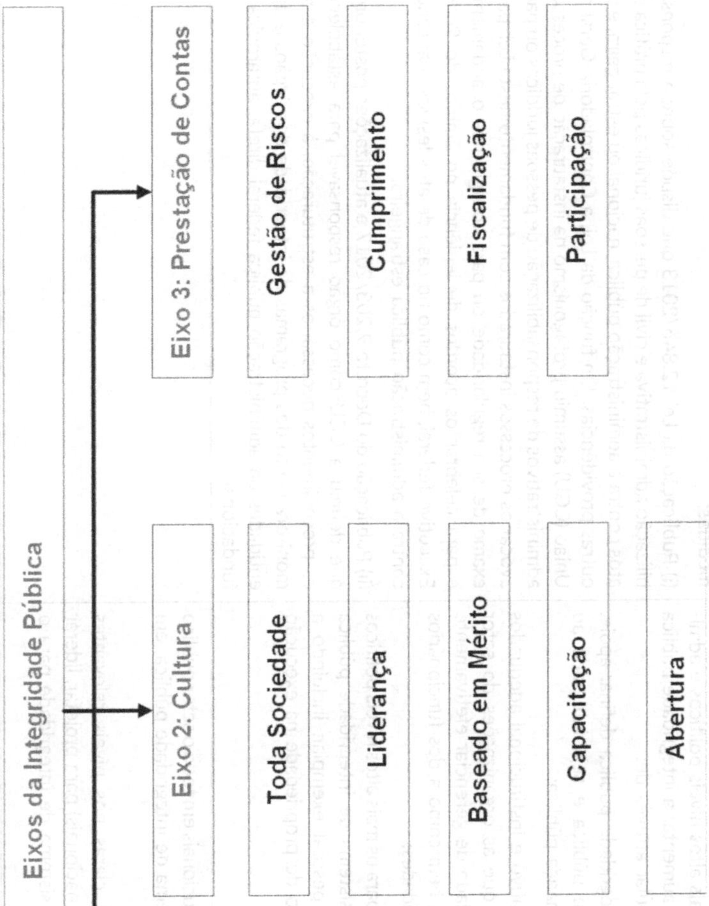

Quadro 3.1: Elementos do Eixo 1 - Sistema e boas práticas observadas

Elementos do Eixo 1	Descrição	Aplicação aos Órgãos Públicos: Boas Práticas
Compromisso	Demonstrar compromisso nos mais altos níveis políticos e administrativos do setor público para aumentar a integridade pública e reduzir a corrupção, em particular através de: a) garantir que o sistema de integridade pública defina, apoie, controle e aplique a integridade pública e seja integrado ao quadro geral de gestão e governança pública; b) garantir que os quadros legislativo e institucional adequados estejam em vigor para permitir que as organizações do setor público assumam a responsabilidade de gerenciar efetivamente a integridade de suas atividades, bem como a dos funcionários públicos que realizam essas atividades; c) estabelecer expectativas claras para os mais altos níveis políticos e de gestão que irão apoiar o sistema de integridade pública através de um comportamento pessoal exemplar, incluindo a demonstração de um alto padrão de propriedade na execução de funções oficiais.	**Pode-se citar como aplicação deste elemento, as seguintes medidas:** (i) Publicação da Lei 12.846/2013 que dispõe sobre a responsabilização administrativa e civil de pessoas jurídicas pela prática de atos contra a administração pública, nacional ou estrangeira, e dá outras providências. Em função da Lei, a Controladoria-Geral da União (CGU) assumiu protagonismo na instauração de processos administrativos de responsabilização de pessoas jurídicas ou para avocar os processos instaurados com fundamento nesta Lei, para exame de sua regularidade ou para corrigir-lhes o andamento e para celebrar os acordos de leniência no âmbito do Poder Executivo federal, bem como no caso de atos lesivos praticados contra a administração pública estrangeira; (ii) Publicação do Decreto 9.203/2017 e atualizações posteriores que definiu a CGU como órgão responsável para estabelecer os procedimentos necessários à estruturação, à execução e ao monitoramento dos programas de integridade dos órgãos e das entidades da administração pública federal direta, autárquica e fundacional.
Responsabilidades	Esclarecer responsabilidades institucionais em todo o setor público para fortalecer a eficácia do sistema de integridade pública, em particular através de: a) estabelecer responsabilidades claras nos níveis relevantes (organizacionais, subnacionais ou nacionais) para projetar, liderar e implementar os elementos do sistema de integridade para o setor público;	

Elementos do Eixo 1	Descrição	Aplicação aos Órgãos Públicos: Boas Práticas
Responsabilidades	b) assegurar que todos os funcionários públicos, unidades ou órgãos (incluindo autônomos e/ou independentes) com responsabilidade central pelo desenvolvimento, implementação, cumprimento e/ou monitoramento de elementos do sistema de integridade pública dentro de sua jurisdição **tenham o mandato** e a capacidade apropriados para cumprir suas responsabilidades; c) promover **mecanismos de cooperação horizontal e vertical** entre esses funcionários públicos, unidades ou órgãos e, sempre que possível, com e entre os níveis de governo subnacionais, através de meios formais ou informais para apoiar a coerência e evitar sobreposições e lacunas e compartilhar e desenvolver lições aprendidas com as boas práticas.	**Pode-se citar como aplicação deste elemento, as seguintes medidas:** (i) Adoção de mandatos para auditor interno[2], corregedor[3] e ouvidor[4] no âmbito federal; (ii) Formação de redes de cooperação de agentes de controle interno de diferentes esferas a exemplo no CONACI[5].
Estratégias	Desenvolver uma abordagem estratégica para o setor público que se baseie em evidências e vise atenuar os riscos de integridade pública, em particular através de: a) estabelecer objetivos estratégicos e prioridades para o sistema de integridade pública com base em uma abordagem baseada em risco para violar os padrões de integridade pública e que considere os fatores que contribuem para políticas efetivas de integridade pública;	**Pode-se citar como aplicação deste elemento, as seguintes medidas:** (i) Adoção de planos abrangentes e transversais de anticorrupção a exemplo do Radar Anticorrupção para ampliar integridade e transparência na gestão pública lançado em 2023 no Estado de São Paulo[6];

2 Portaria CGU 2.737/2017.

3 Portaria CGU 1.182/2020.

4 Portaria CGU 1.181/2020.

5 https://conaci.org.br/.

6 https://www.saopaulo.sp.gov.br/spnoticias/sp-lanca-radar-anticorrupcao-para-ampliar-integridade-e-transparencia-na-gestao-publica/.

Elementos do Eixo 1	Descrição	Aplicação aos Órgãos Públicos: Boas Práticas
Estratégias	b) desenvolver *benchmarks* e indicadores e reunir dados convincentes e relevantes sobre o nível de implementação, desempenho e eficácia geral do sistema de integridade pública.	(ii) Adoção obrigatória no âmbito federal dos Modelos de Maturidade Correicional e Modelos de Maturidade de Ouvidoria Pública.
Padrões	Definir altos padrões de conduta para funcionários públicos, em particular através de: a) ir além dos requisitos mínimos, priorizando o interesse público, a adesão aos valores do serviço público, uma cultura aberta que facilite e recomende a aprendizagem organizacional e encoraje a boa governança; b) incluir padrões de integridade no sistema legal e políticas organizacionais (como códigos de conduta ou códigos de ética) para esclarecer as expectativas e servir de base para a investigação e sanções disciplinares, administrativas, civis e/ou criminais, conforme apropriado; c) estabelecer procedimentos claros e proporcionais para ajudar a prevenir violações dos padrões de integridade pública e para gerir conflitos de interesse reais ou potenciais; d) comunicar valores e padrões do setor público internamente em organizações do setor público e externamente para o setor privado, sociedade civil e indivíduos e pedir a esses parceiros que respeitem esses valores e padrões em suas interações com funcionários públicos.	**Pode-se citar como aplicação deste elemento, as seguintes medidas:** (i) Normativos que definam requisitos mínimos para ocupação de cargos e funções de confiança[7]; (ii) Aprovação de Código de Ética Geral[8] e códigos de ética específicos; (iii) Padronização das consultas de conflitos de interesse via Sistema[9]; (iv) Definição de requisitos mínimos de um programa de integridade para organizações privadas e fomentar sua utilização[10]: Lei municipal da Prefeitura de Belo Horizonte passou a exigir para empresas contratadas cujos contratos superem determinado valor a avaliação de integridade.

7 Decreto 10.829/2021.

8 https://www.planalto.gov.br/ccivil_03/decreto/d1171.htm.

9 https://www.gov.br/cgu/pt-br/assuntos/prevencao-da-corrupcao/conflito-de-interesses/seci-sistema.

10 https://dom-web.pbh.gov.br/visualizacao/ato/422353.

Quadro 3.2: Elementos do Eixo 2 – Cultura e boas práticas observadas

Elementos do Eixo 2	Descrição	Aplicação aos Órgãos Públicos: Boas Práticas
Toda Sociedade	Promover uma cultura de integridade pública à toda a sociedade, em parceria com o setor privado, com a sociedade civil e com os indivíduos, em particular através de: a) reconhecer no sistema de integridade pública o papel do setor privado, da sociedade civil e dos indivíduos em respeitar os valores de integridade pública em suas interações com o setor público, em particular encorajando o setor privado, a sociedade civil e os indivíduos a defender esses valores como uma responsabilidade compartilhada; b) envolver partes interessadas relevantes no desenvolvimento, atualização regular e implementação do sistema de integridade pública; c) aumentar a conscientização na sociedade dos benefícios da integridade pública e reduzir a tolerância das violações dos padrões de integridade pública e realizar, quando apropriado, campanhas para promover a educação cívica sobre a integridade pública, entre os indivíduos e particularmente nas escolas; d) envolver o setor privado e a sociedade civil sobre os benefícios complementares para a integridade pública que decorrem da manutenção da integridade nos negócios e nas atividades sem fins lucrativos, compartilhamento e desenvolvimento, lições aprendidas com as boas práticas.	**Pode-se citar como aplicação deste elemento, as seguintes medidas:** (i) Adoção de premiações para agentes externos à Organização: selos de integridade[11]; (ii) "Programa um por todos e todos por um" parceria entre a CGU e o Instituto Maurício de Sousa cujo objetivo é despertar nos estudantes o senso de cidadania, de ética, de participação e de responsabilidade, tendo a escola como núcleo principal de desenvolvimento das ações.

11 https://www.gov.br/agricultura/pt-br/assuntos/integridade/selo-mais-integridade.

Elementos do Eixo 2	Descrição	Aplicação aos Órgãos Públicos: Boas Práticas
Liderança	Investir em liderança de integridade para demonstrar o compromisso da organização do setor público com a integridade, em particular através de: a) incluir a liderança de integridade no perfil para gerentes em todos os níveis de uma organização, bem como um requisito para seleção, nomeação ou promoção para um cargo de gerência e avaliação do desempenho dos gerentes em relação ao sistema de integridade pública em todos os níveis da organização; b) apoiar os gerentes em seu papel como líderes éticos, estabelecendo mandatos claros, fornecendo apoio organizacional (como controle interno, instrumentos de recursos humanos e assessoria jurídica) e fornecendo treinamento e orientação periódicos para aumentar a conscientização e desenvolver habilidades sobre o exercício do julgamento apropriado em assuntos em que questões de integridade pública possam estar envolvidas; c) desenvolver estruturas de gestão que promovam responsabilidades gerenciais para identificar e mitigar riscos de integridade pública.	**Pode-se citar como aplicação deste elemento, as seguintes medidas:** (i) Adoção de mandados para auditor interno[12], corregedor[13] e ouvidor[14] no âmbito federal e previsão de afastamento em caso de conduta que comprometa a integridade; (ii) Definição de setores internos da Organização responsáveis de forma permanente pelo Plano de Integridade e Programa de Integridade: exemplo na UFC que instituiu a Secretaria de Governança; (iii) Definir a unidade responsável pela gestão de riscos para integridade. Em diversas unidades, a função de gestão de riscos da unidade recaiu sobre a unidade de gestão da integridade.

12 Portaria CGU 2.737/2017.

13 Portaria CGU 1.182/2020.

14 Portaria CGU 1.181/2020.

Elementos do Eixo 2	Descrição	Aplicação aos Órgãos Públicos: Boas Práticas
Baseado em Mérito	Promover um setor público profissional, baseado em mérito, dedicado aos valores do serviço público e à boa governança, em particular através de: a) assegurar gestão de recursos humanos que aplique consistentemente princípios básicos, como mérito e transparência, para apoiar o profissionalismo do serviço público, evitar o favoritismo e o nepotismo, proteger contra interferências políticas indevidas e mitigar riscos de abuso de posição e falta de conduta; b) assegurar um sistema justo e aberto para recrutamento, seleção e promoção, com base em critérios objetivos e em um procedimento formalizado, e um sistema de avaliação que suporte a prestação de contas e um espírito de serviço público.	**Pode-se citar como aplicação deste elemento, as seguintes medidas:** (i) Adoção programas de reconhecimento dos servidores e colaboradores da organização: a CGU instituiu programa de elogios[15] e programa de concessão de comendas[16]; (ii) A ENAP a pedido de órgãos federais realiza recrutamento de servidores dispostos a assumir cargos de liderança[17].
Capacitação	Fornecer informações suficientes, treinamento, orientação e conselhos em tempo hábil para que os funcionários públicos apliquem padrões de integridade pública no local de trabalho, especialmente através de: a) fornecer funcionários públicos ao longo de suas carreiras com informações claras e atualizadas sobre as políticas, regras e procedimentos administrativos da organização relevantes para a manutenção de altos padrões de integridade pública; b) oferecer indução e treinamento de integridade no trabalho para funcionários públicos ao longo de suas carreiras, a fim de aumentar a conscientização.	**Pode-se citar como aplicação deste elemento,** as campanhas institucionais em diversas áreas: prevenção do assédio moral e sexual.

15 Portaria CGU n° 1.777, de 04 de agosto de 2020.

16 Decreto 11.181, de 23 de Agosto de 2022.

17 https://www.enap.gov.br/pt/servicos/processos-seletivos.

Elementos do Eixo 2	Descrição	Aplicação aos Órgãos Públicos: Boas Práticas
Abertura	Apoiar uma cultura organizacional aberta no setor público que responda a preocupações de integridade, em particular através de: a) encorajar uma cultura aberta onde os dilemas éticos, as preocupações de integridade pública e os erros podem ser discutidos livremente e, quando apropriado, com os representantes dos funcionários e onde a liderança é responsiva e comprometida em fornecer conselhos oportunos e resolver problemas relevantes; b) fornecer regras e procedimentos claros para denunciar suspeitas de violação dos padrões de integridade e assegurar, de acordo com os princípios fundamentais do direito interno, proteção em direito e prática contra todos os tipos de tratamentos injustificados como resultado de denúncia de boa-fé e por motivos razoáveis; c) fornecer canais alternativos para denunciar violações suspeitas de padrões de integridade, incluindo, quando apropriado, a possibilidade de informar confidencialmente a um órgão com permissão e capacidade para realizar uma investigação independente.	**Pode-se citar como aplicação deste elemento, as seguintes medidas:** (i) Adoção de atas para registrar as deliberações dos envolvidos no nível estratégico e respectiva decisão adotada com posterior publicidade a exemplo do que exige o Decreto 9.901/2019 [18] para a Casa Civil da Presidência da República. (ii) Adoção de canal de denúncias possibilitando a denúncia anônima, a exemplo do FalaBr federal[19].

18 http://www.planalto.gov.br/ccivil_03/_ato2019-2022/2019/decreto/D9901.htm.

19 https://falabr.cgu.gov.br/publico/Manifestacao/SelecionarTipoManifestacao.aspx?ReturnUrl=%2f.

Quadro 3.3: Elementos do Eixo 3 – Prestação de Contas e boas práticas observadas

Elementos do Eixo 3	Descrição	Aplicação aos Órgãos Públicos: Boas Práticas
Gestão de Riscos	Aplicar um quadro de gestão de riscos e controle interno para salvaguardar a integridade nas organizações do setor público, em particular através de: a) garantir um ambiente de controle com objetivos claros que demonstrem o compromisso dos gerentes com integridade pública e os valores do serviço público, e que forneça um nível razoável de garantia de eficiência, desempenho e conformidade de uma organização em leis e práticas; b) garantir uma abordagem estratégica para a gestão de riscos que inclua a avaliação dos riscos para a integridade pública, abordando as deficiências de controle (incluindo a construção de sinais de alerta em processos críticos), bem como a criação de um mecanismo eficiente de monitoramento e garantia de qualidade para o sistema de gestão de riscos; c) garantir que os mecanismos de controle sejam coerentes e que incluam procedimentos claros para responder a possíveis suspeitas de violações de leis e regulamentos e facilitando o envio de relatórios às autoridades competentes, sem receio de represálias.	**Pode-se citar como aplicação deste elemento, as seguintes medidas:** (i) IN Conjunta MP/CGU 01/2016 que dispõe sobre controles internos, gestão de riscos e governança no âmbito do Poder Executivo federal[20]; (ii) Definição por diversos órgãos de Política de Riscos e metodologia de riscos, a exemplo da UFC[21]; (iii) Adoção por diversos órgãos de Plano de Gestão de Riscos e efetivo tratamento, a exemplo da UFC.

20 https://www.gov.br/cgu/pt-br/acesso-a-informacao/perguntas-frequentes/auditoria-e-fiscalizacao/in-conjunta-mp-cgu-no-01-2016.

21 https://secretariadegovernanca.ufc.br/wp-content/uploads/2020/01/res.-15-consuni-de-29.07.2019-dispoe-sobre-politica-de-gestao-de-riscos.pdf.

Elementos do Eixo 3	Descrição	Aplicação aos Órgãos Públicos: Boas Práticas
Cumprimento	Certificar que os mecanismos de cumprimento proporcionem respostas adequadas a todas as violações suspeitas de padrões de integridade pública por parte de funcionários públicos e todos os outros envolvidos nas violações, em particular através de: a) aplicação de justiça, objetividade e pontualidade no cumprimento de padrões de integridade pública (incluindo detecção, investigação, sanção e recurso) através do processo disciplinar, administrativo, civil e/ou criminal; b) promover mecanismos de cooperação e intercâmbio de informações entre os órgãos, unidades e funcionários relevantes (ao nível organizacional, subnacional ou nacional) para evitar sobreposições e lacunas e para aumentar a pontualidade e a proporcionalidade dos mecanismos de cumprimento; c) incentivar a transparência nas organizações do setor público e ao público sobre a eficácia dos mecanismos de cumprimento e os resultados dos casos, em particular através do desenvolvimento de dados estatísticos relevantes sobre os casos, respeitando a confidencialidade e outras disposições legais relevantes.	**Pode-se citar como aplicação deste elemento, as seguintes medidas:** (i) Adoção de manuais e calculadoras de TAC[22], PAD[23] e PAR[24], a exemplo da CGU, reduzindo o viés das equipes envolvidas pela apuração e fortalecendo a imparcialidade. (ii) Adoção por diversos órgãos de Relatório de Acompanhamento dos Programas de Integridade, por exemplo: UFC, UFCA, IFCE, UNILAB, DNOCS.

22 https://epad.cgu.gov.br/publico/calculadora/calc.html?tipo=tac.
23 https://epad.cgu.gov.br/publico/calculadora/calc.html?tipo=pad.
24 https://epad.cgu.gov.br/Publico/calculadora/calcPAR.html.

Elementos do Eixo 3	Descrição	Aplicação aos Órgãos Públicos: Boas Práticas
Fiscalização	Reforçar o papel da fiscalização e controle externo no sistema de integridade pública, em particular através de: a) facilitar a aprendizagem organizacional e demonstrar a prestação de contas das organizações do setor público, fornecendo respostas adequadas (incluindo recursos, quando relevante) às sanções, decisões e aconselhamento formal por órgãos de fiscalização (como instituições de auditoria supremas, provedores de justiça ou comissões de informação), agências de cumprimento regulatório e tribunais administrativos; b) garantir que os órgãos de fiscalização, as agências de cumprimento e os tribunais administrativos que reforcem a integridade pública respondam às informações sobre suspeitas de irregularidades ou falta de conduta recebidas de terceiros (como queixas ou alegações apresentadas por empresas, funcionários e outros indivíduos); c) assegurar o cumprimento imparcial das leis e regulamentos (que podem ser aplicados a organizações públicas e privadas, e indivíduos) por órgãos de fiscalização regulatória.	**Pode-se citar como aplicação deste elemento, as seguintes medidas:** (i) Realização de Auditorias e Fiscalizações pelos órgãos de controle; (ii) Adoção de mecanismo de gestão riscos na seleção dos auditados mostrando imparcialidade, a exemplo do TCU nas auditorias financeiras anuais[25].

25 Portaria TCU nº 75, de 29 de março de 2023.

Elementos do Eixo 3	Descrição	Aplicação aos Órgãos Públicos: Boas Práticas
Participação	Incentivar a transparência e o envolvimento das partes interessadas em todas as etapas do processo político e do ciclo político para promover a prestação de contas e o interesse público, em particular através de: a) promover a transparência e um governo aberto, incluindo garantir o acesso à informação e dados abertos, juntamente com respostas oportunas aos pedidos de informação; b) conceder a todas as partes interessadas - incluindo o setor privado, a sociedade civil e os indivíduos - acesso no desenvolvimento e implementação de políticas públicas; c) evitar a captura de políticas públicas por grupos de interesse particulares através da gestão de situações de conflito de interesses e promover a transparência nas atividades de lobby e no financiamento de partidos políticos e campanhas eleitorais; d) incentivar uma sociedade que inclua organizações de supervisores, grupos de cidadãos, sindicatos e meios de comunicação independentes.	**Pode-se citar como aplicação deste elemento, as seguintes medidas:** (i) O plano de dados abertos, a exemplo do governo federal[26]. (ii) Realização de audiências públicas. (iii) Formação de conselhos com participação de diversos espectros da sociedade, a exemplo do Conselho de Transparência, Integridade e Combate à Corrupção - CTICC[27].

26 https://www.gov.br/cgu/pt-br/acesso-a-informacao/dados-abertos/arquivos-eleicoes/plano-de-dados-abertos.pdf.

27 https://www.gov.br/cgu/pt-br/assuntos/transparencia-publica/conselho-da-transparencia.

Boas Práticas observadas e replicáveis
1. Suporte legal e infralegal para tornar perene a atuação dos órgãos responsáveis pela integridade: regulação e monitoramento dos programas das organizações.
2. Instituição de mandatos para os agentes públicos que atuem nas funções de integridade bem como definir as hipóteses de afastamento em caso de conduta que comprometa a integridade.
3. Formação de redes de cooperação no nível vertical e horizontal.
4. Instituição de Planos de Integridade em nível amplo e não apenas de forma individualizada por organização.
5. Adoção de padrões por intermédio dos modelos de maturidade.
6. Normativos que definam requisitos mínimos para ocupação de cargos e funções de confiança.
7. Aprovação de Código de Ética Geral e fomento à elaboração de códigos de ética específicos.
8. Padronização das consultas de conflitos de interesse preferencialmente via sistema eletrônico.
9. Realização de avaliações prévias de integridade para fornecedores contratados pelo setor público cujos contratos superem determinado valor considerado materialmente relevante.
10. Adoção de premiações para agentes externos à Organização que façam a adesão de práticas íntegras.
11. Fomento e adoção de programas que levem ao estudante em idade escolar o senso de cidadania, de ética, de participação e de responsabilidade.
12. Definir setores internos da Organização responsáveis de forma permanente pelo Plano de Integridade e Programa de Integridade.
13. Definir a unidade responsável pela gestão de riscos para integridade.
14. Adotar programas de reconhecimento dos servidores e colaboradores da organização: programa de elogios e/ou programa de concessão de comendas.
15. Utilizar unidades especialistas para realizar recrutamento de servidores dispostos a assumir cargos de liderança.
16. Realização de campanhas institucionais em tema que seja relevante e necessário para reforçar a integridade na organização.
17. Adoção de atas ou mecanismos similares para registrar as deliberações dos envolvidos no nível estratégico e respectiva decisão adotada com posterior publicidade do documento.
18. Adoção de canal de denúncias que possibilite a denúncia anônima.
19. Adoção de normativo que disponha sobre controles internos, gestão de riscos e governança.
20. Definição efetiva pelos órgãos de Política de Riscos e metodologia de riscos.
21. Adoção efetiva pelos órgãos de Plano de Gestão de Riscos e efetivo tratamento.
22. Adoção de manuais e ferramentas (a exemplo das calculadoras de TAC, PAD e PAR) reduzindo o viés das equipes envolvidas pela apuração e fortalecendo a imparcialidade.
23. Adoção de Relatório de Acompanhamento dos Programas de Integridade.
24. Adoção de mecanismo de gestão riscos na seleção dos auditados mostrando imparcialidade.
25. Fomentar e executar plano de dados abertos.
26. Fomentar e realizar de audiências públicas na pauta de integridade.
27. Formar conselhos com participação de diversos espectros da sociedade.

PODCAST com *Expert*:

Patrícia Santoz apresenta o papel da OCDE e os desafios da integridade para empresas que atuam no exterior.

PODCAST com *Expert*:

Guilherme France fala sobre o combate à corrupção por organismos de cooperação internacional

PODCAST com *Expert*:

Wagner de Campos Rosário traz reflexões sobre Planos Anticorrupção

CAPÍTULO 04

INTEGRIDADE NÃO É SÓ A AUSÊNCIA DE CORRUPÇÃO, MAS A PRESENÇA DE CONFIANÇA ELEVADA: O CASO DA DINAMARCA

1. POR QUE A DINAMARCA?

O enfrentamento a corrupção é algo que requer esforço coletivo, entretanto, existe possibilidade de encurtar caminho apreendendo com cases de sucesso por meio dos quais é possível conhecer singularidades que fazem certos governos e organizações obterem sucesso acima da média em comparação com entidades similares. A Dinamarca é um case que merece ser estudado e trazido para compreensão das pessoas que procedem a leitura dessa obra por dois motivos: (i) é um país dos mais bem colocados em rankings de mensuração de enfrentamento à corrupção, e (ii) em 2019, estes autores puderam observar de perto suas características e arranjos institucionais peculiares ao realizaram curso in loco cujo objetivo era adquirir conhecimento para reforçar e instituir o desenvolvimento de programas de integridade de nível estadual e federal. A iniciativa consistia em trocas de experiências entre alguns Estados brasileiros e o Governo da Dinamarca para aprender boas práticas de integridade que são referências no mundo. Tal iniciativa foi promovida pela Transparência Internacional Brasil e a Embaixada da Dinamarca no Brasil. O local escolhido para o curso foi a Dinamarca que, durante 2 semanas, os participantes da iniciativa tiveram contato com diversos especialistas em temas afetos ao controle tais quais a transparência, auditoria, fiscalização e integridade. Entretanto, também foi procedida imersão acerca valores e aspectos culturais de alguns países nórdicos.

Mas qual foi o motivo para a Transparência Internacional ter escolhido a Dinamarca? O Quadro 4.1 nos dá uma pista.

Quadro 4.1: Extrato do Ranking de Percepção de Corrupção

País	2012[a]	2019	2020	2021	2022	2023	2024
Dinamarca	1º (90 pontos)	1º (87 pontos)	1º (88 pontos)	1º (88 pontos)	1º (90 pontos)	1º (90 pontos)	1º (90 pontos)
Nova Zelândia	1º (90 pontos)	1º (87 pontos)	1º (88 pontos)	1º (88 pontos)	2º (87 pontos)	3º (85 pontos)	4º (83 pontos)
Finlândia	1º (90 pontos)	1º (87 pontos)	1º (85 pontos)	1º (88 pontos)	2º (87 pontos)	2º (87 pontos)	2º (88 pontos)
Brasil	79º (43 pontos)	106º (35 pontos)	94º (38 pontos)	96º (38 pontos)	94º (38 pontos)	104º (36 pontos)	107º (34 pontos)
Síria	173º (26 pontos)	178º (13 pontos)	178º (14 pontos)	178º (13 pontos)	178º (13 pontos)	177º (13 pontos)	177º (12 pontos)
Sudão do Sul[b]	175º (14 pontos)	179º (12 pontos)	179º (12 pontos)	180º (11 pontos)	178º (13 pontos)	177º (13 pontos)	180º (8 pontos)
Somália	176º (8 pontos)	180º (11 pontos)	179º (12 pontos)	178º (13 pontos)	180º (12 pontos)	180º (11 pontos)	179º (9 pontos)

Legenda: (a) 2012 foi o 1º ano da pesquisa e continha 176 países. (b) Sudão do Sul só foi incorporado à pesquisa em 2013. Essa nota refere-se a 2013.

O que se observa neste ranking é que a variação da pontuação ao longo do tempo é tímida. Além disso, os países dos extremos superior e inferior permanecem praticamente os mesmos ao longo dos anos. Considerando que a Dinamarca sempre ficou entre as primeiras posições, a Transparência Internacional decidiu que seria o melhor local para colher informações e práticas a fim de servir de inspiração para o Brasil. Contudo, façamos a seguinte reflexão.

Caso o Brasil viesse a adotar hoje todas as práticas no setor público e privado similares à Dinamarca, será que em uma pesquisa seguinte o Brasil figuraria entre os primeiros?
A resposta é não. A pesquisa de percepção da corrupção depende de uma variável central chamada "Confiança". Assim, de nada adianta aplicar as melhores práticas anticorrupção e o nível de confiança entre as pessoas, e entre pessoas e organizações continuar baixo, pois o índice de percepção da corrupção vai refletir isso. Aumentar a confiança entre pessoas, e entre pessoas e organizações requer tempo e persistência. **Fazendo uma analogia é como se a confiança fosse um "Transatlântico chamado Trust" navegando no "Mar na Integridade". O nosso transatlântico precisa estar na direção correta, porém as manobras são lentas. Ele demora a pegar velocidade. Não se pode achar simplesmente que um novo plano ou programa de integridade em pouco tempo causará o impacto desejado. Nesse "mar da integridade" não existe espaço para jet-ski e suas manobras radicais.** **Por fim, um programa de integridade deve focar no fortalecimento da confiança e não tão somente em medidas anticorrupção.**

Ao fazer essa análise começa a fazer sentido quando no capítulo 01 desta obra destacou a tendência de que ações estruturantes de integridade tenham cada vez mais esforços voltados para engajar o fomento de valores que agreguem a gestão ética na cultura organizacional.

Deste modo, a confiança pode ser induzida e enraizada em uma organização. No caso do desempenho dinamarquês destacam-se iniciativas de meados do século XVII quando a Dinamarca sofria reveses territoriais e perdia parte de seu reinado para a Suécia e sentiu a necessidade de que era preciso ter uma administração mais eficiente para coletar impostos e financiar batalhas em curso. Assim, numa época em que a nobreza gozava de vários privilégios, o rei Frederik III proibiu que se recebessem ou oferecessem propinas e presentes, sob pena até de morte. Desta maneira, nesse período já foram estruturadas regras para contratar servidores públicos com base em mérito, não no título ou origem familiar. A partir disso novas medidas foram sendo instituídas ao longo do tempo visando fortalecer a confiança social.

2. CARACTERÍSTICAS DA DINAMARCA QUE EVIDENCIAM SUA SINGULARIDADE COMO *BENCHMARKING*

Um dos pontos que chamam a atenção de quem vai buscar compreender as particularidades típicas do país nórdico referência, é quando se faz um esforço de diligenciar o porquê da elevada confiança dos dinamarqueses entre si e nas organizações. O Quadro 4.2 contém dados comparados entres os dois países de 2019 (época da coleta de dados in loco pelos autores desta obra).

Quadro 4.2: Dados comparados Brasil e Dinamarca

Dados de 2019	Dinamarca	Brasil
População	5,6 milhões	210 milhões
Idade mediana	42 anos	32 anos
Taxa fertilidade	1,73 / mulher	1,75 / mulher
Expectativa de vida	80 anos	74 anos
Urbanização	88%	86%
Despesas saúde	10% do PIB	8% do PIB
PIB per capita	50.000 $	15.000 $
Índice GINI	0,25	0,50
Inflação	0,5%	2,5%
Taxa de pessoas que recebem menos de 1 salário-mínimo	13,4%	50%
Taxa de obesidade	20%	22%

Fonte: Transparency and Good Governance (2019).

Dois dados chamam a atenção na Dinamarca em relação ao Brasil, baixa desigualdade social e mais de 85% da população recebem mais de 1 salário-mínimo.

Aniversário Comunitário (um por quadrimestre)
Na Dinamarca durante sua idade escolar, você não comemora seu aniversário exatamente no dia do seu nascimento. É escolhida uma data no quadrimestre e todos comemoram juntos. Cada família leva um alimento e é feito um aniversário comunitário. Uma prática simples, mas com diversos significados colaterais como: (i) evitar comparações (coisa comum que ocorre no Brasil); (ii) desenvolvimento de integração social entre as famílias; (iii) solidariedade; (iv) empatia. Ou seja, já se semeia a confiança durante toda o período escolar.

Rede Pública de Ensino
Existem escolas particulares na Dinamarca, mas a maioria da população estuda na rede pública de ensino. Devido às características culturais de exigir o exemplo dos seus líderes, espera-se que os filhos dos membros da família real e os filhos dos políticos estudem em escolas públicas. Um dos casos em que essa pressão foi parar nos jornais foi da 1ª Ministra Mette Frederiksen que em 2010 matriculou sua filha em uma escola particular, sendo que em 2005 ela havia criticado pais que fizeram escolha similar com a seguinte frase "Simplesmente não adianta pais mandarem seus filhos para escola particular logo que há problemas no ensino fundamental. Todos têm a responsabilidade de garantir que a escola primária funcione"[1]. Nesse mesmo período, os membros da família real estudavam todos na rede pública de ensino. Em suma, os Dinamarqueses estão muito mais atentos às ações do que palavras.

Lei de Jante
A **Lei de Jante** foi criada pelo autor *Aksel Sandemose* em seu romance *En flyktning krysser sitt spor* ("Um refugiado segue o seu rastro"), de 1933, onde descreve a pequena cidade de Jante, uma cidade fictícia em homenagem a sua cidade natal. **Esta lei codifica a tendência de o coletivo desvalorizar todo aquele que é diferente ou que tem mais êxito do que os outros.** As dez regras são geralmente tidas como uma unidade homogênea: **Não pense que você é especial ou que você é melhor do que nós.** **As dez regras são:** *Você não pensará que é especial.* *Você não pensará que está no mesmo patamar que nós.* *Você não pensará que é mais inteligente que nós.* *Você não imaginará que é melhor que nós.* *Você não pensará que sabe mais que nós.* *Você não pensará que é mais importante que nós.* *Você não pensará que é bom em alguma coisa.* *Você não rirá de nós.* *Você não pensará que nós nos importamos consigo.* *Você não pensará que nos pode ensinar alguma coisa.* **Em um primeiro momento, pode parecer que a lei é contra um sucesso, mas, na verdade ela semeia de forma dura e direta que quem tem sucesso deve ajudar aos demais e não se achar acima dos demais. Agora fica evidente a postura da população em relação aos políticos eleitos que matricularam seus filhos fora da rede pública de ensino.**

1 https://www.dr.dk/nyheder/indland/mette-frederiksen-min-datter-staar-skud.

Elevado grau de igualdade de gênero
Um fato que chama a atenção é a divisão de forma igualitária das tarefas domésticas entre os casais. É incentivado pelo setor público e privado que os pais adotem uma postura mais ativa na criação dos filhos. Assim, a chance de um homem e mulher se afastarem do trabalho temporariamente para cuidar dos filhos é a mesma e é praticada pelos casais, reduzindo as diferenças salariais e diminuindo a chance de preterição, em razão do gênero, quando da contratação.

Sociedade de Generalistas?
Em 2019, a Dinamarca possuía o maior índice de mudanças de emprego na Europa: 850.000 mudanças entre 2,7 milhões de empregados por ano. A sociedade dinamarquesa considera "normal" mudar de emprego a cada 2-4 anos.
Uma condição necessária para que esse modo de vida funcione seria o elevado grau de "tolerância a falhas". Aceitar falhas e corrigi-las juntos é obrigação de todo.

Um ícone observável nos tempos modernos da confiança social
Existe uma tradição na Dinamarca de quando os pais saem para almoçar ou jantar em restaurantes que não comportam carrinhos de bebês, **os pais deixam o bebê e o carrinho fora do estabelecimento.**
Parece algo inusitado, mas todos os membros na sociedade que passam na rua, entram ou saem do restaurante tratam aqueles bebês como se fossem seus.
Trata-se uma prova social da confiança coletiva dos dinamarqueses entre si.

3. O QUE FAZER QUANDO O CUSTO DE IMPLEMENTAR O CONTROLE AFETA O MODO DE VIDA DE TODA SOCIEDADE?

Umas das informações coletadas mais marcantes que foram observadas nessa imersão na Dinamarca foi o sistema de bilhetagem do metrô. O transporte público da região metropolitana é usado por 180 milhões de passageiros por ano, **sem que haja controle de acesso.** Em torno de 3-5% dos passageiros são controlados por ano. **Destes, em média 5% não pagaram a passagem.**

Tendo em vista que em média 5% não pagam passagem, por que não se muda o sistema de bilhetagem?
Porque o custo de garantir que todos paguem, supera o eventual benefício e pode inclusive trazer prejuízos irreparáveis para a confiança coletiva.
Em suma, na Dinamarca não se altera o modo de vida por conta de uma minoria. A construção da confiança é mais importante que as falhas.

4. SERÁ QUE REALMENTE NÃO EXISTE CORRUPÇÃO NA DINAMARCA?

É lógico que existe corrupção na Dinamarca como em qualquer outra sociedade. O que muda talvez seja a forma como eles enxergam o problema. Os Quadros 4.3, 4.4 e 4.5 contêm extratos do Eurobarômetro de 2017.

Quadro 4.3: Extrato 1 do Eurobarômetro de 2017

Quão difundido você acha que o problema da corrupção está em nosso país?	Zona do Euro		Dinamarca	
	2017	2017-2013	2017	2017-2013
Difundido	**68**	**-8**	**22**	**+2**
Raro	**25**	**+6**	**75**	**=**
Não existe	**1**	**+1**	**1**	**-1**
Não sei	**6**	**+1**	**2**	**-1**

Fonte: Eurobarômetro 2017.

Inicialmente, observa-se que a corrupção na Dinamarca não é um problema não difundido como é na Zona do Euro.

Quadro 4.4: Extrato 2 do Eurobarômetro de 2017

Nos últimos 12 meses, você experimentou ou testemunhou algum caso de corrupção?	Zona do Euro		Dinamarca	
	2017	2017-2013	2017	2017-2013
Sim	**5**	**-3**	**3**	**-2**
Não	**93**	**+3**	**96**	**+1**
Se negou a responder	**1**	**=**	**0**	**=**
Não sei	**1**	**=**	**0**	**=**

Fonte: Eurobarômetro 2017.

Este quadro mostra fato interessante, a diferença entre os que presenciaram de fato um ato de corrupção na Zona do Euro foi de 5% e 3% na Dinamarca. Contudo, ainda assim, no Quadro 4.3 os dinamarqueses consideram a corrupção não é um problema difundido.

Quadro 4.5: Extrato 3 do Eurobarômetro de 2017

Para os que responderam sim do Quadro 4.4, foi perguntado: você reportou?	Zona do Euro		Dinamarca	
	2017	2017-2013	2017	2017-2013
Sim	18	+6	5	-3
Não	81	+7	95	+18
Se negou a responder	1	-5	0	-15
Não sei	0	-8	0	=

Fonte: Eurobarômetro 2017.

Este último quadro mostra que apenas 5% dos 3% que presenciam ato de corrupção na Dinamarca reportam, enquanto na Zona do Euro 18% dos 5% que presenciam ato de corrupção reportam. Isso causa um efeito importante, pois muitas investigações de corrupção que depois chegam ao conhecimento público partem de denúncias. Logo, se mesmo diante de um ato de corrupção não há a denúncia, aquele ato de corrupção tende a não ser apurado e não entra nas estatísticas. Ao não entrar nas estatísticas, não gera notícia a ser divulgada.

Confiança, Corrupção e o Controle
Um programa de integridade focado apenas em medidas de anticorrupção tende a não provocar as mudanças comportamentais desejadas na cultura organizacional. É preciso que sejam inclusas medidas e ações que fortaleçam a confiança entre as pessoas e entre pessoas e organizações. **Esse breve sobrevoo sobre as características da Dinamarca mostra que algumas vezes, para não dizer muitas vezes, não se pode mudar o modo de vida de uma toda sociedade devido a casos isolados de corrupção, mesmo sabendo que podem vir a se repetir pela não implementação de novo controle. A diferença entre o remédio e o veneno é a dosagem.**

As percepções lançadas nesse capítulo revelam que fatores comportamentais impactam a integridade de instituições. Por tal motivo, no capítulo 22, serão apresentados estudos e reflexões que explicam como fatores comportamentais se relacionam com o enfrentamento da corrupção e com a integridade.

PODCAST com *Expert*:

Georg Wink da Universidade de Copenhague apresenta aos autores reflexões da Administração Pública na Dinamarca e traça um paralelo com o Brasil.

UNIDADE DIDÁTICA II:

Funções da Integridade e a integração com a Unidade de Gestão da Integridade

Quais as instâncias que representam as funções da integridade?

Qual o objetivo de cada instância?

Quais as entregas esperadas de cada instância?

Qual o posicionamento de cada instância perante a alta administração?

Quais as boas práticas observadas em cada instância?

Quais as tendencias e desafios em cada instância?

Materiais complementares de apoio aos leitores	

CAPÍTULO 05

VISÃO GERAL SOBRE AS INSTÂNCIAS RESPONSÁVEIS PELAS FUNÇÕES DE INTEGRIDADE

1. COMPONENTES OU PILARES SÃO A ALMA DE UM PROGRAMA DE INTEGRIDADE

Neste capítulo inicia-se o entendimento da abrangência de um programa de integridade, bem como os requisitos necessários para a sua construção. Nos capítulos anteriores foram apresentadas pistas acerca de quais são os elementos essenciais para formulação de um programa de integridade. Tais elementos vão desde a compreensão de regras e procedimentos de conformidade, perpassando por mecanismos indispensáveis pelas boas práticas de controle, chegando aos construtos que visam implantar e fortalecer a cultura ética de uma organização. Assim, foram apresentados eixos de um programa de integridade (sistema, cultura e prestação de contas) no capítulo 3, e um sobrevoo sobre o efeito cultural para a integridade, vide capítulo 4.

Mas quais seriam os elementos que não podem faltar na formulação de programa de integridade? E quais são as entidades que são responsáveis para a gestão desses elementos? Ora, seria muita pretensão que as respostas dessas perguntas fossem dissertadas em sua completude nesse capítulo. Até porque a ideia dessa obra é justamente dissecá-las de forma progressiva nos capítulos seguintes de maneira prática e pormenorizada. Portanto, neste capítulo serão apresentados: (i) os **componentes de integridade** e (ii) as possíveis **instâncias responsáveis pela sua implantação.**

De pronto, aduz-se de que não se aplica o mantra "one size fits all" (um único modelo para qualquer tipo de organização); muito menos existem componentes que são únicos ou exclusivos para a construção de um programa de integridade. O que se tem são sugestões de componentes considerados como incontroversos e indispensáveis para a formulação de programa de integridade. Tais componentes são oriundos da junção de guias práticos internacionais e da legislação brasileira.

A Figura 5.1 ilustra a composição de um programa de integridade ou de *compliance* baseado em valores.

Figura 5.1: Composição de um Programa de Integridade ou *Compliance* baseado em Valores

Fonte: Elaborada pelos autores.

Observa-se na Figura 5.1 que um programa de integridade ou programa de *compliance* baseado em valores depende de vários componentes. Os elos da corrente, não por acaso, representam os componentes que formam um sistema coeso e integrado.

O mais interessante de um programa de integridade é que seus componentes não existem por si só, ou seja, não são um fim em si mesmo. Nascem em razão de entregar algo ou para servir um propósito específico. Dessa maneira, canais de denúncias, transparência, controle interno e auditoria ou prevenção ao nepotismo, por exemplo, terão cada um capítulo próprio de debate e explicação nesta obra, mas todos existem para entregar **confiança, liderança e equidade.** Essa é a razão de ser de programa de integridade. Ou seja, os colaboradores internos, fornecedores e demais partes relacionadas, inclusive a sociedade, devem enxergar que a organização pode agregar valor de **confiança e com busca de equidade**. De igual modo, os componentes, além de atuarem de maneira transversal, devem ser conduzidos com uma estratégia que seja conduzida por ações que sejam objetivadas através de atividades de **prevenção, detecção ou remediação.**

Por exemplo, uma boa política de prevenção de conflito de interesses (componente) quando conduzida de maneira correta, é capaz de prevenir situações adversas que possam impactar na confiança dos seus investidores e/ou da sociedade (no caso de uma entidade pública). De mesmo modo, é o caso de medidas de tratamento de denúncias (componente) que atuado de forma eficiente consegue, remediar situações perniciosas para a entidade irradiando, assim, uma liderança comprometida com a gestão ética.

Assim, se for observado mais amiúde, o sistema de integridade efetivo é **aquele que em maior e menor medida promove de forma integrada valores como confiança, liderança e equidade**. Por exemplo, uma política de prevenção de nepotismo é importante para gerar uma gestão comprometida com a competência e meritocracia que fortalece a liderança e confiança de investidores ou sociedade. Por isso, critérios de seleção coesos são necessários para atender a **liderança** e pressupostos de **confiança**.

Ocorre que a busca de confiança deve ser realizada de forma que atenda ainda critérios de equidade tal como políticas de seleção afirmativas e inclusivas de mulheres ou mediante políticas de apoio a mães gestantes quando de licença maternidade, por exemplo. Outro exemplo de equidade seria que o elo de transparência seja parametrizado para uma linguagem cidadã e correspondente ao público da entidade ou, quando se adota tratamento de denúncias específicos para assédio sexual ou moral para vítimas de maior vulnerabilidade.

2. PROGRAMAS DE INTEGRIDADE E SEUS OBJETIVOS COMPLEMENTARES: A IMPORTÂNCIA DA PAUTA ESG

Conforme foi visto, na seção anterior, um programa de integridade tem seus componentes inter-relacionados de forma coesa e sinérgica de maneira a gerar para a organização um conjunto de rotinas, fluxos e procedimentos atrelados a **confiança, equidade e liderança.**

Ocorre que de fato é mais fácil de se enxergar como os componentes interagem entre si, do que como a confiança, equidade e liderança se convergem. De maneira mais simples: pode-se ver facilmente através da figura da corrente (Figura 5.1) a interação dos componentes, mas não se tem tanta facilidade em criar ou estampar um desenho alegórico de como a confiança, equidade e liderança interagem entre si.

Por muito tempo, talvez, pareceu distante correlacionar a busca de lucros por parte de uma empresa privada com a ação social filantrópica, por exemplo, ou aquela à proteção ao meio ambiente. Historicamente não houve pensamento incentivado dessa forma. Por exemplo, a "mão invisível" do economista clássico Adam Smith (1723-1790) preconizava que o capitalismo por si só conduziria a um mundo mais justo de distribuição de recursos e levaria ao bem estar social. De mesmo modo, duzentos anos depois, o prestigiado economista Milton Friedman afirmou que a "responsabilidade social da empresa é aumentar os seus lucros", conforme artigo publicado na The New York Times Magazine em 1970[1].

Entretanto, para sorte de todos, com o passar do tempo o mundo corporativo tem conseguido trazer conceitos que tenham uma visão mais integrativa entre a organização e seu "entorno de existência". Entre esses conceitos, o que tem tido maior destaque são os que conseguem prover o alinhamento das perspectivas de cunho ambiental, social e de governança no âmbito das organizações. Assim, tem se consolidado como o mais relevante o conceito de ESG na organizações: *environmental, social and governance* (ambiental, social e governança).

Essa visão foi cunhada em 2004 em uma publicação pioneira do Banco Mundial em parceria com o Pacto Global da Organização das Nações Unidas (ONU) e instituições financeiras de 9 países, chamada *Who Cares Wins* (Ganha quem se importa).

Neste sentido, reiterados estudos revelam que empresas que se preocupam com direitos humanos, diversidade e inclusão, bem como proteção ambiental têm colhido maior probabilidade de lucros financeiros a longo prazo e outras vantagens. Logo, uma organização ao primar pelas práticas de ESG pode, por exemplo:

(i) diminuir custos (economia de água e energia, proteção contra multas ambientais ou diminuição de processos de recrutamento devido a eventual queda de rotatividade de pessoal ao prestigiar o bem estar no ambiente de trabalho);

(ii) melhora a reputação da organização (agregam valor ao mercado com imagem positiva da organização);

(iii) mais segurança para investidores (práticas de ESG diminui a chance de prejuízo reputacional).

Portanto, questiona-se se práticas ESG são aliadas do *compliance* visando agregar valor ao negócio? **A resposta é afirmativa**. Nesse sentido, ao considerar a equidade e inclusão como prática de ESG, por exemplo, certamente também há de considerá-las como pressuposto e aliada a boas práticas de *compliance*. Para tanto, imaginemos uma organização que adote política de equidade de gênero

1 FIEDMAN, M. The Social Responsibility of Business Is to Increase Its Profits. The New York Times Magazine, 1970.

nas funções de chefia em busca de ocupação paritária entre homens e mulheres. Tal medida será percebida pelo mundo corporativo e pela sociedade como boa prática sob o espectro ESG. É o que revela o relatório *Women in Business and Management: The business case for change (ILO, 2019)* onde pesquisou quase 13 mil empresas em 70 países e identificou que 54,3% de respondentes de pequenas empresas, 64,1% de médias empresas e 58,8% de grandes empresas afirmaram que iniciativas de diversidade de gênero contribuíram para aumentar os resultados de negócio, incluindo produtividade, lucratividade, inovação, atração e retenção de talentos, atendimento ao cliente e reputação da empresa. Quase 75% das empresas que aplicaram política de diversidade de gênero em sua gestão perceberam aumentos de lucro entre 5 e 20%.

Por sua vez, a mesma política de diversidade e inclusão tem condão de ser estratégico para um programa de integridade pois consegue-se mediante composição paritária nas funções de chefia ter diminuição de chance de assedio moral e sexual, bem como desenvolvimento de competências de lideranças e de *soft skills* mais multifacetadas para a gestão de conflitos e delegação de tarefas, por exemplo.

Portanto, a equidade é algo que deve ser harmonizado com o sistema de integridade. **Dito isso pode restar uma dúvida: a equidade não seria um pilar de integridade? A reposta é que sim.** Pode ser sim, um componente na forma de diversidade e inclusão, mas é possível também colocar em um patamar ainda mais superior. Esta é justamente essa vertente aqui defendida. A equidade é um valor a ser entregue e, somente vai ser entregue, se todos os componentes trabalharem para que esse valor convirja com preceitos de diversidade, inclusão e responsabilidade social e ambiental.

Essa percepção é afeta a tanto para integridade quanto para toda a governança. No ano 2000, fora lançada iniciativa pela Organização das Nações Unidas (ONU), denominada de pacto global (*Global Compact*),[2] para que as empresas pudessem alinhar estratégias e ações a princípios universais nas áreas de direitos humanos, trabalho, meio ambiente e no combate a corrupção. Quem integra o pacto, segundo a iniciativa, também assume comprometimento de contribuir para com o alcance dos objetivos de desenvolvimento sustentáveis (ODS) promovidos pela ONU e constantes da Agenda 2030. Nessa mesma linha, mais recentemente, uma iniciativa de uma rede internacional de investidores institucionais em parceria com o Programa da ONU para o Meio Ambiente, lançou a publicação "**Princípios para o Investimento Responsável**", visando trazer maior clareza para a relevância financeira dos temas ambientais, sociais e de governança (ESG).

De igual modo, para as entidades públicas, o Tribunal de Contas da União (TCU) exarou recente acordão que revela a confirmação dessa importância. O Acórdão nº 1205/2023 – TCU – Plenário autorizou a proposta de fiscalização acerca de levantamento sobre a situação dos órgãos e entidades da Administração

2 Ações coletivas de iniciativa privada constam no capítulo 18.

Pública Federal quanto à adoção de práticas de governança integradas a práticas de responsabilidade socioambiental acompanhando dessa tendência global[3].

Ao nosso ver essa é uma decisão importante, pois harmoniza com o entendimento pátrio vigente, pois harmoniza com os preceitos constitucionais de uma **sociedade livre, justa e solidária** previsto no inciso I, art. 3º, da CF/88.

Trazendo essa perspectiva estruturante. Os componentes de integridade descritos foram forjados a partir de mecanismos internacionais e se alinham ao texto constitucional e à legislação infralegal brasileira de formulação de programas de integridade, conforme Figura 5.2. Desta maneira os elos das correntes (dimensões) surgiram com a junção de tais componentes.

Figura 5.2: Origem dos componentes de integridade

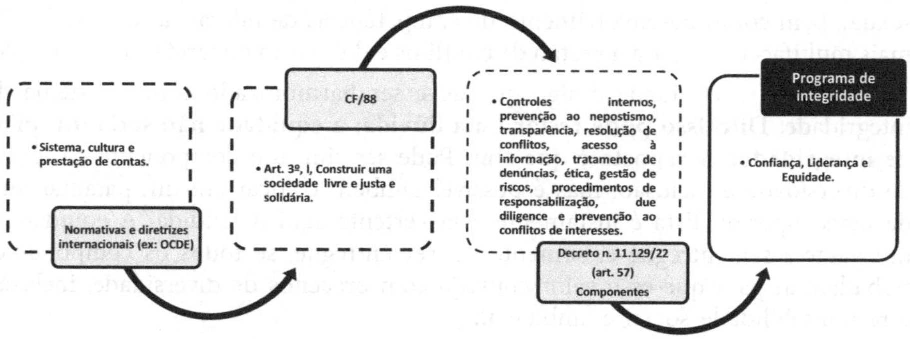

Fonte: Elaborada pelos autores.

Além do raciocínio elencado na Figura 5.2 é possível ainda trazer uma aderência de pressupostos de integridade e princípios da administração pública. Para José Eduardo Elias Romão, a ideia de Integridade (com "I" maiúsculo) vai além, porque expressa uma coalizão normativa, uma concertação prática, uma amarração histórica dos cinco princípios constitucionais descritos no texto do art. 37 como "legalidade, impessoalidade, moralidade, publicidade e eficiência". Assim "***ao nos referirmos à Integridade, estamos afirmando que as relações entre Estado e Sociedade pressupõem a realização conjunta, articulada e indissociável desses cinco princípios***". Por consequência, o autor defende que essa afirmação da Integridade, como ideia-força decorrente de nossa própria experiência, "atu-

3 A Comissão de Serviço Público Australiano desenvolveu material de orientação destinado a aumentar a diversidade e inclusão na força de trabalho do Serviço Público Australiano, incluindo, por exemplo, orientações sobre a concepção de medidas afirmativas para o recrutamento de povos indígenas ou pessoas com deficiência. Australian Public Service Commission (2018), *Recruitment: Guidelines*, https://www.apsc.gov.au/recruitment-guidelines.

alizou" os sentidos atribuídos, há décadas, a cada um desses princípios. Assim, é possível fazer a seguinte relação:

Quadro 5.1: Princípios da Administração Pública sob a ótica do metaprincípio Integridade

Princípios da Administração Pública	Respectiva correspondência aos preceitos de Integridade
Legalidade	Conformidade é igual a legalidade e mais todas as regras estabelecidas por uma organização pública ou privada que estejam em linha com o ordenamento jurídico, sendo "não conforme" qualquer conduta ilegal e também contrária a uma regra corporativa ou institucional.
Impessoalidade	Equidade é igual a impessoalidade conjugada com o princípio da igualdade material, o qual nos obriga a colocar as pessoas no centro de nossa atuação e reconhecer que as desigualdades materiais devem ser mitigadas, por exemplo, com ações afirmativas.
Moralidade	Ética é igual à moralidade aplicada a um determinado contexto ou atividade; e por isso, teremos códigos de ética na Administração Federal, nas empresas e nos demais poderes.
Publicidade	Transparência é igual à publicidade aplicada a todo processo de deliberação; isto é, a publicidade não apenas dos resultados e das decisões tomadas, mas aquela que se manifesta na divulgação da pauta, na discussão sobre os critérios, nas formas de discussão, na avaliação dos argumentos, enfim, transparência é a publicidade aplicada antes, durante e depois da decisão.
Eficiência	Efetividade não é igual à eficiência; efetividade pressupõe a realização eficiente e eficaz de uma ação, de uma política pública. A efetividade nos obriga a questionar os impactos das ações, por isso, tem tudo a ver com o movimento por ações efetivas de ESG (meio ambiente, sociedade e governança).

Fonte: Elaborado pelos autores a partir de adaptação de texto livre de José Eduardo Elias Romão.

Pode-se concluir preliminarmente que:
1. Dentro de um programa de integridade devem ser trabalhados 3 eixos em qualquer instância: **prevenção, detecção e remediação.**
2. É fato que algumas funções como procedimentos de responsabilização são mais atuantes na fase de remediação, mas nada impede de atuarem de forma preventiva.
3. Unindo a corrente estão dispostas todas as instâncias das funções da integridade que devem se **conectar.**
4. Mesmo que a Organização eventualmente ganhe reconhecimento em determinada instância (especialmente transparência), ela deve estar atenta a todas as instâncias e sempre buscando fortalecimento da **liderança, confiança e equidade.**

3. INSTÂNCIAS RESPONSÁVEIS PELAS FUNÇÕES DE INTEGRIDADE

Uma vez enumerado os componentes, bem como ter relevado a origem de sua construção; resta agora verificar a responsabilidade sobre o seu funcionamento. Pode-se afirmar que um dos marcos iniciais que definiram as instâncias responsáveis pelas funções de integridade foi a Portaria CGU nº 1.089, de 25 abril de 2018:

> ***Primeira fase***
>
> *Art. 4º Na primeira fase da instituição do Programas de Integridade, os órgãos e as entidades deverão constituir uma unidade de gestão da integridade, à qual será atribuída competência para:*
>
> *I - coordenação da estruturação, execução e monitoramento do Programa de Integridade;*
>
> *II - orientação e treinamento dos servidores com relação aos temas atinentes ao Programa de Integridade; e*
>
> *III - promoção de outras ações relacionadas à implementação dos planos de integridade, em conjunto com as demais unidades do órgão ou entidade.*
>
> *§ 1º A unidade de gestão da integridade deverá ser dotada de autonomia e de recursos materiais e humanos necessários ao desempenho de suas competências, além de ter acesso às demais unidades e ao mais alto nível hierárquico do órgão ou entidade.*
>
> *§ 2º As competências da unidade de gestão da integridade poderão ser atribuídas a outra unidade ou comitê previamente constituído no órgão ou entidade, desde que seja designado pelo menos um servidor para que atue de forma permanente com relação ao assunto.*
>
> *§ 3º Os órgãos e as entidades deverão constituir a unidade de gestão de integridade no prazo de 15 (quinze) dias, contados da publicação desta Portaria.*

Segunda fase

Art. 5º Na segunda fase, os órgãos e as entidades deverão aprovar seus planos de integridade, contendo: I - os objetivos do plano;

II - a caracterização geral do órgão ou entidade;

III - as ações de estabelecimento das unidades de que trata o art. 6º desta Portaria e a forma de monitoramento do seu funcionamento; e

IV - o levantamento dos principais riscos para a integridade e as medidas para seu tratamento. Parágrafo único. Os órgãos e as entidades deverão aprovar seus planos de integridade até o dia 30 de novembro de 2018.

Art. 6º Para o cumprimento do disposto no inciso III do art. 5º desta Portaria, os órgãos e as entidades deverão atribuir a unidades novas ou já existentes as competências correspondentes aos seguintes processos e funções:

*I - **promoção da ética e de regras de conduta para servidores**, observado, no mínimo, o disposto no Decreto nº 1.171, de 22 de junho de 1994, no Decreto nº 6.029, de 1º de fevereiro de 2007, e na Resolução nº 10, de 29 de setembro de 2008, da Comissão de Ética Pública - CEP;*

*II - **promoção da transparência ativa e do acesso à informação**, observado no mínimo o disposto na Lei nº 12.527, de 18 de novembro de 2011, no Decreto nº 7.724, de 16 de maio de 2012, e na Resolução nº 11, de 11 de dezembro de 2017, da CEP; esse*

*III - **tratamento de conflitos de interesses e nepotismo**, observado no mínimo o disposto na Lei nº 12.813, de 16 de maio de 2013, no Decreto nº 7.203, de 4 de junho de 2010, e na Portaria Interministerial nº 333, do Ministério do Planejamento, Desenvolvimento e Gestão e do Ministério da Transparência e Controladoria-Geral da União, de 19 de setembro de 2013;*

*IV - **tratamento de denúncias**, observado, no mínimo, o disposto na Lei nº 13.460 de 26 de junho de 2017, na Instrução Normativa Conjunta nº 1 da Corregedoria-Geral da União e da Ouvidoria-Geral da União, de 24 de junho de 2014, e na Instrução Normativa nº 1 da Ouvidoria-Geral da União, de 05 de novembro de 2014;*

*V - **verificação do funcionamento de controles internos e do cumprimento de recomendações de auditoria**, observado no mínimo o disposto na Instrução Normativa CGU nº 03, de 9 de junho de 2017, e da Instrução Normativa CGU nº 08, de 6 de dezembro de 2017; e*

*VI - **implementação de procedimentos de responsabilização**, observado, no mínimo, o disposto no Decreto nº 5.480, de 30 de junho de 2005, na Portaria CGU nº 335, de 30 de maio de 2006, na Portaria CGU nº 1.043, de 24 de julho de 2007, e na Portaria CGU nº 1.196, de 23 de maio de 2017.*

Terceira fase

Art. 7º Na terceira fase, os órgãos e as entidades deverão iniciar a execução e o monitoramento de seu Programa de Integridade, com base nas medidas definidas pelos planos de integridade.

Aspectos Essenciais da Portaria
O primeiro aspecto é que um programa de integridade deve ser implementado em 3 fases: 1ª fase – Constituição do setor responsável pela gestão da integridade. 2ª fase – Elaboração e divulgação de plano de integridade com participação das instâncias responsáveis pelas funções de integridade. 3ª fase – Execução e monitoramento. **O segundo aspecto** é que para cada função de integridade foi feita referência a algum órgão central de sistema estruturante. Compete a esse órgão definir aspectos específicos da respectiva função e a portaria reconhece isso. **O terceiro aspecto** é que algumas funções podem ser desempenhadas simultaneamente pelo mesmo setor. Não há necessidade de criar estruturas, competindo ao dirigente máximo decidir caso a caso.

O Quadro 5.2 contém as funções de integridade e respectivos órgãos centrais de sistemas considerando a estrutura federal atual[4].

Quadro 5.2: Funções de Integridade, Órgãos Centrais de Sistemas e Instâncias Organizacionais

Função da Integridade	Órgão Central no âmbito federal	Localização no nível Organizacional[a]
Funcionamento de controles internos e do cumprimento de recomendações de auditoria	Secretaria Federal de Controle Interno da CGU	Auditoria Interna
Procedimentos de responsabilização: PAD	Corregedoria-Geral da União da CGU	Corregedoria ou Comissão Permanente de Corregedoria
Procedimentos de responsabilização: PAR	Secretaria de Integridade Privada da CGU	Corregedoria ou Comissão Permanente de Corregedoria
Tratamento de denúncias	Ouvidoria-Geral da União da CGU	Ouvidoria
Promoção da ética e de regras de conduta para servidores	Comissão de Ética Pública da Presidência da República	Comissão de Ética
Tratamento de conflitos de interesses	Secretaria de Integridade Pública da CGU	Setor de Gestão de Pessoas e/ou Comissão de Ética
Tratamento do Nepotismo	Secretaria de Integridade Pública da CGU	Setor de Gestão de Pessoas
Promoção da Transparência Ativa e Proteção dos Dados Pessoais	Secretaria de Integridade Pública da CGU	Ouvidoria ou Coordenadoria de Transparência, Governança e Gestão de Riscos

4 http://www.planalto.gov.br/ccivil_03/_ato2023-2026/2023/lei/L14600.htm.

Função da Integridade	Órgão Central no âmbito federal	Localização no nível Organizacional[a]
Acesso à informação	Secretaria de Acesso à Informação da CGU	Ouvidoria **ou** Coordenadoria de Transparência, Governança e Gestão de Riscos
Gestão de Riscos	Ministério da Gestão e Inovação dos Serviços Públicos e CGU	Secretaria de Governança **ou** Coordenadoria de Transparência, Governança e Gestão de Riscos **ou** Unidade de Gestão de Integridade
Gestão da Integridade	Secretaria de Integridade Pública da CGU	Secretaria de Governança **ou** Coordenadoria de Transparência, Governança e Gestão de Riscos **ou** Unidade de Gestão de Integridade
Mediação de Conflitos[b]	Ministério da Gestão e Inovação dos Serviços Públicos[c]	Câmara de Prevenção e Resolução Administrativa de Conflitos

Legenda: **(a)** varia de unidade para unidade. **(b)** boa prática observada na UFG. **(c)** Em que pese até a data de publicação desta obra não haver previsão formal desse sistema, os autores entendem como função inerente à pasta.

Interação entre os Sistemas Estruturantes e a UGI: relação matricial
Um dos primeiros conceitos que se deve absorver é que a unidade de gestão da integridade não possui ingerência sobre os demais sistemas. Se assim, fosse não haveria necessidades de todos esses sistemas e órgãos centrais. Bastaria deixar tudo à cargo da integridade. Superado esse primeiro conceito é importante destacar que a Unidade de Gestão da Integridade deve atuar de forma multidisciplinar e transversal em regime de mútua cooperação com as demais instâncias. **É exatamente o que dispõe o Decreto 11.529/2023:** *Art. 9º O SITAI[5] **atuará de forma complementar e integrada aos demais sistemas estruturadores**, principalmente aqueles que coordenem as atividades de instâncias que lhe prestem apoio, de forma a evitar a sobreposição de esforços, racionalizar os custos e melhorar o desempenho e a qualidade dos resultados.* **Assim, é essencial que o responsável pela unidade de gestão de integridade fique atualizado quanto às definições dos demais sistemas estruturantes que aferem a integridade da organização como um todo. A título de exemplo, não compete à Unidade de Gestão de Integridade (UGI) definir critérios gerais de admissibilidade de PAD, competência exclusiva da Corregedoria-Geral da União; contudo, a UGI deve acompanhar a correição a fim de verificar se está ocorrendo ou não prescrição dos procedimentos disciplinares a fim de subsidiar a Alta Administração quanto a esse aspecto do programa de integridade. Uma organização que não pune os casos graves, não pode ser considerada íntegra.**

5 Sistema de Integridade, Transparência e Acesso à Informação da Administração Pública Federal.

Acumulação de Funções de Integridade pelo mesmo Setor da Organização
A rigor poucas funções são exclusivas, **mas toda função exige preparação técnica para a equipe que estiver à frente do desafio.** **A auditoria é uma instância que não pode acumular nenhuma outra função, pois em último caso compete a ela, conforme o plano de auditoria anual, avaliar o desempenho das demais instâncias[6].** **Outra instância que não pode acumular seria a corregedoria. Em último caso, a corregedoria irá conduzir o PAD envolvendo os acusados. Assim, seria importante que outros setores como Ouvidoria, Comissão de Ética, Setor de Gestão de Pessoas e Auditoria Interna esgotassem as possibilidades antes de chegar ao procedimento disciplinar.** **As demais instâncias possuem menos riscos de acumulação de funções de integridade. Inclusive o próprio Decreto 11.529/2023 abre essa possibilidade:** *Art. 5º Compõem o Sitai:* *I - a Controladoria-Geral da União, como órgão central; e* *II - as unidades nos órgãos e nas entidades da administração pública federal direta, autárquica e fundacional responsáveis pela gestão da integridade, da transparência e do acesso à informação, como unidades setoriais.* ***§ 1º Na administração pública federal direta, as unidades setoriais do Sitai para a gestão da integridade, da transparência e do acesso à informação são as assessorias especiais de controle interno.*** *§ 2º Na administração pública federal autárquica e fundacional, as unidades setoriais do Sitai são aquelas responsáveis pela gestão da integridade, da transparência e do acesso à informação.* *§ 3º O dirigente máximo das entidades de que trata o § 2º* ***designará uma ou mais unidades responsáveis pela gestão da integridade, da transparência e do acesso à informação.*** *§ 4º O responsável pela unidade setorial de que trata o § 1º será designado para o exercício das atribuições previstas no art. 40 da Lei nº 12.527, de 18 de novembro de 2011.* *§ 5º Na hipótese de alteração de unidade setorial responsável, as entidades da administração pública federal deverão informá-la ao órgão central do Sitai.* **Observa-se pelo § 1º que no âmbito ministerial, a Assessoria Especial de Controle Interno reuniu simultaneamente a gestão da integridade, da transparência e do acesso à informação. Normalmente, essas assessorias já eram responsáveis pela gestão de riscos e pelo controle interno (acompanhamento das recomendações dos órgãos de controle externos ao Ministério).** **Observa-se pelo § 3º que o dirigente máximo administração pública federal direta, autárquica e fundacional pode reunir as 3 funções anteriores em uma mesma unidade.**

4. POSICIONAMENTO DAS INSTÂNCIAS DE INTEGRIDADE NO MODELO DE 3 LINHAS

Um dos pontos que gera muito debate mesmo entre os *experts* da área seria sobre o papel da Unidade de Gestão da Integridade e demais instâncias no modelo de 3 linhas. Foi dedicado um capítulo específico para tratar de auditoria interna na perspectiva integridade (capítulo 13), contudo, faz-se necessário tratar do modelo de 3 linhas. As Figuras a seguir ilustram o modelo.

6 Haverá tópico específico sobre auditoria no capítulo 13.

Figura 5.3: Modelo de 3 linhas do IIA

Figura 5.4: Modelo de 3 linhas na perspectiva da gestão de riscos

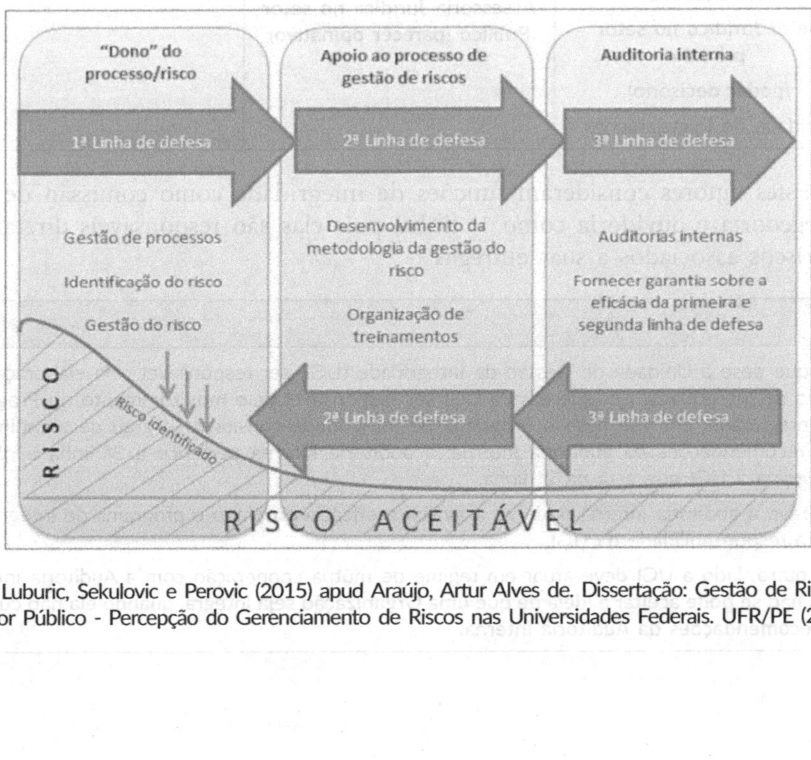

Fonte: Luburic, Sekulovic e Perovic (2015) apud Araújo, Artur Alves de. Dissertação: Gestão de Risco no Setor Público - Percepção do Gerenciamento de Riscos nas Universidades Federais. UFR/PE (2019).

Não resta dúvida sobre 2 pontos: (i) que a 1ª linha é a proprietária do risco e deve gerir o mesmo; (ii) que a 3ª linha é representada pela Auditoria Interna da Organização.

O ponto que gera debate seria sobre a 2ª linha e o relacionamento dela com a 1ª linha e com a 3ª linha. O Quadro a seguir busca trazer exemplos de estruturas e o posicionamento no modelo de 3 linhas.

Quadro 5.3: Funções da Organização e Função de Integridade no Modelo de 3 Linhas

1ª linha	2ª linha	3ª linha
Setor de aquisições e licitações Setor de convênios e contratos de repasses **Setor finalístico do órgão** Setor de Gestão de Pessoas **Ouvidoria** Acesso à informação **Comissão de Ética** Corregedoria **Setor Jurídico no setor privado** **(poder decisório)** Unidade de Planejamento	**Unidade de Gestão de Integridade** Unidade de Governança **Unidade de Gestão de Riscos** Unidade de Gestão da Qualidade **Assessoria Jurídica no setor Público (parecer opinativo)**	**Auditoria Interna**

Estes autores consideram funções de integridade como comissão de ética, corregedoria e ouvidoria como 1ª linha, pois elas são responsáveis diretamente por riscos associados a suas entregas.

Unidade de Gestão da Integridade versus Auditoria Interna
Em que pese a Unidade de Gestão da Integridade (UGI) ser responsável pela elaboração do Plano de Integridade, em que esse a UGI ser responsável pelo monitoramento do Programa de Integridade, em que pese o Programa de Integridade considerar o grau de atendimento das recomendações da auditoria interna; a auditoria interna pertence a 3ª linha e não se subordina à UGI que está na 2ª linha. Inclusive a auditoria interna pode vir a avaliar a eficácia do plano e programa de integridade sob a responsabilidade da UGI. Por outro, lado a UGI deve atuar em regime de mútua cooperação com a Auditoria Interna, **pois não se pode aceitar a ideia de que uma Organização seja íntegra, quando ela não cumpre as recomendações da Auditoria Interna.**

O modelo de 3 linhas é funcional, não hierárquico

No entendimento dos autores, o fato de uma área (aquisições, convênios) ou instância de integridade (ouvidoria, transparência ou corregedoria) estar na 1ª linha não tem relação com a hierarquia organizacional, podendo esse setor ou instância responder diretamente ao dirigente máximo ou conselho de administração.

Por exemplo, a auditoria interna está na 3ª linha, responde ao conselho de administração, mas não possui uma relação de superioridade hierárquica perante as demais estruturas.

O setor de transparência não precisa estar vinculado ao dirigente máximo e possui uma missão muito especializada de promover a transparência ativa e disponibilizar dados abertos.

Tanto a 1ª linha quanto à 2ª linha, fazem parte da gestão. **O que vai diferenciar a 2ª linha da 1ª linha seria sua capacidade de assessorar as demais estruturas de 1ª linha quanto à identificação de riscos e organização de treinamentos transversais.** Caso em determinada Organização, a corregedoria execute tal papel, poderia estar na 2ª linha; **contudo, se a corregedoria subsidiar a UGI com informações correicionais para que a UGI identifique riscos e conduza treinamentos, a corregedoria pode estar na 1ª linha sem que isso afete sua relação hierárquica direta com o dirigente máximo.**

PODCAST com *Expert*:

Patrícia Alvares traz a experiência da UGI que é responsável por outras funções da integridade: o caso da Assessoria Especial de Controle Interno.

PODCAST com *Expert*:

Débora Severino traz medidas que o setor público adota para fomentar a integridade privada no campo da equidade.

CAPÍTULO 06

PROMOÇÃO DA ÉTICA NAS ORGANIZAÇÕES

1. O PAPEL DA GESTÃO ÉTICA NA DIFUSÃO DE VALORES NA ORGANIZAÇÃO

Não raras as vezes, o Código de Conduta é o primeiro passo que as empresas e entidades públicas dão na implementação um programa de integridade.

O motivo é que, conforme tratado no capítulo 1, os programas de integridade têm buscado cada vez mais esforços para engajar aspectos de cultura atinentes a difusão de valores relacionados à ética. Desta maneira, instituir mecanismos que induzam o comportamento ético é condição necessária e suficiente para implantação de um programa de integridade.

Entretanto, não se trata de mero preciosismo sempre atentar que a definição do que é conduta valorativa aceita ou não aceita eticamente em uma organização, por vezes, não é uma tarefa fácil. Tal dificuldade decorre do fato de que expressões como ética, boa-fé, no interesse público (quando entidade pública) são conceitos jurídicos indeterminados ou plurissignificativos que dão margem para discricionariedade quanto a sua abrangência. Sobre a importância **da gestão ética organizacional**, elencam-se alguns pontos necessários que, entre estes, verte-se que a gestão ética é essencial não somente em razão da necessidade de se implantar programas de integridades, mas, porque também é premissa de outras perspectivas como a **legal,** de **controle** ou a **título de evidência,** a saber:

(i) Quanto a perspectiva **legal** na esfera pública, por exemplo, a Constituição Federal impõe o cumprimento do princípio da moralidade para entidades da administração pública direta e indireta (art. 37, *caput*), bem como prever a possibilidade do cidadão ajuizar ação popular para anular ato lesivo à moralidade administrativa (art. 5º, LXXIII) ou até, por ofensa a ética, é possível decretar impedimento do presidente da república (art. 85, V);

(ii) Por sua vez, **seja para as organizações públicas, seja para as organizações privadas**, os melhores arcabouços de **controle** exigem a instituição de mecanismos de ética como base de sua estruturação. Como exemplo cita-se o ***framework* COSO**[1] onde define que uma instituição para ter seus controles existentes e, em funcionamento, é condição obrigatória para ter um bom **ambiente de controle**. E somente é considerado como bom ambiente de controle se existir, entre outros instrumentos, um código de conduta;

(iii) Um código de conduta serve para geração de **evidência** na **avaliação de programa de integridade**. Assim, a norma brasileira em seu art. 57, II, do Decreto n. 11.129/22[2] considera a existência de código de conduta como quesito de avalição de programas de integridade. De igual modo, o Departamento de Justiça dos Estados Unidos ("DOJ") através do seu guia "**Evaluation of Corporate Compliance Programs**"[3], diligencia as entidades para ver se o seu programa de integridade está bem elaborado mediante cotejamento das **políticas e procedimentos** da organização. Para tanto, e como questão preliminar, os promotores devem examinar se a empresa possui um código de conduta que estabeleça, entre outros itens, **o compromisso da empresa com o cumprimento integral das leis federais relevantes que seja acessível e aplicável a todos.**

De outro giro, resta elucidar nessa introdução uma dúvida corriqueira para aqueles que querem implantar um código de conduta: **Quais são os quesitos para a construção de um código de conduta?** **O Guia de Recursos para a Lei de Práticas de Corrupção no Exterior dos EUA** (**FCPA**[4]) traz um norte para a resposta. Para o guia norte-americano, um código de conduta de uma organização é o alicerce sobre o qual um programa de *compliance* eficaz é formulado. A Figura 6.1 sintetiza o que deve ser considerado para a formulação de um código de conduta.

---

1 O COSO (The Comitee of Sponsoring Organizations) é uma entidade sem fins lucrativos, dedicada à melhoria dos relatórios financeiros através da ética, efetividade dos controles internos e governança corporativa.

2 Art. 57. Para fins do disposto no inciso VIII do **caput** do art. 7º da Lei nº 12.846, de 2013, o programa de integridade será avaliado, quanto a sua existência e aplicação, de acordo com os seguintes parâmetros:

...

II - padrões de conduta, código de ética, políticas e procedimentos de integridade, aplicáveis a todos os empregados e administradores, independentemente do cargo ou da função exercida.

3 https://www.justice.gov/criminal-fraud/page/file/937501/download.

4 https://www.justice.gov/criminal-fraud/file/1292051/download.

Figura 6.1: Aspectos a serem considerados para elaborar um código de conduta ética

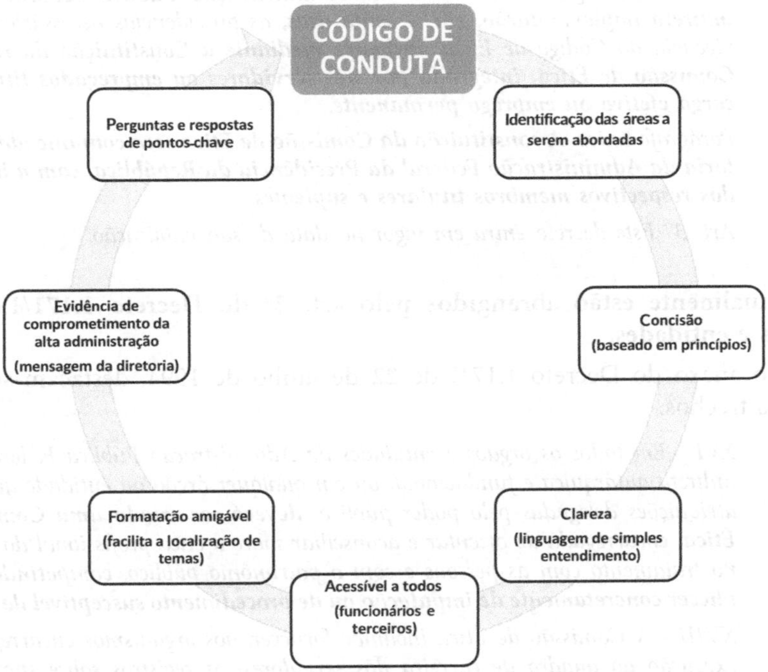

Fonte: Elaborada pelos autores. Adaptado do Guia FCPA.

No Brasil, chama a atenção iniciativa do SEBRAE (Serviço Brasileiro de Apoio às Micro e Pequenas Empresas) que fomenta, independentemente do porte da empresa, a criação de código de conduta como um dos primeiros passos para reforçar a integridade da empresa. Tal instrumento é considerando essencial para garantir a transparência e o respeito às leis e normas no ambiente de trabalho. Para o SEBRAE, sugerem-se os seguintes passos na elaboração de um código de conduta: (i) definir o grupo de pessoas que irá pensar o código; (ii) consultar os públicos de interesse; (iii) procurar referências; (iv) basear-se na lei; (v) redigir uma versão inicial do código; e (vi) revisar e publicar o conteúdo.

2. BASE NORMATIVA DA ÉTICA PÚBLICA NO GOVERNO FEDERAL

O Decreto 1.171, de 22 de junho de 1994[5], aprovou o Código de Ética Profissional do Servidor Público Civil do Poder Executivo Federal:

5 https://www.planalto.gov.br/ccivil_03/decreto/d1171.htm.

Art. 1° Fica aprovado o Código de Ética Profissional do Servidor Público Civil do Poder Executivo Federal, que com este baixa.

Art. 2° ***Os órgãos e entidades da Administração Pública Federal direta e indireta implementarão, em sessenta dias****, as providências necessárias à plena vigência do Código de Ética,* ***inclusive mediante a Constituição da respectiva Comissão de Ética, integrada por três servidores ou empregados titulares de cargo efetivo ou emprego permanente****.*

Parágrafo único. ***A constituição da Comissão de Ética será comunicada à Secretaria da Administração Federal da Presidência da República, com a indicação dos respectivos membros titulares e suplentes****.*

Art. 3° Este decreto entra em vigor na data de sua publicação.

Atualmente estão abrangidos pelo art. 2º do Decreto 1.171/1994 246 órgãos e entidades.

No anexo do Decreto 1.171, de 22 de junho de 1994, destacam-se os seguintes trechos:

XVI - Em todos os órgãos e entidades da Administração Pública Federal direta, indireta autárquica e fundacional, ou em qualquer órgão ou entidade que exerça atribuições delegadas pelo poder público, ***deverá ser criada uma Comissão de Ética****, encarregada de orientar e aconselhar sobre a ética profissional do servidor, no tratamento com as pessoas e com o patrimônio público,* ***competindo-lhe conhecer concretamente de imputação ou de procedimento susceptível de censura****.*

XVIII - À Comissão de Ética incumbe fornecer, aos organismos encarregados da execução do quadro de carreira dos servidores, os registros sobre sua conduta ética, para o efeito de instruir e fundamentar promoções e para todos os demais procedimentos próprios da carreira do servidor público.

XXII - ***A pena aplicável ao servidor público pela Comissão de Ética é a de censura*** *e sua fundamentação constará do respectivo parecer,* ***assinado por todos os seus integrantes, com ciência do faltoso.***

XXIV - Para fins de apuração do comprometimento ético, entende-se por servidor público todo aquele que, por força de lei, contrato ou de qualquer ato jurídico, preste serviços de natureza permanente, temporária ou excepcional, ainda que sem retribuição financeira, ***desde que ligado direta ou indiretamente a qualquer órgão do poder estatal, como as autarquias, as fundações públicas, as entidades paraestatais, as empresas públicas e as sociedades de economia mista, ou em qualquer setor onde prevaleça o interesse do Estado.***

Aspectos Essenciais do Decreto 1.171/1994 que devem ser observados por Entes e Organizações que desejem implementar o sistema de ética pública
1° Aspecto: Definição dos órgãos e entidades abrangidos: no caso federal, toda a administração pública direta e indireta.
2° Aspecto: Definição da composição da comissão de ética e respectivo mandado.
3° Aspecto: Definição de órgão supervisor.
4° Aspecto: Definição da penalidade aplicável.

A importância do mandato
O mandato é uma carta de confiança dada pela Organização ao nomeado para exercer sua função sem temer represálias no cumprimento do dever. Está intimamente ligado ao elemento ABERTURA do Eixo CULTURA visto no capítulo 3. O mandato para as funções de integridade fortalece a confiança na organização.

Posteriormente foi criada a Comissão de Ética Pública (CEP), pelo Decreto de 26 de maio de 1999[6], atua como instância consultiva do Presidente da República e Ministros de Estado em matéria de ética pública e é responsável por administrar a aplicação do Código de Conduta da Alta Administração Federal - CCAAF e dirimir dúvidas acerca da interpretação tanto das normas do CCAAF quanto do Código de Ética Profissional do Servidor Público Civil do Poder Executivo Federal. Além disso, manifesta-se em consultas sobre a existência de conflito de interesses e apura, mediante denúncia, ou de ofício, condutas em desacordo com as normas previstas no CCAAF. **A CEP também é responsável pela coordenação, avaliação e supervisão** do **Sistema de Gestão da Ética Pública do Poder Público Federal**[7].

E finalmente, foi formalmente instituído o Sistema de Ética do Poder Executivo Federal pelo Decreto nº 6.029, de 1º de fevereiro de 2007:

> *Art. 1º **Fica instituído o Sistema de Gestão da Ética do Poder Executivo Federal com a finalidade de promover atividades que dispõem sobre a conduta ética no âmbito do Executivo Federal**, competindo-lhe:*
>
> *I - integrar os órgãos, programas e ações relacionadas com a ética pública;*
>
> *II - contribuir para a implementação de políticas públicas tendo a transparência e o acesso à informação como instrumentos fundamentais para o exercício de gestão da ética pública;*
>
> *III - promover, com apoio dos segmentos pertinentes, a compatibilização e interação de normas, procedimentos técnicos e de gestão relativos à ética pública;*
>
> *IV - articular ações com vistas a estabelecer e efetivar procedimentos de incentivo e incremento ao desempenho institucional na gestão da ética pública do Estado brasileiro.*
>
> ***Art. 2º Integram o Sistema de Gestão da Ética do Poder Executivo Federal:***
>
> ***I - a Comissão de Ética Pública - CEP, instituída pelo Decreto de 26 de maio de 1999;***
>
> ***II - as Comissões de Ética de que trata o Decreto no 1.171, de 22 de junho de 1994; e***
>
> ***III - as demais Comissões de Ética e equivalentes nas entidades e órgãos do Poder Executivo Federal.***
>
> *Art. 3º A CEP será integrada por sete brasileiros que preencham os requisitos de idoneidade moral, reputação ilibada e notória experiência em administração pública, designados pelo Presidente da República, para mandatos de três anos, não coincidentes, permitida uma única recondução.*

6 https://www.planalto.gov.br/ccivil_03/dnn/dnnconduta.htm#:~:text=DECRETA%3A,%C3%A2mbito%20do%20Poder%20Executivo%20Federal.

7 https://www.gov.br/planalto/pt-br/assuntos/etica-publica/cep.

§ 1º A atuação no âmbito da CEP não enseja qualquer remuneração para seus membros e os trabalhos nela desenvolvidos são considerados prestação de relevante serviço público.

§ 2º O Presidente terá o voto de qualidade nas deliberações da Comissão.

§ 3º Os mandatos dos primeiros membros serão de um, dois e três anos, estabelecidos no decreto de designação.

Art. 4º À CEP compete:

I - atuar como instância consultiva do Presidente da República e Ministros de Estado em matéria de ética pública;

II - administrar a aplicação do Código de Conduta da Alta Administração Federal, devendo:

a) submeter ao Presidente da República medidas para seu aprimoramento;

b) dirimir dúvidas a respeito de interpretação de suas normas, deliberando sobre casos omissos;

c) apurar, mediante denúncia, ou de ofício, condutas em desacordo com as normas nele previstas, quando praticadas pelas autoridades a ele submetidas;

III - dirimir dúvidas de interpretação sobre as normas do Código de Ética Profissional do Servidor Público Civil do Poder Executivo Federal de que trata o Decreto no 1.171, de 1994;

IV - coordenar, avaliar e supervisionar o Sistema de Gestão da Ética Pública do Poder Executivo Federal;

V - aprovar o seu regimento interno; e

VI - escolher o seu Presidente.

Parágrafo único. A CEP contará com uma Secretaria-Executiva, vinculada à Casa Civil da Presidência da República, à qual competirá prestar o apoio técnico e administrativo aos trabalhos da Comissão.

Aspectos essenciais do Decreto 6.029/2007 que devem ser observados por Entes que desejem implementar o sistema de ética pública
1º Aspecto: Definição da finalidade do sistema.
2º Aspecto: Definição dos integrantes do sistema, inclusive órgão central, e suas atribuições.
3º Aspecto: Definição da relação entre o órgão central e demais órgãos setoriais do sistema.

A Comissão de Ética Pública atua junto aos seus supervisionados formalmente por meio de resoluções e orientações.

Principais Resoluções[8] da Comissão de Ética Pública e que podem ser observadas por Entes que desejem implementar o sistema de ética pública
Resolução nº 2: Participação em Eventos e Seminários.
Resolução nº 3: Recebimento de Presentes e Brindes.
Resolução nº 4: Regimento Interno da CEP.
Resolução nº 7: Participação em Atividades Político-Eleitorais.

8 https://www.gov.br/planalto/pt-br/assuntos/etica-publica/legislacao/resolucoes-da-cep.

Principais Resoluções[8] da Comissão de Ética Pública e que podem ser observadas por Entes que desejem implementar o sistema de ética pública
Resolução nº 10: Funcionamento e rito processual das Comissões de ética setoriais.
Resolução nº 13: Banco de dados de sanções.
Resolução nº 14: Sessões da CEP em ambiente virtual.
Resolução nº 14: Magistério.

Essas Resoluções reduzem o custo transacional do sistema de ética pública federal e fortalecem a confiança na medida em que: (i) os servidores ao saberem da conduta esperada, passam a adotá-la; (ii) evitam tratamento distinto por Comissões de Ética de composições diferentes e de órgãos diferentes para casos similares.

3. ESTRUTURA E FUNCIONAMENTO DE UMA COMISSÃO DE ÉTICA NO NÍVEL ORGANIZACIONAL

Neste tópico serão apresentados exemplo de composição de Comissão de Ética Pública, fluxos e produtos esperados.

Posicionamento da Comissão de Ética perante a Alta Administração
A comissão de ética deve reportar-se a Alta Administração.

Figura 6.2: Exemplo de uma Comissão de Ética Pública instituída

A Comissão de Ética foi criada por meio da Portaria Nº 580/GDG, de 14 de outubro de 1994, estando composta pelos seguintes membros, designados pela Portaria Nº 525/GABR/REITORIA, de 15 de julho de 2019:

MEMBRO	FUNÇÃO
Débora Natazia Moreira Barbosa	Presidente
Karyna Oliveira Chaves de Lucena	Titular
Reinaldo Fontes Cavalcante	Titular
Francisca Lionelle de Lavor Alves	Suplente
Francisco Alberto da Silva Oliveira	Suplente
Adriana Sampaio Lima	Suplente

Fonte: https://ifce.edu.br/instituto/conselhos-e-orgaos-colegiados/comite-de-governanca-riscos-e-controle/relatorio-de-integridade-2020.pdf/view

Observa-se que a 1ª comissão de ética dessa Organização foi instituída em 14 de outubro de 1994, o mesmo ano do Decreto 1.171, de 22 de junho de 1994.

Figura 6.3: Exemplo formalização de código de conduta profissional

O Instituto Federal do Ceará instituiu o Código de Conduta Profissional do Servidor do Instituto Federal de Educação, Ciência e Tecnologia do Ceará, aprovado mediante a Resolução Nº 84, de 7 de outubro de 2019, primeira e ultima atualização do documento.

Fonte:https://ifce.edu.br/instituto/conselhos-e-orgaos-colegiados/comite-de-governanca-riscos-e-controle/relatorio-de-integridade-2020.pdf/view

Observa-se que é comum e até esperado que cada Órgão Singular da Administração Direta, Autarquia, Fundação Pública, Empresa Pública ou Sociedade de Economia Mista institua seu código de conduta específico.

Principais realizações de uma Comissão de Ética no nível organizacional
-Reuniões deliberativas.
-Recebimento de denúncias.
-Instrução processual e respectiva apuração.
-Consultas e atendimentos sobre aplicação e entendimento dos normativos éticos.
-Realização de ações e campanhas educativas.

Para o guia do FCPA o **treinamento e comunicação** dos códigos de conduta é uma evidência de institucionalização dos programas de integridade. Os agentes públicos do Departamento de Justiça (DOJ) devem avaliar as medidas tomadas pela empresa para garantir que as políticas e procedimentos foram integrados na organização, nomeadamente através de formação e certificação periódicas para todos os diretores, dirigentes, funcionários relevantes e, quando apropriado, agentes e parceiros comerciais. Os promotores também devem avaliar se a empresa transmitiu informações de maneira adaptada ao tamanho, sofisticação ou experiência do público no assunto. Algumas empresas, por exemplo, fornecem aos funcionários conselhos práticos ou estudos de caso para abordar cenários da vida real e/ou orientações sobre como obter aconselhamento ético caso a caso, conforme as necessidades surjam.

Já em relação à **realização de ações e campanhas educativas**, o Manual de Integridade Pública da OCDE (2022), expõe que as organizações públicas podem usar meios adicionais para difundir padrões de integridade, como pôsteres, protetores de tela de computador, quadros de funcionários, banners, marcadores e calendários impressos (entre outras coisas), para aumentar a conscientização sobre as normas de integridade. Por exemplo, no México, o Ministério da Administração Pública (SFP) divulgou cartazes sobre os princípios constitucionais, explicando o que significa cada valor do serviço público (legalidade, honestidade, lealdade, imparcialidade e eficiência). Se o foco for aumentar a conscientização sobre regras de integridade específicas em um setor específico, pode-se considerar a produção e divulgação de mensagens personalizadas. A Agência de Alfândega e Proteção de Fronteiras dos EUA e o Departamento de Assuntos Internos da Austrália têm inserido vídeos com conteúdos sobre integridade no correio eletrônico das agências, buscando disseminar e esclarecer expectativas e condutas esperadas de todos os seus funcionários (OECD, 2017).

Por seguinte, a Figura 6.4 ilustra possível fluxo para tratamento de desvios éticos.

Figura 6.4: Possível fluxo para apuração de desvios de condutas éticas

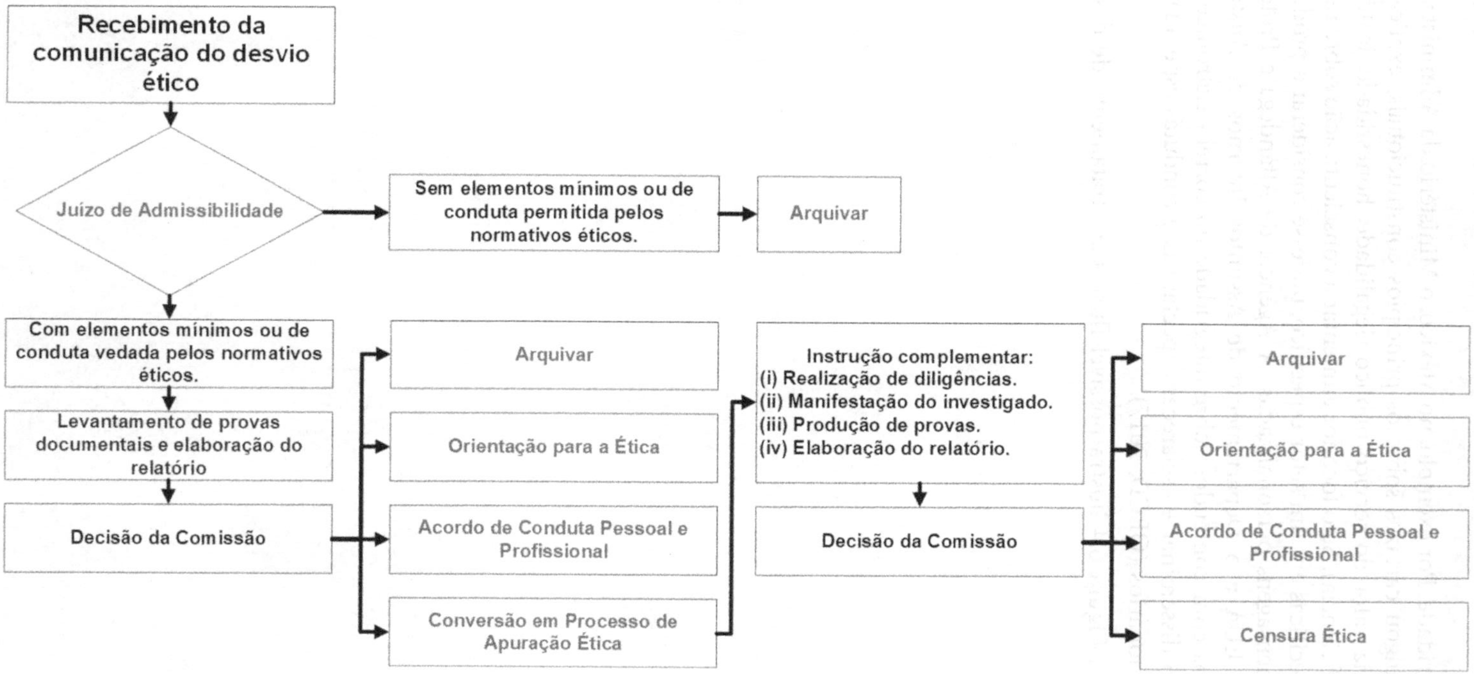

Atenção

Não basta ter comissão de ética nomeada e fluxo definido (que correspondem à macro variável existência dos modelos de maturidade); é necessário que a Comissão atue efetivamente: arquivando quando tiver que arquivar, aplicando a penalidade de censura ética quando for o caso e orientando nos demais.

4. ASSUNTOS PASSÍVEIS DE SEREM INCORPORADOS EM UM CÓDIGO DE ÉTICA

Em 2021, a Comissão de Ética Pública realizou estudo comparado sobre quais itens podem ser tratados no código de ética no nível organizacional. O Quadro 6.1 contém a síntese do estudo.

Quadro 6.1: Ética comparada entre países

Fatores	NZ (2007)	CANADÁ (2011)	UE (2012)	AUSTRÁLIA (2013)	REINO UNIDO (2015)	COLÔMBIA (2017)	EUA (2017)
Motivação	Sim	Sim	Sim	Não	Não	Sim	Não
Objetivos	Não	Sim	Não	Sim	Sim	Sim	Não
Vedações	Não	Sim	Sim	Sim	Sim	Sim	Sim
Presentes	Sim	Não	Não	Não	Sim	Sim	Sim
Conduta fora do trabalho	Não	Sim	Não	Não	Não	Não	Sim
Informação privile-giada	Sim	Sim	Não	Sim	Sim	Sim	Sim
Patrimônio público	Sim	Sim	Não	Sim	Sim	Sim	Sim
Mídia	Não	Não	Não	Sim	Sim	Não	Não
Assédio	Não	Sim	Não	Sim	Não	Não	Não
Sanções	Não	Sim	Não	Sim	Não	Não	Não
Processo	Não	Sim	Sim	Sim	Não	Não	Não

Fonte: Nota Técnica nº 1/2021/GT Ética Pública.

Quadro 6.2: Ética comparada entre Organizações

Fatores	BNDES (2016)	Petrobras (2020)	Eletrobras (2020)
Mídias Sociais/Internet	Sim	Sim	Sim
Sustentabilidade (ESG)	Sim	Sim	Sim
Composição de Conflitos	Sim	Não	Não
Privacidade (LGPD)	Não	Sim	Sim
Trabalho Remoto	Não	Sim	Sim
Bullying	Sim	Sim	Sim

Fonte: Nota Técnica nº 1/2021/GT Ética Pública.

Síntese do estudo e possíveis tendências
Os 16 códigos estudados contemplam: princípios; conflitos de interesses; favorecimento próprio e de terceiros; tratamento e interação com o público; deveres e obrigações. **Tendências:** • **Composição de conflitos:** Canadá (2011), SP (2014) e BNDES (2016). • **Sustentabilidade:** STF (2016) e estatais (2016 e 2020). • **Proteção de dados:** UE (2015), Petrobras (2020) e Eletrobras (2020). • **Estatais:** maior uniformidade e atualidade dos assuntos. • **Previsão de regras processuais:** TCU Acórdão nº 674/2018.

5. MODELO DE MATURIDADE DA PROMOÇÃO DA ÉTICA

Um modelo de maturidade contém duas variáveis macro: existência e institucionalização. O Sistema de Gestão de Ética do Poder Executivo Federal desenvolveu painel gerencial que se aproxima de tal modelo. O Quadro 6.3 contém os elementos de cada variável e possíveis resultados esperados conforme respostas obtidas junto às Comissões de Éticas.

Quadro 6.3: Síntese da avaliação desenvolvida pelo Sistema de Gestão de Ética do Poder Executivo Federal

Existência	Institucionalização	Possíveis resultados organizacionais
1. Ato normativo de criação da Comissão de Ética. 2. Ato normativo designando membros titulares e suplentes atuais **com respectivos mandatos.**	1. Membros da Comissão de Ética possuem competência para análise de conflito de interesse ou participam das análises junto a outras unidades. 2. Possuem o controle sobre: (i) consultas de conflitos e interesses[a], (ii) denúncias recebidas, (iii) procedimentos preliminares, (iv) consultas sobre gestão de ética pública, (v) ações de mediação[b], (vi) ACPP firmados, (vii) processos de apuração ética instaurados, (viii) censuras éticas aplicadas.	**Nota de 0 a 1: necessita atenção** **Nota de 2 a 5: em estruturação** **Nota de 6 a 9: estruturada** **Nota 10: consolidada e atuante**

Legenda: (a) será aprofundado no capítulo 9. **(b)** será aprofundado no capítulo 14.

O modelo anterior pode ser perfeitamente utilizado por entes e organizações públicas ou privadas.

6. TÓPICOS ESPECIAIS

6.1. Brindes

De acordo com o Decreto 10.889, de 9 de dezembro de 2021:

> *Art. 5º Para fins do disposto neste Decreto, considera-se:*
>
> *IV - agente público - o agente político, o servidor público e todo aquele que exerça, ainda que transitoriamente ou sem remuneração, por eleição, por nomeação, por designação, por contratação ou por qualquer outra forma de investidura ou vínculo, mandato, cargo, emprego ou função no Poder Executivo federal;*
>
> *V - hospitalidade - oferta de serviço ou despesas com transporte, com alimentação, com hospedagem, com cursos, com seminários, com congressos, com eventos, com feiras ou com atividades de entretenimento, concedidos por agente privado para agente público no interesse institucional do órgão ou da entidade em que atua;*
>
> *VI - brinde - item de baixo valor econômico e distribuído de forma generalizada, como cortesia, propaganda ou divulgação habitual;*
>
> *VII - presente - bem, serviço ou vantagem de qualquer espécie recebido de quem tenha interesse em decisão do agente público ou de colegiado do qual este participe e que não configure brinde ou hospitalidade;*
>
> *Art. 5º [...]*
>
> *§ 4º Para fins do disposto do inciso VI **(brinde)** do **caput**, considera-se item de baixo valor econômico aquele com valor menor do que um por cento do teto remuneratório previsto no inciso XI do **caput** do art. 37 da Constituição.*

Atenção
Desde 1º de abril de 2023, o teto remuneratório era de R$ 41.650,92. Logo, um item poderia ser considerado brinde somente se tivesse um valor estimado abaixo de R$ 416,51. Contudo, foi sancionada lei que permite reajuste do teto para os anos de 2024 e 2025: • R$ 44.008,52 desde 1º de fevereiro de 2024; • R$ 46.366,19 desde 1º de fevereiro de 2025.

Figura 6.5: Requisitos de um Brinde

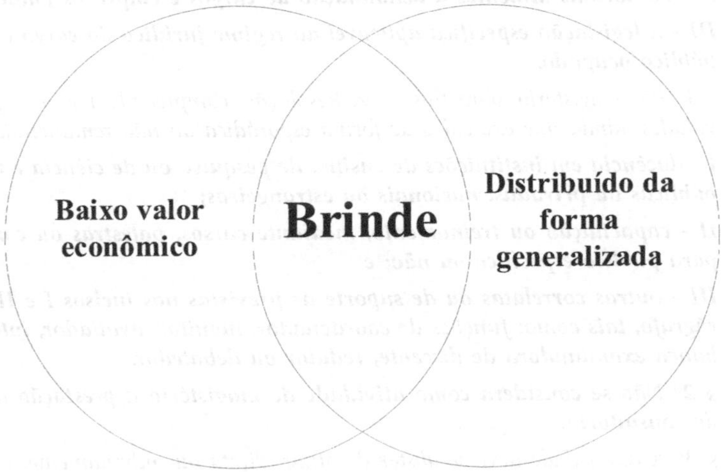

Desse modo, mesmo que seja de baixo valor econômico, um item pode eventualmente não ser considerado brinde caso não seja distribuído de forma generalizada.

Caso seja caraterizado o presente[9], ele deve ser recusado ou devolvido. Se e somente se seja inviável recusar o presente, este deve ser entregue ao setor de patrimônio do órgão.

6.2. Magistério

A Resolução CEP nº 16, de 14 de fevereiro de 2022, define que:

> ***Art. 2º É permitido o exercício de atividades de magistério pelos agentes públicos ocupantes dos cargos e empregos mencionados nos incisos I a IV, do art. 2º, da Lei nº 12.813/13, respeitadas, além do disposto na Lei nº 12.813, de 2013:***

9 Art. 17. Para fins do disposto no inciso VI do **caput** do art. 5º da Lei nº 12.813, de 2013, é vedado a todo agente público do Poder Executivo federal receber presente de quem tenha interesse em decisão sua ou de colegiado do qual participe.

Parágrafo único. O disposto no **caput** não se aplica ao recebimento de brinde, nos termos do disposto no inciso VI do **caput** do art. 5º deste Decreto, dispensado seu registro no e-Agendas.

Art. 18. Na hipótese de inviabilidade da recusa ou da devolução imediata do presente recebido, o agente público deverá entregá-lo ao setor de patrimônio de seu órgão ou de sua entidade, o qual adotará as providências cabíveis quanto à sua destinação.

§ 1º A entrega de que trata o **caput** será realizada no prazo de sete dias, contado da data de recebimento do presente.

§ 2º Na hipótese de recebimento do presente durante ausência do agente público, o prazo de que trata o § 1º será contado da data do retorno do referido agente público ao seu órgão ou à sua entidade.

I - as normas atinentes à compatibilidade de horários;

II - as normas atinentes à acumulação de cargos e empregos públicos; e

III - a legislação específica aplicável ao regime jurídico do cargo ou emprego público ocupado.

§ 1º Por magistério, para fins desta Resolução, compreendem-se as seguintes atividades, ainda que exercidas de forma esporádica ou não remunerada:

I - docência em instituições de ensino, de pesquisa ou de ciência e tecnologia, públicas ou privadas, nacionais ou estrangeiras;

II - capacitação ou treinamento, mediante cursos, palestras ou conferências, para público específico ou não; e

III - outras correlatas ou de suporte às previstas nos incisos I e II deste parágrafo, tais como: funções de coordenador, monitor, avaliador, integrante de banca examinadora de discente, redator ou debatedor.

§ 2º Não se considera como atividade de magistério a prestação de serviços de consultoria.

§ 3º A autoridade deve se abster de atuar, direta ou indiretamente, em processo de interesse da entidade em que exerça a atividade de magistério.

Atenção
É vedada a consultoria no âmbito do serviço público federal.

PODCAST com *Expert*:

Roberta Codignoto traz reflexões sobre a efetividade de programas de integridade e *compliance* dentro do contexto da ética.

CAPÍTULO 07

OUVIDORIA E O TRATAMENTO DE DENÚNCIAS

1. BASE NORMATIVA DA OUVIDORIA

O primeiro ponto de reflexão que devemos fazer em relação à ouvidoria (antes de compreendermos sua estrutura e atribuição) seria a **razão de ser e o seu propósito**. Nesse sentido, a Constituição Federal de 1988 é costumeiramente, não sem motivo, denominada como Constituição Cidadã devido a reunião de diversos instrumentos de participação popular que vão desde o voto, passando pelo plebiscito e referendo bem como ainda dispor da previsão de iniciativa popular de leis, além de legitimidade para propositura de ação popular.

Não obstante a toda essa intenção de democratizar os instrumentos de participação popular e de controle republicano, foi somente através do constituinte derivado no momento da aprovação da Emenda Constitucional nº 19/1998 que se estipulou a previsão de parâmetros, mediante reserva legal, acerca da **a)** reclamação dos serviços públicos em geral; **b)** da maneira de acesso do cidadão aos registros públicos; e a **c)** disciplina de representação de exercício negligente ou abusivo de cargo emprego, ou função pública, tudo conforme o art. 37, § 3º.

Independentemente de nosso ordenamento jurídico conceder status constitucional, algumas nações possuem uma tradição maior do que brasileira quando se trata do cidadão ter direito a **uma escuta justa** e, também, **direito de ser consultado**. A origem do que hoje chamamos de Ouvidoria Pública remete à Suécia, onde, em 1809, foi criada a figura do ***Ombudsman***, com o objetivo de receber e encaminhar as queixas dos cidadãos relacionadas a serviços públicos. Nessa época, criou-se a palavra ***Ombudsman*** que, em sueco, significa "representante do povo". O ***Ombudsman*** era o funcionário responsável por receber críticas e sugestões da população, com a missão de agir no interesse da população junto ao Parlamento. Posteriormente, vários países passaram a criar o cargo, com nomes e configurações um pouco diferentes. Em Portugal, por exemplo, esse profissional é chamado de **Provedor de Justiça**; na França o termo é traduzido como ***Médiateur de la Republique***; já nos países latinos costuma-se denominar o cargo como **Defensor del Pueblo**. Já nos Estados Unidos, Nos Estados Unidos foram criadas, a partir da década de 1960, ***Ombudsmen*** espalhados pela Administração Pública, obedecendo a regulamentos próprios, diferentemente do modelo europeu, em que há apenas um ***Ombudsman***, ligado ao Poder Legislativo.

Com relação ao Brasil, a primeira ouvidoria pública brasileira foi criada em 1986, no município de Curitiba, mas de fato, somente após a constituição de 1988 elas passaram a ser instituídas em maior número. Em 2003, a Ouvidoria-Geral da República foi transferida para a estrutura da Controladoria-Geral da União (CGU), e posteriormente teve seu nome alterado para **Ouvidoria-Geral da União (OGU)**, com competência para exercer a coordenação técnica do segmento de ouvidorias do Poder Executivo federal. Em 2004 foi promulgada a Emenda Constitucional nº 45, que determinou a criação de Ouvidorias no Poder Judiciário e no Ministério Público no âmbito da União, dos Estados e do Distrito Federal e Territórios[1].

Não obstante a previsão constituição e a iniciativa de alguns poderes instituídos foi somente com a edição da Lei nº 13.460/2017 e da Lei nº 13.608/18 que foram estabelecidos critérios objetivos e parâmetros para a participação, proteção e defesa dos direitos dos usuários de serviços públicos, além de protocolos de recebimento de denúncias e recompensas de informações auxiliem nas investigações policiais.

Esta obra por sua vez, tecerá comentários amiúde sobre o funcionamento da ouvidoria através de exposição detalhada de como institucionalizar a sua existência. Para tanto, os atos normativos secundários tais quais o Decretos nº 9.492/2018 e o Decreto nº 10.153/2019 englobam a estruturação e a gestão de ouvidorias, bem como salvaguarda e proteção ao denunciante.

Por sua vez, e antes de avançarmos em relação aos temas e atos normativos disciplinadores, cabe destacar os seguintes pontos:

(i) A ouvidoria e sua importância estão inseridas no debate das teorias de vanguarda do Direito Constitucional. Por exemplo, o **constitucionalismo do futuro ou porvir**. Para a doutrina, as mudanças das futuras constituições devem ser pautadas por sete valores fundamentais (veracidade, solidariedade, consenso, continuidade, participação da sociedade na política, integração e a universalidade dos direitos fundamentais)[2]. Ao nosso ver uma ouvidoria estruturada cada vez mais é capaz de permitir a participação da sociedade no processo decisório. Esta atua como termômetro de políticas públicas mediante mensuração de reclamações e pedidos de providências ou até de contribuições valorosas por meio de sugestões e elogios;

---

1 https://www.gov.br/ouvidorias/pt-br/cidadao/conheca-a-ouvidoria/historia-das-ouvidorias.

2 Direito Constitucional. Flavio Martins. 6ª edição. 2022.

(ii) Uma boa ouvidoria **auxilia na tomada de decisão estratégica**. Ela gera informações para subsidiar a atuação governamental após a consolidação de dados de ouvidoria. Assim, é possível saber, por exemplo, qual equipe de plantão médico tem mais reclamações ou qual equipe recebe mais elogios em uma unidade de pronto atendimento. E assim, pode-se comparar as práticas adotadas (comunicação, método de atendimento ou até resolutividade em situação de crises). A partir das denúncias é possível ainda estabelecer matriz de fiscalização e identificar respostas com base em riscos[3];

(iii) As ouvidorias avançaram bastante na **estruturação multilateral** mediante o desenvolvimento de redes de ouvidorias regionais e nacionais para compartilhamento de boas práticas. Como exemplo, destaca-se a Rede Nacional de Ouvidorias, prevista pelo Decreto nº 9.492/2018, que tem a finalidade de integrar as ações de simplificação desenvolvidas pelas ouvidorias dos Poderes da União, dos Estados, do Distrito Federal e dos Municípios;

(iv) O **controle social** está cada vez mais atento ao **papel da ouvidoria** como instrumento de transformação. Como prova de tal postulado, a Transparência internacional Brasil em seu ranking de **Índice de Transparência e Governança Pública - ITGP** expõe como requisito de avalição a existência de canal de ouvidoria de fácil acesso (até 2 cliques), a publicação de relatórios e dados estatísticos das demandas em sítios oficiais, além de existência de norma local de proteção aos denunciantes, conforme nota metodológica[4];

(v) O **mercado privado está cada vez mais se estruturando** para ter boas práticas de ouvidoria como pressuposto de geração de valor. Como exemplo cita-se o **Normativo SARB 22/2019**. Assim, o Sistema de Autorregulação Bancária da Federação Brasileira de Bancos - FEBRABAN instituiu o Normativo de Ouvidorias, com diretrizes e regras a serem adotadas pelas Instituições Financeiras Signatárias no relacionamento com os consumidores, pessoa física ou jurídica, nos termos da regulação vigente;

(vi) O **Supremo Tribunal Federal** tem enfrentado cada vez mais questões envolvendo denúncia anônima. São decisões que reconhecem a efetividade dos institutos, equilibrando ainda os princípios do devido processo legal e presunção de inocência;

(vii) Há **temas que estão em processo construtivo no debate brasileiro**. Por exemplo, de acordo com o Manual de Integridade Pública da OCDE (2022), uma ferramenta específica que as ouvidorias podem usar para sugerir mudanças de política seria a **investigação de "iniciativa própria"**, que permite que a ouvidoria inicie uma investigação sem antes ter recebido uma reclamação individual

3 *Painel Resolveu* é um exemplo. https://centralpaineis.cgu.gov.br/visualizar/resolveu.

4 https://comunidade.transparenciainternacional.org.br/itgp-executivo-estadual-nota-metodologica?_gl=1*o7xuuv*_ga*MjQxMTU1NjAyLjE2OTA4NjE3NjA.*_ga_E136MXN2HN*MTY5NDM5ODM2Mi42LjEuMTY5NDM5ODQwMS4yMS4wLjA.

(International Ombudsman Institute, 2018[5]). Segundo o manual, as investigações de iniciativa própria são utilizadas para abordar a causa raiz de um problema que deu origem a várias queixas semelhantes. As descobertas podem embasar uma resposta precoce a um problema antes que ele se agrave, ou podem permitir que a ouvidoria emita recomendações sobre um assunto problemático que afeta várias organizações públicas. Além disso, as investigações de iniciativa própria podem chamar a atenção para assuntos de interesse público, bem como gerar discussão sobre questões políticas e legislativas. Finalmente, tais investigações podem trazer, para a arena política, vozes que raramente reclamam, raramente são ouvidas ou são incapazes de reclamar, contribuindo assim para melhorar o acesso na formulação de políticas públicas (International Ombudsman Institute, 2018).

Após esses pontos, vamos à análise dos normativos pátrios. O Decreto 9.492, de 05 de setembro de 2018[6], instituiu o Sistema de Ouvidoria do Poder Executivo federal:

> ***Art. 4º Fica instituído o Sistema de Ouvidoria do Poder Executivo federal, com a finalidade de coordenar as atividades de ouvidoria desenvolvidas pelos órgãos e pelas entidades da administração pública federal a que se refere o art. 2º[7].***
>
> ***Art. 5º São objetivos do Sistema de Ouvidoria do Poder Executivo federal:***
>
> *I - coordenar e articular as atividades de ouvidoria a que se refere este Decreto;*
>
> *II - propor e coordenar ações com vistas a:*
>
> *a) desenvolver o controle social dos usuários sobre a prestação de serviços públicos; e*
>
> *b) facilitar o acesso do usuário de serviços públicos aos instrumentos de participação na gestão e na defesa de seus direitos;*
>
> *III - zelar pela interlocução efetiva entre o usuário de serviços públicos e os órgãos e as entidades da administração pública federal responsáveis por esses serviços; e*
>
> *IV - **acompanhar a implementação da Carta de Serviços ao Usuário**, de que trata o art. 7º da Lei nº 13.460, de 2017 , de acordo com os procedimentos adotados pelo Decreto nº 9.094, de 17 de julho de 2017 .*
>
> ***Art. 6º Integram o Sistema de Ouvidoria do Poder Executivo federal:***
>
> *I - como órgão central, o Ministério da Transparência e Controladoria-Geral da União, por meio da Ouvidoria-Geral da União; e*

---

5 International Ombudsman Institute (2018), *Own Initiative Investigations*, International Ombudsman Institute, Vienna, http://file:///C:/Users/Munro_C/Downloads/BPP_Issue%203_own%20initiative%20investigatio ns_July%202018%20(1).pdf.

6 http://www.planalto.gov.br/ccivil_03/_ato2015-2018/2018/decreto/D9492.htm.

7 Decreto 9.492/2018:
Art. 2º O disposto neste Decreto se aplica:
I - aos órgãos da administração pública federal direta, autárquica e fundacional; e
II - às empresas públicas e às sociedades de economia mista, incluídas aquelas que explorem atividade econômica de produção ou comercialização de bens ou de prestação de serviços.

II - como unidades setoriais, as ouvidorias dos órgãos e das entidades da administração pública federal abrangidos por este Decreto e, na inexistência destas, as unidades diretamente responsáveis pelas atividades de ouvidoria.

Art. 7º As atividades de ouvidoria das unidades setoriais do Sistema de Ouvidoria do Poder Executivo federal ficarão sujeitas à orientação normativa e à supervisão técnica do órgão central, sem prejuízo da subordinação administrativa ao órgão ou à entidade da administração pública federal a que estiverem subordinadas.

Art. 8º Sempre que solicitadas, ou para atender a procedimento regularmente instituído, as unidades setoriais do Sistema de Ouvidoria do Poder Executivo federal remeterão ao órgão central dados e informações sobre as atividades de ouvidoria realizadas.

Art. 9º A unidade setorial do Sistema de Ouvidoria do Poder Executivo federal será, de preferência, diretamente subordinada à autoridade máxima do órgão ou da entidade da administração pública federal a que se refere o art. 2º.

A seguir constam as atribuições do órgão central e dos órgãos setoriais do Sistema de Ouvidoria do Poder Executivo federal:

Art. 10. Compete às unidades setoriais do Sistema de Ouvidoria do Poder Executivo federal:

I - executar as atividades de ouvidoria previstas no art. 13 da Lei nº 13.460, de 2017;

II - propor ações e sugerir prioridades nas atividades de ouvidoria de sua área de atuação;

III - informar ao órgão central do Sistema de Ouvidoria do Poder Executivo federal a respeito do acompanhamento e da avaliação dos programas e dos projetos de atividades de ouvidoria;

IV - organizar e divulgar informações sobre atividades de ouvidoria e procedimentos operacionais;

V - processar as informações obtidas por meio das manifestações recebidas e das pesquisas de satisfação realizadas com a finalidade de avaliar os serviços públicos prestados, em especial sobre o cumprimento dos compromissos e dos padrões de qualidade de atendimento da Carta de Serviços ao Usuário, de que trata o art. 7º da Lei nº 13.460, de 2017; e

VI - produzir e analisar dados e informações sobre as atividades de ouvidoria, para subsidiar recomendações e propostas de medidas para aprimorar a prestação de serviços públicos e para corrigir falhas.

Parágrafo único. Os canais de atendimento ao usuário de serviços públicos dos órgãos e das entidades da administração pública federal serão submetidos à supervisão técnica das unidades setoriais do Sistema de Ouvidoria do Poder Executivo federal quanto ao cumprimento do disposto nos art. 13 e art. 14 da Lei nº 13.460, de 2017.

Art. 11. Compete ao órgão central do Sistema de Ouvidoria do Poder Executivo federal:

I - estabelecer procedimentos para o exercício das competências e das atribuições definidas nos Capítulos III, IV e VI da Lei nº 13.460, de 2017;

II - monitorar a atuação das unidades setoriais do Sistema de Ouvidoria do Poder Executivo federal no tratamento das manifestações recebidas;

III - promover a capacitação e o treinamento relacionados com as atividades de ouvidoria e de proteção e defesa do usuário de serviços públicos;

IV - manter sistema informatizado de uso obrigatório pelos órgãos e pelas entidades da administração pública federal a que se refere o art. 2º, com vistas ao recebimento, à análise e ao atendimento das manifestações enviadas para as unidades setoriais do Sistema de Ouvidoria do Poder Executivo federal;

V - definir, em conjunto com o Ministério do Planejamento, Desenvolvimento e Gestão, metodologia padrão para aferir o nível de satisfação dos usuários de serviços públicos;

VI - manter base de dados com as manifestações recebidas de usuários;

VII - sistematizar as informações disponibilizadas pelas unidades setoriais do Sistema de Ouvidoria do Poder Executivo federal, consolidar e divulgar estatísticas, inclusive aquelas indicativas de nível de satisfação dos usuários com os serviços públicos prestados; e

VIII - propor e monitorar a adoção de medidas para a prevenção e a correção de falhas e omissões na prestação de serviços públicos.

§ 1º A nomeação, a designação, a exoneração ou a dispensa dos titulares das unidades setoriais do Sistema de Ouvidoria do Poder Executivo federal será submetida, pelo dirigente máximo do órgão ou da entidade, à aprovação da Controladoria-Geral da União.

§ 2º O disposto no § 1º não se aplica aos cargos de titular de unidades de ouvidoria da Secretaria-Geral da Presidência da República, do Ministério das Relações Exteriores, do Ministério da Defesa e da Advocacia-Geral da União.

§ 3º A Controladoria-Geral da União disciplinará o procedimento de consulta para nomeação, designação, exoneração ou dispensa dos titulares das unidades setoriais do Sistema de Ouvidoria do Poder Executivo federal.

Aspectos essenciais do Decreto 9.492/2018 que devem ser observados por Entes que desejem implementar o sistema de ouvidoria pública
1º Aspecto: Definição da finalidade do sistema.
2º Aspecto: Definição dos integrantes do sistema, inclusive órgão central, e suas atribuições.
3º Aspecto: Definição da relação entre o órgão central e demais órgãos setoriais do sistema.
4º Aspecto: Definição do posicionamento da Setorial de Ouvidoria em relação autoridade máxima do órgão.
5º Aspecto: Definição das atribuições do órgão central e órgãos setoriais.
6º Aspecto: Definição de critérios para assumir a função de titular.
7º Aspecto: Definição de **mandato do titular da Ouvidoria.**

Critérios para ser titular da Unidade de Ouvidoria

Portaria CGU nº 1.181, de 10 de junho de 2020

*Art. 4º O indicado a titular da unidade setorial do SisOuv deverá atender, **no mínimo, a um dos seguintes critérios específicos:***

*I - experiência de, **no mínimo, um ano em atividades de ouvidoria ou acesso à informação;***

*II - comprovação de **carga horária mínima de oitenta horas de capacitação em cursos e treinamentos oferecidos** em qualquer modalidade no âmbito do Programa de Formação Continuada em Ouvidoria - PROFOCO, da CGU, nos últimos três anos que antecedem à indicação de que trata o art. 2º;*

*III - consignação, na declaração de que trata o inciso I do art. 3º, do **compromisso de conclusão da Certificação em Ouvidoria, disponibilizada no âmbito do PROFOCO, no prazo máximo de cento e oitenta dias, contado da nomeação ou designação ao cargo ou função,** como condicionante para manutenção da aprovação da indicação; ou*

*IV - **ser integrante da carreira de Finanças e Controle**[8].*

Conclui-se que nesse caso se optou por 3 critérios independentes e aceitáveis:

1º Experiência prévia (no caso optou-se por 1 ano).

2º Capacitação prévia ou a posteriori dentro de um prazo determinado.

3º Membros de uma carreira específica da administração pública.

Tratamento dado ao mandato da Ouvidoria no âmbito do Poder Executivo federal

Portaria CGU nº 1.181, de 10 de junho de 2020

*Art. 7º A permanência no cargo de titular da **unidade setorial de ouvidoria será de três anos consecutivos**, podendo este prazo ser prorrogado, uma única vez, por igual período.*

Neste caso, entendeu-se que pelas situações complexas e desafiadoras inerentes a Ouvidoria, o titular da unidade deve ter mandato. Cabe destacar que eventualmente pode haver conflitos entre a Ouvidoria e a Alta Administração na triagem e acompanhamento de denúncias que porventura envolvam membros da Alta Administração, por exemplo. Logo, o titular da pasta deve ter a certeza que poderá fazer seu trabalho sem receio de represálias. **Por outro lado, o mandato não dá liberdade para o mandatário atuar fora das orientações do órgão central e pode haver a exoneração nos termos da Portaria 1.181/2020:**

Art. 8º O titular da unidade setorial de ouvidoria deverá manter as condições previstas nesta Portaria durante o período que exercer o cargo ou função.

§ 1º A superveniência de fato impeditivo à manutenção das condições a que se refere o caput ensejará o envio de consulta à CGU em até trinta dias, contados da ciência do fato, pelo dirigente máximo do órgão ou entidade.

§ 2º Na ocorrência da hipótese prevista no § 1º, a CGU poderá recomendar ao dirigente máximo do órgão ou entidade a dispensa ou exoneração do titular da unidade setorial de ouvidoria, bem como nas seguintes situações, independente de consulta:

I - conflito de interesses;

II - nepotismo;

III - incidência em uma ou mais hipóteses do art. 5º;

8 A opção pela carreira de finanças e controle se deveu ao fato de ser a única carreira a exigir no curso de formação à época ou ambientação posterior matéria específica da temática.

> ***IV - omissão ou recusa injustificada quanto ao atendimento de solicitações do órgão central, incluindo a utilização indevida ou uso deficiente de sistemas informatizados de responsabilidade e gestão da CGU, em que lhe forem concedidos acessos de uso;***
>
> ***V - avaliação insatisfatória, pelo órgão central, do desempenho da unidade setorial de ouvidoria em face da qualidade dos trabalhos, atingimento de metas e tempestividade, considerando os recursos à disposição e o porte do órgão ou entidade;***
>
> ***VI - comportamento inapropriado ou incompatível com o cargo, ou função exercido; e***
>
> ***VII - descumprimento da condicionante prevista no inciso III do art. 4º, quando couber.***
>
> *§ 3º A avaliação prevista no inciso V do § 2º levará em conta, ainda, as avaliações realizadas por meio do Conselho de Usuários dos Serviços de Ouvidoria do SisOuv, vinculado à OGU, dentre outras formas estabelecidas pelo órgão central do SisOuv.*
>
> *§ 4º A inobservância dolosa ao disposto neste artigo sujeitará o infrator à responsabilização disciplinar, a ser conduzida pela CGU.*
>
> *§ 5º Admite-se a celebração de Termo de Ajustamento de Conduta pela CGU nos casos de infração disciplinar de menor potencial ofensivo, nos termos da Instrução Normativa CGU nº 17, de 20 de dezembro de 2019.*
>
> *Art. 9º O órgão ou entidade deverá comunicar à CGU a exoneração ou dispensa imediata que decorrer de pedido do titular, falecimento ou do encerramento do vínculo funcional do titular da unidade setorial de ouvidoria com o Serviço Público Federal, sem prejuízo da adoção de providências para a indicação de novo titular, no prazo previsto no § 2º do art. 2º.*
>
> ***§ 1º Excetuadas as hipóteses de desligamento automático previstas no caput, as propostas de exoneração ou dispensa serão encaminhadas à avaliação da CGU.***
>
> *§ 2º São nulas as exonerações ou dispensas de titulares de unidades setoriais do SisOuv com fundamentos diversos dos previstos no caput, sem a prévia aprovação da CGU.*
>
> *Art. 10. A proposta de dispensa ou exoneração do titular da unidade setorial de ouvidoria do SisOuv pelo dirigente máximo do órgão, ou entidade deverá ser motivada, e a justificativa encaminhada previamente à aprovação da CGU, que a analisará em até vinte dias, contados do recebimento.*
>
> *Parágrafo único. No caso de a CGU manifestar-se contrariamente à exoneração ou dispensa proposta, a comunicação, devidamente motivada, dar-se-á por meio da emissão de expediente dirigido ao dirigente máximo do órgão ou entidade.*
>
> **Conclui-se que o mandato não é absoluto, podendo haver exoneração caso o titular incida em situações impeditivas à manutenção no cargo.**

2. ESTRUTURA E FUNCIONAMENTO DE UMA UNIDADE DE OUVIDORIA

Neste tópico serão apresentados exemplo de composição, fluxos e produtos esperados relacionados a uma Ouvidoria.

Posicionamento da Ouvidoria perante a Alta Administração
A ouvidoria deve reportar-se preferencialmente a autoridade máxima do órgão ou da entidade, ou seja, deve haver o mínimo de posições hierárquicas entre o titular da ouvidoria e o dirigente máximo.

Figura 7.1: Exemplo de composição de uma Ouvidoria instituída

A área responsável para realizar a análise preliminar (triagem) de denúncias na UFCA é a Ouvidoria Geral (OG). A Ouvidoria conta com duas servidoras efetivas, uma delas na figura de Ouvidora Geral e outra na figura de Chefe do Núcleo de Gestão da Ouvidoria.

Fonte: Relatório de Acompanhamento do Programa de Integridade – UFCA – 2022

Essa Ouvidoria citada na Figura 7.1 em 2022 atendeu 325 manifestações de cidadãos.

Principais realizações de uma Ouvidoria
- Reuniões deliberativas.
- Divulgar a carta de serviços ao usuário.
- Recebimento das manifestações do cidadão (inclusive denúncias).
- Análise e triagem das manifestações do cidadão (inclusive denúncias).
- Encaminhamento das manifestações para o setor envolvido (no caso de denúncias para o setor de apuração).
- Produção de respostas aos manifestantes.
- Produção dos relatórios e de informações à gestão.
- Adoção de medidas protetivas aos denunciantes.
- Realização de ações e campanhas educativas.

3. CARTA DE SERVIÇOS AO CIDADÃO (USUÁRIO)

O Decreto 9.094, de 17 de julho de 2017[9], define que:

> *Art. 11.* ***Os órgãos e as entidades do Poder Executivo federal que prestam atendimento aos usuários dos serviços públicos, direta ou indiretamente, deverão elaborar e divulgar Carta de Serviços ao Usuário, no âmbito de sua esfera de competência.***
>
> ***§ 1º A Carta de Serviços ao Usuário tem por objetivo informar aos usuários:***
>
> *I - os serviços prestados pelo órgão ou pela entidade do Poder Executivo federal;*
>
> *II - as formas de acesso aos serviços a que se refere o inciso I;*
>
> *III - os compromissos e padrões de qualidade do atendimento ao público; e*
>
> *IV - os serviços publicados no portal único gov.br, nos termos do disposto no Decreto nº 8.936, de 19 de dezembro de 2016.*

9 https://www.planalto.gov.br/ccivil_03/_ato2015-2018/2017/decreto/d9094.htm.

§ 2º Da Carta de Serviços ao Usuário, deverão constar informações claras e precisas sobre cada um dos serviços prestados, especialmente as relativas:

I - ao serviço oferecido;

II - aos requisitos e aos documentos necessários para acessar o serviço;

III - às etapas para processamento do serviço;

IV - ao prazo para a prestação do serviço;

V - à forma de prestação do serviço;

VI - à forma de comunicação com o solicitante do serviço; e

VII - aos locais e às formas de acessar o serviço.

§ 3º Além das informações referidas no § 2º, a Carta de Serviços ao Usuário deverá, para detalhar o padrão de qualidade do atendimento, estabelecer:

I - os usuários que farão jus à prioridade no atendimento;

II - o tempo de espera para o atendimento;

III - o prazo para a realização dos serviços;

IV - os mecanismos de comunicação com os usuários;

V - os procedimentos para receber, atender, gerir e responder às sugestões e reclamações;

VI - as etapas, presentes e futuras, esperadas para a realização dos serviços, incluídas a estimativas de prazos;

VII - os mecanismos para a consulta pelos usuários acerca das etapas, cumpridas e pendentes, para a realização do serviço solicitado;

VIII - o tratamento a ser dispensado aos usuários quando do atendimento;

IX - os elementos básicos para o sistema de sinalização visual das unidades de atendimento;

X - as condições mínimas a serem observadas pelas unidades de atendimento, em especial no que se refere à acessibilidade, à limpeza e ao conforto;

XI - os procedimentos para atendimento quando o sistema informatizado se encontrar indisponível; e

XII - outras informações julgadas de interesse dos usuários.

§ 4º Na hipótese de o serviço se tratar de ato público de liberação, nos termos definidos no § 6º[10] do art. 1º da Lei nº 13.874, de 20 de setembro de 2019, a Carta de Serviços ao Usuário incluirá também:

I - a listagem:

---

10 § 6º Para fins do disposto nesta Lei, **consideram-se atos públicos de liberação a licença, a autorização, a concessão, a inscrição, a permissão, o alvará, o cadastro, o credenciamento, o estudo, o plano, o registro e os demais atos exigidos**, sob qualquer denominação, por órgão ou entidade da administração pública na aplicação de legislação, como condição para o exercício de atividade econômica, inclusive o início, a continuação e o fim para a instalação, a construção, a operação, a produção, o funcionamento, o uso, o exercício ou a realização, no âmbito público ou privado, de atividade, serviço, estabelecimento, profissão, instalação, operação, produto, equipamento, veículo, edificação e outros.

a) ***de todos os documentos, taxas, tarifas, comprovantes, pareceres e demais exigências necessárias à instrução do ato público de liberação;***

b) dos atos normativos que tratem do ato público de liberação, inclusive aqueles não cogentes; e

c) dos códigos do Cadastro Nacional de Atividades Econômicas - CNAE referentes a atividades aptas a requererem a emissão de ato público de liberação, exceto se a informação for desnecessária;

II - a descrição resumida do fluxo de tramitação do processo administrativo aplicável ao ato, incluídas as fases, os prazos, as autoridades competentes para a decisão e o sistema recursal disponível;

III - a descrição da aplicabilidade dos efeitos dos níveis de risco;

IV - o prazo e as regras para efeitos da aprovação tácita; e

V - o tempo médio de tramitação de pedidos análogos até a decisão e as demais estatísticas relacionadas ao ato público de liberação, conforme os critérios de mensuração definidos pelo órgão ou pela entidade do Poder Executivo federal.

A seguir constam exemplos de Cartas de Serviços ao Cidadão. A carta da Figura 7.3 contém os itens adicionais exigidos pelo § 4º do Art. 11 do Decreto 9.094, de 17 de julho de 2017[11], define que:

Figura 7.2: Exemplo de Carta de Serviços ao Cidadão da Administração Direta[12]

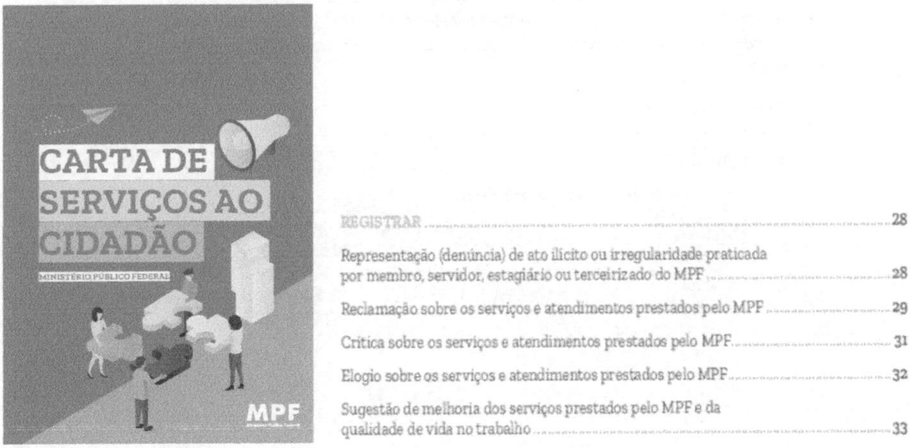

11 https://www.planalto.gov.br/ccivil_03/_ato2015-2018/2017/decreto/d9094.htm.

12 https://www.mpf.mp.br/servicos/carta-de-servicos-ao-cidadao/carta-de-servicos-ao-cidadao.

Figura 7.3: Exemplo de Carta de Serviços ao Cidadão de Entidade que contenha serviço de ato público de liberação[13]

CARTA
DE SERVIÇOS
AO USUÁRIO

SUMÁRIO

INPI

SERVIÇOS ESPECÍFICOS

(01) SOLICITAR O REGISTRO DE MARCA DE PRODUTO OU SERVIÇO

Descrição

Destina-se à pessoa física ou jurídica que pretenda distinguir produto ou serviço de outro idêntico, semelhante ou afim, de origem diversa, para garantir, no território nacional, a exclusividade do uso de nome ou de elementos figurativos ou tridimensionais que o identifiquem. O serviço consiste, basicamente, no recebimento do pedido de registro de marca e no seu exame. O registro tem validade por 10 anos renováveis sucessivamente (**Códigos 374 e 375**).

Código do Serviço para a Emissão da GRU / Forma de Prestação do Serviço / Valor do Serviço

CÓDIGO	FORMA	VALOR SEM DESCONTO	VALOR COM DESCONTO
389	Sistema e-Marcas, com especificação pré-aprovada	R$355,00	R$142,00
394	Sistema e-Marcas, com especificação de livre preenchimento	R$415,00	R$166,00

Requisitos e Documentos

1. Dados de identificação do solicitante.
2. Número da GRU paga.
3. Conteúdo técnico — nome da marca e/ou imagem da marca.

NAVEGAÇÃO POR TEMA DE INTERESSE

13 https://www.gov.br/inpi/pt-br/central-de-conteudo/carta-de-servicos/arquivos/documentos/carta-de-servicos-ao-usuario.pdf.

Racionalização das Cartas de Serviço ao Cidadão no âmbito do Executivo Federal: O Portal de Serviços
Atualmente, o modelo de carta definido em regulamentação do Poder Executivo Federal é tão somente aquele derivado do Portal de Serviços. Ou seja, para o cumprimento do dever legal de publicação, o que se solicita é que a informação no Portal de Serviços da Figura 7.4 esteja atualizada. Modelos distintos, de maneira complementar, podem até ser utilizados como boa prática a exemplo da AGU que inclui o link carta de serviços no Portal de Serviços.

Figura 7.4: Portal de Serviços do Poder Executivo Federal

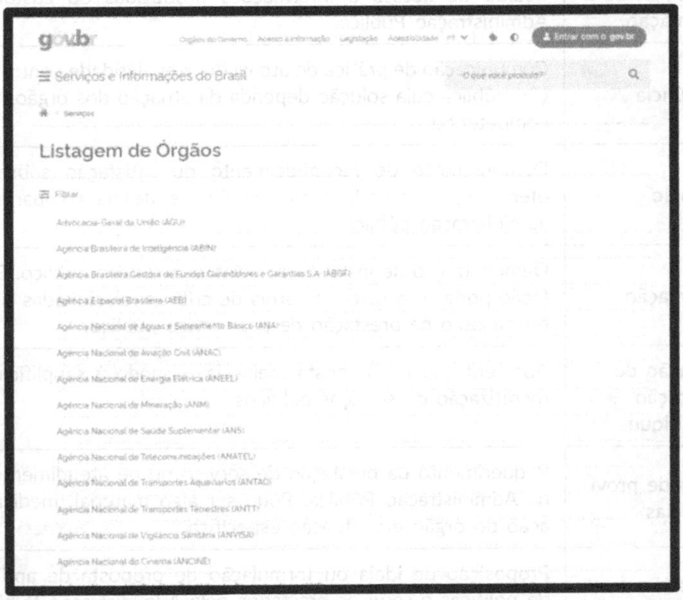

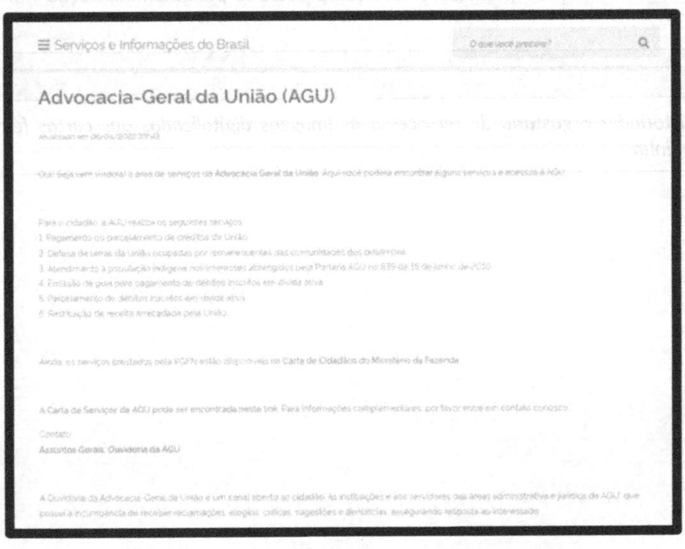

4. TIPOS DE MANIFESTAÇÃO DO CIDADÃO

O Quadro 7.1 contém os tipos de manifestação do cidadão perante os órgãos públicos.

Quadro 7.1: Tipos de manifestação do cidadão perante os órgãos públicos

Tipo	Conceito
Pedido de Acesso à Informação	Pedido de acesso a informações produzidas ou custodiadas pela Administração Pública.
Denúncia	Comunicação de prática de ato ilícito irregularidade contra administração pública cuja solução dependa da atuação dos órgãos apuratórios competentes.
Elogio	Demonstração de reconhecimento ou satisfação sobre o serviço oferecido, ou atendimento recebido, e deseja compartilhar com a administração pública.
Reclamação	Demonstração de insatisfação relativa a serviço público. Essa insatisfação pode se ocorrer na forma de críticas relacionadas à ineficiência ou omissão na prestação de um serviço público.
Solicitação de simplificação → Simplifique	Apresentação de proposta melhorias visando à simplificação/desburocratização de serviços públicos.
Solicitação de providências	Requerimento da prestação de serviço ou de atendimento por parte da Administração Pública. Pode ser algo material (medicamento) ou ação do órgão em situação específica.
Sugestão	Proposição de ideia ou formulação de proposta de aprimoramento de políticas e serviços prestados pela Administração Pública federal.

Exemplo de Pedido de Acesso à Informação
Olá, sou historiador e gostaria de ter acesso às imagens digitalizadas das cartas feitas por Pero Vaz de Caminha.

Exemplo de Denúncia
Sou cidadão e Empresário no setor de Engenharia do Município de xxx e estou indignado com tanta corrupção na Administração dos Recursos Públicos no Poder Executivo Municipal. Há fortes indícios de conluio e superfaturamento envolvendo vários contratos de obras públicas com recursos federais. No pregão presencial 004/2023, envolvendo R$ 50 milhões, fui desabilitado por não ter apresentado uma certidão autenticada em cartório, sendo que minha proposta era a mais vantajosa, enquanto no pregão 006/2023, envolvendo R$ 80 milhões, o edital veio restritivo e apenas 1 empresa pode participar e venceu o certame. Sempre quem ganha os pregões são as Empresas Tício S/A, Caio/SA e Mélvio S/A. Solicito SOCORRO a este órgão, pois os envolvidos são do alto escalão e vem há anos ficando impunes e cometendo cada dia mais danos ao erário.

Exemplo de Elogio
Fui muito bem atendido no Posto de Saúde XXXX. A médica XXXX foi muito acolhedora com meu filho que estava doente. Deus lhe pague.

Exemplo de Reclamação
A Escola em que meu filho estuda está sem professor de Matemática há um mês. Segundo a Diretoria, foi informado aos alunos que reclamássemos com a Secretaria Municipal de Educação.

Exemplo de Solicitação de simplificação
O serviço digital X solicita sempre que informemos vários dados que já constam na base do login único Gov.BR. Sugiro que o sistema já busque os dados naquela base, dispensando o usuário de inserir as informações novamente.

Exemplo de Solicitação de providências
Meu filho necessita do medicamento XXXX e não tem no posto de saúde. Gostaria de saber como posso ter acesso a esse medicamento pela rede pública. Sou beneficiária do Bolsa Família e não tenho condições de adquirir.

Exemplo de Sugestão
Faz-se necessário a criação de incentivo aos melhores servidores do Posto de Saúde de determinado período: mês ou trimestre. A exemplo do que ocorre no McDonald's poderia se fixar a foto do servidor destaque como forma de valorizar aqueles que atendem com zelo e empatia a população.

O tratamento dado aos pedidos de acesso à informação será aprofundado no capítulo 8.

4.1. Fluxo para tratamento das manifestações do cidadão exceto pedidos de acesso à informação

A Lei 13.460, de 26 de junho de 2017, estabelece os prazos aplicáveis a toda a Administração Pública (federal, estadual e municipal) para que a Ouvidoria responda uma manifestação do cidadão:

> *Art. 16.* ***A ouvidoria encaminhará a decisão administrativa final ao usuário, observado o prazo de trinta dias, prorrogável de forma justificada uma única vez, por igual período.***
>
> *Parágrafo único. Observado o prazo previsto no caput,* ***a ouvidoria poderá solicitar informações e esclarecimentos diretamente a agentes públicos do órgão ou entidade a que se vincula****, e as solicitações devem ser respondidas no prazo de vinte dias, prorrogável de forma justificada uma única vez, por igual período.*
>
> *Art. 17. Atos normativos específicos de cada Poder e esfera de Governo disporão sobre a organização e o funcionamento de suas ouvidorias.*

A Figura 7.5 ilustra possível fluxo para tratamento de manifestações exceto denúncias (será aprofundado no tópico 4.2) e pedidos de acesso à informação (será aprofundamento no capítulo 8).

Atenção
Os prazos do fluxo podem ser reduzidos em função de prioridade legal, ou ainda por norma regulamentar.

Figura 7.5: Possível fluxo para manifestações exceto denúncias e pedidos de acesso à informação

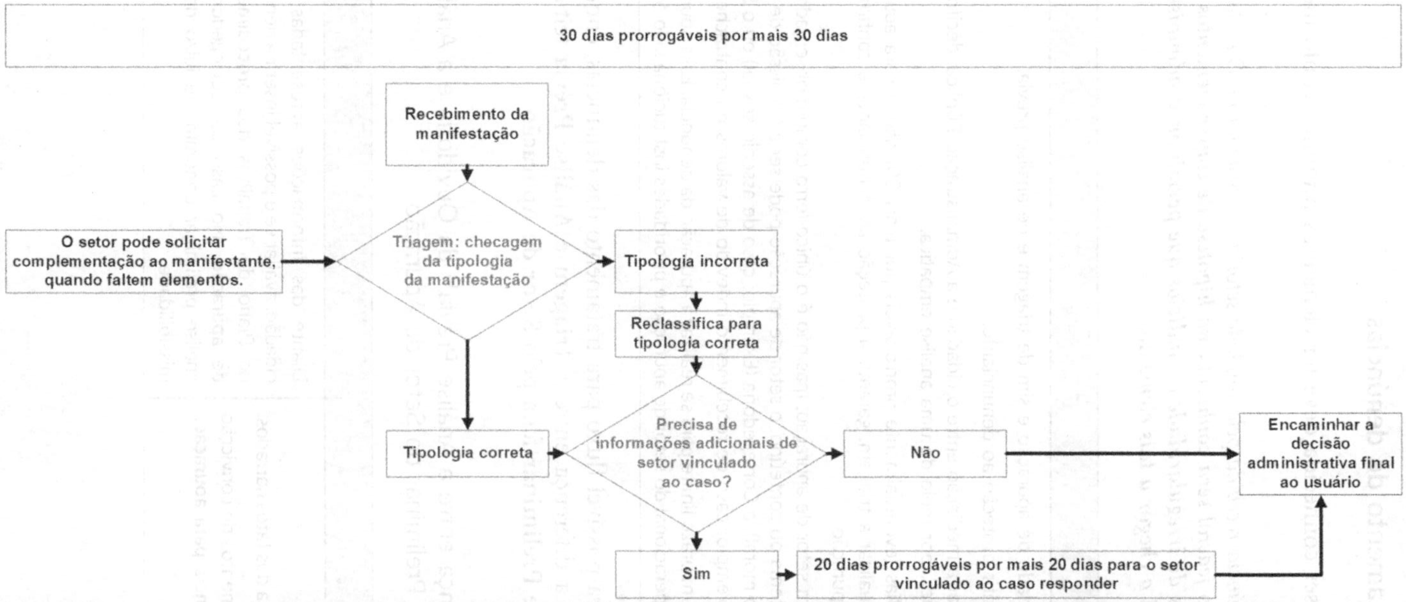

Atenção

1. É importante que nessa triagem inicial a ouvidoria saiba exatamente o tipo de manifestação e o conteúdo desejado, a fim de evitar repassar para o setor vinculado ao tema uma manifestação mal formulada. Em suma, a Ouvidoria deve ter a criticidade necessária para não onerar o sistema com itens desconexos.

2. A decisão administrativa final não significa que o problema foi solucionado, mas que houve uma resposta do setor vinculado ao tema sobre a manifestação.

3. Nestes tipos de manifestações (**diferente de pedidos de acesso à informação**) não há recurso quanto à decisão administrativa final.

4.2. Fluxo para tratamento de denúncias

A denúncia para ser conhecida deve ter elementos mínimos conforme Decreto nº 9.492/2018:

> *Art. 22. A denúncia recebida pela unidade setorial do Sistema de Ouvidoria do Poder Executivo federal* ***será conhecida na hipótese de conter elementos mínimos descritivos de irregularidade*** *ou* ***indícios que permitam a administração pública federal a chegar a tais elementos.***

Atenção
1. A ouvidoria não é unidade de apuração e sim de triagem e de análise prévia.
2. A ouvidoria deve garantir proteção ao denunciante.
3. A ouvidoria deve realizar a mediação entre o cidadão e a Administração Pública; decifrando e canalizando as aspirações, por meio de uma análise empática.
4. O prazo final de 30 dias (eventualmente prorrogáveis por mais 30) não é para apurar a denúncia, mas sim para realizar a triagem, garantir a proteção ao denunciante e confirmar a recepção pelo setor de apuração.
5. A auditoria interna é um setor de apuração, mas não é o único (erro comum observado nos órgãos). Dependendo do tema ou conteúdo, o setor de apuração pode ser a Comissão de Ética (Exemplo: caso de assédio moral), a Corregedoria (Exemplo: caso de assédio sexual) ou o Setor de Recursos Humanos (Exemplo: caso de recebimento indevido de valores no contracheque).
6. Não existe atualmente um prazo limite para se realizar a apuração da denúncia. Essa apuração depende de capacidade operacional do setor de apuração e prioridades institucionais do órgão.

A Figura 7.6 ilustra possível fluxo para tratamento das denúncias, enquanto o Quadro 7.2 contém a diferença entre a **Triagem e Análise Prévia** feita pela **Ouvidoria** e a **Análise Preliminar** feita pelo **Setor de Apuração.**

Quadro 7.2: Diferença entre a Análise Prévia[14] da Ouvidoria e a Análise Preliminar do Setor de Apuração

Análise Prévia da Ouvidoria	Análise Preliminar do Setor de Apuração
Não há juízo de valor acerca dos fatos narrados. Avalia a existência de elementos de convicção sobre a **aptidão da denúncia para apuração.**	Diante das informações apresentadas pelo cidadão, avaliar se é possível inserir a denúncia no Plano de Trabalhos dos **procedimentos de apuração.** No caso da Corregedoria, a análise preliminar denomina-se juízo de admissibilidade.

14 O termo triagem refere-se a operação realizada antes da análise prévia, com a finalidade apenas de ajustar tipologia e fazer a distribuição para o analista da ouvidoria.

Caso hipotético de denúncia apta para a Ouvidoria, mas inapta para o Setor de Apuração

Denunciante envia informações e cópias de convênios relacionados à obra inacabada referente a estrada urbana que envolve recursos federais. Manda fotos também do local que indicam o caso.

A denúncia foi considerada apta pela Ouvidoria e neste caso encaminhada para a auditoria.

Na auditoria foi feita uma análise preliminar utilizando sistemas corporativos e observou-se que a referida obra ocorre em 3 fases. Que as fases 1 e 2 foram concluídas e aprovadas pelo banco público e que a fase 3 está no prazo. Desse modo, essa denúncia foi considerada inapta pela Auditoria.

Poderia se questionar se não competiria a Ouvidoria acessar sistemas corporativos de auditoria para qualificar ainda melhor a denúncia. O entendimento atual é que não compete à Ouvidoria tal ônus.

Coragem técnica para tornar uma denúncia inapta em qualquer fase

Os servidores envolvidos devem ter a seguinte ideia: uma apuração de denúncia custa recursos públicos e envolve custo transacional. Em um cenário de recursos limitados, ao escolher determinado trabalho, outro é despriorizado. Desse modo, caso realmente não haja elementos iniciais para aptidão da denúncia, a Ouvidoria não pode assumir o papel de mero protocolo e esperar que lá na frente seja feito o devido aprofundamento que tenderá a tornar inapta a denúncia. Esse tipo de atitude sobrecarrega o sistema. É preciso coragem técnica, para arquivar quando tiver que arquivar; e apurar quando tiver que apurar.

Figura 7.6: Possível fluxo para tratamento de denúncias

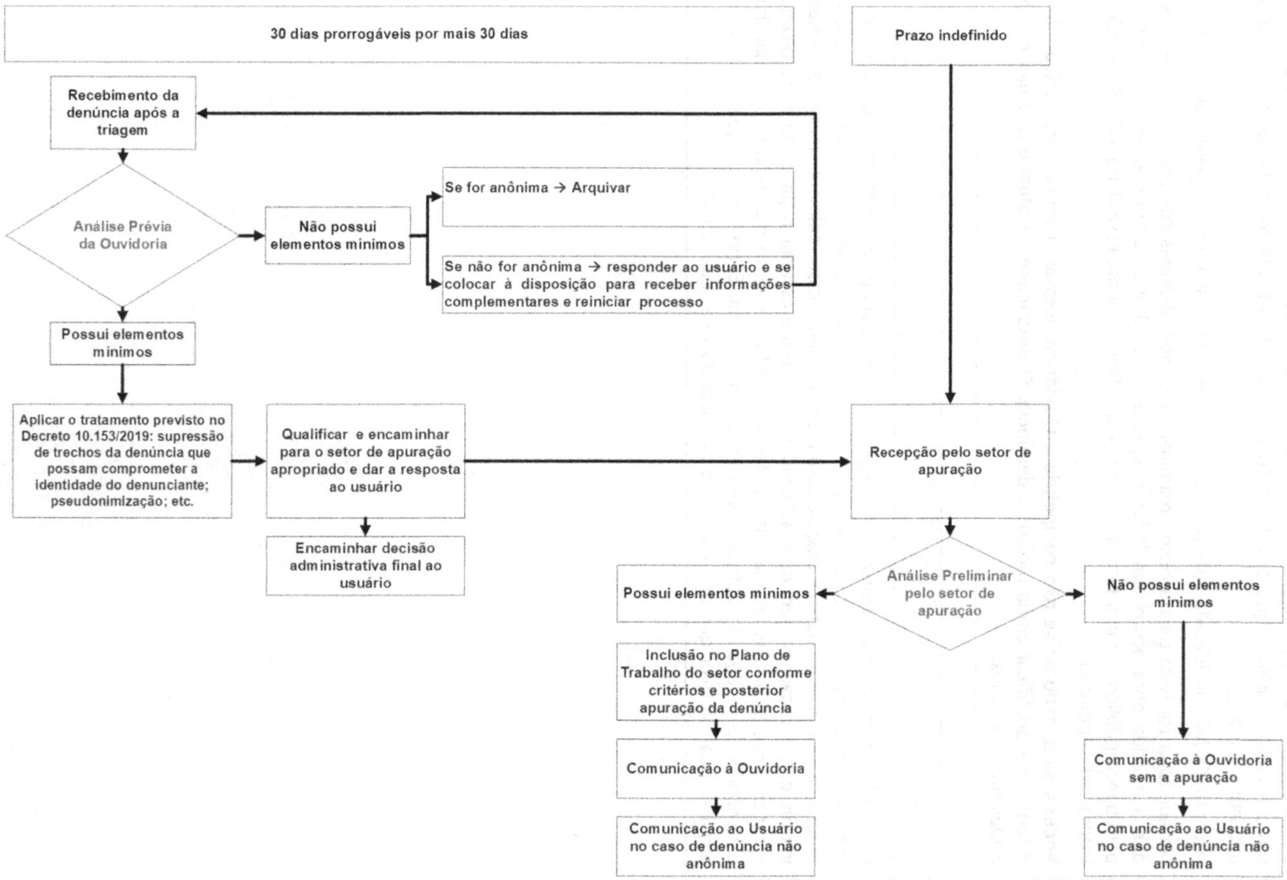

5. PROTEÇÃO AO DENUNCIANTE

A proteção ao denunciante é um tema essencial a ser observado pelas Ouvidorias seja na perspectiva internacional, seja na perspectiva nacional.

A Convenção das Nações Unidas contra a Corrupção em seu art. 33 define:

> *"Proteção aos denunciantes - Cada Estado Parte considerará a possibilidade de incorporar em seu ordenamento jurídico interno* ***medidas apropriadas para proporcionar proteção contra todo trato injusto às pessoas que denunciem ante as autoridades competentes****, de boa-fé e com motivos razoáveis, quaisquer feitos relacionados com os delitos qualificados de acordo com a presente Convenção".*

A Convenção da Organização dos Estados Americanos contra a Corrupção em seu art. III define:

> *"Medidas preventivas*
>
> *Para os fins estabelecidos no artigo II desta Convenção, os Estados Partes convêm em considerar a aplicabilidade de medidas, em seus próprios sistemas institucionais destinadas a criar, manter e fortalecer:*
>
> *8. Sistemas para* ***proteger funcionários públicos e cidadãos particulares que denunciarem de boa-fé atos de corrupção, inclusive a proteção de sua identidade****, sem prejuízo da Constituição do Estado e dos princípios fundamentais de seu ordenamento jurídico interno."*

Compromisso assumido pelo G-20 define que:

> *"Os países do G20 que ainda não têm proteções ao denunciante irá adotar e aplicar regras de proteção ao denunciante, baseando-se nos princípios desenvolvidos no Grupo de Trabalho, para o qual os líderes expressaram seu apoio em Cannes e* ***também tomar medidas específicas, adequadas à jurisdição, para garantir que os relatórios sobre a corrupção, incluindo jornalistas, possam exercer a sua função, sem medo de qualquer tipo de assédio ou ameaça de ação legal, ou privada ou do governo para relatar de boa fé****."*

A Lei nº 13.460/2017 define que:

> *Art. 6º São direitos básicos do usuário:*
>
> *[...]*
>
> *IV -* ***proteção de suas informações pessoais****, nos termos da Lei nº 12.527, de 18 de novembro de 2011;*
>
> *Art. 10. A manifestação será dirigida à ouvidoria do órgão ou entidade responsável e conterá a identificação do requerente.*
>
> *§ 7º* ***A identificação do requerente é informação pessoal protegida com restrição de acesso*** *nos termos da Lei nº 12.527/2011, de 18 de novembro de 2011.*

A Lei nº 12.527/2011 define que a denúncia é considerada informação pessoal sujeita à restrição de acesso de até 100 anos:

Art. 31. O tratamento das informações pessoais deve ser feito de forma transparente e com respeito à intimidade, vida privada, honra e imagem das pessoas, bem como às liberdades e garantias individuais.

§ 1º As ***informações pessoais****, a que se refere este artigo, relativas à intimidade, vida privada, honra e imagem:*

I - terão seu acesso restrito, independentemente de classificação de sigilo ***e pelo prazo máximo de 100 (cem) anos a contar da sua data de produção****, a agentes públicos legalmente autorizados e à pessoa a que elas se referirem;*

A Lei nº 12.527/2011 define penalidades para descumprimento da proteção ao denunciante:

Art. 31. O tratamento das informações pessoais deve ser feito de forma transparente e com respeito à intimidade, vida privada, honra e imagem das pessoas, bem como às liberdades e garantias individuais.

[...]

§ 2º Aquele que obtiver acesso às informações de que trata este artigo será responsabilizado por seu uso indevido.

Art. 32 ***Constituem condutas ilícitas que ensejam responsabilidade do agente público ou militar:***

[...]

IV – ***divulgar ou permitir a divulgação ou acessar ou permitir acesso indevido à informação sigilosa ou informação pessoal;***

No âmbito das empresas estatais, a Lei nº 13.303/2016 define que:

Art. 9º A empresa pública e a sociedade de economia mista adotarão regras de estruturas e práticas de gestão de riscos e controle interno que abranjam:

§ 1º Deverá ser elaborado e divulgado Código de Conduta e Integridade, que disponha sobre:

[...]

IV - Mecanismos de proteção que impeçam qualquer espécie de retaliação a pessoa que utilize o canal de denúncias.

A Lei nº 13.608, de 10 de janeiro de 2018, e atualizações posteriores define que:

Art. 4º-A. A União, os Estados, o Distrito Federal e os Municípios e suas autarquias e fundações, empresas públicas e sociedades de economia mista ***manterão unidade de ouvidoria ou correição, para assegurar a qualquer pessoa o direito de relatar informações sobre crimes contra a administração pública, ilícitos***

administrativos ou quaisquer ações ou omissões lesivas ao interesse público. *(Incluído pela Lei nº 13.964, de 2019)*

Parágrafo único. Considerado razoável o relato pela unidade de ouvidoria ou correição e procedido o encaminhamento para apuração, ao informante serão asseguradas proteção integral contra retaliações e isenção de responsabilização civil ou penal em relação ao relato, exceto se o informante tiver apresentado, de modo consciente, informações ou provas falsas. (Incluído pela Lei nº 13.964, de 2019)

Art. 4º-B. ***O informante terá direito à preservação de sua identidade, a qual apenas será revelada em caso de relevante interesse público ou interesse concreto para a apuração dos fatos.*** *(Incluído pela Lei nº 13.964, de 2019)*

Parágrafo único. A revelação da identidade somente será efetivada mediante comunicação prévia ao informante e com sua concordância formal. (Incluído pela Lei nº 13.964, de 2019)

Art. 4º-C. Além das medidas de proteção previstas na Lei nº 9.807, de 13 de julho de 1999, ***será assegurada ao informante proteção contra ações ou omissões praticadas em retaliação ao exercício do direito de relatar, tais como demissão arbitrária, alteração injustificada de funções ou atribuições, imposição de sanções, de prejuízos remuneratórios ou materiais de qualquer espécie, retirada de benefícios, diretos ou indiretos, ou negativa de fornecimento de referências profissionais positivas.*** *(Incluído pela Lei nº 13.964, de 2019)*

§ 1º A prática de ações ou omissões de retaliação ao informante configurará falta disciplinar grave e sujeitará o agente à demissão a bem do serviço público. *(Incluído pela Lei nº 13.964, de 2019)*

§ 2º O informante será ressarcido em dobro por eventuais danos materiais causados por ações ou omissões praticadas em retaliação, sem prejuízo de danos morais. (Incluído pela Lei nº 13.964, de 2019)

§ 3º Quando as informações disponibilizadas resultarem em recuperação de produto de crime contra a administração pública, poderá ser fixada recompensa em favor do informante em até 5% (cinco por cento) do valor recuperado.

O Decreto nº 10.153, de 3 de dezembro de 2019, define que:

Art. 4º A denúncia será dirigida à unidade de ouvidoria do órgão ou entidade responsável, observado o disposto no Decreto nº 9.492, de 5 de setembro de 2018.

§ 1º Os órgãos e entidades adotarão medidas que assegurem o recebimento de denúncia exclusivamente por meio de suas unidades de ouvidoria.

§ 2º Não será recusado o recebimento de denúncia formulada nos termos do disposto neste Decreto, sob pena de responsabilidade do agente público que a recusou.

§ 3º Os agentes públicos que não desempenhem funções na unidade ouvidoria e recebam denúncia de irregularidades praticadas contra a administração pública federal deverão encaminhá-las imediatamente à unidade do Sistema de Ouvidoria

do Poder Executivo federal vinculada ao seu órgão ou entidade e não poderão dar publicidade ao conteúdo da denúncia ou a elemento de identificação do denunciante.

§ 4º Os agentes públicos a que se refere o § 3º orientarão o denunciante sobre a necessidade de a denúncia ser encaminhada por meio do Sistema de Ouvidoria do Poder Executivo federal.

[...]

*Art. **8º O encaminhamento de denúncia com elementos de identificação do denunciante entre unidades do Sistema de Ouvidoria do Poder Executivo federal será precedido de solicitação de consentimento do denunciante, que se manifestará no prazo de vinte dias, contado da data da solicitação do consentimento realizada pela unidade de ouvidoria encaminhadora.***

*Parágrafo único. **Na hipótese de negativa ou de decurso do prazo previsto no caput, a unidade de ouvidoria que tenha recebido originalmente a denúncia somente poderá encaminhá-la ou compartilhá-la após a sua pseudonimização[15-16].***

Art. 9º As unidades do Sistema de Ouvidoria do Poder Executivo federal implantarão medidas necessárias para o recebimento, a triagem e o encaminhamento das denúncias e para a proteção das informações recebidas.

---

15 Pseudonimização: tratamento por meio do qual um dado perde a possibilidade de associação, direta ou indireta, a um indivíduo, senão pelo uso de informação adicional mantida separadamente pelo controlador em ambiente controlado e seguro.

16 **Portaria CGU nº 116, de 18 de março de 2024**
Art. 43. Constituem elementos de identificação, nos termos do art. 2º do Decreto nº 10.046, de 9 de outubro de 2019, no mínimo:
I - dados cadastrais;
II - atributos genéticos;
III - atributos biométricos; e
IV - dados biográficos.
§ 1º Além dos campos de cadastro do manifestante, o procedimento de pseudonimização deverá se estender à descrição do fato e seus anexos, observando-se, no mínimo:
I - em registros fotográficos ou fonográficos, verificar a existência de dados biométricos, tais como voz do denunciante ou imagem sua, ou outros que permitam identificá-lo; e
II - na descrição do fato e no texto de documentos anexos, verificar a existência de narrativas em primeira pessoa que associem o denunciante a indivíduos, locais, tempos ou fatos específicos.
§ 2º Constituem meios de pseudonimização a serem adotados, dentre outros:
I - produção de extrato;
II - produção de versão tarjada; ou
III - redução a termo de gravação ou relato descritivo de imagem.
§ 3º As denúncias que demandarem trabalho desproporcional para a sua pseudonimização poderão ser encaminhadas às áreas de apuração sem seus anexos, com indicação de que os documentos estão sob a guarda da unidade setorial do SisOuv e que se encontram disponíveis mediante solicitação formal da área de apuração, nos termos do Decreto nº 10.153, de 2019.

Parágrafo único. As unidades do Sistema de Ouvidorias do Poder Executivo federal disporão de instalações e de meios adequados para que os procedimentos de atendimento da denúncia obedeçam às salvaguardas das informações previstas neste Decreto.

A Portaria CGU nº 116, de 18 de março de 2024, define que:

Art. 33. Na análise prévia, observada a competência do órgão ou entidade a que a unidade setorial do SisOuv esteja vinculada, a denúncia deverá ser conhecida na hipótese de conter elementos mínimos descritivos de irregularidade, como autoria, materialidade e compreensão, ou indícios que permitam a administração pública federal inferir tais elementos.

§ 1º Para efeito do contido no caput, considera-se:

a) competência do órgão ou entidade: finalidades e atribuições definidas em lei, regimento ou estatuto, atribuição, alçada;

b) autoria: qualidade ou condição de autor, imputação de um comportamento a uma pessoa;

c) materialidade: qualidade daquilo que é material, palpável, conjunto de elementos e circunstâncias que evidenciam a prática de um ato; e

d) compreensão: faculdade de entender, de perceber o significado de algo, entendimento.

§ 2º Caso as informações contidas na manifestação não se revelem suficientes para a análise prévia, as unidades setoriais do SisOuv deverão solicitar a complementação de informações, salvo para denúncias não identificadas.

Art. 34. É vedada a realização pela unidade setorial do SisOuv de diligência para a coleta de informações, tomada de depoimento, acareações, investigações e outros procedimentos junto às áreas ou aos agentes envolvidos nos fatos relatados na denúncia.

Art. 35. Na elaboração de respostas conclusivas às manifestações classificadas como denúncias, as unidades setoriais do SisOuv assegurarão que a resposta contenha a informação de que a denúncia foi encaminhada para as unidades apuratórias competentes, incluindo os procedimentos a serem adotados ou, se for o caso, justificativa sobre o seu arquivamento.

Art. 36. As unidades setoriais do SisOuv informarão ao órgão central, por meio de marcação em campo específico na Plataforma Fala.BR, a existência de denúncia de ato praticado por agente público no exercício de Cargo Comissionado Executivo - CCE ou Função Comissionada Executiva - FCE a partir do nível 13, no âmbito da administração pública federal direta, autárquica e fundacional abrangidas pelo Decreto nº 10.829, de 5 de outubro de 2021, ou que exerça atividade de direção, de chefia ou de assessoramento equivalente ou superior, no âmbito das demais instituições integrantes do SisOuv.

> *§ 1º O registro da informação a que se refere o caput não desonera o órgão ou entidade da adoção das medidas pertinentes de análise prévia e apuração dos fatos relatados.*
>
> *§ 2º Para efeito do contido no caput, consideram-se agentes públicos com atividade de direção, de chefia ou de assessoramento superior os membros do conselho administrativo, fiscal e outras instâncias colegiadas de auxílio à tomada de decisão da alta administração, quando existirem, independentemente do recebimento ou não de remuneração pelo exercício da função.*
>
> *Art. 37. Serão aplicados à denúncia sem identificação, no que couber, os mesmos procedimentos adotados para o tratamento de denúncia identificada.*

Aspectos essenciais da Proteção ao Denunciante
1. A identificação do requerente é informação pessoal protegida com restrição de acesso nos termos da Lei nº 12.527/2011, de 18 de novembro de 2011.
2. As informações pessoais terão seu acesso restrito, independentemente de classificação, pelo prazo de 100 (cem) anos a contar da sua data de produção.
3. Constituem condutas ilícitas que ensejam responsabilidade do agente público ou militar divulgar, ou permitir a divulgação ou acessar, ou permitir acesso indevido à informação sigilosa ou informação pessoal.
4. Caso seja determinado em decisões judiciais e em requisições do Ministério Público e de Comissões Parlamentares de Inquérito, a identidade do denunciante deverá ser informada.
5. Caso se configure denunciação caluniosa, não há restrição de acesso.

5.1. E se o denunciante for servidor público?

Em relação aos servidores públicos, na Administração Pública Federal, conforme art. 116, inciso VI e XII da Lei nº 8.112/1990[17], é dever destes representarem contra suposta irregularidade, seja cometida por qualquer outro servidor ou não, de que tiver ciência em razão do cargo, bem como contra ato ilegal, omissivo ou abusivo cometido por autoridade. A representação, neste caso, seria uma espécie de denúncia.

O art. 126-A define que:

> *Art. 126-A.* ***Nenhum servidor poderá ser responsabilizado civil, penal ou administrativamente por dar ciência à autoridade superior ou, quando houver suspeita de envolvimento desta, a outra autoridade competente para apuração de informação***

17 Art. 116. São deveres do servidor:

[...]

VI - levar as irregularidades de que tiver ciência em razão do cargo ao conhecimento da autoridade superior ou, quando houver suspeita de envolvimento desta, ao conhecimento de outra autoridade competente para apuração;

[...]

XII - representar contra ilegalidade, omissão ou abuso de poder.

concernente à prática de crimes ou improbidade de que tenha conhecimento*, ainda que em decorrência do exercício do cargo, emprego ou função pública.*

Assim, denúncias realizadas por servidores públicos diretamente aos órgãos de controle e não no órgão do cometimento do fato, fora da via hierárquica, são passíveis de proteção quanto à qualquer prejuízo ao denunciante, salvo em caso de indícios de má-fé.

Por fim, relatório apresentado na 15ª reunião da Comissão de Coordenação de Correição aprovou o seguinte enunciado: "**Inexistência de infração disciplinar decorrente de realização de denúncia por servidor público diretamente ao órgão central de correição**".

Aspectos essenciais da Proteção ao Denunciante que é Servidor Público
1. Valem as mesmas regras válidas para o cidadão. **2.** Inexiste de infração disciplinar decorrente de realização de denúncia por servidor público diretamente ao órgão central de correição.

5.2. E se o denunciante for Pessoa Jurídica?

O Decreto 10.153/2019[18], de 3 de dezembro de 2019, atualizado pelo Decreto 10.890, de 9 de dezembro de 2021, inclui como denunciante as pessoas jurídicas.

5.3. Procedimentos operacionais de proteção ao denunciante

A experiência aplicada no governo federal aponta para pelo menos 4 procedimentos operacionais que visam proteger o denunciante: **(i)** uso de sistema eletrônico próprio para tratamento e acompanhamento das denúncias (Plataforma Fala.BR); **(ii)** uso do processo eletrônico (SEI) que permita restringir o acesso aos servidores com acesso ao processo nos termos na Lei de Acesso à informação[19]; **(iii)** pseudonimização do nome; **(iv)** omissão de trechos da denúncia que não comprometam a apuração, mas possam identificar o denunciante.

18 III - denunciante - qualquer pessoa, física ou jurídica, que apresente: (Incluído pelo Decreto nº 10.890, de 2021)

a) a denúncia a que se refere o inciso V do **caput** do art. 2º da Lei nº 13.460, de 2017; ou (Incluída pelo Decreto nº 10.890, de 2021)

b) o relato com informações ou irregularidades a que se refere o art. 4º-A da Lei nº 13.608, de 2018.

19 Atualmente é um módulo específico do próprio Fala.BR.

Serão explorados apenas os 2 últimos procedimentos. **Quanto à pseudonimização do nome**, o Decreto 10.153/2019 define que:

> ***Art. 8º O encaminhamento de denúncia com elementos de identificação do denunciante entre unidades do Sistema de Ouvidoria do Poder Executivo federal** será precedido de solicitação de consentimento do denunciante, que se manifestará no prazo de vinte dias, contado da data da solicitação do consentimento realizada pela unidade de ouvidoria encaminhadora. Parágrafo único. Na hipótese de negativa ou de decurso do prazo previsto no caput, a unidade de ouvidoria que tenha recebido originalmente a denúncia **somente poderá encaminhá-la ou compartilhá-la após a sua pseudonimização**. (...)*
>
> ***Art. 3º** Para fins deste Decreto, considera-se:*
>
> *I - elemento de identificação - qualquer dado ou informação que permita a associação direta ou indireta do denunciante à denúncia por ele realizada; e*
>
> *II - **pseudonimização** - tratamento por meio do qual **um dado perde a possibilidade de associação, direta ou indireta, a um indivíduo, senão pelo uso de informação adicional mantida separadamente pelo controlador em ambiente controlado e seguro.**(...)*

Quanto à supressão de trecho, deverá **ser tarjada qualquer informação no corpo da manifestação** a qual possa identificar o signatário.

6. DILEMAS ENFRENTADOS NA APURAÇÃO DE DENÚNCIAS

6.1. Mais de uma porta de entrada para receber denúncias

No âmbito federal, os órgãos e entidades utilizam a Plataforma Fala.BR[20] (Plataforma Integrada de Ouvidoria e Acesso à Informação). Ocorre que alguns optam por receber denúncias via algum e-mail institucional.

Tal fato constitui irregularidade à luz do Decreto 10.153/2019 e da Portaria CGU 581, de 9 de março de 2021.

Risco da Denúncia via E-mail
A denúncia recebida via e-mail não goza da mesma proteção ao denunciante que um sistema robusto como a Plataforma Fala.BR proporciona. Falhas podem ocorrer no encaminhamento. Por esse motivo, o risco da identidade do denunciante vazar aumenta.

20 https://falabr.cgu.gov.br/publico/Manifestacao/SelecionarTipoManifestacao.aspx?ReturnUrl=%2f.

6.2. Denúncias via telefonia (*call center*)

Determinadas organizações optam por instituir o recebimento de denúncias via telefonia. Não há óbice para essa forma de recepção de denúncia desde que posteriormente essa denúncia seja incorporada ao fluxo pela Ouvidoria.

Para evitar falhas de transcrição, esse tipo de serviço adota a gravação das mensagens de modo que o operador possa redigir posteriormente a denúncia de forma fidedigna.

6.3. Denúncias presenciais

Determinados usuários (cidadãos e representantes de pessoas jurídicas) optam por fazer a denúncia de forma presencial. Não há óbice para essa forma de recepção de denúncia desde posteriormente essa denúncia seja incorporada ao fluxo pela Ouvidoria.[21]

Ao incorporar a denúncia ao sistema, o usuário pode acompanhar ela por lá. Isso evita que o denunciante fique ligando para o setor tratamento e análise prévia, o que pode expô-lo. Caso o usuário insista nesse formato, recomenda-se que se digitalize tudo e seja enviado para Ouvidoria incorporar ao fluxo.

6.4. Denúncias ou Representação: quem tem prioridade?

A denúncia é a manifestação de fato irregular encaminhada pelo cidadão, enquanto a representação é a manifestação do fato encaminhada por órgãos ou entidades públicas ou servidor público que tem conhecimento de irregularidade, conforme disposto na Lei nº 8.112/90.

Questiona-se se uma representação do Ministério Público Federal ou do Departamento de Polícia Federal teria prioridade sobre as denúncias do cidadão. **Estes autores entendem que não, contudo sugerem que a unidade de apuração adote as seguintes rotinas:**

1. O setor de apuração deve ter o controle rigoroso de entrada de denúncias e representações.

---

21 **Portaria CGU nº 116, de 18 de março de 2024**

Art. 17. As manifestações colhidas verbalmente serão reduzidas a termo, ocasião em que será solicitada a assinatura do manifestante, e inseridas no sistema em forma de anexo, sendo facultada a identificação do manifestante somente no caso de denúncias.

Parágrafo único. Na transcrição de manifestações a que se refere o caput, as unidades setoriais do SisOuv observarão as seguintes diretrizes:

I - registro completo, fidedigno e integral da manifestação; e

II - desmembramento adequado da demanda, efetuando registros distintos para manifestações com tipologias, assuntos ou órgãos e entidades destinatários distintos.

2. O setor de apuração deve hierarquizar as denúncias e representações considerando critérios previamente definidos (evitar decisões ad hoc). Exemplos de critérios: capacidade operacional, temporalidade, materialidade, risco de imagem ao órgão, gravidade etc.

3. Com base na hierarquização inserir as denúncias no Plano de Trabalho (na Auditoria denomina-se Plano Anual de Auditoria Interna – PAINT).

4. Executar a apuração.

Com tudo isso formalizado e em plena execução; se ainda assim, o setor de apuração receber **pressão externa de qualquer órgão para dar prioridade em determinada representação em prol das demais**, recomendamos que seja questionado ao demandante qual das denúncias e representações já inseridas no Plano de Trabalho devem ser suspensas ou substituídas para atender a demanda. **A experiência mostra que nessas situações o Plano de Trabalho, em regra, é mantido sem alteração.**

7. INTELIGÊNCIA ARTIFICIAL À SERVIÇO DO TRATAMENTO DE DENÚNCIAS: O CASO DO FARO DA CGU

A Ferramenta de Análise de Risco de Ouvidoria (FARO) consiste no processamento automático de denúncias, enviadas através da plataforma Plataforma Fala.BR.

A principal contribuição dessa ferramenta consiste uma abordagem baseada na extração de entidades nomeadas. A identificação de entidades nomeadas permitiu que se utilizasse bases de dados oficiais do governo federal para o enriquecimento das informações extraídas diretamente do conteúdo da denúncia e de seus anexos. Tais informações puderam, então, ser utilizadas como variáveis em um modelo de classificação.

Em média, apenas 30% das denúncias que chegam são consideradas aptas pelos especialistas da Ouvidoria. Com isso, uma quantidade alta de esforço é gasta pela equipe em denúncias que não possuem o mínimo de informação para qualquer tipo de apuração.

O volume de denúncias é um obstáculo que exige uma grande equipe trabalhando no processo de triagem.

Assim, a criação de um modelo de classificação que habilite denúncias permite direcionar melhor os esforços das equipes responsáveis pelo processo de triagem. O objetivo deste trabalho é propor uma metodologia que permita a implementação deste modelo no processo de triagem de denúncias da OGU.

Aplicação no FARO no governo federal[22]

O sistema FARO realiza uma leitura do conteúdo do texto do corpo da denúncia, com o objetivo de atribuir *score*, variando de 0 a 100, às denúncias recebidas pela CGU na Plataforma Fala.BR.

Os valores inferiores indicam manifestações menos consistentes e os superiores denúncias mais completas, com maior número de informações testadas pelo sistema e com maior probabilidade de habilitação.

Abaixo são apresentadas o quantitativo de denúncias avaliadas pela ferramenta FARO no ano de 2021 em comparativo com 2020.

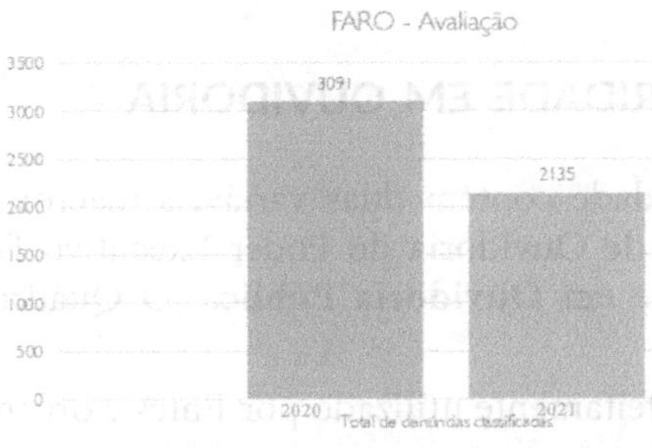

Desde o início de sua operação, tendo por corte o mês de dezembro de 2021, realizou a análise prévia de 5.226 denúncias. Tal circunstância representou um ganho de eficiência de aproximadamente 50%, decorrente da automatização do processo de análise prévia, **visto que 45% das denúncias foram automaticamente classificadas como inaptas (score ≤ 30), enquanto 5% foram marcadas como aptas de forma automatizada (score ≥ 80) por possuírem suficientes elementos para encaminhamento para as áreas de apuração**, constituindo-se por si só um importante indicador para as unidades de investigação priorizarem suas respectivas ações, conforme aparece no gráfico a seguir.

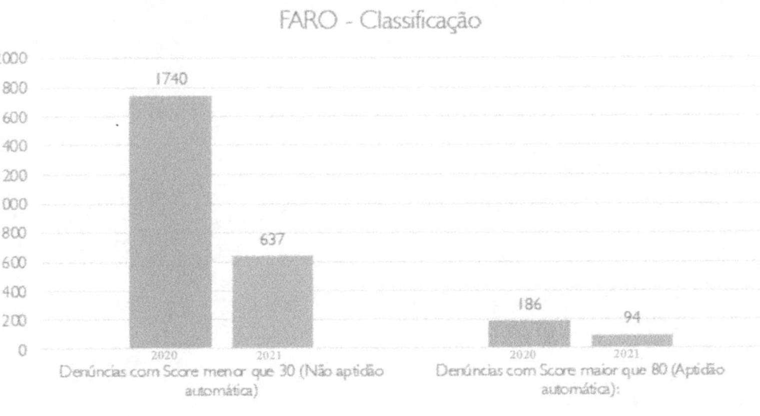

Assim, **a equipe de análise prévia na ouvidoria passa a ter a possibilidade de concentrar seus esforços analíticos nos 50% restantes das denúncias, previamente pontuadas (entre 30 e 80 pontos)** e qualificadas por meio de dados adicionais decorrentes do cruzamento de 57 bases de dados governamentais utilizadas pelo FARO, facilitando a análise quanto à existência de elementos mínimos necessários para a habilitação da denúncia.

22 Relatório de Gestão – Ouvidoria-Geral da União 2021.

Cada vez mais a inteligência artificial tem se revelado essencial a administração das entidades tanto na área meio quanto área fim. Estipular critérios para seu uso é extremamente importante para a definição do seu uso e contorno do seu alcance. A título de exemplo, o Poder Judiciário já regulamentou o seu uso mediante a Portaria nº 271/2020 do Conselho Nacional de Justiça – CNJ; enquanto a Resolução nº 332/2020 do mesmo CNJ disciplinou sobre a ética, a transparência e governança na produção e no uso de inteligência artificial no Poder Judiciário e das outras providências.

8. MODELO DE MATURIDADE EM OUVIDORIA

Um modelo de maturidade contém duas variáveis macro: existência e institucionalização. O Sistema de Ouvidoria do Poder Executivo Federal desenvolveu **Modelo de Maturidade em Ouvidoria Pública**. O Quadro 7.3 contém os elementos de cada variável.

O modelo pode ser perfeitamente utilizado por Entes e organizações públicas ou privadas.

Quadro 7.3: Síntese do Modelo de Maturidade do Sistema de Ouvidoria do Poder Executivo Federal

Existência	Institucionalização	Possíveis resultados organizacionais
1. Ato normativo de criação da Ouvidoria. 2. Ato normativo designando titulares e suplente atuais **com respectivos mandatos.** 3. Nomeação de acordo com critérios definidos pelo órgão central do sistema. 4. Disponibilização de recursos [espaço físico, pessoal, material, tecnologia da informação (sistemas e armazenagem de dados) e orçamentário] para execução das atividades. 5. Força de trabalho composta em sua maioria por servidores efetivos[23]. 6. Grau de escolaridade da força de trabalho é satisfatório[24]. 7. Definição de lista de competências desejadas para a força de trabalho. 8. O espaço físico é de fácil acesso e visível permitindo ainda o atendimento adequado do usuário. 9. Existência de canais de atendimento informatizados ou telefônicos. 10. Existência de manuais tratando do atendimento ao usuário.	1. Existem documentos que indicam o acesso da Ouvidoria ao nível estratégico da Organização por meio de rotinas institucionalizadas. 2. Existem documentos que indicam a participação da Ouvidoria no processo de tomada de decisões sobre a gestão de serviços e políticas públicas do órgão por meio de rotinas institucionalizadas. 3. Existem documentos que indicam a participação da Ouvidoria nas estruturas de governança estratégica do órgão ou entidade a que está vinculada. 4. Grau de rotatividade da equipe[25] satisfatório[26]. 5. Elaboração e execução de plano operacional anual considerando a sazonalidade das demandas e em parceria com a Comunicação Social. 6. Elaboração da carta de serviços ao cidadão com respectiva divulgação e atualização periódica. 7. Realização de capacitações visando preencher lacunas de competências da equipe.	**Nota < 2: limitado** **2 ≤ Nota ≤ 3: básico** **3 ≤ Nota ≤ 4: sustentado** **Nota = 4: omitizado**

23 Otimizado: proporção de servidores não efetivos inferior a 20% do total.

24 Otimizado: proporção de servidores com curso superior a 60% do total e com pós-graduação superior a 40%.

25 [(número de inclusões na equipe no último exercício) + (número de afastamentos no último exercício)]/(número de membros da equipe ao final do exercício).

26 Otimizado seria inferior a 20%.

Existência	Institucionalização	Possíveis resultados organizacionais
11. Regimento interno definindo condutas desejáveis e vedadas, desenvolvido e atualizado periodicamente com a participação da equipe de ouvidoria, e contemplando especialmente o tratamento de informações recebidas. 12. Processos essenciais mapeados: **Atendimento, Proteção ao denunciante, Processo de realização de resolução pacífica de conflitos; Análise preliminar; Linguagem e adequação de respostas, Acompanhamento da conclusão de denúncias; Acompanhamento efetivo de manifestações.** 13. Existência do **Conselho de Usuários**. 14. Existe Política de Segurança da Informação. **15. Definição de rotinas de proteção ao denunciante.** 16. Existência de procedimento formalizado e periódico de análise destes dados.	8. Existem documentos que indicam o uso de Painel de indicadores gerenciais relacionados às entregas da Ouvidoria e seus usuários. 9. Existem documentos que indicam a participação da Ouvidoria analisa o perfil do usuário. 10. Existem documentos que indicam o uso de ferramentas para aferir a mensuração da satisfação do usuário com relação ao atendimento prestado pela ouvidoria. 11. Existem documentos que comprova o monitoramento de providências adotadas em decorrência destas análises e dos resultados da implantação de tais providências. 12. Elaboração e divulgação em transparência ativa de relatórios quantitativos e qualitativos de desempenho. 13. Elaboração e divulgação em transparência ativa do Relatório Anual de Gestão. 14. Contabilização e divulgação em transparência ativa de benefícios financeiros e não financeiros gerados ao usuário. 15. Mobilização ativa junto aos usuários (pesquisas e ações proativas). 16. **Conselho de Usuários** engajado e participativo. 17. Existem documentos que comprova a atuação em rede da Ouvidoria com outros órgãos e entidades de defesa do usuário.	**Nota < 2: limitado** **2 ≤ Nota ≤ 3: básico** **3 ≤ Nota ≤ 4: sustentado** **Nota = 4: otimizado**

PODCAST com *Expert*: Marcos Lindenmayer traz reflexões acerca da proteção ao denunciante.

PODCAST com *Expert*: Marcos Lindenmayer traz reflexões acerca do modelo de maturidade de ouvidoria pública.

CAPÍTULO 08

ACESSO À INFORMAÇÃO

1. CONSIDERAÇÕES INICIAIS

Reforça-se que esta obra se destina a ser um guia de orientação para a implementação de medidas de integridade em instituições. Ocorre que, não raras vezes e como em qualquer ramo do conhecimento, são adotadas certas premissas ou postulados que são seguidos de maneira obrigatória como verdade absoluta e indiscutível. Uma das premissas na área da gestão da integridade é viabilizar **a transparência e direito à informação.**

Tratar de **transparência e direito à informação em sentido amplo** no contexto das organizações públicas e privadas, é tratar de credibilidade e valor de confiança nas primeiras e do potencial de geração de lucro nas segundas (um grande grupo de consumidores deixariam de comprar carne de uma organização caso não fique comprovado se a mesma é de origem de gado que pasta em áreas livres de desmatamento florestal irregular ou muitos preferem se locomover através de motorista de aplicativo, ao invés de táxi, porque aquele tem informação ágil e em minutos, estimando quase que perfeitamente quando chega a locomoção ou de quando chegará ao destino).

Portanto, a informação é um dos bens mais consumidos por todos diariamente e cada vez mais é usado para exercícios de direitos civis, como vantagem competitiva empresarial e, claro, apresenta-se cada vez mais aliado e parceiro da integridade.

Entretanto, como ponto de partida, **estes autores expõem alguns aspectos sobre o porquê de o acesso à informação existir e ser bem gerenciado pelas instituições.**

A primeira reflexão, é que no caso brasileiro, **o acesso à informação é um direito constitucional** que pode ser desdobrado em duas partes: o **direito de se informar** e o **direito de ser informado.**

O direito de se informar é relativo ao direito de conhecer as informações de interesse público ou privado, através da liberdade de acesso à informação consistente na permissão de pesquisa, busca de informações se interferência do poder público (art. 5º, XIV, da CF/88). **Já o direito de ser informado** consiste na possibilidade de qualquer cidadão receber de órgão público informação de interesse particular, coletivo ou geral, ressalvadas é claro aquelas cujo sigilo seja imprescindível à defesa do estado e da sociedade (art. 5º, XXXIII, CF/88). Mas essa obrigação constitucional repercute na integridade pública? A resposta é positiva, pois o não atendimento de tal direito por parte do Estado, pode gerar passivo de ações judiciais pelo cidadão ou por outro interessado contra o Estado através de **Habeas Data** (art. 5º, LXXII, CF/88) e, em outras hipóteses, **Mandado de Segurança** (art. 5º, LXIX, CF/88) por se tratar de um direito líquido e certo de status constitucional. Portanto, o poder público como organização não passa uma perspectiva de comportamento íntegro com muitas demandas jurídicas por descumprir direitos fundamentais. Há um prejuízo reputacional desastroso. Imagine populações menos favorecidas ou minorias que buscam o acesso à informação para defesa de direitos e sofrem com a inércia estatal, assim, não nos parece muito íntegro o mesmo ente estatal fomentar a pauta ESG para o mundo com esse descaso social e, ao mesmo tempo, preterir informações para aqueles que tanto precisam. Vale citar ainda, além do direito de se informar e o direito de ser informado, estes autores colocam também o **direito de ser consultado**, que embora não esteja no rol de direitos e garantias fundamentais, este foi incluindo na nossa constituição por meio do art. 37, parágrafo 3º por intermédio da EC nº 19/1998 e efetivado pela lei nº 13.460/2017, com a disciplina de consultas públicas.

Uma segunda reflexão é que o acesso à **informação é um requisito de integridade dinâmico,** pois o que se considera excelência hoje, pode não ser amanhã; e o que será excelência ao acesso à informação amanhã ainda esteja no campo das ideias. Por exemplo: a Lei nº 8.666/93, revogada pela lei nº 14.133/21, previa ao disciplinar as licitações na modalidade carta-convite, instrumento pelo qual o órgão público deve deixar cópia do convite disponível em local afixado próprio (art. 22, § 3º), que poderia ser um mural da prefeitura, que seria a forma da sociedade exercer sua participação social.

Acreditamos que a ideia do legislador era dar maior transparência ao processo de compras e esse dispositivo disciplinou o país por 30 anos. Entretanto, descabido esse preceito de transparência 2020 em plena era digital. Em 1993, foi a melhor alternativa, mas atualmente um fornecedor pode baixar sem precisar de deslocar aos órgãos públicos para verificar a existência de carta-convite aberta. Por outro lado, Lei nº 14.133/2021 não aboliu as licitações presenciais, mas adaptou às ferramentas que existem hoje, pelo atual diploma é possível, ainda, ter licitações presenciais (art. 17, § 2º), desde que motivada, devendo a sessão pública ser registrada em ata e gravada em áudio e vídeo. Ou seja, é uma clara metamorfose dos parâmetros de transparência, e os programas de integridade devêm estar atentos a essa dinâmica.

Uma terceira reflexão, é que há uma tendência da Alta Administração de entidades governamentais e poderes constituídos firmar compromissos públicos de fortalecimento da transparência e acesso à informação para que possam ter legitimidade de autuação dos seus propósitos institucionais. Por exemplo: a associação dos membros dos tribunais de contas (ATRICON) aprovou recentemente a Resolução ATRICON nº 1/2023 que trata de diretrizes de Controle Externo relacionadas à temática "Transparência dos Tribunais de Contas e dos jurisdicionados", de igual modo tem-se Portaria nº57/2023 do Conselho nacional de Justiça-CNJ ao versar sobre ranking de transparência do Poder Judiciário.

Uma quarta reflexão é que por óbvio **não existe gestão de integridade sem transparência e direito de acesso à informação** especialmente por 2 motivos: **(i)** é esforço global alinhar integridade e transparência, como nos dizeres da (OCDE, 2017) que se expõe a necessidade de "encorajar a transparência e o envolvimento das partes interessadas em todas as fases do processo político e do ciclo político para promover a prestação de contas, a responsabilização e o interesse público"[1]; e **(ii)** Do ponto de vista comportamental, a transparência também pode reduzir o comportamento antiético[2], porque a percepção de que o comportamento de alguém é visível e potencialmente observado introduz um elemento de responsabilização que torna mais difícil justificar a ação antiética (OCDE, 2018)[3].

Pelas 4 (quatro) reflexões acima, os leitores percebem o leque multifacetado que o tema acesso à informação impõe no contexto de um programa de integridade. Para tanto, imperioso se fez a divisão de duas partes. Neste capítulo trabalharemos o **acesso à informação** e no capítulo 9, a **transparência ativa**, ambos sob a perspectiva brasileira, com especial atenção à Lei n. 12.527/11.

2. BASE NORMATIVA BRASILEIRA DE ACESSO À INFORMAÇÃO

De maneira preambular, a Lei de Acesso à Informação Brasileira (Lei nº 12.527/2011) trouxe obrigações aos entes e poderes governamentais, uma série de comandos para garantir a efetividade de direitos previstos na Constituição Federal. Em nossa análise, a grande questão não é o copioso *rol* de quesitos e cuidados administrativos que gestores públicos devem se atentar, mas sim em como operacionalizar o seu *staff* administrativo para seu cumprimento. Dessa

1 OECD (2017), OECD Recommendation of the Council on Public Integrity, OECD, Paris, https://legalinstruments.oecd.org/en/instruments/OECD-LEGAL-0435 (accessed on 24 January 2020).

2 Será aprofundado no capitulo 22.

3 OECD (2018), Behavioural Insights for Public Integrity: Harnessing the Human Factor to Counter Corruption, OECD Public Governance Reviews, OECD Publishing, Paris, https://doi.org/10.1787/9789264297067-en.

maneira, toda organização é precedida por pessoas, processos e sistemas que necessitam ser bem geridos.

O Decreto 11.529, de 16 de maio de 2023[4], do governo federal ao instituir o **Sistema de Integridade, Transparência e Acesso à Informação da Administração Pública Federal** trouxe ditames de como organizar atribuições, responsabilidades e competências para melhor gestão do acesso à informação. Tal decreto tem a possibilidade de uniformizar fluxos e rotinas de gestão da transparência pública e pode servir de parâmetro aos demais entes federados que, dentro de sua autonomia política e capacidade de auto-organização, possam disciplinar regras semelhantes dentro do seu poder regulamentar.

Portanto, ao disciplinar por meio de decreto, portaria, resolução ou qualquer outro ato normativo dotado de generalidade e abstração, o órgão governamental consegue evitar ou mitigar riscos de gestão que possam causar disfunções organizacionais na gestão da transparência pública.

Tais cuidados não decorrem do fato de que inexistem atributos de gestão qualificados na administração pública brasileira que sejam eficientes, mas trata-se de cuidados relativos ao sistema de gestão de informação governamental que todos os países devem adotar.

Nesse sentido, o manual de integridade pública da OCDE (2022) atenta que "***o funcionamento do sistema tende a ter disposições dispersas que podem criar obstáculos na implementação do acesso à informação, devido a sobreposições ou definições e enquadramentos distintos. Como tal, garantir a coerência entre as disposições facilita a interpretação e a implementação, e melhora o tratamento efetivo e eficiente de solicitações e respostas de informações***".[5]

Nesta seara o Decreto 11.529, de 16 de maio de 2023[6], institui o Sistema de Integridade, Transparência e Acesso à Informação da Administração Pública Federal aduz:

> *Art. 2º* ***Fica instituído o Sistema de Integridade, Transparência e Acesso à Informação da Administração Pública Federal - Sitai****, no âmbito dos órgãos e das entidades da administração pública federal direta, autárquica e fundacional.*
>
> ***Art. 4º São objetivos do Sitai:***
>
> *I - coordenar e articular as atividades relativas à integridade, à transparência e ao acesso à informação;*
>
> *II -* ***estabelecer padrões*** *para as práticas e as medidas de integridade, transparência e acesso à informação; e*
>
> *III -* ***aumentar a simetria de informações e dados nas relações*** *entre a administração pública federal e a sociedade.*
>
> ***Art. 5º Compõem o Sitai:***

4 https://www.planalto.gov.br/ccivil_03/decreto/d1171.htm.

5 Manual de Integridade Pública da OCDE, 2022.

6 https://www.planalto.gov.br/ccivil_03/decreto/d1171.htm.

> *I - a Controladoria-Geral da União, como órgão central; e*
>
> *II - as unidades nos órgãos e nas entidades da administração pública federal direta, autárquica e fundacional responsáveis pela gestão da integridade, da transparência e do acesso à informação, como unidades setoriais.*
>
> ***§ 1º Na administração pública federal direta, as unidades setoriais do Sitai para a gestão da integridade, da transparência e do acesso à informação são as assessorias especiais de controle interno.***
>
> ***§ 2º Na administração pública federal autárquica e fundacional, as unidades setoriais do Sitai são aquelas responsáveis pela gestão da integridade, da transparência e do acesso à informação.***
>
> *§ 3º O dirigente máximo das entidades de que trata o § 2º designará uma ou mais unidades responsáveis pela gestão da integridade, da transparência e do acesso à informação.*
>
> *§ 4º O responsável pela unidade setorial de que trata o § 1º será designado para o exercício das atribuições previstas no art. 40 da Lei nº 12.527, de 18 de novembro de 2011.*
>
> *Art. 6º* ***As atividades das unidades setoriais do Sitai ficarão sujeitas à orientação normativa e à supervisão técnica do órgão central****, sem prejuízo da subordinação administrativa ao órgão ou à entidade da administração pública federal a que pertençam.*

Quanto ao § 4º do art. 5º do Decreto 11.529, de 16 de maio de 2023[7], que trata especificamente da Autoridade responsável pelo Acesso à Informação, a Lei nº 12.527/2011 define que:

> *Art. 40. No prazo de 60 (sessenta) dias, a contar da vigência desta Lei,* ***o dirigente máximo de cada órgão ou entidade da administração pública federal direta e indireta designará autoridade que lhe seja diretamente subordinada*** *para, no âmbito do respectivo órgão ou entidade, exercer as seguintes atribuições:*
>
> ***I - assegurar o cumprimento das normas relativas ao acesso a informação, de forma eficiente e adequada aos objetivos desta Lei;***
>
> ***II - monitorar a implementação do disposto nesta Lei e apresentar relatórios periódicos sobre o seu cumprimento;***
>
> ***III - recomendar as medidas indispensáveis à implementação e ao aperfeiçoamento das normas e procedimentos necessários ao correto cumprimento do disposto nesta Lei; e***
>
> ***IV - orientar as respectivas unidades no que se refere ao cumprimento do disposto nesta Lei e seus regulamentos.***

Retornando ao Decreto 11.529/2023, constam as competências do órgão central e órgãos setoriais relacionadas ao acesso à informação:

7 https://www.planalto.gov.br/ccivil_03/decreto/d1171.htm.

Art. 7º Compete ao órgão central do Sitai:

[...]

IV - coordenar as atividades que exijam ações conjuntas de unidades integrantes do Sitai;

V - monitorar e avaliar a atuação das unidades setoriais;

VI - realizar ações de comunicação e capacitação relacionadas às temáticas de integridade, transparência e acesso à informação;

[...]

VIII - planejar, coordenar, executar e monitorar a Política de Transparência e Acesso à Informação da Administração Pública Federal;

IX - estabelecer normas complementares necessárias ao funcionamento do Sitai;

X - desenvolver e disponibilizar procedimentos, padrões, metodologias e sistemas informatizados que permitam a disseminação, a obtenção, a utilização e a compreensão de informações públicas;

XI - monitorar o atendimento às solicitações de acesso à informação e o cumprimento das obrigações de transparência ativa e de abertura de dados;

XII - estimular e apoiar a adoção de medidas de integridade, transparência e acesso à informação para o fortalecimento das políticas públicas;

XIII - definir critérios e indicadores para a avaliação e o monitoramento da implementação da Política de Transparência e Acesso à Informação da Administração Pública Federal;

XIV - promover o uso dos dados e das informações públicas pela sociedade para a melhoria da gestão, das políticas e dos serviços; e

XV - identificar bases de dados e de informações de interesse público e, conforme o caso, sugerir às unidades setoriais a abertura em transparência ativa.

Art. 8º Compete às unidades setoriais do Sitai:

I - assessorar a autoridade máxima do órgão ou da entidade nos assuntos relacionados com a integridade, a transparência e o acesso à informação e com os programas e as ações para efetivá-los;

[...]

XI - participar de atividades que exijam a execução de ações conjuntas das unidades integrantes do Sitai;

[...]

XIII - supervisionar a execução das ações relativas à Política de Transparência e Acesso à Informação da Administração Pública Federal;

XIV - monitorar o cumprimento das normas de transparência e acesso à informação no âmbito dos órgãos e das entidades;

XV - manter atualizadas as informações sobre os serviços de informação ao cidadão; e

XVI - manter atualizados o inventário de base de dados e a catalogação dos dados abertos no Portal Brasileiro de Dados Abertos.

Art. 9º O Sitai atuará de forma complementar e integrada aos demais sistemas estruturadores, principalmente aqueles que coordenem as atividades de instâncias que lhe prestem apoio, de forma a evitar a sobreposição de esforços, racionalizar os custos e melhorar o desempenho e a qualidade dos resultados.

Dos trechos trazidos à colagem acima, o governo federal busca se estruturar para o mapeamento de fluxos e rotinas por meio de atores responsáveis. Tal prática é necessária para a estruturação de um bom sistema de informação. De acordo com a ODCE (2022) devem os governos "***dedicar recursos suficientes (humanos e financeiros) que permitam que as organizações produzam ou publiquem informações de forma proativa ou processem solicitações em um tempo razoável. Da mesma forma, os governos podem investir recursos na implementação de ferramentas, como instrumentos eletrônicos, cadastros, portais ou aplicativos que possibilitem o acesso à informação pública. Tais sistemas de informação são fundamentais para garantir o acesso efetivo aos direitos de informação, e também podem aliviar alguns dos desafios supramencionados, ao permitir o anonimato ou conceder acesso imediato e gratuito e reutilização de informações públicas***"[8].

Da síntese do trecho extraído do decreto pode-se pormenorizar que:

Aspectos Essenciais do Decreto 11.529/2023 que devem ser observados por Entes e Organizações que desejem implementar o sistema de acesso à informação
1° Aspecto: Definição da finalidade do sistema.
2° Aspecto: Definição dos integrantes do sistema, inclusive órgão central, e suas atribuições.
3° Aspecto: Definição da relação entre o órgão central e demais órgãos setoriais do sistema.
4° Aspecto: Definição do posicionamento da Setorial de Ouvidoria em relação à autoridade máxima do órgão.
5° Aspecto: Definição das atribuições do órgão central e órgãos setoriais.
Chama a atenção que neste caso, **não foram definidos critérios pré-existentes, nem mandato,** para o titular do setor responsável pelo Acesso à Informação.
Outro ponto importante seria que apenas para o setor de Acesso à Informação exige-se subordinação direta entre o dirigente máximo e o titular do setor.

3. EXEMPLO DE ESTRUTURA E FUNCIONAMENTO DE UM SETOR RESPONSÁVEL PELO ACESSO À INFORMAÇÃO

Neste tópico serão apresentados exemplos de composição do setor de Acesso à Informação. No entanto, o mais importante é que muitos setores da administração pública sofrem pela falta de pessoas ou não ter pessoal qualificado. Entretanto, um ponto importante da gestão de integridade no contexto da gestão de informação, é que a organização designe equipes para exercerem essas atribuições considerando as características da organização (tamanho e necessidades).

Nesse sentido, para enfatizar a necessidade de uma abordagem baseada em evidências, gestão de riscos e sustentabilidade financeira, dado que as estratégias

8 Manual de integridade pública da OCDE, 2022.

de integridade geralmente dependem de vários atores para a implementação, recomenda-se que os planos de ação para estratégias de integridade tenham as seguintes características (Council of Europe, 2013)[9]. Essa máxima vale também para a comissão gestora de informação planejar estratégias compatíveis com cada realidade.

É comum haver dúvidas sobre a possibilidade do responsável pelo acesso à informação acumular atividades de outra instância das funções de integridade. Isso depende de cada ambiente e arranjo institucional. Essa configuração não tem uma regra absoluta. Por exemplo: a Autoridade Nacional de Transparência (NTA) na Grécia acabou reunindo várias entidades de diferentes instâncias de funções de integridade sob uma única estrutura, com responsabilidades de aprimorar a integridade, a transparência e a responsabilidade nas organizações públicas. Essa instituição visa prevenir, detectar e responder à fraude e à corrupção nos setores público e privado. Esse agrupamento tinha como propósito ser mais eficiente para que NTA visava acabar com sobreposição de competências, dificuldades de coordenação e fragmentação.

No caso brasileiro é possível a ouvidoria acumular a função de acesso à informação se houver a divisão de responsabilidades e existência de atribuições bem definidas.

Figura 8.1: Exemplo em que Ouvidoria acumula as funções de Acesso à Informação

A área que conduz a parte de transparência ativa e acesso à informação é a Ouvidoria Geral da UFC, composta pelos seguintes membros: Sidney Guerra Reginaldo (ouvidor geral), João Paulo Bastos Moreira de Souza (administrador), Lucas Macêdo de Queiroz (assistente em administração), Luciana Albuquerque Cavalcante (assistente em administração) e Ycaro Coelho Pereira (assistente em administração). O ouvidor geral é a Autoridade de Monitoramento na UFC da Lei de Acesso à Informação, nomeado pela Portaria nº 142/2020/UFC, de 25/09/2020, além de Encarregado pelo Tratamento dos Dados Pessoais da UFC, com sua indicação ratificada em atendimento à Instrução Normativa SGD/ME Nº 117, de 19/11/2020.

Fonte: Relatório de Acompanhamento do Programa de Integridade da UFC - 2023.1

Normalmente, essa função é acumulada pela Ouvidoria do Órgão, no qual demanda ajuste e planejamento de atribuições.

9 Council of Europe (2013), Designing and Implementing Anti-Corruption Policies, https://rm.coe.int/16806d8ad7 (accessed on 24 January 2020).

Principais realizações da Instância de Acesso à Informação
- Reuniões Deliberativas. - Recebimento de pedidos de acesso à informação. - Instrução processual. - Acompanhar os recursos. - Realização de ações e campanhas educativas. - Prestar informações ao órgão central sobre transparência ativa da instância. - Elaborar a resposta final ao usuário em linguagem simples.

Posicionamento do Setor de Acesso à Informação perante a Alta Administração
A Autoridade responsável pelo Acesso à Informação deve reportar-se diretamente à alta administração. **Essa autoridade não pode ser confundida com o gestor do SIC (Sistema de Informação ao Cidadão).**

4. FLUXO DE ACESSO À INFORMAÇÃO

De acordo com a OCDE (2016)[10], a regulação dos tempos de resposta ajuda a garantir que as informações sejam fornecidas em tempo hábil e é uma prática comum em quase todos os governos membros da OCDE (dentro de 20 dias úteis ou menos). Por exemplo, uma resposta deve ser entregue em 5 dias na Estônia, 10 em Portugal, 15 na Finlândia e Polônia e 20 dias na Eslovênia e no Reino Unido.

Conforme Manual de integridade Pública da OCDE (2022), além de regular os tempos de resposta, "os governos também podem fazer uso do governo digital e das tecnologias digitais para dar suporte a respostas mais ágeis às solicitações de informações. Por exemplo, um sítio eletrônico ou portal de dados pode facilitar o acesso, ou a apresentação de solicitações. Essas ferramentas devem ser fáceis de usar para melhorar sua utilização. Isso pode exigir a redução do número de pastas ou links para acessar as informações, rotular claramente os volumes e páginas de dados ou incluir filtros para classificar os dados".

No caso da legislação nacional brasileira, passa-se a discriminar o fluxo de acesso à informação, mas, para tanto se faz necessário revisitar a lei n. 12.527/2011.

A Lei nº 12.527/2011 define o fluxo inicial do pedido:

> *Art. 10.* ***Qualquer interessado poderá apresentar pedido de acesso a informações*** *aos órgãos e entidades referidos no art. 1º desta Lei, por qualquer meio legítimo,* ***devendo o pedido conter a identificação do requerente e a especificação da informação requerida.***

10 OECD (2016), Open Government: The Global Context and the Way Forward, OECD Publishing, Paris, https://doi.org/10.1787/9789264268104-en.

§ 1º Para o acesso a informações de interesse público, a identificação do requerente não pode conter exigências que inviabilizem a solicitação.

§ 2º Os órgãos e entidades do poder público devem viabilizar alternativa de encaminhamento de pedidos de acesso por meio de seus sítios oficiais na internet.

§ 3º São vedadas quaisquer exigências relativas aos motivos determinantes da solicitação de informações de interesse público.

Art. 11. O órgão ou entidade pública deverá autorizar ou conceder o acesso imediato à informação disponível.

§ 1º Não sendo possível conceder o acesso imediato, na forma disposta no caput, o órgão ou entidade que receber o pedido deverá, em prazo não superior a 20 (vinte) dias:

I - comunicar a data, local e modo para se realizar a consulta, efetuar a reprodução ou obter a certidão;

II - indicar as razões de fato ou de direito da recusa, total ou parcial, do acesso pretendido; ou

III - comunicar que não possui a informação, indicar, se for do seu conhecimento, o órgão ou a entidade que a detém, ou, ainda, remeter o requerimento a esse órgão ou entidade, cientificando o interessado da remessa de seu pedido de informação.

§ 2º O prazo referido no § 1º poderá ser prorrogado por mais 10 (dez) dias, mediante justificativa expressa, da qual será cientificado o requerente.

§ 3º Sem prejuízo da segurança e da proteção das informações e do cumprimento da legislação aplicável, o órgão ou entidade poderá oferecer meios para que o próprio requerente possa pesquisar a informação de que necessitar.

§ 4º Quando não for autorizado o acesso por se tratar de informação total ou parcialmente sigilosa, o requerente deverá ser informado ***sobre a possibilidade de recurso, prazos e condições para sua interposição, devendo, ainda, ser-lhe indicada a autoridade competente para sua apreciação.***

§ 5º A informação armazenada em formato digital será fornecida nesse formato, caso haja anuência do requerente.

§ 6º Caso a informação solicitada esteja disponível ao público em formato impresso, eletrônico ou em qualquer outro meio de acesso universal, serão informados ao requerente, por escrito, o lugar e a forma pela qual se poderá consultar, obter ou reproduzir a referida informação, procedimento esse que desonerará o órgão ou entidade pública da obrigação de seu fornecimento direto, salvo se o requerente declarar não dispor de meios para realizar por si mesmo tais procedimentos.

Art. 12. O serviço de busca e de fornecimento de informação é gratuito.

§ 1º O órgão ou a entidade poderá cobrar exclusivamente o valor necessário ao ressarcimento dos custos dos serviços e dos materiais utilizados, quando o serviço de busca e de fornecimento da informação exigir reprodução de documentos pelo órgão ou pela entidade pública consultada.

§ 2º Estará isento de ressarcir os custos previstos no § 1º deste artigo aquele cuja situação econômica não lhe permita fazê-lo sem prejuízo do sustento próprio ou da família, declarada nos termos da Lei nº 7.115, de 29 de agosto de 1983.

Art. 13. Quando se tratar de acesso à informação contida em documento cuja manipulação possa prejudicar sua integridade, deverá ser oferecida a consulta de cópia, com certificação de que esta confere com o original.

Parágrafo único. Na impossibilidade de obtenção de cópias, o interessado poderá solicitar que, a suas expensas e sob supervisão de servidor público, a reprodução seja feita por outro meio que não ponha em risco a conservação do documento original.

Art. 14. É direito do requerente obter o inteiro teor de decisão de negativa de acesso, por certidão ou cópia.

A Lei nº 12.527/2011 define ainda o grau recursal nos casos de negativa na fase anterior:

Art. 15. ***No caso de indeferimento de acesso a informações ou às razões da negativa do acesso, poderá o interessado interpor recurso contra a decisão no prazo de 10 (dez) dias a contar da sua ciência.***

Parágrafo único. ***O recurso será dirigido à autoridade hierarquicamente superior à que exarou a decisão impugnada, que deverá se manifestar no prazo de 5 (cinco) dias.***

Art. 16. ***Negado o acesso a informação pelos órgãos ou entidades do Poder Executivo Federal, o requerente poderá recorrer à Controladoria-Geral da União, que deliberará no prazo de 5 (cinco) dias se:***

I - o acesso à informação não classificada como sigilosa for negado;

II - a decisão de negativa de acesso à informação total ou parcialmente classificada como sigilosa não indicar a autoridade classificadora ou a hierarquicamente superior a quem possa ser dirigido pedido de acesso ou desclassificação;

III - os procedimentos de classificação de informação sigilosa estabelecidos nesta Lei não tiverem sido observados; e

IV - estiverem sendo descumpridos prazos ou outros procedimentos previstos nesta Lei.

§ 1º O recurso previsto neste artigo somente poderá ser dirigido à Controladoria-Geral da União depois de submetido à apreciação de pelo menos uma autoridade hierarquicamente superior àquela que exarou a decisão impugnada, que deliberará no prazo de 5 (cinco) dias.

§ 2º Verificada a procedência das razões do recurso, a Controladoria-Geral da União determinará ao órgão ou entidade que adote as providências necessárias para dar cumprimento ao disposto nesta Lei.

§ 3º Negado o acesso à informação pela Controladoria-Geral da União, poderá ser interposto recurso à Comissão Mista de Reavaliação de Informações, a que se refere o art. 35.

Art. 17. No caso de indeferimento de pedido de desclassificação de informação protocolado em órgão da administração pública federal, poderá o requerente recorrer ao Ministro de Estado da área, sem prejuízo das competências da Comissão Mista de Reavaliação de Informações, previstas no art. 35, e do disposto no art. 16.

> *§ 1º O recurso previsto neste artigo somente poderá ser dirigido às autoridades mencionadas depois de submetido à apreciação de pelo menos uma autoridade hierarquicamente superior à autoridade que exarou a decisão impugnada e, no caso das Forças Armadas, ao respectivo Comando.*
>
> *§ 2º Indeferido o recurso previsto no caput que tenha como objeto a desclassificação de informação secreta ou ultrassecreta, caberá recurso à Comissão Mista de Reavaliação de Informações prevista no art. 35.*
>
> ***Art. 18. Os procedimentos de revisão de decisões denegatórias proferidas no recurso previsto no art. 15 e de revisão de classificação de documentos sigilosos serão objeto de regulamentação própria dos Poderes Legislativo e Judiciário e do Ministério Público, em seus respectivos âmbitos, assegurado ao solicitante, em qualquer caso, o direito de ser informado sobre o andamento de seu pedido.***

A Figura 8.2 ilustra possível fluxo para pedido de acesso à informação considerando as fases recursais.

Aspectos Importantes do Fluxo Sugerido
1. Definir procedimentos de reclassificação (exemplo de um de pedido de acesso que, na verdade, deveria ser uma reclamação).
2. Atuar com celeridade quanto à cadeia de custódia da informação a fim de ficar com pedido que não pertence àquele Órgão ou Entidade.
3. Atentar para as omissões e consequências.
4. Caso o cidadão fique insatisfeito, acompanhar a fase recursal: 1ª e 2ª fases.
5. Verificar pedidos mais recorrentes e propor à Alta Administração a disponibilização em Transparência Ativa.

Figura 8.2: Possível fluxo para pedido de acesso à informação

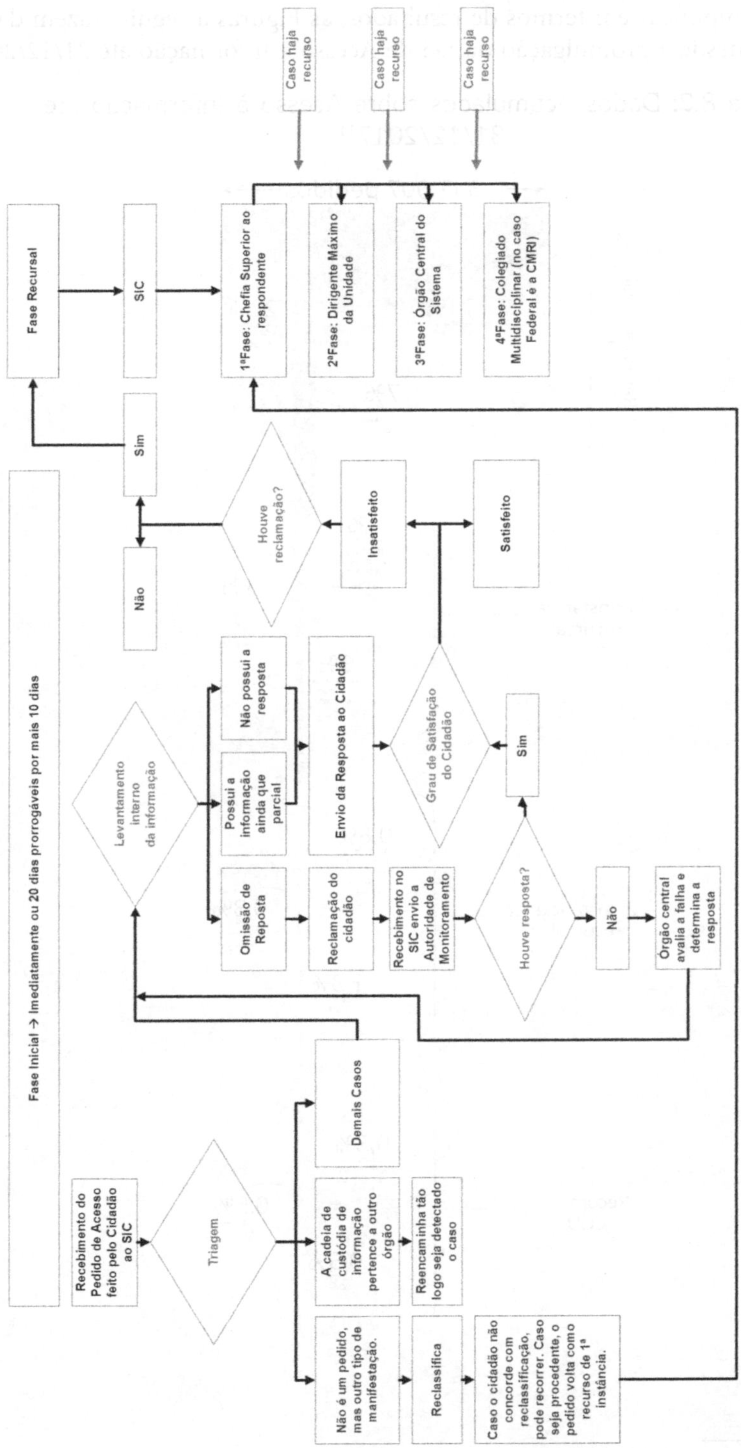

Legenda: SIC – Serviço de Informação ao cidadão

Para exemplificar em termos de resultados, as Figuras a seguir trazem dados acumulados desde a promulgação da Lei de Acesso à Informação até 31/12/2017.

Figura 8.3: Dados Acumulados sobre Acesso à Informação até 31/12/2017[11]

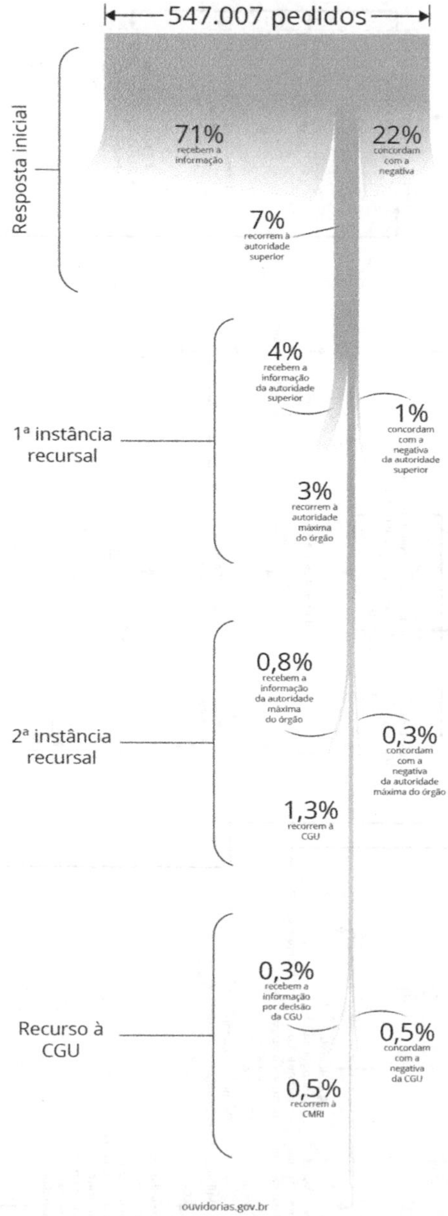

11 https://www.gov.br/ouvidorias/pt-br/assuntos/noticias/2018/a-lai-como-um-processo.

Figura 8.4: Recursos por ano na CGU e na CMRI no âmbito do Acesso à Informação até 31/12/2017[12]

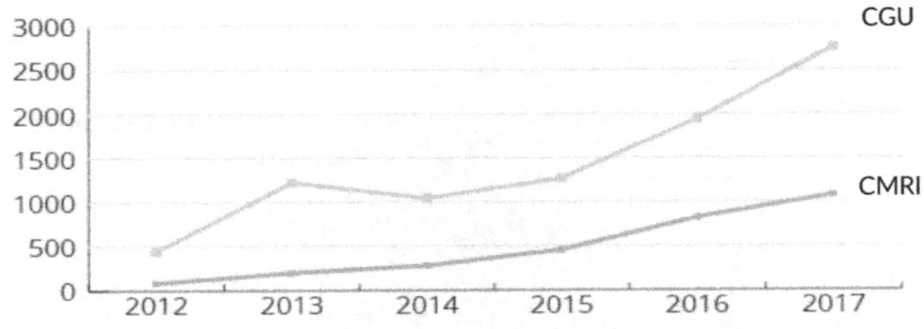

ouvidorias.gov.br

Figura 8.5: Distribuição geográfica dos Pedidos de Acesso à Informação e Recursos à CGU até 31/12/2017[13]

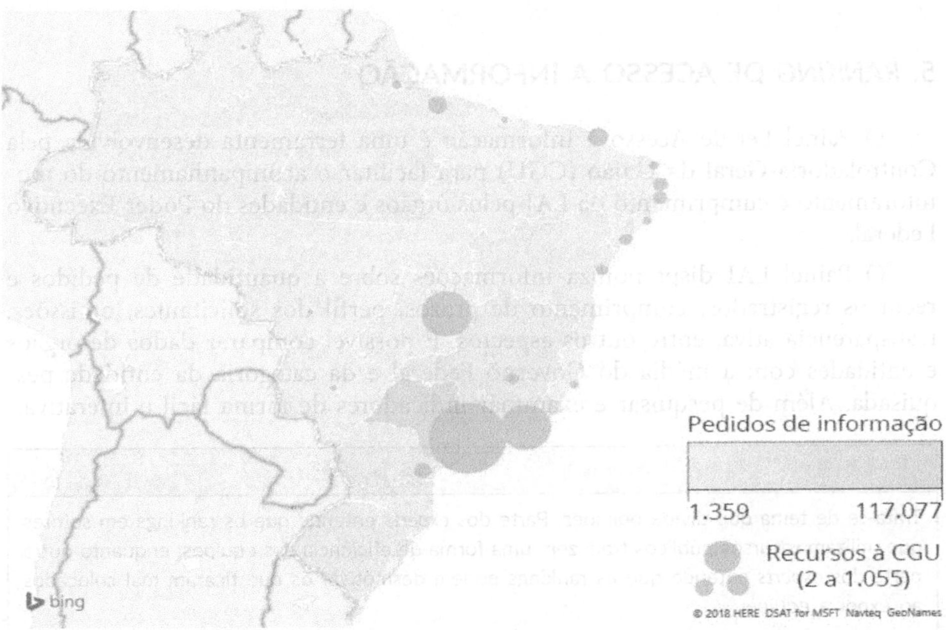

ouvidorias.gov.br

12 https://www.gov.br/ouvidorias/pt-br/assuntos/noticias/2018/a-lai-como-um-processo.

13 https://www.gov.br/ouvidorias/pt-br/assuntos/noticias/2018/a-lai-como-um-processo.

Figura 8.6: Como a CGU decidiu em relação aos Recursos Recursos à CGU até 31/12/2017[14]

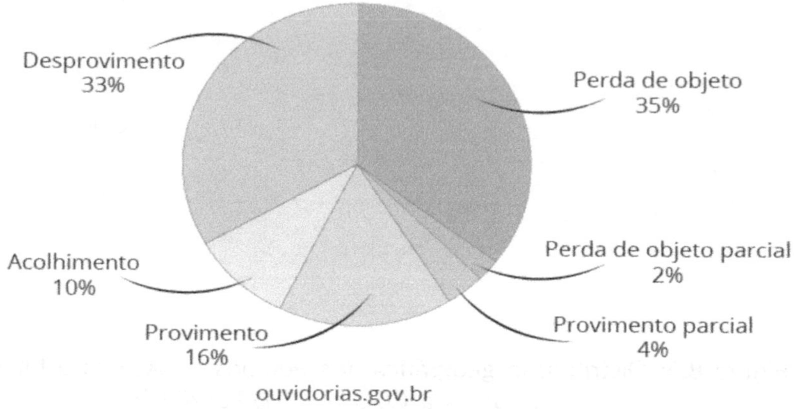

5. *RANKING* DE ACESSO À INFORMAÇÃO

O Painel Lei de Acesso à Informação é uma ferramenta desenvolvida pela Controladoria-Geral da União (CGU) para facilitar o acompanhamento do monitoramento e cumprimento da LAI pelos órgãos e entidades do Poder Executivo Federal.

O Painel LAI disponibiliza informações sobre a quantidade de pedidos e recursos registrados, cumprimento de prazos, perfil dos solicitantes, omissões, transparência ativa, entre outros aspectos. É possível comparar dados de órgãos e entidades com a média do Governo Federal e da categoria da entidade pesquisada. Além de pesquisar e examinar indicadores de forma fácil e interativa.

Rankings são úteis?
Trata-se de tema que divide opiniões. Parte dos *experts* entende que os rankings em setores que utilizam recursos públicos traduzem uma forma de eficiência das equipes; enquanto outra parte dos *experts* entende que os rankings podem desmotivar os que ficaram mal colocados ao expor a equipe. Entendemos que os rankings evidenciam os bem colocados que podem passar sua experiência aos demais, especialmente em fóruns de debates e colegiados comuns como associação de municípios e redes de controle, por exemplo. Além disso, ao invés de evidenciar a posição exata do órgão, se poderia divulgar ao público externo os quartis e apenas ao envolvido sua posição relativa exata.

14 https://www.gov.br/ouvidorias/pt-br/assuntos/noticias/2018/a-lai-como-um-processo.

Em extração realizada em 23 de agosto de 2023[15], a título de exemplificação, os cinco primeiros colocados e os três últimos no ranking quanto ao tempo de resposta eram:

Ordem	Órgão	Tempo médio de resposta (dias)
1º	SUSEP	1,8
2º	Agência Nacional de Mineração	2,06
3º	AMAZUL	3,64
4º	BACEN	3,94
5º	INSS	4,22
...	...	...
319º	UFPA	96,23
320º	UFPI	120,88
321º	IF Fluminense	122,04

Legenda: o prazo máximo é de até 30 dias.

Em extração realizada em 23 de agosto de 2023[16], os cinco primeiros colocados e os três últimos no ranking quanto à satisfação do usuário eram:

Ordem	Órgão	Tempo médio de resposta (dias)
1º	EBSERH – HU – UNIFAP	5,00
2º	Ministério da Igualdade Racial	5,00
3º	NAV Brasil Serviços de Navegação S.A.	5,00
4º	Presidência da República	5,00
5º	TERMOMACAÉ S/A	5,00
...	...	...
319º	Ministério dos Transportes	2,82

15 https://centralpaineis.cgu.gov.br/visualizar/lai.

16 https://centralpaineis.cgu.gov.br/visualizar/lai.

Ordem	Órgão	Tempo médio de resposta (dias)
320º	Empresa Brasileira de Correios e Telégrafos	2,77
321º	Banco do Brasil	2,14

Legenda: a nota varia de 1 a 5.

6. ENUNCIADOS DE ACESSO À INFORMAÇÃO

Por fim importante externar, com o intuito de reduzir o volume de recursos, uniformizar entendimentos e maximizar o tempo de resposta dos órgãos ao usuário, em 2023 a CGU definiu 12 enunciados que relacionados ao Acesso à Informação dispostos a seguir.

1. **Enunciado CGU n. 1/2023 - Registros de entrada e saída de prédios públicos**

Os registros de entrada e saída de pessoas em órgãos públicos, inclusive no Palácio do Planalto, são passíveis de acesso público, exceto quando as agendas sobre as quais eles se refiram forem classificadas por se enquadrarem em hipótese legal de sigilo ou estiverem sob restrição temporária de acesso à informação, nos termos do art. 7º, § 3º da Lei n. 12.527/11.

2. **Enunciado CGU n. 2/2023 - Registros de entrada e saída de residências oficiais**

Os registros de entrada e saída de pessoas em residências oficiais do Presidente e do Vice-presidente da República são informações que devem ser protegidas por revelarem aspectos da intimidade e vida privada das autoridades públicas e de seus familiares, salvo se tais registros disserem respeito a agendas oficiais, as quais têm como regra a publicidade, ou se referirem a agentes privados que estejam representando interesses junto à Administração Pública.

3. **Enunciado CGU n. 3/2023 – Procedimentos disciplinares de militares**

Aplicam-se aos pedidos de acesso a processos administrativos disciplinares conduzidos no âmbito das Forças Armadas as mesmas regras referentes aos servidores civis, cabendo restrição a terceiros somente até o seu julgamento, nos termos do art. 7º, parágrafo 3º, da Lei nº 12.527/2011, regulamentado pelo art. 20, caput, do Decreto nº 7.724/2012. Assim, os processos administrativos disciplinares de militares são passíveis de acesso público uma vez concluídos, sem prejuízo da proteção das informações pessoais sensíveis e legalmente sigilosas.

4. Enunciado CGU n. 4/2023 - Segurança do Presidente da República e familiares

Durante o mandato presidencial, a classificação de informações sob o fundamento de que sua divulgação ou acesso irrestrito pode pôr em risco a segurança de instituições ou de altas autoridades nacionais ou estrangeiras e seus familiares, nos termos do art. 24, § 2º da Lei nº 12.527/2011, deve restringir-se estritamente às informações que, de fato, se enquadram nessa categoria, devendo as autoridades competentes para classificação do sigilo atentar-se para o cumprimento do princípio geral da Lei de Acesso à Informação de que o acesso é a regra e o sigilo à exceção.

5. Enunciado CGU n. 5/2023 - Sigilo de licitações, contratos e gastos governamentais

Informações sobre licitações, contratos e gastos governamentais, inclusive as que dizem respeito a processos conduzidos pelas Forças Armadas e pelos órgãos de polícia e de inteligência, são em regra públicas e eventual restrição de acesso somente pode ser imposta quando o objeto a que se referem estritamente se enquadrar em uma das hipóteses legais de sigilo.

6. Enunciado CGU n. 6/2023 – Abertura de informações desclassificadas

Transcorrido o prazo de classificação da informação ou consumado o evento que consubstancie seu termo final, a informação tornar-se-á automática e integralmente de acesso público, ressalvadas eventuais outras hipóteses legais de sigilo e a proteção de dados pessoais sensíveis, devendo o órgão ou entidade pública registrar tal desclassificação no rol de informações classificadas, o qual é de publicação obrigatória na Internet.

7. Enunciado CGU n. 7/2023 - Títulos acadêmicos e currículos de agentes públicos.

Informações sobre currículos de agentes públicos, como títulos, experiência acadêmica e experiência profissional, são passíveis de acesso público, uma vez que são utilizadas para a avaliação da capacidade, aptidão e conhecimento técnico para o exercício de cargos e funções públicas.

8. Enunciado CGU n. 8/2023 - Provas e concursos públicos

A divulgação de documentos e informações relacionados a candidatos aprovados em seleções para o provimento de cargos públicos, inclusive provas orais, são passíveis de acesso público, visto que a transparência dos processos seletivos está diretamente relacionada à promoção dos controles administrativo e social da Administração Pública, ressalvadas as informações pessoais sensíveis.

9. Enunciado CGU n. 9/2023 - Telegramas, despachos telegráficos e as circulares telegráficas produzidos pelo Ministério das Relações Exteriores.

Os telegramas, despachos e circulares telegráficas produzidos pelo Ministério das Relações Exteriores são documentos que, à luz do princípio geral da Lei de Acesso à Informação de que o acesso é a regra e o sigilo à exceção, devem ter seu acesso restringido somente quando o objeto a que se referem estritamente se enquadrar em uma das hipóteses legais de sigilo. A proteção das negociações e das relações diplomáticas do País não poderá ser utilizada como fundamento geral e abstrato para se negar acesso a pedidos de informação. Da mesma forma, a presença de informações pessoais no documento ou processo não poder ser utilizado como argumento para a negativa de acesso, uma vez que essas podem ser tratadas para que, devidamente protegidas, o restante do documento ou processo seja fornecido.

10. Enunciado CGU n. 10/2023 – Informações financeiras a respeito de programas e benefícios sociais

Informações referentes a valores de benefícios pagos e identificação de beneficiários de programas sociais, ainda quando esses são operados por instituições financeiras, são de acesso público, não incidindo sobre elas sigilo bancário, tampouco argumentos referentes à proteção de dados pessoais ou à preservação da competitividade de empresas estatais, ressalvados os casos em que a identificação dos beneficiários puder expor informação pessoal sensível.

11. Enunciado CGU n. 11/2023 – Restrições de acesso em virtude da desarrazoabilidade do pedido

Pedidos de acesso à informação somente podem ser negados sob o fundamento de "desarrazoabilidade" caso o órgão ou entidade pública demonstre haver risco concreto associado à divulgação da informação, não podendo o argumento ser utilizado como fundamento geral e abstrato; no caso de "desproporcionalidade", o pedido só pode ser negado se o órgão evidenciar não possuir os recursos, humanos ou tecnológicos, para atender ao pedido, não podendo o argumento ser utilizado como fundamento geral e abstrato. Nos casos em que restar configurada a desproporcionalidade do pedido, o órgão/entidade deve disponibilizar os meios para que o cidadão realize consulta *in loco*, para efetuar a reprodução ou obter os documentos desejados, em conformidade com o disposto no art. 11, §1º, I da Lei nº 12.527/2011.

12. Enunciado CGU n. 12/2023 - Informação pessoal

O fundamento "informações pessoais" não pode ser utilizado de forma geral e abstrata para se negar pedidos de acesso a documentos ou processos que contenham dados pessoais, uma vez que esses podem ser tratados (tarjados, excluídos, omitidos, descaracterizados, etc) para que, devidamente protegidos, o restante dos documentos ou processos solicitados sejam fornecidos. Além disso, a proteção de dados pessoais deve ser compatibilizada com a garantia do direito de acesso à informação, podendo aquela ser flexibilizada quando, no caso concreto, a proteção do interesse público geral e preponderante se impuser, nos termos do art. 31, § 3º, inciso V da Lei nº 12.527/2011.

PODCAST com *Expert*:

Marcos Lindenmayer traz reflexões sobre a CMRI no âmbito do Executivo Federal e variações nos demais Poderes, Estados e Municípios no âmbito da federação.

CAPÍTULO 09

PROMOÇÃO DA TRANSPARÊNCIA ATIVA

1. VOLUNTARIEDADE GERA CONFIANÇA E LUCRO

No capítulo anterior foi explorado que a informação é essencial para o exercício de direitos e para a consolidação de valores democráticos. Mais do que um pilar de um Estado soberano, o acesso à informação é um aliado para a manifestação da cidadania.

Neste capítulo se aprofundada a discussão **não sobre o espectro do "valor da informação", mas sobre estratégias a serem adotadas pelas entidades para que as informações sejam fornecidas ativamente.** Independentemente de provocação de um cidadão contribuinte ou acionista de uma entidade privada.

Assim, será realizada uma análise detida como a transparência ativa (aquela disponibilizada independentemente de solicitação) é avaliada. Para tanto, faz-se necessário trazer algumas reflexões.

A primeira reflexão seria o porquê disponibilizar ativamente informações é algo relevante para a integridade. Resgata-se que a transparência é um componente da integridade (vide Figura 5.1 do capítulo 5) pelo fato de que quando as informações são disponibilizadas ativamente, revela-se um compromisso público da instituição com certos valores e preceitos[1] o que gera maior chance de cumprir valores perante àqueles que esperam tal conduta. Outro ponto importante é que não tem como atender os fins pretendidos em um programa de integridade como confiança, equidade e liderança baseado em cultura ética sem fazer isso publicamente. Não existe confiança ou equidade velada. Ela deve ser pública.

A segunda reflexão que se deve fazer é **se as entidades privadas, ainda que não recebam recursos públicos, devem disponibilizar ativamente suas informações? A reposta seria sim**. Essa necessidade não vem de hoje; há mais

1 O capítulo 22 contém aspectos comportamentais e sua correlação com integridade com ênfase na importância de compromissos públicos.

de duas décadas, já existe a necessidade de as organizações adotarem o conceito de **disclosure[2] voluntário** para o mercado. Isso ficou evidenciado no mercado de capitais com a publicação da Lei Sarbanes-Oxley em 2002. A nova legislação para o mercado americano buscou tratar importantes questões relacionadas a problemas e à resolução de conflitos entre gestores e acionistas reduzindo assimetria informacional na relação principal-agente. Além disso, a referida lei passou a responsabilizar legalmente os principais executivos das empresas em caso de falhas ou omissões em relatórios contábeis fundamentais para o acompanhamento dos resultados financeiros da empresa.

Uma terceira reflexão reside no fato que abrir informações de entidades privadas gera lucro. O motivo deste enunciado deve-se ao fato de que em mercados emergentes a questão da abertura voluntária de informações é ainda mais crítica, pois a legislação é menos rígida, há alta concentração acionária e fortes particularidades causam maior insegurança aos investidores nesses países[3]. Assim, ao promover o **disclosure voluntário** reduz-se a assimetria informacional e o custo de capital.

Importante externar que, na perspectiva do setor privado, o Guia norte-americano da FPCA[4] separa capítulo específico para infringências contábeis (com multas severas), especialmente quando não existir registro escriturado de operações. Nesse contexto, corporações que adotam proativamente de práticas voluntárias de abertura de informações possuem maior potencial de incutir na sua cultura ética repúdio: seja de registros contábeis infringentes, seja na omissão dos registros contábeis.

Dessa maneira, segundo o Guia FCPA, para garantir a **transparência e saúde financeira do negócio, nos riscos assumidos nas transações entre a empresa, e seus clientes e parceiros de negócios, as disposições no campo da integridade aplicada a contabilidade destinam-se a "fortalecer a exatidão dos livros e registos empresariais e a confiabilidade do processo de auditoria que constituem os alicerces do nosso sistema de divulgação corporativa"**.

Já para o setor público, importante elucidar acerca do governo aberto. O governo aberto pode ser definido como "**uma cultura de governança que promove os princípios de transparência, integridade, prestação de contas e participação das partes interessadas em apoio à democracia e ao crescimento inclusivo**" (OECD, 2017)[5]. Segundo a OCDE os princípios-chave de um gover-

---

2 É um termo que, usado de maneira geral, trata da divulgação de informações relevantes sobre um assunto aos potenciais interessados, garantindo a transparência.

3 LANZANA, Ana P. Relação entre disclosure e governança corporativa das empresas brasileiras. Dissertação (Mestrado em Administração). Faculdade de Economia, Administração e Contabilidade da Universidade de São Paulo. São Paulo, 2004.

4 A Resource Guide to the U.S. Foreign Corrupt Practices Act Second Edition. https://www.justice.gov/criminal-fraud/file/1292051/download.

5 OECD (2017), *Recommendation of the Council on Open Government*, http://www.oecd.org/fr/gov/open-government.htm.

no aberto estão detalhados na **Recomendação da OCDE do Conselho sobre Governo Aberto** e incluem:

- **Transparência**: a divulgação e subsequente acessibilidade de dados e informações governamentais relevantes;
- **Integridade**: o alinhamento consistente e a adesão a valores, princípios e normas éticos compartilhados para defender e priorizar o interesse público sobre os interesses privados no setor público;
- **Prestação de contas**: a responsabilidade e o dever do governo de informar seus cidadãos sobre as decisões que toma, bem como prestar contas das atividades e do desempenho de todo o governo e de seus agentes públicos;
- **Participação das partes interessadas**: todas as maneiras pelas quais as partes interessadas podem ser envolvidas no ciclo de políticas públicas e na concepção e prestação de serviços, inclusive por meio do fornecimento de informações, consultas e engajamento (OECD, 2017).

Por tal motivo, é importante o poder público adotar a orientação, bem como estruturas e mecanismos de implementação, coordenação e avaliação (por exemplo, estratégias e planos de ação, forças-tarefa ou unidades governamentais abertas, ou digitais, plataformas ou portais, bancos de dados, painéis, kits de ferramentas, etc.) mediante esforços diários para aplicar princípios de governo aberto (OECD, 2017).

A seguir, a Figura 9.1 expõe uma representação da síntese do debatido nas noções iniciais.

Figura 9.1: Efeitos decorrentes da abertura voluntária nas organizações públicas e privadas.

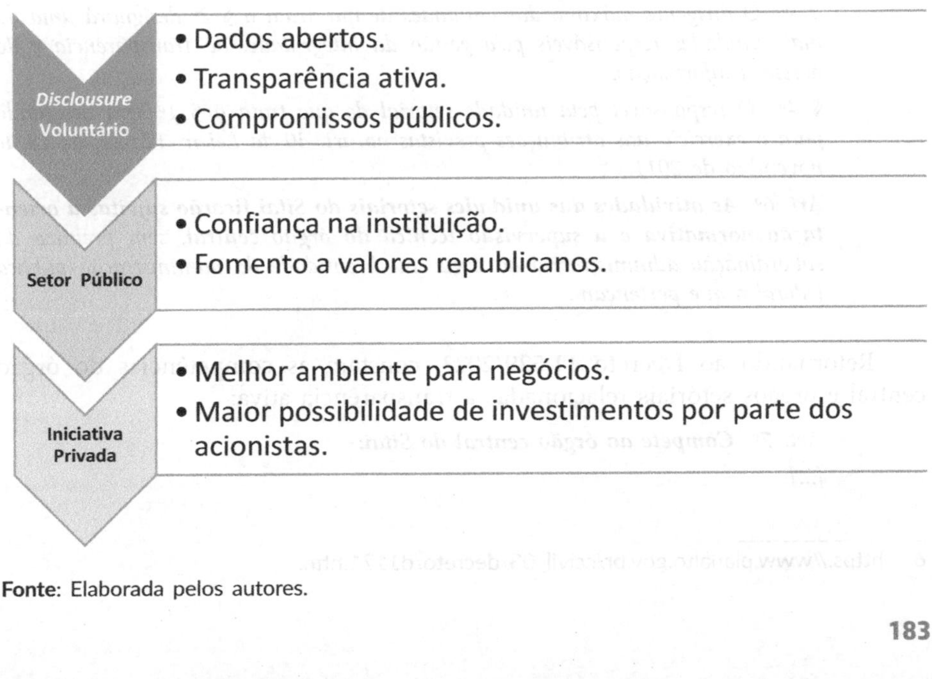

Fonte: Elaborada pelos autores.

2. BASE NORMATIVA DA TRANSPARÊNCIA ATIVA NO GOVERNO FEDERAL

O Decreto 11.529, de 16 de maio de 2023[6], institui o Sistema de Integridade, Transparência e Acesso à Informação da Administração Pública Federal:

> *Art. 2º* ***Fica instituído o Sistema de Integridade, Transparência e Acesso à Informação da Administração Pública Federal - Sitai****, no âmbito dos órgãos e das entidades da administração pública federal direta, autárquica e fundacional.*
>
> ***Art. 4º São objetivos do Sitai:***
>
> *I - coordenar e articular as atividades relativas à integridade, à transparência e ao acesso à informação;*
>
> *II -* ***estabelecer padrões*** *para as práticas e as medidas de integridade, transparência e acesso à informação; e*
>
> *III -* ***aumentar a simetria de informações e dados nas relações*** *entre a administração pública federal e a sociedade.*
>
> ***Art. 5º Compõem o Sitai:***
>
> *I - a Controladoria-Geral da União, como órgão central; e*
>
> *II - as unidades nos órgãos e nas entidades da administração pública federal direta, autárquica e fundacional responsáveis pela gestão da integridade, da transparência e do acesso à informação, como unidades setoriais.*
>
> ***§ 1º Na administração pública federal direta, as unidades setoriais do Sitai para a gestão da integridade, da transparência e do acesso à informação são as assessorias especiais de controle interno.***
>
> ***§ 2º Na administração pública federal autárquica e fundacional, as unidades setoriais do Sitai são aquelas responsáveis pela gestão da integridade, da transparência e do acesso à informação.***
>
> *§ 3º O dirigente máximo das entidades de que trata o § 2º designará uma ou mais unidades responsáveis pela gestão da integridade, da transparência e do acesso à informação.*
>
> *§ 4º O responsável pela unidade setorial de que trata o § 1º será designado para o exercício das atribuições previstas no art. 40 da Lei nº 12.527, de 18 de novembro de 2011.*
>
> *Art. 6º* ***As atividades das unidades setoriais do Sitai ficarão sujeitas à orientação normativa e à supervisão técnica do órgão central****, sem prejuízo da subordinação administrativa ao órgão ou à entidade da administração pública federal a que pertençam.*

Retornando ao Decreto 11.529/2023, constam as competências do órgão central e órgãos setoriais relacionadas à transparência ativa:

> ***Art. 7º Compete ao órgão central do Sitai:***
>
> *[...]*

6 https://www.planalto.gov.br/ccivil_03/decreto/d1171.htm.

IV - coordenar as atividades que exijam ações conjuntas de unidades integrantes do Sitai;

V - monitorar e avaliar a atuação das unidades setoriais;

VI - realizar ações de comunicação e capacitação relacionadas às temáticas de integridade, transparência e acesso à informação;

[...]

VIII - planejar, coordenar, executar e monitorar a Política de Transparência e Acesso à Informação da Administração Pública Federal;

IX - estabelecer normas complementares necessárias ao funcionamento do Sitai;

X - desenvolver e disponibilizar procedimentos, padrões, metodologias e sistemas informatizados que permitam a disseminação, a obtenção, a utilização e a compreensão de informações públicas;

XI - monitorar o atendimento às solicitações de acesso à informação e o cumprimento das obrigações de transparência ativa e de abertura de dados;

XII - estimular e apoiar a adoção de medidas de integridade, transparência e acesso à informação para o fortalecimento das políticas públicas;

XIII - definir critérios e indicadores para a avaliação e o monitoramento da implementação da Política de Transparência e Acesso à Informação da Administração Pública Federal;

XIV - promover o uso dos dados e das informações públicas pela sociedade para a melhoria da gestão, das políticas e dos serviços; e

XV - identificar bases de dados e de informações de interesse público e, conforme o caso, sugerir às unidades setoriais a abertura em transparência ativa.

Art. 8º Compete às unidades setoriais do Sitai:

I - assessorar a autoridade máxima do órgão ou da entidade nos assuntos relacionados com a integridade, a transparência e o acesso à informação e com os programas e as ações para efetivá-los;

[...]

XI - participar de atividades que exijam a execução de ações conjuntas das unidades integrantes do Sitai;

[...]

XIII - supervisionar a execução das ações relativas à Política de Transparência e Acesso à Informação da Administração Pública Federal;

XIV - monitorar o cumprimento das normas de transparência e acesso à informação no âmbito dos órgãos e das entidades;

XV - manter atualizadas as informações sobre os serviços de informação ao cidadão; e

XVI - manter atualizados o inventário de base de dados e a catalogação dos dados abertos no Portal Brasileiro de Dados Abertos.

Art. 9º O Sitai atuará de forma complementar e integrada aos demais sistemas estruturadores, principalmente aqueles que coordenem as atividades de instâncias que lhe prestem apoio, de forma a evitar a sobreposição de esforços, racionalizar os custos e melhorar o desempenho e a qualidade dos resultados.

Aspectos Essenciais do Decreto 11.529/2023 que devem ser observados por Entes e Organizações que desejem implementar o sistema de transparência ativa
1° Aspecto: Definição da finalidade do sistema. 2° Aspecto: Definição dos integrantes do sistema, inclusive órgão central, e suas atribuições. 3° Aspecto: Definição da relação entre o órgão central e demais órgãos setoriais do sistema. 4° Aspecto: Definição do posicionamento do órgão setorial em relação autoridade máxima do órgão. 5° Aspecto: Definição das atribuições do órgão central e órgãos setoriais. Chama a atenção que neste caso, **não foram definidos critérios pré-existentes, nem mandato**, para o titular do setor responsável pela Transparência. **Estes autores entendem que cada vez que se exige vinculação direta de determinado setor ao dirigente máximo o custo transacional aumenta. Assim, deve realmente ser avaliado se esse vínculo direto será apenas formal para soar bem perante terceiros ou se de fato será efetivo.** Uma alternativa seria a possibilidade de o dirigente máximo poder delegar esse vínculo diário a pessoa de sua confiança na organização e periodicamente (pelo menos trimestralmente) ou casos necessários o contato direto com o titular do setor.

Por que não existe mandato para essas funções de integridade: Acesso à Informação e Transparência, mas existe para Comissão de Ética, Ouvidoria, Corregedoria e Auditoria?
Entendemos que na medida em que a área se consolida, surge a necessidade se dar maior estabilidade à instância da função de integridade. **Contudo, as instâncias de integridade citadas (Comissão de Ética, Ouvidoria, Corregedoria e Auditoria) participam de procedimentos que envolvem algum tipo de sanção (censura, apuração de denúncias, suspensão, demissão, recomendação de apuração de responsabilidade ou de reparação de danos ao erário); ou seja, trata-se de setores que possuem elevador potencial litigante que eventualmente pode não estar 100% alinhado ao tom momentâneo da alta administração.**

3. ESTRUTURA E FUNCIONAMENTO DE UM SETOR RESPONSÁVEL PELA TRANSPARÊNCIA ATIVA NO NÍVEL ORGANIZACIONAL

Neste tópico serão apresentados exemplos de composição dos setores de Promoção da Transparência Ativa.

Importante frisar que é necessária uma estrutura de recursos suficientes (humanos e financeiros) que possam permitir que as organizações produzam ou publiquem informações de forma proativa, ou processem solicitações em um tempo razoável.

Para a OCDE (2022), os governos podem investir recursos na implementação de ferramentas, como instrumentos eletrônicos, cadastros, portais ou aplicativos que possibilitem o acesso à informação pública. Tais sistemas de informação são fundamentais para garantir o acesso efetivo aos direitos de informação, e podem aliviar alguns dos desafios supramencionados, ao permitir o anonimato ou conceder acesso imediato e gratuito, e reutilização de informações públicas.

É possível desta maneira, dentro de uma lógica administrativa, possuir vários arranjos capaz de atender a demanda de disponibilização de informações. Por exemplo, temos as Figuras 9.2 e 9.3.

Figura 9.2: Exemplo em que Ouvidoria acumula as funções de Acesso à Informação e Transparência

A área que conduz a parte de transparência ativa e acesso à informação é a Ouvidoria Geral da UFC, composta pelos seguintes membros: Sidney Guerra Reginaldo (ouvidor geral), João Paulo Bastos Moreira de Souza (administrador), Lucas Macêdo de Queiroz (assistente em administração), Luciana Albuquerque Cavalcante (assistente em administração) e Ycaro Coelho Pereira (assistente em administração). O ouvidor geral é a Autoridade de Monitoramento na UFC da Lei de Acesso à Informação, nomeado pela **Portaria nº 142/2020/UFC**, de 25/09/2020, além de Encarregado pelo Tratamento dos Dados Pessoais da UFC, com sua indicação ratificada em atendimento à Instrução Normativa SGD/ME Nº 117, de 19/11/2020.

Fonte: Relatório de Acompanhamento do Programa de Integridade da UFC – 2023.1

Figura 9.3: Exemplo em que Transparência Ativa é segregada do Acesso à Informação

2.2 Promoção da Transparência Ativa e do Acesso à Informação

O setor da UFCA que conduz a parte de transparência ativa é a Coordenadoria de Transparência, Governança e Gestão de Riscos da Pró-Reitoria de Planejamento e Orçamento, composta pelos seguintes membros: Tiago Alencar Viana e Cicero Marciovanio de Oliveira Lima, o setor da UFCA que conduz o acesso à informação, também é conhecida como transparência passiva, é a Ouvidoria Geral da UFCA.

Fonte: Relatório de Acompanhamento do Programa de Integridade da UFCA – 2021

No caso da UFCA, o setor de Transparência acumula as funções de Governança e Gestão de Riscos.

Principais realizações do setor de Transparência
- Reuniões Deliberativas. - Cumprir as determinações do art. 7° do Decreto 7.724/2012. - Instrução processual. - Realização de ações e campanhas educativas.

Itens que devem estar em Transparência Ativa
Decreto 7.724/2012: ***Art. 7° É dever dos órgãos e entidades promover, independente de requerimento, a divulgação em seus sítios na Internet de informações de interesse coletivo ou geral por eles produzidas ou custodiadas, observado o disposto nos arts. 7° e 8° da Lei n° 12.527, de 2011.*** *§ 1° Os órgãos e entidades deverão implementar em seus sítios na Internet seção específica para a divulgação das informações de que trata o caput.* *§ 2° Serão disponibilizados nos sítios na Internet dos órgãos e entidades, conforme padrão estabelecido pela Secretaria de Comunicação Social da Presidência da República:* *I - banner na página inicial, que dará acesso à seção específica de que trata o § 1° ; e* *II - barra de identidade do Governo federal, contendo ferramenta de redirecionamento de página para o Portal Brasil e para o sítio principal sobre a Lei n° 12.527, de 2011.* ***§ 3° Deverão ser divulgadas, na seção específica de que trata o § 1°, informações sobre:*** *I - estrutura organizacional, competências, legislação aplicável, principais cargos e seus ocupantes, endereço e telefones das unidades, horários de atendimento ao público;* *II - programas, projetos, ações, obras e atividades, com indicação da unidade responsável, principais metas e resultados e, quando existentes, indicadores de resultado e impacto;* *III - repasses ou transferências de recursos financeiros;* *IV - execução orçamentária e financeira detalhada;* *V - licitações realizadas e em andamento, com editais, anexos e resultados, além dos contratos firmados e notas de empenho emitidas;* *VI - remuneração e subsídio recebidos por ocupante de cargo, posto, graduação, função e emprego público, incluídos os auxílios, as ajudas de custo, os jetons e outras vantagens pecuniárias, além dos proventos de aposentadoria e das pensões daqueles servidores e empregados públicos que estiverem na ativa, de maneira individualizada, conforme estabelecido em ato do Ministro de Estado da Gestão e da Inovação em Serviços Públicos;* *VIII - contato da autoridade de monitoramento, designada nos termos do art. 40 da Lei n° 12.527, de 2011 , e telefone e correio eletrônico do Serviço de Informações ao Cidadão - SIC; e* *IX - programas financiados pelo Fundo de Amparo ao Trabalhador - FAT. (Incluído pelo Decreto n° 8.408, de 2015)* ***§ 4° As informações poderão ser disponibilizadas por meio de ferramenta de redirecionamento de página na Internet, quando estiverem disponíveis em outros sítios governamentais.*** *§ 5° No caso das empresas públicas, sociedades de economia mista e demais entidades controladas pela União que atuem em regime de concorrência, sujeitas ao disposto no art. 173 da Constituição, aplica-se o disposto no § 1° do art. 5°*[7]*.*

7 Art. 5° [...] § 1° A divulgação de informações de empresas públicas, sociedade de economia mista e demais entidades controladas pela União que atuem em regime de concorrência, sujeitas ao disposto no art. 173 da Constituição, estará submetida

> ***Art. 8º Os sítios eletrônicos dos órgãos e das entidades, em cumprimento às normas estabelecidas pelo Ministério da Gestão e da Inovação em Serviços Públicos, atenderão aos seguintes requisitos,*** *entre outros:*
>
> *I - conter formulário para pedido de acesso à informação;*
>
> *II - conter ferramenta de pesquisa de conteúdo que permita o acesso à informação de forma objetiva, transparente, clara e em linguagem de fácil compreensão;*
>
> *III - possibilitar gravação de relatórios em diversos formatos eletrônicos, inclusive abertos e não proprietários, tais como planilhas e texto, de modo a facilitar a análise das informações;*
>
> *IV - possibilitar acesso automatizado por sistemas externos em formatos abertos, estruturados e legíveis por máquina;*
>
> *V - divulgar em detalhes os formatos utilizados para estruturação da informação;*
>
> *VI - garantir autenticidade e integridade das informações disponíveis para acesso;*
>
> *VII - indicar instruções que permitam ao requerente comunicar-se, por via eletrônica ou telefônica, com o órgão ou entidade; e*
>
> *VIII - garantir a acessibilidade de conteúdo para pessoas* com deficiência.

Posicionamento do Setor de Transparência Ativa perante a Alta Administração
Não há obrigação do setor de transparência ativa ser diretamente subordinado ao dirigente máximo. Essa atividade pode ser incorporada a outro setor que pode ou não estar diretamente subordinado ao dirigente máximo.

4. DADOS ABERTOS

Os dados de governo aberto se baseiam no princípio "aberto por padrão" incorporado na estrutura legal e regulatória, onde as exceções relacionadas à proteção de dados, ética e regulamentos de privacidade são claramente listadas. Para fortalecer sua estrutura legal e regulatória, os governos podem considerar o seguinte conjunto de princípios definidos por governos, sociedade civil e especialistas na Carta Internacional de Dados Abertos (2015)[8]:

- Aberto por padrão.
- Tempestivo e abrangente.
- Acessível e utilizável.
- Comparável e interoperável.
- Para uma melhor governança e envolvimento dos cidadãos.
- Para o desenvolvimento inclusivo e a inovação.

às normas pertinentes da Comissão de Valores Mobiliários, a fim de assegurar sua competitividade, governança corporativa e, quando houver, os interesses de acionistas minoritários.

8 Open Data Charter (2015), Principles - International Open Data Charter, https://opendatacharter.net/principles/ (accessed on 12 September 2019).

A publicação de dados governamentais em formato aberto é uma forma de promover a transparência ativa na Administração Pública Federal, na qual os órgãos e entidades integrantes do governo, voluntariamente, disponibilizam dados públicos para a sociedade sem a obrigação de requerimento prévio formulado pelo interessado. De acordo com a Fundação do Conhecimento Aberto (Open Knowledge Foundation - OKF), "dados são abertos quando qualquer pessoa pode livremente usá-los, reutilizá-los e redistribuí-los, estando sujeito a, no máximo, a exigência de creditar a sua autoria e compartilhar pela mesma licença". Portanto, quando os dados são produzidos, coletados ou custodiados por autoridades públicas e disponibilizados em formato aberto, considera-se que são dados abertos governamentais. **Os dados abertos são completos, primários, atualizados, acessíveis, e processáveis por máquina.** A identificação do interessado não é necessária ao acessá-los, são disponibilizados em formatos não proprietários e são livres de licenças.

5 motivos para a abertura dos dados abertos
1. A sociedade necessita de mais transparência na gestão pública.
2. A própria sociedade pode contribuir com serviços inovadores ao cidadão.
3. Ajuda a aprimorar a qualidade dos dados governamentais.
4. Viabiliza novos negócios.
5. É obrigatório por Lei[9].

9 Lei 12.527/20. Art. 8° É dever dos órgãos e entidades públicas promover, independentemente de requerimentos, a divulgação em local de fácil acesso, no âmbito de suas competências, de informações de interesse coletivo ou geral por eles produzidas ou custodiadas.

[...]

§ 2° Para cumprimento do disposto no **caput**, os órgãos e entidades públicas deverão utilizar todos os meios e instrumentos legítimos de que dispuserem, sendo obrigatória a divulgação em sítios oficiais da rede mundial de computadores (internet).

§ 3° Os sítios de que trata o § 2° deverão, na forma de regulamento, atender, entre outros, aos seguintes requisitos:

[...]

II - possibilitar a gravação de relatórios em diversos formatos eletrônicos, **inclusive abertos e não proprietários**, tais como planilhas e texto, de modo a facilitar a análise das informações;

Figura 9.4: Página oficial dos dados abertos no governo federal

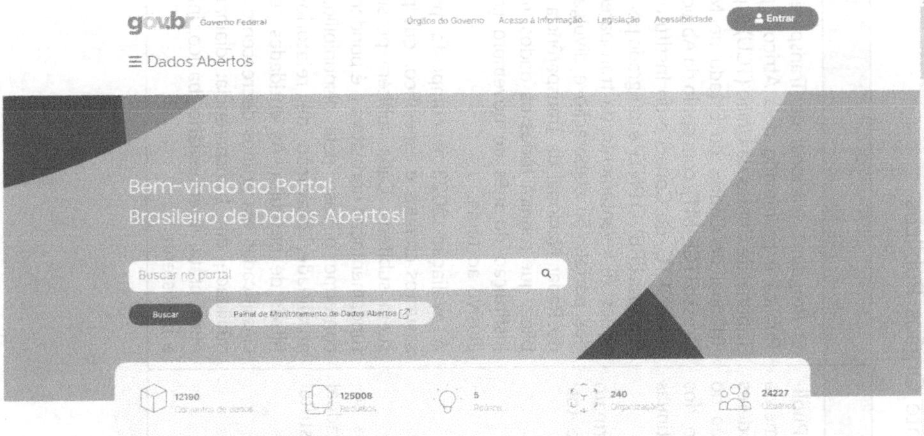

Fonte: https://dados.gov.br/home

5. AVALIAÇÕES DE TRANSPARÊNCIA

No âmbito da promoção da transparência ativa, existem diversas avaliações perante os órgãos públicos. O Quadro 9.1 contém 3 (três) dessas avaliações e suas principais características.

Os modelos mencionados podem ser perfeitamente aplicados para Entidades privadas.

Quadro 9.1: Síntese das avaliações da transparência perante Órgãos Públicos

Descrição	Controladoria-Geral da União	Transparência Internacional	Radar da Transparência Pública
Síntese da Avaliação	Trata-se de uma aba do Painel Gerencial[a] da Lei de Acesso à Informação voltado aos órgãos e entidades do **Poder Executivo Federal** contendo os 49 itens legais e infralegais. Pelo painel é divulgando o ranking dos órgãos.	O **Índice de Transparência e Governança Pública**[b] foi desenvolvido para ser uma **ferramenta regular de avaliação da transparência dos Poderes subnacionais brasileiros**. A cada atualização do índice, será possível comparar a evolução dos entes avaliados e estimular melhorias contínuas da transparência pública. O ITGP classifica os entes avaliados em formato de *ranking* e atribui notas entre 0 e 100 pontos: - Péssimo: 0 a 19 pontos. - Ruim: 20 a 39 pontos. - Regular: 40 a 59 pontos. - Bom: 60 a 79 pontos. - Ótimo: 80 a 100 pontos. As últimas 3 avalições foram: Municípios selecionados (junho/2022); Executivo Estadual (junho/2022); Legislativo Estadual e Distrital (maio/2023).	O Programa Nacional de Transparência Pública é promovido pela Atricon, pelo Tribunal de Contas da União (TCU) e pelo Tribunal de Contas do Estado de Mato Grosso (TCE-MT), com apoio da Abracom, do CNPTC, do Conaci e do Instituto Rui Barbosa (IRB). O PNTP é integrado por três ações: (i) levantamento da transparência dos portais; (ii) elaboração e divulgação do Radar Nacional da Transparência Pública, que reunirá todos os dados; (iii) a instituição do mês de novembro como alusivo ao tema. A avaliação 2023 é composta pelos assuntos comuns e específicos que possuem subitens. Cada subitem possui a fundamentação normativa e é ponderado conforme o caso pela disponibilidade, atualidade, gravação de relatórios e filtros de pesquisa. As entidades serão classificadas em grupos decrescentes de qualidade em transparência: diamante, ouro, prata, intermediário, básico, inicial e inexistente.

Descrição	Controladoria-Geral da União	Transparência Internacional	Radar da Transparência Pública
Aspectos avaliados	Assuntos: - **Ações e Programas** com 8 subitens. - **Auditorias** com 4 subitens. - **Convênios e Transferências** com 1 subitem. - **Dados Abertos** com 4 subitens. - **Ferramentas e Aspectos Tecnológicos dos Sites** com 1 subitem. - **Informações Classificadas** com 8 subitens. - **Institucional** com 8 subitens. - **Licitações e Contratos** com 2 subitens. - **Outros** com 1 subitem. - **Participação Social** com 1 subitem. - **Perguntas Frequentes** com 1 subitem. - **Receitas e Despesas** com 4 subitens. - **Serviço de Informação ao Cidadão** com 4 subitens. - **Servidores** com 3 subitens.	**Assuntos utilizados na última avaliação aplicada ao Legislativo:** - **Normas internas sobre**: LAI, Plano de Dados Abertos, lobby, LGDP, proteção ao denunciante. - **Plataformas:** portal de transparência, canal e-Sic, facilidade de acesso (2 cliques). - **Governança:** organograma, unidade de integridade, planejamento estratégico, relatórios de auditoria, canal de ética. - **Transparência Legislativa:** contatos dos parlamentares, biografia dos membros, bancadas temáticas, agendas do plenário, CCJ e Comissão de Orçamento, informações do Conselho de Ética e Comissões de Parlamentares de Inquérito, informações sobre Proposições Legislativas, Salário dos Parlamentares, cotas dos gabinetes, viagens oficiais, registros de presenças. - Transparência Administrativa: salários e verbas indenizatórias dos servidores; receitas e despesas públicas; licitações, contratos e aditivos. - Comunicação: canal telefônico gratuito, facebook, twittter, instagram, youtube, Telegram e WhtasApp. - Participação e Engajamento: materiais educativos, audiências públicas, enquetes virtuais, canal para receber propostas legislativas, ferramentas de acessibilidade, ações voltadas para maior participação de parlamentares com deficiência, LGBTQIA+ e étnico-raciais; "parlamento jovem". - Transformação Digital: transmissão ao vivo pela internet das sessões, aplicativo destinado aos cidadãos, laboratório de inovação, uso de sistema eletrônico de informações (como o SEI), biblioteca digital.	**Assuntos comuns:** - **Informações Prioritárias** com 4 subitens. - **Informações Institucionais** com 9 subitens. - **Receita** com 3 subitens. - **Despesa** com 2 subitens. - **Convênios e Transferências** com 3 subitens. - **Recursos Humanos** com 6 subitens. - **Diárias** com 2 subitens. - **Licitações** com 7 subitens. - **Contratos** com 4 subitens. - **Obras** com 4 subitens. - **Planejamento e Prestação de contas** com 10 subitens. - **Serviço de Informações ao Cidadão** com 9 subitens. - **Acessibilidade** com 5 subitens. - **Ouvidoria** com 3 subitens. - **LGPD e Governo Digital** com 6 subitem. **Assuntos específicos:** Executivo (11 subitens), Legislativo(11 subitens), Judiciário (6 subitens), Tribunal de Contas (12 subitens), Ministério Público (4 subitens) e Defensoria (3 subitens).

Legenda: (a) https://www.gov.br/acessoainformacao/pt-br/perguntas-frequentes/painel-lei-de-acesso-a-informacao; (b) https://indice.transparenciainternacional.org.br/; (c) https://radar.tce.mt.gov.br/extensions/radar-da-transparencia-publica/panel.html

Quanto à avaliação da CGU, em extração realizada em 24 de agosto de 2023[10], de 322 órgãos listados, **62 órgãos atendem os 49 itens, enquanto 13 não atendem nenhum item.**

A Figura 9.5 contém o Resultado da Avaliação do Legislativo estadual e distrital (maio/2023) realizada pela Transparência Internacional, enquanto a Figura 9.6 contém o Resultado da Avaliação do Radar da Transparência Pública (2022).

Figura 9.5: Resultado da Avaliação do Legislativo estadual e distrital (maio/2023) realizada pela Transparência Internacional

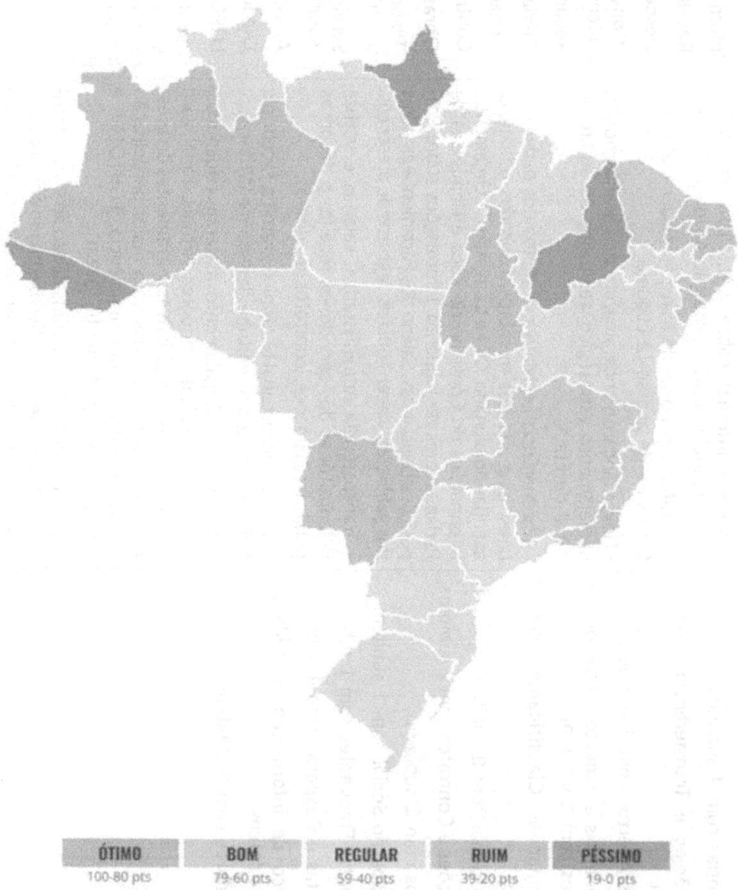

10 https://centralpaineis.cgu.gov.br/visualizar/lai.

Figura 9.6: Resultado da Avaliação do Radar da Transparência Pública (2022) realizada pela Atricon, TCU e TCE-MT - Entidades consolidadas por Estado

Legenda: No resultado consolidado, PA foi diamante; RO, ES, TO e CE foram prata; PI e AP foram básico; e os demais nível intermediário.

Quanto a essas avaliações, é importante que os entes públicos avaliados adotem estratégias para o aprimoramento de seus indicadores. Uma boa prática é cada Ente avaliado fazer o mapeamento dos quesitos dos mais diversos avaliadores assim poderá ter bons resultados. Deve-se, por sua vez, verificar que alguns quesitos são adotados por um avaliador e outros por mais de um avaliador. Por exemplo: a necessidade de o site ter a relação de cargos comissionados é exigência tanto da escala EBT 360 da CGU, quanto da Transparência Internacional - Brasil (ITGP) e do índice de transparência pública ATRICON. Já a exigência que o ente tenha rede sociais como TIK TOK (em razão do público jovem) só é exigido pelo ITGP da Transparência Internacional – Brasil (item C06 da avaliação de 2022)[11].

A transparência não pode ser um escudo do Órgão ou Entidade para não aprimorar as demais funções de integridade
Estar nas primeiras posições em qualquer ranking é excelente e motiva a equipe. Contudo, a avaliação da transparência, assim como as demais, deve ser vista como mais um dos diversos indicadores de integridade. O Programa de Integridade possui formato matricial e como uma corrente será tão forte quanto seu elo mais fraco (no caso a instância responsável pela função de integridade). Assim, a transparência deve ser vista como mais um elemento e não um fim em si mesmo. Outro ponto importante é que o processo de promoção da transparência não envolve, em regra, como produtos sanções administrativas tal qual ocorre em outras funções (auditoria e corregedoria). Assim, é uma função com baixo grau de conflito e suas entregas tendem a fluir mais célere.

PODCAST com *Expert*:
Thiago Ávila explica transformação digital e LGPD aos autores.

PODCAST com *Expert*:
Paula Schommer traz aspectos do governo aberto aplicados à integridade.

11 https://comunidade.transparenciainternacional.org.br/itgp-executivo-estadual-nota-metodologica?_gl=1*wlb78i*_ga*MjQxMTU1NjAyLjE2OTA4NjE3NjA.*_ga_E136MXN2HN*MTY5NTU2ODc5Ny4xNy4wLjE2OTU1Njg3OTcuNjAuMC4w.

CAPÍTULO 10

PREVENÇÃO DO CONFLITO DE INTERESSES

1. PERSPECTIVA INTERNACIONAL

Para a OCDE, um "conflito de interesses" se configura quando envolve um conflito entre o dever público e os interesses privados de um agente público, no qual o agente público tem interesses pessoais, que podem influenciar indevidamente o desempenho de seus deveres e responsabilidades oficiais (OECD, 2004)[1].

Gerenciar conflitos de interesses no setor público ou privado é crucial. No setor público, caso não forem detectados e gerenciados adequadamente, podem minar a integridade de agentes, decisões, organizações e governos e, em última análise, levar à captura do processo da política pública por interesses privados.

Para o manual de integridade Pública da OCDE (2022)[2] as regras devem observar claramente que os agentes públicos são responsáveis pela gestão e prevenção de conflitos de interesses. Por sua vez igualmente importante é que, adicionalmente, as regras devem fornecer uma descrição clara e realista das circunstâncias e relacionamentos que podem levar a uma situação de conflito de interesses. Essa descrição se torna muito importante para que os agentes das organizações saibam – de maneira incontroversa- quais são as situações de conflito de interesses.

Desta maneira, as situações de conflitos de interesses devem ser consistentes com a ideia de que existem circunstâncias em que os interesses privados e as filiações de um agente público (por exemplo), criam ou têm potencial para criar, conflito com o bom desempenho das funções oficiais. A descrição também deve

1 OECD (2004), "OECD Guidelines for Managing Conflict of Interest in the Public Service", in *Managing Conflict of Interest in the Public Service: OECD Guidelines and Country Experiences*, OECD Publishing, Paris, https://doi.org/10.1787/9789264104938-2-en.

2 Manual de Integridade Pública da OCDE, 2022.

reconhecer que as organizações públicas são responsáveis por definir situações e atividades incompatíveis com seu papel ou deveres públicos. Regras e descrições claras ajudam a construir um entendimento comum de situações de conflito de interesses no setor público, mas também com parceiros externos, aumentando a transparência e a integridade nos processos de tomada de decisão pública.

2. BASE NORMATIVA DA PREVENÇÃO DO CONFLITO DE INTERESSES NO BRASIL

De acordo com o manual de integridade Pública da OCDE (2022), para garantir que os funcionários entendam suas responsabilidades sob as medidas de conflito de interesses, os governos podem envolver funcionários e seus representantes na revisão das políticas de conflito de interesses existentes, consultar agentes públicos sobre futuras medidas de prevenção e fornecer capacitação para agentes públicos adquirirem conhecimento e habilidades para lidar com assuntos relacionados ao tema.

Assim, as organizações públicas também podem publicar a **política de conflito de interesses**, fornecer lembretes regulares e garantir que as regras e procedimentos estejam disponíveis e acessíveis. Além disso, como prevenir e gerenciar conflitos de interesses são responsabilidades compartilhadas com o setor privado, as organizações públicas podem aumentar a conscientização sobre os padrões de conduta em vigor para prevenir e mitigar os conflitos de interesses dos agentes públicos.

No Brasil, a regulamentação de conflito de interesse é a Lei nº 12.813, de 16 de maio de 2013 que dispõe sobre o conflito de interesses no exercício de cargo ou emprego do Poder Executivo federal e impedimentos posteriores ao exercício do cargo ou emprego. Vários estados brasileiros já regulamentaram a política de conflito de interesse na forma legal. Inclusive, algumas avaliações de transparência e governança pública consideram esse elemento obrigatório[3].

A Lei nº 12.813, de 16 de maio de 2013[4], dispõe sobre o conflito de interesses no exercício de cargo ou emprego do Poder Executivo federal e impedimentos posteriores ao exercício do cargo ou emprego:

> ***Art. 1º As situações que configuram conflito de interesses envolvendo ocupantes de cargo ou emprego no âmbito do Poder Executivo federal****, os requisitos e restrições a ocupantes de cargo ou emprego que tenham acesso a informações privilegiadas, os impedimentos posteriores ao exercício do cargo ou emprego e as*

3 Nota metodológica do Índice de Transparência e Governança Pública dos Estados e capitais-ITGP. Avaliação da Transparência Internacional – brasil https://comunidade.transparenciainternacional.org.br/itgp-executivo-estadual-nota-metodologica?_gl=1*wlb78i*_ga*MjQxMTU1NjAyLjE2OTA4NjE3NjA.*_ga_E136MXN2HN*MTY5NTU2ODc5Ny4xNy4wLjE2OTU1Njg3OTcuNjAuMC4w.

4 https://www.planalto.gov.br/ccivil_03/_ato2011-2014/2013/lei/l12813.htm.

competências para fiscalização, avaliação e prevenção de conflitos de interesses regulam-se pelo disposto nesta Lei.

Art. 2º Submetem-se ao regime desta Lei os ocupantes dos seguintes cargos e empregos:

I - de ministro de Estado;

II - de natureza especial ou equivalentes;

III - de presidente, vice-presidente e diretor, ou equivalentes, de autarquias, fundações públicas, empresas públicas ou sociedades de economia mista; e

IV - do Grupo-Direção e Assessoramento Superiores - DAS, níveis 6 e 5 ou equivalentes.

Parágrafo único. Além dos agentes públicos mencionados nos incisos I a IV, ***sujeitam-se ao disposto nesta Lei os ocupantes de cargos ou empregos cujo exercício proporcione acesso à informação privilegiada capaz de trazer vantagem econômica ou financeira para o agente público ou para terceiro, conforme definido em regulamento.***

Art. 3º Para os fins desta Lei, considera-se:

I - ***conflito de interesses****: a situação gerada pelo confronto entre interesses públicos e privados, que possa comprometer o interesse coletivo ou influenciar, de maneira imprópria, o desempenho da função pública; e*

II - ***informação privilegiada****: a que diz respeito a assuntos sigilosos ou aquela relevante ao processo de decisão no âmbito do Poder Executivo federal que tenha repercussão econômica ou financeira e que não seja de amplo conhecimento público.*

Art. 4º O ocupante de cargo ou emprego no Poder Executivo federal deve agir de modo a prevenir ou a impedir possível conflito de interesses e a resguardar informação privilegiada.

§ 1º No caso de dúvida sobre como prevenir ou impedir situações que configurem conflito de interesses, o agente público deverá consultar a Comissão de Ética Pública, criada no âmbito do Poder Executivo federal, ou a Controladoria-Geral da União, conforme o disposto no parágrafo único do art. 8º desta Lei.

§ 2º ***A ocorrência de conflito de interesses independe da existência de lesão ao patrimônio público, bem como do recebimento de qualquer vantagem ou ganho pelo agente público ou por terceiro.***

Aspectos essenciais da Lei de 12.813/2013 (aplicável apenas ao Executivo federal) que podem servir de inspiração aos demais Poderes e Esferas
1º Aspecto: Configura situações que configuram conflitos de interesses **durante** e **após** o exercício do cargo ou emprego.
2º Aspecto: Define competências de normatização, avaliação e **prevenção** de conflitos de interesses. Contudo, não institui novo sistema estruturante.
3º Aspecto: Define **sanções** àqueles que praticarem atos que se configurem como conflitos de interesses.
4º Aspecto: Estabelece que a configuração do conflito de interesses **independe** da existência de **lesão ao patrimônio público**, bem como do recebimento de qualquer **vantagem** ou **ganho** pelo agente público, ou por terceiro.

3. CASOS DE CONFLITO DE INTERESSE

A Lei 12.813/2013 elenca os casos de conflitos de interesse **no exercício do cargo ou emprego**:

> *Art. 5º* ***Configura conflito de interesses no exercício de cargo ou emprego no âmbito do Poder Executivo federal:***
>
> *I -* ***divulgar ou fazer uso de informação privilegiada****, em proveito próprio ou de terceiro, obtida em razão das atividades exercidas;*
>
> *II -* ***exercer atividade que implique a prestação de serviços ou a manutenção de relação de negócio*** *com pessoa física ou jurídica* ***que tenha interesse em decisão do agente público*** *ou de colegiado do qual este participe;*
>
> *III -* ***exercer, direta ou indiretamente, atividade que em razão da sua natureza seja incompatível com as atribuições do cargo ou emprego****, considerando-se como tal, inclusive, a atividade desenvolvida em áreas ou matérias correlatas;*
>
> *IV -* ***atuar, ainda que informalmente, como procurador, consultor, assessor ou intermediário de interesses privados*** *nos órgãos ou entidades da administração pública direta ou indireta de qualquer dos Poderes da União, dos Estados, do Distrito Federal e dos Municípios;*
>
> *V -* ***praticar ato em benefício de interesse de pessoa jurídica de que participe o agente público, seu cônjuge****, companheiro ou parentes, consanguíneos ou afins, em linha reta ou colateral, até o terceiro grau, e que possa ser por ele beneficiada ou influir em seus atos de gestão;*
>
> *VI -* ***receber presente*** *de quem tenha interesse em decisão do agente público ou de colegiado do qual este participe fora dos limites e condições estabelecidos em regulamento; e*
>
> *VII -* ***prestar serviços, ainda que eventuais, a empresa cuja atividade seja controlada, fiscalizada ou regulada*** *pelo ente ao qual o agente público está vinculado.*
>
> *Parágrafo único.* ***As situações que configuram conflito de interesses*** *estabelecidas neste artigo* ***aplicam-se*** *aos ocupantes dos cargos ou empregos mencionados no art. 2º* ***ainda que em gozo de licença ou em período de afastamento.***

A Lei 12.813/2013 elenca os casos de conflitos de interesse **após o exercício do cargo ou emprego**:

> ***Art. 6º Configura conflito de interesses após o exercício de cargo ou emprego no âmbito do Poder Executivo federal:***
>
> *I - a qualquer tempo, **divulgar ou fazer uso de informação privilegiada** obtida em razão das atividades exercidas; e*
>
> *II - **no período de 6 (seis) meses**, contado da data da dispensa, exoneração, destituição, demissão ou aposentadoria, **salvo quando expressamente autorizado, conforme o caso, pela Comissão de Ética Pública ou pela Controladoria-Geral da União**:*
>
> *a) prestar, direta ou indiretamente, **qualquer tipo de serviço a pessoa física ou jurídica com quem tenha estabelecido relacionamento relevante em razão do exercício do cargo ou emprego**;*
>
> *b) **aceitar cargo de administrador ou conselheiro** ou estabelecer vínculo profissional com pessoa física ou jurídica **que desempenhe atividade relacionada à área de competência do cargo ou emprego ocupado**;*
>
> *c) **celebrar com órgãos ou entidades do Poder Executivo federal contratos de serviço, consultoria, assessoramento ou atividades similares**, vinculados, ainda que indiretamente, ao órgão ou entidade em que tenha ocupado o cargo ou emprego; ou*
>
> *d) **intervir, direta ou indiretamente, em favor de interesse privado** perante órgão ou entidade em que haja ocupado cargo ou emprego ou com o qual tenha estabelecido relacionamento relevante em razão do exercício do cargo ou emprego.*

Quadro 10.1: Situações de conflito de interesses

Tipo	Considerações adicionais
Divulgar ou fazer uso de informação privilegiada, em proveito próprio ou de terceiro, obtida em razão das atividades exercidas.	O simples acesso à informação privilegiada **não implica em conflito** com uma atividade privada. É necessário que essa informação **seja divulgada ou utilizada**, em proveito **próprio** ou de **terceiros**, no âmbito privado. Caso o uso dessa informação possa ser segregado da atividade privada em questão, **o conflito pode ser mitigado.**
Exercer atividade que implique a prestação de serviços ou a manutenção de relação de negócio com pessoa física ou jurídica que tenha interesse em decisão do agente público ou de colegiado do qual este participe.	O agente público recebe dinheiro por **prestação de serviço** de fonte que tem **interesse em decisão sua.** Faz-se necessário que o **agente público** participe de **processo decisório** no âmbito do órgão ou entidade.
Exercer, direta ou indiretamente, atividade que em razão da sua natureza seja incompatível com as atribuições do cargo ou emprego, considerando-se como tal, inclusive, a atividade desenvolvida em áreas ou matérias correlatas.	A situação demanda o exercício de uma **atividade privada.** A incompatibilidade relaciona-se com a própria **natureza da atividade**, e não com questões circunstanciais. A incompatibilidade relaciona-se com as **atribuições do cargo ou emprego**, e não com as **atividades efetivamente exercidas.**
Atuar, ainda que informalmente, como procurador, consultor, assessor ou intermediário de interesses privados nos órgãos, ou entidades da administração pública direta ou indireta de qualquer dos Poderes da União, dos Estados, do Distrito Federal e dos Municípios.	Para caracterizar a situação de conflito **não é necessária representação formal.** O **risco de conflito é relevante** principalmente nos órgãos ou entidades em que o agente possua algum tipo de influência.

Tipo	Considerações adicionais
Praticar ato em benefício de interesse de pessoa jurídica de que participe o agente público, seu cônjuge, companheiro ou parentes, consanguíneos ou afins, em linha reta ou colateral, até o terceiro grau, e que possa ser por ele beneficiada ou influir em seus atos de gestão.	O agente participa de **processo decisório** no âmbito do órgão ou entidade. Essa decisão deve ser do **interesse da pessoa jurídica.**
Receber presente de quem tenha interesse em decisão do agente público ou de colegiado do qual este participe fora dos limites e condições estabelecidos em regulamento.	Fora explorado no capítulo 06 – Promoção da Ética.
Prestar serviços, ainda que eventuais, a empresa cuja atividade seja controlada, fiscalizada ou regulada pelo ente ao qual o agente público está vinculado.	Situação exige a **prestação de serviços à empresa.** Situação **independe** das circunstâncias que **envolvem a prestação do serviço** ou o **exercício do cargo**, ou **emprego público.** A simples **subordinação** da empresa à alçada regulatória, fiscalizatória ou de controle do órgão, ou entidade já é suficiente.
A qualquer tempo: divulgar ou fazer uso de informação privilegiada.	No período de 6 (seis) meses, contado da data da dispensa, exoneração, destituição, demissão ou aposentadoria: - Prestar serviço a pessoa com quem tenha **estabelecido relacionamento relevante**; - Aceitar cargo de **administrador** ou **conselheiro** ou estabelecer **vínculo profissional** com pessoa que desempenhe **atividade relacionada** à área de competência do **cargo** ou **emprego ocupado**; - Celebrar com o Poder Executivo federal, contratos de **serviço**, **consultoria**, **assessoramento** ou **atividades similares**, vinculados ao antigo **órgão** ou **entidade**; ou **- Intervir em favor de interesse privado** perante órgão ou entidade em que haja ocupado **cargo** ou **emprego** ou com o qual tenha estabelecido **relacionamento relevante**.

O conflito de interesses possui enquadramento automático aos tipos legais?
Não. Deve-se analisar no caso concreto se há a possibilidade de comprometimento do interesse coletivo **ou** de influência imprópria do desempenho da função pública.

4. FISCALIZAÇÃO E AVALIAÇÃO DO CONFLITO DE INTERESSES

No que tange a fiscalização de conflitos de interesses, alguns governos atribuem a responsabilidade a um órgão centralizado, enquanto outros têm um órgão centralizado com pontos de contato dentro de cada ministério ou entidade. Por exemplo, no poder executivo dos Estados Unidos da América (EUA), o escritório central de supervisão de ética é o **Office of Government Ethics**, que é apoiado por pontos de contato – conhecidos como **Designated Agency Ethics Officials** – em cada agência executiva. A principal consideração é garantir a responsabilidade da política pública, identificando uma função como responsável por desenvolver e manter a política e os procedimentos de conflito de interesses.

No Brasil, quanto à competência para fiscalizar e avaliar o conflito de interesses, a Lei 12.813/2013 estabelece que os seguintes dispositivos:

> ***Art. 8º Sem prejuízo de suas competências institucionais, compete à Comissão de Ética Pública, instituída no âmbito do Poder Executivo federal, e à Controladoria-Geral da União, conforme o caso:***
>
> *I - estabelecer normas, procedimentos e mecanismos que objetivem prevenir ou impedir eventual conflito de interesses;*
>
> *II - avaliar e fiscalizar a ocorrência de situações que configuram conflito de interesses e determinar medidas para a prevenção ou eliminação do conflito;*
>
> *III - orientar e dirimir dúvidas e controvérsias acerca da interpretação das normas que regulam o conflito de interesses, inclusive as estabelecidas nesta Lei;*
>
> *IV - manifestar-se sobre a existência ou não de conflito de interesses nas consultas a elas submetidas;*
>
> *V - autorizar o ocupante de cargo ou emprego no âmbito do Poder Executivo federal a exercer atividade privada, quando verificada a inexistência de conflito de interesses ou sua irrelevância;*
>
> *VI - dispensar a quem haja ocupado cargo ou emprego no âmbito do Poder Executivo federal de cumprir o período de impedimento a que se refere o inciso II do art. 6º , quando verificada a inexistência de conflito de interesses ou sua irrelevância;*
>
> *VII – **dispor, em conjunto com o Ministério do Planejamento, Orçamento e Gestão,** sobre a comunicação pelos ocupantes de cargo ou emprego no âmbito do Poder Executivo federal de alterações patrimoniais relevantes, exercício de atividade privada ou recebimento de propostas de trabalho, contrato ou negócio no setor privado; e*
>
> *VIII - fiscalizar a divulgação da agenda de compromissos públicos, conforme prevista no art. 11.*
>
> *Parágrafo único. **A Comissão de Ética Pública atuará nos casos que envolvam os agentes públicos mencionados nos incisos I a IV do art. 2º** e a **Controladoria--Geral da União, nos casos que envolvam os demais agentes, observado o disposto em regulamento.***

Quadro 10.2: Competências para fiscalizar e prevenir conflitos de interesses no âmbito do Executivo Federal

Órgão	Escopo de fiscalização
Comissão de Ética Pública	-Ministro de Estado. -Cargo de natureza especial ou equivalentes. -Presidente, vice-presidente e diretor, ou equivalentes, de autarquias, fundações públicas, empresas públicas ou sociedades de economia mista. -Grupo-Direção e Assessoramento Superiores - DAS, níveis 6 e 5 ou equivalentes.
CGU	Demais casos.

4.1. Fluxo e operacionalização da prevenção do conflito de interesses

No âmbito do Executivo federal, a Portaria Interministerial MPOG e CGU nº 333, de 19 de setembro de 2013, definem rito processual acerca da consulta sobre a existência de conflito de interesses e o pedido de autorização para o exercício de atividade privada por servidor ou empregado público do Poder Executivo federal, exceto dos dirigentes sob a supervisão dos dirigentes governamentais sobre supervisão da Comissão de Ética Pública da Presidência da República. O Quadro 10.3 contém os dois possíveis objetos de consulta no contexto do conflito de interesse.

Quadro 10.3: Tipos de objeto de consulta no contexto do conflito de interesse

Tipo	Conceito
Consulta sobre a existência de conflito de interesses	Instrumento à disposição de servidor ou empregado público pelo qual ele pode solicitar, a qualquer momento, orientação acerca de situação concreta, individualizada, que lhe diga respeito e que possa suscitar dúvidas quanto à ocorrência de conflito de interesses.
Pedido de autorização para o exercício de atividade privada	Instrumento à disposição do servidor ou empregado público pelo qual ele pode solicitar autorização para exercer atividade privada.

Quanto ao fluxo em si, a Portaria Interministerial MPOG e CGU nº 333/2013 estabelece:

> ***Art. 3º A consulta sobre a existência de conflito de interesses e o pedido de autorização para o exercício de atividade privada deverão ser formulados mediante petição eletrônica e conter no mínimo os seguintes elementos:***
>
> *I - identificação do interessado;*
>
> *II - referência a objeto determinado e diretamente vinculado ao interessado; e*
>
> *III - descrição contextualizada dos elementos que suscitam a dúvida.*
>
> *Parágrafo único. Não será apreciada a consulta ou o pedido de autorização formulado em tese ou com referência a fato genérico.*
>
> ***Art. 4º A consulta sobre a existência de conflito de interesses e o pedido de autorização para o exercício de atividade privada deverão ser dirigidos à unidade de Recursos Humanos do órgão ou entidade do Poder Executivo federal onde o servidor ou empregado público esteja em exercício.***
>
> *Parágrafo único. Os servidores e empregados públicos cedidos ou requisitados e com exercício em outro ente federativo, esfera ou poder, como também aqueles que se encontram em gozo de licença ou afastamento, deverão enviar a consulta ou o pedido de autorização para as unidades de Recursos Humanos dos órgãos ou entidades de lotação.*
>
> ***Art. 5º Cabe à unidade de Recursos Humanos:***
>
> *I - receber as consultas sobre a existência de conflito de interesses e os pedidos de autorização para o exercício de atividade privada dos servidores e empregados públicos e comunicar aos interessados o resultado da análise;*
>
> *II - efetuar análise preliminar acerca da existência ou não de potencial conflito de interesses nas consultas a elas submetidas;*
>
> *III - autorizar o servidor ou empregado público no âmbito do Poder Executivo federal a exercer atividade privada, quando verificada a inexistência de potencial conflito de interesses ou sua irrelevância; e*
>
> *IV - informar os servidores ou empregados públicos sobre como prevenir ou impedir possível conflito de interesses e como resguardar informação privilegiada, de acordo com as normas, procedimentos e mecanismos estabelecidos pela CGU.*
>
> *Parágrafo único. Os **Secretários-Executivos e equivalentes**, no âmbito dos Ministérios, ou os dirigentes máximos das entidades do Poder Executivo federal, **poderão designar outra autoridade, órgão ou comissão de ética, criada no âmbito do referido órgão ou entidade, para exercer as atribuições previstas nos incisos II a IV do caput deste artigo.***
>
> ***Art. 6º Presentes as informações solicitadas no art. 3º, a unidade de Recursos Humanos ou a autoridade, órgão ou comissão competente terá o prazo de até quinze dias para analisar a consulta ou o pedido de autorização para o exercício de atividade privada.***
>
> *§ 1º Havendo outra autoridade ou órgão designado nos termos do parágrafo único do art. 5º, a unidade de Recursos Humanos deverá fazer imediatamente o encaminhamento ao responsável.*

§ 2º Na consulta, quando for verificada inexistência de conflito de interesses ou sua irrelevância, a unidade de Recursos Humanos comunicará o resultado da análise realizada pelo órgão ou entidade, devidamente fundamentada, ao interessado.

§ 3º Nos pedidos de autorização, a comunicação do resultado de análise preliminar que concluir pela inexistência de potencial conflito de interesses ou sua irrelevância deverá ser acompanhada de autorização para que o servidor ou empregado público exerça atividade privada específica.

§ 4º Verificada a existência de potencial conflito de interesses, a unidade de Recursos Humanos encaminhará a consulta ou o pedido de autorização à CGU, mediante manifestação fundamentada que identifique as razões de fato e de direito que configurem o possível conflito, e comunicará o fato ao interessado.

§ 5º Nos pedidos de autorização, transcorrido o prazo previsto no caput, sem resposta por parte da unidade de Recursos Humanos, fica o interessado autorizado, em caráter precário, a exercer a atividade privada até que seja proferida manifestação acerca do caso.

§ 6º A comunicação do resultado de análise que concluir pela existência de conflito de interesses implicará a cassação da autorização mencionada no § 5º deste artigo.

Art. 7º Cabe à CGU, nas consultas a ela submetidas pelas unidades de Recursos Humanos dos órgãos e entidades do Poder Executivo federal, analisar e manifestar-se sobre a existência ou não de conflito de interesses, bem como autorizar o servidor ou empregado público a exercer atividade privada, quando verificada inexistência de conflito de interesses ou sua irrelevância.

Parágrafo único. Caso entenda pela existência de conflito de interesses, a CGU poderá determinar medidas para sua eliminação ou mitigação, levando em conta a boa-fé do servidor ou empregado público, com a possibilidade, inclusive, de concessão de autorização condicionada.

Art. 8º A CGU terá o prazo de quinze dias para manifestar-se sobre a consulta ou o pedido de autorização para o exercício de atividade privada encaminhado pela unidade de Recursos Humanos.

§ 1º Quando considerar insuficientes as informações recebidas, a CGU poderá solicitar informações adicionais aos órgãos ou entidades envolvidos no caso.

§ 2º O pedido de solicitação de informações adicionais suspende o prazo estabelecido no caput até o recebimento de manifestação do referido órgão ou entidade.

*§ 3º O **órgão ou entidade terá dez dias** para enviar esclarecimentos adicionais à CGU, contados do recebimento do pedido.*

§ 4º A CGU devolverá o resultado da análise, devidamente fundamentada, à unidade de Recursos Humanos correspondente, que o comunicará ao servidor ou empregado público interessado.

§ 5º Nos pedidos de autorização, a comunicação do resultado da análise que concluir pela inexistência de conflito de interesses ou sua irrelevância deverá ser acompanhada de autorização para que o servidor ou empregado público exerça atividade privada específica.

§ 6º O prazo mencionado no caput poderá ser prorrogado por igual período, ante justificativa explícita. Art. 9º O interessado, no prazo de dez dias contados

a partir de sua ciência, poderá interpor recurso contra a decisão prevista no art. 8º que entenda pela existência de conflito de interesses.

Parágrafo único. ***Autoridade ou instância superior, no âmbito da própria CGU, terá quinze dias*** *para decidir o recurso e poderá confirmar, modificar, anular ou revogar, total ou parcialmente, a decisão recorrida.*

Art. 10. Cabe à CGU criar o sistema eletrônico para envio das consultas e pedidos de autorização referidos nesta Portaria.

Aspectos Importantes da Portaria Interministerial MPOG e CGU nº 333/2013
1º Aspecto: A norma fortalece a relação de confiança na medida em que confia ao servidor a possibilidade de se precaver de potenciais conflitos de interesse.
2º Aspecto: Caso o órgão não responda dentro prazo de 15 dias, o interessado pode exercer a atividade em caráter precário.
3º Aspecto: A unidade primária para tratar do tema seria a unidade de recursos humanos, mas a norma permite que seja repassa as atribuições para outra área, exceto a recepção que continua na unidade de recursos humanos.
4º Aspecto: A CGU institui sistema eletrônico para tratar do tema – SECI (Sistema Eletrônico de Prevenção de Conflitos de Interesse).

A Figura 10.1 ilustra um possível fluxo da Portaria Interministerial MPOG e CGU nº 333/2013.

Figura 10.1: Possível Fluxo da Consulta ou Pedido de Autorização no contexto de Conflito de Interesses para **demais servidores**[a] do Executivo Federal

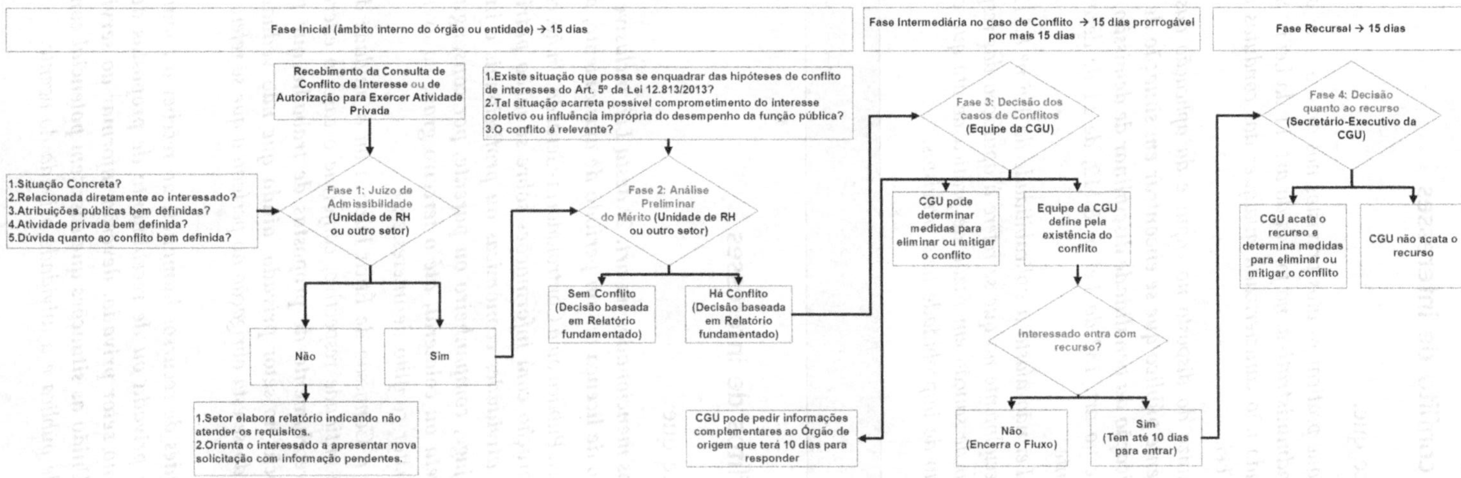

Legenda: **(a)** Esse fluxo baseia-se na Portaria Interministerial MPOG e CGU 333/2013, não alcançando os dirigentes governamentais sobre supervisão da Comissão de Ética Pública da Presidência da República.

4.2. Sanções associadas ao conflito de interesses

A Lei 12.813/2013 estabelece que:

> *Art. 12. O agente público que praticar os atos previstos nos arts. 5º e 6º desta Lei* ***incorre em improbidade administrativa****, na forma do art. 11 da Lei nº 8.429, de 2 de junho de 1992, quando não caracterizada qualquer das condutas descritas nos arts. 9º e 10 daquela Lei.*
>
> *Parágrafo único. Sem prejuízo do disposto no caput e da aplicação das demais sanções cabíveis,* ***fica o agente público que se encontrar em situação de conflito de interesses sujeito à aplicação da penalidade disciplinar de demissão****, prevista no inciso III do art. 127 e no art. 132 da Lei nº 8.112, de 11 de dezembro de 1990, ou medida equivalente.*
>
> *Art. 13. O disposto nesta Lei não afasta a aplicabilidade da Lei nº 8.112, de 11 de dezembro de 1990, especialmente no que se refere à apuração das responsabilidades e possível aplicação de sanção em razão de prática de ato que configure conflito de interesses ou ato de improbidade nela previstos.*

A caracterização de conflito de interesse pode ensejar a aplicação da demissão do envolvido

4.3. Formas de mitigar conflitos de interesses

A Lei 12.813/2013 estabelece que:

> ***Art. 9º Os agentes públicos mencionados no art. 2º desta Lei, inclusive aqueles que se encontram em gozo de licença ou em período de afastamento, deverão:***
>
> *I - enviar à Comissão de Ética Pública ou à Controladoria-Geral da União, conforme o caso,* ***anualmente, declaração com informações sobre situação patrimonial, participações societárias, atividades econômicas ou profissionais e indicação sobre a existência de cônjuge, companheiro ou parente, por consanguinidade ou afinidade, em linha reta ou colateral, até o terceiro grau****, no exercício de atividades que possam suscitar conflito de interesses; e*
>
> *II - comunicar por escrito à Comissão de Ética Pública ou à unidade de recursos humanos do órgão ou entidade respectivo, conforme o caso,* ***o exercício de atividade privada ou o recebimento de propostas de trabalho que pretende aceitar, contrato ou negócio no setor privado, ainda que não vedadas pelas normas vigentes****, estendendo-se esta obrigação ao período a que se refere o inciso II do art. 6º .*
>
> *Parágrafo único.* ***As unidades de recursos humanos, ao receber a comunicação de exercício de atividade privada ou de recebimento de propostas de trabalho, contrato ou negócio no setor privado, deverão informar ao servidor e à Controladoria-Geral da União as situações que suscitem potencial conflito de interesses*** *entre a atividade pública e a atividade privada do agente.*
>
> *[...]*

> *Art. 11. Os agentes públicos mencionados nos incisos I a IV do art. 2º* ***deverão, ainda, divulgar, diariamente, por meio da rede mundial de computadores - internet, sua agenda de compromissos públicos.***

A seguir constam práticas e medidas relacionadas que visam mitigar conflitos de interesses.

Declaração de bens e renda
O servidor público deve enviar informações sobre situação patrimonial, participações societárias, atividades econômicas ou profissionais e indicação sobre a existência de cônjuge, companheiro ou parente, por consanguinidade ou afinidade, em linha reta ou colateral, até o terceiro grau.

Cada país adota sistemática diferente de declarações e informações relativas ao conflito de interesse. É possível haver a combinação desses componentes de integridade com o de controles internos e transparência.

Nesse sentido, de acordo com o Manual de Integridade Pública da OCDE (2022), o marco legal e regulatório de cada país também pode propiciar mecanismos de transparência proporcionais às funções ocupadas e riscos de integridade, para fomentar não só a gestão, mas também a prevenção de conflitos de interesse no setor público. Segundo o guia prático precitado, é possível **utilizar vários métodos para tornar a informação pública e acessível.** Eles incluem a publicação de declarações de interesse, como na França, Letônia e México; fornecer resumos de declarações, como no Canadá; ou publicar resumos de declarações de bens no Diário Oficial respectivo e declarações de atividades mediante solicitação, como na Espanha.

De igual modo, vale salientar que tornar público um interesse ou um potencial conflito de interesse também pode depender da divulgação pública *ad hoc* - por exemplo, durante o debate em uma comissão parlamentar ou sessão plenária, como na Câmara dos Comuns do Reino Unido (**House of Commons**, 2009[5]). A disponibilização de informações também ajuda a informar o público sobre os interesses, vínculos e possíveis vieses dos agentes públicos na formulação de políticas públicas, fornecendo assim um mecanismo adicional de prestação de contas e escrutínio.

Outra atuação conjunta de monitoramento, é através da sociedade civil organizada e exercício legitimo de valores democráticos, pois as informações tornadas públicas, por exemplo, podem ser reutilizadas para fins investigativos por jornalistas e outras jurisdições, para pesquisas acadêmicas e grupos de reflexão, ou para fins de advocacia por organizações da sociedade civil. Isso permite responsabilizar os agentes públicos e verificar se eles efetivamente fizeram arranjos especiais para gerenciar seus conflitos de interesses.

5 House of Commons (2009), *The Code of Conduct*, House of Commons, London, https://publications.parliament.uk/pa/cm200809/cmcode/735/735.pdf.

Consulta prévia
O servidor ao previamente realizar a consulta sobre a existência de conflito de interesses ou Pedido de autorização para o exercício de atividade privada age de boa-fé.

Quarentena
Após a saída do cargo, a Comissão de Ética Pública da Presidência da República avalia pedidos de quarentenas de servidores públicos no rol de sua atuação a fim de evitar potenciais conflitos de interesses.

Conflitos de interesses podem surgir e apresentar o risco de captura de políticas públicas no movimento entre cargos nos setores público e privado. Quando as funções abrangem áreas fechadas ou controladas diretamente pelo **ex-agente público**, esse fenômeno, conhecido como **porta giratória**, pode ser percebido como capaz de conceder uma vantagem injusta em termos de informações, relacionamento ou qualquer outro tipo de vantagem obtida nas funções públicas anteriores.

Em alguns casos, os agentes públicos **podem ser tentados a tomar ou ser percebidos como tendo tomado decisões não no interesse público, mas no interesse de um antigo ou futuro empregador**.

De acordo com a OCDE[6] crescente mobilidade dos indivíduos entre os setores público e privado, e a especialização desenvolvida por indivíduos nesses setores, o fenômeno tende a aumentar e problemas de porta giratória podem surgir a partir de situações como:

- Busca de um futuro emprego fora do serviço público;
- Pressão exercida sobre ex-empregadores públicos;
- Uso de "informações privilegiadas";
- Estar empregado no serviço público para desempenhar as mesmas tarefas desempenhadas em antigas funções do setor privado;
- Ser recontratado pelo serviço público, por exemplo, como consultor, para desempenhar tarefas -semelhantes às desempenhadas em funções públicas anteriores.

Para mitigar os riscos de conflitos de interesse quanto essas questões, a OCDE sugere outras medidas que Entes podem adotar com intuito de lidar com as tensões entre o direito dos indivíduos de seguir uma carreira em sua área de especialização, a integridade das decisões públicas e os recursos limitados para monitorar todos os movimentos – incluindo aqueles que não forneceram notificação de novas funções no setor privado – os governos podem considerar:

6 Manual de Integridade Pública da OCDE, 2022.

Medidas mitigadoras de conflitos de interesses entre trocas de cargos públicos e privados
1. Estabelecer ou fortalecer a estrutura legal e regulamentar para cobrir, no mínimo, as principais áreas de risco (por exemplo, setores regulados, campos e tarefas que se enquadram no escopo de antigas funções públicas) e funções (por exemplo, líderes políticos e de gestão de alto nível, reguladores) relativamente a conflitos de interesses decorrentes da saída da função pública.
2. Estabelecer padrões proporcionais, restrições (por exemplo, limites de tempo, funções, arranjos que podem ser implementados em situações potencialmente problemáticas), medidas de supervisão e responsabilização, e sanções em caso de violações.
3. Comunicar esses padrões regularmente e fornecer orientação e suporte para abordar questões e preocupações emergentes por meio de diferentes canais e ferramentas (por exemplo, por meio de processos de gestão de recursos humanos, treinamento e orientação éticos em serviço) em relação a opções de carreira, possíveis restrições e arranjos individuais a cada caso, a serem tomados em atividades em andamento ou futuras.
4. Estabelecer ferramentas digitais para monitorar movimentos e sistemas de alerta para órgãos de supervisão, com base, por exemplo, em informações abertas disponíveis (por exemplo, mídia de notícias, relatórios da sociedade civil e de vigilância, divulgações patrimoniais, registros comerciais).
5. Ajustar padrões, orientações e mecanismos de prestação de contas regularmente para se adaptar ao contexto social, econômico e político em evolução.

Voltando para a norma brasileira, têm-se ainda instrumentos como termo de responsabilidade e sistema de agendas.

Termo de Responsabilidade
Muitas vezes, os servidores não se dão conta do potencial conflito de interesses. Assim, uma forma da Alta Administração acender o alerta seria inserir em processos críticos formulários ou termos de responsabilidade detalhando condutas vedadas, ou esperadas.

Sistema de Agendas
Um dos pontos de fragilidade para o serviço público são as reuniões envolvendo membros na Alta Administração com o setor privado. Essas reuniões muitas vezes não são gravadas. Assim, uma forma de mitigar o conflito de interesses é obrigar a divulgação da agenda dos servidores supervisionados pela Comissão de Ética Pública da Presidência da República. O Quadro 10.4 discrimina exemplos que devem ir para a agenda e itens que podem ficar fora da agenda.

Quadro 10.4: Itens que devem ir para a agenda e itens que podem ficar de fora da agenda dos agentes sob a fiscalização da Comissão de Ética Pública da Presidência da República

Dentro da Agenda	Fora da Agenda
- Reunião. - Audiência. - Audiência pública. - Afastamentos e substituições. - Viagem com custeio privado.	- Despachos internos. - Viagem com custeio público. - Recebimento de brindes (ver Capítulo 6).

Fonte: Decreto 10.889, de 9 de dezembro de 2021.

5. ESTRUTURA DO SETOR DE PREVENÇÃO DE CONFLITO DE INTERESSES NO ÂMBITO ORGANIZACIONAL

Neste tópico serão apresentados exemplos de composição e produtos esperados relacionados ao Setor de Conflitos de Interesse.

Posicionamento do Setor de Conflito de Interesses: caso do Executivo Federal
Considerando que a Comissão de Ética Pública (CEP) divide com a Controladoria-Geral da União (CGU) a responsabilidade pela prevenção dos casos de conflitos de interesse, no nível organizacional tem-se dois grupos de servidores envolvidos: **Grupo 1 sob fiscalização e tratamento da CEP:** ministro de Estado; natureza especial ou equivalentes; presidente, vice-presidente e diretor, ou equivalentes, de autarquias, fundações públicas, empresas públicas ou sociedades de economia mista; e do Grupo-Direção e Assessoramento Superiores - DAS, níveis 6 e 5 ou equivalentes. **Grupo 2 sob fiscalização e tratamento do órgão com supervisão e eventual participação da CGU:** demais servidores. No caso do grupo 2, não há obrigação do setor que previne conflitos de interesse ser diretamente subordinado ao dirigente máximo. Essa atividade é incorporada a Unidade de Recursos Humanos (ou outro setor) podendo contar ainda com a expertise dos membros da Comissão de Ética do Órgão ou Entidade na análise dos casos concretos.

Figura 10.2: Exemplo do Setor de Prevenção de Conflitos de Interesse alocado na Unidade de Recursos Humanos

O tratamento de conflito de interesses e situação de nepotismo será realizado pela Pró-Reitoria de Gestão de Pessoas (PROGEP), que é um órgão seccional do Sistema de Pessoal Civil da Administração Federal, atuando como órgão de assessoramento na área de gestão dos recursos humanos do IFCE. Dirigida por um pró-reitor designado pelo Reitor, a PROGEP é responsável por planejar, coordenar, executar, fomentar e acompanhar as atividades na área de Gestão de Pessoas.

Fonte: Relatório de Acompanhamento do Programa de Integridade - IFCE - 2021

Figura 10.3: Exemplo do Setor de Prevenção de Conflitos de Interesse alocado na Comissão de Ética

A área responsável por atender às consultas de conflito de interesses na UFC é a Comissão de Ética (CET), de acordo com a **Portaria nº 1065/UFC/GR, de 31 de março de 2014**. Atualmente a comissão é composta pelos seguintes membros: Carlos Couto de Castelo Branco, Marcelo de Castro Callado e Manoel Irlano Barbosa Leite (Membros Titulares, sob a presidência do primeiro); Jakeline Alencar Andrade e Tatianny Domingos Moura da Silva (suplentes); Alecéia Costa da Silva Maia (secretária-executiva); José Edmar da Silva Ribeiro (consultor); e Clautenis Correia Ivo Luna Coelho e Maria Enóia Braga Costa, ambas assessorando na Secretaria Executiva.

Fonte: Relatório de Acompanhamento do Programa de Integridade - UFC - 2023.1

Principais realizações do Setor Responsável pela Prevenção de Conflitos de Interesse
- Reuniões deliberativas. - Recebimento e análise das consultas e denúncias. - Encaminhamento das análises para o setor demandante ou de apuração conforme o caso. - Realização de ações e campanhas educativas.

PODCAST com *Expert*: Edson Sá Teles fala aos autores sobre conflito de interesses no âmbito da Comissão de Ética Pública.	

CAPÍTULO 11

PREVENÇÃO DO NEPOTISMO

1. PREVENIR O NEPOTISMO É PRESSUPOSTO DE MORALIDADE E DE GESTÃO POR COMPETÊNCIAS

No enfrentamento da corrupção, os programas de integridade revelam-se grandes aliados. Tais programas buscam atuar nas organizações, sejam públicas, sejam privadas, em duas perspectivas: **(i)** ações que focadas em regras formais e **(ii)** atuações focadas em difusão de valores culturais.

Ocorre que para ter sucesso, um programa de integridade, deve ser percebido por todos os atores internos e partes relacionadas como: coeso, dinâmico e capaz de gerar resultados. Por isso, as fases de elaboração, implementação, execução e monitoramento de um programa de integridade (a serem descritas nos capítulos seguintes) devem estar pautadas por um roteiro bem definido para alinhar a expectativa que os indivíduos da organização depositam nas unidades de gestão de integridade.

Dito isso, já fora observado que um programa de integridade se propõe a entregas como produto positivo (entre outros) para a organização: o fortalecimento do valor **confiança**. Ocorre que a confiança é difícil de ser conquistada e muito fácil de ser perdida e, para evitar que isso ocorra, existem pontos nevrálgicos que os programas de integridade devem enfrentar dos quais se destaca **(além do conflito de interesse já visto no capítulo anterior): o nepotismo.**

Por que enfrentar o nepotismo é muito importante no programa de integridade? A resposta reside no fato de que não somente é ilegal para a maioria dos países, mas também deve-se impedir os efeitos nefastos causados por ele nos postulados essenciais de uma organização, tais quais: **(i) competência técnica** e a **(ii) atuação independente, imparcial em relação aos interesses do tomador de decisão.**

Portanto, o programa de integridade deve ser capaz de mitigar os riscos (ou remediar quando ocorrerem) afetos ao nepotismo e ao conflito de interesses. A Figura 11.1 abaixo exemplifica essa relação.

Figura 11.1: Relação entre nepotismo e conflito de interesses e atuação técnica e independente.

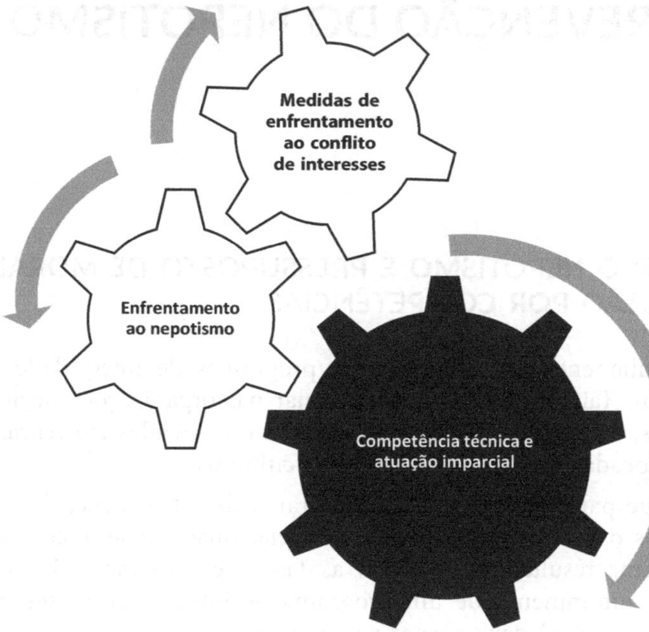

Fonte: Elaborada pelos autores.

Nesse sentido, o programa de integridade deve ter como componente o enfrentamento do nepotismo, pois a meritocracia tem se demonstrado eficaz para reduzir a corrupção (Dahlström, Lapuente and Teorell, 2011[1]; Meyer-Sahling and Mikkelsen, 2016[2]).

Deste modo, a existência de sistemas meritocráticos reduz as oportunidades de troca de favores (clientelismos) e nepotismo, bem como fornece as bases ne-

1 Dahlström, C., V. Lapuente and J. Teorell (2011), "The merit of meritocratization: Politics, bureaucracy, and the institutional deterrents of corruption", *Political Research Quarterly*, Vol. 65/3, pp. 656-668, https://doi.org/10.1177/1065912911408109.

2 Meyer-Sahling, J. and K. Mikkelsen (2016), "Civil Service Laws, Merit, Politicization, and Corruption: The Perspective of Public Officials from Five East European Countries", *Public Administration*, Vol. 94/4, pp. 1105-1123, https://doi.org/10.1111/padm.12276.

cessárias para desenvolver uma cultura de integridade. Assim, o é desejável que a **engrenagem** da Figura 11.1 se retroalimente, girando como um sistema coeso e alinhado nos objetivos institucionais.

Com efeito, o clientelismo, o nepotismo e o favorecimento de apoiadores podem ser formas de corrupção quando resultam na utilização de fundos públicos para enriquecer as pessoas com base nos seus laços familiares, filiação política ou posição ocupada pelo indivíduo na estrutura social.

Segundo o Manual de Integridade Pública da OCDE (2022), os sistemas baseados na meritocracia reduzem significativamente esses riscos, pois permite que os cargos sejam transparentes e exigem justificativas claras para sua existência.

Especificamente para o setor público, externa-se que **uma gestão baseada em mérito contribui para o reduzir a corrupção geral em todas as áreas**. Isso ocorre, pois, segundo Charron et al (2017)[3]:

- Os sistemas meritocráticos trazem profissionais mais qualificados que podem ser menos tentados pela corrupção;
- A meritocracia cria um **espírito de corpo** que recompensa o trabalho duro e as habilidades. Quando as pessoas são nomeadas por razões que nada tem a ver com mérito, podem ser menos propensas a ver o cargo em si como legitimo, mas sim como um meio de obter mais riqueza pessoal por meio de um comportamento de manipulação do ambiente para garantir seus interesses econômicos: prática conhecida como ***rent-seeking***. Há também uma qualidade motivacional nos sistemas meritocráticos que reforça o serviço público;
- Outra maneira pela qual a meritocracia demonstrou reduzir o risco de corrupção é oferecendo emprego de longo prazo. Isso tende a promover uma perspectiva de longo prazo que reforça o compromisso do funcionário com seu trabalho e torna menos tentador se envolver em oportunismo de curto prazo apresentado pela corrupção. Por outro lado, se as pessoas sabem que seu trabalho não durará muito, elas podem ser mais facilmente encorajadas a usar sua posição para ganho pessoal durante o pouco tempo que têm;
- A separação de carreiras entre burocratas e políticos também se mostra como incentivo para que cada grupo monitore o outro e exponha os conflitos de interesse e os riscos de corrupção de cada um. Por outro lado, quando a burocracia é composta principalmente de indicados políticos, a lealdade ao partido no poder pode desencorajar a burocracia a denunciar a corrupção política (e os funcionários eleitos, ao invés de nomeados, também podem estar mais dispostos a se envolver em atos corruptos dentro da burocracia).

3 Charron, N. et al. (2017), "Careers, Connections, and Corruption Risks: Investigating the Impact of Bureaucratic Meritocracy on Public Procurement Processes", *The Journal of Politics*, Vol. 79/1, pp. 89-104, https://doi.org/10.1086/687209.

De igual modo a OCDE (2022), elenca que independentemente de ferramentas específicas (vamos explicar um pouco como funciona nesse capítulo), os recursos que são componentes essenciais das políticas meritocráticas:

(i) existência de critérios adequados e predeterminados de qualificação e de desempenho e para todos os cargos: nesse caso é possível mapeamento das qualificações e aptidões necessárias. Para nós autores desta obra, no serviço público nem sempre se atualiza rapidamente as aptidões e qualificações das vagas disponíveis, pois os requisitos para cargos públicos, por disposição constitucional são previstos e estabelecidos por lei. Isso, não raras as vezes, gera um **delay** entre novas habilidades que são exigidas atualmente para certas funções com as preconizadas no diploma legal já demasiadamente defasado. Alguns países conseguiram até e atos normativos prever como seriam os critérios de resultado esperado para o ocupante, caso da Lei do Serviço Público australiano de 1999;

(ii) existência de processos de recrutamento abertos que garantem a oportunidade de avaliar todos os candidatos potencialmente qualificados: quanto a essa medida, é possível ver no Brasil algumas iniciativas em todas as esferas de seleção de cargos, baseados em critérios objetivos de **score** de título mesmo para os cargos em comissão, de livre nomeação e exoneração na administração pública. Nas entidades privadas, se faz necessária, seleção que albergue também critérios objetivos.

Por seguinte, rememora-se que a prática de nepotismo é perniciosa, mas não é preciosismo alertar que **o não comprometimento com a competência técnica causam danos ainda maiores. Desta maneira, o que seria mais desastroso, a prática do nepotismo ou a contratação de pessoal não tecnicamente habilitado para uma unidade finalística de atendimento ao público? A prevenção do nepotismo tem entre suas raízes a busca pela competência técnica, acima dos relacionamentos.**

Nesse tocante, o Departamento de Justiça dos Estados Unidos (DOJ) em seu Guia[4] de diretrizes para avaliação da efetividade de programas de *compliance* corporativo, avalia severamente a experiência e qualificação da equipe de conformidade/*compliance* com os seguintes critérios:

> *"**Experiência e qualificações** – O pessoal de conformidade e controle possui experiência e qualificações adequadas para suas funções e responsabilidades? O nível de experiência e qualificações nestas funções mudou ao longo do tempo? Como a empresa investe em treinamento e desenvolvimento adicionais do pessoal de compliance e de outros controles? Quem analisa o desempenho da função de compliance e qual é o processo de revisão?"*

Por fim, dois pontos são dignos de nota:

4 Evaluation of Corporate *Compliance* Programs. https://www.justice.gov/criminal-fraud/page/file/937501/download.

(i)Em relação ao sistema normativo brasileiro, que será exposto na seção seguinte, pode-se afirmar que tem observado uma evolução sobre regras e normas que visem enfrentar o nepotismo. Desde o estatuto do servidor público federal Lei nº 8.112/1990, passando por instituição de Súmula Vinculante nº 13 do STF, indo até por regulamentações **interna corporis** tal qual o Decreto nº 7.203/2010, este aplicado para a esfera federal no âmbito do Executivo. Mais recente, destaca-se a Lei nº 13.303/16 (Lei das Estatais) que veda a indicação de membro de conselho de administração e diretores de estatais parentes até 3º grau de ministros e secretários de estados ou autoridades equivalentes (art. 13, § 3º). Nesse mesmo sentido, a Lei nº 14.133/2021 (Nova Lei de Licitações e Contratos) quando em seu art. 7º, III dispõe que os agentes públicos de licitação não sejam cônjuges ou companheiro de licitantes ou contratados habituais da Administração nem tenham com eles, vínculo de parentesco, colateral ou por afinidade, até o terceiro grau, ou de natureza técnica, comercial, econômica, financeira, trabalhista e civil. De igual modo, a Lei nº 14.230/21 que introduziu inúmeras alterações na Lei nº 8.429/92 (Lei de Improbidade Administrativa), faz menção expressa ao nepotismo, em sua forma simples e a modalidade cruzada, como ato de improbidade administrativa que atenta contra os princípios da Administração Pública (Art. 11, XI).

Figura 11.2: Evolução dos diplomas normativos de enfrentamento do nepotismo

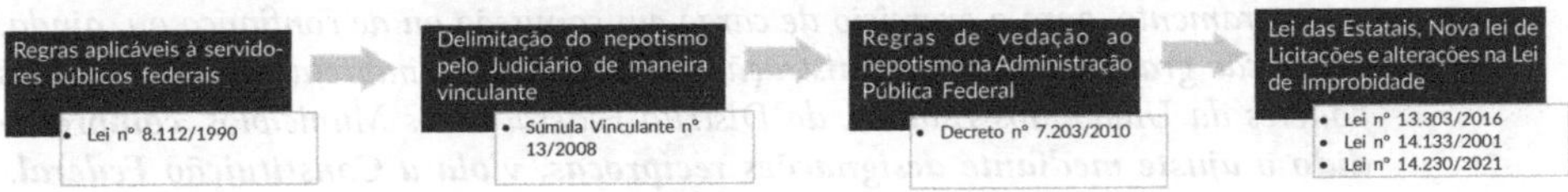

Fonte: Elaborada pelos autores.

(ii) importante ainda faz-se observar a proporcionalidade e no razoável enfrentamento ao nepotismo: quanto a essa perspectiva pode-se citar Decreto Estadual MG nº 48.021/2020. Tal Decreto inova ao incorporar decisões do Supremo Tribunal Federal (STF), de forma a ampliar os critérios balizadores para a caracterização do nepotismo. De igual modo o entendimento do Tribunal de Contas do Estado do Paraná por meio do Acórdão 2.486/2023 quando firmou o entendimento de que a Decisão que anula ato de nepotismo deverá indicar expressamente as **consequências da nulidade**, resguardados direitos de terceiros de boa-fé, conforme determina o art. 21 da LINDB. Nesses 2 casos pode-se perceber a adoção de mecanismos de *compliance* levando em consideração o caso concreto e resposta proporcional. Assim, o art. 21 da LINDB brasileira se assemelha bastante o princípio nº1 da Lei Antissuborno do Reino Unido quando trata da proporcionalidade de medidas de integridade.

2. BASE NORMATIVA DA PREVENÇÃO DO NEPOTISMO

A Lei nº 8.112, de 11 de dezembro 1990, trouxe no âmbito da legislação pós CF/1988 que:

> ***Art. 117. Ao servidor é proibido:***
>
> *VIII – manter sob sua chefia imediata,* ***em cargo ou função de confiança, cônjuge, companheiro ou parente até o segundo grau*** *civil;*

Posteriormente, o Supremo Tribunal Federal (STF) na Súmula Vinculante nº 13/2008 definiu que:

> *A* ***nomeação*** *de* ***cônjuge, companheiro ou parente em linha reta, colateral ou por afinidade, até o terceiro grau****, inclusive, da autoridade nomeante ou de servidor da mesma pessoa jurídica investido em cargo de direção, chefia ou assessoramento, para o exercício de cargo em comissão ou de confiança ou, ainda, de função gratificada na administração pública direta e indireta em qualquer dos poderes da União, dos Estados, do Distrito Federal e dos Municípios,* ***compreendido o ajuste mediante designações recíprocas, viola a Constituição Federal.***

Na esteira normativa, no âmbito federal, o Decreto nº 7.203, de 4 de junho de 2010, definiu que:

> ***Art. 1º A vedação do nepotismo no âmbito dos órgãos e entidades da administração pública federal direta e indireta observará o disposto neste Decreto.***
>
> *Art. 2º Para os fins deste Decreto considera-se:*
>
> *I - órgão:*
>
> *a) a Presidência da República, compreendendo a Vice-Presidência, a Casa Civil, o Gabinete Pessoal e a Assessoria Especial;*
>
> *b) os órgãos da Presidência da República comandados por Ministro de Estado ou autoridade equiparada; e*
>
> *c) os Ministérios;*
>
> *II - entidade: autarquia, fundação, empresa pública e sociedade de economia mista; e*
>
> *III -* ***familiar: o cônjuge, o companheiro ou o parente em linha reta ou colateral, por consanguinidade ou afinidade, até o terceiro grau.***
>
> *Parágrafo único. Para fins das vedações previstas neste Decreto, serão consideradas como incluídas no âmbito de cada órgão as autarquias e fundações a ele vinculadas.*

Art. 3º No âmbito de cada órgão e de cada entidade, ***são vedadas as nomeações, contratações ou designações de familiar de Ministro de Estado, familiar da máxima autoridade administrativa correspondente ou, ainda, familiar de ocupante de cargo em comissão ou função de confiança de direção, chefia ou assessoramento, para:***

I - cargo em comissão ou função de confiança;

II - atendimento a necessidade temporária de excepcional interesse público, ***salvo quando a contratação tiver sido precedida de regular processo seletivo; e***

III - estágio, ***salvo se a contratação for precedida de processo seletivo que assegure o princípio da isonomia entre os concorrentes.***

§ 1º Aplicam-se as vedações deste Decreto também quando existirem circunstâncias caracterizadoras de ajuste para burlar as restrições ao nepotismo, especialmente mediante nomeações ou designações recíprocas, envolvendo órgão ou entidade da administração pública federal.

§ 2º As vedações deste artigo estendem-se aos familiares do Presidente e do Vice--Presidente da República e, nesta hipótese, abrangem todo o Poder Executivo Federal.

§ 3º É vedada também a contratação direta, sem licitação, por órgão ou entidade da administração pública federal de pessoa jurídica na qual haja administrador ou sócio com poder de direção, familiar de detentor de cargo em comissão ou função de confiança que atue na área responsável pela demanda ou contratação ou de autoridade a ele hierarquicamente superior no âmbito de cada órgão e de cada entidade.

Aspectos essenciais das Legislações e Jurisprudência citadas
1º Aspecto: O nepotismo inicialmente pela lei 8.112/1990 incidia até o 2º grau.
2º Aspecto: O STF estendeu até o 3º grau e aplicou a regra a toda a administração pública em todos os Poderes e nas 3 esferas (federal, estadual e municipal) e vedou o nepotismo cruzado.
3º Aspecto: O Executivo federal regulamentou o que se incluía ou não das vedações.
4º Aspecto: Do mesmo modo que a Prevenção do Conflito de Interesses não é um sistema estruturante, mas deve ser fiscalizado no âmbito desses sistemas.

A Figura 11.3 ilustra os parentes enquadrados na situação de nepotismo nos termos do Decreto 7.203/2010[5].

Cabe destacar que essa regra se aplica apenas ao Executivo Federal.

5 Art. 1º A vedação do nepotismo no âmbito dos órgãos e entidades da administração pública federal direta e indireta observará o disposto neste Decreto.

Art. 2º Para os fins deste Decreto considera-se:

I - órgão:

a) a Presidência da República, compreendendo a Vice-Presidência, a Casa Civil, o Gabinete Pessoal e a Assessoria Especial;

b) os órgãos da Presidência da República comandados por Ministro de Estado ou autoridade equiparada; e

c) os Ministérios;

II - entidade: autarquia, fundação, empresa pública e sociedade de economia mista; e

Figura 11.3: Familiares abarcados pelo Decreto 7.203/2010 quanto ao nepotismo

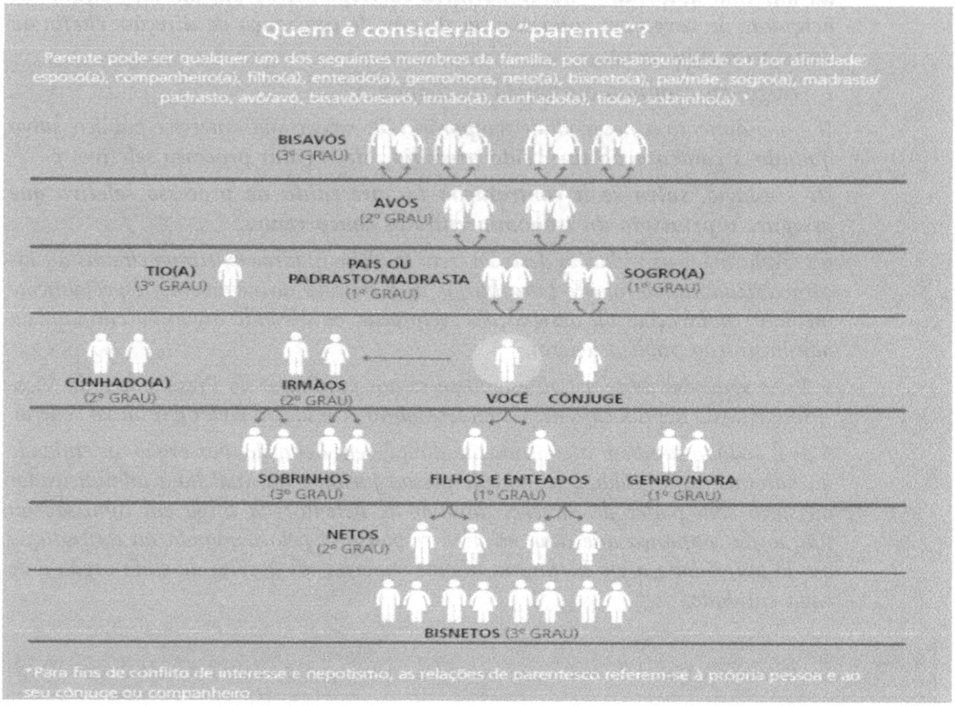

Fonte: Código de Conduta do BNDES.
Legenda: (a) para fins de nepotismo, as relações familiares referem-se à própria pessoa e ao seu cônjuge ou companheiro.

3. SITUAÇÕES DE NEPOTISMO PRESUMIDO

3.1. Nomeação de familiares para cargo em comissão e função de confiança

O Quadro 11.1 traz a situação que veda a nomeação de familiares para cargo em comissão e função de confiança de familiar e as situações em que tal prática não é vedada.

III - familiar: o cônjuge, o companheiro ou o parente em linha reta ou colateral, por consanguinidade ou afinidade, até o terceiro grau.

Parágrafo único. Para fins das vedações previstas neste Decreto, serão consideradas como incluídas no âmbito de cada órgão as autarquias e fundações a ele vinculadas.

Em qualquer caso, é vedada a manutenção de familiar ocupante de cargo em comissão ou função de confiança sob subordinação direta do agente público.

Quadro 11.1: Contratação de familiares para cargo em comissão e função de confiança

É vedado	É possível[6]
São vedadas as nomeações, contratações ou designações de familiar de Ministro de Estado, familiar da máxima autoridade administrativa correspondente ou, ainda, familiar de ocupante de cargo em comissão ou função de confiança de direção, chefia ou assessoramento, para **cargo em comissão ou função de confiança.**	1. Nomeações, designações ou contratações de servidores federais ocupantes de cargo de provimento efetivo, bem como de empregados federais permanentes, inclusive aposentados, observada a compatibilidade do grau de escolaridade do cargo ou emprego de origem, ou a compatibilidade da atividade que lhe seja afeta e a complexidade inerente ao cargo em comissão ou função comissionada a ocupar, além da qualificação profissional do servidor ou empregado. 2. Nomeações, designações ou contratações de pessoa, ainda que sem vinculação funcional com a administração pública, para a ocupação de **cargo em comissão de nível hierárquico mais alto que o do agente público**. 3. Nomeações, designações ou contratações **realizadas anteriormente** ao início do vínculo familiar entre o agente público e o nomeado, designado ou contratado, desde que não se caracterize ajuste prévio para burlar a vedação do nepotismo. 4. Nomeações, designações ou contratações de pessoa já em exercício no mesmo órgão ou entidade antes do início do vínculo familiar com o agente público, para cargo, função ou emprego de nível hierárquico igual ou mais baixo que o anteriormente ocupado.

6 Art. 4º do Decreto 7.203/2010.

Figura 11.4: Fluxo de Nomeação de Familiar no contexto da prevenção do nepotismo e das ressalvas dos incisos I e II do art. 4° do Decreto 7.203/2010

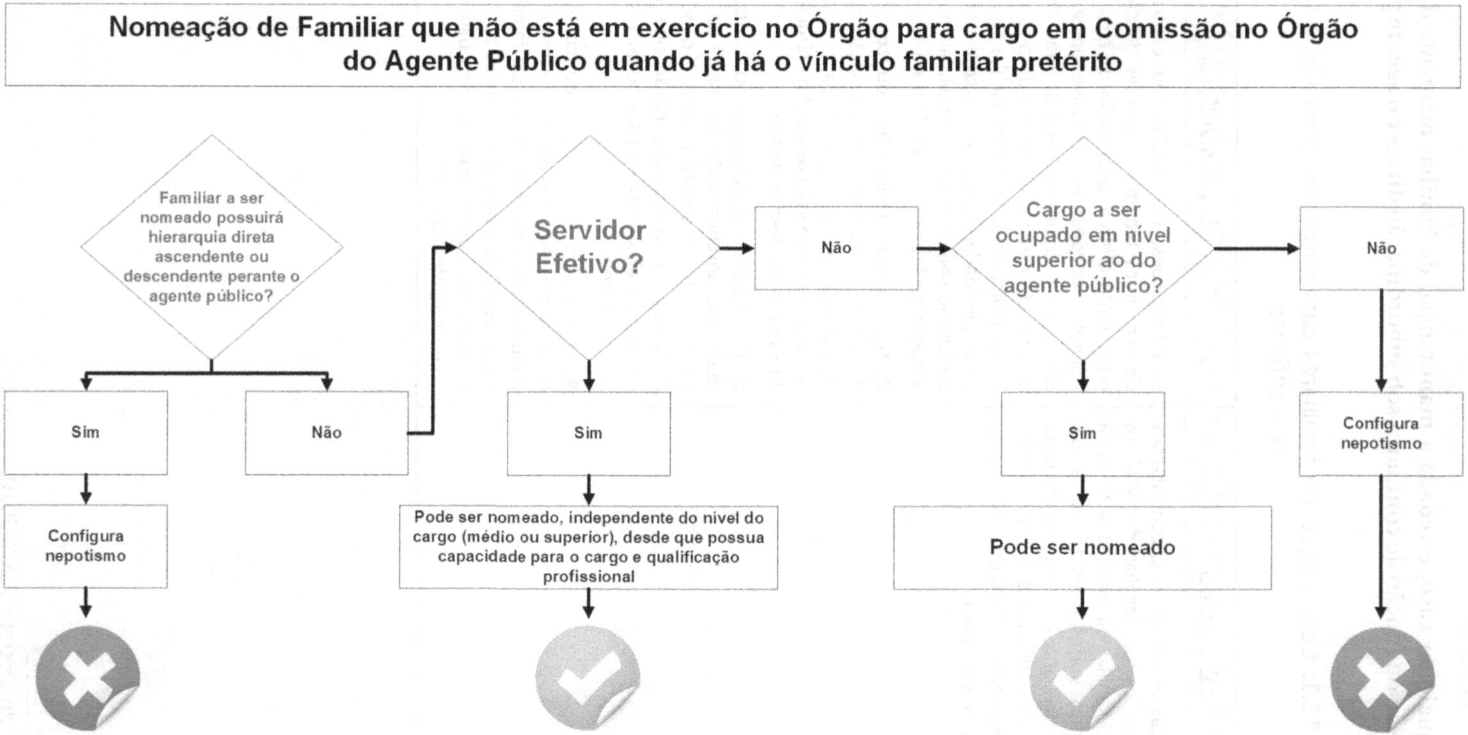

Legenda: a linha de pensamento neste caso é não prejudicar potencial servidor(a) público(a) não efetivo qualificado de assumir cargos de liderança desde que em um nível superior ao servidor com vínculo familiar já lotado no órgão. Ou seja, a decisão de nomeação do potencial servidor recai sobre nível hierárquico superior ao agente público com vínculo familiar.

Figura 11.5: Fluxo de Nomeação de Familiar no contexto da prevenção do nepotismo e da ressalva do inciso III, art. 4° do Decreto 7.203/2010

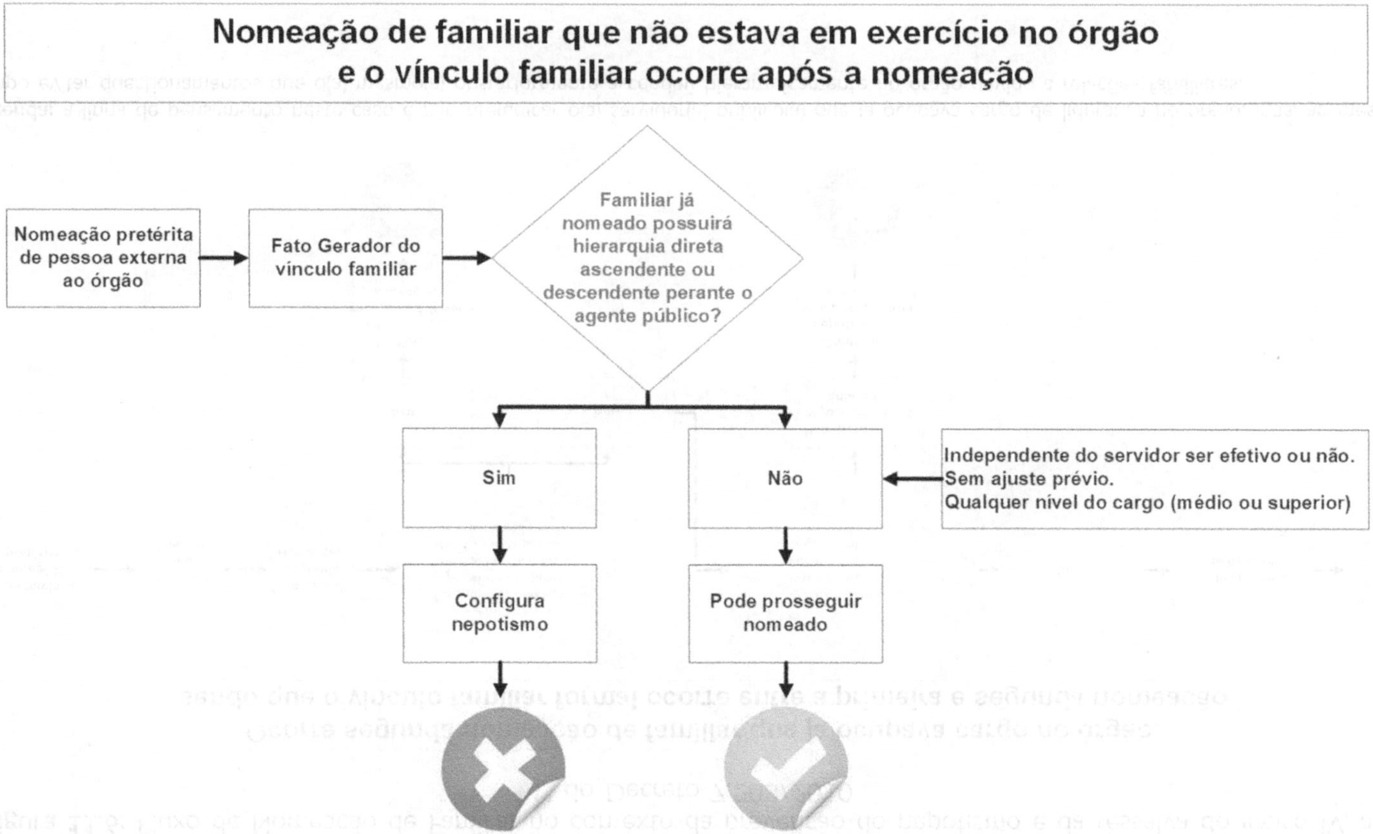

Legenda: a linha de pensamento neste caso é não prejudicar o(a) servidor(a) público(a) que já ocupava cargo de liderança no órgão.

Figura 11.6: Fluxo de Nomeação de Familiar no contexto da prevenção do nepotismo e da ressalva do inciso IV, art. 4º do Decreto 7.203/2010

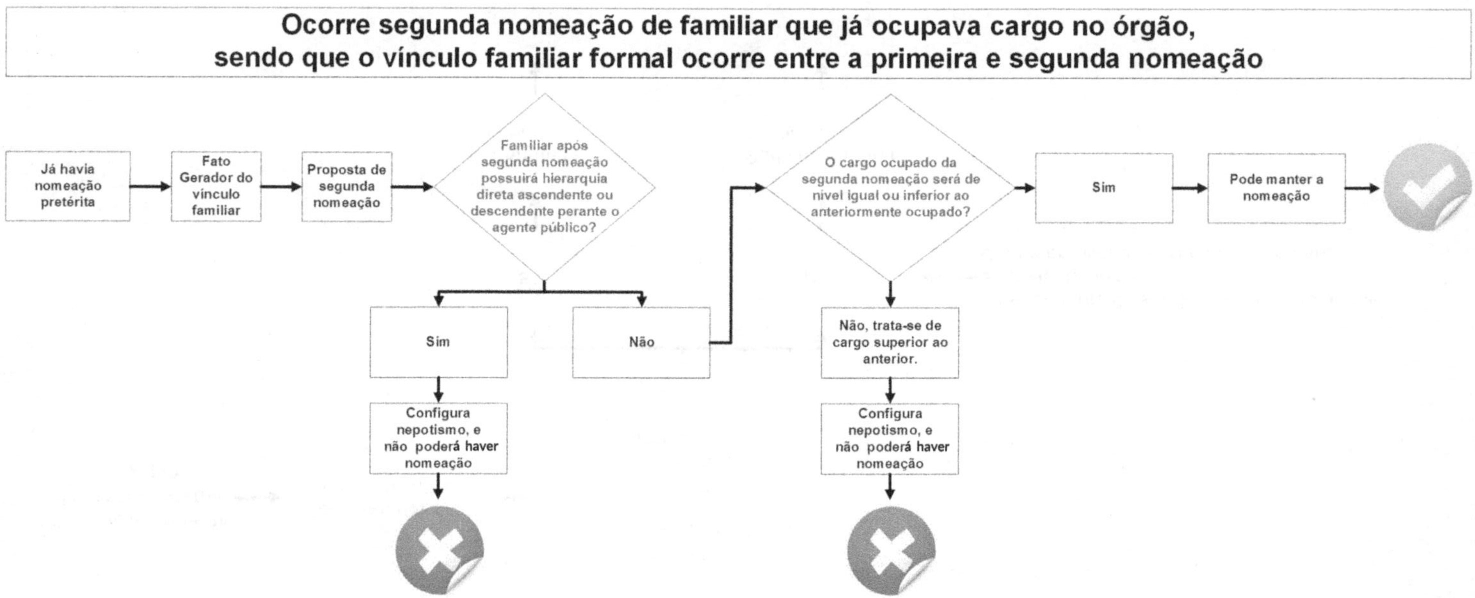

Legenda: a linha de pensamento neste caso é não prejudicar o(a) servidor(a) público(a) que já ocupava cargo de liderança no órgão, mas, ao mesmo tempo evitar questionamentos que o(a) mesmo(a) posteriormente ascendeu hierarquicamente no órgão devido a relações familiares.

3.2. Contratação de familiares para necessidade temporária de interesse público

O Quadro 11.2 traz a situação que veda a contratação de familiares para necessidade temporária de interesse público e quando tal prática não é vedada.

Em qualquer caso, é vedada a manutenção de familiar ocupante de cargo em comissão ou função de confiança sob subordinação direta do agente público.

Quadro 11.2: Contratação de familiares para necessidade temporária de interesse público

É vedado	É possível
São vedadas as nomeações, **contratações** ou designações de familiar de Ministro de Estado, familiar da máxima autoridade administrativa correspondente ou, ainda, familiar de ocupante de cargo em comissão ou função de confiança de direção, chefia ou assessoramento, para **atendimento a necessidade temporária de excepcional interesse público.**	**Quando a contratação tiver sido precedida de regular processo seletivo.**

3.3. Contratação de familiares para estágio

O Quadro 11.3 traz a situação que veda a contratação de familiares para estágio e quando tal prática não é vedada.

Em qualquer caso, é vedada a manutenção de familiar ocupante de cargo em comissão ou função de confiança sob subordinação direta do agente público.

Quadro 11.3: Contratação de familiares para estágio

É vedado	É possível
São vedadas as nomeações, **contratações** ou designações de familiar de Ministro de Estado, familiar da máxima autoridade administrativa correspondente ou, ainda, familiar de ocupante de cargo em comissão ou função de confiança de direção, chefia ou assessoramento, para **estágio.**	**Quando a contratação for precedida de processo seletivo que assegure o princípio da isonomia entre os concorrentes.**

3.4. Nepotismo cruzado

Ocorre essa situação quando existirem circunstâncias caracterizadoras de ajuste para burlar as restrições ao nepotismo, especialmente mediante nomeações ou designações recíprocas, envolvendo órgão ou entidade da administração pública federal.

Por exemplo, dirigentes de Ministérios distintos da Figura 11.5 combinam e nomeiam seus Genros em Ministérios opostos.

3.5. Contratação de pessoa jurídica de familiar por agente público responsável por licitação

É vedada a contratação direta, sem licitação, por órgão ou entidade da administração pública federal de pessoa jurídica na qual haja administrador ou sócio com poder de direção, familiar **de detentor de cargo em comissão ou função de confiança que atue na área responsável pela demanda ou contratação ou de autoridade a ele hierarquicamente superior** no âmbito de cada órgão e de cada entidade.

Situação conexa com o caso anterior: Lei de Diretrizes Orçamentárias
Lei nº 14.436/2022- LDO 2023: *Art. 18.Não poderão ser destinados recursos para atender a despesas com:* *(...)* *XI - pagamento, a qualquer título, a empresas privadas que tenham em seu quadro societário servidor público da ativa, empregado de empresa pública ou de sociedade de economia mista, do órgão celebrante, por serviços prestados, inclusive consultoria, assistência técnica ou assemelhados;* **Conclui-se que a LDO foi mais além, e veda mesmo que haja licitação de pagamento por serviços prestados a empresa que possua entre seu quadro societário servidor do órgão, independente da participação da decisão da contratação.**

4. CASOS QUE REQUEREM INVESTIGAÇÃO ESPECÍFICA

São casos que requerem investigação específica: **(i)** nomeações, designações ou contratações de familiares em hipóteses não previstas no Decreto nº 7.203/2010; **(ii)** contratação de familiares por empresa prestadora de serviço terceirizado ou entidade que desenvolva projeto no âmbito de órgão ou entidade da administração pública federal.

5. ESTRUTURA DO SETOR DE PREVENÇÃO DO NEPOTISMO NO ÂMBITO ORGANIZACIONAL

Neste tópico serão apresentados exemplos de composição e produtos esperados relacionados ao Setor de Prevenção do Nepotismo.

Posicionamento do Setor de Prevenção do Nepotismo
Não há obrigação do setor que previne casos de nepotismo seja diretamente subordinado ao dirigente máximo. Essa atividade normalmente é incorporada a Unidade de Recursos Humanos podendo contar ainda com a expertise de outros setores.

Figura 11.7: Exemplo do Setor de Prevenção de Conflitos de Interesse alocado na Unidade de Recursos Humanos

O tratamento de conflito de interesses e situação de nepotismo será realizado pela Pró-Reitoria de Gestão de Pessoas (PROGEP), que é um órgão seccional do Sistema de Pessoal Civil da Administração Federal, atuando como órgão de assessoramento na área de gestão dos recursos humanos do IFCE. Dirigida por um pró-reitor designado pelo Reitor, a PROGEP é responsável por planejar, coordenar, executar, fomentar e acompanhar as atividades na área de Gestão de Pessoas.

Fonte: Relatório de Acompanhamento do Programa de Integridade - IFCE - 2022

A unidade da Figura 11.7, em 2022, analisou 58 das 61 nomeações quanto à prevenção do nepotismo e não identificou nenhuma ocorrência de nepotismo prosseguindo com a nomeação.

Principais realizações do Setor Responsável pela Prevenção de Conflitos de Interesse
- Reuniões deliberativas. - Realizar a supervisão das nomeações prevenindo o nepotismo. - Recebimento e análise das consultas e denúncias. - Encaminhamento das análises para o setor demandante ou de apuração conforme o caso. - Realização de ações e campanhas educativas.

6. MEDIDAS DE PREVENÇÃO DO NEPOTISMO NO NÍVEL ORGANIZACIONAL

Principais medidas
- Campanhas.
- Canal de denúncias.
- Uso de formulários e declarações.
- Checagem.
- Incentivo a seleção pública mediantes critérios objetivos de escolha para cargos de livre nomeação e exoneração.

6.1. Uso de formulários e declarações

Os órgãos e entidades podem prevenir o nepotismo exigindo que os envolvidos em nomeações e contratações assinem declarações de não enquadramento em situação de nepotismo. As Figuras a seguir ilustram tais declarações extraída do site da UFCA.

Figura 11.8: Declaração destinada a terceirizado de empresa prestadora de serviço

DECLARAÇÕES NEPOTISMO

DECLARAÇÃO MODELO 1

(Destinada a empregado de empresa prestadora de serviço terceirizado)

Eu, ________________________________, portador do RG. nº ______________ e do CPF nº ______________, **DECLARO**, sob as penas da Lei, **que não possuo como familiar agente público ocupante de cargo em comissão ou função de confiança, no âmbito da Universidade Federal do Cariri**, em consonância com o disposto no art. 7º, do Decreto nº 7.203/2010.

DECLARO, ainda, estar ciente de que prestar declaração falsa caracteriza o crime previsto no art. 299 do Código Penal Brasileiro, e que por tal crime serei responsabilizado, independentemente das sanções administrativas, caso se comprove a inveracidade do declarado neste documento;

DECLARO, por fim, que tomo ciência, neste ato, de toda a legislação supra referida, cujas cópias estão anexas à presente.

Por ser a expressão da verdade, firmo a presente.

Juazeiro do Norte – CE, ___ de___________ de _____.

37

____

Assinatura

Figura 11.9: Declaração destinada a empregado que desenvolva projeto por meio de convênio ou instrumento congênere

DECLARAÇÃO MODELO 2

(Destinada a empregado de entidade que desenvolva projeto por intermédio de convênio ou instrumento equivalente)

Eu, ____, portador do RG. nº ____________________ e do CPF. nº __________________, **DECLARO**, sob as penas da Lei, **que não possuo como familiar agente público ocupante de cargo em comissão ou função de confiança, no âmbito da Universidade Federal do Cariri,** em consonância com o disposto no art. 7º, do Decreto nº 7.203/2010.

DECLARO, ainda, estar ciente de que prestar declaração falsa caracteriza o crime previsto no art. 299 do Código Penal Brasileiro, e que por tal crime serei responsabilizado, independentemente das sanções administrativas, caso se comprove a inveracidade do declarado neste documento;

DECLARO, por fim, que tomo ciência, neste ato, de toda a legislação supra referida, cujas cópias estão anexas à presente.

Por ser a expressão da verdade, firmo a presente.

Juazeiro do Norte – CE, ___ de____________ de _____.

____

Assinatura

Figura 11.10: Declaração destinada a empresa terceirizada

DECLARAÇÃO MODELO 3

(Destinada a empresa prestadora de serviço terceirizado)

____, inscrita no CNPJ n° ____________________ situada no endereço ____, por intermédio do seu representante legal, o (a) Sr. (a) ____, portador do RG. n° ____________________ e do CPF. n° ____________________, **DECLARA**, sob as penas da Lei, **que não possui, em seu quadro, empregado que preste serviços no âmbito da Universidade Federal do Cariri e que seja familiar de agente público ocupante de cargo em comissão ou função de confiança,** em consonância com o disposto no art. 7°, do Decreto n° 7.203/2010.

DECLARO, ainda, estar ciente de que prestar declaração falsa caracteriza o crime previsto no art. 299 do Código Penal Brasileiro, e que por tal crime serei responsabilizado, independentemente das sanções administrativas, caso se comprove a inveracidade do declarado neste documento;

DECLARO, por fim, que tomo ciência, neste ato, de toda a legislação supra referida, cujas cópias estão anexas à presente.

Por ser a expressão da verdade, firmo a presente.

Juazeiro do Norte – CE, ___ de_____________ de _____.

Figura 11.11: Declaração Entidade que desenvolva projeto por meio de convênio ou instrumento congênere

DECLARAÇÃO MODELO 4

(Destinada a entidade que desenvolva projeto por intermédio de convênio ou instrumento equivalente)

________________________________, inscrita no CNPJ nº ________________ situada no endereço ______________________________, por intermédio do seu representante legal, o (a) Sr. (a) ______________________________, portador do RG. nº ________________ e do CPF. nº ______________, **DECLARA**, sob as penas da Lei, **que não possui, em seu quadro, empregado que preste serviços no âmbito da Universidade Federal do Cariri e que seja familiar de agente público ocupante de cargo em comissão ou função de confiança na referida instituição,** em consonância com o disposto no art. 7º, do Decreto nº 7.203/2010.

DECLARO, ainda, estar ciente de que prestar declaração falsa caracteriza o crime previsto no art. 299 do Código Penal Brasileiro, e que por tal crime serei responsabilizado, independentemente das sanções administrativas, caso se comprove a inveracidade do declarado neste documento;

DECLARO, por fim, que tomo ciência, neste ato, de toda a legislação supra referida, cujas cópias estão anexas à presente.

Por ser a expressão da verdade, firmo a presente.

Juazeiro do Norte – CE, ___ de____________ de _____.

____

Assinatura

Figura 11.12: Declaração destinada a pessoa jurídica a ser contratada sem licitação por dispensa ou inexigibilidade

DECLARAÇÃO MODELO 5

(Destinada a pessoa jurídica que vier a ser contratada, sem licitação, por dispensa ou inexigibilidade)

_________________________________, inscrita no CNPJ nº ____________________ situada no endereço ________________________________, por intermédio do seu representante legal, o (a) Sr. (a) ____________________________, portador do RG. nº ____________________ e do CPF nº ____________________, **DECLARA**, sob as penas da Lei, **que não possui administrador ou sócio com poder de direção que seja familiar de detentor de cargo em comissão ou função de confiança que atue na área responsável pela demanda ou contratação ou de autoridade a ele hierarquicamente superior, no âmbito da Universidade Federal do Cariri,** em virtude do disposto no art. 3º, § 3º, do Decreto nº 7.203/2010.

DECLARO, ainda, estar ciente de que prestar declaração falsa caracteriza o crime previsto no art. 299 do Código Penal Brasileiro, e que por tal crime serei responsabilizado, independentemente das sanções administrativas, caso se comprove a inveracidade do declarado neste documento,

DECLARO, por fim, que tomo ciência, neste ato, de toda a legislação supra referida, cujas cópias estão anexas à presente.

Por ser a expressão da verdade, firmo a presente.

Juazeiro do Norte – CE, ___ de____________ de _____.

____

Assinatura

ANEXO À DECLARAÇÃO MODELO 5

DECRETO Nº 7.203/2010, DE 4 DE JUNHO DE 2010.

Art. 2º Para os fins deste Decreto considera-se:

(...)

II - entidade: autarquia, fundação, empresa pública e sociedade de economia mista; e

III - familiar: o cônjuge, o companheiro ou o parente em linha reta ou colateral, por consanguinidade ou afinidade, até o terceiro grau.

FAMILIAR EM LINHA RETA		
GRAU	CONSANGUINIDADE	AFINIDADE (vínculos atuais)
1º	Pai/mãe, filho/filha do agente público	Sogro/sogra, genro/nora, madrasta/padrasto, enteado/enteada do agente público
2º	Avô/avó, neto/neta do agente público	Avô/avó, neto/neta do cônjuge ou companheiro do agente público
3º	Bisavô/bisavó, bisneto/bisneta do agente público	Bisavô/bisavó, bisneto/bisneta do cônjuge ou companheiro do agente público
FAMILIAR EM LINHA COLATERAL		
1º	---	---
2º	Irmão/irmã do agente público	Cunhado/cunhada do agente público
3º	Tio/tia, sobrinho/sobrinha do agente público	Tio/tia, sobrinho/sobrinha do cônjuge ou companheiro do agente público

(...)

Art. 3º. No âmbito de cada órgão e de cada entidade, são vedadas as nomeações, contratações ou designações de familiar de Ministro de Estado, familiar da máxima autoridade administrativa correspondente ou, ainda, familiar de ocupante de cargo em comissão ou função de confiança de direção, chefia ou assessoramento, para:

(...)

3º É vedada também a contratação direta, sem licitação, por órgão ou entidade da administração pública federal de pessoa jurídica na qual haja administrador ou sócio com poder de direção, familiar de detentor de cargo em comissão ou função de confiança que atue na área responsável pela demanda ou contratação ou de autoridade a ele hierarquicamente superior no âmbito de cada órgão e de cada entidade.

CÓDIGO PENAL BRASILEIRO

Falsidade ideológica

Art. 299. Omitir, em documento público ou particular, declaração que dele devia constar, ou nele inserir ou fazer inserir declaração falsa ou diversa da que devia ser escrita, com o fim de prejudicar direito, criar obrigação ou alterar a verdade sobre fato juridicamente relevante:

Pena - reclusão, de um a cinco anos, e multa, se o documento é público, e reclusão de um a três anos, e multa, se o documento é particular.

Parágrafo único - Se o agente é funcionário público, e comete o crime prevalecendo-se do cargo, ou se a falsificação ou alteração é de assentamento de registro civil, aumenta-se a pena de sexta parte.

Figura 11.13: Declaração destinada ocupante de cargo em comissão ou função de confiança, sem vínculo com a administração pública

DECLARAÇÃO MODELO 6

(Destinada a ocupante de cargo em comissão ou função de confiança, sem vínculo com a administração pública)

Eu, ______________________________, portador do RG. nº ______________ e do CPF. nº ______________, **DECLARO**, sob as penas da Lei, **que não possuo familiar servidor ocupante de cargo de provimento efetivo e também de cargo em comissão ou função de confiança,** no âmbito da Universidade Federal do Cariri, em virtude do disposto no art. 3º, I, do Decreto nº 7.203/2010.

DECLARO, ainda, estar ciente de que prestar declaração falsa caracteriza o crime previsto no art. 299 do Código Penal Brasileiro, e que por tal crime serei responsabilizado, independentemente das sanções administrativas, caso se comprove a inveracidade do declarado neste documento;

DECLARO, por fim, que tomo ciência, neste ato, de toda a legislação supra referida, cujas cópias estão anexas à presente.

Por ser a expressão da verdade, firmo a presente.

Juazeiro do Norte – CE, ___ de__________ de _____

____
Assinatura

ANEXO À DECLARAÇÃO MODELO 6

DECRETO Nº 7.203/2010, DE 4 DE JUNHO DE 2010.

Art. 2º Para os fins deste Decreto considera-se:
(...)
II - entidade: autarquia, fundação, empresa pública e sociedade de economia mista; e
III - familiar: o cônjuge, o companheiro ou o parente em linha reta ou colateral, por consanguinidade ou afinidade, até o terceiro grau.

FAMILIAR EM LINHA RETA		
GRAU	CONSANGUINIDADE	AFINIDADE (vínculos atuais)
1º	Pai/mãe, filho/filha do agente público	Sogro/sogra, genro/nora; madrasta/padrasto, enteado/enteada do agente público
2º	Avô/avó, neto/neta do agente público	Avô/avó, neto/neta do cônjuge ou companheiro do agente público
3º	Bisavô/bisavó, bisneto/bisneta do agente público	Bisavô/bisavó, bisneto/bisneta do cônjuge ou companheiro do agente público
FAMILIAR EM LINHA COLATERAL		
1º	---	---
2º	Irmão/irmã do agente público	Cunhado/cunhada do agente público
3º	Tio/tia, sobrinho/sobrinha do agente público	Tio/tia, sobrinho/sobrinha do cônjuge ou companheiro do agente público

(...)
Art. 3º. No âmbito de cada órgão e de cada entidade, são vedadas as nomeações, contratações ou designações de familiar de Ministro de Estado, familiar da máxima autoridade administrativa correspondente ou, ainda, familiar de ocupante de cargo em comissão ou função de confiança de direção, chefia ou assessoramento, para:
I - cargo em comissão ou função de confiança;

CÓDIGO PENAL BRASILEIRO

Falsidade ideológica

Art. 299. Omitir, em documento público ou particular, declaração que dele devia constar, ou nele inserir ou fazer inserir declaração falsa ou diversa da que devia ser escrita, com o fim de prejudicar direito, criar obrigação ou alterar a verdade sobre fato juridicamente relevante:

Pena - reclusão, de um a cinco anos, e multa, se o documento é público, e reclusão de um a três anos, e multa, se o documento é particular.

Parágrafo único - Se o agente é funcionário público, e comete o crime prevalecendo-se do cargo, ou se a falsificação ou alteração é de assentamento de registro civil, aumenta-se a pena de sexta parte.

6.2. Métodos para se realizar a prevenção do nepotismo (testes substantivos)

Fruto da observação ocorrida no monitoramento dos órgãos e entidades, existem 2 métodos para se realizar a prevenção do nepotismo conforme consta no Quadro 11.4.

Quadro 11.4: Métodos para se realizar a prevenção do nepotismo

Método	Descrição	Limitação	Vantagem
Inventário total	**Em determinado mês do ano é feita uma checagem das relações familiares de todos os cargos comissionados e das relações contratuais.**	**Elevado custo transacional.**	**Detecta casos de nepotismo cujo vínculo familiar venha a ocorrer após a nomeação.**
Individualizado	**A cada nomeação ou contratação é feita checagem das relações familiares.**	**Não detecta casos de nepotismo cujo vínculo familiar venha a ocorrer após a nomeação.**	**Baixo custo transacional, pois é inserido na rotina da unidade de recursos humanos ou setor de contratos.**

Método Individualizado Ajustado
Uma forma de compensar a limitação do método individualizado seria inserir um procedimento na unidade de recursos humanos para que ao se apresentar certidões de casamento ou união estável seja feita a checagem dos envolvidos quanto à existência de nepotismo.

PODCAST com *Expert*:

Ailton Alves traz sua experiência na ponta da linha sobre prevenção de nepotismo em contratos.

CAPÍTULO 12

PROCEDIMENTOS DE RESPONSABILIZAÇÃO

1. DISPOSIÇÕES INICIAIS

Em um programa de integridade devem as instituições, sejam públicas ou privadas, ser dotadas de mecanismos de apuração de responsabilidade. Um sistema de integridade, embora prime pela introdução de comportamentos éticos, também deve ter a previsão de fluxos e rotinas de investigação e apuração, bem como vigilância perante terceiros.

Desta maneira, o ideal é prevenir e monitorar as ações de uma organização, mas a existência de um programa de integridade perpassa por mecanismos bem definidos de apuração e investigação interna.

Para o Departamento de Justiça Norte-americano (DOJ), é considerado marca registrada de um programa de **compliance** bem formulado **"a existência de um mecanismo eficiente e confiável por meio do qual os funcionários podem relatar, de forma anônima ou confidencial, alegações de violação do código de conduta da empresa, das políticas da empresa ou de violações suspeitas, ou reais"**.

Como decorrência, o DOJ ao avaliar se o programa de conformidade de uma empresa foi eficaz no momento da má conduta, os procuradores **devem considerar se e como a má conduta foi detectada, que recursos de investigação estavam disponíveis para investigar suspeitas de má conduta, e a natureza e o rigor dos esforços de remediação da empresa[1].**

Importante elencar que a apuração e investigação pela estrutura de integridade não deve ser feita a qualquer custo, ou seja, os fins não justificam os meios. Para

1 Evaluation of Corporate *Compliance* Programs disponível em https://www.justice.gov/criminal-fraud/page/file/937501/download.

a OCDE (2022)[2], a defesa da imparcialidade, objetividade e tempestividade nas investigações, processos judiciais e decisões contribui para construir ou restaurar a confiança do público nos padrões de integridade. Assim, preterir garantias individuais fundamentais ou não ser imparcial, coloca em xeque o sistema de integridade em si, fazendo perecer a confiança construída ao longo do tempo.

De acordo como Departamento de Justiça Americano (DOJ)[3], a **efetividade do sistema de *compliance*** de uma organização pode ser apreciada mediante a conferência, entre outros, dos seguintes quesitos constantes no Quadro 12.1.

Quadro 12.1: Instrumentos de Investigação e Remediação a serem adotadas pelas empresas segundo o DOJ

Resposta à Investigação	A empresa aplica métricas de tempo para garantir a capacidade de resposta? A empresa possui um processo para monitorar o resultado das investigações e garantir a responsabilização pela resposta as quaisquer conclusões ou recomendações?
Investigações com escopo adequado por pessoal qualificado	Como a empresa determina quais reclamações ou sinais de alerta merecem investigação mais aprofundada? Como a empresa garante que as investigações tenham o escopo adequado? Que medidas a empresa toma para garantir que as investigações sejam independentes, objetivas, conduzidas de forma adequada e devidamente documentadas? Como a empresa determina quem deve conduzir uma investigação e quem toma essa decisão?
Ações e consequências reais	A empresa rastreia os sinais de alerta identificados pela devida diligência de terceiros e como esses sinais de alerta são abordados? A empresa monitora terceiros que não passam na devida diligência da empresa ou que são demitidos, e a empresa toma medidas para garantir que esses terceiros não sejam contratados ou recontratados posteriormente? Se terceiros estiveram envolvidos na má conduta em questão na investigação, os sinais de alerta foram identificados na devida diligência ou após a contratação do terceiro, e como foram resolvidos? Algum terceiro semelhante foi suspenso, demitido ou auditado como resultado de problemas de conformidade?

2. BASE NORMATIVA DO SISTEMA DE CORREIÇÃO FEDERAL

Para a OCDE (2022) os países devêm aplicar ações e sanções de cunho correcional, mas só devem fazê-lo com base na lei e com objetividade. A objetividade deve ser aplicada em todas as fases, de todos os regimes de aplicação

2 Manual de Integridade Pública da OCDE (2022).

3 Evaluation of Corporate *Compliance* Programs disponível em https://www.justice.gov/criminal-fraud/page/file/937501/download.

e sanção. Nos processos disciplinares, as decisões – pelo menos em primeira instância – são normalmente tomadas por órgãos administrativos, nem sempre de natureza judicial. Dado que os membros desses órgãos disciplinares não são juízes, mas sim agentes públicos; devem existir salvaguardas processuais que garantam que as suas ações estão isentas de influências internas ou externas, bem como de qualquer forma de conflito de interesses.

Por sua vez, as salvaguardas adotadas em processos de investigação e apuração interna seriam:

1. Definir a competência e as responsabilidades das instituições disciplinares como uma base clara para a sua existência.
2. Garantir que o pessoal responsável pelos processos disciplinares seja selecionado com base em critérios objetivos e baseados no mérito (particularmente cargos de nível sênior).
3. Garantir que o pessoal responsável pelos processos disciplinares goze de um nível adequado de segurança no emprego e de salários competitivos em relação as suas exigências de trabalho.
4. Assegurar que os responsáveis pelos processos disciplinares sejam protegidos de ameaças e coações para não temer represálias.
5. Assegurar que o pessoal responsável pelo processo disciplinar tenha autonomia na seleção dos casos a levar avante.

Em outra perspectiva, independentemente de mecanismos de salvaguardas citados, existem muitos desafios que o sistema de integridade deve superar. Dentre eles destacam-se: **(i)** os baixos níveis de independência; **(ii)** a duração satisfatória do processo; **(iii)** procedimentos complexos envolvendo várias instituições; **(iv)** múltiplas responsabilidades afeta a mesma má conduta.

Dito isso, segue-se a análise da legislação brasileira relativa ao aspecto correicional no setor público. **O Decreto 5.480, de 30 de junho de 2005[4], instituiu o Sistema de Correição do Poder Executivo federal:**

> *Art. 1º São organizadas sob a **forma de sistema** as atividades de correição do Poder Executivo Federal, a fim de promover sua coordenação e harmonização.*
>
> *§ 1º O Sistema de Correição do Poder Executivo Federal compreende as atividades relacionadas à prevenção e apuração de irregularidades, no âmbito do Poder Executivo Federal, por meio da instauração e condução de procedimentos correcionais.*
>
> ***§ 2º A atividade de correição utilizará como instrumentos a investigação preliminar, a inspeção, a sindicância, o processo administrativo geral e o processo administrativo disciplinar.***
>
> ***Art. 2º Integram o Sistema de Correição:***
>
> *I - como **Órgão Central**, a Controladoria-Geral da União, por meio da Corregedoria-Geral da União; e*

4 http://www.planalto.gov.br/ccivil_03/_ato2004-2006/2005/decreto/d5480.htm.

II - como unidades setoriais, as unidades de correição dos órgãos e das entidades que sejam responsáveis pelas atividades de correição.

*§ 2º As **unidades setoriais** ficam sujeitas à orientação normativa e à supervisão técnica do Órgão Central do Sistema de Correição.*

A seguir constam as atribuições do órgão central e dos órgãos setoriais do Sistema de Correição do Poder Executivo federal:

Art. 4º Compete ao Órgão Central do Sistema:

I - definir, padronizar, sistematizar e normatizar, mediante a edição de enunciados e instruções, os procedimentos atinentes às atividades de correição;

II - aprimorar os procedimentos relativos aos processos administrativos disciplinares e sindicâncias;

III - gerir e exercer o controle técnico das atividades correcionais desempenhadas no âmbito do Poder Executivo Federal;

IV - coordenar as atividades que exijam ações conjugadas das unidades integrantes do Sistema de Correição;

V - avaliar a execução dos procedimentos relativos às atividades de correição;

VI - definir procedimentos de integração de dados, especialmente no que se refere aos resultados das sindicâncias e processos administrativos disciplinares, bem como às penalidades aplicadas;

VII - propor medidas que visem a inibir, a reprimir e a diminuir a prática de faltas ou irregularidades cometidas por servidores contra o patrimônio público;

VIII - instaurar sindicâncias, procedimentos e processos administrativos disciplinares, em razão:

a) da inexistência de condições objetivas para sua realização no órgão ou entidade de origem;

b) da complexidade e relevância da matéria;

c) da autoridade envolvida; ou

d) do envolvimento de servidores de mais de um órgão ou entidade;

IX - requisitar, em caráter irrecusável, servidores para compor comissões disciplinares;

X - realizar inspeções nas unidades de correição;

XI - recomendar a instauração de sindicâncias, procedimentos e processos administrativos disciplinares;

XII - avocar sindicâncias, procedimentos e processos administrativos disciplinares em curso em órgãos ou entidades do Poder Executivo Federal, quando verificada qualquer das hipóteses previstas no inciso VIII, inclusive promovendo a aplicação da penalidade cabível;

***XIII - requisitar as sindicâncias, procedimentos e processos administrativos disciplinares julgados há menos de cinco anos por órgãos ou entidades do Poder Executivo Federal, para reexame;** e*

XIV - representar ao superior hierárquico, para apurar a omissão da autoridade responsável por instauração de sindicância, procedimento ou processo administrativo disciplinar.

§ 1º (revogado).

§ 2º (revogado).

§ 3º Incluem-se dentre os procedimentos e processos administrativos de instauração e avocação facultadas à Controladoria-Geral da União aqueles objeto do Título V da Lei nº 8.112, de 11 de dezembro de 1990, e do Capítulo V da Lei nº 8.429, de 2 junho de 1992, assim como outros a ser desenvolvidos, ou já em curso, em órgão ou entidade da administração pública federal, desde que relacionados a lesão ou ameaça de lesão ao patrimônio público.

§ 4º O julgamento dos processos, procedimentos e sindicâncias resultantes da instauração, avocação ou requisição previstas neste artigo compete:

I - ao Ministro de Estado da Controladoria-Geral da União, nas hipóteses de aplicação das penas de demissão, suspensão superior a trinta dias, cassação de aposentadoria ou disponibilidade, destituição de cargo em comissão ou destituição de função de confiança; e

II - ao Corregedor-Geral da União, nas hipóteses de aplicação das penas de suspensão de até trinta dias ou de advertência.

Art. 5º Compete às unidades setoriais do Sistema de Correição:

I - propor ao Órgão Central do Sistema medidas que visem a definição, padronização, sistematização e normatização dos procedimentos operacionais atinentes à atividade de correição;

II - participar de atividades que exijam ações conjugadas das unidades integrantes do Sistema de Correição, com vistas ao aprimoramento do exercício das atividades que lhes são comuns;

III - sugerir ao Órgão Central do Sistema procedimentos relativos ao aprimoramento das atividades relacionadas às sindicâncias e aos processos administrativos disciplinares;

IV - instaurar ou determinar a instauração de procedimentos e processos disciplinares, sem prejuízo de sua iniciativa pela autoridade a que se refere o art. 143 da Lei nº 8.112, de 1990 ;

V - manter registro atualizado da tramitação e resultado dos processos e expedientes em curso;

VI - encaminhar ao Órgão Central do Sistema dados consolidados e sistematizados, relativos aos resultados das sindicâncias e processos administrativos disciplinares, bem como à aplicação das penas respectivas;

VII - supervisionar as atividades de correição desempenhadas pelos órgãos e entidades submetidos à sua esfera de competência;

VIII - prestar apoio ao Órgão Central do Sistema na instituição e manutenção de informações, para o exercício das atividades de correição; e

IX - propor medidas ao Órgão Central do Sistema visando à criação de condições melhores e mais eficientes para o exercício da atividade de correição.

Quanto ao titular do setor correicional no âmbito ministerial, o Decreto 5.480/2005 estabelece:

Art. 7º ***Para fins do disposto neste Decreto, os Ministros de Estado encaminharão, ao Ministério do Planejamento, Orçamento e Gestão,*** *no prazo de trinta dias, a contar da publicação deste Decreto, proposta de adequação de suas estruturas regimentais, sem aumento de despesas,* ***com vistas a destinar um cargo em comissão do Grupo-Direção e Assessoramento Superiores - DAS, nível 4,*** *para as respectivas unidades integrantes do Sistema de Correição.*

Parágrafo único. Os órgãos e entidades referidos neste Decreto darão o suporte administrativo necessário à instalação e ao funcionamento das unidades integrantes do Sistema de Correição.

Art. 8º Os cargos em comissão e as funções de confiança dos titulares das unidades setoriais de correição são privativos daqueles que possuam nível de escolaridade superior e sejam:

I - servidores ou empregados permanentes da administração pública federal:

a) graduados em Direito;

b) integrantes da carreira de Finanças e Controle; ou

c) integrantes do quadro permanente de órgão ou entidade; ou

II - ex-servidor ou ex-empregado permanente aposentado no exercício de cargo ou emprego:

a) da carreira de Finanças e Controle; ou

b) do órgão ou da entidade para o qual será nomeado ou designado.

§ 1º A indicação dos titulares das unidades setoriais de correição ***será submetida previamente à apreciação do Órgão Central do Sistema de Correição.***

§ 2º Ao servidor da administração pública federal em exercício em cargo ou função de corregedoria ou correição são assegurados todos os direitos e vantagens a que faça jus na respectiva carreira, considerando-se o período de desempenho das atividades de que trata este Decreto, para todos os efeitos da vida funcional, como efetivo exercício no cargo ou emprego que ocupe no órgão ou entidade de origem.

§ 3º A exigência contida no caput deste artigo não se aplica aos titulares das unidades de correição em exercício na data de publicação deste Decreto.

§ 4º Os titulares das unidades setoriais de correição serão nomeados ou designados para mandato de dois anos, salvo disposição em contrário na legislação.

Art. 9º (vetado).

Art. 10. O Órgão Central do Sistema expedirá as normas regulamentares que se fizerem necessárias ao funcionamento do Sistema de Correição do Poder Executivo Federal.

Aspectos essenciais do Decreto 5.480/2005 que devem ser observados por Entes que desejem implementar o sistema de correição
1º Aspecto: Definição da finalidade do sistema.
2º Aspecto: Definição dos instrumentos de atuação. **No caso federal: investigação preliminar, a inspeção, a sindicância, o processo administrativo geral e o processo administrativo disciplinar.**
3º Aspecto: Definição dos integrantes do sistema, inclusive órgão central, e suas atribuições.

Aspectos essenciais do Decreto 5.480/2005 que devem ser observados por Entes que desejem implementar o sistema de correição
4º Aspecto: Definição da relação entre o órgão central e demais órgãos setoriais do sistema.
5º Aspecto: Definição do posicionamento da setorial de Corregedoria em relação autoridade máxima do órgão.
6º Aspecto: Definição das atribuições do órgão central e órgãos setoriais.
7º Aspecto: Definição do padrão mínimo do cargo comissionado. **No caso federal: DAS nível 4 nos Ministérios.**
8º Aspecto: Definição de critérios para quem for assumir a função de titular.
9º Aspecto: Definição de **mandato do titular da Corregedoria (no caso federal: 2 anos iniciais).**

Critérios para ser titular da Unidade Correicional
O Decreto 5.480/2005 define que: *Art. 8º* ***Os cargos em comissão e as funções de confiança dos titulares das unidades setoriais de correição são privativos daqueles que possuam nível de escolaridade superior e sejam:*** ***I - servidores ou empregados permanentes da administração pública federal:*** *a) graduados em Direito;* *b) integrantes da carreira de Finanças e Controle; ou* *c) integrantes do quadro permanente de órgão ou entidade; ou* ***II - ex-servidor ou ex-empregado permanente aposentado no exercício de cargo ou emprego:*** *da carreira de Finanças e Controle; ou* *do órgão ou da entidade para o qual será nomeado ou designado.* *§ 1º A indicação dos titulares das unidades setoriais de correição* ***será submetida previamente à apreciação do Órgão Central do Sistema de Correição.*** **A Portaria CGU nº 1.182, de 10 de junho de 2020, define que:** *Art. 2º* ***As indicações para nomeação, designação e de recondução do titular da unidade correcional do SisCor serão encaminhadas, pelo dirigente máximo do órgão ou entidade, à avaliação da Corregedoria-Geral da União - CRG****, nos termos do art. 8º, § 1º, do Decreto nº 5.480, de 30 de junho de 2005.* *§ 1º São nulos os atos de nomeação, designação e a recondução de titular de unidade correcional do SisCor sem a prévia aprovação da CRG.* *§ 2º A unidade correcional dos órgãos e entidades do SisCor não poderá permanecer sem indicação de titular, a ser submetida à CRG, por prazo superior a noventa dias.* *§ 3º A discricionariedade na escolha do indicado não impede a realização de processo seletivo pelo órgão ou entidade, com o objetivo de identificar interessados que atendam aos requisitos estabelecidos nesta Portaria.* *§ 4º O envio das indicações referidas no caput será precedido de aprovação pelo colegiado competente, quando cabível.* ***Art. 4º O cargo de titular de unidade seccional do SisCor é privativo de servidor público efetivo, ou empregado público, neste caso para o âmbito da administração indireta, que possua idoneidade moral e reputação ilibada, perfil profissional e formação compatível com o cargo ou a função, de acordo com avaliação da CRG baseada na legislação, nos critérios e nos procedimentos previstos nesta Portaria.***

Critérios para ser titular da Unidade Correicional

1º O indicado a titular de unidade correcional do SisCor ***deve possuir nível de escolaridade superior, preferencialmente graduação em Direito, ou ser integrante da carreira Finanças e Controle****, bem como não incidir nas hipóteses de inelegibilidade previstas na Lei Complementar nº 64, de 18 de maio de 1990.*

§ 2º O indicado a titular da unidade correcional do SisCor deverá atender, no mínimo, a um dos seguintes critérios específicos:

I - experiência de, no mínimo, dois anos, na área jurídica, correcional ou de controle; e

II - comprovação de carga horária mínima de quarenta horas de capacitação em temas correcionais, realizado nos últimos dois anos que antecedem à indicação de que trata o art. 2º.

§ 3º Em caso de não atendimento ao disposto no inciso II do § 2º, o indicado poderá consignar na declaração de que trata o inciso I do art. 3º, o compromisso de conclusão de capacitação em temas correcionais, no prazo máximo de 180 (cento e oitenta) dias, contado da nomeação ou designação ao cargo ou função, como condicionante da aprovação da indicação;

Art. 5º Sem prejuízo da assunção de responsabilidade do indicado pela veracidade das informações prestadas, é de responsabilidade do órgão ou entidade verificar, previamente à submissão à CRG da indicação para nomeação, designação ou recondução, o cumprimento das condições previstas nesta Portaria e na legislação para exercício de cargo ou função, inclusive relacionadas ao conflito de interesses e ao nepotismo. Parágrafo único. Não será aprovada a indicação daquele servidor ou empregado público que:

I - esteja respondendo a processo correcional na condição de acusado;

II - tenha sido punido em procedimento correcional ou ético, nos últimos 3 (três) anos;

III - tenha sido condenado pela prática de ato de improbidade administrativa, ou de infração penal; ou

IV - seja o responsável pela prática de ato tipificado como causa de inelegibilidade, nos termos da Lei Complementar nº 64, de 18 de maio de 1990.

Art. 7º A permanência no cargo ou função de titular de ***unidade correcional*** *será de* ***dois anos consecutivos, podendo este prazo ser prorrogado, até duas vezes, por igual período.***

§ 1º A proposta de recondução prevista no caput deverá ser submetida à avaliação da CRG pelo dirigente máximo do órgão ou entidade, no prazo mínimo de trinta dias e máximo de sessenta dias, antes do término de seu exercício, acompanhada dos seguintes documentos:

I - relatório, com o balanço do período de gestão, contendo, no mínimo:

a) o estoque de processos disciplinares e a fase atual de cada um;

b) indicação de percentual de penalidades prescritas nos últimos cinco anos, percentual de processos com ao menos uma apenação nos últimos cinco anos, percentual de processos instaurados e em andamento há mais de dois anos e de percentual de reintegrações nos últimos cinco anos; e

c) as ações consideradas exitosas, principais dificuldades enfrentadas, propostas de ações para superá-las, responsáveis pela implementação e os respectivos prazos.

II - comprovação de conclusão de capacitação anual em temas correcionais de, no mínimo, quarenta horas.

Conclui-se que nesse caso se optou pelos seguintes critérios simultaneamente:

1º Servidor público ou empregado público efetivo.

2º Escolaridade de nível superior, preferencialmente direito ou pertencer à carreira Finanças e Controle.

Critérios para ser titular da Unidade Correicional
3° Experiência prévia (no mínimo por 2 anos) na área jurídica, correcional ou de controle, além comprovação de carga horária mínima de quarenta horas de capacitação em temas correcionais, realizado nos últimos dois anos. **Em relação à ouvidoria, observa-se que as condições na área correicional são mais rigorosas, pois os critérios devem ser atendidos simultaneamente.**

Tratamento dado ao mandato da Corregedoria no âmbito do Poder Executivo federal
No caso dessa instância de integridade, entendeu-se que pelas situações complexas, desafiadoras e de enfrentamento inerentes à Corregedoria, o titular da unidade deve ter mandato. Cabe destacar que eventualmente pode haver conflitos entre a Corregedoria e a Alta Administração na proposição de determinada punição a servidor ou servidora, por exemplo. Logo, o titular da pasta deve ter a certeza que poderá fazer seu trabalho sem receio de represálias. **Por outro lado, o mandato não dá liberdade ao mandatário para atuar fora das orientações do órgão central e podendo haver a exoneração nos termos da Portaria 1.182/2020:** ***Art. 8° O titular da unidade correcional deverá manter as condições previstas nesta Portaria durante o período que exercer o cargo ou função.*** ***§ 1° A superveniência de fato impeditivo à manutenção das condições a que se refere o caput ensejará o envio de consulta à CRG em até trinta dias, contados da ciência do fato, pelo dirigente máximo do órgão ou entidade.*** *§ 2° Na ocorrência da hipótese prevista no § 1°, a CRG poderá recomendar ao dirigente máximo do órgão ou entidade a dispensa ou exoneração do titular da unidade correcional.* ***§ 3° Independente da consulta prevista no § 1°, a CRG poderá recomendar ao dirigente máximo do órgão ou entidade a dispensa ou exoneração do titular da unidade correcional nas seguintes situações:*** ***I - conflito de interesses;*** ***II - nepotismo;*** ***III - incidência em uma ou mais hipóteses do art. 5°;*** ***IV - omissão ou recusa injustificada quanto ao atendimento de solicitações do órgão central, incluindo a utilização indevida ou uso deficiente de sistemas informatizados de responsabilidade e gestão da CRG em que lhe forem concedidos acessos de uso; e*** ***V - avaliação insatisfatória, pelo órgão central, do desempenho da unidade correcional em face da qualidade dos trabalhos, atingimento de metas e tempestividade, considerando os recursos à disposição e o porte do órgão ou entidade.*** *§ 4° A inobservância dolosa ao disposto neste artigo sujeitará o infrator à responsabilização disciplinar.* *Art. 9° O órgão ou entidade deverá comunicar imediatamente à CRG a exoneração ou dispensa que decorrer de pedido do titular, falecimento ou do encerramento do vínculo funcional do titular da unidade correcional com o Serviço Público Federal, sem prejuízo da adoção de providências para a indicação de novo titular, no prazo previsto no § 2° do art. 2°.* *§ 1° Excetuadas as hipóteses de desligamento automático previstas no caput, as propostas de exoneração ou dispensa serão encaminhadas à avaliação da CRG.* *§ 2° São nulas as exonerações ou dispensas de titulares de unidades correcionais do SisCor com fundamentos diversos dos previstos no caput, sem a prévia aprovação da CRG.* **Conclui-se que o mandato não é absoluto, podendo haver exoneração caso o titular incida em situações impeditivas à manutenção no cargo. No caso federal, o mandato pode ser renovado 2 vezes seguidas, totalizando até 6 anos de titularidade no cargo.**

3. ESTRUTURA E FUNCIONAMENTO DE UMA UNIDADE CORREICIONAL

Neste tópico serão apresentados exemplos de composição e produtos esperados relacionados a uma Corregedoria.

Posicionamento da Corregedoria perante a Alta Administração
A corregedoria deve reportar-se a autoridade máxima do órgão ou da entidade. Em determinados Órgãos e Entidades que possuem colegiado, a Corregedoria reporta-se a esta instância. No âmbito dos Ministérios deve ser um cargo comissionado DAS nível 4, enquanto para os demais órgãos e unidades depende da Alta Administração definir.

Figura 12.1: Exemplo de composição de uma Corregedoria no modelo de titular com mandato

2.6. Implementação de Procedimentos de Responsabilização

Na Unilab, a unidade responsável pelas atividades de correição é a Corregedoria, sendo essa unidade atualmente composta pelos seguintes integrantes, todos servidores pertencentes ao quadro efetivo desta Instituição:

- George Gondim Gomes – Assistente em Administração/ Corregedor;
- Arnaldo Fernandes Nogueira – Assistente em Administração; e
- Sara Suhett Camelo – Assistente em Administração.

Fonte: Relatório de Acompanhamento do Programa de Integridade – Unilab – 2022

Figura 12.2: Exemplo de registros de entregas de uma Corregedoria no modelo de titular

Quadro 10 – Quantitativo de sindicâncias realizadas

Saldo em 01/01/2022	Entrada em 2022	Análise em 2022	Saldo em 31/12/2022
01	0	01	0

No tocante aos processos administrativos disciplinares, a quantidade realizada pela Unilab em 2022 está disposta no Quadro 11. O tempo médio para realização de um processo administrativo disciplinar em 2022 foi de 1017 (mil e dezessete) dias.

Quadro 11 – Quantitativo de processos administrativos disciplinares

Saldo em 01/01/2022	Entrada em 2022	Análise em 2022	Saldo em 31/12/2022
04	0	02	02

Figura 12.3: Exemplo de composição de uma Corregedoria no modelo de comissão permanente

2.6 Implementação de Procedimentos de Responsabilização

A área responsável pelas atividades de correição é a Comissão Permanente de Processo Administrativo Disciplinar (CPPAD), unidade de assessoramento ao Reitor estruturada através da **Resolução nº 63, de 30/10/2017 do CONSUNI/UFC**, sendo composta pelos seguintes membros: Ana Gyzelle Ângelo Martins (membro), Jacinta Alexandrina de Mendonça Carvalho (membro) e Lutzenfannia Martins Marinho (presidente), designada pela **Portaria nº 420/PROGEP/UFC**, de 30/01/2023.

A CPPAD desenvolve suas atividades técnicas à luz dos arcabouços normativos pertinentes à área processual disciplinar, onde se observa, precipuamente a Constituição Federal, mais especificamente o seu art. 37, combinada com a Lei nº 8.112/90, a Lei nº 9.784/99 e a Instrução Normativa nº 14, de 14/11/2018 da Controladoria-Geral da União, bem como o Regimento Geral da UFC, o Manual da Controladoria Geral da União, os Pareceres e Instruções Normativas da Advocacia Geral da União (AGU), as Súmulas do Superior Tribunal de Justiça e do Supremo Tribunal Federal, além da Instrução Normativa da CPPAD/UFC publicada pela **Portaria nº 3174/PROGEP/UFC**, de 11 de junho de 2019. E, por último, subsidiariamente, as Leis Substantivas e Adjetivas do Ordenamento Brasileiro.

Fonte: Relatório de Acompanhamento do Programa de Integridade – UFC – 2023.1

Figura 12.4: Exemplo de registros de entregas de uma Corregedoria no modelo de comissão permanente

O quantitativo de sindicâncias realizadas na UFC no primeiro semestre de 2023 está disposto no **Quadro 11**.

Quadro 11 - Quantitativo de sindicâncias

Saldo em 1/1/2023	Entrada em 2023	Análise em 2023	Saldo em 30/06/2023
02	07	07	02

Fonte: CPPAD/UFC, 2023.

O tempo médio para realização de uma sindicância no primeiro semestre de 2023 foi de 60 (sessenta) dias.

No tocante aos processos administrativos disciplinares, a quantidade realizada pela entidade no primeiro semestre de 2023 está disposta no **Quadro 12.**

Quadro 12 - Quantitativo de processos administrativos disciplinares

Saldo em 1/1/2023	Entrada em 2023	Análise em 2023	Saldo em 30/06/2023
11	12	09	14

Fonte: CPPAD/UFC, 2023.

O tempo médio para realização de um processo administrativo disciplinar no primeiro semestre de 2023 foi de 90 (noventa) dias.

Legenda: nos termos da Portaria Normativa CGU 27, de 11 de outubro de 2022, o prazo para concluir uma sindicância acusatória é de 30 dias prorrogáveis por mais 30; enquanto o prazo para concluir um PAD é de 60 dias prorrogáveis por mais 60, exceto nos casos de PAD sumário no qual o prazo é de 30 dias prorrogáveis por mais 15.

Principais realizações de uma Corregedoria
-Reuniões deliberativas.
-Ficar em condições realizar todos os procedimentos de responsabilização existentes.
-Campanhas institucionais.

4. TIPOS DE PROCEDIMENTOS DE RESPONSABILIZAÇÃO

O Quadro 12.2 contém os tipos mais comuns de procedimentos investigativos, enquanto o Quadro 12.3 contém os tipos mais comuns de processos correicionais.

Contudo, cabe destacar uma fase anterior que antecede esses procedimentos: o juízo de admissibilidade.

Juízo de Admissibilidade[5]
O juízo de admissibilidade é o ato administrativo por meio do qual o titular de unidade setorial de correição decide, de forma fundamentada:
(i) pelo arquivamento de denúncia, representação ou relato de irregularidade;
(ii) pela celebração de Termo de Ajustamento de Conduta - TAC;
(iii) pela instauração de procedimento investigativo, no caso de falta de informações ou impossibilidade de obtê-las;
(iv) pela instauração de processo correcional.
Caso sejam identificados indícios de irregularidade cuja competência para apuração não seja da unidade setorial de correição, a matéria deverá ser encaminhada à autoridade competente para a instauração da respectiva apuração.

A função do Termo de Ajuste de Conduta[6]
O Termo de Ajustamento de Conduta - TAC consiste em procedimento administrativo voltado à resolução consensual de conflitos em casos de infração disciplinar de menor potencial ofensivo.
Os órgãos e entidades do Poder Executivo federal **deverão optar pela celebração do TAC, visando à eficiência, à efetividade e à racionalização de recursos públicos.**
Considera-se infração disciplinar de menor potencial ofensivo a conduta punível com advertência ou suspensão de até 30 (trinta) dias, nos termos do inciso II do art. 145 da Lei nº 8.112, de 11 de dezembro de 1990, ou com penalidade similar, prevista em lei ou regulamento interno. No caso de servidor público não ocupante de cargo efetivo e de empregado público, o TAC somente poderá ser celebrado nas infrações puníveis com a penalidade de advertência.
O TAC somente será celebrado quando o investigado: (i) não tenha registro vigente de penalidade disciplinar em seus assentamentos funcionais; **(ii)** não tenha firmado TAC nos últimos 2 (dois) anos, contados a partir da publicação do instrumento; e **(iii)** tenha ressarcido, ou se comprometido a ressarcir, eventual dano causado à Administração Pública.
A proposta de TAC poderá: (i) ser oferecida de ofício pelo titular da unidade setorial de correição ou, na inexistência deste, pela autoridade competente para instauração do respectivo processo correcional de responsabilização de agentes públicos; **(ii)** ser sugerida pela comissão responsável pela condução do processo correcional de responsabilização de agentes públicos; ou **(iii)** ser apresentada pelo agente público interessado.
O TAC será registrado nos assentamentos funcionais do agente público.

5 Art. 37 da Portaria Normativa CGU 27, de 11 de outubro de 2022.

6 Artigos 61 a 72 da Portaria Normativa CGU 27, de 11 de outubro de 2022.

Quadro 12.2: Tipos de procedimentos investigativos

Tipo	Finalidade	Possíveis desdobramentos
Investigação Preliminar Sumária - IPS[7]	A Investigação Preliminar Sumária - IPS constitui procedimento investigativo de **caráter preparatório, não contraditório e não punitivo, de acesso restrito**, que objetiva a coleta de elementos de informação para a análise acerca da existência dos elementos de autoria e materialidade relevantes para a instauração de processo correcional. No âmbito da IPS **podem ser apurados atos lesivos cometidos por pessoa jurídica contra a Administração Pública e falta disciplinar praticada por servidor ou empregado público federal.**	**Ao final da IPS, o responsável pela condução deverá recomendar:** **(i) o arquivamento**, caso ausentes indícios de autoria e indícios da materialidade da infração e não sejam aplicáveis penalidades administrativas; **(ii) a instauração de processo correcional** cabível, caso conclua pela existência de indícios de autoria, prova de materialidade e viabilidade da aplicação de penalidades administrativas; ou **(iii) a celebração de TAC** (Termo de Ajuste de Conduta).
Sindicância Investigativa[8]	A Sindicância Investigativa - SINVE constitui procedimento investigativo de **caráter preparatório, não contraditório e não punitivo, de acesso restrito**, destinado a investigar **falta disciplinar praticada por servidor ou empregado público federal**, quando a complexidade ou os indícios de autoria e materialidade não justificarem a instauração imediata de processo correcional.	O relatório final da SINVE deverá ser conclusivo quanto à existência ou não de indícios de autoria e materialidade de infração disciplinar, e recomendar: **(i) o arquivamento**, caso ausentes indícios de autoria e materialidade da infração e não sejam aplicáveis penalidades administrativas; **(ii) a instauração de processo correcional** cabível, caso conclua pela existência de indícios de autoria e materialidade e de viabilidade da aplicação de penalidades administrativas; ou **(iii) a celebração de TAC.**

7 Artigos 40 a 45 da Portaria Normativa CGU 27, de 11 de outubro de 2022.

8 Artigos 46 a 49 da Portaria Normativa CGU 27, de 11 de outubro de 2022.

Tipo	Finalidade	Possíveis desdobramentos
Sindicância Patrimonial[9]	A Sindicância Patrimonial - SINPA constitui procedimento investigativo de caráter preparatório, não contraditório e não punitivo, de acesso restrito, destinado a avaliar indícios de enriquecimento ilícito, inclusive evolução patrimonial incompatível com os recursos e disponibilidades do servidor ou empregado público federal.	O relatório final da SINPA deverá ser conclusivo quanto à existência ou não de indícios de enriquecimento ilícito, devendo recomendar: **(i) o arquivamento**, caso ausentes indícios de autoria e de materialidade da infração e não sejam aplicáveis penalidades administrativas; ou **(ii) a instauração de processo correcional** cabível, caso conclua pela existência de indícios de autoria, prova de materialidade e viabilidade da aplicação de penalidades administrativas.
Investigação Preliminar[10]	A Investigação Preliminar - IP constitui procedimento investigativo de **caráter preparatório, não contraditório e não punitivo, de acesso restrito**, com a finalidade de investigar **cometimento de ato lesivo contra a Administração Pública por pessoa jurídica**, nos termos do art. 5° da Lei nº 12.846, de 1° de agosto de 2013, quando a complexidade ou os indícios de autoria, ou materialidade **não justificarem a instauração imediata de Processo Administrativo de Responsabilização - PAR.**	O relatório final da IP deverá ser conclusivo quanto à existência ou não de indícios de autoria e materialidade de atos lesivos contra a Administração Pública, **devendo recomendar a instauração do PAR ou o arquivamento**, conforme o caso.

9 Artigos 50 a 56 da Portaria Normativa CGU 27, de 11 de outubro de 2022.

10 Artigos 50 a 56 da Portaria Normativa CGU 27, de 11 de outubro de 2022.

Quadro 12.3: Tipos de processos correicionais de responsabilização de agentes públicos

Tipo	Finalidade	Possíveis desdobramentos
Sindicância Acusatória[11]	Sindicância Acusatória - SINAC constitui processo destinado a apurar responsabilidade de servidor público federal por infração disciplinar **de menor potencial ofensivo e quando não for o caso de TAC, observados os princípios do contraditório e da ampla defesa.**	Quando houver dúvida acerca da gravidade da infração a ser apurada, a autoridade competente deverá decidir pela instauração de Processo Administrativo Disciplinar - PAD.
Processo Administrativo Disciplinar[12]	O Processo Administrativo Disciplinar - PAD é o instrumento destinado a apurar responsabilidade de servidor por **infração disciplinar praticada no exercício de suas atribuições ou que tenha relação com as atribuições do cargo em que se encontre investido, observados os princípios do contraditório e da ampla defesa.**	Poderão ser aplicadas por meio do PAD as penalidades de advertência, suspensão de até 90 (noventa) dias, demissão, destituição do cargo em comissão ou cassação de aposentadoria ou disponibilidade.
Processo Administrativo Disciplinar Sumário[13]	O processo administrativo disciplinar sumário destina-se a apurar responsabilidade de servidor público federal **no caso das infrações de acúmulo ilegal de cargos públicos, de inassiduidade habitual ou de abandono de cargo, observados os princípios do contraditório e da ampla defesa.**	Quando houver dúvida acerca da natureza da infração disciplinar a ser apurada, a autoridade competente deverá decidir pela instauração de PAD.
Sindicância Disciplinar para Servidores Temporários[14]	As infrações disciplinares atribuídas aos contratados nos termos da Lei nº 8.745, de 9 de dezembro de 1993, serão apuradas mediante sindicância, **observados os princípios do contraditório e da ampla defesa.**	Poderão ser aplicadas por meio de sindicância as penalidades de advertência, suspensão de até 90 (noventa) dias ou demissão.

11 Artigos 73 e 74 da Portaria Normativa CGU 27, de 11 de outubro de 2022.

12 Artigos 75 a 78 da Portaria Normativa CGU 27, de 11 de outubro de 2022.

13 Artigos 79 a 81 da Portaria Normativa CGU 27, de 11 de outubro de 2022.

14 Artigos 82 a 85 da Portaria Normativa CGU 27, de 11 de outubro de 2022.

Tipo	Finalidade	Possíveis desdobramentos
Do Processo Disciplinar para Empregados Públicos regidos pela Lei nº 9.962/200015[16]	A apuração de infração disciplinar cometida por empregado público regido pela Lei nº 9.962, de 22 de fevereiro de 2000, se dará por intermédio de processo disciplinar, **observados os princípios do contraditório e da ampla defesa.**	Poderão ser aplicadas por meio de processo disciplinar as penalidades de advertência, suspensão de até 30 (trinta) dias ou rescisão do contrato de trabalho por justa causa.
Do Processo Administrativo Sancionador relativo aos Empregados Públicos das Empresas Públicas e Sociedades de Economia Mista[17]	A apuração da infração disciplinar cometida por empregado público de empresa pública ou de sociedade de economia mista se **dará por processo previsto em regulamento interno, observados os princípios do contraditório e da ampla defesa.**	São admitidas como penalidades aplicáveis aos empregados públicos das empresas públicas e sociedades de economia mista a advertência, a suspensão de até 30 (trinta) dias, a rescisão do contrato de trabalho por justa causa, bem como outras penalidades previstas em regulamento interno.

15 Lei 9.992, de 22 de fevereiro de 2000. Art. 1° O pessoal admitido para emprego público na Administração federal direta, autárquica e fundacional terá sua relação de trabalho regida pela Consolidação das Leis do Trabalho, aprovada pelo Decreto-Lei nº 5.452, de 1° de maio de 1943, e legislação trabalhista correlata, naquilo que a lei não dispuser em contrário.

16 Artigos 86 a 89 da Portaria Normativa CGU 27, de 11 de outubro de 2022.

17 Artigos 90 a 93 da Portaria Normativa CGU 27, de 11 de outubro de 2022.

E quando não houver consenso entre os membros da comissão de PAD?
A portaria normativa CGU 123, de 22 de abril de 2024, incluiu o seguinte artigo na Portaria normativa 27/2022: Art. 78-A. As decisões da comissão serão tomadas mediante deliberação de seus membros, de forma síncrona ou assíncrona, devendo todos envidar esforços para alcançar o consenso entre si. § 1° Quando não houver consenso entre os membros da comissão, as decisões no curso do PAD serão tomadas por maioria, salvo na situação prevista no § 1° do artigo 156 da Lei n° 8.112, de 1990, cuja decisão poderá ser tomada apenas pelo presidente da comissão. § 2° O relatório final aprovado pela maioria dos membros poderá ser complementado por relatório apartado com a manifestação do membro divergente até a data de conclusão dos trabalhos da comissão. § 3° Após a data a que se refere o § 2°, o relatório final será encaminhado à autoridade julgadora, independentemente da apresentação do relatório apartado ali mencionado.

Processo Administrativo de Responsabilização de Pessoa Jurídica[18]
O Processo Administrativo de Responsabilização - PAR constitui processo destinado à responsabilização administrativa de pessoa jurídica em decorrência de atos lesivos contra a Administração Pública nacional ou estrangeira, nos termos do art. 5° da Lei n° 12.846, de 2013. Poderão ser aplicadas por meio do PAR **a penalidade de multa e de publicação extraordinária de decisão condenatória**, nos termos do art. 6° da Lei n° 12.846, de 2013, **e de penalidade que implique restrição ao direito de contratar e licitar com a Administração Pública.** O prazo para conclusão do PAR não excederá 180 (cento e oitenta) dias e poderá ser prorrogado por igual período.

Figura 12.5: Exemplo de controle sobre PARs em unidade federal

Outra competência da área correcional, diz respeito à apuração de conduta de ente privado, cujo procedimento de investigação é conduzido através de Processo Administrativos de Responsabilização (PAR). O quadro abaixo reflete a quantidade de casos dessa natureza no ano de 2022.

PROCESSOS	A INSTAURAR	INSTAURADOS	EM INSTRUÇÃO	AGUARDANDO JULGAMENTO	JULGADOS
PAR	0	0	2	0	0

Legenda: Relatório de Acompanhamento do Programa de Integridade - DNOCS - 2022

E o Acordo de Leniência?
O acordo de Leniência não é um procedimento correicional. No âmbito federal, é um processo típico e exclusivo a cargo da Controladoria-Geral da União[19].

18 Artigos 94 a 96 da Portaria Normativa CGU 27, de 11 de outubro de 2022.

19 Lei 12.846/2014. Art. 16 [...] § 10. A Controladoria-Geral da União - CGU é o órgão competente para celebrar os acordos de leniência no âmbito do Poder Executivo

5. FERRAMENTAS PARA IMPULSIONAR OS RESULTADOS CORREICIONAIS

Cenário hipotético do caos organizacional em termos correicionais
Considere o seguinte cenário hipotético de uma Organização. Existem diversas denúncias envolvendo irregularidades com gravidades distintas. Tais denúncias foram confirmadas pela auditoria interna. Esses processos foram encaminhados à Corregedoria. Devido a poucos servidores aptos a presidirem Sindicâncias e PADs, os processos se acumulam. Com o tempo, quando os processos a se encaminhar para as punições, algumas punições de baixa gravidade já estão prescritas. Esses processos acabaram concorrendo com outros processos graves prestes a prescrever. Para complicar a situação, dos três servidores, um está com fadiga mental. Na última pesquisa de integridade foi observada que a sensação de impunidade impera na Entidade.
1. Como sair de tal situação?
2. Como evitar a tal situação?

Por mais chocante que seja, se não houver zelo e esforço constante da Alta Administração, o cenário anterior não é tão distante. Contudo, muitas vezes por ser um setor muito técnico, os gestores de fora da corregedoria não dominam possíveis ferramentas que podem maximizar os resultados e tornar um cenário hipotético apenas uma das variantes do multiverso de filmes. A seguir serão descritas medidas que a Alta Administração pode implementar ou fomentar a implementação junto com o titular da Corregedoria.

5.1. Banco de voluntários

Existe um pré-conceito que poucos servidores seriam voluntários para serem fiscais de contrato, assim como presidirem ou comporem comissões disciplinares. A ideia de implementar o banco de voluntários é identificar pessoas com o dom, vontade ou expertise em contribuir com a melhoria dos indicadores correicionais.

Ao começar a formar massa crítica de voluntários, sugere-se a realização de capacitações preparatórias. Em que pese não haver uma regra, sugere-se que um servidor inicialmente atue como membro de equipe e somente passe a presidir processos disciplinares após 12 ou 24 meses no mínimo conforme o estoque existente e a probabilidade de prescrição das potenciais punições.

5.2. Incentivos

A atividade correicional é a **vertente remediação** do **Programa de Integridade.** Não possuir uma Corregedoria eficaz e eficiente prejudica diretamente o

federal, bem como no caso de atos lesivos praticados contra a administração pública estrangeira.

Programa de Integridade. Desse modo, sugere-se que a jornada de trabalho semanal dedicada a, **capacitações**, **planejamento** (**especialmente esse**) e **condução** dos procedimentos seja computada como carga horária normal.

Para os servidores que cumprirem os prazos do Órgão Central correicional cabe um reconhecimento formal e por escrito como forma de valorizar essa vertente de trabalho em um cenário que esteja precisando de melhorias.

5.3. Qualificar cada vez melhor o juízo de admissibilidade

No capítulo 07, mais especificamente na Figura 7.6, foi evidenciada uma fase no setor de apuração de uma denúncia denominado "análise preliminar". Essa análise preliminar na Corregedoria recebe o nome de "juízo de admissibilidade".

A equipe do juízo de admissibilidade tem um duplo papel: evitar que denúncias com substância deixem de ser apuradas, mas, ao mesmo tempo, deve evitar sobrecarregar o sistema correcional com denúncias sem substâncias que irão concorrer com denúncias graves. Nesse sentido, unidades federais já percebendo isso reforçam o papel dessa fase.

Boa prática observada quanto ao juízo de admissibilidade em Entidade federal
Segue trecho do Relatório de Acompanhamento do Programa de Integridade da Universidade Federal do Ceará referente ao 1° semestre de 2023: *"Qualquer cidadão interessado pode demandar a abertura de processo administrativo ou pedido de informação, seja na Ouvidoria Geral da UFC ou diretamente no seu órgão de origem. Em ambos os casos, os processos **são, posteriormente, remetidos à Comissão Permanente de Admissibilidade da UFC (CAUFC), para fins de análise da pertinência de instauração de um processo administrativo disciplinar.** Nesse sentido, a CPPAD atua de forma integrada com a CAUFC. **A CAUFC foi criada pela Resolução n° 47/CONSUNI, de 14/08/2015**, e sua composição atual consta na Portaria n° 190/2022/UFC, de 13/06/2022, do Gabinete do Reitor, sendo a seguinte: Nélida Astezia Castro Cervantes (presidente), Naiara Leite dos Santos Sant'ana e Cinthia Cristina Bezerra Teles. Relevante informar que a apuração de qualquer irregularidade no serviço público é de obrigação da autoridade que tiver ciência dessa infração, devendo-se propor a instauração de uma sindicância ou de processo administrativo, assegurado ao denunciado a ampla defesa e o contraditório, conforme determina o Art. 143 e seguintes da Lei n° 8.112/1990. Os processos tramitam de forma sigilosa e somente as partes interessadas ou seus respectivos procuradores podem obter acesso aos autos. **Prudente, destacar, que as denúncias formuladas pelos diversos setores da Universidade, são autuadas mediante processos eletrônicos, e, normalmente são remetidos à Comissão de Admissibilidade, para análise do juízo de admissibilidade**, e, posterior remessa à CPPAD/UFC para, se devidamente instruído, se possa instaurar a Portaria de nomeação pela autoridade universitária, para compor a Comissão Disciplinar para efetuar o desenvolvimento das atividades apuratórias".*

5.4. Uso de calculadoras de penalidades

A fim de facilitar, de dar maior segurança, de promover estabilidade e de reduzir discrepâncias nas punições; no âmbito federal, foi desenvolvida 3 calculadoras relacionadas aos processos correicionais.

Figura 12.6: Extrato da Calculadora de Viabilidade de TAC

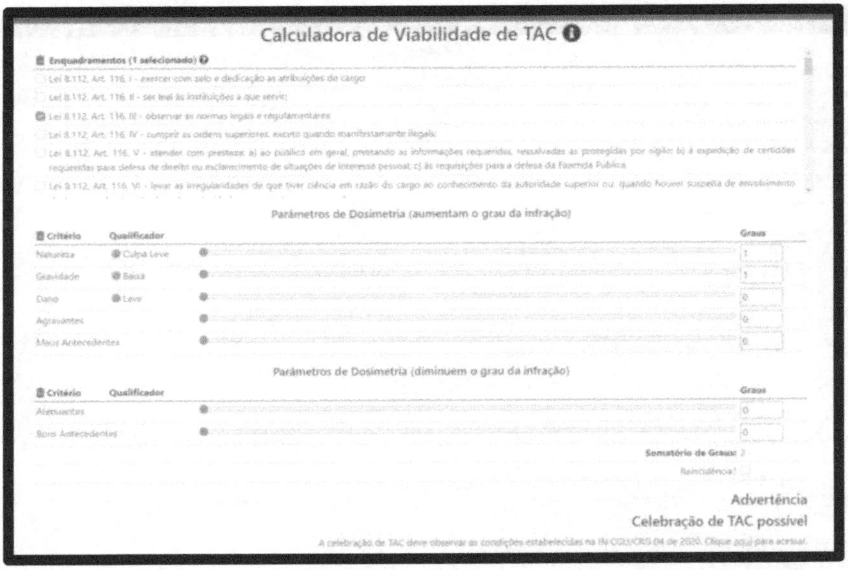

Figura 12.7: Extrato da Calculadora de Penalidade Administrativa

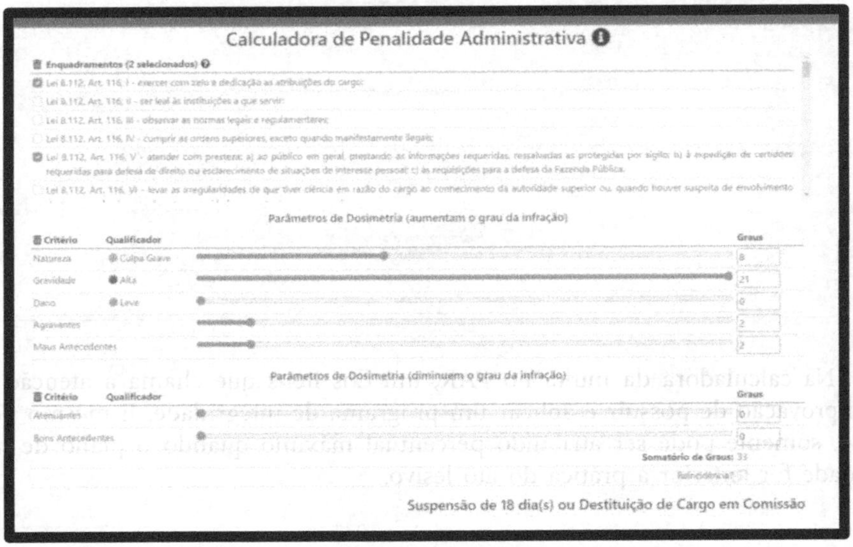

Figura 12.8: Extrato da calculadora da multa de PAR

Na calculadora da multa no PAR, um dos itens que chama a atenção é a comprovação de possuir e aplicar um programa de integridade. E mesmo nesse caso, somente pode ser atribuído percentual máximo quando o plano de integridade for anterior à prática do ato lesivo.

Calculadora de viabilidade de TAC	Calculadora de penalidade administrativa	Calculadora da multa de PAR

Como usar com inteligência as Calculadoras de Viabilidade do TAC e de Penalidades Administrativas?
Considerando Entidade que contenha um estoque elevado de processos na área correicional, um primeiro passo seria segregar os processos de infração disciplinar de menor potencial ofensivo (com base nas informações do exame de admissibilidade) dos demais processos. **Em um segundo passo, para os processos com baixo potencial ofensivo, aplica-se a calculadora de viabilidade do TAC para validar a hipótese e posteriormente sugere-se formar força tarefa especializada para tratar desses casos. Recomenda-se um servidor mais experiente acompanhando a força tarefa.** **Em um terceiro passo, para os demais processos, aplicar a calculadora de viabilidade administrativa e calcular a provável penalidade versus o prazo prescricional.** **Para as situações já prescritas a partir desse procedimento anterior, informar ao órgão central e buscar orientações; enquanto para o que não as situações não prescritas hierarquizar e priorizar considerando a capacidade operacional do setor e outros fatores como risco de imagem (evitar que um caso grave e notório prescreva).** **Assim, os processos cujas penalidades não estejam prescritas e que haja tempo hábil e capacidade operacional para condução devem ser priorizados por outra força tarefa. Essa força tarefa deve ser os servidores mais experientes e qualificado da Entidade.**

5.5. Avaliação dos serviços prestados

Uma forma de medir os resultados seria a partir da avaliação pelos usuários dos serviços prestados pela Corregedoria.

Boa prática observada sobre avaliação pelos usuários dos serviços prestados pela Corregedoria em Entidade Federal
Segue trecho do Relatório de Acompanhamento do Programa de Integridade da Unilab referente ao exercício de 2022: *"Como forma de avaliação do setor,* ***foram criados três formulários de avaliação dos serviços prestados pela Unidade:*** ***(i) Avaliação de serviços da Corregedoria*** *(apêndice D);* ***(ii) Avaliação do atendimento da Corregedoria*** *(apêndice E); e* ***(iii)Avaliação individual de membro de comissão processante*** *(apêndice F).* *O objetivo das avaliações é de receber um retorno daqueles que se utilizam da Corregedoria nas mais diferentes abordagens, para que a Unidade possa aprimorar sua prestação de serviço. Sempre que um serviço é finalizado ou ainda uma comissão acusatória, ou processo investigativo, é enviado o link do formulário por e-mail para que os interessados realizem a avaliação".*

5.6. Indicadores

Outra forma de medir os resultados seria a partir de indicadores de gestão. O Quadro 12.4 contém exemplos. Observa-se que nossa recomendação é iniciar pelos indicadores de 1ª Geração que são mais processuais e de eficiência interna do setor, para depois buscar indicadores de 2ª geração que são os de resultado e dependem de uma avaliação externa.

Quadro 12.4: Indicadores de Gestão conforme o grau de evolução do setor

Tipo	Indicador	Parâmetro ou Fórmula	Polaridade
Indicadores de Gestão de 1ª Geração	Tempo médio para conclusão de Sindicância Acusatória	Percentual de processos concluídos nos últimos 5 anos em prazo inferior ao prazo definido pelo órgão central, no caso 60 dias.	Quanto maior, melhor
	Tempo médio para conclusão de PAD	Percentual de processos concluídos nos últimos 5 anos em prazo inferior ao prazo definido pelo órgão central, no caso 120 dias.	Quanto maior, melhor

Tipo	Indicador	Parâmetro ou Fórmula	Polaridade
Indicadores de Gestão de 1ª Geração	Tempo médio para conclusão de PAD sumário	Percentual de processos concluídos nos últimos 5 anos em prazo inferior ao prazo definido pelo órgão central, no caso 45 dias.	Quanto maior, melhor
	Tempo médio para conclusão de PAR	Percentual de processos concluídos nos últimos 5 anos em prazo inferior ao prazo definido pelo órgão central, no caso 360 dias.	Quanto maior, melhor
	Percentual de procedimentos de responsabilização de agentes públicos prescritos	Percentual de processos prescritos nos últimos 5 anos **dividido pelo** Total de processos concluídos nos últimos 5 anos	**Quanto menor, melhor**
Indicadores de Gestão de 2ª Geração	Grau de Satisfação do Usuário	Com base em uma pesquisa inicial de percepção de 1 a 5 (ou 1 a 10), buscar aumentar de forma gradual ao longo do tempo.	Quanto maior, melhor
	Grau de reversibilidade de demissões administrativas via judicial	Total de processos nos últimos 5 anos com demissão revertidos via judicial **dividido pelo** Total de processos concluídos nos últimos 5 anos que aplicaram punições com demissão	**Quanto menor, melhor**

6. MODELO DE MATURIDADE EM CORREGEDORIA

Um modelo de maturidade contém duas variáveis macro: existência e institucionalização. O Sistema de Corregedoria do Poder Executivo Federal desenvolveu **Modelo de Maturidade Correicional (CRG-MM)**. O Quadro 12.5 contém os elementos de cada variável.

O modelo pode ser perfeitamente utilizado por Entes e organizações públicas ou privadas.

Quadro 12.5: Síntese do Modelo de Maturidade Correicional do Poder Executivo Federal

Existência (continua ...)	1. Ato normativo que contenha o estabelecimento de competência para a Unidade Correicional (UC) instaurar e conduzir **procedimentos investigativos**. 2. Ato normativo que contenha os critérios definidos para orientar a priorização de instauração de **procedimentos investigativos.** 3. Ato normativo que contenha a forma de resguardo de dados dos envolvidos e informações de acesso restrito ou sigiloso dos **procedimentos investigativos.** 4. Orientação ou fluxo de trabalho que estabeleça como as evidências devem ser obtidas e resguardadas quando da condução de **procedimentos investigativos.** 5. Ato normativo ou orientação que estabeleça a utilização de modelo de matriz de responsabilização composta pelos elementos necessários para subsidiar a tomada de decisão de **procedimentos investigativos.** 6. Ato normativo ou rotinas estabelecidas para orientar a realização de supervisão da execução dos **procedimentos investigativos.** 7. Ato normativo ou orientação que estabeleça os elementos que devem constar no documento de conclusão dos **procedimentos investigativo**s (nota técnica, relatório final, despacho etc.). 8. Ato normativo ou orientação que estabeleça responsabilidades, prazos e providências serem adotadas a partir da conclusão do **procedimento investigativo**. 9. Orientação ou fluxo de trabalho que estabeleça a adoção do **TAC como mecanismo preferencial de solução de conflitos**. 10. Ato normativo que contenha o estabelecimento de competência para a UC instaurar e conduzir **processos acusatórios.** 11. Norma ou orientação que preveja a designação de servidores/colaboradores da UC para atuarem como apoio administrativo. 12. Mapeamento acerca da identificação de áreas/profissionais para solicitar assistência técnica, defensoria ou perícia em eventual necessidade de apoio, de cunho técnico. 13. Norma ou orientação que estabeleça critérios objetivos para orientar priorização para instauração de **processos acusatórios.** 14. Ato normativo que contenha a forma de resguardo de dados dos envolvidos e informações de acesso restrito ou sigiloso dos **processos acusatórios**. 15. Orientação ou fluxo de trabalho que estabeleça como as evidências devem ser obtidas e resguardadas quando da condução de **processos acusatórios**. 16. Ato normativo ou orientação que estabeleça a utilização de modelo de matriz de responsabilização composta pelos elementos necessários para subsidiar a tomada de decisão de **processos acusatórios**.

Existência (continua ...)	17. Normativo ou orientação que estabeleça a obrigatoriedade de as comissões proporem e aprovarem, junto a autoridade instauradora, um plano de trabalho prevendo as atividades a serem desenvolvidas em cada processo específico, os responsáveis, os recursos necessários, as datas de entregas e outras questões pertinentes. 18. Normativo ou orientação que estabeleça diretrizes ou rotinas para a supervisão da execução dos processos correcionais acusatórios. 19. Normativo ou orientação que estabeleça padrões e elementos mínimos para análise de regularidade material e formal dos processos correcionais acusatórios. 20. Lista dos conhecimentos técnicos e administrativos necessários para a execução das atividades correcionais. 21. Planos individuais de capacitação nos quais sejam listadas as necessidades de aprimoramento, bem como as ofertas disponíveis de cursos sobre os temas apontados. 22. Orientação sobre mecanismos de disseminação interna de conhecimentos. 23. Levantamento acerca dos processos de trabalho, atividades e a situação dos recursos existentes na UC. 24. Registros de reuniões, entre os membros da UC, sobre formulação e elaboração do plano operacional anual. 25. Orientação ou fluxo de trabalho que trate da obrigatoriedade de cadastro e atualização de informações nos Sistemas Correcionais. 26. Orientação ou fluxo de trabalho que trate da definição de quais dados devem ser coletados, a periodicidade de coleta e o tipo de tratamento a ser aplicado. 27. Orientação ou fluxo de trabalho que estabeleça a estrutura e o conteúdo do relatório de gestão correcional. 28. Normativo onde esteja estabelecida a vinculação direta da UC com a alta administração da organização. 29. Documentação comprobatória das ações de prevenção realizadas pela UC. 30. Registros de participação dos membros da UC em atividades promovidas pelo sistema correicional. 31. Normativo que contenha o estabelecimento de competência para a UC julgar processos disciplinares e de responsabilização de pessoas jurídicas. 32. Normativo ou orientação que estabeleça parâmetros orientativos para dosimetria das penalidades a serem aplicadas. 33. Orientação que determine a realização e as responsabilidades, prazos e providências a serem adotadas no monitoramento do cumprimento das decisões proferidas. 34. Resultados obtidos na realização de mapeamento dos processos de trabalho da UC, incluindo a segregação de atribuições entre chefes e subordinados.

Existência (continua ...)	35. Registros de reuniões periódicas efetuadas no intuito de buscar o aprimoramento da equipe. 36. Orientação ou rotina que estabelece o conteúdo, responsabilidades e a periodicidade de atualização do conteúdo a ser disponibilizado. 37. Orientação ou rotina de atualização periódica do repositório. 38. Normativo que estabeleça as prerrogativas para o bom desempenho das atividades correcionais como, acesso aos elementos probatórios, recursos tecnológicos, solicitação de servidores de outras áreas, dentre outros. 39. Documento ou estudo que contenha avaliação acerca do modelo organizacional mais adequado ao bom desempenho das atividades correcionais. 40. Levantamento e estudo identificando tipologias de infração, as causas, a complexidade, o cargo dos agentes envolvidos, distribuição geográfica e setores de maior concentração de ocorrência de ilícitos. 41. Comunicações efetuadas a dirigentes e responsáveis sobre riscos e vulnerabilidades identificados. 42. Normativo ou orientação que estabeleça o modelo de projeto a ser adotado pela UC na condução de trabalhos em equipe, contendo, no mínimo, a indicação de membros, escopo, cronograma e pontos de controle. 43. Regramento ou orientação estabelecendo critérios para orientar a alocação eficaz de equipes para realização dos trabalhos. 44. Normativo ou regramento estabelecendo/apontando metodologia a ser utilizada na identificação de benefícios (financeiros e não financeiros). 45. Normativo ou regramento estabelecendo os indicadores a serem aferidos para monitorar o desempenho da atividade correicional. 46. Normativo ou regramento que estabeleça o compartilhamento de informações com as demais instâncias de integridade da organização. 47. Resultados de iniciativas conjuntas que comprovem a inserção da UC nas estratégias, comitês/fóruns voltados à promoção da integridade. 48. Diretrizes ou rotinas estabelecidas para a realização de avaliação dos cenários e identificação de forças, fraquezas, oportunidades e ameaças. 49. Possui estudos ou orientações visando a melhoria dos processos de trabalho; adoção de novas soluções tecnológicas; desenvolvimento de projetos de inovação, dentre outros. 50. Documento onde conste a identificação dos conhecimentos, habilidades e atitudes desejados para a ocupação de posições de liderança. 51. Levantamento de iniciativas inovadoras no último ano.

Existência	52. Orientação que estabeleça a periodicidade, critérios e parâmetros para avaliação de equipes. 53. Registros que comprovem a participação da UC nas discussões/reuniões para elaboração do planejamento estratégico 54. Contém documentos que demonstrem o patrocínio da alta administração na implementação de projetos estratégicos para a UC. 55. Definiu instrumento de avaliação, interna e externa, da sensação de impunidade na organização. 56. Definiu instrumento de avaliação, interna e externa, do nível de confiabilidade nos resultados das atividades correcionais.
Institucionalização (continua...)	1. A UC instaurou procedimentos correcionais investigativos. 2. Possui instrumento de controle (planilha de controle, relatório de sistemas etc.) que comprove a aplicação dos critérios de priorização. 3. Possui exemplos da forma de separação e o resguardo físico ou digital de dados dos envolvidos e informações de acesso restrito ou sigiloso conforme orientações vigentes dos **procedimentos investigativos**. 4. Possui exemplos de documentação de obtenção e guarda das evidências conforme orientações vigentes dos **procedimentos investigativos**. 5. Possui de matriz de responsabilização elaborada conforme orientações vigentes de **procedimentos investigativos**. 6. Possui exemplos de documentos que comprovem a realização de ações de supervisão conforme orientações vigentes de **procedimentos investigativos**. 7. Possui exemplos de documento de conclusão de **procedimento investigativo** (Relatório/Nota Técnica). 8. Possui instrumento de controle utilizado no monitoramento do cumprimento da decisão em Juízo de Admissibilidade. 9. Possui instrumento de controle que comprove a proposição de **TAC** nas circunstâncias em que tal proposição seja possível. 10. Possui exemplos de portaria de instauração da UC. 11. Possui exemplos de solicitações de apoio administrativo por parte de comissões e respectivos atendimentos. 12. Possui exemplos de solicitações de apoio técnico por parte de comissões e seu respectivo atendimento. 13. Possui instrumento de controle (relatórios de sistema, planilhas de controle etc.) que comprove a aplicação dos critérios de priorização de **processos acusatórios** sempre que necessário. 14. Possui exemplos da forma de separação e o resguardo físico ou digital de dados dos envolvidos e informações de acesso restrito ou sigiloso conforme orientações vigentes dos **processos acusatórios.** 15. Possui exemplos de documentação de obtenção e guarda das evidências conforme orientações vigentes dos **processos acusatórios**.

Institucionalização (continua...)	16. Possui de matriz de responsabilização elaborada conforme orientações vigentes de **processos acusatórios**. 17. Possui planos de trabalho acordados com as comissões conforme orientações vigentes. 18. Possui exemplos de documentos que comprovem a realização de ações de supervisão conforme orientações vigentes. 19. Possui exemplos de documento que contenham a análise da regularidade material e formal conforme orientações vigentes. 20. Possui registros que comprovem que as capacitações ofertadas guardam correlação com a lista de conhecimentos necessários. 21. Possui registros de acervos individualizados compostos por certificados e correspondentes avaliações do servidor em relação a cada ação de capacitação efetuada ao longo do último exercício. 22. Possui registros de ações internas de disseminação de conhecimentos realizadas por membros da UC. 23. Registros de reuniões, entre membros da UC, sobre análise das informações levantadas. 24. Possui relatórios de avaliação da execução do plano operacional vigente. 25. Registros de ações de verificação/conferência/correção de dados cadastrados no Sistemas Correcionais. 26. Registros de reuniões que contemplem deliberação de ações a partir das informações coletadas. 27. Relatório de gestão correcional referente ao ano anterior publicado na internet. 28. Registros/atas/memórias de reuniões periódicas com a alta administração. 29. Os resultados das iniciativas de prevenção (palestras, cursos, seminários, folders, cartilhas etc.) estão publicados na internet. 30. Possui registros de interações (troca de conhecimentos, oferta/recepção de ajuda, desenvolvimento de trabalhos) da UC com outras unidades do sistema correicional. 31. Julgamentos da UC, em processos disciplinares e de responsabilização de pessoas jurídicas conclusos. 32. Observância dos parâmetros de dosimetria das penalidades na aplicação das sanções, em processos disciplinares e de responsabilização de pessoas jurídicas conclusos. 33. Ações de monitoramento do cumprimento das decisões proferidas, em processos disciplinares e de responsabilização de pessoas jurídicas conclusos. 34. Disponibilização do resultado do mapeamento dos processos de trabalho da UC em local de fácil acesso (site / intranet / mural) aos membros da UC. 35. Evidências/registros que indiquem o uso dos feedbacks para atualização do inventário. 36. Endereço (link) onde contenha no mínimo o *quem é quem*, período do mandato no cargo do titular da UC, formas de contato com a UC, normas vigentes no órgão ou entidade para o tratamento das atividades correcionais e relatório de gestão correcional. 37. Endereço (link) onde as referências técnicas são organizadas, arquivadas e mantidas disponíveis a todos os que desempenhem atividades correcionais.

Institucionalização	38. Registros que comprovem o exercício das prerrogativas. 39. Documento que estabelece estrutura organizacional compatível com o modelo identificado. 40. Registros que comprovem a atualização periódica do mapeamento. 41. Registros de ações realizadas com a participação da UC voltadas ao gerenciamento dos riscos e vulnerabilidade identificados. 42. Possui trabalhos já conclusos conduzidos sob a forma de projetos, bem como os resultados por eles alcançados. 43. Possui resultados de pesquisas realizadas com membros da UC em relação ao grau de satisfação com os atuais critérios de alocação. 44. Divulga na área de transparência ativa da UC, a localização das informações acerca dos benefícios (financeiros e não financeiros) auferidos pelas atividades correcionais. 45. Divulga análises conduzidas a partir dos resultados dos indicadores de desempenho das atividades correcionais, bem como as decisões adotadas a partir de tal. 46. Possui registros de trocas de informações com outras instâncias de integridade da organização. 47. Divulga resultados de ações desenvolvidas voltadas à promoção da integridade. 48. Possui registros de decisões e medidas gerenciais adotadas a partir da análise de cenários e contextos observados. 49. Divulga eventuais práticas inovadoras adotadas pela UC e incorporadas por outras unidades da organização. 50. Divulga formas de comprovação de atribuição de papéis de liderança a pessoas que preencham os critérios. 51. Possui registros da incorporação de práticas inovadoras resultantes de projetos desenvolvidos pela UC. 52. Possui registros de mecanismos de reconhecimento e/ou incentivos concedidos às equipes. 53. Projetos propostos pela UC e contemplados no planejamento estratégico. 54. Divulga resultados que comprovam a execução, de forma satisfatória, dos projetos estratégicos para UC. 55. Divulga medidas que foram adotadas com vistas a diminuir a sensação de impunidade. 56. Divulga as metas estipuladas para se alcançar melhorias no nível de confiabilidade atribuído às atividades correcionais.
Possíveis resultados organizacionais	Nível 1 - Inicial: desempenho dependente de esforços individuais. Nível 2 - Padronizado: práticas e procedimentos padronizados. Nível 3 - Integrado: competência para julgamento e transparência correicional. Nível 4 - Gerenciado: atuação preventiva e independente. Nível 5 - Otimizado: atuação estratégica e inovadora.

Legenda: (a) cada numeração da institucionalização está conectada com a mesma numeração na existência.

7. INTEGRAÇÃO DA CORREGEDORIA COM OUTROS SETORES ORGANIZACIONAIS

7.1. Independência das instâncias Ética e Correicional

O Decreto 6.029, de 1º de fevereiro de 2007, define que:

> *Art.17. As Comissões de Ética, **sempre que constatarem a possível ocorrência de ilícitos penais, civis, de improbidade administrativa ou de infração disciplinar, encaminharão cópia dos autos às autoridades competentes para apuração de tais fatos**, sem prejuízo das medidas de sua competência.*

Dentre precedentes da CEP (Comissão de Ética Pública), destaca-se decisão de 2017 cujo Relator foi o Conselheiro Marcelo Alencar de Araújo – 179ª Reunião Ordinária, realizada em 27 de março de 2017:

> *"Os artigos 17, do Decreto nº 6.029/07, e 16, da Resolução nº 10/08, **registram a independência das esferas ética, penal, civil e administrativa** (improbidade administrativa e infração disciplinar). Assim, **um mesmo ato/fato pode dar origem a diversas apurações, nas diversas esferas, sem que exista sobreposição, desde que cada uma trate das questões de sua competência**. **A existência de apuração disciplinar contra o agente público não obsta a apuração de sua conduta sob o ponto de vista da ética pública e vice-versa.**"*

Aspectos essenciais sobre a interrelação das esferas ética, penal, civil e administrativa
1. Possibilidade de sobrestamento: Instauração de procedimento administrativo disciplinar para apuração dos mesmos fatos.
2. As Comissões de Ética Setoriais, após o recebimento dos resultados da apuração disciplinar, deverão: (i) arquivar o procedimento de apuração ética, caso haja negativa do fato ou da sua autoria; ou (ii) dar prosseguimento ao procedimento de apuração ética, caso não tenha sido aplicada penalidade disciplinar pelos mesmos fatos e restem indícios de infração ética.
3. As Comissões de Ética Setoriais deverão rever sua decisão pela aplicação de sanção ética, caso tomem conhecimento de procedimento administrativo disciplinar cujos resultados tenham reconhecido a inexistência de fato ou a negativa de autoria. Essa última regra não se aplica à Comissão de Ética Pública.

7.2. Poder Hierárquico e o Poder Disciplinar

Não é incomum encontrar organizações em que **se sobrecarrega a unidade correicional** com processos que **deveriam ser solucionados** no âmbito da **chefia imediata, na comissão de ética ou via TAC.**

Esse tipo de cultura torna a missão do setor correicional impraticável e **tende a gerar uma sensação de impunidade** dos casos realmente graves que se misturam e se acumulam aos mais simples que não deveriam estar ali.

A alta administração deve estar atenta e atuar de forma decisiva para que **apenas os casos apropriados estejam de fato na unidade correicional** e que sejam adotadas medidas para que o Poder Hierárquico atue em sua plenitude.

Uma medida que pode ser adotada pela Unidade Correicional é identificar nos procedimentos acusatórios as causas que contribuíram para tal situação e recomendar medidas que caso adotadas pelo Poder Hierárquico tendem a evitar a repetição do evento.

Boa prática observada: Fortalecimento do Poder Hierárquico a partir de recomendações da Unidade Correicional
Segue trecho do Relatório de Acompanhamento do Programa de Integridade da Unilab referente ao exercício de 2022: *"Outra ação que merece destaque, diz respeito à emissão de "recomendações". Um processo acusatório do tipo PAD dentro da Unilab nem sempre finaliza com o investigado recebendo uma punição, seja por prescrição ou por falta de elementos de materialidade e/ou autoria. Sempre que isso ocorre, e também quando há a devida punição, a Corregedoria emite uma "recomendação" às instâncias responsáveis dentro do que foi levantado em cada processo investigativo/acusatório. Essas recomendações têm o condão de, atendidas, evitar ou tentar evitar que aquele desvio de conduta verificado naquele processo se repita na Unilab, agindo de forma preventiva a outros possíveis casos. Exemplos de recomendações emitidas, podem ser verificadas nos processos SEI n. os: 23282.003534/2022-98, 23282.003568/2022-82, 23282.003563/2022-50, 23282.009776/2022-95 e 23282.009832/2022-91".*

Um desafio: Fortalecer o Poder Hierárquico sem induzir ao Assédio Moral e não banalizar o Assédio Moral enfraquecendo o Poder Hierárquico

Muitos gestores não foram treinados para serem líderes. Eram excelentes técnicos e foram convidados a assumirem novos desafios. Pode dar certo, mas pode dar errado. Uma ideia que o líder deve ser em mente é que ele deve exercer seu papel no âmbito do Poder Hierárquico sem se omitir, contudo, ele não pode cometer excessos que possam configurar assédio moral.

Poder Hierárquico	Assédio Moral
Cobranças firmes de trabalho desde que realizadas de maneira respeitosa. Atribuição de tarefas aos subordinados, no interesse da Administração. Conflitos esporádicos com colegas ou chefias – divergências sobre determinado tema comunicadas de forma direta e respeitosa. Críticas construtivas. Avaliações de desempenho realizadas por colegas ou superiores, desde que não seja feita de forma a causar situação vexatória na pessoa avaliada.	Não atribuir atividades à pessoa, deixando-a sem quaisquer tarefas a cumprir, provocando a sensação de inutilidade e de incompetência, ou colocando-a em uma situação humilhante frente aos colegas de trabalho. Contestar sistematicamente todas as suas decisões e criticar o seu trabalho de modo exagerado ou injusto, em especial na frente de outras pessoas. Entregar, de forma permanente, quantidade superior de tarefas comparativamente a seus colegas. Exigir a execução de tarefas urgentes de forma permanente e desnecessária. Agredir verbalmente, gritar, dirigir gestos de desprezo, ou ameaçar com outras formas de violência física e/ou emocional. Desconsiderar problemas de saúde ou recomendações médicas na distribuição de tarefas. Realizar um controle excessivo e desproporcional apenas sobre a pessoa assediada. Ignorar a presença da pessoa.

Fonte: Guia Lilás da CGU.

PODCAST com Especialista:
Gilberto Waller explica aos autores o modelo de maturidade correicional.

CAPÍTULO 13

CONTROLE INTERNO E AUDITORIA INTERNA SOB A PERSPECTIVA DA INTEGRIDADE

1. REFLEXÕES INICIAIS

Este capítulo talvez seja um dos mais multifacetados em termos de abordagens e perspectivas conceituais. Tal motivo decorre do fato de que o trinômio **controle interno, auditoria e integridade** é objeto de debates sobre sua correta ou perfeita definição e abrangência dentro do universo corporativo. A importância de se posicionar perante tais termos com o intuito de verificar sua harmonia e correlação conceitual decorre também do fato de que não foram estes maturados no cotidiano das organizações em mesmo lapso de tempo e intensidade para a sua institucionalização. Instituições públicas, privadas ou nacionais e estrangeiras tiveram caminhos diferentes na consolidação de requisitos de **compliance** e do que é **controle sobre a gestão**.

O controle sobre a gestão no âmbito do Brasil se divide em duas formas: externo e interno. Quanto ao controle externo brasileiro, a Constituição Federal de 1988 estipula em seus artigos 70 a 73 suas atribuições. O texto constitucional traz ainda previsão dos critérios acerca do ingresso nos cargos de julgadores de contas, prerrogativas dos membros e composição dos órgãos ao nível da União e dos Estados. Assim, além das atribuições, o constituinte originário estipulou o mínimo de condição a sua estruturação e funcionamento. Quanto ao controle interno, o artigo 74 da Constituição especificou algumas atribuições e sem noticiar diretrizes para a estruturação (se é controladoria geral ou auditoria geral, ou os requisitos para os responsáveis pela sua direção e condução). Tal diferença de tratamento não é trivial e o histórico evidencia isto.

O Tribunal de Contas da União foi criado pelo Decreto nº 966-A, de 7 de novembro de 1890, tendo protagonismo desde a constituição de 1891 e mantendo status relevante em todas as constituições seguintes. De forma distinta, o controle interno veio de maneira mais significativa somente com a edição do Decreto-Lei 200/67 e ainda assim de forma não tão abrangente como se conhece hoje[1] pois, em sua essência, emergiu como um controle de inspetoria financeira e orçamentária.

Tal histórico repercutiu no constituinte de 1988[2] ao insculpir as atribuições do sistema de controle interno no art. 74, quais sejam: **(i)** avaliar metas de programas governamentais; **(ii)** comprovar legalidade; **(iii)** exercer o controle de operação de crédito; **(iv)** apoiar o controle externo em sua missão institucional. Em uma intepretação mais simplória e superficial é possível perceber que o sistema de controle interno consagrado pela constituição privilegia de **um enfoque com ênfase na conformidade.**

Portanto, para avançar no debate, devemos responder a seguinte indagação: **Existe previsão constitucional expressa sobre qual órgão ou estrutura deveria ser responsável pelo compliance e integridade pública?** A resposta é negativa **por 2 pontos**:

(i) não existe tal previsão constitucional expressa pelo simples motivo de que a **essência de programas de integridade na forma que conhecemos hoje foi difundido por legislações pós 1988** tais quais a americana[3], a britânica[4] e a brasileira[5], por exemplo. **Compliance e Integridade** são conceitos importantes e já estão amparados por princípios da constituição; quando ela aduz uma sociedade livre, justa e solidária (Inciso II do art. 3º) e quando expressamente invoca o princípio da moralidade e eficiência (*caput* do art. 37), sem, no entanto, definir qual órgão deve exercer tal atividade;

(ii) Entrementes, estes autores entendem que de fato **não precisaria de uma regra constitucional prevendo a implantação de programas de integridade ou órgão para tanto para que este fosse considerado importante para efeito de adoção por entidades** uma vez que os normativos e práticas internacionais de mercado e de estruturação administrativa impulsionaram naturalmente as instituições públicas e privadas a adotarem mecanismos de mitigação de risco e de fomento à cultura ética.

De igual modo, uma outra reflexão gravita em torno se as estruturas dos sistemas de controle interno são responsáveis pelas atividades de **compliance** nas organizações públicas ou privadas. Quanto a essa questão interpretativa destacam-se dois pontos.

---

1 Decreto-lei nº 200/67: o controle interno é detalhado, mas sua execução ainda é uma responsabilidade do governo central, apenas.

2 Há menções ao Controle nas constituições que sucederam a primeira constituição brasileira (1891 no Art. 89; 1934 nos Art. 13 e Art. 99; 1946 no Art. 77), no entanto, não existia a concepção de controle interno e externo, de forma segregada.

3 *U.S. Federal Sentencing Guidelines (1991) e (2004).*

4 U.K. Bribery Act ("UKBA") de 2010.

5 Lei n. 12.846/2013.

O **primeiro ponto** é que a administração pública tem estruturado o seu controle interno por meio de um sistema formado por órgãos, unidades, agentes e procedimentos. O modelo adotado no Brasil corriqueiramente é o de cada Ente tenha uma Unidade Central de Controle interno (UCCI) que pode ser uma Controladoria-Geral ou Auditoria Geral dependendo do ente federado. Estas unidades são posicionadas em local estratégico (como de status de ministério e secretárias) e/ou possuem previsão legal de independência para o exercício de suas funções. Tais unidades têm como função precípua exercer a **auditoria** que é uma atividade independente e objetiva de avaliação dos controles instituídos (contábeis, orçamentários e financeiros) que visam as melhorias dos processos internos.

O **segundo ponto** digno de nota é de que nos últimos anos o sistema de controle vem estruturando seu perfil de execução visando a uma maior efetividade de ação capitaneado por uma metamorfose de seu mister. Assim, devido ao caráter transversal de atuação, o sistema de controle interno descrito na Constituição Federal originalmente é uma organização administrativa em sistema, dotado de órgãos e de atividades auxiliares rotuladas como de controle interno que buscam atingir as finalidades constitucionais, mas que em virtude de aderência a padrões internacionais de controle ou através inovações legislativas infraconstitucionais , ou ainda, por comportamento uniforme de melhoria de atuação do perfil nacional e de alguns entes subnacionais; **ele tem assumido – juntamente com os demais poderes e funções estabelecidos em nosso ordenamento jurídico – não só o papel da auditoria interna, mas também o protagonismo da transparência, correção, enfrentamento à corrupção, e claro, a integridade pública.**

Por tal baila, não aparenta ser viável e racional administrativamente a criação de uma estrutura de maneira a onerar os entes Estatais através de uma unidade administrativa nova para conduzir programas de integridade. Muito pelo contrário, busca-se – através de normas programáticas – dotar de maior segurança jurídica e uniformidade as atribuições já existentes e catalisadas pelo país nos últimos anos por parte dos órgãos centrais do sistema de controle interno.

Dessa forma, ações como a adoção de mecanismo de vanguarda de modelos de auditoria interna, lei de acesso à informação, promoção da cidadania e participação social podem ser instrumentos de legitimação para que as **unidades centrais de controle interno** conduzam com expertise significativa a **gestão de integridade nos Entes Governamentais.**

Exsurge, o grande questionamento: **se o sistema de controle interno (especialmente pelas UCCI) exerce função de auditoria e integridade e se tais funções se relacionam entre si, seriam tais atividades idênticas?**

Para pacificar ou ao menos lançar luz a tais indagações, vejamos inicialmente o posicionamento da Auditoria Interna emitido pelo Conselho Nacional de Controle Interno (CONACI). Será utilizado esse posicionamento por 2 motivos. Primeiro, porque converge para o posicionamento do IIA Global e, segundo, porque o CONACI é uma entidade formada por Unidades Centrais de Controle Interno dos Estados, capitais e pelo governo federal (CGU), logo é um posicionamento de um colegiado representativo.

De acordo com o CONACI, a Auditoria Interna Governamental posiciona-se[6] em cumprimento ao seu papel institucional e, para assegurar o desempenho de suas funções alinhadas à sua missão de **agregar valor** à Administração Pública e de **contribuir para o aperfeiçoamento** dos **processos de governança, gerenciamento de riscos e controles internos**, por meio das atividades de avaliação e consultoria. Os Órgãos Centrais do Sistema de Controle Interno, principalmente, no desempenho da "Atividade de Auditoria Interna", devem direcionar o planejamento de suas atividades com o foco nos riscos que impactam os objetivos da Organização a qual fazem parte."

Por sua vez o IIA Brasil declara[7] a definição de Auditoria como sendo "*uma atividade independente e objetiva de avaliação e consultoria, criada para agregar valor e melhorar as operações de uma organização. Ela auxilia a organização a atingir seus objetivos a partir da aplicação de uma abordagem sistemática e disciplinada à avaliação e melhoria da eficácia dos processos de gerenciamento de riscos, controle e governança*".

Das definições e posicionamentos de **auditoria interna** citados, pode-se sintetizar de maneira incontroversa que é uma atividade que visa a melhoria dos processos de gerenciamento de riscos, controle e governança.

Por sua vez, nos capítulos anteriores (vide capítulo 2), vimos que **programa de integridade** é um conjunto estruturado de medidas institucionais voltadas para a prevenção, detecção, punição e remediação de práticas de corrupção, fraudes, irregularidades e desvios éticos e de conduta. Logo, a **intersecção entre auditoria e integridade** é que **ambos** atuam sob o escopo de **controle** e **riscos**. Ou seja, controle é uma reposta à riscos. E os dois conceitos coexistem sob a mesma arena, entretanto, de maneira diferente. **Uma atua instituindo mecanismos de respostas aos riscos éticos (área de compliance/integridade) e outra atua avaliando e prestando consultoria acerca os controles, ou seja, se estes estão adequados (área de auditoria) para atender tais objetivos.**

Desta maneira pode-se afirmar que a auditoria atua no arcabouço da integridade avaliando as medidas adotadas pela Unidade de Gestão de Integridade. Dessa forma, a auditoria interna não realiza a mesma atividade da unidade de gestão da integridade; contudo, ambas atuam de forma dentro de um único sistema. Afinal, como ser irá obter asseguração de que as medidas de controle estipuladas em um programa de integridade estão sendo eficientes se não for por uma avaliação realizada pela **auditoria.** A auditoria interna atua na terceira

6 Resolução CONACI nº 003/2022 Aprova a "Declaração de Posicionamento" dos Órgãos Centrais do Sistema de Controle Interno, relacionado à temática da Atividade de "Auditoria Interna Governamental" https://conaci.org.br/wp-content/uploads/2021/09/20200711_IC-WB_Final_Reportpt.pdf.

7 https://iiabrasil.org.br/ippf/definicao-de-auditoria-interna.

linha e a unidade de gestão da integridade, por sua vez atuam em segunda linha conforme explorado inicialmente no capítulo 5 e reforçado a seguir neste capítulo.

Nesta senda, para ficar mais patente o relacionamento entre atividade de auditoria e programa de integridade que estão interligados, mas não se confundem, cabe observar os normativos do Governo Federal (**Decreto nº 12.304/2024**), do Conselho Nacional de Justiça (Resolução nº 410/2021) e da Associação dos Tribunais de Contas (Resolução ATRICON/IRB nº 001/22) relacionados à matéria.

Comparativo conceitual de Sistema de Integridade e o papel da Auditoria Interna		
Decreto nº 12.304/2024	**Resolução CNJ nº 410/2021[8]**	**Resolução Atricon/IRB nº 001/2022**
Programa de integridade: conjunto de mecanismos e procedimentos internos de integridade, auditoria e incentivo à denúncia de irregularidades e a aplicação efetiva de códigos de ética e de conduta e outras políticas e diretrizes de integridade e prevenção a atos de corrupção, com objetivo de: (i) prevenir, detectar e sanar desvios, fraudes, irregularidades e atos lesivos praticados contra a administração pública, nacional ou estrangeira; (ii) mitigar os riscos sociais e ambientais decorrentes das atividades da organização, de modo a zelar pela proteção dos direitos humanos; e (iii) fomentar e manter uma cultura de integridade no ambiente organizacional (art. 2º).	**Compliance**: conjunto de mecanismos e procedimentos de controle interno, **auditoria**, incentivo à denúncia de irregularidades e de aplicação efetiva do código de conduta ética, políticas e diretrizes com objetivo de prevenir, detectar e sanar desvios, fraudes, irregularidades e atos ilícitos praticados por membros ou servidores do Poder Judiciário (art. 5º, II).	**Sistema de integridade**: conjunto de mecanismos e procedimentos de controle interno, **auditoria** e incentivo à denúncia de irregularidades e de aplicação efetiva do código de conduta ética, políticas e diretrizes, com o objetivo de prevenir, detectar e punir desvios, fraudes, irregularidades e atos ilícitos praticados por membros ou servidores dos Tribunais de Contas (Art. 5º, II).

Em todos os diplomas, a auditoria faz parte de um conjunto de esforços e ações em prol da integridade; mantidas, em todos os casos, sua independência e sua imparcialidade em relação a determinadas atividades devido seu caráter avaliativo e de consultoria dos procedimentos de controle adotados pelas outras unidades componentes do sistema de integridade.

É importante que o dirigente máximo ou o responsável pelo programa de integridade compreenda o papel da auditoria interna **para que as organizações não subutilizem seu potencial no processo de melhoria dos processos e rotinas**

8 Dispõe sobre normas gerais e diretrizes para a instituição de sistemas de integridade no âmbito do Poder Judiciário.

na implementação e monitoramento de um programa de integridade. Por outro lado, é igualmente necessário que as organizações não usem a auditoria interna fora do seu escopo e amplitude.

O Quadro 13.1, extraído do Manual de Integridade Pública da OCDE (2022), expõe os possíveis limites do auditor na gestão de riscos para a integridade.

Quadro 13.1: Papeis devidos e indevidos da Auditoria Interna na Gestão de Riscos

Papel da Auditoria Interna na Gestão de Riscos	Atividades correlatas
Papéis fundamentais (deve ser feito no serviço de avaliação)	Dar garantia dos processos de gerenciamento de riscos. Dar garantira que os riscos são corretamente estimados. Avaliar os processos de gerenciamento de riscos. Avaliar o processo de reporte dos principais riscos. Revisar o gerenciamento dos principais riscos.
Papéis legítimos com salvaguardas (pode ser feito no serviço de consultoria)	Facilitar a identificação e avaliação dos riscos. Orientar a administração nas respostas aos riscos. Coordenar as atividades de gestão de riscos. Reporte consolidado sobre os riscos. Manter e desenvolver a estrutura da gestão de riscos. Defender a implantação da gestão de riscos. Desenvolver estratégia de gerenciamento de riscos para aprovação do conselho.
Papéis que não deveria assumir	Estabelecer apetite ao risco. Impor o processo de gerenciamento de riscos. Garantia de administração de riscos. Tomar decisões sobre as respostas mais adequadas aos riscos. Implantar respostas aos riscos em nome da administração. Responsabilizar-se pelo gerenciamento de riscos.

Fonte: Declaração de posicionamento do IIA: o papel da auditoria interna no gerenciamento de riscos corporativo, IIA, 2009 apud Manual de Integridade Pública da OCDE (2022).

No caso brasileiro, a atividade de auditoria interna governamental tem buscado se ajustar à realidade global em virtude do processo de convergência às normas internacionais de auditoria conduzida por diversos atores reguladores do controle externo. Nesse sentido, o Tribunal de Contas da União (TCU) nos Acórdãos nº 1171/2017, 1745/2020, 814/2018 (todos do Plenário) definiu que os Poderes Executivo, Legislativo e Judiciário através de sua alta administração, instituíssem mecanismos de disciplina e sistematização seus processos de trabalho e auditoria interna. Assim, de acordos com os acórdãos citados, na medida do possível, devem as instituições envidarem esforços para que passem a convergir com as normas internacionais de Auditoria Interna, no que se refere: às oportunidades de melhoria, especialmente, em relação à política de desenvolvimento profissional; à metodologia para avaliação dos processos de gerenciamento de riscos, controles e de governança; à implantação da política de avaliação de qualidade e do planejamento anual com base em riscos; ao aprimoramento da seleção de controles internos a serem avaliados pelas ações de controle com base em riscos e à instituição de processos de trabalho de consultoria sobre gestão de riscos, controle e governança.

Por fim, um dado alarmante no cenário brasileiro é que, não obstante da importância da auditoria interna no suporte a promoção de integridade, há uma baixa presença de Programas de Integridade entre as UCCI dos Estados.

Em pesquisa realizada pelo Banco Mundial e CONACI, apenas 39,13% dos órgãos centrais de controle de nível estadual apontaram a existência de algum programa integridade. Quando se leva em consideração as capitais brasileiras os dados são ainda piores em razão de que o mesmo levantamento constatou que 80% das capitais não constam programa de integridade em seu órgão central. Esses números revelam que a auditoria interna tem se mostrado ineficiente em monitorar programas de integridade sendo que os próprios órgãos de 3ª linha (UCCI) não tem adotado políticas de *compliance*. Por tal motivo, **os Estados necessitam de melhores indicadores de ações de integridade pois:**

(i) somente 39% deles possuem regulamentação de conflitos de interesse;

(ii) em 43% não há acompanhamento de evolução patrimonial;

(iii) 35% não regulamentaram a lei anticorrupção brasileira;

(iv) apenas 30,43% regulamentam código de conduta para a alta administração (governantes e secretários).

Após a exposição detalhada de como a auditoria interna e a atividade de controle podem impactar na gestão da integridade, os tópicos seguintes se prestam a discriminar a divisão no regime jurídico pátrio entre sistema de controle interno e auditoria interna; a organização administrativa e mobilização de recursos humanos; o fluxo do procedimento de avaliação; uma visão complementar do papel da auditoria interna de acordo com a nova lei de licitações e contratos (Lei nº 14.133/2021); e o modelo de maturidade de auditoria.

2. DISTINÇÃO ENTRE CONTROLE INTERNO E AUDITORIA INTERNA DE ACORDO COM A BASE NORMATIVA DO SISTEMA DE CONTROLE INTERNO BRASILEIRO

O ponto de partida deste tópico seria a base normativa do **Sistema de Controle Interno Federal que exerce supervisão sobre as auditorias internas da**

administração indireta federal, mas não se propõe a supervisionar as unidades de controle interno administrativas que podem utilizar diversos nomes e estruturas.

Adotamos aqui, como o propósito de **benchmarking**, o modelo de estruturação do Governo Federal. Pois é o modelo de órgão central que tem irradiado sua composição como forma de inspiração para Estados e Municípios. O governo federal adota no seu órgão central controle interno, a Controladoria-Geral da União com as **macrofunções** de auditoria, correição, transparência, ouvidoria correição, e mais recentemente a integridade pública e privada. No caso da auditoria e controle interno, a referência é o Decreto nº 3.591, de 06 de setembro de 2000.

O Decreto nº 3.591, de 06 de setembro de 2000[9], instituiu o Sistema de Controle Interno do Poder Executivo federal:

> *Art. 1º O Sistema de Controle Interno do Poder Executivo Federal visa à avaliação da ação governamental e da gestão dos administradores públicos federais, com as finalidades, atividades, organização, estrutura e competências estabelecidas neste Decreto.*
>
> ***Art. 2º O Sistema de Controle Interno do Poder Executivo Federal tem as seguintes finalidades:***
>
> *I - avaliar o cumprimento das metas previstas no Plano Plurianual, a execução dos programas de governo e dos orçamentos da União;*
>
> *II - comprovar a legalidade e avaliar os resultados, quanto à eficácia e à eficiência da gestão orçamentária, financeira e patrimonial nos órgãos e nas entidades da Administração Pública Federal, bem como da aplicação de recursos públicos por entidades de direito privado;*
>
> *III - exercer o controle das operações de crédito, avais e garantias, bem como dos direitos e haveres da União;*
>
> *IV - apoiar o controle externo no exercício de sua missão institucional.*
>
> *[...]*
>
> ***Art. 4º O Sistema de Controle Interno do Poder Executivo Federal utiliza como técnicas de trabalho, para a consecução de suas finalidades, a auditoria e a fiscalização.***
>
> *§ 1º **A auditoria** visa a avaliar a gestão pública, pelos processos e resultados gerenciais, e a aplicação de recursos públicos por entidades de direito privado.*
>
> *§ 2º **A fiscalização** visa a comprovar se o objeto dos programas de governo corresponde às especificações estabelecidas, atende às necessidades para as quais foi definido, guarda coerência com as condições e características pretendidas e se os mecanismos de controle são eficientes.*
>
> ***Art. 8º Integram o Sistema de Controle Interno do Poder Executivo Federal:***
>
> ***I - a Controladoria-Geral da União, como Órgão Central**, incumbido da orientação normativa e da supervisão técnica dos órgãos que compõem o Sistema;*

9 http://www.planalto.gov.br/ccivil_03/decreto/d3591.htm.

> ***II - as Secretarias de Controle Interno (CISET) da Casa Civil, da Advocacia--Geral da União, do Ministério das Relações Exteriores e do Ministério da Defesa, como órgãos setoriais;***
>
> ***III - as unidades de controle interno dos comandos militares, como unidades setoriais da Secretaria de Controle Interno do Ministério da Defesa;***
>
> ***§ 1º A Secretaria Federal de Controle Interno desempenhará as funções operacionais de competência do Órgão Central do Sistema****, na forma definida no regimento interno, além das atividades de controle interno de todos os órgãos e entidades do Poder Executivo Federal, excetuados aqueles jurisdicionados aos órgãos setoriais constantes do inciso II.*
>
> *[...]*

Se observa inicialmente que o sistema de controle interno possui um formato distinto de outros sistema na medida em que não possui órgãos setoriais em todos os Ministérios.

Fato interessante é que o Decreto 3.591, de 06 de setembro de 2000[10], introduz uma estrutura colegiada consultiva no âmbito do Sistema de Controle Interno Federal. Essas decisões diretivas compartilhadas tem o condão de melhor absorção devido a terem sido formuladas em um processo de construção coletiva:

> ***Art. 9º A Comissão de Coordenação de Controle Interno - CCCI é órgão colegiado de função consultiva*** *do Sistema de Controle Interno do Poder Executivo Federal, sendo composta:*
>
> *I - pelo Ministro de Estado do Controle e da Transparência, que a presidirá:*
>
> *II - pelo Secretário-Executivo da Controladoria-Geral da União;*
>
> *III - pelo Secretário Federal de Controle Interno;*
>
> *IV - pelo Chefe da Assessoria Jurídica da Controladoria-Geral da União;*
>
> *V - pelo Coordenador-Geral de Normas e Orientação para o Sistema de Controle Interno;*
>
> *VI - por um Secretário de órgão setorial de Controle Interno do Poder Executivo Federal;*
>
> *VII - por um Assessor Especial de Controle Interno em Ministério; e*
>
> *VIII - por dois titulares de unidades de auditoria interna da administração pública federal indireta.*
>
> *Parágrafo único. Os membros referidos nos incisos VI, VII e VIII serão indicados e designados pelo Ministro de Estado do Controle e da Transparência, após anuência do titular do órgão ou entidade respectiva, para período de um ano, permitida uma única recondução, por igual período.*

A seguir constam as atribuições a CCI e da Secretaria Federal de Controle Interno do Poder Executivo Federal:

> ***Art. 10. Compete à CCCI:***

10 http://www.planalto.gov.br/ccivil_03/decreto/d3591.htm.

*I - **efetuar estudos e propor medidas visando promover a integração operacional** do Sistema de Controle Interno do Poder Executivo Federal;*

*II - **homogeneizar as interpretações** sobre procedimentos relativos às atividades a cargo do Sistema de Controle Interno do Poder Executivo Federal;*

*III - **sugerir procedimentos para promover a integração** do Sistema de Controle Interno do Poder Executivo Federal com outros sistemas da Administração Pública Federal;*

*IV - **formular propostas de metodologias para avaliação e aperfeiçoamento**[11] das atividades do Sistema de Controle Interno do Poder Executivo federal; e*

*V - **efetuar análise e estudo de casos propostos pelo Ministro de Estado do Controle e da Transparência**, com vistas à solução de problemas relacionados com o Controle Interno do Poder Executivo Federal.*

Parágrafo único. As propostas formuladas pela CCCI serão encaminhados para análise, aprovação e publicação pelo Ministro de Estado do Controle e da Transparência.

Art. 11. Compete à Secretaria Federal de Controle Interno (SFC):

I - propor ao Órgão Central a normatização, sistematização e padronização dos procedimentos operacionais dos órgãos e das unidades integrantes do Sistema de Controle Interno do Poder Executivo Federal;

II - coordenar as atividades que exijam ações integradas dos órgãos e das unidades do Sistema de Controle Interno do Poder Executivo Federal, com vistas à efetividade das competências que lhe são comuns;

III - auxiliar o Órgão Central na supervisão técnica das atividades desempenhadas pelos órgãos e pelas unidades integrantes do Sistema de Controle Interno do Poder Executivo Federal;

IV - consolidar os planos de trabalho das unidades de auditoria interna das entidades da Administração Pública Federal indireta;

V - apoiar o Órgão Central na instituição e manutenção de sistema de informações para o exercício das atividades finalísticas do Sistema de Controle Interno do Poder Executivo Federal;

VI - prestar informações ao Órgão Central sobre o desempenho e a conduta funcional dos servidores da carreira Finanças e Controle;

VII - subsidiar o Órgão Central na verificação da consistência dos dados contidos no Relatório de Gestão Fiscal, conforme estabelecido no art. 54 da Lei Complementar no 101, de 4 de maio de 2000;

VIII - auxiliar o Órgão Central na elaboração da prestação de contas anual do Presidente da República, a ser encaminhada ao Congresso Nacional, nos termos do art. 84, inciso XXIV, da Constituição Federal;

IX - exercer o controle das operações de crédito, avais, garantias, direitos e haveres da União;

X - avaliar o desempenho da auditoria interna das entidades da administração indireta federal;

11 O modelo de maturidade para as auditorias internas IA-CM que será tratado no tópico 8 enquadra-se nessa competência da CCCI.

XI - planejar, coordenar, controlar e avaliar as atividades de controle interno de suas unidades administrativas;

XII - verificar a observância dos limites e das condições para realização de operações de crédito e inscrição em Restos a Pagar;

XIII - verificar e avaliar a adoção de medidas para o retorno da despesa total com pessoal ao limite de que tratam os arts. 22 e 23 da Lei Complementar no 101, de 2000;

XIV - verificar a adoção de providências para recondução dos montantes das dívidas consolidada e mobiliária aos limites de que trata o art. 31 da Lei Complementar no 101, de 2000;

XV - verificar a destinação de recursos obtidos com a alienação de ativos, tendo em vista as restrições constitucionais e as da Lei Complementar no 101, de 2000;

XVI - avaliar o cumprimento das metas estabelecidas no Plano Plurianual e na Lei de Diretrizes Orçamentárias;

XVII - avaliar a execução dos orçamentos da União;

XVIII - fiscalizar e avaliar a execução dos programas de governo, inclusive ações descentralizadas realizadas à conta de recursos oriundos dos orçamentos da União, quanto ao nível de execução das metas e dos objetivos estabelecidos e à qualidade do gerenciamento;

XIX - fornecer informações sobre a situação físico-financeira dos projetos e das atividades constantes dos orçamentos da União;

X - propor medidas ao Órgão Central visando criar condições para o exercício do controle social sobre os programas contemplados com recursos oriundos dos orçamentos da União;

XXI - auxiliar o Órgão Central na aferição da adequação dos mecanismos de controle social sobre os programas contemplados com recursos oriundos dos orçamentos da União;

XXII - realizar auditorias sobre a gestão dos recursos públicos federais sob a responsabilidade de órgãos e entidades públicos e privados, bem como sobre a aplicação de subvenções e renúncia de receitas;

XXIII - realizar auditorias e fiscalização nos sistemas contábil, financeiro, orçamentário, de pessoal e demais sistemas administrativos e operacionais;

XXIV - manter atualizado o cadastro de gestores públicos federais;

XXV - apurar os atos ou fatos inquinados de ilegais ou irregulares, praticados por agentes públicos ou privados, na utilização de recursos públicos federais, dar ciência ao controle externo e ao Órgão Central e, quando for o caso, comunicar à unidade responsável pela contabilidade, para as providências cabíveis.

Art. 12. Compete às Secretarias de Controle Interno[12], no âmbito de sua jurisdição, além do estabelecido nos incisos IX a XXV do artigo anterior:

I - assessorar o Vice-Presidente da República, o Ministro de Estado, o Advogado-Geral da União e os titulares dos órgãos da Presidência da República nos assuntos de competência do Sistema de Controle Interno do Poder Executivo Federal;

12 Seriam os órgãos setoriais do Inciso II do art. 8° do Decreto 3.591/2000.

II - apoiar o órgão central do Sistema de Controle Interno do Poder Executivo Federal na elaboração da prestação de contas anual do Presidente da República, a ser encaminhada ao Congresso Nacional, nos termos do art. 84, inciso XXIV, da Constituição Federal;

III - encaminhar ao órgão central os planos de trabalho das unidades de auditoria interna das entidades vinculadas;

IV - orientar os administradores de bens e recursos públicos nos assuntos pertinentes à área de competência do controle interno, inclusive sobre a forma de prestar contas;

V - apoiar a supervisão ministerial e o Controle Externo nos assuntos de sua missão institucional;

VI - subsidiar a verificação da consistência do Relatório de Gestão Fiscal, conforme estabelecido no art. 54 da Lei Complementar no 101, de 2000.

§ 1º As auditorias e fiscalização a cargo dos órgãos setoriais que necessitem ser executadas de forma descentralizada nos Estados, inclusive na execução de convênios, acordos, contratos e outros instrumentos similares, poderão ser realizadas pela Secretaria Federal de Controle Interno, observada a solicitação da correspondente Secretaria de Controle Interno.

§ 2º Compete às unidades setoriais de controle interno[13]*, no âmbito de sua jurisdição, além do estabelecido nos incisos IX a XXV do artigo anterior, assessorar o Comandante das Forças Armadas nos assuntos de competência do Sistema de Controle Interno do Poder Executivo Federal.*

Aspectos essenciais do Decreto 3.591/2000 que podem ser observados por Entes que desejem implementar o sistema de controle interno
1º Aspecto: O Sistema de Controle Interno está previsto no art. 70 da Constituição Federal de 1988[14].
2º Aspecto: Não consta na organização do sistema[15], unidades setoriais descentralizadas em todas as unidades.
3º Aspecto: É delegada a uma Secretaria as funções operacionais do Órgão Central, no caso a Secretaria Federal de Controle Interno (SFC).
4º Aspecto: Em que pese não terem sido mencionadas na organização do sistema[16], compete à SFC consolidar os planos de trabalho das unidades de auditoria interna das entidades da Administração Pública Federal indireta.
5º Aspecto: Não é prevista na estrutura da Administração Direta Federal[17], a Auditoria Interna. Assim, na esteira do modelo 3 linhas, a própria SFC seria a 3ª linha nos Ministérios que não possuem órgãos setoriais.

13 Seriam as unidades do Inciso III do art. 8º do Decreto 3.591/2000.

14 Art. 70. A fiscalização contábil, financeira, orçamentária, operacional e patrimonial da União e das entidades da administração direta e indireta, quanto à legalidade, legitimidade, economicidade, aplicação das subvenções e renúncia de receitas, será exercida pelo Congresso Nacional, mediante controle externo, **e pelo sistema de controle interno de cada Poder.**

15 Art. 8º do Decreto 3.591/2000.

16 Art. 8º do Decreto 3.591/2000.

17 Não é previsto, mas não há impedimento para sua instituição. A Secretaria da Receita Federal do Brasil é um órgão da Administração Direta e possui auditoria interna.

A Assessoria Especial de Controle Interno (AECI) no modelo de 3 linhas

O Decreto 3.591/2000 define a função de AECI:

> *Art. 13. A Controladoria-Geral da União* ***contará com o apoio dos Assessores Especiais de Controle Interno nos Ministérios****, incumbidos de:*
>
> *I -* ***assessorar o Ministro*** *de Estado nos assuntos de competência do controle interno;*
>
> *II -* ***orientar*** *os administradores de bens e recursos públicos nos assuntos pertinentes à área de competência do controle interno, inclusive sobre a forma de prestar contas;*
>
> *III - submeter à apreciação do Ministro de Estado os processos de tomadas e prestação de contas, para o fim previsto no art. 52 da Lei no 8.443, de 16 de julho de 1992;*
>
> *IV - auxiliar os trabalhos de elaboração da prestação de contas anual do Presidente da República;*
>
> *V -* ***acompanhar a implementação****, pelos órgãos e pelas unidades,* ***das recomendações*** *do Sistema de Controle Interno e do Tribunal de Contas da União;*
>
> *VI - coletar informações dos órgãos da jurisdição, para inclusão de ações de controle nos planos e programas do órgão central do Sistema, com vistas a atender às necessidades dos ministérios.*
>
> *Parágrafo único. Os Assessores Especiais de Controle Interno, ao tomar conhecimento da ocorrência de irregularidades que impliquem lesão ou risco de lesão ao patrimônio público, darão ciência ao respectivo Ministro de Estado e à Controladoria-Geral da União, em prazo não superior a quinze dias úteis, contados da data do conhecimento do fato, sob pena de responsabilidade solidária.*

Observa-se que os assessores especiais de controle interno pelo próprio conceito, são assessores (*staff*). **O assessor é um conselheiro qualificado, contudo, sua manifestação, como regra, tem natureza opinativa. A autoridade recebe e avalia as informações da assessoria, mas toma as decisões com exclusiva responsabilidade.**

Nesse sentido, a **Assessoria Especial de Controle Interno enquadra-se como 2ª linha no modelo de 3 linhas.**

Contudo, caso tenham ciência de irregularidades que impliquem lesão ou risco de lesão ao patrimônio e não façam o reporte no prazo respondem de forma solidária.

Por fim, o AECI também é o responsável pela integridade, acesso à informação e transparência[18].

Se por um lado, o sistema de controle interno federal não propõe nos Ministérios a presença física de um posto avançado da 3ª linha; por outro lado, ao instituir a Assessoria Especial de Controle Interno, o sistema de controle interno reforça a 2ª linha. Esse modelo de assessoria, você perceberá, que se aproxima muito do modelo de Unidade de Controle Interno citado no tópico 6.

---

18 Decreto 11.529/2023. Art. 5° [...] § 1° Na administração pública federal direta, as unidades setoriais do Sitai para a gestão da integridade, da transparência e do acesso à informação são as assessorias especiais de controle interno.

Acompanhar a implementação das recomendações dos órgãos de controle e da auditoria interna é papel fundamental da Unidade de Controle Interno (2ª linha) no modelo de 3 linhas

O contexto normativo das Auditorias Internas no âmbito federal para a Administração Indireta

Quanto às auditorias internas da Administração Indireta, o Decreto 3.591/2000 define que:

Art. 14. ***As entidades da Administração Pública Federal indireta deverão organizar a respectiva unidade de auditoria interna, com o suporte necessário de recursos humanos e materiais, com o objetivo de fortalecer a gestão e racionalizar as ações de controle.***

Parágrafo único. No caso em que a demanda não justificar a estruturação de uma unidade de auditoria interna, deverá constar do ato de regulamentação da entidade o desempenho dessa atividade por auditor interno.

Art. 15. As ***unidades de auditoria interna das entidades da Administração Pública Federal indireta*** *vinculadas aos Ministérios e aos órgãos da Presidência da República ficam* ***sujeitas à orientação normativa e supervisão técnica do Órgão Central e dos órgãos setoriais do Sistema de Controle Interno do Poder Executivo Federal****, em suas respectivas áreas de jurisdição.*

§ 1º ***Os órgãos setoriais do Sistema de Controle Interno do Poder Executivo Federal*** *ficam, também,* ***sujeitos à orientação normativa e à supervisão técnica do Órgão Central.***

§ 2º ***A unidade de auditoria interna apresentará ao órgão ou à unidade de controle interno a que estiver jurisdicionada****, para efeito de integração das ações de controle,* ***seu plano de trabalho do exercício seguinte.***

§ 3º ***A auditoria interna vincula-se ao conselho de administração ou a órgão de atribuições equivalentes.***

§ 4º ***Quando a entidade da Administração Pública Federal indireta não contar com conselho de administração ou órgão equivalente, a unidade de auditoria interna será subordinada diretamente ao dirigente máximo da entidade, vedada a delegação a outra autoridade.***

§ 5º ***A nomeação, designação, exoneração ou dispensa do titular de unidade de auditoria interna será submetida, pelo dirigente máximo da entidade, à aprovação do conselho de administração*** *ou órgão equivalente, quando for o caso, e, após, à aprovação da Controladoria-Geral da União.*

§ 6º ***A auditoria interna examinará e emitirá parecer sobre a prestação de contas anual da entidade*** *e tomadas de contas especiais.*

Aspectos essenciais do contexto normativo da Auditoria Interna na Administração Indireta:

1º Aspecto: A auditoria interna enquadra-se como 3ª linha no modelo de 3 linhas. Nesse sentido, a Auditoria Interna deve reporte ao conselho de administração ou órgão equivalente. Somente nos casos em que não existe tal conselho, a Auditoria Interna se reporta diretamente ao dirigente máximo, vedada a delegação de competência.

2º Aspecto: A Alta Administração deve dar o devido suporte (recursos humanos, materiais e orçamentários) para a Auditoria Interna realizar suas entregas.

3º Aspecto: A auditoria interna deve apresentar anualmente seu Plano Anual de Auditoria Interna (PAINT) ao órgão central do Sistema de Controle Interno.

4º Aspecto: O Decreto não trata de mandato de forma direta, mas delega para órgão central do Sistema de Controle Interno a definição de requisitos de nomeação, exoneração ou dispensa do cargo.

O contexto normativo das Auditorias Internas no âmbito federal para a Administração Indireta
5º Aspecto: Atualmente, a Auditoria Interna deve elaborar parecer, que na IN TCU 84/2020 denomina-se certificado, das contas de gestão no processo de auditoria integrada anual (financeira e conformidade)[19].

O Papel da Auditoria Interna na Prestação de Contas das Unidades que devem apresentar e divulgar a prestação de contas na internet, mas não terão as contas julgadas pelo TCU

A Portaria TCU nº 52/2024 define que:

> *Art. 2º **Ficam relacionadas, no Anexo I desta Portaria, as UPC significativas do Balanço Geral da União (BGU) e as empresas estatais que**, nos termos do inciso I do art. 2º da Instrução Normativa-TCU nº 84, de 2020, **terão processo de prestação de contas de 2024 formalizado para julgamento das contas** dos responsáveis com base na competência prevista no inciso II do art. 71 da Constituição Federal e de acordo com as disposições da Lei nº 8.443, de 16 de julho de 1992, da Instrução Normativa-TCU nº 84, de 2020, e da Decisão Normativa-TCU nº 198, de 2022.*
>
> *Art. 3º **Ficam relacionadas, no Anexo II desta Portaria**, as unidades da administração pública federal definidas como UPC ou Unidades Apresentadoras de Contas (UAC), as quais, nos termos do § 1º do art. 9º da Instrução Normativa-TCU nº 84, de 2020, **deverão apresentar e divulgar na internet informações e análises quantitativas e qualitativas dos resultados da gestão orçamentária, financeira, operacional e patrimonial do exercício de 2024**, com vistas ao controle social e ao controle institucional previstos nos artigos 70, 71 e 74 da Constituição Federal, observadas as disposições da Instrução Normativa-TCU nº 84, de 2020, e da Decisão Normativa-TCU nº 198, de 2022.*

Exsurge a necessidade, de apresentar diferenças sutis para as unidades do Anexo I e para as Unidades do Anexo II que por sua vez serão segmentadas em: (i) UPCs dos Poderes Legislativo, Judiciário, Ministério Público da União e Defensoria Pública da União; (ii) UPCs da Administração Indireta do Poder Executivo Federal; (iii) UPCs da Administração Direta do Poder Executivo Federal.

Grupo de UPC	Terá as Contas Julgadas pelo TCU	Componentes essenciais do Processo de Prestação de Contas
UPCs do Anexo I	**Sim**	**Relatório de Gestão** **Demonstrações Contábeis** **Rol de Responsáveis** **Certificado de Contas elaborado pelo TCU ou pela CGU** **Pronunciamento Ministerial**

19 No âmbito federal, a DN TCU 198/2022 define que o Presidente do TCU divulgará anualmente as unidades prestadoras de contas. A portaria TCU nº 75, de 29 de março de 2023 divulga a relação de UPCs para o ano de 2024. As unidades do Anexo I terão contas julgadas, enquanto as unidades do Anexo II devem apresentar e divulgar a prestação de contas na internet.

Grupo de UPC	Terá as Contas Julgadas pelo TCU	Componentes essenciais do Processo de Prestação de Contas
UPCs do Anexo II: Poderes, MPU e DPU	**Não**	**Relatório de Gestão** **Demonstrações Contábeis** **Rol de Responsáveis** **Certificado de Contas elaborado pela Auditoria Interna dos Poderes**[20] **Pronunciamento do Dirigente Máximo**
UPCs do Anexo II: Administração Indireta do Executivo federal e Conselhos Profissionais	**Não**	**Relatório de Gestão** **Demonstrações Contábeis** **Rol de Responsáveis** **Parecer elaborado pela Auditoria Interna nos termos do Decreto 3.591/2020** **Pronunciamento do Dirigente Máximo**
UPCs do Anexo II: Administração Direta	**Não**	**Relatório de Gestão** **Demonstrações Contábeis** **Rol de Responsáveis**

No âmbito federal, a Auditoria Interna desempenha papel fundamental na Prestação de Contas Anual. No caso do Executivo, elabora o Parecer; enquanto no caso dos Poderes Legislativo, Judiciário, Ministério Público da União e Defensoria Pública da União, elabora o Certificado.

20 IN TCU 84/2020.

Art. 13. [...]

§ 6º Os **órgãos dos Poderes Legislativo e Judiciário e do Ministério Público incluirão**, na prestação de contas anual a ser publicada conforme o § 2º do art. 8º e o § 1º do art. 9º desta instrução normativa, **os certificados de auditoria** emitidos nos termos do § 2º do caput.

Figura 13.1: Extrato de Parecer de Auditoria da Administração Indireta

2. **conformidade legal dos atos administrativos**

A conformidade legal dos atos administrativos praticados pela ANAC em 2022 considerou os resultados dos 4 trabalhos de auditoria realizados neste ano, sobre os quais pôde-se obter evidências necessárias para as conclusões da Auditoria Interna.

De modo geral, os achados e as recomendações geradas a partir dos trabalhos de Auditoria apontam oportunidades de melhorias nos controles internos de gestão praticados, principalmente no que se refere à eficiência e à eficácia dos objetos avaliados.

Entretanto, em 3 trabalhos de Auditoria foram identificadas falhas em decorrência de observância parcial à normativos externos e internos à ANAC, que vêm sendo tratadas por meio de ações realizadas pelas Unidades responsáveis e monitoradas pela Auditoria Interna.

Considerado o exposto, acerca do item "conformidade legal dos atos administrativos", emito opinião com ressalva.

3. **processo de elaboração das informações contábeis e financeiras**

Em 2022, o processo de elaboração das informações contábeis foi avaliado por meio de trabalho específico de Auditoria.

A conclusão do trabalho de Auditoria foi de que a ANAC deve buscar o aperfeiçoamento do seu processo de elaboração das informações contábeis e financeiras e na estrutura que o suporta. Quanto à confiabilidade das demonstrações contábeis da ANAC, ressalta-se a necessidade de priorização de solução para o correto registro contábil dos créditos não-tributários referentes às multas administrativas impostas pela ANAC. Por fim, foram constatadas possibilidades de melhoria na comunicação entre os gestores do processo, a alta administração, o Diretor-Presidente e a Diretoria Colegiada, bem como a melhoria da comunicação da Agência com os órgãos externos de controle. Tais situações estão sendo tratadas por meio de ações definidas pelas Unidades envolvidas a partir das recomendações de auditoria geradas.

Por fim, para emissão de opinião sobre o processo de elaboração das informações contábeis e financeiras da ANAC, informo que as distorções identificadas nas demonstrações contábeis da ANAC avaliadas durante o trabalho de Auditoria não podem ser definidas como generalizadas, uma vez que o escopo do trabalho se limitou à avaliação da conformidade contábil de multas administrativas e a Dívida Ativa da Agência, motivo pelo qual emito opinião com ressalva.

Fonte: Parecer de Auditoria da Prestação de Contas 2022 da ANAC

Figura 13.2: Extrato de Certificado de Auditoria do Poder Judiciário

CERTIFICADO DE AUDITORIA

Examinamos, em apoio ao Tribunal de Contas da União, nos termos do art. 74, inciso IV da Constituição Federal; e ao amparo das suas competências estabelecidas no art. 50, inciso II e do art. 9º, inciso III, da Lei 8.443 de 16.07.1992; no § 2º do art. 13 da Instrução Normativa TCU nº 84/2020; e no inciso IX do art. 6º da Resolução TRE-PI 271/2013, alterada pela Resolução TRE-PI nº 422/2021, as demonstrações contábeis do Tribunal Regional Eleitoral do Piauí, compreendendo o Balanço Patrimonial, a Demonstração das Variações Patrimoniais e o Balanço Orçamentário. Nesses demonstrativos, os exames foram restritos aos ciclos contábeis Ativo Imobilizado – Bens Móveis e Bens Imóveis; Ativo Intangível, Contratações (repactuações) e Despesas de Pessoal, para o exercício findo em 31 de dezembro de 2022, bem como as correspondentes notas explicativas, incluindo o resumo das principais políticas contábeis.

Opinião sobre as demonstrações contábeis

Em nossa opinião, as demonstrações contábeis acima referidas apresentam adequadamente, em todos os aspectos relevantes, correspondente aos ciclos contábeis Ativo Imobilizado – Bens Móveis e Bens Imóveis; Ativo Intangível; Contratações (repactuações) e Despesas de Pessoal, a posição patrimonial e financeira do Tribunal em 31 de dezembro de 2022, de acordo com as práticas contábeis adotadas no Brasil aplicadas ao setor público.

Fonte: Certificado de Auditoria da Prestação de Contas 2022 do TRE-PI

Qualificações para ocupar o cargo de Titular da Auditora Interna no âmbito do Poder Executivo federal

Portaria CGU nº 2.737, de 20 de dezembro de 2017:

Art. 2º ***O dirigente máximo ou responsável pela entidade submeterá a indicação do titular da unidade de auditoria interna ou do auditor interno à aprovação do conselho de administração ou órgão equivalente****, quando for o caso, e, após, à aprovação da CGU, observado o prazo máximo de que trata o §2º do art. 1º,* ***acompanhada da Declaração preenchida e assinada, conforme modelo do Anexo, e de curriculum vitae, do qual deverão constar, além da formação acadêmica:***

I - ***Cargos efetivos e cargos ou funções em comissão eventualmente exercidos*** *na Administração Pública, com o detalhamento das atividades desempenhadas;*

II - ***Áreas de atuação, tempo de permanência e descrição das atividades executadas*** *e dos projetos mais relevantes desenvolvidos, com destaque para os efetuados no âmbito da entidade, quando houver;*

III - ***Descrição, conteúdo programático e carga horária de cursos realizados*** *nas áreas de auditoria interna, de auditoria governamental ou correlatas;*

IV - ***Comprovação de experiência de, no mínimo, dois anos em atividades de auditoria****, preferencialmente governamental; e*

V - ***Comprovação de carga horária de, no mínimo, quarenta horas em atualização técnica nas áreas de auditoria interna ou auditoria governamental, nos últimos três anos*** *que antecedem à indicação de que trata o caput.*

Qualificações para ocupar o cargo de Titular da Auditora Interna no âmbito do Poder Executivo federal
Art. 3º Não serão aprovadas as indicações daqueles que tenham sido, nos últimos oito anos: *I - Responsáveis por atos julgados irregulares por decisão definitiva do Tribunal de Contas da União, dos Tribunais de Contas dos Estados ou do Distrito Federal, bem como dos Tribunais de Contas dos Municípios;*   *II - Responsáveis por contas certificadas como irregulares pela CGU ou pelos órgãos setoriais do Sistema de Controle Interno do Poder Executivo Federal;*   *III - Punidos, em decisão da qual não caiba recurso administrativo, em processo disciplinar;*   *IV - Responsáveis pela prática de ato tipificado como causa de inelegibilidade nos termos da Lei Complementar nº 64, de 18 de maio de 1990.*   ***Art. 4º É de responsabilidade do órgão ou entidade verificar previamente se o indicado atende outras condições gerais ou especiais previstas na legislação para ser nomeado ou designado para exercer o cargo ou função, inclusive no que diz respeito a conflito de interesses ou nepotismo.***   **Observa-se que as condições exigidas para nomeação do Titular na área de auditoria são mais rigorosas que na Ouvidoria e menos rigorosas que na Corregedoria (que exige servidor efetivo e escolaridade mínima):**   1º Histórico da experiência profissional, tendo no mínimo 2 anos de experiência prévia em auditoria.   2º Comprovação de carga horária mínima de quarenta horas de capacitação em temas de auditoria interna ou auditoria governamental, realizado nos últimos três anos.

Tratamento dado ao mandato da Auditora Interna no âmbito do Poder Executivo federal
Portaria CGU nº 2.737, de 20 de dezembro de 2017:   *Art. 9º A permanência no cargo de titular da **unidade de auditoria interna** deve ser **limitada a três anos consecutivos**, podendo ser **prorrogada, uma única vez, por igual período**.*   *§1º Finda a prorrogação referida no caput, se a manutenção do titular da unidade de auditoria interna for imprescindível para a finalização de trabalhos considerados relevantes, o conselho de administração ou órgão equivalente, ou, na ausência desses colegiados, a autoridade máxima da entidade poderá prorrogar a designação por mais 365 dias, mediante decisão fundamentada e que contenha análise de plano de ação para transferência das referidas atividades relevantes.*   *§2º O titular que for destituído do cargo, inclusive a pedido, só poderá voltar a ocupar a mesma função, na mesma entidade, após o interstício de três anos.*   Neste caso, entendeu-se que pelas situações complexas, desafiadoras e de enfrentamento inerentes à Auditoria, o titular da unidade deve ter mandato. Cabe destacar o auditor interno deverá elaborar o certificado ou parecer das contas da gestão, cujo resultado pode ser: sem ressalvas, com ressalvas, adverso ou abstenção de opinião. Logo, o titular da pasta deve ter a certeza que poderá fazer seu trabalho sem receio de represálias. **Por outro lado, o mandato não dá liberdade para atuar fora das orientações do órgão central e pode haver a exoneração conforme a Portaria 2.173/2017 define:**   ***Art. 8º O titular da unidade de auditoria interna deverá manter as condições necessárias à sua aprovação pelo conselho de administração ou órgão equivalente, ou, na ausência desses colegiados, pela autoridade máxima da entidade, e atender as exigências dos artigos 2º e 3º desta Portaria durante todo o tempo que exercer o cargo ou função.***

Tratamento dado ao mandato da Auditora Interna no âmbito do Poder Executivo federal
§ 1º A superveniência de qualquer fato impeditivo à manutenção das condições e exigências a que se refere o caput ensejará a exoneração ou dispensa do titular da unidade de auditoria interna em até trinta dias, contados da ciência formal do fato pelo dirigente máximo da entidade. §2º O disposto no §1º aplica-se aos interinos e substitutos eventuais.   *[...]*   ***Art. 11. A CGU poderá recomendar à entidade a dispensa do titular da unidade de auditoria interna nas seguintes situações:***   ***I - Avaliação insatisfatória de seu desempenho*** *em face da qualidade e tempestividade dos trabalhos produzidos em comparação com os recursos à sua disposição e ao porte da entidade; e*   ***II - Comportamento inapropriado ou incompatível com o cargo ou função exercido.***   ***Art. 12. A proposta de exoneração ou dispensa do titular da unidade de auditoria interna pelo conselho de administração ou órgão equivalente, ou, na ausência desses colegiados, pela autoridade máxima da entidade, deverá ser motivada e a justificativa, encaminhada previamente à aprovação da CGU, que deverá analisá-la em até vinte dias contados do recebimento.***   *§1º No caso de a CGU se manifestar contrariamente à exoneração ou dispensa proposta, a comunicação, devidamente motivada, dar-se-á na forma do parágrafo único do art. 7º desta Portaria.*   *§2º Ficam dispensados de consulta à CGU os casos em que a exoneração ou dispensa se der a pedido do servidor ou por falecimento.*   **Conclui-se que o mandato não é absoluto, podendo haver exoneração caso o titular incida em situações impeditivas à manutenção no cargo ou em caso de avaliação insatisfatória.**

3. ESTRUTURA E FUNCIONAMENTO DE UMA UNIDADE DE AUDITORIA INTERNA

Neste tópico serão apresentados exemplo de composição, fluxos e produtos esperados relacionados a uma Auditoria Interna.

Posicionamento da Auditoria Interna
A Auditoria Interna deve reportar-se ao Conselho de Administração ou Órgão equivalente. Na ausência destes, deve reportar-se autoridade máxima do órgão ou da entidade.

Figura 13.3: Exemplo de composição de uma Auditoria Interna em uma Autarquia federal

2.5 Funcionamento de Controles Internos e Cumprimento de Recomendações de Auditorias

A Coordenadoria Geral de Auditoria (CGAUD), que corresponde à 3ª linha de defesa, é responsável pela avaliação da operacionalização dos controles internos da gestão instituídos pela primeira linha de defesa e da supervisão dos controles internos realizados pela segunda linha de defesa.

Atualmente, o titular da CGAUD é o auditor Fernando Saulo Pinheiro do Nascimento, nomeado pela Portaria nº 7053/PROGEP/UFC, de 30/12/2019, e reconduzido pela Portaria nº 5162/PROGEP/UFC, de 30/12/2022, em consonância com a Portaria CGU 2.737/2017. Além do titular, a unidade dispõe do seguinte quadro de servidores: Maria Glícia Conde Santiago (auditora interna), Rodrygo Rocha Macedo (assistente técnico), Lúcia Helena Moreira (contadora), Mayara Lima Casqueiro (economista), Carlos Sidney Braga da Silveira (contador), Paulo Sérgio Vasconcelos Alves Júnior (analista de TI), Klency Otaviano Araújo (assistente em administração), Ewandro Leal de Moraes Coelho (engenheiro civil), Érika Michelle de Oliveira Conrado Leopoldino (administradora), Diego Rafael Fonseca Carneiro (economista) e Sávio Martins Carneiro (assistente em administração).

Fonte: Relatório de Acompanhamento do Programa de Integridade – UFC – 2023.1

Principais realizações de uma Auditoria Interna
- Reuniões deliberativas. - Realização de avaliações e consultorias. - Apuração de denúncias após análise preliminar. - Elaboração do PAINT (Plano Anual de Auditoria Interna) e RAINT (Relatório Anual de Auditoria Interna). - Elaboração do Certificado de Contas (Poderes Legislativo, Judiciário, MPU e DPU) ou Parecer (Entidades da Administração Indireta do Executivo federal). - Realização de ações e campanhas educativas.

4. TIPOS DE SERVIÇOS PRESTADOS PELA AUDITORIA INTERNA

Boynton, Johnson e Kell (2002) definem auditoria como um processo sistemático de obtenção e avaliação objetivas de evidências sobre afirmações a respeito de ações e eventos econômicos, para aquilatação do grau de correspondência entre as afirmações e critérios estabelecidos, e de comunicação dos resultados a usuários interessados.

Para Merchant e Stede (2012) **a auditoria consiste em um processo sistemático que: (i)** objetivamente obtém e avalia evidência sobre objetos importantes, **(ii)** julga os objetos segundo critérios definidos, **(iii)** comunica os resultados aos usuários. O uso do termo sistemático mostra que auditorias não devem ser feitas de formas aleatórias. Elas envolvem uma sequência ordenada de passos inter-relacionados, todos relacionados com um ou mais objetivos de auditoria.

Na visão de Merchant e Stede (2012) o processo de auditoria é composto das seguintes fases: planejamento, execução, julgamento. A primeira fase envolve o desenvolvimento de uma compreensão dos critérios estabelecidos nos grupos que irão utilizar os relatórios da auditoria e o escopo requerido da auditoria (programa de auditoria). A segunda fase é o processo que mais consome tempo, pois envolve obtenção e avaliação das evidências. Dependendo do foco e do escopo da auditoria, a evidência coletada pode envolver alguns ou todos os seguintes: observação; entrevistas; relatórios de opinião; recálculos; confirmações e análises. A terceira fase requer o julgamento, baseado nas evidências, para saber se os critérios foram ou não cumpridos. O processo de auditoria é concluído com a comunicação por meio do relatório de auditoria.

Na visão de Flint (1988) o processo de avaliação e comprovação exige não só uma aptidão especial, como também o exercício de julgamento. Ele afirma que o auditor é responsável, enquanto profissional qualificado, pelo seu trabalho de auditoria e pela emissão da opinião sobre a qualidade da informação relatada.

Conclui-se preliminarmente que um dos produtos da auditoria consiste no relatório definitivo que contém as opiniões dos auditores a partir da comparação entre o que foi observado e os critérios definidos. Considerando que se trata da produção de informação, a comunicação entre o auditor e o gestor auditado é um dos pilares desse processo. **Nesse sentido, antes do fechamento do relatório final é essencial, seja no âmbito privado ou público, dar atenção a versão do gestor auditado sobre as opiniões dos auditores constantes no relatório preliminar**.

Em relação ao aspecto de integridade, segundo o manual da OCDE[21], é possível identificar os fatores de risco de integridade no decorrer do trabalho de auditoria interna e avaliar se esses riscos estão sendo gerenciados de forma eficaz, mesmo que a organização do setor público não tenha programas formais de gestão de risco para a integridade implementados. Por exemplo, os auditores internos podem sinalizar áreas de alto risco para violações de integridade, como relacionamentos com terceiros, atividades terceirizadas ou compras. As recomendações de auditoria, para melhorar o ambiente de controle nessas áreas

21 Manual de Integridade Pública da OCDE (2022).

operacionais de alto risco, podem impulsionar os esforços da organização para prevenir e detectar fraudes e corrupção.

Quadro 13.2: Partes envolvidas na Auditoria

Auditado	Auditor	Parte Interessada
Parte responsável	**Realizador do trabalho**	**Usuários previstos**

Quadro 13.3: Tipos de serviços gerados pela Auditoria Interna

Tipo	Descrição
Avaliação	O trabalho de avaliação, como parte das atividades de auditoria interna, pode ser definido como **a obtenção e a análise de evidências com o objetivo de fornecer opiniões ou conclusões independentes** sobre um objeto de auditoria.
	Demanda baseada em Riscos levantados pela Auditoria Interna.
	Formato do monitoramento baseado em recomendações.
Consultoria	O serviço de consultoria é uma atividade de auditoria interna governamental que consiste **em assessoramento, aconselhamento e outros serviços relacionados fornecidos à alta administração** com a finalidade de respaldar as operações da unidade. Em regra, é prestado em decorrência de solicitação específica do órgão ou da entidade da Administração Pública, ou ainda de órgão ou colegiado interministerial com competência para avaliação e monitoramento da ação governamental ou com papel de fortalecimento da governança, da gestão de riscos e dos controles internos do Poder Executivo. **Os trabalhos de consultoria devem abordar assuntos estratégicos da gestão, sua natureza e seu alcance, acordados previamente.**
	Demandas decorrem de solicitação específica do auditado.
	Formato do monitoramento a definir (podem ser propostas de melhoria ou aspectos a serem observados).
Apuração	A apuração consiste na execução de procedimentos cuja finalidade é averiguar atos e fatos inquinados de ilegalidade ou de irregularidade praticados por agentes públicos, ou privados, na utilização de recursos públicos federais.
	Trata-se de competência em sintonia com a essência das normas e dos regulamentos aplicáveis ao Sistema de Controle Interno, no sentido precípuo de zelar pela correta aplicação de recursos públicos, ainda que, em alguns casos, exija atuação específica e diferenciada dos serviços típicos da atividade de auditoria interna.
	Essa competência foi atribuída pela Lei nº 10.180, de 2001, aos órgãos e unidades do SCI, portanto, em princípio, não cabe às unidades singulares de Auditoria Interna. Contudo, tal responsabilidade pode também ser atribuída às Auditorias Internas tanto por força de normativo, como por decisão da alta administração.

Fonte: Portaria SFC nº 1.055, de 30 de abril de 2020, e Manual de Orientações Técnicas da CGU (2017).

Harmonizando Avaliação e Consultoria na mesma equipe
Caso haja capacidade operacional, orienta-se que os servidores que participaram de uma consultoria sobre uma demanda, sejam distintos dos servidores que serão designados para participar uma avaliação sobre esse mesmo objeto no futuro.

Qual a distribuição apropriada para os serviços de auditoria?22 O caso federal.

Não há um percentual fixo estabelecido para a alocação de horas em serviços de auditoria. No entanto, considerando que a execução de serviços de auditoria é a principal atividade finalística das Unidades de Auditoria Interna Governamental (UAIG), é recomendável que, **pelo menos, 60% da força de trabalho seja alocada para as atividades de auditoria em conjunto com o monitoramento de recomendações**, de forma a garantir o cumprimento das obrigações essenciais da unidade. As exceções devem ser justificadas e acordadas com a respectiva Unidade de Supervisão Técnica (UST).

Não há uma quantidade predeterminada de horas sugerida para a alocação em auditorias individuais, pois isso depende da complexidade, relevância e escopo de cada auditoria. Cabe à UAIG determinar a alocação adequada de recursos com base na análise detalhada de cada caso, assegurando que o tempo destinado seja compatível com os objetivos, a profundidade e as exigências dos exames a serem realizados.

As atividades de treinamento e desenvolvimento das habilidades e conhecimentos necessários para o desempenho das funções de auditoria interna e que estejam alinhados com o planejamento estabelecido para o período. A alocação de horas para atividades de capacitação deve considerar o quantitativo mínimo de 40 horas anuais para cada auditor, incluído o titular da unidade. **Exemplos:** treinamentos; cursos de pós-graduação (*lato* e *stricto sensu)* e eventos compatíveis com a atividade de auditoria, ao universo de auditoria da UAIG e às competências requeridas dos auditores.

O titular da unidade deve sempre constar como 'Gestão da UAIG', independente de executar serviços e atividades de auditoria interna; auditores, em 'Atividade de Auditoria' e pessoal locado em atividades administrativas, em 'Apoio'.

Estrutura de Pessoal da UAIG	Descrição
Gestão da UAIG	Responsáveis pelas atividades de gestão interna e melhoria dos processos internos.
Atividades de auditoria	Responsáveis pelas atividades essencialmente de auditoria, como por exemplo os serviços de auditoria e o monitoramento de recomendações.
Apoio	Responsáveis pelas atividades essencialmente administrativas.
Outro	Para o caso de unidades que exerçam também outras atividades, não contempladas nas anteriores.

Quadro 13.4: Tipos de Auditoria inseridas na Avaliação

Tipo de Auditoria	Descrição
Financeira	Verificar a confiabilidade, consistência e conformidade das informações contábeis.

22. https://www.gov.br/cgu/pt-br/assuntos/auditoria-e-fiscalizacao/uaig/perguntas-frequentes

Conformidade	Mensurar a conformidade de atos e normas em relação à legislação ou padrão específico.
Operacional	Avaliar riscos e controles internos associados a processos (economia, eficiência e efetividade).

Auditoria Integrada é uma tendência?
Sim, ela seria uma auditoria que utiliza os fundamentos da auditoria financeira e de conformidade simultaneamente. A partir dos achados (distorções contábeis) da auditoria financeira, faz-se o aprofundamento quanto à conformidade.

E a auditoria de Fraudes?
Ela busca investigar condutas irregulares. Nenhuma auditoria clássica parte da premissa da fraude, mas está preparada para incluir nos trabalhos caso se depare com um caso. Segundo o Manual de Orientações Técnicas: *"A apuração consiste na execução de procedimentos cuja finalidade **é averiguar atos e fatos inquinados de ilegalidade ou de irregularidade praticados por agentes públicos ou privados, na utilização de recursos públicos federais.** Trata-se de competência em sintonia com a essência das normas e dos regulamentos aplicáveis ao SCI, no sentido precípuo de zelar pela correta aplicação de recursos públicos, ainda que, em alguns casos, exija atuação específica e diferenciada dos serviços típicos da atividade de auditoria interna.* *Essa competência foi atribuída pela Lei nº 10.180, de 2001, aos órgãos e unidades do SCI, portanto, **em princípio, não cabe às unidades singulares de Auditoria Interna. Contudo, tal responsabilidade pode também ser atribuída às Audin tanto por força de normativo, como por decisão da alta administração".***

Um comentário paralelo se faz para efeito de contextualização e comparação do binômio auditoria e fraudes em relação a outros países. A Agência Anticorrupção Francesa (AFA) observou em sua pesquisa de 2018 sobre a prevenção da corrupção no governo local que, em algumas organizações do setor público, as atividades de prevenção da corrupção estão explicitamente incluídas no rol de competências de auditoria interna.

Por sua vez a Agência de Auditoria Interna do Governo (GIAA) no Reino Unido oferece uma linha de serviço distinta que aconselha as organizações do setor público sobre estratégias antifraude e como investigar suspeitas de fraude interna ou de fornecedores. Este serviço especializado é adicional às atividades principais de auditoria interna que o GIAA oferece. Em seu relatório anual 2018-19, o GIAA indicou que o trabalho da unidade antifraude e investigações levou à detecção de 1 milhão de libras esterlinas desviadas e evitou a perda de mais de 1 milhão de libras nas organizações do setor público que contrataram seus serviços.

A Figura 13.4 ilustra um fluxo geral de uma avaliação. Normalmente as comunicações entre a auditoria e os auditados se dá por meio das Solicitações de Auditoria durante a execução e por meio do relatório ao final do trabalho.

Contudo, existe instrumento específico que pode ser utilizado em determinadas situações: a nota de auditoria.

Nota de Auditoria
O Manual de Orientação Técnica da CGU, define que: ***Nota de Auditoria é o documento emitido pela Unidade de Auditoria Interna Governamental, no decorrer dos exames, nas seguintes situações:*** ***a) identificação de providência a ser adotada imediatamente pela Unidade Auditada, de modo que aguardar a finalização do trabalho para expedir a recomendação necessária poderá resultar em danos aos cidadãos ou à administração pública.*** *Esse registro deverá ser acrescentado posteriormente ao relatório ou a outro documento de comunicação dos resultados dos trabalhos;* *b) identificação de falha meramente formal ou de baixa materialidade, que não deva constar no relatório, mas para a qual devam ser adotadas providências para saneamento. Na situação descrita no item "a", é importante que a Nota de Auditoria (NA) seja destinada ao dirigente máximo da Unidade Auditada, cabendo ao responsável pela* ***Unidade de Auditoria Interna Governamental*** *definir, no âmbito da sua unidade, quem terá competência para assiná-la. Já na situação descrita no item "b", a comunicação poderá ser encaminhada à autoridade da área que tem a competência para solucionar a falha apontada.*

Figura 13.4: Possível fluxo para realização de uma Avaliação de Auditoria Interna

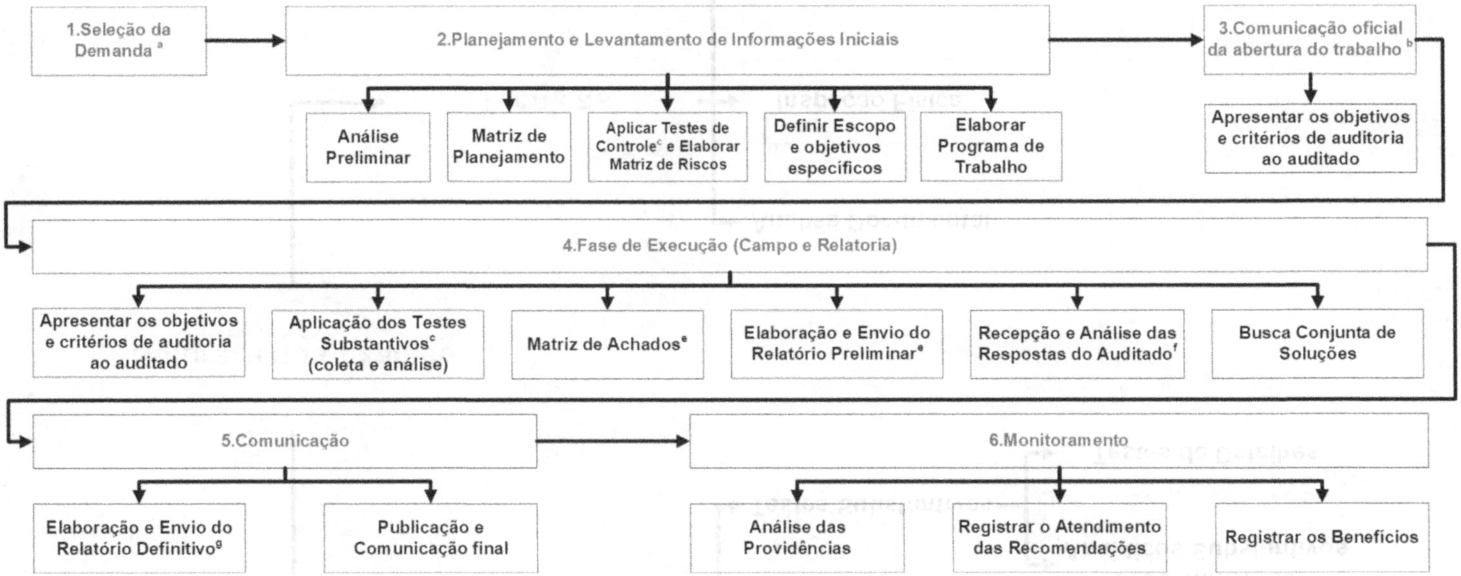

Legenda: **(a)** A seleção da demanda pode decorrer da análise de riscos ou de uma demanda externa (representação ou denúncia vide Figura 7.3); **(b)** Recomenda-se nessa fase apresentar em reunião a matriz de planejamento de forma simplificada e o escopo do trabalho; **(c)** Os testes de controle são os testes que visam observar o ambiente de controle para determinar o nível de risco, enquanto o testes substantivos visam obter as evidências; **(d)** Nessa matriz se confronta o que foi encontrado com o parâmetro definido; **(e)** Na elaboração do Relatório Preliminar pode até se pensar em recomendações prévias, contudo quando do envio, o relatório preliminar deve ir sem recomendações que devem ser elaboradas na Busca Conjunta; **(f)** O auditor deve considerar as respostas do auditado, mas a palavra final é do auditor; **(g)** Ao enviar o relatório definitivo deve-se conforme o caso consultar os dispositivos da Lei de Acesso à Informação e da Lei Geral de Proteção aos Dados Pessoais.

Figura 13.5: Tipos de Testes em uma Auditoria

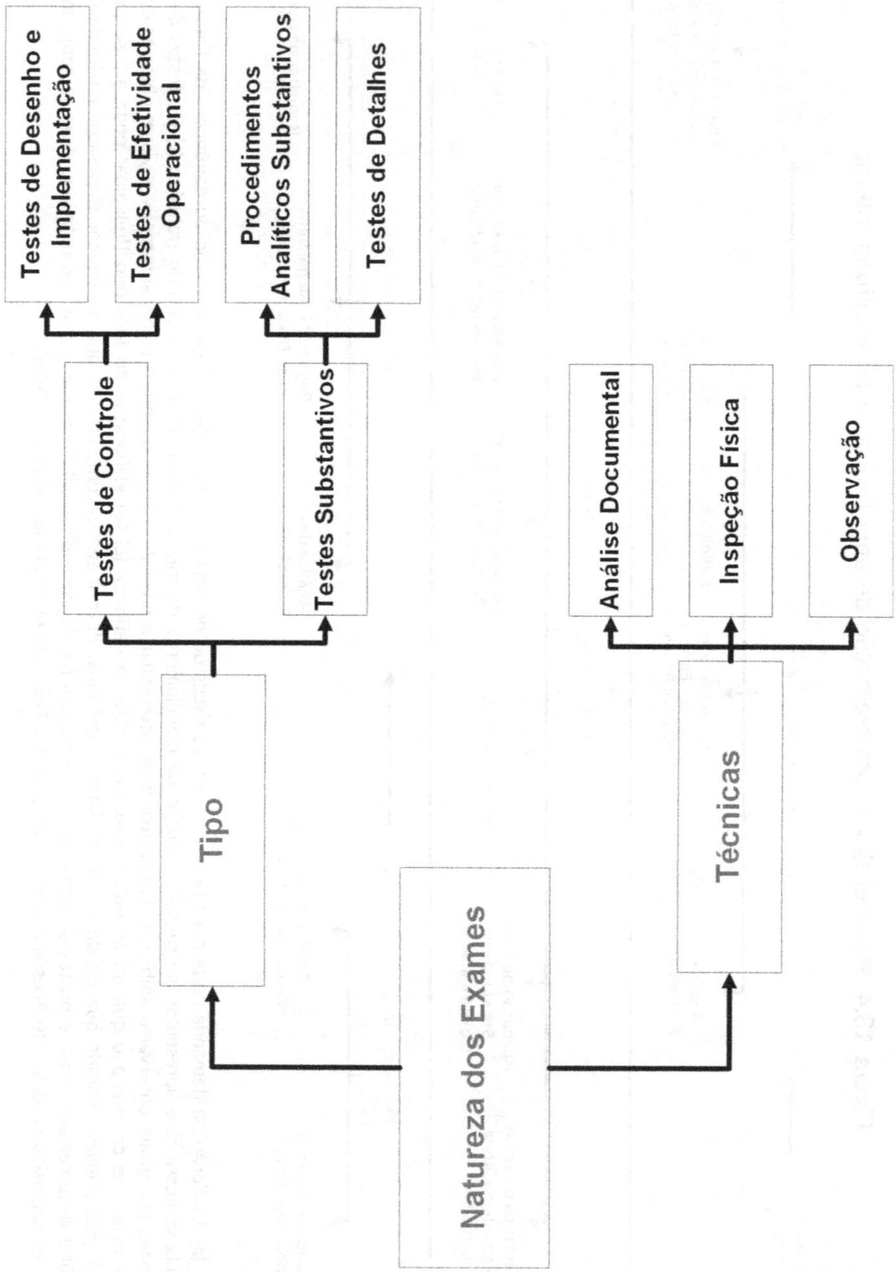

Quadro 13.5: Tipos de Teste de Auditoria

Tipo de Auditoria	Descrição
Controle	Os testes de controle são aqueles que **avaliam o desenho e a efetividade operacional** dos controles, ou seja, se os controles realmente impedem ou revelam a ocorrência de falhas nas atividades controladas e se eles estão funcionando da forma estabelecida. Visam a verificar se as atividades de controle: 1. Foram formalizadas (se isto for uma condição necessária), por meio de políticas e de manuais, por exemplo. 2. Encontram-se atualizadas. 3. São frequentemente divulgadas e reforçadas junto aos responsáveis pela sua operacionalização. 4. São pertinentes, frente à magnitude dos respectivos riscos avaliados. 5. Foram e continuam sendo efetivamente observadas e aplicadas de maneira uniforme.
Substantivos	Os testes de substantivos visam obter evidências quanto à suficiência, exatidão e validade dos dados. São empregados pelo auditor quando é necessário obter evidências suficientes e convincentes sobre as transações, que lhe proporcionem fundamentação para a sua opinião acerca de determinados fatos. Eles subdividem-se em: 1. **Procedimentos analíticos substantivos** (também denominadas revisões analíticas): envolvem a utilização de comparações para avaliar adequação – comparando, por exemplo, o saldo de uma conta com dados não financeiros a ela relacionados. 2. **Testes de detalhes** (também denominados testes de transações e saldos): se referem ao exame de registros contábeis e das operações/documentos que lhes deram origem, **bem como a conformidade dos atos administrativos.**

Cenário hipotético 1: aplicação de Teste de Controle: Desenho e Implementação
Foi mapeamento o processo de concessão de auxílio de assistência social. Posteriormente foi aplicado um teste de desenho e implementação, e observou-se no fluxo de concessão que havia de elevado risco de que pessoas não elegíveis pela Lei e Decreto regulamentador estivessem recebendo o benefício. Isso porque o Órgão concedia o benefício apenas com base na autodeclaração do cidadão. Logo o risco de pagamento indevido era elevado.

Cenário hipotético 2: aplicação de Teste de Controle: Efetividade Operacional
Foi mapeamento o processo de concessão de auxílio de assistência social. Posteriormente, foi aplicado inicialmente um teste de desenho e implementação e observou-se no fluxo de concessão que havia risco elevado de que pessoas não elegíveis pela Lei e Decreto regulamentador estivessem recebendo o benefício. Isso porque o Órgão concedia o benefício apenas com base na autodeclaração do cidadão. **O gestor ao ter ciência implementou uma etapa na qual o benefício devia enviar uma carteira de identidade a qual supostamente seria validada por inteligência artificial.** A equipe de auditoria aplicou um teste de efetividade operacional, e observou que essa validação não estava em operação, e que inclusive o aplicativo aceitava documentos em branco.

Cenário hipotético 3: aplicação de Testes Substantivos
Considerando os cenários anteriores, observou-se que a conta contábil 3.2.9.9.0.00.00 supera a materialidade global de execução. Aplicou-se procedimento analítico de análise horizontal e observou-se na Demonstração das Variações Patrimoniais houve um crescimento acima da tendência anterior nos benefícios assistenciais.
Prosseguindo os exames, foram aplicados testes de transações e saldos na conta contábil 3.2.9.9.0.00.00 do Plano de Contas quanto à conformidade dos pagamentos cruzando os dados dos beneficiários com a RAIS e chegou-se à conclusão de que R$ 2 bilhões de reais foram concedidos de forma indevida.
Desse modo, será necessário definir um crédito a receber no Ativo em função da necessidade de se buscar a recuperação desses recursos pagos de forma indevida. Ou seja, o Ativo está subavaliado ante a ausência desse registro e ficou confirmada a falha nessa concessão de benefício assistencial.

5. BENEFÍCIOS GERADOS PELA AUDITORIA: O CASO DA SECRETARIA FEDERAL DE CONTROLE

Os resultados obtidos pela Auditoria Interna Governamental são os impactos positivos observados na gestão pública **a partir da implementação, pelos gestores públicos, de recomendações** emitidas pelos auditores. Representam o trabalho conjunto de gestores públicos e auditores internos.

Esses impactos positivos ou benefícios podem ser financeiros ou não financeiros segundo a metodologia da CGU que consta no Quadro 13.6 e Figuras 13.6 e 13.7.

Sem a implementação da recomendação, nenhum benefício é gerado
Os auditores devem ter essa frase como mantra a todo momento. Desse modo, irão evitar a proposição de recomendações ineficazes ou não monitoráveis.
Além disso, precisam ter capacidade de persuasão nos contatos com os gestores a fim de convencê-los da resolução do problema por intermédio da recomendação.

Em relação as recomendações, essas podem ser sugeridas pela auditoria interna sob um viés da integridade sendo aliadas da administração para promover uma cultura de integridade. Isso inclui a participação na conscientização sobre os riscos, apoio à capacitação (por exemplo, treinamento e workshops) e contribuição para mensagens baseadas em valores sobre integridade e boa governança.

Assim, em geral, as estruturas e orientações fornecem ideias para aprimorar tanto os controles "rígidos" (ou seja, políticas, procedimentos, estrutura etc.), quanto os controles "flexíveis" (ou seja, cultura, gestão comportamental, comprometimento da alta administração etc.) reconhecendo, ao mesmo tempo, a necessidade de os auditores levarem em consideração o comportamento, motivação e atitudes humanas (OCDE, 2022)[23].

23 Manual de integridade Pública da OCDE, 2022.

Quadro 13.6: Tipos de Benefícios em Auditoria

Tipos de Benefícios	Descrição	Classes
Financeiros	Benefício que possa ser representado monetariamente e demonstrado por documentos comprobatórios, preferencialmente fornecidos pelo gestor, inclusive decorrentes de recuperação de prejuízos.	**Valores recuperados:** Recuperação de valores pagos indevidamente; Arrecadação de multa legal ou prevista em contrato; Elevação de receita; Recuperação do custo de operações de crédito subsidiado. **Gastos evitados:** Suspensão de pagamento não continuado não aderentes aos princípios da legalidade ou economicidade; Suspensão de pagamento continuado não aderentes aos princípios da legalidade ou economicidade; Redução nos valores licitados/contratados, mantendo a mesma quantidade e qualidade necessárias de bens e serviços; Cancelamento de Licitação/Contrato com objeto desnecessário, inconsistente ou inadequado tecnicamente; Compatibilização do objeto contratado com as especificações ou com o projeto; Incremento da eficiência, eficácia ou efetividade de programa de governo; Eliminação de desperdícios ou redução de custos administrativos.
Não Financeiros	Benefício que, embora não seja passível de representação monetária, demonstre um impacto positivo na gestão de forma estruturante, tal como melhoria gerencial, melhoria nos controles internos e aprimoramento de normativos e processos, devendo sempre que possível ser quantificado em alguma unidade que não a monetária.	**Medida de aperfeiçoamento da prestação de serviços públicos nas dimensões:** **Resultado, Missão e Visão (repercussão: interministerial, órgão superior ou organizacional).** **Pessoas e Infraestrutura (repercussão interministerial, órgão superior ou organizacional).**

Fonte: Adaptado da IN CGU nº 4, de 11/6/2018.

Legenda: Interministerial (transversal): benefício trazido pelas providências adotadas pelo gestor ultrapassou, de alguma forma, o âmbito do próprio Ministério/Unidade de Administração Indireta, Autárquica e Fundacional, tendo sido tratado ou tendo impacto no âmbito da Casa Civil, de Comitês ou Comissões Interministeriais, ou de outros Ministérios/Unidades de Administração Indireta, Autárquica e Fundacional; **Órgão Superior (estratégico)**: benefício trazido pelas providências adotadas pelo gestor foi tratado pela Alta Gestão do Ministério/Unidade de Administração Indireta, Autárquica e Fundacional ou teve impacto em mais de uma unidade jurisdicionada ou área de negócio. Delimita-se nas Ministério/Unidade de Administração Indireta, Autárquica e Fundacional os assuntos tratados pela Alta Administração como sendo aqueles tratados no âmbito de colegiado de Diretoria ou Conselho de Administração, ou equivalentes; (iii) **Unidade Jurisdicionada (tático/operacional)**: benefício trazido pelas providências adotadas pelo gestor diz respeito às atividades internas e/ou operacionais da unidade examinada, sem transcender para a Alta Administração do Órgão Superior.

Figura 13.6: Benefícios Financeiros da CGU 2012-2021

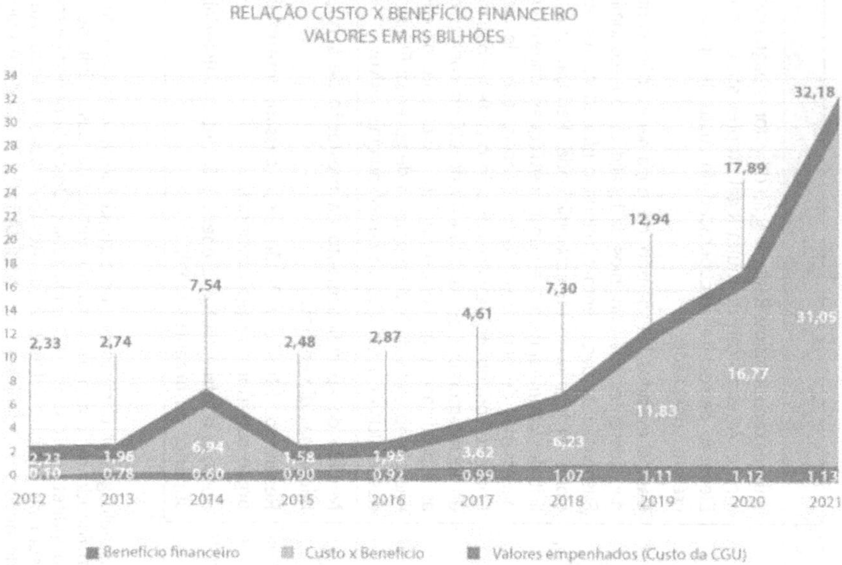

Fonte: https://www.gov.br/cgu/pt-br/assuntos/auditoria-e-fiscalizacao/resultados

Figura 13.7: Benefícios Não Financeiros CGU 2017-2021

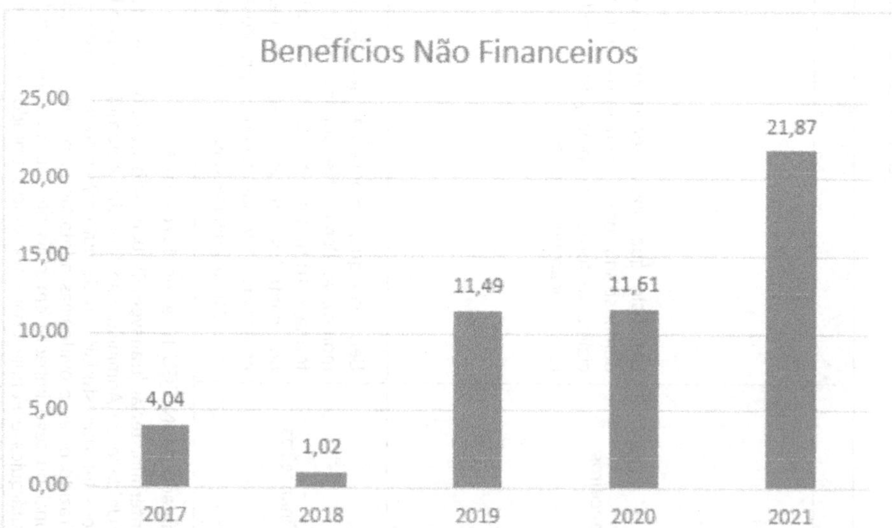

Fonte: https://www.gov.br/cgu/pt-br/assuntos/auditoria-e-fiscalizacao/resultados

> Do mesmo modo que a CGU, espera-se que as auditorias internas internalizem cultura de incluir em seus trabalhos a metodologia de identificar os benefícios financeiros e não financeiros com posterior divulgação.

6. FAZENDO A DISTINÇÃO ENTRE CONTROLE INTERNO E AUDITORIA INTERNA NA VISÃO DA NOVA LEI DE LICITAÇÃO

A fim de distinguir controle interno e auditoria interna, traz-se à baila a Lei nº 14.133/2021 (Nova Lei de Licitações e Contratos):

> *Art. 169. As contratações públicas deverão submeter-se a práticas contínuas e permanentes de gestão de riscos e de controle preventivo, inclusive mediante adoção de recursos de tecnologia da informação, e, além de estar subordinadas ao controle social, sujeitar-se-ão às seguintes linhas de defesa:*
>
> *I - **primeira linha de defesa**, integrada por servidores e empregados públicos, agentes de licitação e autoridades que atuam na estrutura de governança do órgão ou entidade;*
>
> *II - **segunda linha de defesa**, integrada pelas unidades de assessoramento jurídico e de controle interno do próprio órgão ou entidade;*
>
> *III - **terceira linha de defesa**, integrada pelo órgão central de controle interno da Administração e pelo tribunal de contas.*

Vale lembrar que Lei nº 14.133/2021 é uma lei de licitações e contratos, mas ainda assim disciplinou a estrutura de gestão de riscos e controles preventivos nas licitações conquanto sistema com 3 linhas de atuação.

Análise Preliminar do Art. 169 da NLLC
1. Para fins macros, **a NLLC define que os órgãos de controle interno e externo pertencem a 3ª linha**; fato que não é unânime entre *experts* que consideram que o modelo de 3 linhas não foi desenhado para essa abordagem.
2. A NLLC não cita a auditoria interna que pelo modelo de 3 linhas pertence à 3ª linha.
3. A NLLC cita a unidade de controle interno que pelo modelo de 3 linhas pertence à 2ª linha.

A partir da análise anterior, questiona-se: unidade de controle interno e auditoria interna seriam a mesma estrutura? A resposta é não.

A Unidade de Controle Interno (2ª linha) é uma estrutura distinta da Auditoria Interna (3ª linha)
Durante o 1º simpósio de Licitações e Contratos da Justiça Federal, ocorrido em 2022, foram divulgados enunciados a serem aplicados em todo o Judiciário federal. A seguir, constam os principais enunciados que elucidaram o art. 169 da NLLC:

A Unidade de Controle Interno (2ª linha) é uma estrutura distinta da Auditoria Interna (3ª linha)
Enunciado 2 A ***atuação da unidade de auditoria interna***, *para efeitos da aplicação da Lei n. 14.133/2021, dar-se-á* ***na forma de terceira linha de defesa***, *consoante inciso III do art. 169 e mediante técnicas de auditoria, em atendimento às Resoluções CNJ n. 308 e 309/2020, CJF n. 676 e 677/2020 e aos normativos técnicos de auditoria.* ***Os tribunais podem instituir estruturas administrativas destinadas a absorver as atribuições necessárias ao cumprimento do inciso II do art. 169 (segunda linha de defesa)***, *com vistas a manter a adequada segregação de funções entre os agentes responsáveis pelos controles internos.* **Enunciado 19** *As atribuições e responsabilidades típicas de gestão determinadas à unidade de controle interno por meio da Lei n. 14.133/2021* ***não podem ser atribuídas à unidade de auditoria interna***, *por contrariarem o disposto no parágrafo único do art. 2º da Resolução CNJ n. 308/2020. Por sua vez,* ***a implementação de controles internos da gestão de que trata a Lei, sejam eles preventivos ou corretivos, cabe aos gestores envolvidos na instrução do processo administrativo de contratação e às instâncias de governança*** *na ocasião de elaboração do Plano de Tratamento de Riscos do Macroprocesso de Contratação.* **Enunciado 21** *As* ***unidades de auditoria interna poderão responder a questionamentos formulados pela Administração, como atividade de consultoria*** *prevista no art. 2º, inciso III, da Resolução CNJ n. 309/2020, observada a capacidade operacional da unidade de auditoria interna, desde que não se refiram a casos concretos, o que configuraria atos de cogestão, prática vedada pelo art. 29, inciso IV, da Resolução CNJ n. 347/2020.* **Conclui-se que:** **1. Auditoria Interna é uma estrutura de 3ª linha e não é responsável pela implementação dos controles internos administrativos da gestão. Em seu trabalho a Auditoria Interna, conforme o caso, avaliará com razoável segurança[1], se tais controles estão funcionais.** **2. A responsabilidade pelos controles internos administrativos é de responsabilidade da área responsável pelo processo (1ª linha) e que pode contar como apoio de uma estrutura de 2ª linha que a NLLC denominou: unidade de controles internos.** **3. Nada impede que unidade de controles internos, assim como a Unidade de Gestão de Riscos, estejam alocadas na mesma estrutura formal destinada à Gestão da Integridade; desde que todas essas 3 atividades sejam realizadas de forma equilibrada de modo que uma atividade não se sobreponha a outra. Reunir no mesmo setor, pode inclusive gerar sinergia natural e evitar retrabalhos.**

7. DILEMAS ENFRENTADOS PELA AUDITORIA INTERNA SOB A PERSPECTIVA DA INTEGRIDADE

7.1. Quem é quem na gestão das recomendações?

Muitos gestores são alçados ao nível estratégico pela sua capacidade técnica e pela sua liderança, mas pouco dominam as ferramentas de integridade e o papel da Auditoria Interna. Esse desconhecimento pode colaborar para adotar posturas inadequadas que minam o programa de integridade.

1 Não existe segurança absoluta dos modelos de asseguração de serviços de auditoria.

Cenário hipotético da falta de conhecimento do papel de cada um
Determinado dirigente de uma Autarquia recebeu a comunicação do Órgão de Controle Externo para corrigir uma irregularidade em um contrato superfaturado. Imediatamente, pede que o Chefe de Gabinete chame o Auditor Interno e pede que ele resolva aquilo. Passados 15 dias pergunta se o auditor resolveu o problema. **O que está errado nessa situação?** Simples, não cumpre a auditoria interna (3ª linha) cumprir recomendações de gestão (1ª e 2ª linhas). A postura do dirigente foi inadequada dentro de um programa de integridade. **O que poderia se feito de forma alternativa e correta com o eventual envolvimento da Auditoria Interna?** A unidade de controles internos (2ª linha) seria a área adequada para repassar tal demanda. Essa unidade faria o alinhamento com a gestão contratual que proporia a glossa e ressarcimento, e eventual multa. A auditoria interna poderia entrar, a pedido do dirigente, como uma instância para verificar se tais procedimentos foram adequados e suficientes para sanar a irregularidade.

7.2. Recomendações não monitoráveis

Vimos que as recomendações devem gerar benefícios financeiros ou não financeiros quando atendidas pelo gestor. Mas como isso vai ocorrer quando uma recomendação não é monitorável?

Exemplos de Recomendações não monitoráveis
1. Atentar para não esquecer nas próximas contratações de inserir garantia contratual. 2. Evite na próxima contratação de usar pesquisa de preço defasada. 3. Melhores seus controles internos.

Mas e quando realmente se precisa melhorar uma rotina de algo, como recomendar?

Exemplo de Recomendação monitoráveis envolvendo melhoria de rotina
Recomendação: Desenvolva e incorpore novo *checklist* contendo garantia contratual a todos os contratos administrativos. **Forma de monitoramento pela Auditoria:** Após 12 meses, selecionar 5 contratos de forma aleatória (caso seja algo sensível para o órgão na visão da auditoria e haja capacidade operacional, sugere-se aplicar uma seleção de amostra com significância estatística) e verificar se as rotinas foram observadas dentro dos processos.

7.3. Recomendações são obrigatórias ou facultativas?

Já vi muitos colegas discutindo que **"o controle interno enxuga gelo na auditoria"** pois **as recomendações do controle interno não são obrigatórias;** diferente do que ocorre no controle externo em que as recomendações são obrigatórias e em caso de descumprimento possam ensejar a aplicação de multas.

Considerando o cenário normativo atual, tendemos a discordar desses colegas com base em três eixos argumentativos.

1° Eixo Argumentativo: Lei de Improbidade Administrativa
A Lei de Improbidade Administrativa, Lei 8.429/1992, foi alterada em 2021 pela Lei 14.230. Muitos tinham dúvida se realmente ela tornaria mais difícil a tarefa dos órgãos de combate à corrupção. Após uma análise mais detida e conectando com o produto de um relatório de auditoria que são as recomendações, entendemos que não. A Lei 14.230/2021 alterou diversos artigos da Lei 8.429/1992 e em essência afastou "a culpa" como tipo da improbidade administrativa nos artigos 9°, 10 e 11, definindo que deve restar caracterizado o dolo ou a omissão dolosa. Voltando a questão da auditoria, é pouco provável (quase impossível) que em um trabalho de auditoria consiga se qualificar o dolo do gestor em relação a uma irregularidade até porque o trabalho de auditoria, com exceção da auditoria anual de contas, não visa avaliar a gestão como um todo. Assim, entendemos que a publicação do relatório com as recomendações de apuração de responsabilidade ou de ressarcimento de valores ao erário cumprem o rito de tornar público e notório o evento. Assim, caso o gestor não adote as medidas necessárias, assumirá o risco de no futuro ser enquadrado por omissão dolosa nos termos da Lei de Improbidade Administrativa.

2° Eixo Argumentativo: LINDB
A Lei 13.655/2018 atualizou o Decreto-Lei 4.657/1942 que trata da Lei de Introdução às Normas do Direito Brasileiro (LINDB). Dentre os artigos inseridos destacam-se: *Art. 20. Nas esferas administrativa, controladora e judicial, não se decidirá com base em valores jurídicos abstratos* ***sem que sejam consideradas as consequências práticas da decisão.*** *Art. 21. A decisão que, nas esferas administrativa, controladora ou judicial, decretar a invalidação de ato, contrato, ajuste, processo ou norma administrativa deverá indicar de modo expresso* ***suas consequências jurídicas e administrativas.*** *Art. 22. Na interpretação de normas sobre gestão pública,* ***serão considerados os obstáculos e as dificuldades reais do gestor*** *e as exigências das políticas públicas a seu cargo, sem prejuízo dos direitos dos administrados.* *Art. 28.* ***O agente público responderá pessoalmente por suas decisões ou opiniões técnicas em caso de dolo ou erro grosseiro.*** **Assim, podem ocorrer situações em que o dirigente público decide assumir determinado risco ao não cumprir tal recomendação. Inclusive no âmbito federal existe essa opção nos sistemas corporativos.** **Por fim, o erro grosseiro não gera ação de improbidade, mas enseja multa ao agente público. A seguir constam exemplos de erros grosseiros na visão do Tribunal de Contas da União (TCU):** **1.** *"A ausência do critério de aceitabilidade dos preços unitários no edital de licitação para a contratação de obra, em complemento ao critério de aceitabilidade do preço global, configura erro grosseiro que atrai a responsabilidade do parecerista jurídico a quem coube o exame da minuta do edital, que deveria saber, como esperado do parecerista médio, quando os dispositivos editalícios estão aderentes aos normativos legais e à jurisprudência sedimentada que regem a matéria submetida a seu parecer."* **(Acórdão 1695/2018 TCU-Plenário)** **2.** *"Para fins de responsabilização perante o TCU, pode ser tipificada como erro grosseiro (art. 28 do Decreto-lei 4.657/1942 - Lei de Introdução às Normas do Direito Brasileiro) a decisão do gestor que desconsidera, sem a devida motivação, parecer da consultoria jurídica do órgão ou da entidade que dirige. Tal conduta revela desempenho aquém do esperado do administrador médio, o que configura culpa grave, passível de multa."* **(Acórdão 1264/2021 TCU-Plenário)** **3.** *"Não parcelar o objeto da licitação caracteriza erro grosseiro."* **(Acórdão 2599/2021 e 2527/2021 TCU Plenário)**

3° Eixo Argumentativo: Culpa *in Eligendo* e *in Vigilando*

É entendimento pacífico para os órgãos de controle que o instrumento da delegação de competência não retira a responsabilidade de quem delega, visto que permanece a responsabilidade no nível delegante em relação aos atos do delegado.

Cabe, por conseguinte, à autoridade delegante a fiscalização dos subordinados, a fim de elidir a culpa *in eligendo* e a culpa *in vigilando*.

Por exemplo, atribui-se a culpa in eligendo do Ordenador de Despesas quando ocorrer a má escolha de preposto ou responsável; enquanto se atribui a culpa in vigilando do Ordenador de Despesas quando o mesmo delega funções que lhe são exclusivas sem exercer a devida fiscalização sobre a atuação do seu delegado.

Trazendo para as recomendações, de nada adiante o dirigente máximo alegar que delegou a determinado servidor o acompanhamento das recomendações. A responsabilidade final é dele.

Boa prática recomendada às Unidades de Auditoria Interna

Considerando que o volume de informações processadas pelo dirigente máximo de uma unidade é elevado, recomenda-se que nos relatórios de auditoria o ofício que encaminhe o relatório contenha as chamadas (tópicos) das recomendações por ordem decrescente de gravidade. Assim, o dirigente máximo decide se aprofundar ou não na leitura do relatório detalhado.

A medida anterior visa estabelecer uma relação íntegra com o dirigente ao tornar evidente o problema informado.

7.4. O MITO DO BOM GESTOR E MAU GESTOR EM PROCEDIMENTOS DE APURAÇÃO DE DENÚNCIAS

Cenário hipotético 1 envolvendo apuração de responsabilidade

Determinada Unidade de Auditoria Interna está apurando denúncia envolvendo superfaturamento no restaurante universitário. A equipe realiza as solicitações de auditoria para gestor, forma sua opinião, mas não envia o relatório preliminar e final. Decide à revelia do dirigente máximo encaminhar o relatório ao Ministério Público. Posteriormente, ocorre uma busca e apreensão e depois chega ao conhecimento da Alta Administração que tudo iniciou na denúncia. Não havia informações sobre o envolvimento do dirigente máximo.

Cenário hipotético 2 envolvendo apuração de responsabilidade

Determinado Órgão de Controle externo à Unidade está apurando denúncia envolvendo superfaturamento no restaurante universitário. A equipe realiza as solicitações de auditoria para gestor, forma sua opinião, mas não envia o relatório preliminar e final. Encaminhar o relatório ao Ministério Público. Posteriormente, ocorre uma busca e apreensão e depois chega ao conhecimento da Alta Administração que tudo iniciou na denúncia que foi conduzida pelo Órgão de Controle externo à Unidade. Não havia informações sobre o envolvimento do dirigente máximo.

Nos 2 casos, a relação de confiança entre controle e gestão fica estremecida. E fica a pergunta: Se era tão grave e urgente, por que não fora utilizada a Nota de Auditoria?

Figura 13.8: Efeitos colaterais causados pelas posturas variantes da auditoria interna em procedimentos de apuração

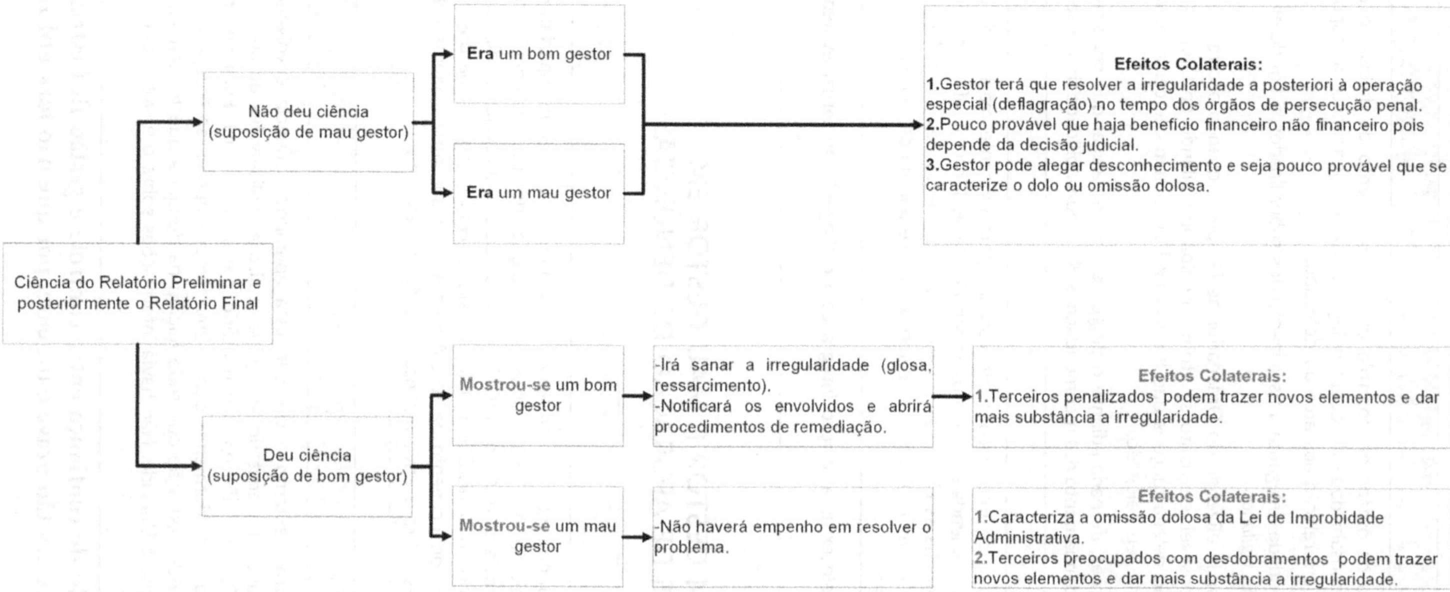

Análise

1. Na parte superior da Figura, a equipe de auditoria ou órgão de controle que já tinha feito solicitações de auditoria optou por não dar ciência ao gestor do relatório não cumprindo o fluxo da Figura 13.4. O dirigente máximo pode inclusive alegar que não tinha conhecimento do fato e não teve como apurar.

2. Não compete à auditoria ou ao órgão de controle decidir de forma preliminar quem é "bom" gestor e "mau gestor". Ao não dar ciência do relatório a perda é tripla:

(i) Adia-se ou impede-se a solução do problema via administrativa;

(ii) No caso do bom gestor, ocorre uma quebra de confiança;

(iii) No caso do mau gestor, perde-se a oportunidade de caracterizar a omissão dolosa.

3. Na parte inferior da Figura, os fatos e atitudes mostrarão com o tempo quem é o bom gestor e mau gestor face a resolutividade ou não da irregularidade.

Como lidar com a apuração conduzida pela Auditoria Interna na mesma Organização
1. Recomenda-se que a equipe de auditoria informe ao auditado **que se trata de apuração sem detalhar a origem**: cidadão, Polícia, Ministério Público, etc.
2. Como se trata de um relatório, deve ser dada ciência do relatório preliminar. **Não se pode usar como argumento de não dar ciência:** a gravidade do fato. Contudo, **sugere-se que o autor da representação seja informado no momento oportuno (conforme Figura 13.4) que irá se dar ciência do relatório ao auditado e questionado se resta presente algum elemento no relatório que possa vir prejudicar a investigação. A decisão de "não dar ciência" não pode ser da auditoria interna ou controle interno que deve zelar pelo rito administrativo.**
3. O relatório **deve focar no fato e nas áreas envolvidas** e **não nas pessoas.**
4. **Eventuais responsabilizações pessoais podem ser apuradas após a publicação do relatório** em documentos complementares.
5. **Deve ser dada ciência** ao Conselho ou Dirigente Máximo do **relatório preliminar e final.**
6. A **ciência do fato caracteriza** o evento **da eventual omissão dolosa** para fins de improbidade administrativa.

Consequências nefastas para quebra de confiança entre gestão e controle: posturas evasivas adotadas pelos gestores
1. **Apagão das canetas:** gestores ficam com medo de tomar as decisões necessárias para alcançar os resultados da gestão.
2. **Afastamento de quadros qualificados:** servidores públicos qualificados preferem seguir suas carreiras longe da gestão sob pena de serem responsabilizados por uma breve passagem na gestão.
3. **Gestor decidindo como controle:** o gestor passa a decidir com o pensamento do controle e não da gestão gerando distorções decisórias uma vez que o gestor tende a renunciar a sua discricionariedade da decisão. **A inovação é a primeira a morrer nesse terceiro tipo de postura.**

7.5. Qual o Papel das Auditorias Internas de Autarquias e Fundações Públicas face as recomendações oriundas de órgãos de controle externo?

Podem ser encontradas 2 abordagens das auditorias internas em relação às recomendações emanadas por instâncias externas ao órgão (no caso federal, Controladoria-Geral da União (CGU) e Tribunal de Contas da União).

Na primeira abordagem, a auditoria interna por receio de cogestão atua como mero protocolo das recomendações externas.

Na segunda abordagem, a auditoria interna mediante provocação assessora sob a perspectiva do serviço de consultoria se a resposta dada pela alta administração possui evidências suficientes, adequadas e pertinentes. Tal serviço não caracteriza a cogestão desde que a solução seja dada sempre pela alta administração competindo a auditoria interna avaliar se as evidências apresentadas atendem os critérios das normas de auditoria.

Estes autores defendem a segunda abordagem. A CGU inclusive permite que tal abordagem seja efetiva operacionalizada.

Trabalhos pontuais de orientação/assessoria devem ser classificados como consultoria?
Sim, trabalhos pontuais de orientação ou assessoria são considerados como consultorias. No entanto, como, em geral, trabalhos dessa natureza não são previamente planejados no Plano Anual de Auditoria Interna (PAINT) é recomendado que sejam alocados em horas da "reserva técnica" para atender a essas demandas. Posteriormente, no Relatório Anual de Atividades de Auditoria Interna (RAINT), esses trabalhos deverão ser registrados como serviços de consultoria, de forma individualizada ou geral, a depender da quantidade e da estratégia de divulgação da Unidade de Auditoria Interna Governamental (UAIG).

7.6. Qual a postura do Controle Interno sobre Políticas Públicas de campos políticos opostos?

Uma das características essenciais do controle interno e da auditoria interna é a imparcialidade. Para ser imparcial é essencial definir critérios.

Mas o que ocorre quando em alterações democráticas de governo, muda-se o tom em relação a determinada política pública. Qual o papel esperado do controle interno e da auditoria interna?

O que não se pode fazer?
Não cabe ao controle interno ou auditoria interna discordar ou sabotar determinada política vencedora por uma questão de viés pessoal.

O que espera que seja feito?
Que controle interno ou auditoria interna atue de forma diligente para que a política pública escolhida seja implementada da forma mais eficaz e vantajosa possível mitigando riscos e prevenindo a corrupção e desvios éticos.

Papel esperado do Controle Interno a partir de cenário hipotético
1.Suponham-se 2 governos: um estatizante e outro desestatizante.
2.Não cabe em um **governo estatizante**, membros do controle interno ou auditoria interna serem gargalos ao processo. Nessa situação, estes servidores devem atuar para que o processo de escolha das estatais a serem criadas ser o mais vantajoso possível para o governo. E posteriormente realizar avaliações de desempenho.
3.Não cabe em um **governo desestatizante**, membros do controle interno ou auditoria interna serem gargalos ao processo. Nessa situação, estes servidores devem atuar para que o processo de alienação das estatais ser o mais vantajoso possível.
4.Em ambos os casos um risco que pode ocorrer seria a captura pelo mercados dos agentes públicos decisores (tal qual o mecanismo de porta giratória).

8. MODELO DE MATURIDADE EM AUDITORIA

Um modelo de maturidade contém duas variáveis macro: existência e institucionalização. O Sistema de Controle Interno do Poder Executivo Federal definiu que preferencialmente o **Modelo de Auditoria Interna é o IA-CM.**

Utilização do IA-CM no âmbito federal

PORTARIA Nº 777, DE 18 DE FEVEREIRO DE 2019

O MINISTRO DE ESTADO DA CONTROLADORIA-GERAL DA UNIÃO, no uso da atribuição que lhe confere o inciso I do art. 9º do Decreto nº 3.591, de 6 de setembro de 2000, e considerando o disposto nos artigos 19 e 20 do Regimento Interno da Comissão de Coordenação de Controle Interno - CCCI, aprovado pela Portaria nº 1.028, de 22 de abril de 2015, resolve:

Art. 1º Publicar a Deliberação da Comissão de Coordenação de Controle Interno - CCCI, conforme proposto em sessão realizada em 30 de janeiro de 2019, na forma do Anexo Único a esta Portaria.

Art. 2º Esta Portaria entra em vigor na data de sua publicação.

WAGNER DE CAMPOS ROSARIO

ANEXO ÚNICO

Deliberação CCCI nº 01/2019: Utilização das metodologias Internal Audit Capability Model (IA-CM) e Quality Assessment (QA), do Instituto dos Auditores Internos (IIA).

Ao implementar o Programa de Gestão e Melhoria da Qualidade (PGMQ) previsto na Instrução Normativa SFC nº 03, de 09 de junho de 2017, e ao promover as respectivas avaliações externas de qualidade, **recomenda-se que as Unidades de Auditoria Interna Governamental (UAIG) utilizem como referência, preferencialmente, a metodologia Internal Audit Capability Model(IA-CM), do Instituto dos Auditores Internos (IIA).**

Às UAIG de Empresas Estatais Não Dependentes, em função de suas realidades e necessidades, faculta-se a utilização preferencial do IA-CM ou do Quality Assessment (QA), também do IIA.

O **Modelo de Capacidade de Auditoria Interna (IA-CM)** para o setor público (**Internal Audit Capability Model for the Public Sector**), desenvolvido em 2009 pelo Instituto dos Auditores Internos (IIA) com apoio do Banco Mundial, **atualizado posteriormente em 2017**, é um framework internacionalmente reconhecido que identifica os fundamentos necessários para uma auditoria interna efetiva, de modo a atender às necessidades da administração da organização e às expectativas profissionais da função. **É um modelo universal baseado em práticas líderes que podem ser aplicadas globalmente**. O IA-CM se presta a ser uma ferramenta estratégica, uma estrutura para autoavaliação e avaliações externas e um roteiro para melhoria e desenvolvimento ordenados.

O modelo está estruturado em uma matriz, denominada, **Matriz de 1 Página, contendo 5 níveis de maturidade, 6 dimensões/elementos de auditoria** e **41 macroprocessos (KPA - Key Process Areas)** vinculados a esses níveis e elementos. **Cada macroprocesso possui um objetivo específico e identifica as atividades essenciais** que devem ser colocadas em prática e sustentadas.

Para alcançar um nível de maturidade é necessário que todos os macroprocessos do mesmo nível estejam implementados (institucionalizados), o que representa estar na cultura da unidade de auditoria interna.

O Quadro 13.7 contém os elementos desse modelo adaptado para cada macro variável.

PODCAST com *Expert*:

Sérgio Filgueiras trata do papel da auditoria interna no contexto da integridade pública.

PODCAST com *Expert*:

Valdir Agapito Teixeira traz sua visão acerca da conquista da autoridade e autonomia da auditoria interna perante a alta administração

PODCAST com *Expert*:

Antônio Leonel fala sobre os benefícios da auditoria e a fidedignidade das demonstrações contábeis

Quadro 13.7: Extrato de itens do Modelo de Maturidade do IA-CM segregados em existência e institucionalização

Existência (continua ...)	1. Estatuto ou regimento interno da auditoria interna (AI) estabelece canais de reporte e contém a natureza dos serviços de avaliação fornecidos à organização: **conformidade, desempenho e serviço de consultoria.** 2. Existe previsão regimental das comunicações com os gestores para ambos os serviços. 3. Existe previsão normativa ou orientação para informar aos dirigentes os critérios da auditoria e aceitação dos critérios pelos dirigentes para ambos os serviços. 4. Existe previsão normativa ou orientação para identificar objetivos de auditoria, escopo e metodologia (incluindo método de amostragem) para ambos os serviços. 5. Existe previsão normativa ou orientação para elaborar o PAINT para ambos os serviços. 6. Existe previsão normativa ou orientação sobre os procedimentos de auditoria para ambos os serviços. 7. Existe previsão normativa ou orientação sobre conclusões, recomendações e comunicação para ambos os serviços. 8. Existe previsão normativa ou orientação quanto ao monitoramento (*follow-up*) que contemple as ações dos gestores: implementou ou aceitou risco de não adotar providências) para ambos os serviços. 9. Existe previsão normativa ou orientação que assegure ao Titular da AI a prerrogativa de estabelecer as técnicas de auditoria e o direito de comunicar à alta administração quando a natureza e a materialidade ou os resultados signifiquem riscos significativos à organização. 10. Existe previsão normativa ou orientação para certificar de que a independência e a objetividade dos auditores internos não sejam comprometidas, e, caso isso ocorra, certificar-se de que a apropriada divulgação seja feita. 11. Planos individuais de capacitação nos quais sejam listadas as necessidades de aprimoramento, bem como as ofertas disponíveis de cursos para os serviços prestados. 12. Possui quadro de competências (progressão na carreira e responsabilidades dos cargos desde o nível de entrada até o nível mais alto) para apoiar o crescimento e o desenvolvimento profissional, levando-se em consideração o ambiente da organização e o conhecimento/habilidades específicos (técnicos e comportamentais) exigidos. 13. Existe previsão normativa ou orientação quanto aos mecanismos de comunicação e de coordenação para apoiar o desenvolvimento da equipe (por exemplo, reuniões periódicas de equipe, recursos de dados compartilhados, designação das atribuições do projeto e cronogramas).

Existência	14. Existe previsão normativa ou orientação para elaboração planos periódicos (anuais ou plurianuais) para os quais serão fornecidas auditorias e/ou outros serviços, baseados em consultas com a gestão e/ou com outras partes interessadas (*stakeholders*). 15. Existe previsão normativa ou orientação para elaboração plano periódico de auditoria e de serviços da atividade de AI nas exposições de risco de toda a organização. 16. Existe previsão normativa ou orientação para que seja destinado orçamento para AI executar suas atividades. 17. Existe previsão normativa ou orientação para elaborar o Relatório de Auditoria Interna (RAINT). 18. Existe previsão normativa ou orientação para identificar os custos dos serviços prestados. 19. Existe previsão normativa ou orientação para desenvolver e utilizar indicadores de desempenho. 20. Existe previsão normativa ou orientação para atualizar a estrutura da AI em função das necessidades organizacionais. 21. Existe previsão normativa ou orientação para que o Titular da AI tenha comunicação direta com a Alta Administração. 22. Existe previsão normativa ou orientação para que a AI compartilhar informações e coordenar as atividades com outros fornecedores internos e externos de serviços de avaliação e de consultoria para garantir a cobertura organizacional adequada e minimizar a duplicação de esforços. 23. Existe previsão normativa ou orientação para que a AI tenha acesso a todas as informações da organização, aos ativos e às pessoas que forem necessárias para executar suas funções. 24. Existe previsão normativa ou orientação para supervisionar e para aconselhar a atividade da AI, para revisar seus resultados e para assegurar que ações apropriadas sejam tomadas para fortalecer sua independência.
Institucionalização[a] (continua ...)	1. A AI realiza auditorias de **conformidade e de desempenho, e serviços de consultoria**, e os divulga. 2. Existem exemplos de documentação das comunicações com os gestores para ambos os serviços. 3. Existem documentos que comprovem a comunicação aos dirigentes os critérios da auditoria e aceitação dos respectivos critérios pelos dirigentes para ambos os serviços. 4. Existem documentos que comprovem a identificação dos objetivos de auditoria, escopo e metodologia (incluindo método de amostragem) para ambos os serviços.

Institucionalização[a] (continua ...)	5. PAINT elaborado e publicado (e no caso do Executivo federal enviado ao órgão central de controle interno) para ambos os serviços. 6. Os papéis de trabalho e/ou relatórios comprovam o uso dos procedimentos para ambos os serviços. 7. Os papéis de trabalho e/ou relatórios comprovam o cumprimento do rito para conclusões, recomendações e comunicações para ambos os serviços. 8. Existe sistema e são elaborados painéis gerenciais sobre o monitoramento para ambos os serviços. 9. Existem documentos que comprovem que o Titular da AI usou sua prerrogativa de estabelecer as técnicas de auditoria e o direito de comunicar à alta administração quando a natureza e a materialidade ou os resultados signifiquem riscos significativos à organização. 10. Existem documentos que comprovem que a independência e a objetividade dos auditores internos não foram comprometidas, e, caso isso tenha ocorrido, certificar-se de que a apropriada divulgação seja feita. 11. Possui registros que comprovem que as capacitações ofertadas guardam correlação com a lista de conhecimentos necessários para os serviços prestados. 12. Existem documentos que comprovem aplicação do quadro de competências. 13. Existem documentos que comprovem uso de mecanismos de comunicação e de coordenação para apoiar o desenvolvimento da equipe (por exemplo, reuniões periódicas de equipe, recursos de dados compartilhados, designação das atribuições do projeto e cronogramas). 14. Planos periódicos (anuais ou plurianuais) para os quais serão fornecidas auditorias e/ou outros serviços, baseados em consultas com a gestão e/ou com outras partes interessadas (*stakeholders*) elaborados e divulgados. 15. Plano periódico de auditoria e de serviços da atividade de AI nas exposições de risco de toda a organização elaborado e divulgado. 16. Foi destinado orçamento para a AI executar suas atividades. 17. RAINT elaborado e divulgado. 18. Os custos dos serviços prestados são aferidos e utilizados para administrar os serviços prestados.

Institucionalização[a]	19. Indicadores de desempenho são utilizados e os resultados divulgados. 20. Existem documentos que comprovem que a estrutura da AI foi atualizada quando necessária para atender as necessidades organizacionais. 21. Existem documentos que comprovem que o Titular da AI tenha comunicação direta com a Alta Administração. 22. Existem documentos que comprovem que a AI compartilha informações e coordena as atividades com outros fornecedores internos e externos de serviços de avaliação e de consultoria para garantir a cobertura organizacional adequada e minimizar a duplicação de esforços. 23. Nos relatórios produzidos consta a informação de que a AI teve acesso a todas as informações da organização, aos ativos e às pessoas que forem necessárias para executar suas funções. 24. Existem documentos que comprovem haver a supervisão e o aconselhamento da atividade da AI, para revisar seus resultados e para assegurar que ações apropriadas sejam tomadas para fortalecer sua independência.
Possíveis resultados organizacionais	Nível 1 - Inicial: Sem recursos sustentáveis e repetíveis - dependente de esforços individuais. Nível 2 - Infraestrutura: Práticas e procedimentos de auditoria interna são sustentáveis e repetíveis. Nível 3 - Integrada: Práticas profissionais e de gestão de auditoria interna são aplicadas uniformemente. Nível 4 - Gerenciada: A auditoria interna integra informações de toda a organização para melhorar a governança e o gerenciamento de riscos. Nível 5 - Otimização: A unidade de auditoria tem a capacidade de aprendizado pela melhoria contínua e inovação nos processos.

Legenda: (a) cada numeração da institucionalização está conectada com a mesma numeração na existência.

CAPÍTULO 14

MEDIAÇÃO DE CONFLITOS

1. É UMA INSTÂNCIA?

Não é uma instância oficial e presente de forma simétrica em todas as unidades, contudo dependendo das características organizacionais pode ser útil para reduzir a sobrecarga nas funções Ética e Corregedoria.

Importante frisar que, no Brasil, lida-se com os mecanismos autocompositivos da negociação, da conciliação e da mediação, e com o mecanismo heterocompositivo da arbitragem, mas a "cultura da litigância" ainda é predominante.

2. CONCEITOS

O instituto da mediação no âmbito da administração pública está previsto na Lei nº 13.140, de 26 de junho de 2015[1].

Conceito de mediação
Considera-se mediação a atividade técnica **exercida por terceiro imparcial sem poder decisório**, que, escolhido ou aceito pelas partes, as auxilia e estimula a identificar ou desenvolver soluções consensuais para a controvérsia.

Princípios[1]
A mediação será orientada pelos seguintes princípios: (i) imparcialidade do mediador; (ii) isonomia entre as partes; (iii) oralidade; (iv) informalidade; (v) autonomia da vontade das partes; (vi) busca do consenso; (vii) confidencialidade; (viii) boa-fé.

1 Dispõe sobre a mediação entre particulares como meio de solução de controvérsias e sobre a autocomposição de conflitos no âmbito da administração pública.

1 Art. 2º da Lei nº 13.140, de 26 de junho de 2015.

Base normativa para instituir Câmaras de Prevenção em Órgãos públicos

Lei nº 13.140, de 26 de junho de 2015 define que:

Art. 32. A União, os Estados, o Distrito Federal e os Municípios ***poderão criar câmaras de prevenção e resolução administrativa de conflitos, no âmbito dos respectivos órgãos da Advocacia Pública****, onde houver, com competência para:*

I - dirimir conflitos entre órgãos e entidades da administração pública;

II - avaliar a admissibilidade dos pedidos de resolução de conflitos, por meio de composição, no caso de controvérsia entre particular e pessoa jurídica de direito público;

III - promover, quando couber, a celebração de termo de ajustamento de conduta.

§ 1º O modo de composição e funcionamento das câmaras de que trata o caput será estabelecido em regulamento de cada ente federado.

§ 2º A submissão do conflito às câmaras de que trata o caput é facultativa e será cabível apenas nos casos previstos no regulamento do respectivo ente federado.

§ 3º Se houver consenso entre as partes, o acordo será reduzido a termo e constituirá título executivo extrajudicial.

§ 4º Não se incluem na competência dos órgãos mencionados no caput deste artigo as controvérsias que somente possam ser resolvidas por atos ou concessão de direitos sujeitos a autorização do Poder Legislativo.

§ 5º Compreendem-se na competência das câmaras de que trata o caput a prevenção e a resolução de conflitos que envolvam equilíbrio econômico-financeiro de contratos celebrados pela administração com particulares.

3. INSPIRAÇÃO DO MODELO: O CASO DA UFG

Fruto da observação e acompanhamento de inovações dos programas de integridade chegou-se ao caso da Universidade Federal de Goiás (UFG). Conforme consta na própria página de divulgação, a UFG criou a Câmara de Prevenção e Resolução Administrativa de Conflitos – CPRAC, por meio da Resolução CONSUNI n.º 02/2019, de 22 de fevereiro de 2019[2].

Segundo a página, a iniciativa visa responder aos anseios da comunidade de maior celeridade na resolução de conflitos internos e incentivar o protagonismo de toda a comunidade universitária na construção da cultura de paz e do diálogo em toda a Universidade.

A complexidade dos conflitos e o volume de processos exige cada vez mais da Administração Pública a adoção de ferramentas de prevenção ou tratamento adequado destes conflitos, e implementação **de novos caminhos voltados a métodos consensuais que valorizam a construção coletiva do consenso e eficiência no serviço público.**

2 https://cdpa.ufg.br/n/116204-camara-de-prevencao-e-resolucao-administrativa-de-conflitos-da-ufg.

Resolução CONSUNI nº 02/2019 da UFG

Art. 1º Instituir a Câmara de Prevenção e Resolução Administrativa de Conflitos (CPRAC) no âmbito da Coordenação de Processos Administrativos da Universidade Federal de Goiás (CDPA/UFG).

Art. 2º A CPRAC **consiste na realização de Sessões de Mediação em casos de conflitos interpessoais entre servidores e/ou estudantes da UFG**, encaminhados ao Gabinete da Reitoria.

§ 1º Considera-se mediação a atividade técnica exercida por terceiro imparcial sem poder decisório, que, escolhido ou aceito pelas partes, as auxilia e estimula a identificar ou desenvolver soluções consensuais para a controvérsia.

§ 2º **A instalação da CPRAC/CDPA não impede que outras unidades ou órgãos desenvolvam iniciativas no sentido de adotar providências necessárias à busca de solução pacífica dos conflitos**, por meio de métodos adequados, observando-se os princípios da mediação e a respectiva competência de atuação.

Art. 3º A Sessão de Mediação será orientada pelos princípios da imparcialidade do mediador, isonomia entre as partes, oralidade, informalidade, autonomia da vontade das partes, busca do consenso, confidencialidade e boa-fé.

Art. 4º **O juízo de admissibilidade compete ao Coordenador da CDPA, preferencialmente, antes da determinação de abertura de processo administrativo disciplinar e/ou sindicância, que poderá encaminhar o respectivo processo administrativo para a CPRAC, visando à realização da Sessão de Mediação, desde que seja objeto de mediação o conflito que verse sobre direitos disponíveis ou sobre direitos indisponíveis que admitam transação.**

Art. 5º Para o funcionamento da CPRAC, o Coordenador da CDPA indicará ao Reitor o nome de um servidor lotado na CDPA, que será nomeado Coordenador-Geral, com a atribuição de realizar todos os procedimentos que viabilizem as Sessões de Mediação.

Parágrafo único. A atividade como membro da CPRAC integra a carga horária do servidor lotado na UFG, não gerando outros direitos remuneratórios.

Art. 6º O Coordenador-Geral da CPRAC poderá contar com o auxílio de servidores da Universidade Federal de Goiás, **como mediadores e/ou facilitadores voluntários**, cuja atuação será norteada pelo § 1º do art. 2º desta Resolução.

Art. 7º Em caso de necessidade e viabilidade na seleção de mediadores e/ou facilitadores, **a UFG poderá celebrar convênio com instituições públicas**, com atuação em atividades de mediação, interessadas em participar da CPRAC.

Parágrafo único. Os mediadores e/ou facilitadores externos a UFG somente poderão participar de atividades de mediação como voluntários, **portanto sem qualquer ônus à UFG.**

Art. 8º Os mediadores e/ou facilitadores voluntários deverão ser selecionados pelo Coordenador-Geral da CPRAC, **dentre as pessoas com notório saber, reconhecida capacidade, experiência profissional e ilibada reputação, formação e vocação para a aplicação de métodos adequados de resolução pacífica de conflitos, observados os impedimentos previstos nos artigos 5º a 8º da Lei n.º 13.140/2015**[1].

Parágrafo único. Os mediadores e/ou facilitadores integrarão cadastro junto à CPRAC, em que constem formulário de solicitação, documentação pessoal e currículo, a serem avaliados pelo Coordenador-Geral da CDPA/UFG.

1 Lei nº 13.140, de 26 de junho de 2015.
Art. 5º Aplicam-se ao mediador as mesmas hipóteses legais de impedimento e suspeição do juiz.

Resolução CONSUNI nº 02/2019 da UFG
Art. 9º A CPRAC desenvolverá suas atividades na CDPA/UFG.
Parágrafo único. A critério do Coordenador-Geral e dos envolvidos no procedimento, uma vez atendidas as condições desta normativa, a Sessão de Mediação poderá ser realizada em outro local da UFG ou por meio eletrônico de comunicação que viabilize o seu propósito.
Art. 10. A composição da mesa da Sessão de Mediação, bem como a adoção das providências pertinentes quanto à realização, definição de data, convite e aceite das partes caberá ao Coordenador-Geral da CPRAC.
Parágrafo único. Poderão ser realizadas mais de uma Sessão de Mediação para viabilizar a correta resolução do conflito.
Art. 11. Obtida a autocomposição através da mediação do conflito, deverá ser lavrado o Termo Final de Mediação, o qual será assinado pelas partes e pelos mediadores/facilitadores.
§ 1º O Coordenador-Geral remeterá, ao final, os autos ao Reitor, para análise, homologação e demais providências.
§ 2º Do resultado da Sessão de Mediação não será instaurado procedimento disciplinar pelos mesmos fatos objeto do ajuste, salvo em caso de seu descumprimento.
Art. 12. Em caso de inexistir resultado de autocomposição na Sessão de Mediação, os autos serão devolvidos ao Coordenador da CDPA para proferir o juízo de admissibilidade do processo, sugerindo o procedimento pertinente para a continuidade e instrução do feito.
Art. 13. Considera-se instituída a mediação na data para a qual for marcada a primeira reunião de mediação.
Parágrafo único. Durante o transcurso do procedimento de mediação, ficará suspenso o prazo prescricional.
Art. 14. O Coordenador-Geral deverá dar publicidade aos dados estatísticos da CPRAC, em sítio eletrônico oficial, observada a confidencialidade quanto às partes e os dados sensíveis do processo.
[...]

Aspectos essenciais da Resolução para Órgãos e Entidades que desejem replicar o modelo
1º Aspecto: O objeto da Resolução, no caso mediação em casos de conflitos interpessoais entre servidores e colaboradores do órgão.

Parágrafo único. A pessoa designada para atuar como mediador tem o dever de revelar às partes, antes da aceitação da função, qualquer fato ou circunstância que possa suscitar dúvida justificada em relação à sua imparcialidade para mediar o conflito, oportunidade em que poderá ser recusado por qualquer delas.

Art. 6º O mediador fica impedido, pelo prazo de um ano, contado do término da última audiência em que atuou, de assessorar, representar ou patrocinar qualquer das partes.

Art. 7º O mediador não poderá atuar como árbitro nem funcionar como testemunha em processos judiciais ou arbitrais pertinentes a conflito em que tenha atuado como mediador.

Art. 8º O mediador e todos aqueles que o assessoram no procedimento de mediação, quando no exercício de suas funções ou em razão delas, são equiparados a servidor público, para os efeitos da legislação penal.

Aspectos essenciais da Resolução para Órgãos e Entidades que desejem replicar o modelo
2º Aspecto: A Câmara de Prevenção e Resolução Administrativa de Conflitos (CPRAC) está vinculada a unidade responsável pelo juízo de admissibilidade (CDPA) que pode destinar o processo à Comissão de Ética ou Corregedoria conforme o caso.
3º Aspecto: A função do titular da CPRAC é comissionada e o servidor será indicado pelo titular da CDPA.
4º Aspecto: Formação de banco de voluntários para serem mediadores e previsão de celebrar convênio visando apoio externo sem ônus.
5º Aspecto: O titular da CPRAC seleciona os mediadores.
6º Aspecto: A sessão da mediação pode ser fora do local habitual ou *on-line*. Tal medida é uma forma de cumprir o princípio da confidencialidade.
7º Aspecto: A composição da mesa da Sessão de Mediação, bem como a adoção das providências pertinentes quanto à realização, definição de data, convite e aceite das partes caberá ao Coordenador-Geral da CPRAC.
8º Aspecto: Obtida a autocomposição através da mediação do conflito, deverá ser lavrado o **Termo Final de Mediação**, o qual será assinado pelas partes e pelos mediadores/facilitadores. **O documento será encaminhado para o dirigente máximo para homologação.**
9º Aspecto: Em caso de inexistir resultado de autocomposição na Sessão de Mediação, os autos serão devolvidos ao Coordenador da CDPA para proferir o juízo de admissibilidade do processo, sugerindo o procedimento pertinente para a continuidade e instrução do feito.

O que são conflitos interpessoais[1] constantes na Resolução?
Conflito pode ser definido por uma inquietude que envolve pessoas ou grupos quando existe uma inclinação ou interesses incompatíveis.
Conflito interpessoal é aquele que surge de uma divergência entre dois ou mais indivíduos. No ambiente de trabalho pode ter inúmeras razões, sendo elas, aparentes ou ocultas. No contexto das organizações, o relacionamento interpessoal é de extrema importância, pois não sendo harmonioso, ou a comunicação estando prejudicada, pode deteriorar o ambiente de trabalho.
Os conflitos podem emanar de inúmeras variáveis, por exemplo, divergência de interesses, incompatibilidade de objetivos, pontos de vista antagônicos, diferenças culturais, discordâncias quanto aos processos de trabalho, disputas por recursos escassos, interpretações discrepantes de normas do departamento até comentários em redes sociais.
Muitas vezes as pessoas trocam insultos, tentam responsabilizar o outro, humilhações, ofensas passam a ser comuns, desencadeando uma espiral de conflito que pode desembocar em situações de violência gerando um impacto emocional negativo relevante. Ocorre que situações conflituosas quando bem conduzidas, podem ser oportunidade positiva para as instituições, como, por exemplo, oportunidade de crescimento e mudança.

1 https://cdpa.ufg.br/p/29844-conflitos-interpessoais.

Figura 14.1: Fluxo da CPRAC

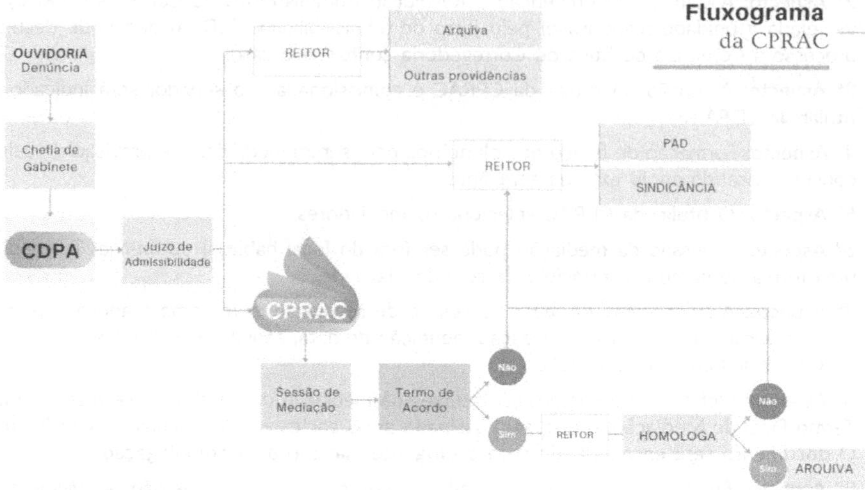

Fonte: https://cdpa.ufg.br/

Pela Figura 14.1, fica evidente que esse modelo tende a reduzir os casos que poderiam dar entrada na Corregedoria.

Figura 14.2: Sessões realizadas e dispensadas 2017-2022

	2017	2018	2019	2020	2021	2022
Realizadas	4	0	6	2	17	7
Dispensadas	0	0	5	1	3	10

A figura 14.1 evidencia a existência do modelo de resolução de conflitos, enquanto a Figura 14.2 evidencia a institucionalização do modelo.

PODCAST com *Expert*:

Rogéria Silva explica a importância da mediação de conflitos no âmbito dos processos administrativos.

CAPÍTULO 15

A UNIDADE DE GESTÃO DA INTEGRIDADE E SEU PAPEL MATRICIAL

1. CONSIDERAÇÕES INICIAIS

É essencial importante compreender como vai se dar a condução, dentro de uma organização, da implementação de um programa de integridade. Mas **antes mesmo de formular e executar o programa de integridade**, preambularmente, é necessário ainda estabelecer uma **estrutura adequada** para tal propósito.

Assim, a definição dos atores condutores da gestão da integridade dentro da organização, bem como a distribuição de atribuições e responsabilidades, além do mapeamento de rotinas, não raras as vezes, demandam a existência de uma equipe capacitada para exercer tal papel.

Contudo, ao reconhecer a importância de uma unidade de gestão da integridade, por certo, já pairam algumas dúvidas acerca da quantidade de pessoas a serem designadas, se pode ser um colegiado ou pode a unidade de gestão de integridade acumular tal mister com outras funções administrativas. Nesse sentido, esse capítulo apresentará os preceitos por trás das atribuições dos **responsáveis da gestão da integridade** (primeira parte), bem como da sua conexão com a gestão **riscos para integridade** (segunda parte).

Inicialmente, e com intuito de compreender, a importância de uma estrutura e recursos para a organização dos trabalhos pode-se trazer o que colaciona o Departamento de Justiça dos Estados Unidos ("DOJ") em seu Guia[1] de Diretrizes para Avaliação da Efetividade de Programas de *Compliance* Corporativo. Em tal publicação é possível verificar os parâmetros que servem para cotejar **se um programa de compliance dispõe de recursos adequados e se ele está apto a funcionar de maneira eficaz.**

1 Evaluation of Corporate *Compliance* Programs. https://www.justice.gov/criminal-fraud/page/file/937501/download.

Para o DOJ, **o funcionamento eficaz do programa de integridade depende de 3 requisitos constantes na Figura 15.1.**

Figura 15.1: Requisitos para avaliar o funcionamento eficaz de um programa de integridade

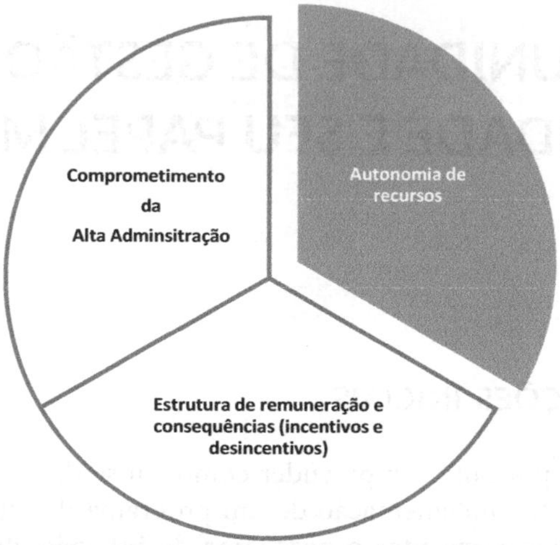

Fonte: Elaborada pelos autores. Adaptado do *Evaluation of Corporate Compliance Programs* (DOJ).

Por seguinte, ao **detalhar os quesitos** de verificação **da autonomia de recursos** empregados em um programa de integridade sobre o DOJ expõe os seguintes questionamentos:

- **Estrutura** – Onde dentro da empresa está localizada a função de conformidade (por exemplo, dentro do departamento jurídico, sob uma função comercial ou como uma função independente que reporta ao CEO e/ou ao conselho)? A quem se reporta a função de *compliance*? A função de *compliance* é dirigida por um diretor de *compliance* designado ou outro executivo dentro da empresa, e essa pessoa tem outras funções dentro da empresa? O pessoal de *compliance* está dedicado às responsabilidades de *compliance* ou tem outras responsabilidades de não *compliance* dentro da empresa? Por que a empresa escolheu a estrutura de *compliance* que possui? Quais as razões das escolhas estruturais que a empresa fez?
- **Posicionamento e estatura** – Como a função de *compliance* se compara a outras funções estratégicas da empresa em termos de estatura, níveis de remuneração, posição/cargo, linha hierárquica, recursos e acesso aos principais tomadores de decisão? Qual tem sido a taxa de rotatividade do pessoal da função de conformidade e controle relevante? Qual o papel que

o *compliance* tem desempenhado nas decisões estratégicas e operacionais da empresa? Como a empresa respondeu a casos específicos em que a conformidade levantou preocupações? Houve transações ou negócios que foram interrompidos, modificados ou examinados mais detalhadamente, como resultado de questões de conformidade?

- **Experiência e qualificações** – O pessoal de conformidade e controle possui experiência e qualificações adequadas para suas funções e responsabilidades? O nível de experiência e qualificações nestas funções mudou ao longo do tempo? Como a empresa investe em treinamento e desenvolvimento adicionais do pessoal de *compliance* e de outros controles? Quem analisa o desempenho da função de *compliance* e qual é o processo de revisão?
- **Financiamento e recursos** – Houve pessoal suficiente para que o pessoal de conformidade audite, documente, análise e aja com eficácia sobre os resultados dos esforços de conformidade?
- **Recursos e acesso a dados** – O pessoal de conformidade e controle tem acesso direto ou indireto suficiente a fontes relevantes de dados para permitir monitoramento e/ou teste oportuno e eficaz de políticas, controles e transações? Existem impedimentos que limitam o acesso a fontes de dados relevantes e, em caso afirmativo, o que a empresa está fazendo para resolver os impedimentos?
- **Autonomia** – As funções de *compliance* e controle relevantes têm linhas de subordinação direta a alguém do conselho de administração e/ou do comitê de auditoria? Com que frequência eles se reúnem com os diretores? Os membros da alta administração estão presentes nessas reuniões? Como a empresa garante a independência do pessoal de *compliance* e controle?
- **Funções de conformidade terceirizadas** – A empresa terceirizou todas ou parte de suas funções de conformidade para uma empresa ou consultor externo? Em caso afirmativo, o porquê e quem é responsável pela supervisão ou ligação com a empresa, ou consultor externo? Que nível de acesso a empresa terceirizada ou consultor externo tem às informações da empresa contratante? Como foi avaliada a eficácia do processo terceirizado?

Observa-se que os questionamentos trazidos vão determinar se a unidade de Gestão de integridade e seu arcabouço estão em funcionamento.

Em outra perspectiva, pela legislação do Reino Unido (2010)[2] é possível perceber que a estrutura da unidade de gestão de integridade, de acordo com o seu princípio nº 1, deve adotar **procedimentos proporcionais**. Logo, de acordo com as diretrizes do Ministério da Justiça do Reino Unido, tem-se que considerar que os procedimentos de uma "organização comercial" que vise evitar suborno

2 https://www.justice.gov.uk/downloads/legislation/bribery-act-2010-guidance.pdf.

por parte de pessoas associadas a ela **são proporcionais aos riscos de suborno que ela enfrenta e à natureza, escala e complexidade das atividades da organização comercial. Eles também são claros, práticos, acessíveis e efetivamente implantados e aplicados.**

Nessa senda, nos itens seguintes, serão apresentadas como estão **estruturadas as unidades de gestão de integridade** prevista na legislação brasileira (especialmente no setor público), bem como **devem ser avaliados os riscos para integridade.**

2. BASE NORMATIVA DO SISTEMA DE INTEGRIDADE PÚBLICA NO BRASIL

O Decreto nº 11.529, de 16 de maio de 2023[3], institui o Sistema de Integridade, Transparência e Acesso à Informação da Administração Pública Federal. Nele há indícios de como são sugeridos o desenho organizacional, a estrutura, os indicativos de qualificações e habilidades dos atores, posicionamento de hierarquia perante as demais áreas (a semelhança do que expõe o Departamento de Justiça americano), entretanto, aplicado ao setor público brasileiro.

As entidades responsáveis pelo desenho da estratégia de integridade e do plano de ação não são necessariamente também responsáveis por todas as partes de sua implementação (OECD, 2017). Isso pode dificultar a implementação. Veremos que A chave para a implementação de uma estratégia de integridade é, portanto, unir diferentes atores de integridade sob uma visão comum e coordenar suas ações para a integridade pública.

De acordo com a norma aplicada à administração pública brasileira, o Decreto Federal n. 11.529/2023 expõe:

> *Art. 2º* ***Fica instituído o Sistema de Integridade, Transparência e Acesso à Informação da Administração Pública Federal - Sitai****, no âmbito dos órgãos e das entidades da administração pública federal direta, autárquica e fundacional.*
>
> ***Art. 4º São objetivos do Sitai:***
>
> *I - coordenar e articular as atividades relativas à integridade, à transparência e ao acesso à informação;*
>
> *II -* ***estabelecer padrões*** *para as práticas e as medidas de integridade, transparência e acesso à informação; e*
>
> *III -* ***aumentar a simetria de informações e dados nas relações*** *entre a administração pública federal e a sociedade.*
>
> ***Art. 5º Compõem o Sitai:***
>
> *I - a Controladoria-Geral da União, como órgão central; e*
>
> *II - as unidades nos órgãos e nas entidades da administração pública federal direta, autárquica e fundacional responsáveis pela gestão da integridade, da transparência e do acesso à informação, como unidades setoriais.*

3 https://www.planalto.gov.br/ccivil_03/decreto/d1171.htm.

§ 1º ***Na administração pública federal direta, as unidades setoriais do Sitai para a gestão da integridade, da transparência e do acesso à informação são as assessorias especiais de controle interno.***

§ 2º ***Na administração pública federal autárquica e fundacional, as unidades setoriais do Sitai são aquelas responsáveis pela gestão da integridade, da transparência e do acesso à informação.***

§ 3º O dirigente máximo das entidades de que trata o § 2º designará uma ou mais unidades responsáveis pela gestão da integridade, da transparência e do acesso à informação.

§ 4º O responsável pela unidade setorial de que trata o § 1º será designado para o exercício das atribuições previstas no art. 40 da Lei nº 12.527, de 18 de novembro de 2011.

Art. 6º ***As atividades das unidades setoriais do Sitai ficarão sujeitas à orientação normativa e à supervisão técnica do órgão central****, sem prejuízo da subordinação administrativa ao órgão ou à entidade da administração pública federal a que pertençam.*

Retornando ao Decreto 11.529/2023, constam as competências do órgão central e órgãos setoriais relacionadas à Integridade Pública:

Art. 7º Compete ao órgão central do Sitai:

I - estabelecer as normas e os procedimentos para o exercício das competências das unidades integrantes do Sitai e ***as atribuições dos dirigentes para a gestão dos programas de integridade;***

II - orientar as atividades relativas ***à gestão dos riscos para a integridade;***

III - exercer a ***supervisão técnica das atividades relacionadas aos programas de integridade geridos pelas unidades setoriais****, sem prejuízo da subordinação administrativa dessas unidades ao órgão ou à entidade da administração pública federal a que pertençam;*

IV - coordenar as atividades que exijam ações conjuntas de unidades integrantes do Sitai;

V - monitorar e avaliar a atuação das unidades setoriais;

VI - realizar ações de comunicação e capacitação relacionadas às temáticas de integridade, *transparência e acesso à informação;*

VII - dar ciência aos órgãos ou às entidades ***de fatos ou situações que possam comprometer o seu programa de integridade e recomendar a adoção das medidas de remediação*** *necessárias;*

[...]

Art. 8º Compete às unidades setoriais do Sitai:

I - assessorar a autoridade máxima do órgão ou da entidade nos assuntos relacionados com a integridade, a transparência e o acesso à informação e com os programas e as ações para efetivá-los;

II - articular-se com as demais unidades do órgão ou da entidade que desempenhem funções de integridade, ***com vistas à obtenção de informações necessárias à estruturação e ao monitoramento do programa de integridade;***

*III - **coordenar a estruturação, a execução e o monitoramento de seus programas de integridade;***

*IV - **promover, em coordenação com as áreas responsáveis pelas funções de integridade, a orientação e o treinamento, no âmbito do órgão ou da entidade, em assuntos relativos ao programa de integridade;***

*V - **elaborar e revisar, periodicamente**, o **plano de integridade;***

*VI - **coordenar a gestão dos riscos para a integridade;***

*VII - **monitorar e avaliar**, no âmbito do órgão ou da entidade, a implementação das medidas estabelecidas no **plano de integridade;***

*VIII - **propor ações e medidas**, no âmbito do órgão ou da entidade, **a partir das informações e dos dados relacionados com a gestão do programa de integridade;***

*IX - **avaliar as ações e as medidas relativas ao programa de integridade** sugeridas pelas demais unidades do órgão ou da entidade;*

*X - **reportar à autoridade máxima do órgão ou da entidade informações** sobre o **desempenho do programa de integridade** e informar quaisquer fatos que possam comprometer a integridade institucional;*

XI - participar de atividades que exijam a execução de ações conjuntas das unidades integrantes do Sitai;

*XII - reportar ao órgão central as **situações que comprometam o programa de integridade e adotar as medidas necessárias para sua remediação;***

[...]

Aspectos Essenciais do Decreto 11.529/2023 que devem ser observados por Entes e Organizações que desejem implementar o Sistema de Integridade Pública
1º Aspecto: Definição da finalidade do sistema. 2º Aspecto: Definição dos integrantes do sistema, inclusive órgão central, e suas atribuições. 3º Aspecto: Definição da relação entre o órgão central e demais órgãos setoriais do sistema. 4º Aspecto: Definição do posicionamento da Setorial de Integridade Pública em relação autoridade máxima do órgão. 5º Aspecto: Definição das atribuições do órgão central e órgãos setoriais. Chama a atenção que neste caso, **não foram definidos critérios pré-existentes, nem mandato**, para o titular do setor responsável pela Unidade de Gestão da Integridade. **Decreto anterior revogado, trazia a seguinte condição:** ***Decreto 10.756, de 27 de julho de 2021*** *Art. 8º Os responsáveis pelas atividades das unidades setoriais **deverão ter vínculo permanente com a administração pública federal e possuir reputação ilibada.*** *Parágrafo único. Os responsáveis a que se refere o caput **deverão participar das ações de capacitação indicadas pelo órgão central.*** **Assim, entende-se que o Decreto anterior trazia critérios importantes inerentes ao titular da unidade de gestão da integridade e que podem ser replicados:** 1º Servidor ou Empregado Público com vínculo permanente com a administração pública. 2º Reputação ilibada. 3º Capacitação a posteriori a cargo do órgão central.

3. ESTRUTURA E FUNCIONAMENTO DE UMA UNIDADE DE GESTÃO DA INTEGRIDADE

Neste tópico serão apresentados exemplos de composição da Unidade de Gestão de Integridade (UGI). Atualmente se utiliza no âmbito do Poder Executivo Federal a denominação Unidade Setorial de Integridade (USI).

Figura 15.2: Exemplo em que a UGI acumula as funções da instância da Gestão de Riscos

A Universidade Federal do Ceará (UFC) instituiu a Secretaria de Governança como Unidade de Gestão da Integridade (UGI), por meio da Portaria nº 65/UFC/GR, de 9 de maio de 2018, sendo responsável pela elaboração, revisão e acompanhamento do Plano de Integridade (PI). Atualmente a SECGOV é composta pelos seguintes servidores: Prof. Cláudio de Albuquerque Marques (Diretor), Ana Virgínia Nolasco Lopes de Sousa Leão, Brunna Grasiella Matias Silveira, Francisco Jonatan Soares, Karla Raquel de Brito Bezerra, Lívia Rodrigues Barreto, Rebecca Maria de Freitas Sousa Oliveira e Yane Nóbrega de Aguiar.

3 Execução das Ações de Gerenciamento dos Riscos de Integridade

A área responsável por coordenar as ações de gestão de riscos da entidade é a Secretaria de Governança (SECGOV). Os riscos na UFC são categorizados como estratégicos, financeiros/orçamentários, operacionais, de imagem/reputação, legais/de conformidade e de integridade. A Metodologia de Gestão de Riscos da Universidade estabelecida no Plano de Gestão de Riscos, aprovado pelo Comitê de Governança em 20/12/2022 (*vide* Resolução nº 04/2022/CGOV/REITORIA, de 20/12/2022), envolve as seguintes fases: mapeamento de processos, gerenciamento de riscos organizacionais, e gerenciamento de riscos de integridade.

Fonte: Relatório de Acompanhamento do Programa de Integridade da UFC – 2023.1

Figura 15.3: Exemplo em que a UGI não acumula outras funções

Atualmente, a UGI é composta apenas pelo servidor Francisco de Assis Nogueira está situada no Centro Multiuso, 3° andar, sala 06, na Rua Interventor Francisco Erivano Cruz, 120 - Centro, em Juazeiro do Norte, - E-mail: ugi.reitoria@ufca.edu.br - tel.: (88) 3221-9207, com funcionamento de segunda à sexta-feira, das 8h às 12h e das 13h às 17h.

Fonte: Relatório de Acompanhamento do Programa de Integridade da DNOCS – 2022

Principais realizações da UGI
-Reuniões Deliberativas. -Elaboração e divulgação do Programa de Integridade. -Monitoramento do Programa de Integridade. -Elaboração e divulgação do Relatório de Acompanhamento do Programa de Integridade. -Instrução processual. -Realização de ações e campanhas educativas.

Posicionamento da UGI perante a Alta Administração
A Autoridade responsável pelo Programa de Integridade deve reportar-se preferencialmente diretamente à alta administração. Eventualmente o dirigente máximo pode delegar a terceiro (**atentando para a culpa *in eligendo* e culpa *in vigilando* vistas no capítulo 13**) que tenha condições de decidir mais célere sobre ações e medidas de integridade identificadas pelo Titular da UGI.

Possíveis atividades da Unidade de Gestão da Integridade
1. Elaborar o Plano de Integridade da Unidade a ser aprovado pelo Dirigente Máximo. 2. Divulgar o Plano de Integridade em transparência ativa. 3. Propor medidas e ações de integridade a serem aprovadas pelo Dirigente Máximo. 4. Implementar, no que couber, e monitorar as medidas e ações de integridade aprovadas pelo Dirigente Máximo. 5. Conduzir treinamento dos servidores na temática integridade. 6. Sensibilizar em parceria com a comunicação social todo o órgão e a alta administração utilizando ferramentas de comunicação internas (e-mail, descanso de tela, quiz, etc.). 7. Promover ou participar de campanhas visando o fortalecimento da integridade. 8. Gerenciar de forma compartilhada[4] com a área envolvida riscos para integridade no âmbito da Unidade[5]. 9. Monitorar o Programa de Integridade da Unidade: - Alertando outras unidades quanto a eventos que possam comprometer o programa de integridade. - Acompanhando as orientações e diretrizes dos demais sistemas estruturantes que possam vir a impactar o programa de integridade da unidade. 10. Elaborar relatório de acompanhamento do programa de integridade que deve ser aprovado pelo dirigente máximo. 11. Divulgar o relatório de acompanhamento transparência ativa.

4 Ver tópico 4.

5 A identificação pode ser conduzida pela 1ª (Área apoiada) e 2ª (UGI) linhas; a proposição de mitigadoras após a avaliação pode ser conduzida pela 1ª e 2ª linhas; a implementação compete ao gestor da 1ª linha; e monitoramento compete à 2ª linha.

Possíveis atividades da Unidade de Gestão da Integridade
12. Ser instância consultiva da Alta Administração e colegiados sobre o tema integridade.
13. Ser o módulo de integração com as funções de integridade atuando de forma complementar.
14. Realizar a gestão do conhecimento relacionados aos temas referentes à integridade.
15. Atuar de forma compartilhada, com ênfase na integridade, no mapeamento dos processos de trabalho.

3.1. Que instâncias das funções de integridade a UGI poderia acumular?

Em face do acompanhamento das unidades federais, observa-se que a UGI pode acumular outras funções. Normalmente instâncias de integridade que podem vir a responsabilizar a gestão ou integrante da gestão, ou participam em fases iniciais desses procedimentos não acumulam com a UGI.

Um caso que pode servir de referência para complementar tal análise seria a Assessoria Especial de Controle Interno que acumula todas as funções do Sitai do Decreto 11.529/2023 (integridade, transparência e acesso à informação) e também é responsável pelo acompanhamento da implementação das recomendações da CGU e do TCU nos termos do Decreto 3.591/2000. O Quadro 15.1 consolida os entendimentos.

Quadro 15.1: Relação das instâncias das funções de integridade e possíveis acumulações com a UGI

Pode Acumular	Não se recomenda acumular com a UGI	Não pode acumular com a UGI
- Unidade de Controles Internos (2ª linha). - Unidade de Gestão de Riscos (2ª linha). - Acesso à informação (1ª linha). - Transparência ativa (1ª linha).	- Tratamento de denúncias (1ª linha)[a]. - Corregedoria (1ª linha)[b]. - Comissão de Ética (1ª linha)[c]. - Prevenção de nepotismo (1ª linha). - Prevenção de conflito de interesses (1ª linha). - Resolução de conflitos (1ª linha)	Auditoria Interna (3ª linha)

Legenda: (a) participa da triagem de denúncias que podem culminar em responsabilização futura; **(b)** pode aplicar em último caso a penalidade de demissão; **(c)** pode aplicar a censura ética.

3.2. Como a UGI pode formalizar o seu papel na 2ª linha?

Uma das formas mais importantes de uma instância de integridade exercer o seu papel é **possuir um rito formal de comunicação.** Considerando que a UGI é uma instância de 2ª linha é importante que ela tenha uma **comunicação própria com as demais instâncias das funções de integridade** para tratar que situações que possam vir a comprometer a integridade da organização. A Figura 15.4 traz exemplo da comunicação denominada "Nota de Monitoramento" já utilizam em órgão federais.

Figura 15.4: Nota de monitoramento da UGI

Assunto: Gestão de Riscos para Integridade

1. OBJETIVO
Realizar a checagem e acompanhamento das ações implementadas pelas unidades responsáveis, de acordo com os prazos acordados.
2. MONITORAMENTO
2.1 ITENS MONITORADOS Medidas de tratamento dos Riscos para a Integridade.
UNIDADE Reitoria
DESCRIÇÃO Monitoramento acerca da implementação das medidas de tratamento dos Riscos para a Integridade, conforme Mapa de Riscos aprovado no Plano de Integridade da Unilab (vigência 2022-2024).
CRITÉRIO(S) Plano de Integridade da Unilab (vigência 2022-2024).

3. ENCAMINHAMENTOS
Solicitamos que sejam encaminhadas à Secretaria de Governança, Integridade e Transparência, por meio de Processo SEI, no prazo máximo de 15 dias, as comprovações referentes a implementação das seguintes medidas de tratamento constantes no Mapa de Riscos para Integridade: 1) ID – R2. Ação: Portariar a Ouvidoria como canal único de entrada de quaisquer tipos de denúncia/representação. 2) ID – R13. Ação: Portariar a Ouvidoria como canal único de entrada de quaisquer tipos de denúncia/representação para posterior direcionamento e também finalidade estatística.

Fonte: Relatório de Acompanhamento do Programa de Integridade da UNILAB.

Essência da Nota de Monitoramento
1. Levanta riscos ou oportunidade de melhorias no âmbito da integridade.
2. Comunica o destinatário.
3. Define prazo para atendimento.

4. GESTÃO DE RISCOS E A UGI

Esse tópico buscar dar um breve sobrevoo sobre o gerenciamento de riscos buscando conexão com a UGI.

Para a legislação do Reino Unido (2010)[6], os procedimentos de integridade devem ser proporcionais aos riscos enfrentados por uma organização. Nenhuma

6 https://www.justice.gov.uk/downloads/legislation/bribery-act-2010-guidance.pdf.

política ou procedimento é capaz de detectar e prevenir todos os atos de corrupção. Uma abordagem baseada no risco servirá, no entanto, para concentrar o esforço onde for necessário e terá maior impacto. Deste modo, uma abordagem baseada no risco reconhece que a ameaça de suborno às organizações varia entre jurisdições, setores empresariais ou ramo da atividade, por exemplo.

Já o Departamento de Justiça Americano (DOJ), ao avaliar a eficácia de um programa de integridade, evidencia que é possível creditar a qualidade e eficácia de um programa de *compliance* baseado em risco com especial atenção e recursos às transações de alto risco, mesmo que não consiga evitar uma infração observando algumas **questões chaves:**

- **Processo de gestão de riscos** – Que metodologia a empresa utilizou para identificar, analisar e abordar os riscos específicos que enfrenta? Que informações ou métricas a empresa coletou e usou para ajudar a detectar o tipo de má conduta em questão? Como as informações ou métricas informaram o programa de *compliance* da empresa?
- **Alocação de recursos sob medida para o risco** – A empresa dedica uma quantidade desproporcional de tempo ao policiamento de áreas de baixo risco em vez de áreas de alto risco, como pagamentos questionáveis a consultores terceirizados, atividades comerciais suspeitas ou descontos excessivos para revendedores e distribuidores? A empresa dá maior escrutínio, conforme justificado, às transações de alto risco (por exemplo, um contrato de grande valor monetário com uma agência governamental num país de alto risco) do que à hospitalidade e entretenimento mais modestos e rotineiros?
- **Atualizações e Revisões**- A avaliação de riscos está atualizada e sujeita a revisão periódica? A revisão periódica é limitada a um "instantâneo" no tempo ou baseada no acesso contínuo a dados e informações operacionais entre funções? A revisão periódica levou a atualizações nas políticas, procedimentos e controles?
- **Lições aprendidas** – A empresa possui um processo para rastrear e incorporar em sua avaliação periódica de riscos lições aprendidas de questões anteriores da própria empresa ou de outras empresas que operam no mesmo setor e/ou região geográfica?

Em suma, todas as questões são importantes e dão diretriz para uma boa gestão de riscos. **E com relação ao setor público existe alguma diretriz específica? A resposta é sim.** A recomendação da OCDE sobre Integridade Pública exorta os aderentes a "aplicar um quadro de controle interno e gestão de risco para preservar a integridade nas organizações do setor público, em particular através de:

- Assegurar um ambiente de controle com objetivos claros que demonstrem o compromisso dos gestores com a integridade pública e os valores do serviço público, e que forneça um nível razoável de garantia da eficiência, desempenho e conformidade de uma organização com as leis e práticas;
- Assegurar uma abordagem estratégica à gestão de riscos que inclua a avaliação dos riscos para a integridade pública, abordando as deficiências

de controle (incluindo a construção de sinais de alerta em processos críticos), bem como o estabelecimento de um mecanismo eficiente de monitoramento e garantia de qualidade para o sistema de gestão de risco;

- Assegurar que os mecanismos de controle sejam coerentes e incluam procedimentos claros para responder a suspeitas de violação de leis e regulamentos e facilitar a denúncia às autoridades competentes sem medo de represálias" (OECD, 2017).

4.1. Terminologia de riscos aplicada à integridade

Risco seria possibilidade de ocorrência de um evento que venha a ter impacto no cumprimento dos objetivos. **O risco é medido em termos de impacto e de probabilidade**. O Quadro 15.2 contém outros conceitos relevantes.

Quadro 15.2: Terminologia básica aplicada à Gestão de Riscos

Categoria	Descrição
Apetite ao risco	Nível de risco que **uma organização** está disposta a aceitar.
Fraude	Quaisquer atos ilegais caracterizados por desonestidade, dissimulação ou quebra de confiança. Estes atos não implicam o uso de ameaça de violência ou de força física.
Gerenciamento de Riscos	Processo para identificar, avaliar, administrar e controlar potenciais eventos ou situações, para fornecer razoável certeza quanto ao alcance dos objetivos da organização.
Política de Gestão de Riscos	Declaração das intenções e diretrizes gerais de uma organização relacionadas à gestão de riscos.
Risco Inerente	Risco a que uma organização está exposta **sem considerar quaisquer ações gerenciais** que possam reduzir a probabilidade de sua ocorrência ou seu impacto.
Risco Residual	Risco a que uma organização está exposta **após a implementação de ações gerenciais** para o tratamento do risco.

Fonte: Adaptado da IN Conjunta MP/CGU nº 01/2016.

Outro conceito importante que não pode ser confundido com **apetite ao risco**, seria o de **tolerância ao risco**. O Quadro 15.3 contém a diferença, enquanto a Figura 15.5 ilustra esses conceitos.

Quadro 15.3: Apetite ao Risco versus Tolerância ao Risco

Apetite ao Risco	Tolerância ao Risco
Seria o nível de risco para o qual após aplicadas todas as medidas mitigadoras aceita-se o mesmo.	Seria o nível de risco para o qual após aplicado todas as medidas mitigadoras, ainda ficou acima do apetite ao risco, mas a Alta Administração aceita pelo custo de uma medida adicional superar o benefício.
Aplicação: Em uma matriz de probabilidade e impacto 5 por 5 definiu-se que todos os riscos cujo mapa de calor fiquem na área 1 por 1, 1 por 2, 2 por 1 podem ser aceitos. Determinado risco, ficou nesta área e foi aceito automaticamente pela política de riscos.	Aplicação: Em uma matriz de probabilidade e impacto 5 por 5 definiu-se que todos os riscos cujo mapa de calor fiquem na área 1 por 1, 1 por 2, 2 por 1 podem ser aceitos. Determinado risco, ficou na área 3 por 3, contudo não existe medida adiciona a ser adotada. A Alta Administração após ser consultada decide pela aceitação.
É padronizado pela política de riscos.	Depende de caso a caso.

Figura 15.5: Risco Inerente, Risco Residual, Apetite ao Risco e Tolerância ao Risco

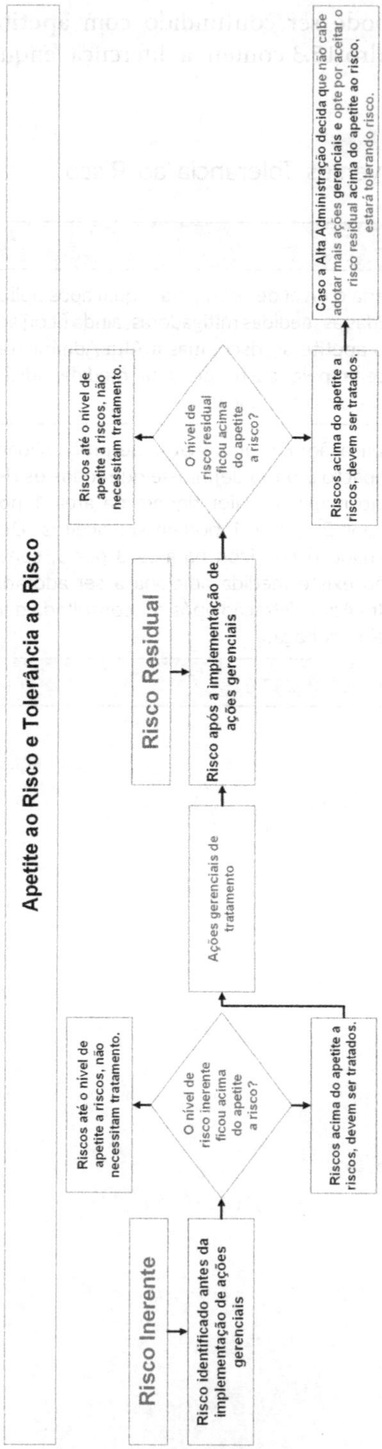

Nem todos os riscos são riscos de integridade. Existem diversas categorias. O Quadro 15.4 contém exemplos de categorias.

Quadro 15.4: Categorias de Riscos Organizacionais

Categoria	Descrição	Exemplo no Setor Público
Estratégico	Eventos que podem causar prejuízos no cumprimento das metas e de objetivos do órgão ou entidade.	Há estudo em curso propondo a descontinuidade do órgão.
Imagem[a]	Eventos que podem comprometer a confiança da sociedade (ou de parceiros, de clientes ou de fornecedores) em relação à capacidade do órgão ou da entidade em cumprir sua missão institucional. Pode ser uma subcategoria dos riscos estratégicos.	Servidor ou empregado do órgão envolvido em assédio sexual.
Legal[a]	Eventos derivados de alterações legislativas ou normativas que podem comprometer as atividades do órgão ou entidade. Pode ser uma subcategoria dos riscos estratégicos.	O chefe do Executivo define nova atribuição para o órgão e com prazo de entrega estruturante em curto espaço de tempo.
Orçamentário[a]	Eventos que podem comprometer a capacidade do órgão ou entidade de contar com os recursos orçamentários e financeiros necessários à realização de suas atividades, ou eventos que possam comprometer a própria execução orçamentária, como atrasos no cronograma de licitações.	Queda de receita, contingenciamento.
Integridade	Eventos associados a casos de corrupção, fraude, irregularidade ou desvio ético, ou de conduta.	Servidor recebe suborno para não aplicar multa por descumprimento contratual em empresa.
Operacional[a]	Eventos que podem comprometer as atividades do órgão ou entidade, normalmente associados a falhas, deficiência ou inadequação de processos internos, pessoas, infraestrutura e sistemas.	Geração de informação incorreta devido à falta de integração entre sistemas o que obriga a alimentação manual.
Segurança da Informação e Tecnologia, Inovação e Comunicações	Eventos que caracterizam ameaças no virtual do órgão e na custódia de informações.	Ciberataque, fraudes virtuais.

Legenda: (a) Art. 18 da IN Conjunta MP/CGU nº 01/2016.

A Unidade de Gestão de Integridade pode assumir a função da Unidade de Gestão de Riscos?
Não há óbice. Tudo depende do tamanho da unidade e complexidade dos macroprocessos. Em processos muito específicos e complexos, pode ser que a UGI não tenha a expertise necessária para assessorar a alta administração sendo necessário o apoio de especialistas. **Em processos mais comuns e de fácil absorção, a experiência mostra que flui de maneira satisfatória[7]. Contudo, existe o risco da gestão de riscos nesse último caso acabar sendo dominada pelos riscos de integridade. O responsável pelo processo deve atentar que nem tudo são riscos para integridade e que os demais riscos continuam existindo.**

A seguir, o Quadro 15.5 contém **exemplos de subcategoria de riscos transversais para integridade** que podem ser aplicados a qualquer processo.

7 Caso da Universidade Federal do Ceará em que a Unidade de Gestão de Integridade acumula a função de unidade de gestão de riscos e conseguiu em 3 anos aplicar de forma eficaz a metodologia de riscos em mais de 40 processos (https://secretariadegovernanca.ufc.br/pt/programa-de-integridade/relatorios-de-acompanhamento-do-programa-de-integridade-rapi/).

Quadro 15.5: Riscos transversais para integridade

Subcategoria	Descrição
Conduta profissional inadequada	Deixar de realizar as atribuições conferidas com profissionalismo, honestidade, imparcialidade, responsabilidade, seriedade, eficiência, qualidade e/ou urbanidade.
Ameaças à imparcialidade e à autonomia técnica	Ser influenciado a agir de maneira parcial por pressões internas ou externas indevidas, normalmente ocorridas entre pares, por abuso de poder, por tráfico de influência ou constrangimento ilegal.
Uso indevido de autoridade	**Contra o exercício profissional:** atentar contra os direitos e garantias legais assegurados ao exercício profissional com abuso ou desvio do poder hierárquico ou sem competência legal para atender interesse próprio ou de terceiros. Ato movido por capricho, maldade, perseguição, vingança ou outra motivação que não se enquadre no princípio da moralidade dos atos da administração pública. Realizar transferência ou dispensa arbitrária de algum trabalho relevante, pressionar servidor a omitir-se, por estar exercendo suas funções fiscalizatórias (ou seja, sua atividade profissional) em órgãos do próprio Estado, exigindo o cumprimento da lei. Proceder a qualquer tentativa de obrigar o servidor a executar o que evidentemente não está no âmbito das suas atribuições ou a deixar de executar o que está previsto.
	Contra a honra e o patrimônio: atentar contra a honra ou o patrimônio de pessoa natural (no caso, servidor público) ou jurídica com abuso ou desvio de poder ou sem competência legal para atender interesse próprio ou de terceiros.
Nepotismo	Nomear, designar, contratar ou alocar familiar de Ministro de Estado ou de ocupante de cargo em comissão ou função de confiança para exercício de cargo em comissão, função de confiança ou prestação de serviços no órgão ou entidade.
Conflito de Interesses (Continua ...)	**Exercício de atividades incompatíveis com as atribuições do cargo:** exercer, direta ou indiretamente, atividade que em razão da sua natureza seja incompatível com as atribuições do cargo ou emprego, considerando-se como tal, inclusive, a atividade desenvolvida em áreas ou matérias correlatas.
	Intermediação indevida de interesses privados: atuar, ainda que informalmente, como procurador, consultor, assessor ou intermediário de interesses privados na CGU ou nos órgãos ou entidades da administração pública.

Subcategoria	Descrição
Conflito de Interesses	**Concessão de favores e privilégios ilegais a pessoa jurídica:** praticar ato em benefício de interesse de pessoa jurídica de que participe o agente público, seu cônjuge, companheiro ou parentes, consanguíneos ou afins, em linha reta ou colateral, até o terceiro grau, e que possa ser por ele beneficiada ou influir em seus atos de gestão.
	Recebimento de presentes/vantagens: receber presente de quem tenha interesse em decisão do agente público ou de colegiado do qual este participe fora dos limites e condições estabelecidos em regulamento.
	Inobservância da quarentena: nomear terceiro (não servidor de carreira na CGU) para ocupar função de direção, chefia e assessoramento ou cargo de confiança na CGU, que tenha exercido, nos 6 meses anteriores à nomeação, cargo ou emprego de ministro de Estado, de natureza especial ou equivalente, de presidente, vice-presidente e diretor, ou equivalente, de autarquias, fundações públicas, empresas públicas ou sociedades de economia mista e do Grupo Direção e Assessoramento Superiores (DAS), níveis 6 e 5 ou equivalentes, que possa gerar conflito de interesses com as atividades que serão desenvolvidas no órgão ou entidade.
Uso indevido ou manipulação de dados/ informações	**Divulgação ou uso indevido de dados ou informações:** divulgar ou fazer uso de informação privilegiada, em proveito próprio ou de terceiros, obtida em razão das atividades exercidas, bem como permitir o acesso de pessoas não autorizadas a sistemas de informações da Administração Pública.
	Alteração indevida de dados/informações: fornecer ou divulgar dados ou informações intencionalmente de forma incorreta, incompleta ou imprecisa, bem como inserir ou facilitar a inserção de dados falsos em sistemas informatizados para atender interesse próprio ou de terceiros.
	Restrição de publicidade ou de acesso a dados ou informações: restringir ou retardar a publicidade ou acesso a dados ou informações, ressalvados os protegidos por sigilo, bem como extraviar ou inutilizar dados e informações para atender interesse próprio ou de terceiros.
Desvio de pessoal ou de recursos materiais	Desviar ou utilizar, em obra ou serviço particular, veículos, máquinas, equipamentos ou material de qualquer natureza, de propriedade ou à disposição de entidades públicas, bem como o trabalho de servidores públicos, empregados ou terceiros contratados por essas entidades para fins particulares ou para desempenho de atribuição que seja de sua responsabilidade ou de seu subordinado.

Fonte: Adaptado Plano de Integridade da CGU - 1ª versão (2018)

A identificação dos riscos para integridade se dá em função do processo e não da pessoa
O responsável pelo gerenciamento de riscos para integridade deve ter muita habilidade na condução das entrevistas e exposições que visem identificar riscos para integridade.
O foco sempre é o processo e nunca a pessoa física.
Por exemplo, um terceirizado que trabalho no protocolo do órgão pode ser pressionado por terceiro para reconhecer como data de entrada de documento uma data anterior, porém ele dificilmente sofrerá o risco de desvio patrimonial a qual está sujeito ao Almoxarifado.
Outro exemplo, o servidor que ocupa cargo estratégico está sujeito à maior risco nomear uma parente do que um servidor que não ocupa cargo.
Em resumo, hipoteticamente uma mesma pessoa em processos distintos estaria sujeita a riscos para integridade distintos.

4.2. Gerenciamento de Riscos na Organização

Quando se pensa em gestão de riscos, um dos primeiros pensamentos que normalmente vem seria a metodologia de gestão de riscos. De fato, a metodologia é importante, mas existem passos pretéritos para sua elaboração e utilização.

Reforça-se o que fora introduzido no capítulo 1: a primeira premissa para qualquer gestão de riscos seria existência e execução de um planejamento estratégico razoável. Sem isso, a gestão de riscos não alcançará sua missão e será vista como mais um elemento burocrático.

Elementos Essenciais do Planejamento Estratégico que serão úteis na Gestão de Riscos (inclusive riscos para Integridade)
- Estruturas de Governança com destaque com instância em que o Dirigente Máximo participe.
- Mapa estratégico contendo: missão, visão, valores, objetivos e indicadores.
- Cadeia de Valor contendo os macroprocessos: gerenciais, finalísticos e de suporte.
- Programas segmentados em: projetos de produtos transformadores, projetos ordinários e atividades continuadas.
- Modelo de priorização dos programas e seus segmentos.

Posteriormente, cabe definir o arcabouço teórico necessário para promover o gerenciamento de riscos em um órgão ou entidade pública conforme grau de maturidade da organização: **Inicial** (unidade sem cultura prévia de gestão de riscos) e **Subsequente** (unidade com cultura prévia de gestão de riscos).

Arcabouço Teórico Inicial: unidade sem cultura prévia de gestão de riscos
1. Política de Gestão de Riscos.
2. Seleção inicial dos processos a serem geridos: poucos processos.
3. Minuta de Metodologia de Gestão de Riscos.

Arcabouço Teórico Subsequente: unidade com cultura prévia de gestão de riscos
1. Política de Gestão de Riscos.
2. Plano de Gestão de Riscos com Metodologia de Gestão de Riscos definida.

Observa-se que seja em órgãos e entidades com pouca maturidade, seja em órgãos ou entidades com elevada maturidade, a **Política de Gestão de Riscos é essencial.**

Composição de uma Política de Riscos nos Termos da IN Conjunta MP/CGU nº 01/2016[8]
A política de gestão de riscos, a ser instituída pelos órgãos e entidades do Poder Executivo federal em até doze meses a contar da publicação desta Instrução Normativa, deve especificar ao menos:
I – princípios e objetivos organizacionais;
II – diretrizes sobre:
a) como a gestão de riscos será integrada ao planejamento estratégico, aos processos e às políticas da organização;
b) como e com qual periodicidade serão identificados, avaliados, tratados e monitorados os riscos;
c) como será medido o desempenho da gestão de riscos;
d) como serão integradas as instâncias do órgão ou entidade responsáveis pela gestão de riscos;
e) a utilização de metodologia e ferramentas para o apoio à gestão de riscos; e
f) o desenvolvimento contínuo dos agentes públicos em gestão de riscos; e
III – competências e responsabilidades para a efetivação da gestão de riscos no âmbito do órgão ou entidade.

A seguir consta, exemplo de política de riscos de uma Autarquia Federal.

8 Art. 17 da IN Conjunta MP/CGU nº 01/2016.

Figura 15.6: Extrato de Exemplo de Política de Gestão de Riscos

RESOLUÇÃO Nº 15/CONSUNI, DE 29 DE JULHO DE 2019.

Dispõe sobre a Política de Gestão de Riscos da Universidade Federal do Ceará e dá outras providências.

O **REITOR DA UNIVERSIDADE FEDERAL DO CEARÁ**, no uso de suas atribuições legais e estatutárias, e tendo em vista o que deliberou o Conselho Universitário (CONSUNI), em sua reunião de **29 de julho de 2019**, na forma do que dispõe o inciso V do Art. 53 da Lei nº 9.394, de 20 de dezembro de 1996, e tendo em vista as competências previstas nos artigos 11, letra *i*, e 25, letra *s*, do Estatuto em vigor, e,

considerando a Resolução nº 34/CONSUNI, de 19 de maio de 2017, que trata da criação do Comitê de Governança;

considerando a Resolução nº 01/CONSUNI, de 20 de janeiro de 2017, que instituiu a Secretaria de Governança;

considerando a Instrução Normativa Conjunta MP/CGU nº 01, de 11 de maio de 2016, que dispõe sobre controles internos, gestão de riscos e governança no âmbito do Poder Executivo Federal,

RESOLVE:

Art. 1º Fica instituída a Política de Gestão de Riscos – PGR da Universidade Federal do Ceará, que tem por objetivo estabelecer princípios, diretrizes e responsabilidades, visando à adoção e sistematização de práticas relacionadas à gestão de riscos na instituição.

Art. 7º A avaliação dos riscos será representada por meio de uma Matriz de Riscos compreendendo os principais riscos, conforme suas características de probabilidade e impacto nos objetivos da Instituição, para os quais serão estabelecidas respostas para mitigação, bem como selecionados indicadores de riscos e desempenho para o seu monitoramento.

§ 1º A operacionalização da avaliação dos riscos, bem como as demais etapas da Gestão de Riscos, serão detalhadas no Plano de Gestão de Riscos.

Art. 9º Os responsáveis e as respectivas responsabilidades pela gestão de riscos estão assim dispostos:

I - Conselho Universitário: responsável pelo estabelecimento da estratégia da organização e por estabelecer a Política de Gestão de Riscos da Universidade;

II - Reitor: Responsável pela estrutura de gerenciamento de riscos;

III - Comitê de Governança: responsável por definir e estabelecer o nível de tolerância aos riscos e o apetite ao Risco da UFC tendo por base os objetivos do PDI e a análise do ambiente interno e externo;

IV - Secretaria de Governança: responsável por assessorar o Reitor no estabelecimento da estrutura de gerenciamento de riscos na Universidade, assim como orientar a sua implementação no âmbito das unidades acadêmicas e administrativas. Cabe à Secretaria, ainda, o monitoramento da gestão de riscos, visando o aprimoramento contínuo dessa prática;

V - Alta Administração: responsável por garantir os recursos necessários para implementação desta política no âmbito da sua unidade de atuação. São responsabilidades dos Gestores da Alta Administração:

Fonte: Resolução UFC nº 15/CONSUNI, de 29 de julho de 2019

A IN Conjunta MP/CGU nº 01/2016 não obriga que o apetite ao risco seja determinado na política de riscos. Tal definição pode ser definida em outro documento menos perene como é o caso do Plano de Gestão de Riscos (exemplo da Figura 15.7) que pode ou não incorporar a metodologia.

Figura 15.7: Extrato de Apetite ao Risco

Dessa forma, todos os riscos cujos níveis estejam dentro dos níveis aceitáveis **(BAIXO e MÉDIO)** podem ser aceitos, e uma possível priorização para tratamento deve ser justificada.

Da mesma forma, todos os riscos cujos níveis estejam fora dos níveis aceitáveis **(ALTO e EXTREMO)** deverão ser tratados e monitorados, e uma possível inexistência de tratamento deve ser justificada. O **Quadro 13** mostra, por classificação, quais ações devem ser adotadas em relação ao risco e suas exceções.

Fonte: Plano de Gestão de Riscos UFC 2023-2027

Retomando a discussão sobre gerenciamento de riscos em organizações com níveis de maturidade distintas cabe destacar que é essencial nos **órgãos e entidades iniciantes** que primeiro se teste a forma de comunicação entres as instâncias, critérios de seleção dos processos, formato das reuniões, minuta de metodologia, formato das deliberações, etc.

Boas Práticas para o gerenciamento de Riscos em Órgãos e Entidades Iniciantes
1. Publicar a Política de Riscos que definirá papéis e prazos gerais.
2. Não se precipitar em publicar a metodologia. Usar a classificação de documento preparatório nos termos da Lei de Acesso à Informação.
3. A metodologia irá sofrer alterações durante sua aplicação nos diversos ciclos. Logo, sugere-se executar pelo menos 3 ciclos antes de publicar em definitivo a 1ª versão oficial da metodologia.
4. Para o 1° ciclo selecionar de 3 a 5 processos (combinando processos de baixa, média e alta complexidade) cujo gestor responsável pelo processo (1ª linha) tenha disponibilidade efetiva para participar da metodologia.
5. Existem pelo menos 2 estratégias para realizar os ciclos: (i) conduzir de forma faseada simultaneamente os processos selecionados; (ii) aplicar integralmente a metodologia processo a processo.
6. Muito mais importante do que uma matriz sofisticada baseada em algum software avançado **seria internalizar a cultura de gestão por intermédio da identificação, hierarquização, priorização e tratamento.**
7. O tratamento exige definir as ações gerenciais mitigadoras, responsáveis e prazos para atendimento.

A Figura 15.8 contém um possível fluxo resumido do processo de gerenciamento de riscos. Essa figura se conecta com os Quadros 15.6 a 15.11 e Figuras 15.5 e 15.9.

Figura 15.8: Possível fluxo para gestão de riscos envolvendo a UGI

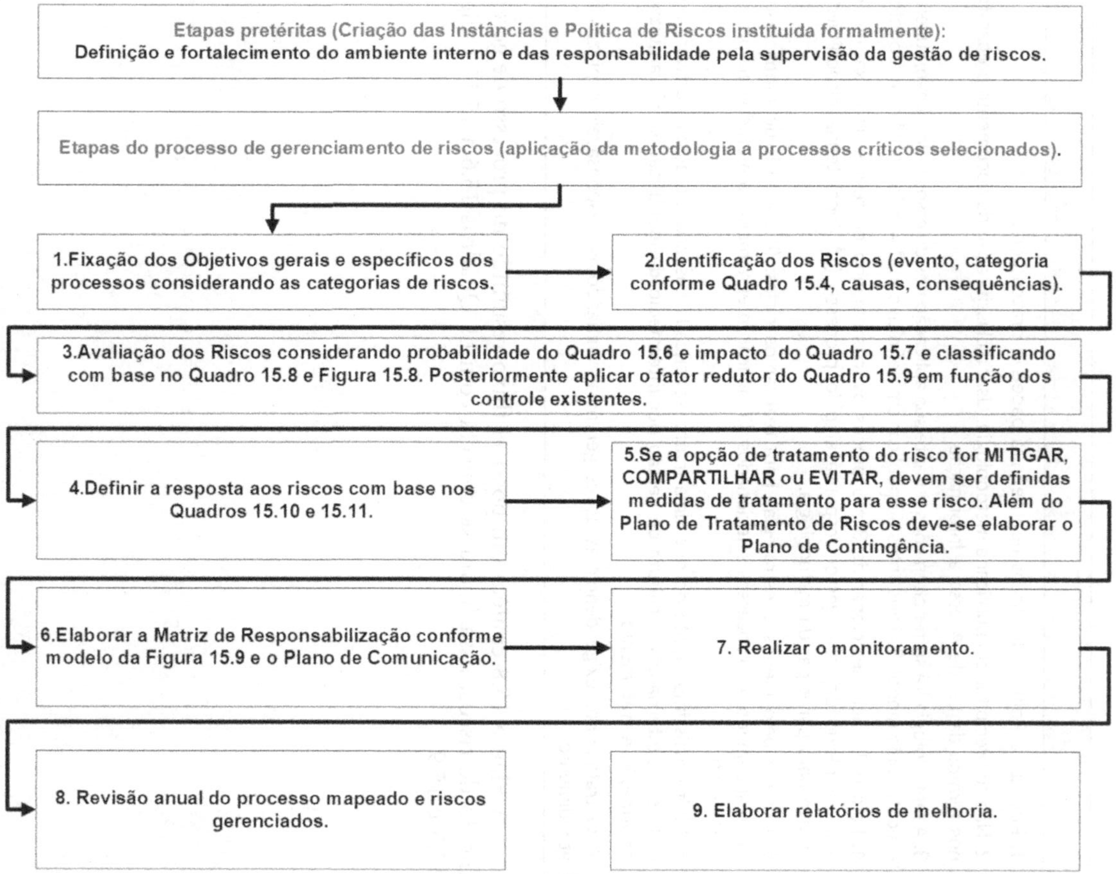

Fonte: Adaptado do Plano de Gestão de Riscos – UFC 2023-2027

Quadro 15.6: Exemplo de escala de probabilidade

Probabilidade	Descrição (sem considerar os controles internos existentes)	Peso
Muito Baixa	**Improvável**. Em situações excepcionais, o evento poderá até ocorrer, mas nada nas circunstâncias indica essa possibilidade.	1
Baixa	**Rara**. De forma inesperada ou casual, o evento poderá ocorrer, pois as circunstâncias pouco indicam essa possibilidade.	2
Média	**Possível**. De alguma forma, o evento poderá ocorrer, pois as circunstâncias indicam moderadamente essa possibilidade.	5
Alta	**Provável**. De forma até esperada, o evento poderá ocorrer, pois as circunstâncias indicam fortemente essa possibilidade.	8
Muito Alta	**Praticamente certo**. De forma inequívoca, o evento ocorrerá. As circunstâncias indicam claramente essa possibilidade.	10

Fonte: Metodologia de Gestão de Riscos – Matriz de Riscos (CGU, 2018)

Quadro 15.7: Exemplo de escala de impacto

Impacto	Descrição (sem considerar os controles internos existentes)	Peso
Muito Baixo	Mínimo impacto nos objetivos.	1
Baixo	Pequeno impacto nos objetivos.	2
Médio	Moderado impacto nos objetivos.	5
Alto	Significativo impacto nos objetivos, de difícil reversão.	8
Muito Alto	Catastrófico impacto nos objetivos, de forma irreversível.	10

Fonte: Metodologia de Gestão de Riscos – Matriz de Riscos (CGU, 2018)

Risco Inerente = Probabilidade X Impacto

Quadro 15.8: Exemplo de Classificação de Risco

Classificação	Faixa
Risco Baixo – RB	0 – 9,99
Risco Médio – RM	10 – 39,99

Classificação	Faixa
Risco Alto – RA	40 – 79,99
Risco Extremo – RE	80 – 100

Fonte: Metodologia de Gestão de Riscos – Matriz de Riscos (CGU, 2018)

Figura 15.9: Exemplo de Mapa de calor do Risco

		IMPACTO				
		Muito baixo 1	Baixo 2	Médio 5	Alto 8	Muito Alto 10
PROBABILIDADE	Muito Baixo 1	1 RB	2 RB	5 RB	8 RB	10 RM
	Baixo 2	2 RB	4 RB	10 RM	16 RM	20 RM
	Médio 5	5 RB	10 RM	25 RM	40 RA	50 RA
	Alto 8	8 RB	16 RM	40 RA	64 RA	80 RE
	Muito Alto 10	10 RM	20 RM	50 RA	80 RE	100 RE

Fonte: Metodologia de Gestão de Riscos – Matriz de Riscos (CGU, 2018)

Quadro 15.9: Exemplo de Fatores de Avaliação dos Controles Internos Existentes

Nível	Descrição	Fato de Avaliação dos Controles
Inexistente	Controles existentes mal desenhados ou mal implantados, isto é, não funcionais.	1
Fraco	Controles têm abordagens *ad hoc*, tendem a ser aplicados caso a caso, a responsabilidade é individual, havendo elevado grau de confiança no conhecimento das pessoas.	0,8

Nível	Descrição	Fato de Avaliação dos Controles
Mediano	Controles implementados mitigam alguns aspectos do risco, mas não contemplam todos os aspectos relevantes do risco devido a deficiências no desenho ou nas ferramentas utilizadas.	0,6
Satisfatório	Controles implementados e sustentados por ferramentas adequadas e embora passíveis de aperfeiçoamento, mitigam o risco satisfatoriamente.	0,4
Forte	Controles implementados podem ser considerados a "melhor prática", mitigando todos os aspectos relevantes do risco.	0,2

Fonte: Metodologia de Gestão de Riscos – Matriz de Riscos (CGU, 2018)

Risco Residual = Risco Inerente X Fator de Avaliação dos Controles

Reflexão
Hipoteticamente um risco com probabilidade 10 e impacto 10, estaria na faixa de 80 a 100 do mapa de calor e seria considerado risco extremo. Considerando o melhor cenário em que fosse possível aplicar um controle de nível forte, esse risco migraria para de 10 a 39,99 e seria considerado risco médio. Caso o apetite ao risco fosse aplicável apenas aos riscos baixos, esse risco hipotético ainda estaria pendente de tratamento, sendo que foram implementados todos os controles e seria necessário aplicar o critério de tolerância ao risco. Depreende-se que nesse tipo de metodologia faria mais sentido aplicar o apetite ao risco para os riscos baixos e médios que foi exatamente a decisão constante na Figura 15.7.

Quadro 15.10: Exemplo de Diretrizes de priorização dos riscos a serem tratados

Classificação	Ação necessária	Exceção
Risco Baixo	Nível de risco dentro do apetite ao risco, mas é possível que existam oportunidades de maior retorno que podem ser exploradas assumindo-se mais riscos, avaliando a relação custo x benefício, como diminuir o nível de controles.	Caso o risco seja priorizado para implementação de medidas de tratamento, essa priorização deve ser justificada pela unidade e aprovada pelo seu dirigente máximo.

Classificação	Ação necessária	Exceção
Risco Médio	Nível de risco dentro do apetite ao risco. Geralmente nenhuma medida especial é necessária, porém requer atividades de monitoramento específicas e atenção da unidade na manutenção de respostas e controles para manter o risco nesse nível, ou reduzi-lo sem custos adicionais.	Caso o risco seja priorizado para implementação de medidas de tratamento, essa priorização deve ser justificada pela unidade e aprovada pelo seu dirigente máximo.
Risco Alto	Nível de risco além do apetite ao risco. Qualquer risco neste nível deve ser comunicado ao dirigente máximo da unidade e ter uma ação tomada em período determinado. Postergação de medidas só com autorização do dirigente máximo da unidade.	Caso o risco não seja priorizado para implementação de medidas de tratamento, a não priorização deve ser justificada pela unidade e aprovada pelo seu dirigente máximo.
Risco Extremo	Nível de risco muito além do apetite ao risco. Qualquer risco neste nível deve ser objeto de Avaliação Estratégica, comunicado ao Comitê de Governança e ao dirigente máximo e ter uma resposta imediata. Postergação de medidas só com autorização do Comitê de Governança.	Caso o risco não seja priorizado para implementação de medidas de tratamento, a não priorização deve ser justificada pela unidade e aprovada pelo seu dirigente máximo e pelo Comitê de Governança.

Fonte: Plano de Gestão de Riscos – UFC 2023-2027

Quadro 15.11: Exemplo de Opções de tratamento de riscos

Opção	Descrição
Aceitar	Um risco é normalmente aceito quando seu nível está nas faixas de apetite ao risco. Nessa situação, nenhum novo controle precisa ser implementado para mitigar o risco.
Mitigar	Um risco é normalmente mitigado quando é classificado como "Alto" ou "Extremo". A implementação de controles, neste caso, apresenta um custo/benefício adequado. Mitigar o risco significa implementar controles que possam diminuir as causas ou as consequências dos riscos, identificadas nas etapas de Identificação e Avaliação de Riscos.

Opção	Descrição
Compartilhar	Um risco é normalmente compartilhado quando é classificado como "Alto" ou "Extremo", mas a implementação de controles não apresenta um custo/benefício adequado. Pode-se identificar outra unidade que tenha mais robustez para tratá-lo ou compartilhar o risco por meio de terceirização, ou apólice de seguro, por exemplo.
Evitar	Um risco é normalmente evitado quando é classificado como "Alto" ou "Extremo", mas a implementação de controles apresenta um custo muito elevado, inviabilizando sua mitigação, ou não há entidades (internas ou externas) dispostas a compartilhar o risco com a unidade. Caso essa opção incorra na interrupção do processo organizacional, a decisão deve ser aprovada pelo Comitê de Governança, ou Câmara associada.

Fonte: Plano de Gestão de Riscos – UFC 2023-2027

Plano de Tratamento de Riscos[9]
O **Plano de Tratamento** é um planejamento de ações para a implementação das medidas preventivas. **Ele deve conter:** - **Responsável** pela implementação das medidas de tratamento, esse deve ser um servidor ou o cargo cujo designado seja automaticamente associado ao Plano de Tratamento. - **Ações preventivas:** medidas que visam diminuir a probabilidade de ocorrência do evento. - **Monitoramento:** periodicidade e/ou mecanismos adotados para verificar a implementação das ações. **-Data prevista para o início da implementação.** **- Data prevista para o término da implementação.** É importante que, em uma primeira abordagem da elaboração do Plano de Tratamento, se avalie a necessidade de melhorar ou extinguir controles já existentes. Somente depois dessa avaliação, e se ainda identificada a necessidade de redução do nível do risco, podem ser propostos novos controles, observados sempre critérios de eficiência e eficácia de sua implementação.

Plano de Contingência[10]
Trata-se de uma definição prévia das ações que serão tomadas caso um risco venha a se concretizar. **Ele deve conter:** - **Gatilho:** situação que determina o início das ações de contingência. - **Responsável pela implementação das medidas de contingência**, esse deve ser um servidor ou o cargo cujo designado seja automaticamente associado ao Plano de contingência. O responsável deve ser imediatamente comunicado em caso de ocorrência do risco para que possa demandar a execução das ações de contingência. - **Ações de contingência:** ações imediatas que devem ser executadas em caso de ocorrência do evento, com o objetivo de atenuar seu impacto (consequências).

9 Plano de Gestão de Riscos – UFC 2023-2027.

10 Plano de Gestão de Riscos – UFC 2023-2027.

Matriz de Responsabilidade em todo o processo de gerenciamento de riscos: Matriz RACI

O modelo da matriz RECI ou RACI (Responsável, Autoridade, Consultado, Informado) se mostra bastante eficaz na elaboração da matriz de responsabilidades que é um produto da fase final do gerenciamento de riscos[11].

As iniciais RECI representam papéis claramente definidos:

R: quem é responsável (quem detém a responsabilidade final, com poder de veto: pessoa que arcará com o ônus pelo eventual insucesso).

E: quem executa (quem é encarregado de desenvolver a atividade, aquele ou aqueles responsáveis pela implementação).

C: quem é consultado (aquele que deve ser consultado antes que as decisões ou ações sejam implementadas).

I: quem é informado (aquele que deve ser informado depois que a decisão ou ação for implementada).

Figura 15.10: Exemplo de Matriz de Responsabilidades aplicada ao processo de gerenciamento de riscos em uma unidade federal

ETAPAS	RESPONSÁVEIS							
	Conselho Universitário	Comitê de Governança	Secretaria de Governança	Responsável pelo Gerenciamento de Riscos	Equipe Técnica Designada	Responsável pelo Plano de tratamento	Servidores envolvidos no processo / objetivo	CGAUD
ESTABELECIMENTO E SUPERVISÃO DA GESTÃO DE RISCOS								
Definição e Fortalecimento do Ambiente Interno	Autoridade	Autoridade	Responsável					Informado
Supervisão	Informado	Autoridade	Responsável	Consultado				Responsável
PROCESSO DE GERENCIAMENTO DE RISCOS								
Etapa 1 - Fixação de Objetivos			Informado	Autoridade	Responsável		Informado	
Etapa 2 - Identificação de eventos			Informado	Autoridade	Responsável		Informado	
Etapa 3 - Avaliação de riscos			Informado	Autoridade	Responsável		Informado	
Etapa 4 - Resposta a riscos		Consultado Informado	Informado	Autoridade	Responsável		Informado	
Etapa 5 - Atividades de controles internos		Consultado[2] Informado	Informado	Autoridade	Informado	Responsável	Informado	
Etapa 6 - Informação e Comunicação	Informado	Informado	Informado	Responsável[3]	Responsável[3]	Responsável[3]	Responsável[3]	Informado
Etapa 7 - Monitoramento (operacional)		Informado	Informado	Responsável[4]	Responsável[4]	Responsável[4]	Responsável[4]	Informado
Etapa 7 - Monitoramento (gerencial)	Informado	Responsável	Responsável	Consultado				Responsável
Etapa 8 - Revisão			Informado	Autoridade	Responsável		Informado	Informado
Etapa 9 - Relatórios de melhoria			Informado	Autoridade	Responsável		Informado	Informado

Fonte: Plano de Gestão de Riscos – UFC 2023-2027

Divulgar ou não os riscos para integridade?

Tomando por base a NBCT SP 00, que define como usuários primários da informação contábil: Cidadão e Legislativo, no setor público a regra é a transparência ativa.

Contudo, podem ocorrer situações em que não seja interessante divulgar as fragilidades do órgão publicamente. Essas informações podem vir a facilitar casos de quebra de integridade que ainda não foram devidamente tratados.

11 Técnicas de Auditoria: Análise RECI, TCU, 2001.

Figura 15.11: Extrato de Relatório de Acompanhamento de Programa de Integridade informando a não divulgação dos riscos para integridade

Ao todo, são mais de 10 riscos à integridade mapeados com as seguintes informações:

1. Evento de riscos;
2. Possível causa;
3. Consequências;
4. Gatilho;
5. Ação; e
6. Controle interno.

Os fluxos mapeados dos processos de trabalho, na medida que são concluídos, são disponibilizados no sítio do DNOCS, em: Acesso à Informação/ Governança/ Gestão de riscos e controles internos.

Por questões estratégicas, não estão descritos neste relatório os eventos de riscos à integridade mapeados pelo DNOCS, no entanto, estão disponíveis para consulta dos órgãos de defesa do Estado.

Fonte: Relatório de Acompanhamento da Integridade – DNOCS – 2022

4.3. Papel da Auditoria Interna no Gerenciamento de Riscos

A auditoria interna também se relaciona com o gerenciamento de riscos. Dependendo da forma de serviço prestado (avaliação ou consultoria) desempenhará atividades distintas. Contudo, jamais deve assumir gerenciamento de riscos o que compete exclusivamente à Administração. O Quadro 15.12 contém os papéis devidos e indevidos na gestão de riscos.

Quadro 15.12: Papeis devidos e indevidos da Auditoria Interna na Gestão de Riscos

Papel da Auditoria Interna na Gestão de Riscos	Atividades correlatas
Papéis fundamentais (deve ser feito no serviço de avaliação)	Dar garantia dos processos de gerenciamento de riscos. Dar garantira que os riscos são corretamente estimados. Avaliar os processos de gerenciamento de riscos. Avaliar o processo de reporte dos principais riscos. Revisar o gerenciamento dos principais riscos.

Papéis legítimos com salvaguardas (pode ser feito no serviço de consultoria)	Facilitar a identificação e avaliação dos riscos. Orientar a administração nas respostas aos riscos. Coordenar as atividades de gestão de riscos. *Reporte consolidado sobre os riscos.* Manter e desenvolver a estrutura da gestão de riscos. Defender a implantação da gestão de riscos. Desenvolver estratégia de gerenciamento de riscos para aprovação do conselho.
Papéis que não deveria assumir	Estabelecer apetite ao risco. Impor o processo de gerenciamento de riscos. Garantia de administração de riscos. Tomar decisões sobre as respostas mais adequadas aos riscos. Implantar respostas aos riscos em nome da administração. Responsabilizar-se pelo gerenciamento de riscos.

Fonte: Adaptado da declaração de posicionamento do IIA: o papel da auditoria interna no gerenciamento de riscos corporativo, IIA, 2009.

Quanto aos papéis legítimos da auditoria realizados com salvaguardas (pode ser feito no serviço de consultoria), observa-se que atualmente se aproximam muito do que deve ser feito pela Unidade de Gestão de Riscos ou Unidade de Gestão da Integridade que atuam na 2ª linha.

5. PAINEL DE INTEGRIDADE PÚBLICA

O Painel de Integridade Pública é uma ferramenta desenvolvida pela Controladoria-Geral da União (CGU) para facilitar o acompanhamento dos programas de integridade dos órgãos e entidades do Poder Executivo Federal.

Figura 15.12: 1ª Versão do Painel de Integridade Pública Federal

Fonte: Extração realizada em 06/03/2021 no link **http://paineis.cgu.gov.br/integridadepublica/index.htm**

Foco desse 1° painel
1. Existência de instâncias de integridade (3): Unidade de Gestão da Integridade, Comissão de Ética e Corregedoria.
2. Existência de 3 fluxos chave: nepotismo, conflito de interesse, denúncias.
3. Elaboração de 2 documentos estruturantes: levantamento de riscos para integridade e Plano de Integridade.

Figura 15.13: 2ª Versão do Painel de Integridade Pública Federal

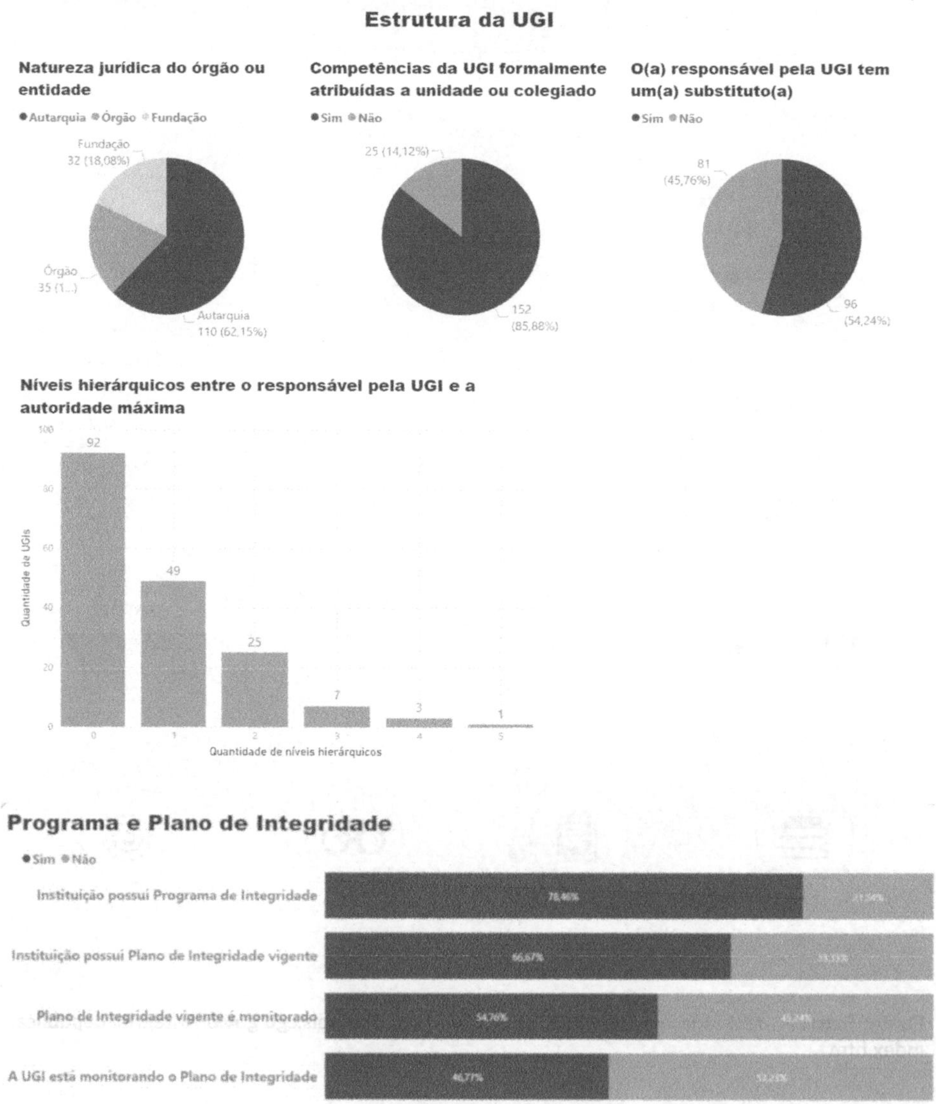

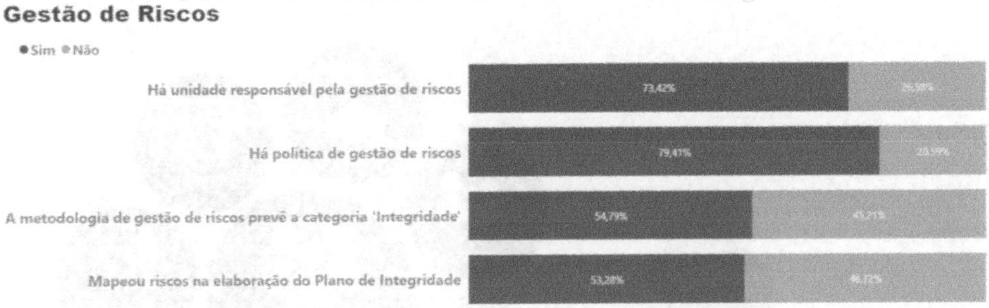

Fonte: Extração realizada em 30/06/2023 no link https://centralpaineis.cgu.gov.br/visualizar/integridadepublica

Foco desse 2° painel
1. Competências da UGI formalizadas.
2. UGI com titular e substituto.
3. Relação hierárquica entre o dirigente máximo e o titular da UGI.
4. Existência do Plano de Integridade e grau de monitoramento do Programa de Integridade.
5. Existência de Unidade de Gestão de Riscos, Política de Riscos, Metodologia de Riscos contendo a categoria integridade e uso do mapeamento de riscos na elaboração do plano de integridade.

6. MODELO DE MATURIDADE EM INTEGRIDADE

Não existe atualmente um modelo nacional destinado a avaliar o nível de maturidade de órgãos e entidades públicas. Contudo, a OCDE contém um modelo que se baseia nos 3 eixos constantes do capítulo 3.

Cabe destacar a proposta desse modelo de maturidade é permitir que um governo (nacional ou subnacional) ou uma organização do setor público avalie os elementos dos seus sistemas de integridade e identifique quais boas práticas são observadas. Com base nas respostas, os respondentes são classificados em quatro categorias: nascente, emergente, estabelecido ou líder. Os modelos de maturidade podem ser utilizados por lideranças políticas, funcionários governamentais, profissionais de integridade do setor público, empresas e sociedade civil.

A Figura 15.14 ilustra os componentes do modelo e o Quadro 15.13 contém os parâmetros mais elevados do modelo.

Figura 15.14: Modelo de Maturidade da OCDE

Fonte: https://www.oecd.org/governance/ethics/public-integrity-maturity-models.htm

Quadro 15.13: Modelo de Maturidade Pública da OCDE - parâmetros máximos desejados

Itens Avaliados do Eixo 1 - Sistema		Predominância
Compromisso	Uma definição clara de integridade pública é comunicada regularmente. Além da implementação eficaz dos elementos principais, uma vasta gama de intervenientes (por exemplo, finanças, questões jurídicas, controle interno, gestão de recursos humanos e aquisições) têm um papel claramente definido para a integridade pública e integram regularmente a integridade pública nas suas funções diárias. Os elementos principais e complementares trabalham juntos para garantir que o sistema de integridade seja implementado e seja eficaz.	Nível Governamental e Nível Organizacional
	O arcabouço legislativo e institucional atribui claramente responsabilidade a todas as organizações públicas, cada uma desempenhando um papel ativo na implementação da sua responsabilidade como parte do sistema mais amplo, bem como dentro das suas respectivas organizações.	Nível Governamental
	O arcabouço legislativo e institucional atribui claramente responsabilidades a todos os funcionários públicos para implementar disposições de integridade pública, e ferramentas (por exemplo, formação, sensibilização, regimes disciplinares, etc.) são utilizadas para reforçar a responsabilidade pela defesa das disposições ao longo da sua carreira.	Nível Governamental
	Para apoiar a implementação das normas ao mais alto nível político, existem mecanismos que incluem: - Revisão regular dos padrões para garantir relevância. - Mecanismos para prevenir e gerir conflitos de interesses. - Medidas envolvendo declaração de bens e renda e declaração de ausência de conflitos de interesse. - Medidas de transparência legislativa. As medidas de supervisão garantem a responsabilização, verificação, aplicação e eficiência do sistema.	Nível Governamental
	Para apoiar a implementação das normas ao nível sénior, existem mecanismos que incluem: - Abordagem baseada em risco. - Mecanismos para prevenir e gerir conflitos de interesses. - Medidas envolvendo declaração de bens e renda e declaração de ausência de conflitos de interesse. - Políticas para proibir ou restringir atividades secundárias durante o exercício do cargo. - Medidas pré e pós-emprego público (quarentena). - As medidas de supervisão que assegurem a responsabilização, a verificação, a aplicação e a eficiência do sistema.	Nível Organizacional

Itens Avaliados do Eixo 1 – Sistema		Predominância
Compromisso	Os líderes incluindo o mais alto nível político e de gestão estão ativamente empenhados apoiar estratégias de reforma que incluem: compromissos de longo e curto prazo, informações baseadas em evidências, e relatórios de monitoramento regulares. As principais partes interessadas do governo, das empresas e da sociedade civil ajudam a informar as prioridades, que são acompanhadas por medidas de avaliação e monitoramento regulares. Os líderes asseguram que os recursos adequados e apoiam a implementação e avaliação das reformas.	Nível Governamental e Nível Organizacional
Responsabilidades	As responsabilidades essenciais e complementares para conceber, liderar e implementar o sistema de integridade estão estabelecidas e claras. As lacunas de implementação e a sobreposição de mandatos entre responsabilidades são evitadas através da utilização de redes formais e informais.	Nível Governamental e Nível Organizacional
	Todas as funções de integridade dispõem de recursos humanos, técnicos e financeiros adequados para apoiar a implementação. A cooperação e a colaboração entre redes formais e informais dispõem de recursos adequados.	Nível Organizacional
	Um órgão central, comitê de coordenação ou rede informal tem influência e autoridade bem definidas para garantir a cooperação entre as diferentes funções de integridade. O valor acrescentado de tal mecanismo é bem definido para os funcionários públicos e para a liderança.	Nível Governamental e Nível Organizacional
	Mecanismos de cooperação vertical formal ou informal com e entre os diferentes níveis de governo ou organização estão em vigor sempre que legalmente possível. O valor acrescentado do(s) mecanismo(s) de cooperação é reconhecido pela liderança e pelas funções de integridade.	Nível Governamental e Nível Organizacional
Estratégias (continua ...)	Os riscos de integridade individuais são avaliados sistematicamente para todas as estratégias relevantes, utilizando uma metodologia estabelecida que se baseia numa ampla gama de dados válidos. O processo é um processo inclusivo entre o governo e a sociedade.	Nível Organizacional
	Os objetivos estratégicos são sistematicamente estabelecidos e priorizados com base em evidências da análise do problema e numa revisão de todo o sistema, e com consulta pública alargada aos intervenientes governamentais e à sociedade.	Nível Governamental e Nível Organizacional
	Todas as principais áreas de risco de integridade têm objetivos estratégicos relacionados com a mitigação desses riscos que estão alinhados com os objetivos subnacionais, incluindo aqueles que promovem uma abordagem de toda a sociedade.	Nível Governamental e Nível Organizacional
	São estabelecidos indicadores para todos os objetivos estratégicos primários e secundários que medem resultados e mudanças comportamentais, com linhas de base e metas acessíveis ao público, com base numa ampla gama de fontes de dados válidas.	Nível Organizacional

	Itens Avaliados do Eixo 1 – Sistema	Predominância
Estratégias	Os planos de ação estão em vigor, atribuem responsabilidades claras para a implementação e ligam os objetivos aos indicadores e atividades. São desenvolvidos de forma inclusiva, especificam as disposições de monitoramento, elaboração de relatórios e avaliação e fornecem informações claras sobre os recursos financeiros necessários. Os planos de ação também fazem referência e incluem fontes de dados administrativos de registos públicos existentes.	Nível Organizacional
	São estabelecidas responsabilidades institucionais para implementação, monitoramento, elaboração de relatórios e avaliação. Os relatórios são publicados e reportam-se às metas do plano de ação para indicadores e atividades pré-definidos, trazem conclusões e recomendações. As estratégias são avaliadas e a sociedade civil é convidada a participar nas atividades de monitorização e avaliação. Materiais de comunicação são desenvolvidos e implementados.	Nível Organizacional
Padrões	Existem entre 5 e 9 valores, que são claramente definidos e acompanhados de orientações para apoiar a implementação.	Nível Governamental e Nível Organizacional
	Os padrões de integridade estão incorporados nos arcabouços jurídicos criminais, civis e administrativos. Estes são atualizados regularmente para refletir a evolução dos problemas de integridade.	Nível Governamental
	Existe um Código de Ética ou Conduta que combina valores e padrões, com orientações sobre a aplicação do Código, na prática. Todas as partes interessadas relevantes foram envolvidas na sua preparação, é clara e lógica e está ligada ao arcabouço legislativo relacionado. Os procedimentos para monitorar, relatar e investigar sistematicamente violações estão bem estabelecidos, dotados de recursos e comunicados.	Nível Governamental e Nível Organizacional
	Para cada um dos códigos e normas suplementares, as principais partes interessadas estão envolvidas na preparação e existem orientações para apoiar a implementação. Os procedimentos para monitorar, relatar e investigar sistematicamente violações estão bem estabelecidos, dotados de recursos e comunicados.	Nível Organizacional
	Realizam-se comunicações estratégicas sobre valores e padrões de integridade do setor público, tanto interna como externamente. Uma variedade de métodos de comunicação é utilizada.	Nível Governamental e Nível Organizacional
	Itens Avaliados do Eixo 2 – Cultura	**Predominância**
Toda Sociedade (continua ...)	Além dos padrões de integridade pública estabelecidos no arcabouço legislativo, as orientações do governo apoiam as empresas na implementação de uma abordagem coerente e abrangente à gestão da integridade pública nas suas organizações. O governo utiliza regularmente as sanções e incentivos apropriados para promover o cumprimento do arcabouço legislativo. Os programas de conformidade nas empresas são integrados em práticas mais amplas e a cultura da organização reflete os compromissos de integridade pública.	Nível Governamental

Itens Avaliados do Eixo 2 - Cultura		Predominância
Toda Sociedade	O arcabouço legislativo inclui disposições antissuborno e padrões de integridade pública. Os regulamentos internos das organizações da sociedade civil definem padrões antissuborno e de integridade pública, e há orientações claras disponíveis para apoiar a implementação. A gestão das organizações da sociedade civil considera os princípios de integridade pública essenciais para alcançar as suas missões principais e apoiar a implementação em toda a organização.	Nível Governamental
	São realizadas campanhas regulares de sensibilização, que são mantidas ao longo do tempo. Elas são adaptadas a diferentes públicos e as mensagens-chave são usadas para gerar responsabilidade comunitária, aumentar o sentimento de empoderamento e encorajar os indivíduos a agirem. Uma variedade de métodos, adaptados ao público, são usados e focam em uma ampla gama de questões de integridade pública.	Nível Governamental
	Os conceitos de integridade pública são incorporados no currículo, como parte do currículo básico mais amplo (por exemplo, os alunos aprendem sobre os valores de integridade pública em línguas, matemática, ciências, história e outros cursos). Nestes cursos, as oportunidades de "desenvolvimento de competências" centram-se em casos da vida real e envolvem os alunos na aplicação dos seus conhecimentos e competências. Conhecimentos, habilidades e comportamentos são avaliados, com sistemas de avaliação projetados para medir o comportamento, conhecimento e habilidades dos alunos em relação à integridade pública.	Nível Governamental
	Os educadores escolares recebem formação formal antes e durante as suas funções profissionais. O treinamento inclui o desenvolvimento de habilidades e capacidade para lidar com questões complexas em sala de aula.	Nível Governamental
Liderança	Existe uma descrição clara da liderança íntegra e dos comportamentos associados que se aplica a todos os níveis de gestão.	Nível Organizacional
	Todos os gestores, em todos os níveis, reservam tempo para discutir questões de integridade de forma envolvente e pessoal com os seus funcionários.	Nível Organizacional
	A liderança de integridade é uma parte regular do treinamento e inclui módulos sobre como ser gestores morais, desenvolvimento de funcionários, bem como conhecimento da estrutura e sistema legislativo relacionados à integridade. Os funcionários são obrigados a passar por treinamento de liderança de integridade antes de se tornarem gerentes e regularmente ao longo de suas carreiras. Outras formas de desenvolvimento, como oportunidades de mentoria ou coaching de liderança, são utilizadas regularmente.	Nível Organizacional
	A integridade é avaliada sistematicamente por especialistas em diversas etapas do processo de recrutamento.	Nível Organizacional
	Todos os gestores, em todos os níveis, possuem um compromisso com a integridade listada obtidas em resultados de pesquisas com funcionários ou avaliação 360 graus.	Nível Organizacional

Itens Avaliados do Eixo 2 – Cultura		Predominância
Baseado em Mérito	O organograma completo está disponível e aberto ao escrutínio público e as expectativas para cada função são claras. Critérios claros são estabelecidos para criação novos cargos, e uma função de supervisão com recursos adequados garante uma abordagem comum e a manutenção de padrões.	Nível Organizacional
	Existem critérios de qualificação e desempenho pré-determinados e adequados para todos os cargos da função pública, que estão ligados às tarefas específicas a desempenhar. Além dos critérios mensuráveis, os critérios de qualificação e desempenho incluem competências e valores comportamentais.	Nível Organizacional
	Os processos de gestão de pessoal para seleção e promoção estão implementados e baseados em princípios de transparência, objetividade e consenso. Uma série de ferramentas padronizadas e de última geração são utilizadas para apoiar a aplicação desses princípios a todo o processo de gestão de pessoal. O processo de gestão de pessoal é eficiente. Além da proteção contra demissões por motivos políticos, os princípios da transparência, objetividade e consenso são aplicados de forma consistente para informar decisões de demissões por mau desempenho.	Nível Organizacional
	Os processos de recrutamento são públicos e comunicados no site de uma autoridade central e no site da organização pública que oferece a vaga. As informações fornecidas abrangem os critérios de seleção e as fases do processo de seleção. Uma série de processos de candidatura estão em vigor, adaptados ao tipo de cargo, incluindo programas de pós-graduação, fluxo rápido e nomeações temporárias. Os pontos de acesso para testes e entrevistas estão geograficamente dispersos e garantem o acesso a uma população tão vasta quanto possível. Esforços razoáveis são feitos para facilitar o acesso de grupos que possam estar em desvantagem.	Nível Organizacional
	Os gestores de recrutamento são obrigados a participar em formação para garantir a aplicação consistente do princípio do mérito. Os serviços de consultoria são estabelecidos e dispõem de recursos adequados e são usados regularmente pelos gerentes de recrutamento para garantir a consistência em todo o sistema.	Nível Organizacional
	Existe um órgão independente com autoridade e recursos adequados para supervisionar a aplicação do princípio do mérito, e todos os candidatos têm acesso a um mecanismo de recurso, que dispõe de bons recursos e é ágil.	Nível Governamental e Nível Organizacional
Capacitação (continua ...)	Além de ferramentas de comunicação e campanhas de conscientização, insights comportamentais são usados para lembrar os funcionários dos padrões de integridade em momentos importantes. Os gerentes também são obrigados a manter discussões periódicas sobre questões de integridade em reuniões de equipe ou reuniões individuais entre supervisores e funcionários.	Nível Organizacional
	Além da formação obrigatória em integridade, são oferecidas oportunidades regulares de formação de "atualização" a todos os funcionários públicos e são obrigatórias para categorias de funcionários considerados "em risco".	Nível Organizacional

Itens Avaliados do Eixo 2 - Cultura		Predominância
Capacitação	O conteúdo é adaptado aos diferentes públicos de formação. Os formadores utilizam métodos diferentes, tendo em conta a dimensão, o nível e as necessidades de cada público. O treinamento de integridade inclui vários métodos diferentes, com ênfase na participação do público do treinamento.	Nível Organizacional
	A monitoramento e avaliação da formação em integridade centra-se no nível dos resultados, através de ferramentas como avaliações de mudanças comportamentais ou indicadores para avaliar os impactos da formação.	Nível Organizacional
	Os funcionários públicos podem recorrer a um funcionário, unidade ou órgão designado com experiência em integridade e que seja hierarquicamente independente da organização pública sobre a qual presta aconselhamento.	Nível Organizacional
	Um website central ou portal on-line identifica a gama de procedimentos em vigor para contatar a função de aconselhamento de integridade. As orientações são claras e estão facilmente disponíveis para todos os funcionários públicos sobre como contatar, atendendo expectativas, prestando de serviços e garantindo padrões de privacidade.	Nível Governamental e Nível Organizacional
	Critérios de qualificação claros estão em vigor para preencher o cargo de consultor de integridade. São oferecidas oportunidades de formação inicial e contínua, com oportunidades para os consultores de integridade se reunirem com colegas de organizações públicas para partilharem boas práticas e desafios. Os conselheiros de integridade desfrutam de apoio suficiente, estabelecem um bom relacionamento com os funcionários públicos da sua organização e não correm o risco de rotação frequente.	Nível Governamental e Nível Organizacional
Abertura (continua ...)	Todos os gestores e líderes em todos os níveis comunicam os valores e normas da organização e existem mecanismos para incentivá-los a agir de forma consistente com os valores e normas.	Nível Organizacional
	Existem oportunidades de formação regulares e obrigatórias para gestores e líderes sobre como dar feedback construtivo, gerir conflitos e manter conversas difíceis. Existem outras ferramentas, tais como diretrizes, para apoiar gestores e líderes no cultivo da abertura nas suas organizações. As decisões de recrutamento e desempenho incorporam considerações de liderança de integridade para líderes e gestores seniores.	Nível Organizacional
	Existe uma variedade de mecanismos para apresentar questões, preocupações ou ideias, e os funcionários se sentem confortáveis e fazem uso deles regularmente. Existe uma cultura organizacional aberta, na qual os aspectos negativos são transformados em lições aprendidas e os funcionários se sentem à vontade para discutir erros e maneiras de melhorar no futuro.	Nível Organizacional
	Estão disponíveis canais de divulgação internos e externos, com orientações claras para apoiar os relatórios.	Nível Organizacional

Itens Avaliados do Eixo 2 – Cultura		Predominância
Abertura	As proteções contrarretaliação são abrangentes e codificadas na lei, claramente comunicadas aos funcionários públicos, e um órgão ou unidade é acessível e possui recursos adequados.	Nível Organizacional
	Os mecanismos e recursos para análise e investigação de denúncias estão bem estabelecidos. Todos os relatórios são sistematicamente revisados, investigados e acompanhados. Os dados sobre o número e a natureza dos casos notificados, as investigações iniciadas, os organismos para os quais os casos foram encaminhados e os resultados são regularmente tornados públicos e utilizados para informar as avaliações de risco.	Nível Organizacional
	Além das atividades de sensibilização, as informações sobre canais e proteções fazem parte do treinamento regular de integridade.	Nível Organizacional
Itens Avaliados do Eixo 3 – Prestação de Contas		
Gestão de Riscos (continua ...)	O centro de governo ou outro órgão relevante define e harmoniza padrões e políticas governamentais para controle interno e gestão de riscos com foco explícito nos riscos de integridade. Existe uma supervisão sistêmica para garantir que a gestão de topo estabeleça um ambiente de controlo orientado para a integridade. Além disso, as diversas entidades governamentais que partilham a responsabilidade pela implementação de normas (por exemplo, o centro de governo, instituições de auditoria, unidades centrais de harmonização e organismos de integridade ou anticorrupção) têm funções e responsabilidades claramente definidas para garantir um ambiente de controle consistente.	Nível Governamental
	O centro de governo ou outro órgão relevante fornece orientação para apoiar os gestores na gestão e avaliação dos riscos de integridade. Estes são distribuídos e comunicados por todo o governo. Para abordar diferentes níveis de capacidade e especialização para a gestão de riscos de integridade, a orientação e a formação são direcionadas e específicas do setor.	Nível Governamental
	As políticas e orientações para denunciar e responder a suspeitas de violações de integridade estão bem estabelecidas e são comunicadas por todo o governo. Existem mecanismos centralizados para os funcionários do governo e o público denunciarem suspeitas de violações, e os relatórios são processados em tempo útil, a coordenação é eficaz e os resultados das ações de acompanhamento são comunicados aos órgãos governamentais relevantes.	Nível Governamental
	O centro de governo ou outro órgão relevante desenvolveu políticas para que a função de auditoria interna avalie com razoável segurança a gestão do risco de para integridade em organizações do setor público. As funções e responsabilidades das funções de auditoria interna para avaliar com razoável segurança a gestão dos riscos para integridade são claras, com orientações em vigor para apoiar essas funções e responsabilidades. Existem mecanismos de coordenação eficazes em todo o governo entre as funções de auditoria interna para a partilha de conhecimentos e a promoção de abordagens coerentes.	Nível Governamental

Itens Avaliados do Eixo 3 – Prestação de Contas		Predominância
Gestão de Riscos	Existe uma política de gestão de riscos em vigor que inclui a gestão de riscos de integridade e está ligada a objetivos organizacionais mais amplos. As funções e responsabilidades pela gestão e avaliação dos riscos de integridade estão claramente definidas, com os gestores liderando a gestão dos riscos de integridade e a função de auditoria interna desempenhando um papel de garantia. Os gerentes têm linhas de subordinação direta à alta administração. As políticas e práticas de gestão de riscos são comunicadas e bem conhecidas em toda a organização para promover a responsabilidade de todos na gestão proativa dos riscos de integridade em todos os níveis. As políticas são revistas e atualizadas regularmente para acompanhar a evolução dos riscos e das mudanças no ambiente externo e interno.	Nível Organizacional
	A organização avalia regularmente os riscos de integridade, tendo em conta os riscos inerentes e residuais, bem como os riscos no ambiente interno e externo. As avaliações de riscos também levam em consideração os riscos emergentes relevantes para os objetivos organizacionais e para o ambiente de controle. Os critérios de risco são articulados para cada categoria de risco, incluindo fraude e corrupção. Os critérios são apoiados por tolerâncias de risco definidas. Métodos qualitativos e quantitativos são usados para realizar avaliações de risco (ou seja, registros e painéis de risco automatizados). Existem ferramentas apropriadas (ou seja, programas de análise de dados e ferramentas de TI) e modelos que auxiliam nas avaliações de risco. Os resultados das avaliações de risco são usados para informar a tomada de decisões gerenciais, avaliação de desempenho e mudanças no ambiente de controle. Os resultados das avaliações de risco de integridade são amplamente comunicados em toda a organização.	Nível Organizacional
	Existem mecanismos de denúncia em vigor, com linhas de comunicação separadas estabelecidas e disponíveis para funcionários públicos e para o público (por exemplo, linhas diretas de ética e denúncias, denúncias internas). Existem salvaguardas para proteger o anonimato, bem como a confidencialidade durante todo o processo. As orientações descrevem o curso de ação apropriado a ser tomado no caso de uma suspeita de violação de integridade, incluindo investigação interna e encaminhamento às autoridades responsáveis pela aplicação da lei. As medidas de sensibilização incentivam ativamente a denúncia de suspeitas de violações de integridade. A unidade ou indivíduo responsável por receber e responder às denúncias dispõe de bons recursos e orientação suficiente. Os casos são resolvidos de forma eficaz e eficiente. Ocorre coordenação e comunicação regulares com as partes interessadas relevantes, incluindo reguladores, autoridades responsáveis pela aplicação da lei, responsáveis pela ética ou outros.	Nível Organizacional
	A função de auditoria interna proporciona garantia razoável sobre a gestão dos riscos de integridade através de auditorias regulares e é independente na determinação do âmbito da auditoria interna, na execução do trabalho e na comunicação dos resultados. A função de auditoria interna orienta a gestão na resposta aos riscos e contribui para a identificação dos riscos, mas não lidera as avaliações dos riscos. Baseia-se no trabalho e coordena-se com outros organismos de auditoria, tais como Instituições Superiores de Auditoria ou outras funções de auditoria interna, nas suas avaliações de riscos de integridade.	Nível Organizacional

Itens Avaliados do Eixo 3 – Prestação de Contas		Predominância
Cumprimento	O arcabouço legislativo prevê a responsabilidade administrativa, civil ou criminal das pessoas jurídicas e é aplicado na prática. O arcabouço inclui princípios de proporcionalidade e sanções econômicas e de reputação dissuasivas.	Nível Governamental
	O arcabouço legislativo inclui garantias formais para garantir a objetividade e a imparcialidade dos mecanismos de aplicação. Existem políticas e mecanismos claros para salvaguardar decisões objectivas e garantir a imparcialidade na administração quotidiana dos casos. Estas salvaguardas são aplicadas de forma consistente em todos os casos.	Nível Governamental
	Os mecanismos em vigor para a gestão e resolução tempestivas conduzem a uma elevada taxa de resolução e a um prazo razoável de resolução dos casos, com base nas circunstâncias específicas dos casos.	Nível Governamental e Nível Organizacional
	Existe um órgão central de supervisão, com um mandato claro e recursos e capacidade adequados. São estabelecidos canais dedicados para prestar esclarecimentos às entidades de execução disciplinar sobre questões como competência e procedimentos aplicáveis. Além disso, são disponibilizados orientações e manuais com conceitos, definições e procedimentos para garantir a aplicação uniforme do regime de execução disciplinar.	Nível Governamental
	O arcabouço legislativo inclui disposições sobre a cooperação entre as entidades envolvidas em cada regime de execução. Além disso, uma ferramenta de gestão de casos, como bases de dados ou registos eletrónicos, permite a cooperação e a partilha de informações. As informações do sistema de gestão de casos são extraídas e utilizadas para fins estatísticos, de transparência e de prevenção.	Nível Governamental
	A coordenação entre instituições com responsabilidades em diferentes regimes é institucionalizada e realizam-se reuniões regulares e formais. Além disso, canais de comunicação entre reuniões são estabelecidos e utilizados regularmente.	Nível Governamental e Nível Organizacional
	Os dados de aplicação relevantes são regularmente recolhidos, analisados e resumidos e alimentados no mecanismo responsável pela coordenação do sistema de integridade pública, juntamente com outros dados relevantes (por exemplo, declarações patrimoniais e fiscais ou relacionadas com contratos públicos). Estes dados informam estratégias e políticas oportunas e baseadas no risco, mas também a identificação de áreas de risco e anomalias.	Nível Governamental e Nível Organizacional
	Os regimes de aplicação são regularmente avaliados em função de indicadores de desempenho em questões como eficácia, eficiência, qualidade e justiça. Os resultados são divulgados regularmente e informam melhorias no sistema de fiscalização e integridade.	Nível Organizacional

Itens Avaliados do Eixo 3 – Prestação de Contas		Predominância
Fiscalização	Os órgãos de supervisão, as agências reguladoras e os tribunais administrativos não são apenas independentes de fato, mas também são considerados uma instituição confiável e independente por uma maioria significativa da população. Eles desfrutam de acesso irrestrito e sistemático à informação. Publicam e divulgam os seus relatórios e recomendações. A taxa de implementação dessas recomendações é monitorada.	Nível Governamental
	Todos os órgãos de fiscalização, agências reguladoras e tribunais administrativos costumam processar os relatórios apresentados com atrasos razoáveis, observando os prazos estabelecidos pela legislação. Em caso de duração excessiva do processo, são estabelecidas disposições para proporcionar soluções aos requerentes. Os órgãos de supervisão, as agências reguladoras e os tribunais administrativos informam os requerentes sobre os resultados dos seus relatórios. Divulgam orientações para o processamento de relatórios recebidos de cidadãos, por ex. na forma de cartas de serviço publicadas em seus sites.	Nível Governamental
	Existem prazos estabelecidos pela legislação para responder às solicitações e recomendações dos órgãos de fiscalização. O feedback dos órgãos de supervisão contribui para a formulação e para a revisão. O órgão legislativo apoia ativamente os órgãos de supervisão, monitorando regularmente a implementação das suas recomendações pelo executivo e apelando a ações corretivas e revisões com base nessas recomendações.	Nível Governamental
	A independência das agências reguladoras na tomada de decisões regulamentares sem influência do executivo (por exemplo, um ministério principal) ou das indústrias regulamentadas é definida no arcabouço legislativo. Os órgãos gestores das agências são nomeados através de procedimentos abertos e transparentes por um período determinado. Existem disposições que impedem portas giratórias e influência partidária ou industrial na nomeação de órgãos de gestão. Existe independência na seleção das entidades reguladas a inspecionar e na decisão das medidas a aplicar, incluindo sanções.	Nível Governamental
Participação (continua ...)	O arcabouço legislativo promove um governo aberto. As organizações públicas garantem uma resposta oportuna a todas as solicitações. Existem ferramentas digitais, bem como recursos humanos e financeiros suficientes para facilitar os processos de acesso e divulgação. As exceções são limitadas e claramente definidas. Em caso de recusa, é assegurado o direito de recurso para um órgão independente ou para o tribunal contra a recusa ou inatividade de um órgão administrativo. O órgão executivo não pode anular decisões do órgão público especializado em informação pública.	Nível Governamental
	Todas as informações e conjuntos de dados relevantes e necessários são divulgados on-line de forma proativa, gratuitamente, de maneira fácil de usar e em formato de dados aberto. As instituições públicas apoiam e compreendem de forma consistente e ativa as necessidades das comunidades de utilizadores, estabelecem parcerias e concebem eventos e iniciativas para promover a reutilização de dados abertos.	Nível Governamental e Nível Organizacional

Itens Avaliados do Eixo 3 – Prestação de Contas		Predominância
Participação (continua ...)	O arcabouço legislativo ou regulatório exige consulta pública para todas as fases do ciclo político. As organizações públicas realizam regularmente diferentes formas de consulta sobre projetos de legislação primária e secundária ao longo de todo o ciclo político. É utilizada uma série de ferramentas para consultar as partes interessadas, incluindo reuniões públicas, consultas online e envolvimento com grupos da sociedade civil para chegar a grupos que tradicionalmente não são consultados. As organizações públicas reportam regularmente sobre o resultado da consulta pública como parte da documentação apresentada com os itens da agenda das sessões do governo, incluindo a lista de comentários recebidos e como foram abordados. Estes relatórios estão acessíveis nos websites das organizações públicas. O apoio político é claro e os funcionários públicos têm orientação e formação sobre como realizar um processo eficaz de envolvimento das partes interessadas.	Nível Governamental
	O arcabouço de conflito de interesses define circunstâncias e relações que podem levar a situações de conflito de interesses e exige que os conflitos de interesses sejam prevenidos, detectados e geridos. Existem disposições específicas para cargos expostos (por exemplo, membro do governo, membro do parlamento, membro dos mais altos órgãos do poder judicial, funcionários públicos em risco e funcionários públicos de alto nível recém-nomeados ou reconduzidos). A estrutura de conflito de interesses é implementada de forma consistente, revista e atualizada regularmente para garantir a relevância. Medidas de capacitação, orientação e sensibilização são regularmente oferecidas a todos os funcionários públicos para os informar e atualizar sobre o quadro de conflito de interesses. Em geral, existe uma grande sensibilização entre os funcionários públicos para as situações de conflito de interesses. A aplicação atempada de sanções proporcionais garante a responsabilização pelas violações.	Nível Governamental
	Funcionários de alto nível (por exemplo, membro do governo, membro do parlamento, membro dos mais altos órgãos do poder judiciário), funcionários públicos em risco e funcionários públicos de alto nível recentemente nomeados ou reconduzidos, são obrigados a apresentar uma declaração de bens e renda quando da entrada em novas funções ou quando ocorrerem alterações patrimoniais ou de renda. O cumprimento das obrigações de divulgação é elevado. Todo o sistema e processos de declaração de bens e renda (ou seja, declaração, gestão, auditoria e revisão e publicação) são digitalizados. As instituições públicas publicam proativamente conjuntos de dados de interesses e ativos, num formato aberto e reutilizável, proporcionalmente às funções ocupadas e em conformidade com as disposições de privacidade e proteção de dados. As instituições públicas incentivam e apoiam a reutilização dos dados publicados. A auditoria e revisão dos bens e renda declarados segue uma abordagem baseada no risco, baseada no cruzamento de informações com outras fontes de dados disponíveis e na utilização de dados para avaliação de riscos. As funções de supervisão dispõem dos recursos humanos, financeiros e técnicos necessários para realizar auditorias aprofundadas e revisão das declarações. A aplicação tempestiva de sanções proporcionais garante a responsabilização pelo descumprimento.	Nível Governamental e Nível Organizacional

Itens Avaliados do Eixo 3 - Prestação de Contas		Predominância
Participação	O arcabouço legislativo ou regulatório inclui disposições para gerir o emprego pré e pós-emprego (quarentena) público e abrange todas as instituições públicas. A duração do período de reflexão é adaptada ao tipo de área problemática e ao nível de antiguidade. As decisões tomadas em casos pós-emprego público são específicas de cada caso e estão disponíveis online para permitir o escrutínio público. As atividades regulares de capacitação e de sensibilização comunicam normas atualizadas, fornecem orientações relevantes e abordam preocupações emergentes. A aplicação tempestiva de sanções proporcionais garante a responsabilização pelas violações. As funções de supervisão dispõem dos recursos e capacidades necessários e podem contar com ferramentas digitais para automatizar parte dos processos de monitoramento.	Nível Governamental
	As atividades de *lobby* são regulamentadas em pelo menos dois ramos do governo. O arcabouço regulatório ou político inclui disposições relativas à transparência e integridade nas interações entre funcionários públicos e lobistas. Instrumentos, como registros ou agendas públicas, são estabelecidos para coletar informações divulgadas por funcionários públicos e/ou lobistas. As informações divulgadas são suficientemente abrangentes para saber quem está a exercer pressão sobre quem e sobre que questões. A informação é apresentada em formato aberto, facilmente acessível e reutilizável. Uma função estabelecida garante a supervisão das questões de lobby. A verificação das informações divulgadas é cruzada com outras fontes de dados disponíveis. As violações são investigadas e sancionadas. O(s) código(s) de conduta são acompanhados de orientações detalhadas e personalizadas que fornecem exemplos de comportamentos ou situações de risco, ou indesejáveis. Oportunidades de capacitação e conscientização são oferecidas regularmente para informar e atualizar lobistas e funcionários públicos. Tanto os lobistas como os funcionários públicos têm apoio, conhecimento e experiência na aplicação das regras.	Nível Governamental
	O arcabouço jurídico regula o financiamento dos partidos políticos e das campanhas eleitorais e inclui requisitos para que os partidos políticos e as campanhas eleitorais produzam relatórios financeiros. As informações estão disponíveis publicamente online (sujeitas à privacidade e proteção de dados) e atualizadas regularmente. Todas as contribuições anônimas são proibidas. As regras de propriedade beneficiária exigem a divulgação obrigatória de dados da empresa para identificar os proprietários das empresas. As regras de propriedade beneficiária também exigem a criação de um registo central e a disponibilização pública de informações. A legislação estabelece um órgão independente com o mandato de supervisionar o financiamento dos partidos políticos e das campanhas eleitorais. O órgão de supervisão pública dados quantitativos relacionados com violações dos regulamentos de financiamento político, investigações realizadas e tipos de sanções emitidas, o que garante a implementação e monitorização das medidas de financiamento político. Os partidos políticos, bem como os candidatos, podem ser responsabilizados por violações e sancionados. As violações são investigadas e sancionadas.	Nível Governamental
	O arcabouço legislativo protege a liberdade de associação, de reunião e de expressão e existem medidas em vigor para o acesso à justiça. Fatores contextuais, como preocupações de segurança, não infringem estes direitos. Os custos e os requisitos de registo são limitados e conduzem a uma sociedade civil robusta e o valor da sociedade civil ativa é reconhecido política e publicamente. A propriedade dos meios de comunicação social é pluralista e transparente, contribuindo para a difusão de uma vasta gama de pontos de vista. Os jornalistas e as suas fontes estão claramente protegidos, tanto na lei como na prática: a aplicação de leis sobre difamação é muito limitada; as instituições públicas respeitam a confidencialidade das fontes dos jornalistas como condição básica da liberdade de imprensa; e uma ordem de divulgação da fonte não é considerada aceitável, a menos que seja justificada por um interesse público superior.	Nível Governamental

Fonte: adaptado de https://www.oecd.org/governance/ethics/public-integrity-maturity-models.htm

Legenda: Com base nas respostas são definidos 4 níveis: Nascente, Emergente, Estabelecido, Líder.

Por fim, gostaríamos de propor uma reflexão final. Os modelos de maturidade utilizam como macro variáveis: existência e institucionalização. Assim, não basta o KPA (*Key Process Area*[12] ou macroprocesso-chave) existir, ele deve estar institucionalizado. Contudo, no âmbito da integridade que busca fortalecer a percepção positiva da sociedade em relação à reputação no nível organizacional é importante definir KPAs ou dimensões voltadas para credibilidade e para a familiaridade conforme Figura 15.15 e posteriormente detalhado no Quadro 15.14.

Figura 15.15: Fatores que influenciam a reputação no nível organizacional

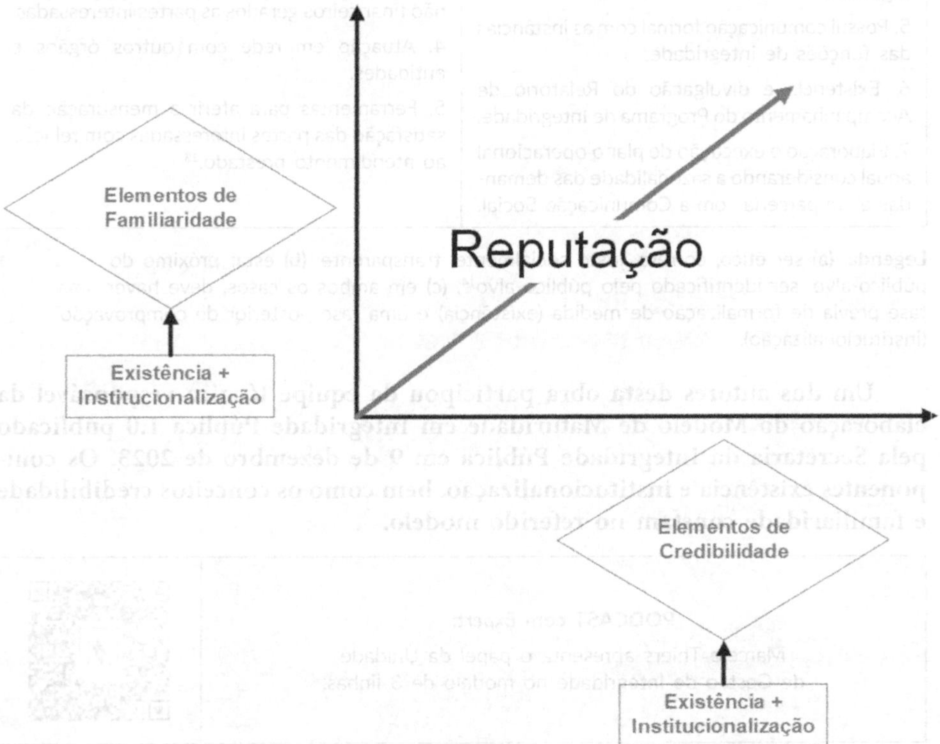

12 O KPA representa um bloco de construção na edificação da maturidade correcional da organização: indica o que precisa ser executado e sustentado naquele nível de maturidade, e alicerça as condições para que a atividade correcional possa avançar para o próximo patamar de desempenho.

Quadro 15.14: Elementos que podem vir a ser considerados em um possível modelo de maturidade

Credibilidade[a,c]	Familaridade[b,c]
1. Previsão normativa da UGI e posterior designação do titular. 2. Acesso ao nível estratégico da organização. 3. Definição das competências da UGI. 4. Existência e divulgação do Plano de Integridade. 5. Possui comunicação formal com as instâncias das funções de integridade. 6. Existência e divulgação do Relatório de Acompanhamento do Programa de Integridade. 7. Elaboração e execução de plano operacional anual considerando a sazonalidade das demandas e em parceria com a Comunicação Social.	1. Disponibilizar em transparência ativa os elementos da credibilidade. 2. Mobilização ativa (pesquisas, enquetes, etc.) junto servidores, colabores e partes interessadas. 3. Contabilização de benefícios financeiros e não financeiros gerados as partes interessadas. 4. Atuação em rede com outros órgãos e entidades. 5. Ferramentas para aferir a mensuração da satisfação das partes interessadas com relação ao atendimento prestado.[13]

Legenda: (a) ser ético, correto, justo socialmente, transparente; **(b)** estar próximo do público-alvo, ser identificado pelo público-alvo[14]. **(c)** em ambos os casos, deve haver uma fase prévia de formalização de medida (existência) e uma fase posterior de comprovação (institucionalização).

Um dos autores desta obra participou da equipe técnica responsável da elaboração do Modelo de Maturidade em Integridade Pública 1.0 publicado pela Secretaria da Integridade Pública em 9 de dezembro de 2023. Os componentes existência e institucionalização, bem como os conceitos credibilidade e familiaridade constam no referido modelo.

PODCAST com *Expert*:

Marcelo Thiers apresenta o papel da Unidade de Gestão de Integridade no modelo de 3 linhas.

13 D. P. Carpenter, G. A. Krause, Reputation and public administration. Public Administration Review, 72(1), 26-32 (2012).

14 Brooks, Margaret & Highhouse, Scott & Russell, Steven & Mohr, David. (2003). Familiarity, Ambivalence, and Firm Reputation: Is Corporate Fame a Double-Edged Sword?. The Journal of applied psychology.

PODCAST com *Expert*:

Kleberson Souza traz reflexões sobre a gestão de riscos.

PODCAST com *Expert*:

Rodrigo Fontenelle traz reflexões sobre a Política de Mineira de Promoção da Integridade

UNIDADE DIDÁTICA III:
Implementando com sucesso um programa de integridade no setor público

Quais os passos necessários para elaborar um Programa de Integridade?

Quais os passos necessários para implementar um Programa de Integridade?

Quais os passos necessários para monitorar um Programa de Integridade?

Como Alta Administração pode demonstrar seu comprometimento?

Como envolver o público interno nestes processos?

Como definir as primeiras campanhas de integridade?

Materiais complementares de apoio aos leitores

CAPÍTULO 16

ELABORAÇÃO E IMPLEMENTAÇÃO DE PROGRAMA DE INTEGRIDADE NO SETOR PÚBLICO COM ÊNFASE NA LIDERANÇA ORGANIZACIONAL

1. A IMPORTÂNCIA DOS PASSOS INICIAIS

Uma vez estruturada a Unidade de Gestão da Integridade (capítulo 15) com suas competências, recursos e reponsabilidades torna-se importante que os passos seguintes sejam claros e compreensíveis por todos dentro da organização. O levantamento dos riscos e os documentos gerados devem ser assimilados coletivamente e gradualmente. Não se sustentaria o processo de formulação de um programa de integridade que fosse monopólio de um ou outro setor. Neste caso haveria sérios riscos de se perder na memória todo processo de formulação, sem falar do baixo engajamento das instâncias das funções de integridade.

A estratégia de integridade e um plano de ação efetivos não devem apenas apresentar um conjunto amplo de reformas substantivas, mas também indicar os meios para garantir sua implementação, seu monitoramento e sua avaliação (OCDE. 2022)[1]. Neste capítulo será tratada da **elaboração e implementação** de um programa de integridade e no capítulo 17: monitoramento.

2. BASE NORMATIVA PARA IMPLEMENTAÇÃO DE UM PROGRAMA DE INTEGRIDADE NO ÂMBITO FEDERAL

Formalmente, o termo programa de integridade na legislação federal foi citado em 2015 na regulamentação da Lei 12.846/2013 feita por intermédio do Decreto

1 Manual de Integridade Pública da OCDE, 2022.

8.420/2015. Ocorre que o propósito ali era utilizar o programa de integridade como critério para aquilatar o valor da multa em sede de Processo de Apuração da Responsabilidade da Pessoa Jurídica (PAR)[2], ou seja, seria aplicada para Pessoas Jurídicas de Direito Privado que se relacionassem com o setor público. Tal parâmetro foi mantido no Decreto 11.129/2022.

Contudo, essa iniciativa ainda não era aplicada para órgãos e entidades públicas. Tal iniciativa para fins normativos surgiu no Decreto 9.203, de 22 de novembro de 2017:

> *Art. 20. O Ministério da Transparência e Controladoria-Geral da União, no prazo de cento e oitenta dias, contado da data de entrada em vigor deste Decreto,* ***estabelecerá os procedimentos necessários à estruturação, à execução e ao monitoramento dos programas de integridade dos órgãos e das entidades da administração pública federal direta, autárquica e fundacional.***

Cumprindo a determinação do Decreto, a CGU publicou a Portaria CGU nº 1.089, de 25 de abril de 2018, que estabelecia orientações para que os órgãos e as entidades da administração pública federal direta, autárquica e fundacional adotem procedimentos para a estruturação, a execução e o monitoramento de seus programas de integridade e dá outras providências.

Posteriormente, essa Portaria foi atualiza pela Portaria CGU nº 57, de 4 de janeiro de 2019.

3. POR ONDE COMEÇAR?

Tomando por base a própria Portaria nº 57/2019, sugere-se que a implantação de um programa de integridade ocorra em 3 fases as quais estão dispostas no Quadro 16.1.

Quadro 16.1: Fases de um Programa de Integridade

Fase	Atividades a serem realizadas
Primeira Fase (preparação)	-Constituir dentro de curto espaço de tempo (no caso federal 15 dias) uma área para ser a responsável pela gestão da integridade dotada de autonomia e recursos materiais e humanos. -Dar acesso a essa unidade às demais instâncias das funções da integridade. -Dar acesso a essa unidade ao mais alto nível hierárquico da unidade.

2 Decreto 11.129/2022. Art. 8º [...] § 2º Caso a pessoa jurídica apresente em sua defesa informações e documentos referentes à existência e ao funcionamento de programa de integridade, a comissão processante deverá examiná-lo segundo os parâmetros indicados no Capítulo V, para a dosimetria das sanções a serem aplicadas.

Fase	Atividades a serem realizadas
Segunda Fase (elaboração e implementação)	- Aprovar o Plano de Integridade. - Atribuir a unidades novas ou já existentes as competências correspondentes às funções de integridade[3].
Terceira Fase (monitoramento)	- Executar o Programa de Integridade. - Monitorar o Programa de Integridade. - Expandir o alcance do Programa de Integridade para as políticas públicas sob responsabilidade do órgão, bem como para fornecedores e outras organizações públicas ou privadas com as quais mantenha relação. - **Revisão e aperfeiçoamento.**

Neste capítulo será dada ênfase as fases 1 e 2 de um Programa de Integridade.

4. ELABORAÇÃO DO PROGRAMA DE INTEGRIDADE

Antes de se instituir um programa de integridade faz-se necessário definir uma unidade gestão. Fora visto no Capítulo 15 que essa área pode acumular atribuições de outras funções típicas.

Ao designar a área responsável, titular e substituto deve-se atribuir as competências já mencionadas no capítulo 15.

Possíveis atividades da Unidade de Gestão da Integridade
1. Elaborar o Plano de Integridade da Unidade a ser aprovado pelo Dirigente Máximo.
2. Divulgar o Plano de Integridade em transparência ativa.
3. Propor medidas e ações de integridade a serem aprovadas pelo Dirigente Máximo.
4. Implementar, no que couber, e monitorar as medidas e ações de integridade aprovadas pelo Dirigente Máximo.
5. Conduzir treinamento dos servidores na temática integridade.
6. Sensibilizar em parceria com a comunicação social todo o órgão e a alta administração utilizando ferramentas de comunicação internas (e-mail, descanso de tela, quiz etc.).
7. Promover ou participar de campanhas visando o fortalecimento da integridade.
8. Gerenciar de forma compartilhada[4] com a área envolvida riscos para integridade no âmbito da Unidade[5].

3 Apresentadas nos capítulos 5 a 15.

4 Ver tópico 3.

5 A identificação pode ser conduzida pela 1ª (Área apoiada) e 2ª (UGI) linhas; a proposição de mitigadoras após a avaliação pode ser conduzida pela 1ª e 2ª linhas; a implementação compete ao gestor da 1ª linha; e monitoramento compete à 2ª linha.

Possíveis atividades da Unidade de Gestão da Integridade
9. Monitorar o Programa de Integridade da Unidade:
-Alertando outras unidades quanto a eventos que possam comprometer o programa de integridade.
-Acompanhando as orientações e diretrizes dos demais sistemas estruturantes que possam vir a impactar o programa de integridade da unidade.
10. Elaborar relatório de acompanhamento do programa de integridade que deve ser aprovado pelo dirigente máximo.
11. Divulgar o relatório de acompanhamento de transparência ativa.
12. Ser instância consultiva da Alta Administração e colegiados sobre o tema integridade.
13. Ser o módulo de integração com as funções de integridade atuando de forma complementar.
14. Realizar a gestão do conhecimento relacionados aos temas referentes à integridade.
15. Atuar de forma compartilhada, com ênfase na integridade, no mapeamento dos processos de trabalho.

4.1. Possível formato de um Plano de Integridade Inicial

Após estruturada a área, deve ser elaborado o Plano de Integridade. O Quadro 16.2 define os elementos essenciais do plano de integridade inicial a partir das avaliações realizadas pela CGU no tópico 4 do Capítulo 15 e a partir de casos concretos de planos iniciais que unidades federais elaboraram quando do cumprimento do prazo da Portaria CGU nº 57/2019.

Quadro 16.2: Componentes de um Plano de Integridade Inicial

Componentes	Descrição dos itens do Plano
1. Caracterização do órgão ou entidade	- Histórico breve da organização. - Mapa estratégico. - Apresentação da atual gestão estratégica.
2. UGI	- Histórico de criação do setor. - Apresentação da composição da equipe (titular, data de nomeação e demais integrantes). - Breve resumo sobre elaboração do plano atual (escuta ativa, integração entre as instâncias das funções de integridade). - Metas a serem alcançadas no período de vigência do plano. - Periodicidade das campanhas institucionais integradas com as demais instâncias das funções de integridade.

Componentes	Descrição dos itens do Plano
3. Promoção da Ética	- Histórico de criação do setor. - Apresentação da composição da equipe (titular, data de nomeação e demais integrantes). - Posicionamento do setor perante a Alta Administração. - Apresentar fluxo das apurações éticas (a exemplo do que fora visto no Capítulo 6). - Metas a serem alcançadas no período de vigência do plano.
4. Ouvidoria e Tratamento das Denúncias	- Histórico de criação do setor. - Apresentação da composição da equipe (titular, data de nomeação e demais integrantes). - Posicionamento do setor perante a Alta Administração. - Apresentar fluxo do tratamento das manifestações e denúncias (a exemplo do que fora visto no Capítulo 7), exceto pedido de acesso à informação. - Metas a serem alcançadas no período de vigência do plano.
5. Acesso à Informação	- Histórico de criação do setor. - Apresentação da composição da equipe (titular, data de nomeação e demais integrantes). - Posicionamento do setor perante a Alta Administração. - Apresentar fluxo do tratamento do pedido de acesso à informação (a exemplo do que fora visto no Capítulo 8). - Apresentar o posicionamento obtido no exercício anterior em relação ao tempo de resposta e qualidade da resposta nos pedidos de acesso à informação (vide Capítulo 8). - Metas a serem alcançadas no período de vigência do plano.
6. Promoção da Transparência Ativa	- Histórico de criação do setor. - Apresentação da composição da equipe (titular, data de nomeação e demais integrantes). - Posicionamento do setor perante a Alta Administração. - Autoavaliação dos 49 itens de transparência exigidos pela Lei de Acesso à Informação (vide Capítulo 9). - Indicar a existência ou não de Carta de Serviços ao usuário (vide Capítulo 9; caso tenha, inserir link clicável). - Metas a serem alcançadas no período de vigência do plano.
7. Prevenção de Conflito de Interesses	- Histórico de criação do setor. - Apresentação da composição da equipe (titular, data de nomeação e demais integrantes). - Apresentar fluxo das consultas de conflitos de interesse (a exemplo do que fora visto no Capítulo 10). - Metas a serem alcançadas no período de vigência do plano.

Componentes	Descrição dos itens do Plano
8. Prevenção do Nepotismo	- Histórico de criação do setor. - Apresentação da composição da equipe (titular, data de nomeação e demais integrantes). - Apresentar formato de fiscalização (a exemplo do que fora visto no Capítulo 11). - Metas a serem alcançadas no período de vigência do plano.
9. Procedimentos de Responsabilização	- Histórico de criação do setor. - Apresentação da composição da equipe (titular, data de nomeação e demais integrantes). - Posicionamento do setor perante a Alta Administração. - Identificar os tipos de procedimentos investigativos e tipos de processos correicionais (vide Capítulo 12) que a unidade possui competência técnica para executar (avaliar se está apta a conduzir especialmente: TAC, PAD e PAR). - Divulgar o estoque atual dos procedimentos de responsabilização por categoria. - Metas a serem alcançadas no período de vigência do plano.
10. Recomendações da Auditoria Interna e Órgãos de Controle (órgãos **com** auditoria interna)	- Histórico de criação da Auditoria. - Apresentação da composição da equipe (titular, data de nomeação e demais integrantes). - Posicionamento do setor perante a Alta Administração. - Identificar os tipos de serviços de auditoria prestados (tipos de avaliações e consultorias conforme capítulo 13) que a unidade possui competência técnica para executar (avaliar se está apta a conduzir especialmente: auditoria de conformidade e consultoria). - Divulgar o estoque atual das recomendações por categoria e grau de atendimento. - Metas a serem alcançadas no período de vigência do plano.
	- Apresentação da composição da equipe responsável (titular, data de nomeação e demais integrantes). - Posicionamento do setor perante a Alta Administração. - Divulgar o estoque atual das recomendações recebidas por categoria e grau de atendimento. - Metas a serem alcançadas no período de vigência do plano.
11. Resolução de Conflitos (setor facultativo)	- Histórico de criação do setor. - Apresentação da composição da equipe (titular, data de nomeação e demais integrantes). - Apresentar fluxo das mediações (a exemplo do que fora visto no Capítulo 14). - Metas a serem alcançadas no período de vigência do plano.

Componentes	Descrição dos itens do Plano
12. Gerenciamento de Riscos para Integridade	- Indicar a existência ou não da Política de Riscos (caso tenha, inserir link clicável). - Identificar as subcategorias de riscos para integridade aplicáveis à unidade. - Indicar a existência ou não de Plano/Metodologia de Gestão de Riscos (caso tenha, inserir link clicável). - Metas a serem alcançadas no período de vigência do plano.
13. Equidade, diversidade e inclusão (sem previsão expressa na legislação de Programa de Integridade)	- Prevenção ao assédio moral e sexual. - Enfrentamento ao racismo. - Ações afirmativas para grupos específicos: portadores de necessidades especiais, equidade de gênero, etc.
14. Instrumento de Monitoramento	- Definir documento de monitoramento, periodicidade e data limite de publicação.
15. Declaração final	Declaração de compromisso do dirigente máximo do Titular a UGI com o Plano e assumindo que a UGI não possui relação hierárquica perante as demais instâncias, mas que deve atuar em regime de mútua cooperação.

Observa-se que esse primeiro plano é um cartão de visitas e tem o condão de buscar a 1ª integração entre todas as instâncias da integridade, papel relevante da UGI que irá buscar fomentar continuamente.

Boas Práticas para o Plano de Integridade Inicial
1. Definir as estruturas "possíveis" para cada instância, designar pessoas e dar condições de trabalho.
2. Produtos iniciais: política de riscos, código de ética, página de transparência, canal de denúncias.
3. Versão inicial do Plano de Integridade: Duração de 2 anos, focada em definir atribuições, fluxos e interfaces, política e metodologia de riscos.
4. Caso seja uma minuta de metodologia de gestão de riscos aplicar em até 5 processos do começo ao fim.
5. Sugere-se que a 1ª campanha seja sobre o código de ética. A partir dos insumos do canal de denúncias e dos processos sensíveis existentes na Comissão de Ética, Corregedoria, Auditoria Interna, Setor de Pessoal, definem-se as próximas campanhas como forma de reduzir os casos de forma educativa (Exemplo: se existem muitos casos de assédio, o tema será esse).
6. Definir um instrumento de monitoramento semestral/anual que gere a obrigação saudável de cada instância da função de integridade prestar contas a alta administração e realizar sua autoavaliação.

4.2. Planos de Integridade Subsequentes

O plano de integridade subsequente (2ª geração), **quando já se teve a experiência anterior de elaboração e posterior monitoramento**, necessariamente deve incorporar insumos do que foi observado e registrado. Para isso é fundamental que o instrumento de monitoramento (que será explorado no capítulo 17) seja efetivamente utilizado.

Dois dos maiores desafios nessa segunda versão seriam: (i) aprofundar a integração entre as instâncias das funções de integridade; (ii) divulgar o nível de maturidade existente nas instâncias que possuem tal metodologia definida pelo órgão central do sistema.

Quadro 16.3: Componentes de um Plano de Integridade Subsequente

Item	Subitens
1. Caracterização do órgão ou entidade	- Histórico breve da organização. - Mapa estratégico. - Apresentação da atual gestão estratégica.
2. UGI	- Histórico de criação do setor. - Apresentação da composição da equipe (titular, data de nomeação e demais integrantes). - Breve resumo sobre elaboração do plano atual (escuta ativa, integração entre as instâncias das funções de integridade, **menção aos insumos da experiência anterior**). - Metas a serem alcançadas no período de vigência do plano. - Periodicidade das campanhas institucionais integradas com as demais instâncias das funções de integridade. **Caso tenha insumos, já propor possíveis temas.** **- Apresentar medidas de integração entre as instâncias.**
3. Promoção da Ética	- Histórico de criação do setor. - Apresentação da composição da equipe (titular, data de nomeação e demais integrantes). - Posicionamento do setor perante a Alta Administração. - Apresentar fluxo das apurações éticas **atualizado** (a exemplo do que fora visto no Capítulo 6). - Metas a serem alcançadas no período de vigência do plano. **- Apresentar medidas de integração entre as instâncias.** **- Nível de maturidade existente e desejado.**
4. Ouvidoria e Tratamento das Denúncias	- Histórico de criação do setor. - Apresentação da composição da equipe (titular, data de nomeação e demais integrantes). - Posicionamento do setor perante a Alta Administração. - Apresentar fluxo do tratamento das manifestações e denúncias **atualizado** (a exemplo do que fora visto no Capítulo 7), exceto pedido de acesso à informação. - Metas a serem alcançadas no período de vigência do plano. **- Apresentar medidas de integração entre as instâncias.** **- Nível de maturidade existente e desejado.**

Item	Subitens
5. Acesso à Informação	- Histórico de criação do setor. - Apresentação da composição da equipe (titular, data de nomeação e demais integrantes). - Posicionamento do setor perante a Alta Administração. - Apresentar fluxo do tratamento do pedido de acesso à informação **atualizado** (a exemplo do que fora visto no Capítulo 8). - Apresentar o posicionamento obtido no exercício anterior em relação ao tempo de resposta e qualidade da resposta nos pedidos de acesso à informação (vide Capítulo 8). - Metas a serem alcançadas no período de vigência do plano. **- Apresentar medidas de integração entre as instâncias.**
6. Promoção da Transparência Ativa	- Histórico de criação do setor. - Apresentação da composição da equipe (titular, data de nomeação e demais integrantes). - Posicionamento do setor perante a Alta Administração. - Autoavaliação dos 49 itens de transparência exigidos pela Lei de Acesso à Informação (vide Capítulo 9). - **Indicar a existência de Carta de Serviços ao usuário** (vide Capítulo 9; inserir link clicável). - Metas a serem alcançadas no período de vigência do plano. **- Apresentar medidas de integração entre as instâncias.**
7. Prevenção de Conflito de Interesses	- Histórico de criação do setor. - Apresentação da composição da equipe (titular, data de nomeação e demais integrantes). - Apresentar fluxo das consultas de conflitos de interesse **atualizado** (a exemplo do que fora visto no Capítulo 10). - Metas a serem alcançadas no período de vigência do plano. **- Apresentar medidas de integração entre as instâncias.**
8. Prevenção do Nepotismo	- Histórico de criação do setor. - Apresentação da composição da equipe (titular, data de nomeação e demais integrantes). - Apresentar formato de fiscalização (a exemplo do que fora visto no Capítulo 11). - Metas a serem alcançadas no período de vigência do plano. **- Apresentar medidas de integração entre as instâncias.**

Item	Subitens
9. Procedimentos de Responsabilização	- Histórico de criação do setor. - Apresentação da composição da equipe (titular, data de nomeação e demais integrantes). - Posicionamento do setor perante a Alta Administração. - Identificar os tipos de procedimentos investigativos e tipos de processos correicionais (vide Capítulo 12) que a unidade possui competência técnica para executar (avaliar se está apta a conduzir especialmente: TAC, PAD e PAR). - Divulgar o estoque atual dos procedimentos de responsabilização por categoria. - Metas a serem alcançadas no período de vigência do plano. **- Apresentar medidas de integração entre as instâncias.** **- Nível de maturidade existente e desejado.**
10. Recomendações da Auditoria Interna e Órgãos de Controle (órgãos **com** auditoria interna)	- Histórico de criação da Auditoria. - Apresentação da composição da equipe (titular, data de nomeação e demais integrantes). - Posicionamento do setor perante a Alta Administração. - Identificar os tipos de serviços de auditoria prestados (tipos de avaliações e consultorias conforme capítulo 13) que a unidade possui competência técnica para executar (avaliar se está apta a conduzir especialmente: auditoria de conformidade e consultoria). - Divulgar o estoque atual das recomendações por categoria e grau de atendimento. - Metas a serem alcançadas no período de vigência do plano. **- Apresentar medidas de integração entre as instâncias.** **- Nível de maturidade existente e desejado.**
10. Controle interno e cumprimento de recomendações (órgãos **sem** auditoria interna)	- Apresentação da composição da equipe responsável (titular, data de nomeação e demais integrantes). - Posicionamento do setor perante a Alta Administração. - Divulgar o estoque atual das recomendações recebidas por categoria e grau de atendimento. - Metas a serem alcançadas no período de vigência do plano. **- Apresentar medidas de integração entre as instâncias.**
11. Resolução de Conflitos (setor facultativo)	- Histórico de criação do setor. - Apresentação da composição da equipe (titular, data de nomeação e demais integrantes). - Apresentar fluxo das mediações **atualizado** (a exemplo do que fora visto no Capítulo 14). - Metas a serem alcançadas no período de vigência do plano. **- Apresentar medidas de integração entre as instâncias.**

Item	Subitens
12. Gerenciamento de Riscos para Integridade	- Indicar a existência ou não da Política de Riscos (caso tenha, inserir link clicável). - Identificar as subcategorias de riscos para integridade aplicáveis à unidade **atualizadas.** **- Indicar a existência de Plano/Metodologia de Gestão de Riscos** (caso tenha, inserir link clicável). - Metas a serem alcançadas no período de vigência do plano. **- Apresentar medidas de integração entre as instâncias.**
13. Equidade, diversidade e inclusão (sem previsão expressa na legislação de Programa de Integridade)	- Prevenção ao assédio moral e sexual. - Enfrentamento ao racismo. - Ações afirmativas para grupos específicos: portadores de necessidades especiais, equidade de gênero, etc.
14. Instrumento de Monitoramento	- Definir documento de monitoramento, periodicidade e data limite de publicação.
15. Declaração final	Declaração de compromisso do dirigente máximo do Titular a UGI com o Plano e assumindo que a UGI não possui relação hierárquica perante as demais instâncias, mas que deve atuar em regime de mútua cooperação.

A Figura 16.1 ilustra o ciclo contínuo de aprimoramento de um Programa de Integridade.

Figura 16.1: Ciclo contínuo de aprimoramento de um programa de integridade

No setor público, o órgão central de cada sistema responsável por função de integridade deve decidir o que vai disponibilizar em transparência ativa, pois a produção de informação possui um custo transacional. Esses itens serão incorporados ao Relatório de Acompanhamento do Programa Integridade que necessitará durante sua elaboração de uma integração entre todas as instâncias das funções essenciais. Após a elaboração e posterior divulgação, a UGI deve estar atenta ao feedback dos servidores, empregados, colaboradores e partes relacionadas, bem como ao eventual retorno formal do órgão central do sistema. A UGI deve usar esses insumos para retroalimentar o sistema de integridade nível organizacional de forma contínua.

PODCAST com *Expert*: Vládia Ferreira traz os desafios na implementação de um programa de integridade no setor público.	

CAPÍTULO 17

MONITORAMENTO DE PROGRAMA DE INTEGRIDADE NO SETOR PÚBLICO

1. IMPORTÂNCIA DO MONITORAMENTO

Monitorar consiste no acompanhamento sistemático das ações de um programa de integridade por meio de suas entregas e indicadores. Deve-se medir seu andamento e registrar as observações, com vistas a produzir informações para a revisão contínua do programa de integridade.

Para a OCDE (2022)[1], é essencial estabelecer mecanismos de avaliação antes da fase de implementação. Trata-se de medida essencial para garantir a mensurabilidade e utilidade dos relatórios de acompanhamento no processo de tomada decisão e de prestação de contas aos interessados. Na fase de monitoramento, alguns dados podem se sobrepor ao que foi coletado na fase anterior (no procedimento de identificação e de avaliação de riscos), entretanto, os arranjos de monitoramento e de avaliação possuem um propósito diferente: **verificar resultados e comparar a eficiência atingida**.

Outro ponto importante é que, além de monitorar e medir os benefícios da estratégia de integridade, deve-se zelar pela comunicação do progresso e dos resultados às partes interessadas internas e externas, incluindo o público em geral. Assim, além de permitir a prestação de contas, incrementa-se a credibilidade dos esforços de integridade e estimula futuras ações anticorrupção e em prol da integridade, conforme UNODC (2015)[2].

1 Manual de Integridade Pública - 2022.

2 UNODC (2015), *The United Nations Convention against Corruption. National Anti-Corruption Strategies: A Practical Guide for Development and Implementation*, United Nations, Vienna, https://www.unodc.org/documents/corruption/Publications/2015/National_Anti- Corruption_Strategies_-_A_Practical_Guide_for_Development_and_Implementation_E.pdf.

Outro conceito importante relacionado ao monitoramento e avaliação da efetividade de um programa de integridade seria **abrangência.** O guia prático Departamento de Justiça Americano (DOJ) induz as autoridades americanas a diligenciarem a seguinte pergunta correspondente ao quesito **abrangência: Que esforços a empresa fez para monitorar e implementar políticas e procedimentos que reflitam e lidem com o espectro de riscos que enfrenta, incluindo mudanças no cenário jurídico e regulatório?**

Neste capítulo serão evidenciadas as ações de monitoramento de um programa de integridade de acordo com as normas brasileiras, em especial, no poder público.

2. PROPOSTA DE MONITORAMENTO

Não existe ainda no setor público formalmente um modelo rígido de como deve ocorrer o monitoramento de um programa de integridade. Assim, vamos nos servir inicialmente do modelo utilizado para monitorar a auditoria interna (AI) nas entidades da administração indireta federal: Plano de Anual de Auditoria Interna (PAINT) e Relatório Anual de Atividades de Auditoria Interna (RAINT).

A IN SFC nº 5, de 27 de agosto de 2018, define que:

> *Art. 5º A proposta de PAINT deve ser encaminhada à respectiva unidade de supervisão técnica* ***até o último dia útil do mês de novembro do exercício anterior ao de sua execução.***
>
> *[...]*
>
> *Art. 13 As UAIG devem encaminhar o RAINT à respectiva unidade de supervisão técnica* ***até o último dia útil do mês de março do exercício seguinte ao qual se refere.***

Nesse modelo, a AI deve submeter seu Plano Operacional Anual (PAINT) do exercício até 30/11 (aproximadamente) do ano anterior ao da sua execução e enviar sua Prestação de Contas (RAINT) até 31/03 (aproximadamente) do ano posterior ao da sua execução.

A partir dessa lógica, observou-se que unidades federais desenvolveram uma rotina de prestação de contas pública semestral ou anual considerando que o Plano de Integridade não é anual e sim plurianual.

O Quadro 17.1 contém as distinções.

Quadro 17.1: Comparativo entre o modelo monitoramento da auditoria interna federal (AI) e o modelo de monitoramento das unidades de gestão de integridade (UGI)

Critério	Auditoria Interna	Unidade de Gestão de Integridade
Duração do Plano	1 ano	Não há uma data limite. Normalmente 3 a 4 anos.
Data limite para elaboração do Plano ao Órgão Central	Até 30/11 do ano anterior ao ano da execução	Não há uma data limite.
Periodicidade da Autoavaliação	1 ano	6 meses ou 1 ano
Data limite para enviar a autoavaliação ao Órgão Central	Até 31/03 do ano seguinte ao ano da execução	Não há uma data limite, mas sugere-se: (i) 31/07 (para relatórios do 1º semestre); (ii) 28/02 (para relatórios anuais referente ao ano anterior).

A data sugerida de 28/02 do ano posterior ao da execução deve-se ao fato da imensa maioria dos órgãos e entidade federais enviar o Relato Integrado (Relatório de Gestão evidenciando a prestação de contas do órgão ou entidade perante a sociedade) ao Tribunal de Contas da União até 31/03 do ano seguinte ao da execução dos atos de gestão. Assim, a Alta Administração pode selecionar quais informações do RAPI (Relatório de Acompanhamento do Programa de Integridade) podem ser incorporados ao Relato Integrado.

3. DIRETRIZES PARA COMPROVAR A INSTITUCIONALIZAÇÃO DAS ENTREGAS EM UM RELATÓRIO DE ACOMPANHAMENTO DE UM PROGRAMA DE INTEGRIDADE

Um aspecto essencial do monitoramento é que **o documento, RAPI, que sintetiza as realizações seja feito de forma natural e rotineira a partir dos produtos gerados por cada instância.** Essa autoavaliação contida no RAPI possibilita a Alta Administração identificar quais funções da integridade necessitam de maior atenção e apoio. A Figura 17.1 contém exemplo de tal reflexão.

Figura 17.1: Exemplo de autoavaliação contida no RAPI

Após reunião deliberativa junto ao Gabinete do Diretor Geral, entendeu-se que o Núcleo de Governança, Riscos e Controle (NUGOV), unidade de assessoria do Gabinete, assimilaria as funções de Gestão do Programa de Integridade do DNOCS, com maior aderência às suas atribuições e estrutura institucional dedicada para tratar do assunto em questão. Trata-se de uma correção de curso, uma vez que é uma matéria afeta à alta administração de uma organização pública.

De forma geral, o Programa de Integridade do DNOCS ainda se encontra num estágio entre os níveis inicial e intermediário. Devem envidar esforços de maneira conjunto as unidades aqui mencionadas, bem como a Diretoria Colegiada, no sentido de divulgar e fortalecer uma cultura de integridade na organização como um todo.

Fonte: Relatório de Acompanhamento do Programa de Integridade - DNOCS - 2020

Nesses relatórios, deve-se priorizar informações do que foi acompanhado e muito pouco do que será feito, exceto se forem correções de fragilidades que foram detectadas pelo acompanhamento.

O plano de integridade caracteriza a existência do programa de integridade, enquanto o relatório caracteriza a institucionalização do programa de integridade.

O que distingue uma informação ser categorizada como uma variável de existência ou de institucionalização?
Ambas são informações geradas internamente. Contudo, as informações de institucionalização estão relacionadas ao funcionamento real da instância de integridade e podem ser circularizadas e cruzadas com terceiros para aferir sua autenticidade. Por exemplo, ao informar que de 8 denúncias, 4 foram para a apuração e 4 foram arquivadas no sistema Fala.BR, tal informação pode ser verificada por terceiros. Diferente de um fluxo ou um regimento interno sobre competências nos quais não há como afirmar por si só que eles estão sendo cumpridos.

Outro aspecto importante é que muitas informações utilizadas na integridade são classificadas como informações pessoais protegidas pelo sigilo de até 100 anos[3]. **Assim, como superar o desafio de atender a institucionalização da**

3 Lei 12.527/2011. Art. 31. O tratamento das informações pessoais deve ser feito de forma transparente e com respeito à intimidade, vida privada, honra e imagem das pessoas, bem como às liberdades e garantias individuais.

§ 1° **As informações pessoais, a que se refere este artigo, relativas à intimidade, vida privada, honra e imagem:**

I - terão seu acesso restrito, independentemente de classificação de sigilo e pelo prazo máximo de 100 (cem) anos a contar da sua data de produção, a agentes públicos legalmente autorizados e à pessoa a que elas se referirem; e

II - poderão ter autorizada sua divulgação ou acesso por terceiros diante de previsão legal ou consentimento expresso da pessoa a que elas se referirem.

atuação de cada uma das instâncias das funções de integridade e, ao mesmo tempo, cumprir a legislação quanto à informação pessoal?

As boas práticas apontam para que os setores devem indicar os dados quantitativos em relação a esses casos sem discriminar os detalhes.

3.1. Componentes de Institucionalização na Promoção da Ética

A Figura 17.2 ilustra boas práticas quanto à institucionalização na promoção da ética.

Figura 17.2: Componentes de institucionalização na promoção da ética

No primeiro semestre de 2023 a Comissão apurou **7 (sete)** atos que demonstravam situações passíveis de estarem em desacordo com as normas éticas estabelecidas, estando o quantitativo descrito no **Quadro 1.**

Quadro 1 - Quantitativo de processos Comissão de Ética

Saldo em 1/1/2023	Entrada em 2023	Análise em 2023	Saldo em 30/06/2023
02	05	04	03

Fonte: Comissão de Ética/UFC, 2023.

- 4 (quatro) foram declaradas improcedentes, que seguiram para arquivamento;
- 3 (três) ainda estão em análise;
- Não houve recomendações;
- Nenhuma foi encaminhada à Coordenadoria Geral de Auditoria (CGAUD);
- Não houve envio para a Comissão Permanente de Processo Administrativo Disciplinar (CPPAD);
- Não houve punições.

Informamos que a vigente campanha institucional de integridade, intitulada "Integridade somos todos nós", é composta de vídeos com o objetivo de sensibilizar e difundir a importância das instâncias de integridade da UFC, dentre elas a CET.

Por fim, destaca-se que a CET participou do Encontro Regional do Sistema de Gestão Ética do Poder Executivo Federal - Norte/Nordeste, ocorrido nos dias 21 e 22/06/22, do XVIII Seminário do Fórum Nacional de Gestão da Ética na Empresas Estatais, com o tema "Ética na promoção da diversidade, equidade e inclusão", nos dias 22 e 23/11/2022 e do curso "Gestão e Apuração da Ética Pública-Avançado", de 18 a 24/10/2022, promovido pela ENAP.

Fonte: Relatório de Acompanhamento do Programa de Integridade – UFC – 2023.1

O que essas boas práticas demonstram quanto à institucionalização das entregas?
1. Controle da instrução processual.
2. Coragem técnica para arquivar quando não há elementos e para apurar quando há elementos.
3. Integração com os possíveis destinatários da análise.
4. Realização de campanha.
5. Atuação em rede com atores que atuam na promoção da ética.

3.2. Componentes de Institucionalização da Ouvidoria e Tratamento de Denúncias

A Figuras 17.3 e 17.4 ilustram boas práticas quanto à institucionalização da promoção da ética.

Figura 17.3: Componentes de institucionalização no tratamento das denúncias

O tempo médio das análises preliminares de denúncias no primeiro semestre de 2023 foi de 14,06 dias[2], enquanto o tempo médio das ouvidorias federais foi de 11,96 dias.

O quantitativo de denúncias recebidas no primeiro semestre de 2023, que englobaram denúncias identificadas e anônimas recebidas pelo sistema Fala.BR, bem como denúncias recebidas por e-mail, está disposto nos **Quadros 5, 6 e 7**.

Quadro 5 - Denúncias identificadas recebidas pelo sistema Fala.Br

Saldo em 1/1/2023	Entrada em 2023	Análise em 2023	Saldo em 30/06/2023
1	89	84	6

Fonte: Ouvidoria Geral/UFC, 2023.

Quadro 6 - Denúncias anônimas recebidas pelo sistema Fala.Br

Saldo em 1/1/2023	Entrada em 2023	Análise em 2023	Saldo em 30/06/2023
2	52	47	7

Fonte: Ouvidoria Geral/UFC, 2023.

Quadro 7 - Denúncias recebidas por e-mail

Saldo em 1/1/2023	Entrada em 2023	Análise em 2023	Saldo em 30/06/2023
00	08	08	00

Fonte: Ouvidoria Geral/UFC, 2023.

Fonte: Relatório de Acompanhamento do Programa de Integridade – UFC – 2023.1

Figura 17.4: Componentes de institucionalização no tratamento das denúncias

Das 325 demandas recebidas pela Ouvidoria Geral da UFCA em 2022, 6 denúncias e 10 comunicações (denúncias anônimas) foram registradas no Fala.Br e classificadas pela Ouvidoria, dessas, 5 foram consideradas aptas e encaminhadas à SEPAD para juízo de admissibilidade e 1 foi arquivada pela Ouvidoria. As denúncias e comunicações representaram 4,92% de todas as manifestações recepcionadas pela Ouvidoria da UFCA.

O quantitativo de denúncias e comunicações recebidas em 2022 está disposto no Tabela 5.

Tabela 5 – Quantitativo de denúncias recepcionadas pela Ouvidoria, exercício 2022

Saldo em 1/1/2022	Entrada em 2022	Análise em 2022	Saldo em 31/12/2022
0	16	16	0

Fonte: Ouvidoria Geral UFCA, 2022.

O tempo médio das análises preliminares de denúncias em 2022 foi de 14,51 dias.

Informamos, ainda, que as principais ações desenvolvidas pelo setor em 2022 foram as seguintes:

- Ações conjuntas com a CGU/OGU de Continuidade na Implantação da LGPD, renovação de credenciais aos sistemas institucionais;

- Participação de aferição do Modelo de Maturidade de Ouvidoria da CGU;

- Plano de Ação para Expansão do Fala.Br na Universidade Federal do Cariri, com o subtítulo: Implementação Geral do Módulo de Tramitação e Tratamento das Manifestação pela Plataforma Fala.Br na Universidade Federal do Cariri, para adequação ao art. 16 do Decreto 10.890 de dezembro de 2021;

Fonte: Relatório de Acompanhamento do Programa de Integridade – UFCA – 2022

O que essas boas práticas demonstram quanto à institucionalização das entregas?
1. Controle da instrução processual.
2. Coragem técnica para arquivar quando não há elementos e para apurar quando há elementos.
3. Uso de sistema pertencente a unidade externa do órgão (Fala.BR é desenvolvido pela CGU) quanto à instrução processual.
4. Integração com os possíveis destinatários da análise.
5. Realização de campanha.
6. Adesão ao modelo de maturidade do Órgão Central.

3.3. Componentes de Institucionalização ao Acesso à Informação

A Figura 17.5 ilustra boas práticas quanto à institucionalização da promoção do acesso à informação.

Figura 17.5: Componentes de institucionalização na promoção e tratamento do acesso à informação

Quadro 2 - Quantitativo de pedidos de acesso à informação no primeiro semestre de 2023

Saldo em 1/1/2023	Entrada em 2023	Análise em 2023	Saldo em 30/06/2023
12	240	231	21

Fonte: Ouvidoria Geral/UFC, 2023.

O tempo médio de atendimento às solicitações de informações no primeiro semestre de 2023 foi de 13,55 dias, enquanto o tempo médio do conjunto de órgãos/entidades do Poder Executivo Federal foi de 12,06[1] dias. A colocação da entidade no ranking do Painel da Lei de Acesso à Informação no primeiro semestre de 2023 foi 203º em relação aos 322 (trezentos e vinte e dois) órgãos/entidades.

Fonte: Relatório de Acompanhamento do Programa de Integridade - UFC - 2023.1

O que essas boas práticas demonstram quanto à institucionalização das entregas?
1. Uso de validação por agente externo (Painel da CGU visto no capítulo 8) quanto ao desempenho do setor por meio de ranking.
2. Uso de sistema pertencente a unidade externa do órgão (Fala.BR é desenvolvido pela CGU) quanto à instrução processual.

3.4. Componentes de institucionalização na promoção da transparência ativa

A Figura 17.6 ilustra boas práticas quanto à institucionalização da promoção da transparência ativa.

Figura 17.6: Componentes de institucionalização na promoção da transparência ativa

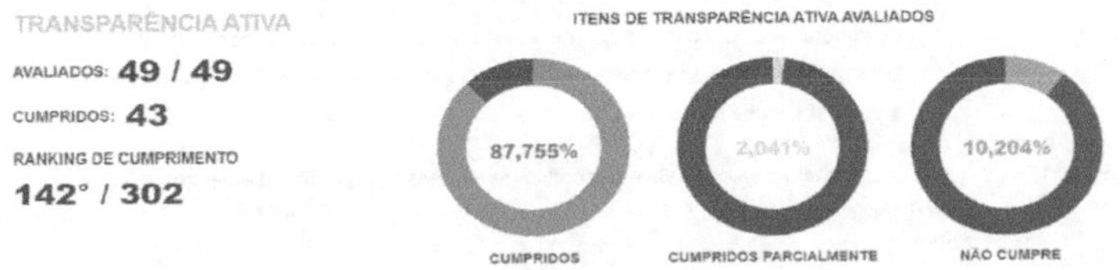

Fonte: Painel Lei de Acesso à Informação da CGU, disponível em: https://app.powerbi.com/view?r=eyJrIjoiZGRmODg0MWYtZTNhMi00YjJjLWE3YTYtNzA4YzAwZWMxZTQ0IiwidCI6IjY2NzhkOWZlLTA5MjEtNDE3ZC04NDExLTVmMWMxOGRlZmJiYiJ9&pageName=ReportSection

A UFCA por meio da sua Coordenadoria de Transparência, Governança e Gestão de Riscos e da sua Unidade de Gestão da integridade realizou ainda as seguintes atividades de melhorias relacionadas a transparência ativa:

- Cadastro dos Agentes Públicos Obrigados (APOs) a divulgarem suas agendas públicas no sistema e-agendas;

- Melhorias nas páginas "Acesso à Informação" e "Transparência e Prestação de Contas" do site da UFCA;

Fonte: Relatório de Acompanhamento do Programa de Integridade – UFCA – 2022

O que essas boas práticas demonstram quanto à institucionalização das entregas?
1. Uso de validação por agente externo (Painel da CGU visto no capítulo 9) quanto ao desempenho do setor por meio de ranking. **2.** Instituição do e-agendas que gera pode ser checado e validado por agentes externos da Organização.

3.5. Componentes de institucionalização na prevenção do conflito de interesses

A Figura 17.7 ilustra boas práticas quanto à institucionalização da **prevenção do conflito de interesses.**

Figura 17.7: Componentes de institucionalização na prevenção do conflito de interesses

- As consultas são respondidas no Sistema Eletrônico de Prevenção de Conflito de Interesses e, caso haja necessidade de consultar outros setores da Universidade, abre-se processo no SEI, envia-se a consulta e, logo que recebida a resposta, inclui-se no SeCI.

O quantitativo de consultas de conflito de interesse no primeiro semestre de 2023 está disposto no **Quadro 3**:

Quadro 3 - Quantitativo de consultas de conflito de interesses

Saldo em 01/01/2023	Entrada em 2023	Análise em 2023	Saldo em 30/06/2023
00	01	01	00

Fonte: Comissão de Ética/UFC, 2023.

O resultado da apuração está detalhada a seguir:

- 0 foi declarada improcedente;

- 0 ainda estão em análise.

Fonte: Relatório de Acompanhamento do Programa de Integridade - UFC - 2023.1

O que essas boas práticas demonstram quanto à institucionalização das entregas?
1. Controle da instrução processual.
2. Coragem técnica para arquivar quando não há elementos e para apurar quando há elementos.
3. Uso de sistema pertencente a unidade externa do órgão (SECI visto no capítulo 10 é desenvolvido pela CGU) quanto à instrução processual.

3.6. Componentes de institucionalização na prevenção do nepotismo

A Figura 17.8 ilustra boas práticas quanto à institucionalização na prevenção do nepotismo.

Figura 17.8: Componentes de institucionalização na prevenção do nepotismo

A área responsável pela verificação de situações de nepotismo na indicação para cargos de direção (CDs) e funções gratificadas (FGs) é a Coordenadora de Administração de Pessoal da Pró-Reitoria de Gestão de Pessoas (CAP/PROGEP). Além da verificação realizada pela CAP/PROGEP, o servidor ainda assina uma declaração de que não possui nenhuma condição de nepotismo para assumir a função a qual está sendo designado.

Já o quantitativo de situações verificadas de nepotismo em 2022 está disposto no Tabela 4.

Tabela 4 – Quantitativo de Processos com Declaração de Exceção ao Nepotismo.

Saldo em 1/1/2022	Entrada em 2022	Analisados em 2022	Saldo em 31/12/2022
03	105	108	00

Fonte: Pró-Reitoria de Gestão de Pessoas – PROGEP, 2022

Todos os processos analisados em 2022 foram considerados improcedentes (não configuravam situação de nepotismo nos termos da lei) e a PROGEP prosseguiu com a nomeação.

Fonte: Relatório de Acompanhamento do Programa de Integridade - UFCA - 2022

O que essas boas práticas demonstram quanto à institucionalização das entregas?
1. Controle da instrução processual.
2. Uso da declaração por parte do envolvido o que pode ser checado em fiscalização futura.

3.7. Componentes de institucionalização nos procedimentos de responsabilização

A Figuras 17.9 e 17.10 ilustram boas práticas quanto à institucionalização dos procedimentos de responsabilização.

Figura 17.9: Componentes de institucionalização nos procedimentos de responsabilização

Quadro 11 - Quantitativo de sindicâncias

Saldo em 1/1/2023	Entrada em 2023	Análise em 2023	Saldo em 30/06/2023
02	07	07	02

Fonte: CPPAD/UFC, 2023.

O tempo médio para realização de uma sindicância no primeiro semestre de 2023 foi de 60 (sessenta) dias.

No tocante aos processos administrativos disciplinares, a quantidade realizada pela entidade no primeiro semestre de 2023 está disposta no **Quadro 12.**

Quadro 12 - Quantitativo de processos administrativos disciplinares

Saldo em 1/1/2023	Entrada em 2023	Análise em 2023	Saldo em 30/06/2023
11	12	09	14

Fonte: CPPAD/UFC, 2023.

O tempo médio para realização de um processo administrativo disciplinar no primeiro semestre de 2023 foi de 90 (noventa) dias.

Ademais, ressalta-se que os dados dos processos de responsabilização de agentes públicos contabilizados na "Entrada em 2023" (Quadros 11 e 12) foram devidamente registrados no Sistema E-pad.

Informamos, por fim, que a vigente campanha institucional de integridade, intitulada "Integridade somos todos nós", é composta de vídeos com o objetivo de sensibilizar e difundir a importância das instâncias de integridade da UFC, dentre elas a CPPAD e a CAUFC.

Fonte: Relatório de Acompanhamento do Programa de Integridade - UFC - 2023.1

Figura 17.10: Componentes de institucionalização nos procedimentos de responsabilização

Outra competência da área correcional, diz respeito à apuração de conduta de ente privado, cujo procedimento de investigação é conduzido através de Processo Administrativos de Responsabilização (PAR). O quadro abaixo reflete a quantidade de casos dessa natureza no ano de 2022.

PROCESSOS	A INSTAURAR	INSTAURADOS	EM INSTRUÇÃO	AGUARDANDO JULGAMENTO	JULGADOS
PAR	0	0	2	0	0

Fonte: Serviço de Correição.

Fonte: Relatório de Acompanhamento do Programa de Integridade - DNOCS - 2022

O que essas boas práticas demonstram quanto à institucionalização das entregas?
1. Controle da instrução processual.
2. Adoção das Sindicâncias, PADs e PARs (este último ainda não internalizados em todas as unidades federais).
3. Uso de sistema pertencente a unidade externa do órgão (E-pad é desenvolvido pela CGU) quanto à instrução processual.

3.8. Componentes de institucionalização no atendimento das recomendações da auditoria interna e órgãos de controle externos à organização

As Figuras 17.11 e 17.12 ilustram boas práticas quanto à institucionalização no atendimento das recomendações.

Figura 17.11: Componentes de institucionalização no atendimento das recomendações

Quadro 8 – Quantitativo de recomendações emitidas/monitoradas pela CGAUD em 30/06/2023.

Nº de recomendações ativas de exercícios anteriores	(+) Nº de recomendações emitidas em 2023	(-) Nº de recomendações atendidas em 2023	(-) Nº de recomendações finalizadas em 2023	(=) Nº de recomendações em monitoramento em 30/06/2023
72	02	02	00	72

Ademais, as recomendações emitidas pela CGAUD em monitoramento, com a respectiva situação e justificativa são publicadas pelo menos semestralmente na **página da Auditoria**.

A CGAUD realiza o acompanhamento das recomendações emitidas pela Controladoria-Geral da União (CGU) através dos sistemas SADIN e e-Aud. Como no exercício de 2023 não foi exarado nenhum relatório da CGU em que a Universidade Federal do Ceará (UFC) figure como unidade examinada, o **Quadro 9** demonstra o quantitativo de recomendações da CGU emitidas em anos anteriores ainda em monitoramento em 30/06/2023.

Quadro 9 - Quantitativo de recomendações da CGU em 30/06/2023

UG	Recomendação	Apuração e/ou Reposição	Exclusão/Revisão de Benefício	Demais	Total
UFC	PESSOAL	13	15	08	36
	DEMAIS ÁREAS	03	0	05	08
	TOTAL	16	15	13	44

Fonte: Relatório de Acompanhamento do Programa de Integridade – UFC – 2023.1

Legenda: (a) Das 44 (quarenta e quatro) recomendações da CGU em monitoramento, 8 (oito) encontram-se em análise pela Unidade Auditada (UFC) e 36 (trinta e seis) estão em 18 análise pela CGU, contemplando casos de encaminhamento de providências e de solicitação de prorrogação de prazo.

Figura 17.12: Componentes de institucionalização no atendimento das recomendações

Nesse sentido, os resultados dos monitoramentos, atualizados periodicamente, são disponibilizados no Painel de Monitoramentos e Indicadores no site da UFCA. No referido painel é possível encontrar informações acerca da quantidade de recomendações, do PAINT a que se refere, o relatório, os responsáveis pelo atendimento, a situação e o assunto. Além disso, constam ainda os benefícios financeiros, não financeiros, os indicadores do Programa de Gestão e Melhoria da Qualidade (PGMQ) e os acompanhamentos das recomendações emanadas pelos órgãos de controle, CGU e TCU, à UFCA. Importa reiterar, também, que ocorrem reuniões específicas, internas e externas, para promover o devido tratamento quando as recomendações possuem maiores riscos.

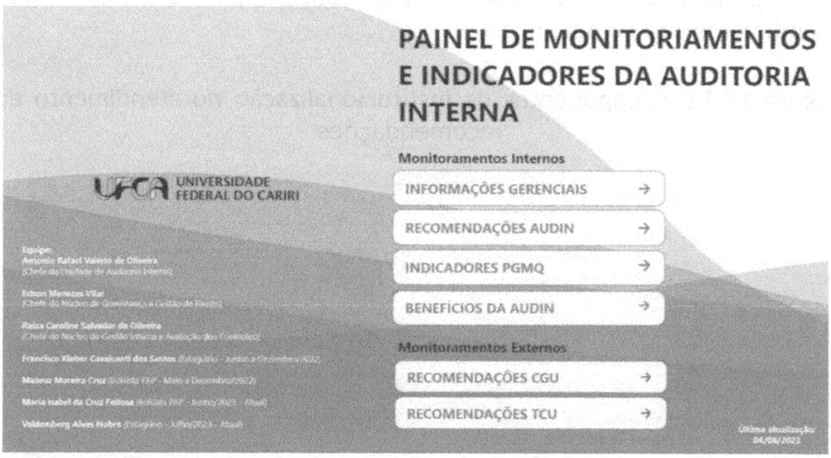

UFCA UNIVERSIDADE FEDERAL DO CARIRI — MONITORAMENTO DAS RECOMENDAÇÕES EMANADAS PELA CONTROLADORIA-GERAL DA UNIÃO (CGU) - SISTEMA E-AUD — Situação: Todos

Id da Tarefa	Relatório de Auditoria	Constatação	Recomendação	Data Limite	Situação	Unidade Auditada	Unidades de Auditoria
790584	201505843	Apropriações indevidas no montante de R$ 115.374,40 e impropriedades verificadas na documentação correspondente às prestações de contas dos recursos transferidos pela UFCA, visando à execução de projetos pela FCPC.	Exigir as devidas justificativas junto a UFC quanto ao recolhimento do valor de R$ 69.687,20, apropriado dos valores arrecadados do Projeto "Concurso Público Técnico Administrativo", haja vista o que estabeleceu o Termo de Cooperação - Protocolo de Transição firmado entre a referida IFE e a UFCA.	segunda-feira, 31 de agosto de 2020	Em Análise pela Unidade Auditada	UFCA	CGUCE/SE/CGU
790572	201505834	Deficiências no acompanhamento e avaliação dos resultados do PNAES executado pela Universidade Federal do CARIRI - UFCA.	Estabeleça metas e defina indicadores que permitam o monitoramento e avaliação do desempenho dos programas de assistência estudantil no âmbito da UFCA.	sábado, 2 de maio de 2020	Concluída	UFCA	CGUCE/SE/CGU
790576	201505834	Deficiência na estrutura física e de recursos humanos da DAE.	Dote a Diretoria de Assistência Estudantil-DAE de sistema integrado de informações, com a automação de tarefas, garantindo a segurança das informações processadas. O sistema deve servir como repositório de dados, possibilitando o registro e armazenamento das análises e encaminhamentos resultantes do acompanhamento do desempenho dos alunos, e disponibilizando, também, informações gerenciais para subsidiar os	quarta-feira, 1 de abril de 2020	Em Análise pela Unidade Auditada	UFCA	CGUCE/SE/CGU

Fonte: Relatório de Acompanhamento do Programa de Integridade – UFCA – 2022

O que essas boas práticas demonstram quanto à institucionalização das entregas?
1. Controle da instrução processual. **2.** Segregação dos tipos de recomendações (pessoal, demais áreas; reposição de valor ao erário, apuração de responsabilidade, revisão/exclusão de benefícios, demais áreas). **3.** Uso de sistema pertencente a unidade externa do órgão (e-aud é desenvolvido pela CGU) quanto à instrução processual. **4.** Registros dos benefícios financeiros e não financeiros. **5.** Disponilização de painel acessível e sem senha a qualquer pessoa externa ao órgão fortalecendo a participação social.

3.9. Componentes de institucionalização na gestão de riscos para a integridade

A Figura 17.13 ilustra boas práticas quanto à institucionalização na gestão de riscos para integridade.

Figura 17.13: Componentes de institucionalização na gestão de riscos para integridade

A gestão de riscos de integridade é realizada no âmbito do Plano de Gestão de Riscos (PGR), em conjunto com a gestão das demais categorias de riscos, tendo em vista que a metodologia é a mesma.

O gerenciamento de riscos se dá a partir da escolha de processos (organizacionais) de trabalho considerados prioritários, relacionados com os objetivos estratégicos do **Plano de Desenvolvimento Institucional (PDI)** e aprovados pelo Comitê de Governança (CGOV). Em 2023, foi iniciado o gerenciamento de riscos em 49 processos organizacionais, 18 processos relacionados aos objetivos estratégicos do PDI, totalizando 67 processos. Em 2022 foram gerenciados os riscos de 23 processos organizacionais e 13 relativos ao **Plano de Continuidade do Negócio (PCN)**,

24

totalizando 36 processos.

O **Quadro 13** apresenta a situação de 23 dos 36 processos incluídos na gestão de riscos em 2022, inclusive com a situação em relação às três etapas do gerenciamento de riscos: mapeamento, gerenciamento dos riscos organizacionais e gerenciamento dos riscos de integridade. Importante ressaltar que dos 23 processos, 17 processos tiveram o gerenciamento de riscos de integridade finalizado e em 12 deles foram encontrados riscos de integridade.

deles foram encontrados riscos de integridade.

Quadro 13 - Processos incorporados à gestão de riscos em 2022, com a situação do gerenciamento de riscos.

Unidade	Processo	Mapeamento e Modelagem do Processo	Gerenciamento dos Riscos Organizacionais	Gerenciamento dos Riscos de Integridade	Gerenciamento dos Riscos de Integridade - Há riscos de integridade
Pró-Reitoria de Assuntos Estudantis	Fluxo das folhas de pagamento dos benefícios da Assistência Estudantil	Finalizado.	Finalizado.	Finalizado.	Foram encontrados riscos de integridade.
Pró-Reitoria de Extensão	Solicitação de emissão de certificados de cursos ou eventos pelo coordenador da ação de extensão	Finalizado.	Finalizado.	Finalizado	Não foram encontrados riscos de integridade.
Pró-Reitoria de Pesquisa e Pós-Graduação	Depósito de Patente	Em análise na unidade.	Aguardando o término do mapeamento e modelagem	Aguardando o término do mapeamento e modelagem	Aguardando o término do mapeamento e modelagem.
Pró-Reitoria de Gestão de Pessoas	Designação de Função Comissionada	Finalizado	Finalizado.	Finalizado	Foram encontrados riscos de integridade.
Pró-Reitoria de Graduação	Fluxo acadêmico na graduação	Finalizado.	Em análise na unidade.	Aguardando o término do gerenciamento dos riscos organizacionais.	Aguardando o término do gerenciamento dos riscos organizacionais.
Pró-Reitoria de Planejamento e Administração	Macroprocesso de Gestão Estratégica	Finalizado.	Finalizado.	Finalizado	Foram encontrados riscos de

25

Fonte: Relatório de Acompanhamento do Programa de Integridade - UFC - 2023.1

O que essas boas práticas demonstram quanto à institucionalização das entregas?

1. Controle da instrução processual.

2. Indicação dos processos selecionados e o estágio da gestão de riscos atual por processo (unidade envolvida, processo fim ou meio, *status* do mapeamento de processo, *status* do gerenciamento dos riscos organizacionais, *status* do gerenciamento dos riscos para integridade, existência ou de riscos para integridade).

3.10. Componentes de institucionalização do papel da UGI e do compromisso da Alta Administração com o Programa de Integridade

A Figura 17.14 ilustra boas práticas quanto à institucionalização do papel da UGI e do compromisso da Alta Administração com o Programa de Integridade.

Figura 17.14: Componentes de institucionalização do papel da UGI e do compromisso da Alta Administração com o Programa de Integridade

Assim, a Secretaria de Governança da Universidade Federal do Ceará apresenta o Relatório de Acompanhamento do Programa de Integridade referente ao primeiro semestre de 2022, com o objetivo de monitorar a aplicação do PI e servir como base para atualização e revisão do plano de integridade.

Ressalte-se que este relatório de acompanhamento não possui objetivo de recomendar ou sugerir qualquer alteração no funcionamento, estrutura ou atividades desenvolvidas pelas instâncias de integridade previstas no art. 6º da Portaria CGU nº 59/2019, pois a Unidade de Gestão da Integridade não possui ascendência hierárquica perante as demais unidades que são reguladas por sistemas que possuem órgão central de supervisão: controle interno, corregedoria, ouvidoria.

Este Relatório é composto de quatro partes. Na primeira consta esta introdução, na segunda são apresentadas as unidades de integridade. Continua com a terceira parte abordando a gestão de riscos da entidade e no final estão as considerações finais.

Declaração da Alta Administração e da Unidade de Gestão do Programa de Integridade da Universidade Federal do Ceará

Aprovamos o Relatório de Acompanhamento do Programa de Integridade referente ao primeiro semestre de 2023 e declaramos compromisso com a continuidade da execução das ações do Programa, as quais consideramos imprescindíveis para a prevenção, detecção e o enfrentamento à corrupção, fraudes, irregularidades e desvios éticos e de conduta.

Cláudio de Albuquerque Marques
Gestor da Unidade de Gestão da Integridade
Diretor da Secretaria de Governança

José Cândido Lustosa Bittencourt de Albuquerque
Reitor da Universidade Federal do Ceará

Fonte: Relatório de Acompanhamento do Programa de Integridade – UFC – 2023.1

O que essas boas práticas demonstram quanto à institucionalização das entregas?
1. Declaração pública contendo o papel de 2ª linha de apoio e não de hierarquia da UGI perante as demais instâncias das funções de integridade.
2. Declaração pública do dirigente máximo apoiando o Programa de Integridade.

4. SÍNTESE DAS MELHORES PRÁTICAS NA INSTITUCIONALIZAÇÃO

A seguir constam de forma consolidada todas as boas práticas observadas no tópico 3.

Melhores práticas que demonstram a institucionalização das entregas
1. Controle da instrução processual.
2. Coragem técnica para arquivar quando não há elementos e para apurar quando há elementos.
3. Integração com os possíveis destinatários da análise.
4. Realização de campanhas.
5. Atuação em rede com atores que atuam nas instâncias das funções de integridade (ética, ouvidoria, corregedoria, auditoria, etc.).
6. Adesão ao modelo de maturidade do Órgão Central.
7. Uso de validação por agente externo quanto ao desempenho do setor por meio de ranking.
8. Instituição do e-agendas que gera pode ser checado e validado por agentes externos da Organização.
9. Uso de sistema pertencente a unidade externa do órgão (No caso federal: Fala.BR, SECI, e-pad, e-aud) quanto à instrução processual.
10. Uso de declarações por parte do envolvido o que pode ser checado em fiscalização futura.
11. Adoção plena de todos os procedimentos de responsabilização (TACs, das Sindicâncias, PADs e PARs).
12. Adoção plena de todos os serviços de auditoria (avaliação e consultoria).
13. Segregação dos tipos de recomendações (pessoal, demais áreas; reposição de valor ao erário, apuração de responsabilidade, revisão/exclusão de benefícios, demais áreas).
14. Registros dos benefícios financeiros e não financeiros.
15. Disponilização de painel, acessível e sem necessidade de senha, a qualquer pessoa externa ao órgão fortalecendo a participação social.
16. Indicação dos processos selecionados e o estágio da gestão de riscos atual por processo (unidade envolvida, processo da área fim ou meio, *status* do mapeamento de processo, *status* do gerenciamento dos riscos organizacionais, *status* do gerenciamento dos riscos para integridade, existência ou de riscos para integridade).
17. Declaração pública contendo o papel de 2ª linha de apoio e não de hierarquia da UGI perante as demais instâncias das funções de integridade.
18. Declaração pública do dirigente máximo apoiando o Programa de Integridade.

PODCAST com *Expert*:

Marcelo Thiers trata do papel do RAPI: relatório de acompanhamento de um programa de integridade no setor público.

UNIDADE DIDÁTICA IV: Particularidades dos programas de integridade e *compliance* no setor privado e suas interfaces com o setor público

Por que o setor público fomenta os programas de integridade (PI) no setor privado?

Por que uma empresa que se relaciona com o Setor Público deve ter um PI?

Quais os componentes essenciais de um PI no setor privado conforme o tamanho da empresa?

Materiais complementares de apoio aos leitores	

CAPÍTULO 18

O PORQUÊ DO PODER PÚBLICO SE RELACIONAR COM A INICIATIVA PRIVADA MEDIANTE PROGRAMAS DE INTEGRIDADE

1. IDENTIFICANDO RESPONSABILIDADES

Inicialmente, a primeira reflexão necessária para compreender de como o poder público se relaciona com a iniciativa privada por intermédio de programas de integridades **perpassa em vislumbrar inicialmente se a essa interação é (i) de cunho obrigacional, ou (ii) de dependência, ou (iii) de colaboração mútua no que tange ao enfrentamento de problemas corporativos ou sociais** que impactam na gestão da ética nacional.

Inicialmente faz-se proceder um esforço acerca de quem possui a responsabilidade pela condução de ações, iniciativas ou programas que visem difundir a cultura ética. **Seria apenas o Estado, isoladamente, ou em conjunto com a iniciativa privada? Seria possível entidades privadas capitanear ações de promoção à integridade por iniciativa própria?** São perguntas importantes que balizaram os posicionamentos.

É sabido que o Estado brasileiro tem como fundamentos os valores sociais do trabalho e da livre iniciativa (Inciso IV, art. 1º, CF/1988) e, dentre vários objetivos, consta "**construir uma sociedade livre, justa e solidária**" (Inciso I, art. 3º, CF/1988) papel central a ser desempenhado pelo Poder Público. Logo, seria de se imaginar que não seria possível atender tais preceitos constitucionais preterindo regras de boa conduta ética no desempenho de suas funções estatais. Portanto, é pacífico que o Poder Público deve se estruturar por meio de processos, sistemas e pessoas para a execução de ações éticas como pressuposto de geração de valor institucional e confiança perante os administrados, razão pela qual os programas de integridade se fazem necessários.

De outro giro, e atinente a inciativa privada, como responsável por contribuições incrementadoras de ações éticas, entende-se que a tal iniciativa é perfeitamente legítima. Tal assertiva encontra amparo no **neoconstitucionalismo em que todos os atores são responsáveis pelo atendimento das diretrizes constitucionais de bem-estar comum**. Desta maneira, uma sociedade livre e justa deve ser almejada por intermédio de direitos e obrigações atribuíveis a todos por meio de compromissos oriundos da iniciativa privada. Assim, não é forçoso deduzir que se uma entidade privada permite a prática de condutas de assédio moral ou sexual entre seus colaboradores, ou age de maneira fraudulenta com seus fornecedores, certamente resta caracterizado um impacto pernicioso sobre os direitos individuais (dignidade humana) e na atividade econômica, respectivamente. **Essa seria a denominada eficácia horizontal dos direitos fundamentais previstos na Constituição Federal[1].**

Desse modo, a iniciativa privada não pode assumir uma postura secundária no processo de construção de ideais republicanos e sociais. A movimentação de seus atores em ações de integridade contribui para a equidade social. Ou seja, seria ingenuidade por parte dos gestores privados acreditarem que bastaria o poder público instituir planos e programas de integridade em todas as unidades da administração pública que já surgiria (de maneira automática) um ótimo ambiente e demasiadamente fértil que irradiasse para iniciativa privada prover seus negócios de forma impecável.

Obviamente que escândalos de corrupção envolvendo unidades governamentais causam, ainda que indiretamente, prejuízos significativos ao ambiente de negócios da iniciativa privada (queda na confiança nacional que gera fuga de capital estrangeiro; e aumento da taxa de câmbio deixando as transações com custo mais elevado, por exemplo); **entretanto, por outro lado, as relações negociais única e exclusivamente conduzidas entre atores privados também têm papel importante no bem-estar coletivo e, não raras as vezes acontecem, disfunções éticas nesta seara**. A título de exemplos de disfunções, pode-se citar: (i) entregas de materiais diferentes do que foram adquiridos (exemplo: consumidor compra pela internet de uma aparelho de telefonia celular, mas ao abrir o caixa em sua residência se depara com uma pedra embrulhada); (ii) insumos de origem ilegal (exemplo: uma sociedade empresária que fabrica móveis planejados de primeira

1 "A eficácia horizontal dos direitos fundamentais, também chamada de eficácia dos direitos fundamentais entre terceiros ou de eficácia dos direitos fundamentais nas relações privadas, decorre do reconhecimento de que as desigualdades estruturantes não se situam apenas na relação entre o Estado e os particulares, como também entre os próprios particulares, o que passa a empolgar um novo pensar dos estudiosos da ciência jurídica a respeito da aplicabilidade dos direitos fundamentais no âmbito das relações entre os particulares.". LEITE, Carlos Henrique Bezerra. Eficácia horizontal dos direitos fundamentais nas relações de emprego. Publicado na Revista Brasileira de Direito Constitucional, n. 17, jan.-jun. 2011, p. 36.

linha, mas a matéria prima vem de madeira extraída ilegalmente de unidade de conservação da Amazônia); (iii) colaboradores em regime de exploração criminosa (exemplo: uma vinícola que contrata agenciadores de mão de obra, mas os mantêm em condições de trabalho análogo à condição de trabalho escravo).

Nesta baila, não seria forçoso afirmar que as esferas pública e privada possuem responsabilidade no bem-estar coletivo nacional e global. E a gestão estratégica da integridade institucional é peça chave nessa missão.

De outro giro, é necessário por sua vez salientar que **deve existir interação entre o sistema de integridade pública e privada**. E estes não são mutuamente excludentes por **dois pontos** dignos de nota.

O **primeiro ponto** é que desastre total seria se não existisse ponto de intersecção entre a gestão de integridade pública e privadas. Hipoteticamente, quão trágico seria um órgão de fiscalização ambiental adquirir, mediante licitação, seu mobiliário corporativo comprado de uma empresa envolvida em desmatamento ilegal. De igual modo, quão trágico seria se na posse de um titular de Poder fosse servido pelo cerimonial um vinho fabricado às custas de trabalho análogo às condições de escravidão. Todos esses constrangimentos podem ser evitados com práticas de coordenação mútua das partes.

O **segundo ponto** é que seria contraproducente tentar atribuir, entre poder público e a iniciativa privada, quem seria o mais culpado por eventual fracasso no ambiente integridade e confiança de um País. Assim, deve-se refletir **o quão danoso seria para a sociedade a não colaboração conjunta entre o setor público e privado.**

O Índice de Capacidade de Combater a Corrupção, elaborado pelo Conselho das Américas, a pontuação do Brasil caiu, entre 2019 e 2020, de 6,14 para 5,52 (em uma escala de 0 a 10)[2]. Já no Índice de Integridade Pública, desenvolvido pelo Centro Europeu de Pesquisa em Anticorrupção e Statebuilding, o Brasil alcançou, em 2021, a pontuação de 7,23 (em uma escala de 0 a 10), com o pilar referente à independência judicial e liberdade de imprensa menores do que a média mundial. De igual modo, a Enterprises Survey de 2009[3], realizada pelo Banco Mundial, já apontava uma alta incidência de corrupção, especialmente em interações público-privadas, incluindo procedimentos licitatórios. Enquanto a incidência geral de pedidos de suborno a empresas brasileiras era 11,7% (abaixo da média global e perto da média regional); quase um terço das empresas pesquisadas afirmaram que era esperado que pagassem algum tipo de propina para que obtivessem contratos públicos, muito acima da média mundial.

Feita essa reflexão, exsurge o ponto central que orbita esse capítulo: **como deve ocorrer a interface em matéria de integridade entre o poder público e a iniciativa privada**. Pode-se definir como **iniciativa privada:** as pessoas jurídicas

2 Conselho das Américas. The 2020 Capacity to Combat Corruption (CCC) disponível em https://www.as-coa.org/sites/default/files/archive/2020_CCC_Report.pdf.

3 https://www.enterprisesurveys.org/en/data/exploreeconomies/2009/brazil#corruption.

exploradoras de atividades quase sempre com finalidade negocial. Importante destacar que agentes de direito privado em sentido amplo podem ser entendidos como todo aquele que não é público, e dentre esses, encontram-se entidades sem fins lucrativos que exercem papel importante e combativo de fiscalização e monitoramento visando a promoção da ética. Para esses atores, devido à importância foi destinado capítulo específico (capítulo 24 que versa sobre a participação e o controle social).

Do outro lado do mesmo prisma, o Poder Público tem instituído normas e regulamentos visando a regulação de como devem ser construídos os programas de integridade na esfera pública e privada. O histórico recente expõe de maneira clara que a gênesis da interface entre público e privado deriva da instituição pelo Poder Público de normas norteadoras para a construção de programas de *compliance* e integridade.

Mas seria possível a iniciativa privada assumir um papel mais ativo no processo de construção de um ambiente íntegro? A resposta é afirmativa. E não só isso, é perfeitamente factível que a **iniciativa privada assuma papel protagonista nesse processo.**

Em uma análise mais detida, a iniciativa privada já "emprestou conceitos" e "serviu de manancial" para que a gestão pública alcançasse a excelência de suas ações. Conceitos como gestão de competências, inovação, balanced scorecard, paradigma do cliente e, entres outros, são construtos oriundos da iniciativa privada que foram incorporados ao setor público. Então nada mais natural de que soluções ágeis e adequadas ao nosso tempo em tema relativo à integridade pública possam recorrer a arranjos criados pela iniciativa privada.

Importante destacar que a iniciativa privada contribui com seus conhecimentos e suas expertises para o setor público **não só em razão de um espectro de pertencimento como nação e responsabilidade social, mas também por uma questão de sobrevivência das próprias entidades.** A corrupção foi apontada como o terceiro maior impeditivo para a realização de negócios no Brasil pelo setor privado, conforme *Executive Opinion Survey* de 2017, realizada pelo Fórum Econômico Mundial.

Esse protagonismo da iniciativa privada vem sendo percebido à medida que ela tem capitaneado e enfrentado ações nos mais diversos temas. A figura 18.1 expõe que cada vez mais tem surgido temas atrelados à integridade e que são direcionados ao debate do setor privado. O inventário de indicadores do ODS da ONU destacou os temas *compliance* e anticorrupção, comportamento ético e legal, liberdade de expressão, governança, mecanismo de denúncia e transparência como temas afetos ao setor privado.

Quadro 18.1: Principais temas anticorrupção por segmento

TEMAS ANTICORRUPÇÃO COM DESTAQUE INTERNACIONAL	• **Governo Aberto;** • **Combate à lavagem de dinheiro;** • **Direitos Humanos e anticorrupção;** • **Potencial da tecnologia;** • **Transparência do beneficiário Final;** • **Recuperação de Ativos Estatais;** • **Remediação e Reparação de Danos.**
TEMAS ABORDADOS PELA ONU CONTRA A CORRUPÇÃO	• **Suborno de autoridades públicas;** • **Tráfico de influência;** • **Obstrução da justiça;** • **Lavagem de dinheiro;** • **Enriquecimento ilícito de autoridades públicas;** • **Abuso do cargo;** • **Suborno e fraude no setor privado;** • **Fraude.**
TEMAS ANTICORRUPÇÃO DO ODS 16 VINCULADOS AO SETOR PRIVADO	**O inventário de indicadores do ODS 16 para o setor privado destaca os seguintes temas anticorrupção:** • ***compliance* e legislação anticorrupção;** • **comportamento ético e legal;** • **liberdade de expressão;** • **mecanismo de denúncia;** • **governança;** • **transparência.**

Fonte: Ações Coletivas Anticorrupção - Pacto Global Nações Unidas

2. ENTIDADES PRIVADAS COMO PROTAGONISTAS DE INICIATIVAS DE INTEGRIDADE

Uma forma da iniciativa privada atuar ativamente como protagonista em temas relativos à integridade e à anticorrupção seria por intermédio de **Ações Coletivas.**

Ação Coletiva é um processo colaborativo e sustentado de cooperação entre as partes interessadas. Ela aumenta o impacto e a credibilidade da ação individual, traz participantes que são vulneráveis individualmente para uma aliança de organizações com ideias semelhantes e nivela o jogo entre os concorrentes[4].

4 Instituto do Banco Mundial. 2008.

A Ação Coletiva surge da necessidade das empresas em promover ambientes de negócios mais éticos, transparentes e menos corruptos, ao mesmo tempo que mitiga os riscos potenciais dos negócios.

A Rede Pacto Global Brasil desenvolveu documento[5], no âmbito da **Plataforma de Ação Contra a Corrupção**, cujo principal objetivo é discutir quais são os maiores desafios anticorrupção atuais do Brasil, com foco no **papel que o setor privado pode ter em solucionar esses desafios anticorrupção**, ou seja, cada vez instituições tem compartilhado esforços de soluções em um ambiente cada vez mais integro.

São exemplos de Ação Coletiva: o Pacto Setorial de Integridade de Limpeza Urbana; Resíduos Sólidos e Efluentes; o Ética-Saúde – Acordo Setorial de Importadores; Distribuidores e Fabricantes de Dispositivos Médicos; o Pacto Setorial entre empresas patrocinadoras pela Integridade, Gestão e Transparência no Esporte Brasileiro; o Pacto de Integridade da Indústria de Petróleo, Gás e Biocombustível[6].

Esses arranjos de regulamentação formal em nível global e nacional têm sido cada vez mais complementados por esforços de **autorregulação** decorrentes da cooperação proativa entre atores comerciais de setores ou geografias específicas. Isso geralmente inclui a interação que abarca participação da sociedade civil, do setor público e de outras organizações.[7]

Na essência, a Ação Coletiva é uma abordagem flexível, dinâmica e em constante evolução[8]. Isso que dizer que boas estratégias de catalisação de esforços podem ser aperfeiçoadas ao longo do tempo. Ações coletivas podem ser projetadas e implementadas de diversas maneiras de acordo com várias dimensões conforme Quadro 18.2.

5 Ações coletivas contra corrupção disponível em https://d15k2d11r6t6rl.cloudfront.net/public/users/Integrators/7ba73aaa-3da9-4cf1-abf2-ccc85dea5875/uid_3084837/Background%20paper_COMPLETO%20(VF).pdf.

6 https://www.ethos.org.br/conteudo/projetos/integridade/acordos-setoriais/.

7 Pieth, Mark. Pieth, Mark. "Collective Action and Corruption." Collective Action: Innovative Strategies to Prevent Corruption. Zurich/St.Gall: Dike, 2012. 3–22.

8 2021_ANTI-CORRUPTION_COLLECTIVE disponívle em https://d15k2d11r6t6rl.cloudfront.net/public/users/Integrators/7ba73aaa-3da9-4cf1-abf2-ccc85dea5875/uid_3084837/2021_Anti-Corruption_Collective_v12_PT-BR.pdf.

Quadro 18.2: Maneiras de Implementar Ações Coletivas

MANEIRAS DE IMPLEMENTAR AÇÕES COLETIVAS	▪ Iniciativas de curto a longo prazo. ▪ Iniciativas voluntárias para iniciativas formais, monitoradas externamente. ▪ Orientada por questões ou concebida como plataformas contínuas. ▪ Modelos baseados exclusivamente no setor privado ou híbridos (ou seja, participação de outros atores do setor público e da sociedade civil). ▪ Abordagens "de cima para baixo" (ou seja, promovidas por organizações internacionais) ou "de baixo para cima". ▪ Destina-se a mudanças no nível institucional (por exemplo, modificações de leis e normas). ▪ Iniciativas de "desenvolvimento de capacitação institucional" (por exemplo, atividades de treinamento e desenvolvimento de ferramentas específicas). ▪ Global ou local. ▪ Analógica ou digitalmente orientada. ▪ Focada exclusivamente no combate a questões anticorrupção. ▪ Focada em criar conexões entre a corrupção e seus impactos negativos em outras questões relacionadas à sustentabilidade (por exemplo, direitos humanos, mudanças climáticas e acesso à saúde e educação).

Fonte: Elaborado pelos autores e adaptado do Anti-Corruption Collective (2021)[9].

O Quadro 18.2 contém diversas maneiras de proceder esse esforço conjunto de ações coletivas que entre atores da iniciativa privada. **Agora cabe apresentar quais seriam a natureza dos produtos que esses espaços de construção coletiva entregam para o setor econômico ou para a sociedade**. O Manual de Ação Coletiva Anticorrupção (2021), da United Global Compact, aduz que podem ser 4 (quatro tipos de produtos): **(i)** declarações anticorrupção, **(ii)** iniciativas baseadas em princípios, **(iii)** pactos de integridade e **(iv)** coalizões de certificação de negócios.

As **Declarações Anticorrupção** são **compromissos públicos[10] voluntários,** nos quais os signatários concordam em **não se envolver em corrupção durante um projeto ou transação específica**. O objetivo é abrir um espaço para discussões francas sobre os diferentes riscos de corrupção vividos, especificamente, por empresas individuais e, em geral dentro do setor. Discutir essas questões

9 021_ANTI-CORRUPTION_COLLECTIVE disponível em https://d15k2d11r6t6rl.cloudfront.net/public/users/Integrators/7ba73aaa-3da9-4cf1-abf2-ccc85dea5875/uid_3084837/2021_Anti-Corruption_Collective_v12_PT-BR.pdf.

10 Os compromissos públicos possuem efeito comportamental poderoso conforme será explorado no capítulo 22.

críticas torna possível definir coletivamente as expectativas de comportamento para todas as partes interessadas no grupo. As práticas devem ser contrastadas com os princípios dispostos na declaração anticorrupção para traçar uma linha clara e pública entre o que é aceitável e o que não é.

As **Iniciativas Baseadas em Princípios** são **acordos voluntários de longo prazo em torno de padrões comuns nos quais as partes interessadas concordam em não se envolver em corrupção em seus negócios diários dentro da comunidade empresarial geral do setor ou mesmo ao nível de país.** Às vezes, pode haver uma meta adicional de incentivar o governo a começar a implementar as leis e normas anticorrupção necessárias para se alinhar com aos padrões regionais ou globais. Este tipo de iniciativa permite **o processo lento e de longo prazo de construção de confiança entre concorrentes de diversos tipos e tamanhos (por exemplo, multinacionais, grandes empresas locais e pequenas e médias empresas).** Concorrentes tradicionais no início podem relutar em aceitar acordos ou compromissos em um nível formal, mas ainda gostariam de promover acordos coletivos para impactar positivamente seus ambientes de negócios[11].

Os **Pactos de Integridade** se constituem em um **mecanismo para uma entidade pública ou um grupo de entidades colaborar com Grupos da Sociedade Civil.** Os pactos procuram garantir que as autoridades e licitantes atuem dentro das restrições estabelecidas por lei, abordem os riscos de corrupção e promovam a confiança pública em um determinado projeto de contratação. **Por meio de um acordo público, as partes envolvidas se comprometem a evitar comportamentos corruptos e a aumentar a transparência e a responsabilidade durante todo o processo.** Portanto, um mecanismo independente liderado por Grupos da Sociedade Civil para monitorar o cumprimento está embutido no acordo. Uma ferramenta adicional para que as aquisições sejam feitas de forma limpa que adota uma abordagem de Ação Coletiva podendo incluir um Pacto de Integridade é o Mecanismo de Relatório de Alto Nível.

As **Coalizões de Certificação de Negócios** são iniciativas de integridade de negócios de longo prazo que abrangem todo o setor e, em geral, nas quais os pré-requisitos relacionados à conformidade são implementados. **Esses pré-requisitos são necessários para obter a adesão e fazer parte da iniciativa.** As condições para se tornar um membro e manter a adesão são verificadas por processos de monitoramento e auditoria externos, que avaliam o sucesso na implementação dos padrões definidos e acordados pela coalizão para medir sua conformidade. Os acordos estabelecem os procedimentos sob os quais as auditorias devem ser conduzidas. **Após uma auditoria bem-sucedida, as empresas participantes podem ser "certificadas", o que pode incluir benefícios específicos para essas empresas. Se uma empresa não atender aos padrões exigidos, ela pode estar sujeita à exclusão.**

A figura 18.1 ilustra os 4 tipos de ação coletiva e respectivos seus conceitos para efeito de comparação.

11 Centro de Ação Coletiva B20 (2021).

Figura 18.1: Tipos de ação coletiva

Fonte: Manual sobre Ação Coletiva Anticorrupção (2021)[12].

12 https://d15k2d11r6t6rl.cloudfront.net/public/users/Integrators/7ba73aaa-3da9-4cf1--abf2-ccc85dea5875/uid_3084837/2021_Anti-Corruption_Collective_v12_PT-BR.pdf.

Percebe-se que a iniciativa privada tem se comprometido, por parte da respectiva alta administração de cada organização, a pactuar preceitos e regras que passam a conduzir as relações negociais íntegras de determinado setor.

Essas ações dão estabilidade para os acordos comerciais e outros firmados gerando, destarte, regras e políticas que passam a ser verdadeiras diretrizes. A Ação Coletiva de diversos atores pode contribuir para o surgimento da **autorregulação** que seria **um conjunto adicional e voluntário de procedimentos e normas aprovadas e aplicadas pelas próprias empresas para complementar à regulação tradicional**. A **autorregulação** permite a resolução de problemas por meio de regras pactuadas pelas próprias entidades.

3. COMPREENDENDO A INTERAÇÃO ENTRE PODER PÚBLICO E ENTIDADES PRIVADAS NA PROMOÇÃO DA INTEGRIDADE

Pode-se perceber que o poder público atua como titular de competência normativa para tratar de temas afetos ao interesse comum, entre eles a integridade; enquanto o compromisso coletivo e o mercado competitivo fomentam espaços de discussão entre atores privados para firmarem compromissos e valores que, não raras as vezes se aperfeiçoam de forma antecipada por intermédio da **autorregulação**.

Agora é necessário entender como o Estado atua em relação a essa autorregulação. Para tanto, importante é compreender o papel do Poder Público perante esse processo. **Assim, questiona-se:**

(i) A Administração Pública deve adotar postura passiva e deixar que o mercado discipline livremente valores e regras sobre ética ou deve adotar uma postura mais ativa e impulsora?

(ii) A Administração Pública poderia ser o agente uniformizador de diretrizes e parâmetros para regras éticas autorreguladas?

Para responder tais perguntas, é importante compreender que a definição de regras pelas entidades privadas interessadas é um fator importante e desejável até porque diante da capacidade que o corruptor tem de se reinventar para burlar sistemas torna-se materialmente muito oneroso para o Estado regular todas as atividades empresariais e exercer as funções de prevenção e monitoramento.

Neste sentido, o Estado deve ceder espaço fértil para o surgimento de regras e soluções complementares a difusão da ética e integridade, mas sem deixar de exercer o seu papel de supervisor tendo em vista o interesse público indisponível. Por outro lado, o Estado não deve renunciar a seu compromisso legal perante os cidadãos de maneira plena e abdicar da participação de construção de regras norteadores. Deve-se chegar ao um modelo híbrido.

O Brasil adota o modelo normativo do *civil law*, assim, **não se pode falar em autorregulação absoluta** quando tiverem sido atribuídos poderes públicos aos sujeitos privados, pois dessa forma estaríamos diante de uma atividade que concorreria com domínio do próprio Estado[13].

Desta forma, a **interação entre o Estado e atores privados em termos de autorregulação pode se proceder de diversos níveis e configurações**[14]:

(i) ***mandated self-regulation, ou autorregulação vinculante***: em que uma organização ou grupo de sujeitos privados é designado para aplicar normas dentro de um marco geral estabelecido diretamente pela autoridade central;

(ii) ***sanctioned self-regulation, ou autorregulação "aprovada"***: em que um grupo coletivo formula ele mesmo os parâmetros autorregulatórios, que depois é submetido à aprovação governamental[15];

(iii) ***coerced self-regulation, ou autorregulação coercitiva:*** em que as organizações privadas realizam, elas próprias, sua regulação, mas em resposta a ameaças governamentais de imposição de sanções em caso de descumprimento;

(iv) ***voluntary self-regulation, ou autorregulação voluntária:*** onde inexiste envolvimento do Estado, direto ou indireto, na promoção ou estimulo da autorregulação, ocorrendo por desígnio autônomo das entidades privadas;

(v) ***enforced self-regulation, ou autorregulação regulada / forçada***: representaria a situação em que o Estado obriga as entidades privadas (empresas, associações, ONGs, etc.) a escrever um conjunto de regras, adequado às contingências individuais de cada grupo, e exerce a sua autoridade em segundo plano, a partir de uma regulação da atividade autorregulatória, com o objetivo de garantir a submissão desta aos fins públicos pretendidos. **Este é o modelo adotado no Brasil: Autorregulação Regulada.**

Na **Autorregulação regulada** há uma cooperação mútua, pois a entidade privada tem a responsabilidade pela elaboração de programas de integridade em prevenir e fiscalizar as condutas antiéticas relativas à própria empresa. Essa autorregulação privada é feita de forma regulada, pois o Estado tem um arcabouço normativo atuando como supervisor, mantendo além disso, seu poder de império de aplicar sanções e punir as empresas corruptas que não cumprirem os controles internos e as normas legais. Além disso, é claro, o Poder Público

13 Autoregulação de integridade. Amanda Prado Matos. Disponível em: https://tede.pucsp.br/bitstream/handle/22973/2/Amanda%20Prado%20de%20Matos.pdf.

14 BRAITHWAITE, John Bradford. Enforced self-regulation: a new strategy for corporate crime control. Michigan Law Review, v. 80, n. 7, p. 1.470, 1982. apud. ALBUQUERQUE, Eduardo Lemos Lins de. Risco, autorregulação e *compliance*: bases para um modelo de responsabilização autônoma das pessoas jurídicas no direito penal. Dissertação de Mestrado - Centro de Ciências Jurídicas da Universidade Federal de Pernambuco, Pernambuco, 2017. p. 60.

15 Autoregulação de integridade. Amanda Prado Matos. Disponível em: https://tede.pucsp.br/bitstream/handle/22973/2/Amanda%20Prado%20de%20Matos.pdf.

possui a obrigação legal de definir diretrizes para a promoção da integridade. A dinâmica dessa interação está evidenciada na Figura 18.2.

Figura 18.2: Ambiente de interação entre o Poder Público e Entidade Privadas na promoção da Integridade Privada

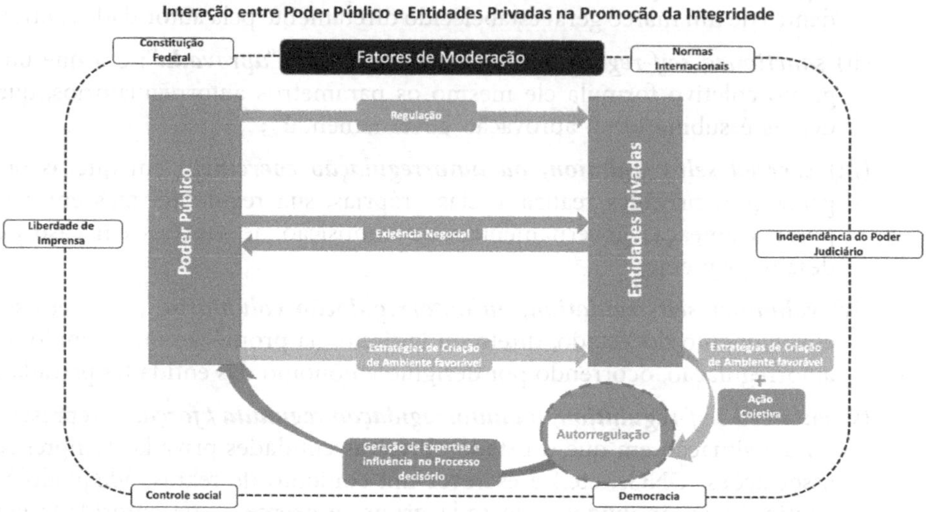

Fonte: Elaborada pelos autores.

Ao observar as interações entre público e privado percebe-se que existem diferentes graus de intensidade dessa interação no Brasil na promoção da integridade privada, a saber:

Regulação: O Poder Público disciplina regras que servem de preceitos para elaboração de programas de integridade em geral tais quais a Lei nº 12846/2013 e o Decreto Federal nº 11.129/2022.

Exigência Negocial: O Poder Público exige programas de integridade para certas ações interativas oriundas de uma relação negocial (reciprocidade) entre o Poder Público e a Entidade Privada como requisito de habilitação e celebração de contrato em licitações públicas, bem como exigência para reabilitação de empresas punidas com base Nova Lei de licitação (vide lei nº 14.133/2021).

Estratégias de criação de ambiente favorável: são medidas de governança que podem ser instituídas pela Administração pública de maneira que incentive o afloramento de Ações coletivas entre entidades privadas e sociedade civil. Tais estratégias podem ser mediante abertura de espaços democráticos e políticas públicas de fomento (a ser detalhado no capítulo 25). Esse esforço público faz emergir nos atores participes o desejo de criar e implementar condutas e práticas que podem se consolidar como a Autorregulação. O poder público por sua vez é beneficiado por meio de devolutiva de expertise e claro, geração de conhecimento que influencia no processo decisório público de maneira a retroalimentar o sistema. Iniciativas como o Proética (CGU), Selo Mais Integridade (MAPA) e a Rede Nacional de Integridade Privada (CGU) certamente são frutos de enforcement de organizações de ação coletiva na medida que estas demostram que o trabalho em rede tem possibilidade ser exitoso.

Fatores de moderação: são preceitos que tratam de verdadeiros postulados que proporcionam o sistema de disciplina para que a interação entre poder público e entidades privadas possam funcionar de maneira não arbitrária. Neste diapasão, a interação entre os atores governamentais e privados não podem sobrepor a princípios norteadores da constituição e tratados internacionais (ONU, OEA e OCDE entre outros) e são pacificados e monitorados pelo controle social (a ser detalhado no capítulo 24) por preceitos democráticos além de uma impressa e judiciário livre e independente.

> A autorregulação do setor privado agrega experiência da base e pluraliza, permitindo ao setor público, por meio de uma escuta ativa, regular de forma assertiva na imposição e padronização de práticas e condutas que fortaleçam a integridade no setor privado.

PODCAST com *expert*:

Edmar Camata explica a sinergia da integridade entre a iniciativa privada e o poder público.

CAPÍTULO 19

IMPORTÂNCIA DE UM PROGRAMA DE INTEGRIDADE PARA EMPRESAS COM RELAÇÕES NEGOCIAIS COM PODER PÚBLICO

1. A INTEGRIDADE PODE SER INCENTIVADA POR TODOS OS ENTES EM SUAS RELAÇÕES NEGOCIAIS

O poder público tem papel importante no mundo de negócios como grande comprador e fomentador da economia. Esse papel relevante pode ser estratégico para consolidar incentivo ao fomento da integridade (capítulo 25 descreverá estratégias e políticas públicas para tanto).

Ciente desse papel, alguns Estados já haviam editado leis exigindo programas de integridade para licitações e contratos administrativos em valores menores até o do que é considerado obrigatório atualmente pela nova lei geral de licitações e contratos administrativos (Lei nº 14.133/21) que é mais de R$ 200 milhões de reais.

Como exemplo, cita-se a Lei do Estado do Amazonas n.º 4.730/2018 (que estabeleceu patamar em R$ 3,3 milhões em contratos de obras e engenharia e R$ 1,43 milhões para compras e serviços), a Lei do Distrito Federal nº 6.112/2018 (exige programas de integridade para contratos de valor igual ou superior a R$ 5 milhões), ou a Lei do Estado de Pernambuco nº 16.722/2019 (que fixou o patamar em R$ 10 milhões).

É louvável que Entes públicos incentivem programas de integridade mediante legislação própria dentro de sua capacidade de auto-organização[1], entretanto

1 Será deixado de lado o debate atinente a competência legislativa ou não em dispor sobre critérios de participação diferente da norma geral da União.

devem estar atentos que vem junto a responsabilidade de definição de critérios objetivos de aferição da existência e da efetividade de cada plano ofertado. É uma preocupação real que tais exigências não transformem os programas de integridades privados que se relacionem com os governos em mera peça de ficção ou documento eminentemente formal ao ponto até de a sociedade empresária formular um plano, ou programa de integridade apenas porque a legislação local verte essa exigência para celebrar o contrato administrativo. Ou seja, não há preocupação alguma com a liderança focada em valores, cultura ética e incentivo a equidade do ponto de vista social como pregamos nessa obra.

Esse incentivo do poder público na promoção da cultura de integridade, visando o compartilhamento da reponsabilidade também com a iniciativa privada, vem ganhando destaque no mundo. Por exemplo, o órgão federal de compras públicas no Canadá aplica a exclusão de contratos públicos como uma sanção para empresas que violaram a lei federal de *lobby* (Government of Canada, 2017[2]).

Entretanto uma reflexão se faz necessária; de acordo com a OCDE[3] as práticas de fomento a integridade por parte de governo podem ser de difícil aplicação para pequenas e médias empresas (PMEs), que provavelmente precisarão de apoio adicional para implementar esses programas. Dado que, em toda a OCDE, as PMEs representam 99% de todas as empresas e são responsáveis por mais da metade de todos os empregos do setor empresarial (OECD, 2019[4]). Quando se trata das sanções e regimes de incentivo acima mencionados, os governos podem considerar ajustar os benefícios concedidos para responder às necessidades das PMEs, ao mesmo tempo em que oferecem orientação adicional e oportunidades de capacitação.

2. CENÁRIOS HIPOTÉTICOS ENVOLVENDO ATOS LESIVOS, A RESPONSABILIDADE OBJETIVA DA PESSOA JURÍDICA E O PAPEL DOS PROGRAMAS DE INTEGRIDADE

Suponham-se os três cenários a seguir.

Cenário 1
Fiscal do contrato do órgão público e funcionário da empresa ALFA contratada combinam de realizar entrega inferior ao contratado. O valor entregue inferior é desviado para uso deles.

Cenário 2
Fiscal do contrato do órgão público indica parentes ao quadro da empresa BRAVO para prestar serviços como terceirizados em licitação ganha pela empresa BRAVO.

2 Government of Canada (2017), *Ineligibility and Suspension Policy*, https://www.tpsgc-pwgsc.gc.ca/ci-if/politique-policy-eng.html (accessed on 31 January 2019).

3 Manual de Integridade Pública da OCDE, 2022.

4 OECD (2019), *OECD SME and Entrepreneurship Outlook 2019*, OECD Publishing, Paris, https://doi.org/10.1787/34907e9c-en.

Cenário 3
Setor de vendas da empresa CHARLIE sem o conhecimento da Diretoria anexa documentação fraudulenta visando habilitar a empresa na licitação. A empresa CHARLIE vence a licitação, pois tinha a proposta mais vantajosa.

As empresas dos cenários 1, 2 e 3 possuem responsabilidade sobre o ato lesivo?
Sim, pois a responsabilidade da pessoa jurídica é objetiva[5]. **Contudo, as penalidades podem variar em função de diversos fatores, dentre eles a existência prévia de programa de integridade.**

A Lei 12.846, de 1º de agosto de 2013, define os seguintes atos lesivos à administração pública:

> *Art. 5º Constituem atos lesivos à administração pública, nacional ou estrangeira, para os fins desta Lei, todos aqueles praticados pelas pessoas jurídicas mencionadas no parágrafo único do art. 1º , que atentem contra o patrimônio público nacional ou estrangeiro, contra princípios da administração pública ou contra os compromissos internacionais assumidos pelo Brasil, assim definidos:*
>
> ***I - prometer, oferecer ou dar, direta ou indiretamente, vantagem indevida a agente público, ou a terceira pessoa a ele relacionada;***
>
> ***II - comprovadamente, financiar, custear, patrocinar ou de qualquer modo subvencionar a prática dos atos ilícitos previstos nesta Lei;***
>
> ***III - comprovadamente, utilizar-se de interposta pessoa física ou jurídica para ocultar ou dissimular seus reais interesses ou a identidade dos beneficiários dos atos praticados;***
>
> ***IV - no tocante a licitações e contratos:***
>
> ***a) frustrar ou fraudar, mediante ajuste, combinação ou qualquer outro expediente, o caráter competitivo de procedimento licitatório público;***
>
> ***b) impedir, perturbar ou fraudar a realização de qualquer ato de procedimento licitatório público;***
>
> ***c) afastar ou procurar afastar licitante, por meio de fraude ou oferecimento de vantagem de qualquer tipo;***
>
> ***d) fraudar licitação pública ou contrato dela decorrente;***
>
> ***e) criar, de modo fraudulento ou irregular, pessoa jurídica para participar de licitação pública ou celebrar contrato administrativo;***
>
> ***f) obter vantagem ou benefício indevido, de modo fraudulento, de modificações ou prorrogações de contratos celebrados com a administração pública, sem autorização em lei, no ato convocatório da licitação pública ou nos respectivos instrumentos contratuais; ou***

5 Lei 12.846/2013. *Art. 1º Esta Lei dispõe sobre a responsabilização objetiva administrativa e civil de pessoas jurídicas pela prática de atos contra a administração pública, nacional ou estrangeira.*

> ***g) manipular ou fraudar o equilíbrio econômico-financeiro dos contratos celebrados com a administração pública;***
>
> *V - dificultar atividade de investigação ou fiscalização de órgãos, entidades ou agentes públicos, ou intervir em sua atuação, inclusive no âmbito das agências reguladoras e dos órgãos de fiscalização do sistema financeiro nacional.*

Possíveis consequências previstas na Lei 12.846/2013
Art. 6° Na esfera administrativa, serão aplicadas às pessoas jurídicas consideradas responsáveis pelos atos lesivos previstos nesta Lei **as seguintes sanções:**
I - **multa, no valor de 0,1% (um décimo por cento) a 20% (vinte por cento) do faturamento bruto do último exercício anterior ao da instauração do processo administrativo, excluídos os tributos, a qual nunca será inferior à vantagem auferida, quando for possível sua estimação; e**
II - **publicação extraordinária da decisão condenatória.**

Possíveis consequências previstas na Lei 14.133/2021
Art. 156. **Serão aplicadas ao responsável pelas infrações administrativas previstas nesta Lei as seguintes sanções:**
I - advertência;
II - multa;
III - impedimento de licitar e contratar;
IV - declaração de inidoneidade para licitar ou contratar.

Resta saber em que momento a existência de um programa de integridade irá interferir nessas consequências. **No caso da Lei 12.846/2013 é definido que:**

> ***Art. 7º Serão levados em consideração na aplicação das sanções:***
>
> *I - a gravidade da infração;*
>
> *II - a vantagem auferida ou pretendida pelo infrator;*
>
> *III - a consumação ou não da infração;*
>
> *IV - o grau de lesão ou perigo de lesão;*
>
> *V - o efeito negativo produzido pela infração;*
>
> *VI - a situação econômica do infrator;*
>
> *VII - a cooperação da pessoa jurídica para a apuração das infrações;*

VIII - a existência de mecanismos e procedimentos internos de integridade, auditoria e incentivo à denúncia de irregularidades e a aplicação efetiva de códigos de ética e de conduta no âmbito da pessoa jurídica;

IX - o valor dos contratos mantidos pela pessoa jurídica com o órgão ou entidade pública lesados; e

X - (VETADO).

Parágrafo único. Os parâmetros de avaliação de mecanismos e procedimentos previstos no inciso VIII do caput serão estabelecidos em regulamento do Poder Executivo federal.

No caso da Lei 14.133/2021 é definido que:

Art. 156. [...]

§ 1º Na aplicação das sanções serão considerados:

I - a natureza e a gravidade da infração cometida;

II - as peculiaridades do caso concreto;

III - as circunstâncias agravantes ou atenuantes;

IV - os danos que dela provierem para a Administração Pública;

V - a implantação ou o aperfeiçoamento de programa de integridade, conforme normas e orientações dos órgãos de controle.

Seja na Lei 12.846/2013, seja na Lei 14.133/2021, a existência de um Programa de Integridade na empresa é um fator que deve ser considerado na aplicação da Multa ou Sanção.

A questão que fica é se a Empresa deveria ter esse programa previamente ou ela pode implementar o programa de integridade após o evento vinculado a potencial multa, ou sanção. A fim evidenciar que a existência prévia ao evento faz diferença na aplicação do potencial multa no caso do Processo Administrativo de Responsabilização de Pessoa Jurídica (PAR), a Figura 19.1 ilustra a calculadora do PAR desenvolvida pela CGU.

Figura 19.1: Simulação de multa no âmbito do PAR evidenciando a importância do PAR

Fonte: https://epad.cgu.gov.br/Publico/calculadora/calcPAR.html

Na situação hipotética da Figura 19.1, uma empresa com faturamento líquido de R$ 4.800.000,00 e tenha sido uma vantagem indevida auferida de R$ 500.000; a multa mínima seria de R$ 500.000,00 (pois a multa não pode ser inferior ao valor da vantagem indevida) e a máxima de R$ 960.000,00.

Observa-se que dentre os valores que permitirão reduzir a multa máxima para a mínima seria a existência prévia de um programa de integridade e que no caso hipotético seria uma redução de R$ 240.000. Outro ponto importante é que somente poderão fazer jus a atenuante máxima nesse quesito empresas que tenham o programa de integridade previamente ao evento.

Por fim, no âmbito da Lei 14.133/2021, exige-se a necessidade do programa de integridade para reabilitar a empresa dependendo da infração que ensejou a sanção.

> ***Art. 163. É admitida a reabilitação do licitante ou contratado perante a própria autoridade que aplicou a penalidade, exigidos, cumulativamente:***
>
> *I - reparação integral do dano causado à Administração Pública;*
>
> *II - pagamento da multa;*
>
> *III - transcurso do prazo mínimo de 1 (um) ano da aplicação da penalidade, no caso de impedimento de licitar e contratar, ou de 3 (três) anos da aplicação da penalidade, no caso de declaração de inidoneidade;*
>
> *IV - cumprimento das condições de reabilitação definidas no ato punitivo;*
>
> *V - análise jurídica prévia, com posicionamento conclusivo quanto ao cumprimento dos requisitos definidos neste artigo.*
>
> *Parágrafo único.* ***A sanção pelas infrações previstas nos incisos VIII e XII do caput do art. 155 desta Lei exigirá, como condição de reabilitação do licitante ou contratado, a implantação ou aperfeiçoamento de programa de integridade pelo responsável.***
>
> *[...]*
>
> ***Art. 155. O licitante ou o contratado será responsabilizado administrativamente pelas seguintes infrações:***
>
> *I - dar causa à inexecução parcial do contrato;*
>
> *II - dar causa à inexecução parcial do contrato que cause grave dano à Administração, ao funcionamento dos serviços públicos ou ao interesse coletivo;*
>
> *III - dar causa à inexecução total do contrato;*
>
> *IV - deixar de entregar a documentação exigida para o certame;*
>
> *V - não manter a proposta, salvo em decorrência de fato superveniente devidamente justificado;*
>
> *VI - não celebrar o contrato ou não entregar a documentação exigida para a contratação, quando convocado dentro do prazo de validade de sua proposta;*
>
> *VII - ensejar o retardamento da execução ou da entrega do objeto da licitação sem motivo justificado;*
>
> ***VIII - apresentar declaração ou documentação falsa exigida para o certame ou prestar declaração falsa durante a licitação ou a execução do contrato;***
>
> *IX - fraudar a licitação ou praticar ato fraudulento na execução do contrato;*
>
> *X - comportar-se de modo inidôneo ou cometer fraude de qualquer natureza;*
>
> *XI - praticar atos ilícitos com vistas a frustrar os objetivos da licitação;*
>
> ***XII - praticar ato lesivo previsto no art. 5º da Lei nº 12.846, de 1º de agosto de 2013***[6]***.***

6 Citado no início deste tópico.

Considerando o contexto da Lei 12.846/2013 e da Lei 14.133/2021, é essencial para uma empresa contratada pelo setor público possuir um programa de integridade.

3. TENDÊNCIAS DO USO DO PROGRAMA DE INTEGRIDADE POR EMPRESAS QUE SE RELACIONAM COM O SETOR PÚBLICO

3.1. Os programas de integridade na NLLC (Lei 14.133/2021)

Além do papel dos programas de integridade no âmbito das sanções e reabilitação, a NLLC prevê a necessidade de programas de integridade nas seguintes situações.

Contratações de obras, serviços e fornecimentos de grande vulto: cunho obrigatório
Lei 14.133/2021 Art. 25. O edital deverá conter o objeto da licitação e as regras relativas à convocação, ao julgamento, à habilitação, aos recursos e às penalidades da licitação, à fiscalização e à gestão do contrato, à entrega do objeto e às condições de pagamento. [...] § 4º **Nas contratações de obras, serviços e fornecimentos de grande vulto, o edital deverá prever a obrigatoriedade de implantação de programa de integridade pelo licitante vencedor, no prazo de 6 (seis) meses**, contado da celebração do contrato, conforme regulamento que disporá sobre as medidas a serem adotadas, a forma de comprovação e as penalidades pelo seu descumprimento.

4º critério de desempate
Lei 14.133/2021 Art. 60. Em caso de empate entre duas ou mais propostas, serão utilizados os seguintes critérios de desempate, **nesta ordem**: I - disputa final, hipótese em que os licitantes empatados poderão apresentar nova proposta em ato contínuo à classificação; II - avaliação do desempenho contratual prévio dos licitantes, para a qual deverão preferencialmente ser utilizados registros cadastrais para efeito de atesto de cumprimento de obrigações previstos nesta Lei; III - desenvolvimento pelo licitante de ações de equidade entre homens e mulheres no ambiente de trabalho, conforme regulamento; **IV - desenvolvimento pelo licitante de programa de integridade, conforme orientações dos órgãos de controle.**

3.2. Contratos acima de valores materialmente significativos

Alguns Entes já começaram a exigir avaliação de integridade para empresa contratada pela administração pública considerando valores inferiores aos contratos de grande vulto citados na NLLC.

Exemplo de exigência de Avaliação de Integridade para contratações (não limitada apenas para contratações de grande vulto da NLLC)
LEI Nº 11.557, DE 26 DE JULHO DE 2023 Torna obrigatória a avaliação de integridade nas contratações públicas que menciona. O POVO DO MUNICÍPIO DE BELO HORIZONTE, por seus representantes, decreta e eu sanciono a seguinte Lei: Art. 1º - A empresa contratada pela administração pública direta, autárquica ou fundacional para execução de obra ou serviço de engenharia com valor superior a R$3.000.000,00 (três milhões de reais) e de serviços ou compras com valor superior a R$1.000.000,00 (um milhão de reais) **deverá se submeter a avaliação de integridade nas seguintes situações:** **I - antes da assinatura do contrato ou da celebração de aditivo contratual;** **II - a qualquer tempo durante a vigência da relação contratual, a critério da administração municipal, em especial no caso de denúncia ou quando constatada alteração relevante das informações prestadas ou declaradas pela empresa.** Parágrafo único - Os valores citados no *caput* deste artigo se referem ao custo total do contrato no período de 12 (doze) meses. Art. 2º - **A avaliação de integridade** a que se refere esta lei deverá observar informações relativas **a perfil da empresa, de sócios e de administradores, relacionamento com agentes públicos e terceiros, reputação e histórico de envolvimento em casos de desvios éticos, fraude e corrupção, assim como a adoção pela empresa de práticas de prevenção e combate à fraude e à corrupção, como programa de integridade, código de ética e outras, de modo a determinar o Grau de Risco à Integridade - GRI - da empresa contratada.** § 1º - A partir das informações obtidas, será apurado, automaticamente, o GRI, que será classificado como baixo, médio ou alto. § 2º - A avaliação de integridade terá validade de 24 (vinte e quatro) meses contados da data de liberação do Relatório de Avaliação de Integridade - RAI, salvo nas situações de GRI alto, quando a validade será de 12 (doze) meses. Art. 3º - O RAI será utilizado pelo órgão contratante para adoção de medidas de tratamento dos riscos identificados que promovam melhorias na gestão e na fiscalização dos contratos. **Art. 4º - A minuta contratual deverá conter cláusulas que:** **I - informem sobre o tratamento de dados pessoais nos procedimentos de avaliação de integridade adotados pela administração municipal, nos termos da Lei Geral de Proteção de Dados Pessoais - LGPD;** **II - versem sobre a realização da avaliação de integridade e de sua validade, observadas as demais disposições desta lei;** **III - informem sobre a obrigatoriedade de a empresa contratada conhecer e observar as diretrizes da política de integridade adotada pela administração municipal.**

Exemplo de exigência de Avaliação de Integridade para contratações (não limitada apenas para contratações de grande vulto da NLLC)
Art. 5º - As informações, os documentos produzidos e os dados pessoais coletados e tratados no âmbito do processo de realização de diligências e coleta de informações serão utilizados, exclusivamente, para fins da avaliação de integridade, observada a LGPD.
Art. 6º - As restrições de acesso a documentos e informações referenciadas nesta lei não serão oponíveis aos órgãos de controle e fiscalização externos, em especial o Legislativo Municipal.
Art. 7º - O Executivo expedirá regulamento que disponha sobre as medidas a serem adotadas na avaliação de integridade previstas nesta lei.
Art. 8º - Esta lei entra em vigor 180 (cento e oitenta) dias após a sua publicação.
Belo Horizonte, 26 de julho de 2023. *Fuad Noman* **Prefeito de Belo Horizonte**

Diferença entre a *Due Diligence* de Integridade (DDI) da Petrobras e a Avaliação da Integridade da Prefeitura de Belo Horizonte
No caso *Due Diligence* de Integridade da Petrobrás, após a realização da análise o fornecedor recebe um Grau de Risco de Integridade (GRI), que varia de baixo, médio ou alto. Fornecedores com GRI alto, ficam com restrições para fazer negócios com a Petrobras.
No caso da Avaliação da Integridade da Prefeitura de Belo Horizonte, a empresa com risco alto não deixa ser se contratada, mas assume no contrato compromissos que devem ser atendidos durante a execução contratual.

3.3. Obtenção de crédito

O Banco Nacional de Desenvolvimento Econômico e Social (BNDES) firmou em agosto de 2023 acordo de cooperação técnica com a Controladoria-Geral da União (CGU), com objetivo de elaborar, juntos, medidas que condicionam a aprovação de financiamento à "**verificação da implementação de um programa de integridade empresarial**".

Essa é mais uma tendência para que empresas do setor privado que se relacionam com o setor público possuam programas de integridade empresarial.

3.4. Sugestão de leitura

Para melhor compreensão de sobre o tema, o Escritório das Nações Unidas sobre Drogas e Crime (UNODC) no Brasil Lançou da Pesquisa sobre Integridade e Conformidade na Nova Lei de Licitações e Contratos Administrativos (Lei nº 14.133/2021), em agosto de 2023.

A iniciativa se deu no âmbito do projeto do UNODC "Ação Global pela Integridade Corporativa – *Global Action for Business Integrity*" e teve como objetivo apresentar os principais achados da Pesquisa sobre Integridade e Conformidade na Nova Lei de Licitações e Contratos Administrativos (Lei nº 14.133/2021)[7] e a Matriz

7 https://www.unodc.org/documents/lpo-brazil/01_-_Relatorio_sobre_o_quadro_normativo_nacional_e_estadual_-_WEB_25662.pdf.

de Risco de Integridade, desenvolvida pelo UNODC[8], que pode ser uma ferramenta útil para diferentes órgãos governamentais em nível nacional, estadual e municipal.

8 https://www.unodc.org/documents/lpo-brazil/Cartilha_para_a_promocao_de_integridade_nas_contratacoes_publicas_-_WEB_45663.pdf.

PODCAST com *Expert*: Renata Rezende traz medidas que o setor público adota para fomentar a integridade privada.	

CAPÍTULO 20

CARACTERÍSTICAS DE UM PROGRAMA DE INTEGRIDADE DE "*COMPLIANCE*" PRIVADO CONFORME ÓRGÃOS REGULADORES: DA ELABORAÇÃO AO MONITORAMENTO

1. BASE NORMATIVA PARA A COMPOSIÇÃO DE UM PROGRAMA DE INTEGRIDADE E *COMPLIANCE* NO SETOR PRIVADO

Conforme visto no capítulo 18, a possível interface entre o poder público e privado atinente os programas de integridade podem ocorrer por via de regulação, através de compras públicas como requisito de participação, por exemplo, passando até por determinação dos critérios objetivos para a feitura de programas de integridade (régua básica). Desta maneira, a primeira questão a ser superada seria a quem compete definir a composição (régua básica) de um programa de integridade e *compliance* no setor privado para entidades que se relacionam ou pretendam se relacionar com o setor público.

Os artigos a seguir da Lei 14.133/2021 dão a resposta.

> *Art. 60. Em caso de empate entre duas ou mais propostas, serão utilizados os seguintes critérios de desempate, nesta ordem:*
>
> *I - disputa final, hipótese em que os licitantes empatados poderão apresentar nova proposta em ato contínuo à classificação;*
>
> *II - avaliação do desempenho contratual prévio dos licitantes, para a qual deverão preferencialmente ser utilizados registros cadastrais para efeito de atesto de cumprimento de obrigações previstos nesta Lei;*
>
> *III - desenvolvimento pelo licitante de ações de equidade entre homens e mulheres no ambiente de trabalho, conforme regulamento;*

> *IV - **desenvolvimento pelo licitante de programa de integridade, conforme orientações dos órgãos de controle.***
>
> *Art. 156. [...]*
>
> *§ 1º Na aplicação das sanções serão considerados:*
>
> *I - a natureza e a gravidade da infração cometida;*
>
> *II - as peculiaridades do caso concreto;*
>
> *III - as circunstâncias agravantes ou atenuantes;*
>
> *IV - os danos que dela provierem para a Administração Pública;*
>
> *V - **a implantação ou o aperfeiçoamento de programa de integridade, conforme normas e orientações dos órgãos de controle.***

> Compete a cada Ente, por meio de seus órgãos de controle expedir e dentro de sua autonomia, normas e orientações sobre Programas de Integridade para as empresas que venham a se relacionar com o setor público.

Por sua vez, atenta-se que por mais que cada Ente possa – dentro de sua autonomia – editar normas para proceder à parametrização dos requisitos exigidos para um programa de integridade do setor privado, vale lembrar que o art. 187 da Nova lei de Licitações e Contratos verte que os Estados, o Distrito Federal e os Municípios poderão seguir o regulamento da União.

Atualmente temos 2 decretos federais sobre o tema **com potencial aplicabilidade aos demais entes: Decreto nº 11.129/2022 e o Decreto nº 12.304/2024.** Além disso, existe a iniciativa nacional denominada "**Pacto Brasil pela integridade Empresarial**" desenvolvido pela Controladoria-Geral da União que não deixa de ser um modelo de maturidade inicial. Nesse sentido, **essas serão as 3 referências para fins do que teve conter um programa de integridade no setor privado.**

2. COMPOSIÇÃO DE UM PROGRAMA DE INTEGRIDADE E *COMPLIANCE* NO SETOR PRIVADO

Superada a primeira questão, outro ponto a dissertar seria os eixos de Programa de Integridade. O artigo 56 do Decreto nº 11.129, de 11 de julho de 2022, e o artigo 2º do Decreto 12.304, de 9 de dezembro de 2024, elucidam a questão.

> ***Decreto nº 11.129, de 11 de julho de 2022***
>
> *Art. 56. Para fins do disposto neste Decreto, programa de integridade consiste, no âmbito de uma pessoa jurídica, **no conjunto de mecanismos e procedimentos internos de integridade, auditoria e incentivo à denúncia de irregularidades e na aplicação efetiva de códigos de ética e de conduta, políticas e diretrizes, com objetivo de:***
>
> *I - **prevenir, detectar e sanar** desvios, fraudes, irregularidades e atos ilícitos praticados contra a administração pública, nacional ou estrangeira; e*
>
> *II - **fomentar e manter uma cultura de integridade** no ambiente organizacional.*
>
> *Parágrafo único. O programa de integridade deve ser estruturado, aplicado e atualizado de acordo com as **características** e os riscos atuais das atividades de*

cada pessoa jurídica, a qual, por sua vez, deve garantir o constante aprimoramento e a adaptação do referido programa, visando garantir sua efetividade.

Decreto 12.304, de 9 de dezembro de 2024

Art. 2º Para fins deste Decreto, considera-se programa de integridade o ***conjunto de mecanismos e procedimentos internos de integridade, auditoria e incentivo à denúncia de irregularidades e a aplicação efetiva de códigos de ética e de conduta*** *e outras políticas e diretrizes de integridade e prevenção a atos de corrupção, com objetivo de:*

I - ***prevenir, detectar e sanar*** *desvios, fraudes, irregularidades e atos lesivos praticados contra a administração pública, nacional ou estrangeira;*

II - mitigar os riscos sociais e ambientais decorrentes das atividades da organização, de modo a zelar pela proteção dos direitos humanos; e

III - ***fomentar e manter uma cultura de integridade*** *no ambiente organizacional.*

Parágrafo único. O programa de integridade deve ser estruturado, aplicado e atualizado de acordo com as ***características*** *e os riscos relevantes das atividades de cada pessoa jurídica, a qual procederá ao constante aperfeiçoamento e adaptação de seu programa, a fim de assegurar sua efetividade.*

O Programa de Integridade para o Setor Privado deve:
1. Possuir o tripé: prevenção, detecção e remediação (sanear) tal qual o programa do setor público.
2. Fomentar a cultura de integridade: conceito não tão simples de observar.
3. Considerar as características de cada pessoa jurídica: companhias abertas, sociedades de grande porte, pequenas empresas, microentidades, demais casos.

Observa-se que, quanto ao item 3, não raras às vezes o Poder Público baliza certas obrigações a algumas pessoas jurídicas em razão do porte dispensando de algumas obrigações acessórias como nas relações tributárias, por exemplo. O contrário vale também em razão de alguns benefícios, como a equiparação de empate ou licitações exclusivas para microempresas e empresas de pequeno porte (ME/EPP), por exemplo. Assim, ambos os Decretos permitem um tratamento diferenciado, mas razoável em nossa legislação para as pessoas jurídicas conforme sua capacidade.

Em relação aos quesitos de avaliação de um programa de integridade, as normas federais detalham conforme a seguir[1].

Decreto nº 11.129, de 11 de julho de 2022	Decreto 12.304, de 9 de dezembro de 2024
Art. 57. Para fins do disposto no inciso VIII do **caput** do art. 7º da Lei nº 12.846, de 2013, o programa de integridade será avaliado, quanto a sua existência e aplicação, de acordo com os seguintes parâmetros:	Art. 3º O programa de integridade será avaliado, quanto a sua implantação, seu desenvolvimento ou a seu aperfeiçoamento, de acordo com os seguintes parâmetros:

1. No capítulo 1, observou-se que a maioria desses dispositivos possuem correspondência com as diretrizes dos EUA, do Reino Unido e da França.

Decreto nº 11.129, de 11 de julho de 2022	Decreto 12.304, de 9 de dezembro de 2024
I - comprometimento da alta direção da pessoa jurídica, incluídos os conselhos, evidenciado pelo apoio visível e inequívoco ao programa, bem como pela destinação de recursos adequados;	I - comprometimento da alta direção da pessoa jurídica, incluídos os conselhos, evidenciado pelo apoio visível e inequívoco ao programa e pela destinação de recursos adequados;
II - padrões de conduta, código de ética, políticas e procedimentos de integridade, aplicáveis a todos os empregados e administradores, independentemente do cargo ou da função exercida;	II - padrões de conduta, código de ética, políticas e procedimentos de integridade, aplicáveis a todos os empregados e administradores, independentemente do cargo ou da função exercida;
III - padrões de conduta, código de ética e políticas de integridade estendidas, quando necessário, a terceiros, tais como fornecedores, prestadores de serviço, agentes intermediários e associados;	III - padrões de conduta, código de ética e políticas de integridade estendidas, quando necessário, a terceiros, como fornecedores, prestadores de serviço, agentes intermediários e associados;
IV - treinamentos e ações de comunicação periódicos sobre o programa de integridade;	IV - treinamentos e ações de comunicação periódicos sobre o programa de integridade;
V - gestão adequada de riscos, incluindo sua análise e reavaliação periódica, para a realização de adaptações necessárias ao programa de integridade e a alocação eficiente de recursos;	V - gestão adequada de riscos, incluída sua análise e reavaliação periódica, para a realização de adaptações necessárias ao programa de integridade e para a alocação eficiente de recursos;
VI - registros contábeis que reflitam de forma completa e precisa as transações da pessoa jurídica;	VI - registros contábeis que reflitam de forma completa e precisa as transações da pessoa jurídica;
VII - controles internos que assegurem a pronta elaboração e a confiabilidade de relatórios e demonstrações financeiras da pessoa jurídica;	VII - controles internos que assegurem a pronta elaboração e a confiabilidade de relatórios e demonstrações financeiras da pessoa jurídica;
VIII - procedimentos específicos para prevenir fraudes e ilícitos no âmbito de processos licitatórios, na execução de contratos administrativos ou em qualquer interação com o setor público, ainda que intermediada por terceiros, como pagamento de tributos, sujeição a fiscalizações ou obtenção de autorizações, licenças, permissões e certidões;	VIII - procedimentos específicos para prevenir fraudes e ilícitos no âmbito de processos licitatórios, na execução de contratos administrativos ou em qualquer interação com o setor público, ainda que intermediada por terceiros, como pagamento de tributos, sujeição a fiscalizações ou obtenção de autorizações, licenças, permissões e certidões;
IX - independência, estrutura e autoridade da instância interna responsável pela aplicação do programa de integridade e pela fiscalização de seu cumprimento;	**IX - mecanismos específicos para assegurar o respeito aos direitos humanos e trabalhistas e a preservação do meio ambiente;**
X - canais de denúncia de irregularidades, abertos e amplamente divulgados a funcionários e terceiros, e mecanismos destinados ao tratamento das denúncias e à proteção de denunciantes de boa-fé;	X - independência, estrutura e autoridade da instância interna responsável pela aplicação do programa de integridade e pela fiscalização de seu cumprimento;
XI - medidas disciplinares em caso de violação do programa de integridade;	XI - canais de denúncia de irregularidades, abertos e amplamente divulgados a funcionários e terceiros, e mecanismos destinados ao tratamento das denúncias e à proteção de denunciantes de boa-fé;

Decreto nº 11.129, de 11 de julho de 2022	Decreto 12.304, de 9 de dezembro de 2024
XII - procedimentos que assegurem a pronta interrupção de irregularidades ou infrações detectadas e a tempestiva remediação dos danos gerados; XIII - diligências apropriadas, baseadas em risco, para: a) contratação e, conforme o caso, supervisão de terceiros, tais como fornecedores, prestadores de serviço, agentes intermediários, despachantes, consultores, representantes comerciais e associados; b) contratação e, conforme o caso, supervisão de pessoas expostas politicamente, bem como de seus familiares, estreitos colaboradores e pessoas jurídicas de que participem; e c) realização e supervisão de patrocínios e doações; XIV - verificação, durante os processos de fusões, aquisições e reestruturações societárias, do cometimento de irregularidades ou ilícitos ou da existência de vulnerabilidades nas pessoas jurídicas envolvidas; e XV - monitoramento contínuo do programa de integridade visando ao seu aperfeiçoamento na prevenção, na detecção e no combate à ocorrência dos atos lesivos previstos no art. 5º da Lei nº 12.846, de 2013.	XII - medidas disciplinares em caso de violação do programa de integridade; XIII - procedimentos que assegurem a pronta interrupção de irregularidades ou de infrações detectadas e a tempestiva remediação dos danos gerados; XIV - diligências apropriadas, baseadas em risco, para: a) contratação e, conforme o caso, supervisão de terceiros, como fornecedores, prestadores de serviço, agentes intermediários, despachantes, consultores, representantes comerciais e associados; b) contratação e, conforme o caso, supervisão de pessoas expostas politicamente e de seus familiares, colaboradores e pessoas jurídicas de que participem; e c) realização e supervisão de patrocínios e doações; XV - verificação, durante os processos de fusões, aquisições e reestruturações societárias, do cometimento de irregularidades ou ilícitos ou da existência de vulnerabilidades nas pessoas jurídicas envolvidas; **XVI - transparência e responsabilidade socioambiental da pessoa jurídica; e** XVII - monitoramento contínuo do programa de integridade com vistas ao seu aperfeiçoamento na prevenção, na detecção e no combate à ocorrência de fraudes, de irregularidades, de atos lesivos praticados contra a administração pública, nacional ou estrangeira, e de condutas que atentem contra os direitos humanos e trabalhistas e o meio ambiente.
§ 1º Na avaliação dos parâmetros de que trata o **caput**, serão considerados o porte e as especificidades da pessoa jurídica, por meio de aspectos como: I - a quantidade de funcionários, empregados e colaboradores; II - o faturamento, levando ainda em consideração o fato de ser qualificada como microempresa ou empresa de pequeno porte;	§ 1º Na avaliação do programa de integridade, serão considerados o porte e as especificidades da pessoa jurídica, por meio de aspectos como: I - a quantidade de funcionários, empregados e colaboradores; II - o faturamento, levando ainda em consideração o fato de ser qualificada como microempresa ou empresa de pequeno porte;

Decreto nº 11.129, de 11 de julho de 2022	Decreto 12.304, de 9 de dezembro de 2024
III - a estrutura de governança corporativa e a complexidade de unidades internas, tais como departamentos, diretorias ou setores, ou da estruturação de grupo econômico; IV - a utilização de agentes intermediários, como consultores ou representantes comerciais; V - o setor do mercado em que atua; VI - os países em que atua, direta ou indiretamente; VII - o grau de interação com o setor público e a importância de contratações, investimentos e subsídios públicos, autorizações, licenças e permissões governamentais em suas operações; e VIII - a quantidade e a localização das pessoas jurídicas que integram o grupo econômico. § 2º A efetividade do programa de integridade em relação ao ato lesivo objeto de apuração será considerada para fins da avaliação de que trata o **caput**.	III - a estrutura de governança corporativa e a complexidade de unidades internas, como departamentos, diretorias ou setores, considerada eventual estruturação de grupo econômico; IV - a utilização de agentes intermediários, como consultores ou representantes comerciais; V - o setor do mercado em que atua; VI - os países em que atua, direta ou indiretamente; VII - o grau de interação com o setor público e a importância de contratações, investimentos e subsídios públicos, autorizações, licenças e permissões governamentais em suas operações; e VIII - a quantidade e a localização das pessoas jurídicas que integram o grupo econômico. § 2º Ato do Ministro de Estado da Controladoria-Geral da União estabelecerá a metodologia de avaliação e os critérios mínimos para considerar o programa de integridade como **implantado, desenvolvido ou aperfeiçoado.**

Avanço do Decreto 12.304, de 9 de dezembro de 2024, em relação ao Decreto nº 11.129, de 11 de julho de 2022
1. Mecanismos específicos para assegurar o respeito aos direitos humanos e trabalhistas e a preservação do meio ambiente. **2.** Transparência e responsabilidade socioambiental da pessoa jurídica.

Análise inicial da Composição do Programa de Integridade
1. A legislação mais recente indica 17 (dezessete) incisos de parâmetros a serem observados. **2.** O Decreto nº 11.129/2022 não informa quais itens serão obrigatórios, independente do porte da empresa, apenas que os parâmetros devem considerar o porte: companhias abertas, sociedades de grande porte, pequenas empresas, microentidades, demais casos. **3.** O Decreto nº 12.304/2024 define que ato do Ministro de Estado da Controladoria-Geral da União estabelecerá a metodologia de avaliação e os critérios mínimos para considerar o programa de integridade como implantado, desenvolvido ou aperfeiçoado. Tal metodologia e critérios mínimos considerará as características da empresa. **4.** Existem 3 possíveis status de maturidade de um programa de integridade: **implantado, desenvolvido ou aperfeiçoado.**

Plano de Integridade e Relatório de Acompanhamento do Programa de Integridade (RAPI): Estão previstos na legislação para empresas?
O Decreto nº 11.129/2022 e o Decreto nº 12.304/2024 não citam o instrumento Plano de Integridade, contudo quanto ao RAPI é mencionada a necessidade haver monitoramento contínuo do programa de integridade.

Quem é o destinatário do Programa de Integridade no Setor Privado?

Para responder esse questionamento, vamos nos servir de 2 normas contábeis e seus usuários.

Usuários dos Relatórios Contábeis			
Estrutura Conceitual da Contabilidade Societária (CPC 00)		**Estrutura Conceitual da Contabilidade Pública (NBCT SP 00)**	
Primários	**Não primários**	**Primários**	**Não primários**
- Investidores. - Credores por empréstimos e outros credores (existentes e potenciais).	- Órgãos reguladores. - Público em Geral.	- Cidadãos recebem os serviços do governo e de outras entidades do setor público e proveem parte dos recursos para esse fim. - Os membros do poder Legislativo.	- Responsáveis pelas estatísticas de finanças públicas, os analistas, a mídia, os consultores financeiros, os grupos de interesse público ou privado. - Agências reguladoras e supervisoras, entidades de auditoria, comissões do poder Legislativo ou de outro órgão do governo, órgãos centrais de orçamento e controle, agências de classificação de risco e, em alguns casos, entidades emprestadoras de recursos e de fomento.

Dentro da perspectiva dos usuários primários da informação contábil, observa-se que no setor privado prevalecem investidores e credores; enquanto no setor público prevalecem cidadão e membros do Poder Legislativo. Assim, **enquanto no público a regra é a transparência total (inclusive evidenciando pontos de melhoria conforme exemplo vistos no capítulo 17), no setor privado nem sempre pode ser interessante ser totalmente transparente em pontos frágeis**. Por exemplo, fora visto no Capítulo 19 que a Prefeitura de Belo Horizonte realiza avaliação de integridade das empresas, contudo o resultado da avaliação das empresas não é divulgado a terceiros[2]. Um dos motivos, pode ser que a divulgação de uma avaliação negativa de uma empresa pode prejudicar seus negócios em outras áreas, inibindo a participação delas no procedimento licitatório.

2 Lei nº 11.557, de 26 de julho de 2023. Art. 5º - As informações, os documentos produzidos e os dados pessoais coletados e tratados no âmbito do processo de realização de diligências e coleta de informações serão utilizados, exclusivamente, para fins da avaliação de integridade, observada a LGPD.

A seguir o Quadro 20.1 traz um paralelo com o Quadro 16.1, visto anteriormente, sobre as fases de um programa de integridade no setor privado.

Quadro 20.1: Fases de um Programa de Integridade no Setor Privado

Fase	Atividades a serem realizadas
Primeira Fase (preparação)	- Constituir dentro uma área para ser a responsável pela gestão da integridade dotada de autonomia e recursos materiais e humanos. - Dar acesso a essa unidade às demais instâncias das funções da integridade. - Dar acesso a essa unidade ao mais alto nível hierárquico da unidade.
Segunda Fase (elaboração e implementação)	- Aprovar o Plano de Integridade. - Atribuir a unidades novas ou já existentes as competências correspondentes às funções de integridade.
Terceira Fase (monitoramento)	- Executar o Programa de Integridade. - Monitorar o Programa de Integridade. - Expandir o alcance do Programa de Integridade para fornecedores e outras organizações públicas ou privadas com as quais mantenha relação. - Revisão e aperfeiçoamento.

3. PLANO DE INTEGRIDADE NO SETOR PRIVADO

A seguir será apresentado o quadro 20.2 que resgata a estrutura do Quadro 16.2 incorporando os itens do art. 57 do Decreto 11.129/2022 e do art. 3º do Decreto nº 12.304/2024.

Quadro 20.2: Componentes de um Plano de Integridade discriminado por setor público e privado

Componente	Itens do Plano do Setor Público	Itens do Plano do Setor Privado (art. 57 do Decreto 11.129/2022 **e art. 3º do Decreto nº 12.304/2024)**
1. Caracterização do órgão ou entidade	- Histórico breve da organização. - Mapa estratégico. - Apresentação da atual gestão estratégica.	- A legislação é silente, mas pode ser aproveitado.
2. Unidade de Gestão de Integridade (Diretoria de Governança, Compliance ou Integridade)	- Histórico de criação do setor. - Apresentação da composição da equipe (titular, data de nomeação e demais integrantes). - Breve resumo sobre elaboração do plano atual (escuta ativa, integração entre as instâncias das funções de integridade). - Metas a serem alcançadas no período de vigência do plano. - Periodicidade das campanhas institucionais integradas com as demais instâncias das funções de integridade.	- Treinamentos e ações de comunicação periódicos sobre o programa de integridade.
3. Promoção da Ética	- Histórico de criação do setor. - Apresentação da composição da equipe (titular, data de nomeação e demais integrantes). - Posicionamento do setor perante a Alta Administração. - Apresentar fluxo das apurações éticas (a exemplo do que fora visto no Capítulo 6). - Metas a serem alcançadas no período de vigência do plano.	- Padrões de conduta, código de ética, políticas e procedimentos de integridade, aplicáveis a todos os empregados e administradores, independentemente do cargo ou da função exercida. - Padrões de conduta, código de ética e políticas de integridade estendidas, quando necessário, a terceiros, tais como fornecedores, prestadores de serviço, agentes intermediários e associados.

Componente	Itens do Plano do Setor Público	Itens do Plano do Setor Privado (art. 57 do Decreto 11.129/2022 **e art. 3º do Decreto nº 12.304/2024)**
4. Ouvidoria e Tratamento das Denúncias	- Histórico de criação do setor. - Apresentação da composição da equipe (titular, data de nomeação e demais integrantes). - Posicionamento do setor perante a Alta Administração. - Apresentar fluxo do tratamento das manifestações e denúncias (a exemplo do que fora visto no Capítulo 7), exceto pedido de acesso à informação. - Metas a serem alcançadas no período de vigência do plano.	- Canais de denúncia de irregularidades, abertos e amplamente divulgados a funcionários e terceiros, e mecanismos destinados ao tratamento das denúncias e à proteção de denunciantes de boa-fé.
5. Acesso à Informação	- Histórico de criação do setor. - Apresentação da composição da equipe (titular, data de nomeação e demais integrantes). - Posicionamento do setor perante a Alta Administração. - Apresentar fluxo do tratamento do pedido de acesso à informação (a exemplo do que fora visto no Capítulo 8). - Apresentar o posicionamento obtido no exercício anterior em relação ao tempo de resposta e qualidade da resposta nos pedidos de acesso à informação (vide Capítulo 8). - Metas a serem alcançadas no período de vigência do plano.	- A legislação é silente e pode ser aplicada com ajustes considerando os usuários primários da informação contábil: investidores e credores.
6. Promoção da Transparência Ativa	- Histórico de criação do setor. - Apresentação da composição da equipe (titular, data de nomeação e demais integrantes). - Posicionamento do setor perante a Alta Administração. - Autoavaliação dos 49 itens de transparência exigidos pela Lei de Acesso à Informação. - Indicar a existência ou não de Carta de Serviços ao usuário. - Metas a serem alcançadas no período de vigência do plano.	-Transparência e responsabilidade socioambiental da pessoa jurídica. - Deve-se considerar as exigências dos órgãos reguladores das normas contábeis: CPC, CFC, CVM, BACEN, SUSEP, ANS, ANELL vide a necessidade de divulgar relatórios e demonstrações financeiras da pessoa jurídica.

Componente	Itens do Plano do Setor Público	Itens do Plano do Setor Privado (art. 57 do Decreto 11.129/2022 **e art. 3º do Decreto nº 12.304/2024)**
7. Prevenção de Conflito de Interesses	- Histórico de criação do setor. - Apresentação da composição da equipe (titular, data de nomeação e demais integrantes). - Apresentar fluxo das consultas de conflitos de interesse (a exemplo do que fora visto no Capítulo 10). - Metas a serem alcançadas no período de vigência do plano.	- Padrões de conduta, código de ética, políticas e procedimentos de integridade, aplicáveis a todos os empregados e administradores, independentemente do cargo ou da função exercida. - Padrões de conduta, código de ética e políticas de integridade estendidas, quando necessário, a terceiros, tais como fornecedores, prestadores de serviço, agentes intermediários e associados.
8. Prevenção do Nepotismo	- Histórico de criação do setor. - Apresentação da composição da equipe (titular, data de nomeação e demais integrantes). - Apresentar formato de fiscalização (a exemplo do que fora visto no Capítulo 11). - Metas a serem alcançadas no período de vigência do plano.	- A legislação é silente e pode ser aplicada com ajustes considerando os usuários primários da informação contábil: investidores e credores. - Cabe destacar que muitas empresas são familiares.
9. Procedimentos de Responsabilização	- Histórico de criação do setor. - Apresentação da composição da equipe (titular, data de nomeação e demais integrantes). - Posicionamento do setor perante a Alta Administração. - Identificar os tipos de procedimentos investigativos e tipos de processos correicionais (vide Capítulo 12) que a unidade possui competência técnica para executar (avaliar se está apta a conduzir especialmente: TAC, PAD e PAR). - Divulgar o estoque atual dos procedimentos de responsabilização por categoria. - Metas a serem alcançadas no período de vigência do plano.	- Medidas disciplinares em caso de violação do programa de integridade. - Procedimentos que assegurem a pronta interrupção de irregularidades ou infrações detectadas e a tempestiva remediação dos danos gerados.

Componente	Itens do Plano do Setor Público	Itens do Plano do Setor Privado (art. 57 do Decreto 11.129/2022 e art. 3º do Decreto nº 12.304/2024)
10. Recomendações da Auditoria Interna e Órgãos de Controle **(órgãos com auditoria interna)**	- Histórico de criação da Auditoria. - Apresentação da composição da equipe (titular, data de nomeação e demais integrantes). - Posicionamento do setor perante a Alta Administração. - Identificar os tipos de serviços de auditoria prestados (tipos de avaliações e consultorias conforme capítulo 13) que a unidade possui competência técnica para executar (avaliar se está apta a conduzir especialmente: auditoria de conformidade e consultoria). - Divulgar o estoque atual das recomendações por categoria e grau de atendimento. - Metas a serem alcançadas no período de vigência do plano.	- Registros contábeis que reflitam de forma completa e precisa as transações da pessoa jurídica. - Controles internos que assegurem a pronta elaboração e a confiabilidade de relatórios e demonstrações financeiras da pessoa jurídica. - Procedimentos específicos para prevenir fraudes e ilícitos no âmbito de processos licitatórios, na execução de contratos administrativos ou em qualquer interação com o setor público, ainda que intermediada por terceiros, como pagamento de tributos, sujeição a fiscalizações ou obtenção de autorizações, licenças, permissões e certidões. - Independência, estrutura e autoridade da instância interna responsável pela aplicação do programa de integridade e pela fiscalização de seu cumprimento. - Diligências apropriadas, baseadas em risco, para: a) contratação e, conforme o caso, supervisão de terceiros, tais como fornecedores, prestadores de serviço, agentes intermediários, despachantes, consultores, representantes comerciais e associados; b) contratação e, conforme o caso, supervisão de pessoas expostas politicamente, bem como de seus familiares, estreitos colaboradores e pessoas jurídicas de que participem; e c) realização e supervisão de patrocínios e doações. - Verificação, durante os processos de fusões, aquisições e reestruturações societárias, do cometimento de irregularidades ou ilícitos ou da existência de vulnerabilidades nas pessoas jurídicas envolvidas.
10. Controle interno e cumprimento de recomendações **(órgãos sem auditoria interna)**	- Apresentação da composição da equipe responsável (titular, data de nomeação e demais integrantes). - Posicionamento do setor perante a Alta Administração. - Divulgar o estoque atual das recomendações recebidas por categoria e grau de atendimento. - Metas a serem alcançadas no período de vigência do plano.	

Componente	Itens do Plano do Setor Público	Itens do Plano do Setor Privado (art. 57 do Decreto 11.129/2022 **e art. 3º do Decreto nº 12.304/2024)**
11. Mediação de Conflitos **(setor facultativo)**	- Histórico de criação do setor. - Apresentação da composição da equipe (titular, data de nomeação e demais integrantes). - Apresentar fluxo das mediações (a exemplo do que fora visto no Capítulo 14). - Metas a serem alcançadas no período de vigência do plano.	- Padrões de conduta, código de ética, políticas e procedimentos de integridade, aplicáveis a todos os empregados e administradores, independentemente do cargo ou da função exercida. - Padrões de conduta, código de ética e políticas de integridade estendidas, quando necessário, a terceiros, tais como fornecedores, prestadores de serviço, agentes intermediários e associados.
12. Gerenciamento de Riscos para Integridade	- Indicar a existência ou não da Política de Riscos (caso tenha, inserir link clicável). - Identificar as subcategorias de riscos para integridade aplicáveis à unidade. - Indicar a existência ou não de Plano/Metodologia de Gestão de Riscos (caso tenha, inserir link clicável). - Metas a serem alcançadas no período de vigência do plano.	Gestão adequada de riscos, incluindo sua análise e reavaliação periódica, para a realização de adaptações necessárias ao programa de integridade e a alocação eficiente de recursos.
13. Asseguração os direitos humanos e trabalhistas e a preservação do meio ambiente (responsabilidade socioambiental)	- Prevenção e enfrentamento ao assédio moral e sexual. - Prevenção e enfrentamento à discriminação. -Ações afirmativas para grupos específicos: portadores de necessidades especiais, equidade de gênero, etc. -Prevenção e enfretamento do trabalho análogo à escravidão. -Ações afirmativas ambientais (uso de insumos certificados e enfrentamento a extração de ilegal).	- Prevenção e enfrentamento ao assédio moral e sexual. - Prevenção e enfrentamento à discriminação. -Ações afirmativas para grupos específicos: portadores de necessidades especiais, equidade de gênero, etc. -Prevenção e enfretamento do trabalho análogo à escravidão. -Ações afirmativas ambientais (uso de insumos certificados e enfrentamento a extração de ilegal).

Componente	Itens do Plano do Setor Público	Itens do Plano do Setor Privado (art. 57 do Decreto 11.129/2022 **e art. 3º do Decreto nº 12.304/2024)**
14. Instrumento de Monitoramento	- Definir documento de monitoramento, periodicidade e data limite de publicação.	-Monitoramento contínuo do programa de integridade com vistas ao seu aperfeiçoamento na prevenção, na detecção e no combate à ocorrência de fraudes, de irregularidades, de atos lesivos praticados contra a administração pública, nacional ou estrangeira, **e de condutas que atentem contra os direitos humanos e trabalhistas e o meio ambiente.**
15. Declaração final	Declaração de compromisso do dirigente máximo do Titular a UGI com o Plano e assumindo que a UGI não possui relação hierárquica perante as demais instâncias, mas que deve atuar em regime de mútua cooperação.	- Comprometimento da alta direção da pessoa jurídica, incluídos os conselhos, evidenciado pelo apoio visível e inequívoco ao programa, bem como pela destinação de recursos adequados.

Análise comparativa sobre a composição do Plano de Integridade do Setor Privado com o Setor Público
Com exceção dos itens a seguir, os demais itens podem ser perfeitamente aproveitados pelo Setor Privado: - **Acesso à informação** que deve conciliar essas ações e medidas com os usuários primários contábeis (credores e investidores). - **Transparência ativa** que deve conciliar essas ações e medidas com os usuários primários contábeis (credores e investidores). - **Prevenção do nepotismo** que deve considerar a sucessão familiar nas empresas. - **Controle interno e atendimento das recomendações** que deve ser aplicado de forma limitada, visto que nem todas as empresas devem ter auditoria externa, apenas companhias abertas[3] e sociedades de grande porte[4].

O canal de denúncias deve ser o mais robusto possível
O canal de denúncias o canal para receber manifestação dos empregados, fornecedores ou clientes deve ser bem divulgado e acessível (o ideal seria apenas 1 clique para sair da página principal para acessá-lo). Essa ferramenta poderosa reunirá insumos que servirão de base ações das demais instâncias.

4. RELATÓRIO DE ACOMPANHAMENTO DE UM PROGRAMA DE INTEGRIDADE PRIVADO

Um aspecto essencial do monitoramento é que o documento que sintetiza as realizações seja feito de forma natural e rotineira a partir dos produtos gerados por cada instância.

O segundo aspecto essencial é que diferente do setor público, tal relatório pode eventualmente não ser publicado na íntegra devido ao usuário primário (investidores e credores). A versão mais completa pode ser voltada para consumo interno e eventualmente para agentes externos (por exemplo, nos casos em que administração pública exige comprovação de que o programa de integridade está institucionalizado).

---

3 Lei 6.404/1976. Art. 177. § 3º As demonstrações financeiras das companhias abertas observarão, ainda, as normas expedidas pela Comissão de Valores Mobiliários **e serão obrigatoriamente submetidas a auditoria por auditores independentes nela registrados**.

4 Lei 11.638/2007. Art. 3º Aplicam-se às sociedades de grande porte, ainda que não constituídas sob a forma de sociedades por ações, as disposições da Lei nº 6.404, de 15 de dezembro de 1976, sobre escrituração e elaboração de demonstrações financeiras e a **obrigatoriedade** de auditoria independente por auditor registrado na Comissão de Valores Mobiliários."

Parágrafo único. Considera-se de grande porte, para os fins exclusivos desta Lei, a sociedade ou conjunto de sociedades sob controle comum que tiver, no exercício social anterior, ativo total superior a R$ 240.000.000,00 (duzentos e quarenta milhões de reais) ou receita bruta anual superior a R$ 300.000.000,00 (trezentos milhões de reais).

O plano de integridade caracteriza a existência do programa de integridade, enquanto o relatório caracteriza a institucionalização do programa de integridade.

O que distingue uma informação ser categorizada como uma variável de existência ou de institucionalização?
Ambas são informações geradas internamente. Contudo, as informações de institucionalização estão relacionadas ao funcionamento real da instância de integridade e podem ser circularizadas e cruzadas com terceiros para aferir sua autenticidade. Por exemplo, uma empresa ao afirmar a quantidade de diligências que realizou permite a checagem perante terceiros.

> Não existe um prazo para revisar um Plano de Integridade ou um prazo para elaborar um Relatório de Acompanhamento. Contudo, existem prazos para se elaborar as demonstrações contábeis perante os órgãos fiscalizadores (CVM, Receita Federal etc.).
>
> Assim, uma boa prática seria conciliar para que o Relatório de Acompanhamento do Programa de Integridade fosse elaborado antes desses outros relatórios.
>
> Inclusive caso seja detectada alguma inconformidade no Relatório de Acompanhamento do Programa de Integridade, essa informação pode e deve subsidiar a elaboração das Demonstrações Contábeis, atendendo o que dispõe o Decreto 11.129/2022 e o Decreto nº 12.304/2024: *"Registros contábeis que reflitam de forma completa e precisa as transações da pessoa jurídica".*

As figuras a seguir trazem exemplos de componentes de programas de integridade de empresas do setor privado que divulgam ainda que superficial ou parcialmente suas informações sobre o programa.

Figura 20.1: Exemplo de Existência da Estrutura Geral de um Programa de Integridade com o tripé: prevenção, detecção e remediação (sanear)

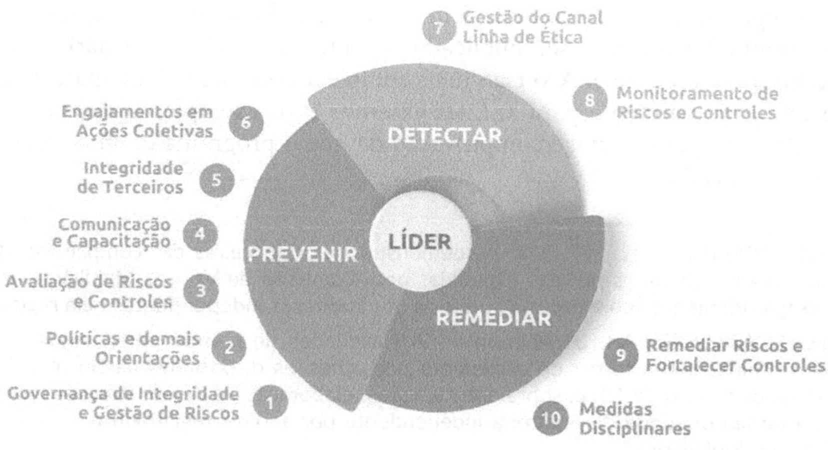

Fonte: https://www.oec-eng.com/pt-br/noticias/entenda-o-programa-de-integridade-da-oec

Figura 20.2: Exemplo de Existência de Comprometimento da Alta Administração

Comprometimento da alta administração

O Conselho de Administração, por meio do Código de Ética e Conduta Itaú Unibanco, define as diretrizes de conduta, as posturas consideradas mais adequadas e coerentes com os valores da organização em relação, por exemplo, a postura profissional, administração de conflitos de interesses, relacionamento com os stakeholders e responsabilidade social corporativa. Os colegiados de integridade e ética, compostos por membros do Comitê Executivo e diretores das áreas de negócio e suporte do banco, definem as diretrizes e práticas do programa, monitoram o seu cumprimento e as demais ações necessárias à gestão do programa.

Fonte: https://www.itau.com.br/relacoes-com-investidores/integridade/o-programa/

Figura 20.3: Exemplo de Existência de Canal de Denúncias

Canais de manifestação de desvios éticos, dúvidas e atos ilícitos

Todos os colaboradores, administradores, clientes, parceiros, fornecedores ou qualquer outra pessoa podem reportar, sem a necessidade de identificação, suspeitas ou violações ao Código de Ética e Conduta Itaú Unibanco. Podem também reportar indícios de atos ilícitos de qualquer natureza, relacionadas às atividades do Conglomerado, sendo assegurado o anonimato a quem desejar, o tratamento confidencial e proteção à identidade do denunciante. Os canais de manifestação apuram com tempestividade, independência, imparcialidade e confidencialidade as comunicações recebidas e mantêm registro das situações identificadas, apurações e decisões adotadas.

Clique aqui para acessar o canal de manifestações do Itaú Unibanco.

Fonte: https://www.itau.com.br/relacoes-com-investidores/integridade/o-programa/

Figura 20.4: Exemplo de Existência de Monitoramento

Monitoramento do Programa de Integridade e Ética

O monitoramento contínuo da efetividade do programa e de possíveis necessidades de adequação é coordenado pela Diretoria Executiva de Risco Operacional e Compliance com atuação direta das diversas áreas da organização e com reporte periódico ao Comitê de Auditoria e aos Colegiados que tratam dos assuntos relacionados à Integridade e Ética. Esse monitoramento abrange testes dos processos por Controles Internos e Compliance, acompanhamento de indicadores, informações de canais de dúvidas e denúncias e tratamento de novas regulamentações que impactem o programa. Por meio dos resultados do monitoramento são identificadas necessidades de adequação e melhoria do Programa de Integridade e Ética. A Auditoria Interna realiza avaliação anual independente do Programa de Integridade e Ética e dos relatórios de reporte. A avaliação do cumprimento do programa e de possíveis oportunidades de melhoria pode ainda ser realizada por empresa externa de auditoria, certificação ou acreditação.

Fonte: https://www.itau.com.br/relacoes-com-investidores/integridade/o-programa/

Figura 20.5: Exemplo da Existência de documentos de integridade

regimentos

07/06/2023 - Regimento Interno do Comitê de Gestão de Risco e de Capital

21/03/2023 - Regimento Interno do Comitê de Gestão de Risco e de Capital - Seguridade

08/02/2023 - Regimento Interno da Diretoria

25/07/2022 - Regimento Interno do Comitê de Responsabilidade Social, Ambiental e Climática

29/07/2019 - Regimento Interno do Conselho Fiscal

29/08/2018 - Regimento Interno do Comitê de Nomeação e Governança Corporativa

29/08/2018 - Regimento Interno do Comitê de Remuneração

29/08/2018 - Regimento Interno do Comitê de Partes Relacionadas

26/04/2018 - Regimento Interno do Conselho de Administração

28/07/2016 - Regimento Interno do Comitê de Pessoas

24/06/2016 - Regimento Interno do Comitê de Estratégia

Fonte: https://www.itau.com.br/relacoes-com-investidores/integridade/o-programa/

Figura 20.6: Exemplo de Existência de Diligência a Terceiros

5. DILIGÊNCIA DE TERCEIROS

O processo de Due Diligence é um requisito prévio para o início de toda relação de negócio com terceiros (fornecedores, prestadores de serviços, potenciais sócios e clientes). Desde 2017 a OEC estabeleceu a criação de um banco de dados único para registro de fornecedores e processos de Due Diligence.

Medidas de diligência relacionadas à identificação, engajamento e parceria com parceiros e subcontratados de baixo, médio e alto risco foram implementadas com base em avaliações justas e transparentes seguindo critérios técnicos e profissionais, como reputação, experiência, qualidade, conformidade, preço e capacidade financeira, entre outros.

A análise é realizada de forma independente pela área de Integridade com o apoio de ferramentas especializadas em verificação reputacional.

Fonte: https://www.oec-eng.com/api/sites/default/files/prt_oec-programa-de-integridade_marco-2023.pdf

Figura 20.7: Exemplo de Institucionalização de documentos de integridade

relatórios

21/08/2023 - Relatório de Acesso Público: Política de Gestão e Controle de Risco de Crédito

10/07/2023 - Relatório de Acesso Público - Política de Riscos Social, Ambiental e Climático

21/06/2023 - Relatório de Acesso Público - Gestão e Controle de Risco de Liquidez

10/04/2023 - Relatório de Acesso Público - Política de Gestão e Controle de Risco de Mercado e IRRBB

01/11/2022 - Relatório de Acesso Público – Política de Gerenciamento Integrado de Risco Operacional e Controles Internos

05/09/2022 - Relatório de Acesso Público - Política de Gestão de Capital

Fonte: https://www.itau.com.br/relacoes-com-investidores/integridade/o-programa/

Figura 20.8: Exemplo de Institucionalização de resultados

RESULTADOS E ATUALIZAÇÕES DO PROGRAMA DE INTEGRIDADE DA OEC - 2022

O **Canal Linha de Ética**, principal ferramenta para o registro de denúncias de desvios de conduta, recebeu 154 relatos, que foram investigados de maneira independente pela área de Integridade e gerou 44 ações de remediação - entre as quais 05 melhorias de processos e 15 demissões.

10.175 análises de **due diligence** de fornecedores foram reportadas no portal VCoM (Vendor Compliance Management System).

Com relação à **comunicação e capacitação**, a atuação da OEC se baseia no Plano Anual de Treinamento, aprovado pelo Conselho de Administração e implementado na plataforma de e-learning da OEC, permitindo o monitoramento contínuo do atendimento aos requisitos de treinamento, inclusive testes de assimilação de conhecimentos.

A empresa atingiu um índice de conclusão de 98% dos treinamentos do grupo meta definido no plano anual. No segmento dos líderes, englobando até o terceiro nível hierárquico, houve 100% de participação.

Com relação à **performance e maturidade do Programa de Integridade**, a área de Core Compliance, estruturada em 2018, monitora de modo permanente os processos chave do Programa de Integridade. O processo constituído a partir de testes padronizados e regulares e data mining monitora o ambiente de maneira contínua, permitindo observar a evolução do Programa de Integridade. A área oferece uma visão consolidada sobre o

cumprimento das políticas e diretrizes da OEC, gerando métricas que aferem objetivamente o desempenho alcançado que, entre outros fins, é computado na análise de performance dos executivos.

Foram abertas 896 ações para teste e verificação de processos, 659 contratos com terceiros revisados em relação a requisitos de integridade, incluindo todos os contratos ativos com terceiros de alto risco, 274 processos de contratação de integrantes revisados para verificação de atendimento aos requisitos de avaliação de conflitos de interesse, entre outros aspectos cobertos no monitoramento contínuo.

A área de Core Compliance é também responsável pelo monitoramento do cumprimento de acordos firmados pela Companhia globalmente, cuja performance é reportada mensalmente para acompanhamento do Comitê de Integridade e Auditoria, bem como do Conselho de Administração. Processos do Programa de Integridade são também verificados de maneira independente pela Auditoria Interna, que atua como terceira linha de defesa.

Em 2022, o Banco Mundial liberou a OEC de sanções após o monitor independente concluir o monitoramento, atestando que o Programa de Integridade da OEC cumpre todas as diretrizes de Integridade e Conformidade do Banco Mundial estabelecidas por essas Instituições.

Isso reforça os resultados já alcançados em 2020, quando o trabalho dos monitores independentes indicados pelo Departamento de Justiça americano (DoJ) e pelo Ministério Público Federal do Brasil (MPF) foi concluído com sucesso.

Em março de 2022, a OEC concluiu com sucesso a auditoria externa de manutenção de sua **CERTIFICAÇÃO INTERNACIONAL ISO 37001:2017 ANTI-BRIBERY MANAGEMENT SYSTEM,** válida até abril de 2024 para todas as operações da OEC no Brasil e no exterior.

Fonte: https://www.oec-eng.com/api/sites/default/files/prt_oec-programa-de-integridade_marco-2023.pdf

5. PROGRAMAS DE INTEGRIDADE E *COMPLIANCE* PARA PEQUENAS EMPRESAS E MICROENTIDADES

Fora visto no tópico 2 que deve ser considerado, na composição e avaliação de um programa de integridade, as características de cada pessoa jurídica: companhias abertas, sociedades de grande porte, pequenas empresas, microentidades, demais casos. Inicialmente vamos nos servir das regras aplicadas pela CVM e CFC aos diversos tipos de empresas quanto à divulgação das demonstrações contábeis.

Quadro 20.3: Demonstrações Contábeis Obrigatórias para Empresas conforme seu porte

Demonstração Contábil	Cias Abertas e Sociedades de Grande Porte[a]	Pequenas Empresas[b]	Microentidades[c]
Balanço Patrimonial	**Sim**	**Sim**	**Sim**
Demonstração dos lucros ou prejuízos acumulados	**Sim, desde que não elabore a DMPL.**	Não	**Sim**
Demonstração das Mutações do Patrimônio	**Sim**	**Sim**	Não
Demonstração do resultado do exercício	**Sim**	**Sim**	**Sim**
Demonstração dos fluxos de caixa	**Sim**	**Sim**	Não
Demonstração do valor adicionado	**Sim**	Não	Não
Notas Explicativas	**Sim**	**Sim**	Não
Informações comparativas com o período anterior	**Sim**	**Sim**	**Sim**
Demonstração do Resultado Abrangente	**Sim**	Não	Não

Legenda: (a) Lei 6.404/1976 e Lei 11.638/2007; (b) NBC TG 1001; (c) NBC TG 1002.

Observa-se que o CFC exige menor quantidade de informações para Pequenas Empresas e Microentidades do que exige para as Companhias Abertas e Sociedades de Grande Porte.

Uma segunda informação necessária para nossa análise seria a quantidade de empresas existentes no Brasil. Dados do Infomoney de 7 de junho de 2022, existiam naquela data 19.373.257. Dessas empresas, aproximadamente 75% eram microentidades (MEI ou EIRELI) e 1% eram Sociedades Anônimas.

E por fim, uma terceira informação necessária para nossa análise seria a quantidade de empresas existentes no Brasil que contrataram com a Administração Pública federal constante na Figura 20.9.

Figura 20.9: Compras homologadas do Poder Executivo federal pela empresa 2000 a 2020

	2000	2010	2020
Valores (R$ 1 milhão)			
Microempresa	483	19.535	7.971
Pequena empresa	2.247	15.591	12.042
Outros portes	26.465	84.530	56.675
NI/NA[1]	4.617	4.943	8.513
Total Executivo federal	**33.812**	**124.599**	**85.201**
Proporção/total do ano (%)			
Microempresa	1,4	15,7	9,4
Pequena empresa	6,6	12,5	14,1
Outros portes	78,3	67,8	66,5
NI/NA	13,7	4,0	10,0
Total Executivo federal	**100,0**	**100,0**	**100,0**

Fonte: Cássio Garcia Ribeiro e Edmundo Inácio Júnior. Caracterização dos contratos de compras públicas existentes no sistema integrado de administração de serviços gerais. Texto para Discussão 2476, IPEA (2019).

Observa-se que as microentidades e pequenas empresas em 2000 representavam 8% das contratações e em 2020 representavam 23.5% das contratações.

Estas mesmas empresas estão sujeitas às penalidades da Lei 12.846/2013 e da Lei 14.133/2021. Contudo, até pelo porte não possuem a mesma estrutura. Assim, faz-se necessário ajustar o grau de composição e profundidade do Programa de Integridade a ser exigidos de tais empresas.

Observa-se que na contabilidade, o CFC dispensa um tratamento diferenciado para pequenas empresas e microentidades. A CGU já tratou desse tema em 2015 sob a vigência do Decreto nº 8.420, de 18 de março de 2015, que fora revogado posteriormente pelo Decreto nº 11.129, de 11 de julho de 2022.

> ***Portaria Conjunta CGU e Secretaria da micro e pequena empresa nº 2.279/2015***
>
> *Art. 1º As medidas de integridade de microempresa ou empresa de pequeno porte, para fins da aplicação do disposto no inciso V do art. 18 e no inciso IV do art. 37 do Decreto nº 8.420, de 18 de março de 2015, serão avaliadas nos termos desta Portaria.*

§ 1º Será considerada microempresa ou empresa de pequeno porte a pessoa jurídica que cumprir os requisitos estabelecidos na Lei Complementar nº 123, de 14 de dezembro de 2006.

§ 2º A implementação, por microempresa ou empresa de pequeno porte, dos parâmetros de que trata o §3º e o caput do art. 42 do Decreto nº 8.420, de 2015, **poderá ser efetivada por meio de medidas de integridade mais simples, com menor rigor formal,** *que demonstrem o comprometimento com a ética e a integridade na condução de suas atividades.*

§ 3º As medidas de integridade implementadas deverão considerar o atendimento **aos parâmetros relacionados no Anexo desta Portaria** *e sua adequação ao perfil da empresa.*

Art. 2º Para que as medidas de integridade implementadas sejam avaliadas, a microempresa ou a empresa de pequeno porte deverá apresentar:

I - relatório de perfil; e

II - relatório de conformidade.

Art. 3º No relatório de perfil, a microempresa ou a empresa de pequeno porte deverá prestar as seguintes informações:

I - áreas de atuação;

II - responsáveis pela administração;

III - quantitativo de empregados e a estrutura organizacional; e

IV - nível de relacionamento com o setor público, especificando:

a) principais autorizações, licenças e permissões governamentais necessárias para o exercício de suas atividades;

b) valor aproximado dos contratos celebrados ou vigentes com o setor público nos últimos três anos e a participação destes no faturamento anual; e

c) utilização de agentes intermediários, como procuradores, despachantes, consultores ou representantes comerciais, no relacionamento com o setor público.

Art. 4º No relatório de conformidade, a microempresa ou a empresa de pequeno porte deverá:

I - relacionar e demonstrar o funcionamento das medidas de integridade adotadas; e

II - demonstrar como as medidas de integridade contribuíram para a prevenção, detecção e remediação do ato lesivo objeto da apuração.

Parágrafo único. **A comprovação das informações de que trata o caput pode abranger a apresentação de documentos oficiais, correios eletrônicos, cartas, declarações, correspondências, memorandos, atas de reunião, relatórios, manuais, imagens capturadas da tela de computador, gravações audiovisuais e sonoras, fotografias, ordens de compra, notas fiscais, registros contábeis ou outros documentos, preferencialmente em meio digital.**

Art. 5º A aplicação do percentual máximo previsto no inciso V do art. 18 do Decreto nº 8.420, de 2015, fica condicionada ao atendimento pleno dos parâmetros de integridade e a efetiva atuação das medidas na prevenção, detecção e remediação do ato lesivo objeto da apuração.

Quais itens devem ou não compor um programa de integridade para pequenas empresas e microentidades tomando por base a Portaria Conjunta CGU e Secretaria da micro e pequena empresa nº 2.279/2015?	
Itens mantidos conforme numeração do art. 42 do Decreto nº 8.420/2015	Itens dispensados conforme numeração do art. 42 do Decreto nº 8.420/2015
I - comprometimento da alta direção da pessoa jurídica, incluídos os conselhos, evidenciado pelo apoio visível e inequívoco ao programa; II - padrões de conduta, código de ética, políticas e procedimentos de integridade, aplicáveis a todos os empregados e administradores, independentemente de cargo ou função exercidos; IV - treinamentos periódicos sobre o programa de integridade; VI - registros contábeis que reflitam de forma completa e precisa as transações da pessoa jurídica; VII - controles internos que assegurem a pronta elaboração e confiabilidade de relatórios e demonstrações financeiros da pessoa jurídica; VIII - procedimentos específicos para prevenir fraudes e ilícitos no âmbito de processos licitatórios, na execução de contratos administrativos ou em qualquer interação com o setor público, ainda que intermediada por terceiros, tal como pagamento de tributos, sujeição a fiscalizações, ou obtenção de autorizações, licenças, permissões e certidões; XI - medidas disciplinares em caso de violação do programa de integridade; XII - procedimentos que assegurem a pronta interrupção de irregularidades ou infrações detectadas e a tePEMstiva remediação dos danos gerados; XVI - transparência da pessoa jurídica quanto a doações para candidatos e partidos políticos.	III - padrões de conduta, código de ética e políticas de integridade estendidas, quando necessário, a terceiros, tais como, fornecedores, prestadores de serviço, agentes intermediários e associados; V - análise periódica de riscos para realizar adaptações necessárias ao programa de integridade; IX - independência, estrutura e autoridade da instância interna responsável pela aplicação do programa de integridade e fiscalização de seu cumprimento; X - canais de denúncia de irregularidades, abertos e amplamente divulgados a funcionários e terceiros, e de mecanismos destinados à proteção de denunciantes de boa-fé; XIII - diligências apropriadas para contratação e, conforme o caso, supervisão, de terceiros, tais como, fornecedores, prestadores de serviço, agentes intermediários e associados; XIV - verificação, durante os processos de fusões, aquisições e reestruturações societárias, do cometimento de irregularidades ou ilícitos ou da existência de vulnerabilidades nas pessoas jurídicas envolvidas; XV - monitoramento contínuo do programa de integridade visando seu aperfeiçoamento na prevenção, detecção e combate à ocorrência dos atos lesivos previstos no art. 5º da Lei nº 12.846, de 2013.

Os seguintes itens que constam no Decreto 12.304/2024 (programa de integridade para fins de desempate à luz da Lei nº 14.133/2021) não constavam no Decreto nº 8.420/2015, ou no Decreto nº 11.129/2022 (que tratam de um programa de integridade no âmbito da responsabilização da pessoa jurídica):

(i) mecanismos específicos para assegurar o respeito aos direitos humanos e trabalhistas e a preservação do meio ambiente;

(ii) verificação, durante os processos de fusões, aquisições e reestruturações societárias, do cometimento de irregularidades ou ilícitos ou da existência de vulnerabilidades nas pessoas jurídicas envolvidas.

(iii) transparência e responsabilidade socioambiental da pessoa jurídica.

Estes autores entendem que os itens acima (i) e (iii) devem ser aplicados as pequenas empresas e microentidades, enquanto o item (ii) não se aplicaria.

Quadro 20.4: Proposta de Programa de Integridade para Pequenas Empresas e Microentidades (PEM)

Componente	Itens do Plano do Setor Público	Itens do Plano do Setor Privado: Cias Abertas, Sociedades de Grande Porte e Demais Entidades (exceto pequenas empresas e microentidades)	Esclarecimentos sobre os Parâmetros de Integridade para as microempresas e empresas de pequeno porte	Exemplos de medidas de integridade para as microempresas e empresas de pequeno porte
1.Caracterização do órgão ou entidade	-Histórico breve da organização. -Mapa estratégico. -Apresentação da atual gestão estratégica.	-Seria o relato integrado ver tópico 7.3 deste capítulo.	Seria o relatório de perfil mencionado no art. 3° da Portaria Conjunta CGU e Secretaria da micro e pequena empresa n° 2.279/2015.	Informar: I - áreas de atuação; II - responsáveis pela administração; III - quantitativo de empregados e a estrutura organizacional; e IV - nível de relacionamento com o setor público, especificando: a) principais autorizações, licenças e permissões governamentais necessárias para o exercício de suas atividades; b) valor aproximado dos contratos celebrados ou vigentes com o setor público nos últimos três anos e a participação destes no faturamento anual; e c) utilização de agentes intermediários, como procuradores, despachantes, consultores ou representantes comerciais, no relacionamento com o setor público.

Componente	Itens do Plano do Setor Público	Itens do Plano do Setor Privado: Cias Abertas, Sociedades de Grande Porte e Demais Entidades (exceto pequenas empresas e microentidades)	Esclarecimentos sobre os Parâmetros de Integridade para as microempresas e empresas de pequeno porte	Exemplos de medidas de integridade para as microempresas e empresas de pequeno porte
2.Unidade de Gestão da Integridade	-Histórico de criação do setor. -Apresentação da composição da equipe (titular, data de nomeação e demais integrantes). -Breve resumo sobre elaboração do plano atual (escuta ativa, integração entre as instâncias das funções de integridade). -Metas a serem alcançadas no período de vigência do plano. -Periodicidade das campanhas institucionais integradas com as demais instâncias das funções de integridade.	-Treinamentos e ações de comunicação periódicos sobre o programa de integridade.	O treinamento é um dos pontos mais importantes para o funcionamento efetivo das medidas de integridade. A direção e os funcionários devem participar de treinamentos sobre assuntos relacionados às medidas de integridade, principalmente sobre o conteúdo do código de ética, os valores que orientam a cultura ética e os principais riscos relativos às atividades da PEM.	-Promover, periodicamente, treinamentos internos sobre integridade; Promover a participação da direção e funcionários em cursos, presenciais ou à distância, oferecidos por instituições públicas ou privadas, sobre ética e integridade, licitações e contratos com a Administração Pública, políticas anticorrupção, dentre outros; e -Divulgar a cultura de integridade da empresa em reuniões, encontros e eventos.

Componente	Itens do Plano do Setor Público	Itens do Plano do Setor Privado: Cias Abertas, Sociedades de Grande Porte e Demais Entidades (exceto pequenas empresas e microentidades)	Esclarecimentos sobre os Parâmetros de Integridade para as microempresas e empresas de pequeno porte	Exemplos de medidas de integridade para as microempresas e empresas de pequeno porte
3.Promoção da Ética	-Histórico de criação do setor. -Apresentação da composição da equipe (titular, data de nomeação e demais integrantes). -Posicionamento do setor perante a Alta Administração. -Apresentar fluxo das apurações éticas (a exemplo do que fora visto no Capítulo 6) -Metas a serem alcançadas no período de vigência do plano.	-Padrões de conduta, código de ética, políticas e procedimentos de integridade, aplicáveis a todos os empregados e administradores, independentemente do cargo ou da função exercida. -Padrões de conduta, código de ética e políticas de integridade estendidas, quando necessário, a terceiros, tais como fornecedores, prestadores de serviço, agentes intermediários e associados.	A PEM deve reconhecer e promover valores, comportamentos e princípios de condutas necessários à integridade da empresa, tanto para funcionários quanto para a direção. Os valores, comportamentos e princípios de condutas devem constar de um código de ética. O código de ética deve contribuir para a construção da cultura de trabalho e negócios dentro da empresa e deve ser fonte de consulta para funcionários e para a direção na tomada de decisão que envolva questões relativas à integridade da empresa.	-Elaborar código de ética com valores, comportamentos e princípios de condutas aplicáveis a todos os funcionários e à direção, incluindo regras de relacionamento com o setor público; -Divulgar o código de ética, por meio da afixação de cartazes, placas, sinais, mensagens sobre os padrões de conduta e os procedimentos que devem ser observados; -Atualizar o código de ética; e -Atualizar os procedimentos que devem ser adotados de acordo com os novos negócios celebrados.

Componente	Itens do Plano do Setor Público	Itens do Plano do Setor Privado: Cias Abertas, Sociedades de Grande Porte e Demais Entidades (exceto pequenas empresas e microentidades)	Esclarecimentos sobre os Parâmetros de Integridade para as microempresas e empresas de pequeno porte	Exemplos de medidas de integridade para as microempresas e empresas de pequeno porte
4.Ouvidoria e Tratamento das Denúncias	-Histórico de criação do setor. -Apresentação da composição da equipe (titular, data de nomeação e demais integrantes). -Posicionamento do setor perante a Alta Administração. -Apresentar fluxo do tratamento das manifestações e denúncias (a exemplo do que fora visto no Capítulo 7), exceto pedido de acesso à informação. -Metas a serem alcançadas no período de vigência do plano.	Canais de denúncia de irregularidades, abertos e amplamente divulgados a funcionários e terceiros, e mecanismos destinados ao tratamento das denúncias e à proteção de denunciantes de boa-fé.	Em que pese o canal de denúncia ter sido dispensado pela Portaria Conjunta CGU e Secretaria da micro e pequena empresa nº 2.279/2015, estes autores defendem **que se utilize e-mail como faleconosco** como forma de identificar possíveis manifestações dos clientes: elogios, reclamações e denúncias.	

Componente	Itens do Plano do Setor Público	Itens do Plano do Setor Privado: Cias Abertas, Sociedades de Grande Porte e Demais Entidades (exceto pequenas empresas e microentidades)	Esclarecimentos sobre os Parâmetros de Integridade para as microempresas e empresas de pequeno porte	Exemplos de medidas de integridade para as microempresas e empresas de pequeno porte
5.Acesso à Informação	-Histórico de criação do setor. -Apresentação da composição da equipe (titular, data de nomeação e demais integrantes). -Posicionamento do setor perante a Alta Administração. -Apresentar fluxo do tratamento do pedido de acesso à informação (a exemplo do que fora visto no Capítulo 8). -Apresentar o posicionamento obtido no exercício anterior em relação ao tempo de resposta e qualidade da resposta nos pedidos de acesso à informação (vide Capítulo 8). -Metas a serem alcançadas no período de vigência do plano.	-A legislação é silente e pode ser aplicada com ajustes considerando os usuários primários da informação contábil: investidores e credores.	Em que pese o canal de denúncia ter sido dispensado pela Portaria Conjunta CGU e Secretaria da micro e pequena empresa nº 2.279/2015, estes autores defendem **que se utilize e-mail como faleconosco** como forma de identificar possíveis manifestações dos clientes: elogios, reclamações e denúncias.	

Componente	Itens do Plano do Setor Público	Itens do Plano do Setor Privado: Cias Abertas, Sociedades de Grande Porte e Demais Entidades (exceto pequenas empresas e microentidades)	Esclarecimentos sobre os Parâmetros de Integridade para as microempresas e empresas de pequeno porte	Exemplos de medidas de integridade para as microempresas e empresas de pequeno porte
6.Promoção da Transparência Ativa	-Histórico de criação do setor. -Apresentação da composição da equipe (titular, data de nomeação e demais integrantes). -Posicionamento do setor perante a Alta Administração. -Autoavaliação dos 49 itens de transparência exigidos pela Lei de Acesso à Informação (vide Capítulo 9). -Indicar a existência ou não de Carta de Serviços ao usuário. -Metas a serem alcançadas no período de vigência do plano.	-Transparência e responsabilidade socioambiental da pessoa jurídica.	Deve constar de forma reduzida.	

Componente	Itens do Plano do Setor Público	Itens do Plano do Setor Privado: Cias Abertas, Sociedades de Grande Porte e Demais Entidades (exceto pequenas empresas e microentidades)	Esclarecimentos sobre os Parâmetros de Integridade para as microempresas e empresas de pequeno porte	Exemplos de medidas de integridade para as microempresas e empresas de pequeno porte
7.Prevenção de Conflito de Interesses	-Histórico de criação do setor. -Apresentação da composição da equipe (titular, data de nomeação e demais integrantes). -Apresentar fluxo das consultas de conflitos de interesse (a exemplo do que fora visto no Capítulo 10). -Metas a serem alcançadas no período de vigência do plano.	-Padrões de conduta, código de ética, políticas e procedimentos de integridade, aplicáveis a todos os empregados e administradores, independentemente do cargo ou da função exercida. -Padrões de conduta, código de ética e políticas de integridade estendidas, quando necessário, a terceiros, tais como fornecedores, prestadores de serviço, agentes intermediários e associados.	Relações comerciais com a administração pública exigem a observância de princípios e regras específicos. Caso essas regras e princípios sejam violados, a PEM pode sofrer sanções. Para evitar que ocorram irregularidades nas relações estabelecidas com o setor público, é importante que a PEM estabeleça regras sobre o contato de seus funcionários e diretores com agentes públicos; a participação em licitações; o oferecimento de brindes e presentes a agentes públicos; e, a contratação de atuais e ex-agentes públicos. Essas regras podem ser incluídas no Código de Ética e devem ser amplamente difundidas na empresa.	-Orientar os funcionários e a direção sobre as leis que disciplinam as contratações públicas, como a Lei nº 14.133/21 e a Lei Complementar nº 123/06; os mecanismos de prevenção e de enfrentamento à corrupção; e a responsabilização da pessoa jurídica pela prática de atos ilícitos contra a administração pública (Lei nº 12.846/2013); -Rever, antes de participar de qualquer modalidade de licitação, os procedimentos inerentes à respectiva modalidade licitatória, com foco nas condutas vedadas; -Incluir no Código de Ética regras referentes à participação em licitação e contratação e relacionamento com a Administração Pública; -No caso de contratação de preposto ou de terceirização de elaboração de documentos para participar em procedimento licitatório, a PEM deverá fiscalizar suas atuações: como trabalham, se atuam de forma íntegra e regular, dentre outros.

Componente	Itens do Plano do Setor Público	Itens do Plano do Setor Privado: Cias Abertas, Sociedades de Grande Porte e Demais Entidades (exceto pequenas empresas e microentidades)	Esclarecimentos sobre os Parâmetros de Integridade para as microempresas e empresas de pequeno porte	Exemplos de medidas de integridade para as microempresas e empresas de pequeno porte
				-Oferecer treinamentos e cursos sobre compras públicas ou políticas anticorrupção aos funcionários que atuarem especificamente nos processos licitatórios; -Estabelecer que as interações com o setor público e a atuação em procedimentos licitatórios sejam feitas por no mínimo dois representantes da empresa; -Envolver pessoas da direção nos procedimentos licitatórios. A direção da empresa deve atuar como supervisor ou revisor durante o procedimento licitatório e durante a execução do contrato; -Cumprir corretamente o disposto no contrato.

Componente	Itens do Plano do Setor Público	Itens do Plano do Setor Privado: Cias Abertas, Sociedades de Grande Porte e Demais Entidades (exceto pequenas empresas e microentidades)	Esclarecimentos sobre os Parâmetros de Integridade para as microempresas e empresas de pequeno porte	Exemplos de medidas de integridade para as microempresas e empresas de pequeno porte
8.Prevenção do Nepotismo	-Histórico de criação do setor. -Apresentação da composição da equipe (titular, data de nomeação e demais integrantes). -Apresentar formato de fiscalização (a exemplo do que fora visto no Capítulo 11). -Metas a serem alcançadas no período de vigência do plano.	-A legislação é silente e pode ser aplicada com ajustes considerando os usuários primários da informação contábil: investidores e credores. -Cabe destacar que muitas empresas são familiares.	Sugere-se desconsiderar.	
9.Procedimentos de Responsabilização	-Histórico de criação do setor. -Apresentação da composição da equipe (titular, data de nomeação e demais integrantes). -Posicionamento do setor perante a Alta Administração.	-Medidas disciplinares em caso de violação do programa de integridade. -Procedimentos que assegurem a pronta interrupção de irregularidades ou infrações detectadas e a tempestiva remediação dos danos gerados.	-Estabelecer medidas disciplinares significa prever as penalidades e os procedimentos para a punição de funcionários que violarem as regras da PEM, independentemente da posição ou cargo ocupado.	-Instituir penalidades e procedimentos disciplinares apropriados e razoáveis para apurar e reprimir a prática de diferentes irregularidades; Inserir as medidas e procedimentos disciplinares no Código de Ética;

Componente	Itens do Plano do Setor Público	Itens do Plano do Setor Privado: Cias Abertas, Sociedades de Grande Porte e Demais Entidades (exceto pequenas empresas e microentidades)	Esclarecimentos sobre os Parâmetros de Integridade para as microempresas e empresas de pequeno porte	Exemplos de medidas de integridade para as microempresas e empresas de pequeno porte
	-Identificar os tipos de procedimentos investigativos e tipos de processos correicionais (vide Capítulo 12) que a unidade possui competência técnica para executar (avaliar se está apta a conduzir especialmente: TAC, PAD e PAR). -Divulgar o estoque atual dos procedimentos de responsabilização por categoria. -Metas a serem alcançadas no período de vigência do plano.		-As penalidades devem ser definidas de forma proporcional à irregularidade cometida, de forma a garantir que as medidas de integridade sejam respeitadas e que violações não sejam toleradas. São exemplos de penalidades que podem ser adotadas: advertência, suspensão e demissão.	-Alertar os funcionários sobre as penalidades e os procedimentos disciplinares, e disseminar o tema em treinamentos; -Formalizar os procedimentos de apuração de irregularidades e aplicação de penalidades; Informar aos funcionários, no momento da contratação, sobre as condutas éticas da empresa e quais violações são passíveis de punições; -Incluir cláusula de ciência das condutas éticas da empresa nos contratos de trabalho dos funcionários.

Componente	Itens do Plano do Setor Público	Itens do Plano do Setor Privado: Cias Abertas, Sociedades de Grande Porte e Demais Entidades (exceto pequenas empresas e microentidades)	Esclarecimentos sobre os Parâmetros de Integridade para as microempresas e empresas de pequeno porte	Exemplos de medidas de integridade para as microempresas e empresas de pequeno porte
10.Recomendações da Auditoria Interna e Órgãos de Controle **(órgãos com auditoria interna)**	-Histórico de criação da Auditoria. -Apresentação da composição da equipe (titular, data de nomeação e demais integrantes). -Posicionamento do setor perante a Alta Administração. -Identificar os tipos de serviços de auditoria prestados (tipos de avaliações e consultorias conforme capítulo 13) que a unidade possui competência técnica para executar (avaliar se está apta a conduzir especialmente: auditoria de conformidade e consultoria). -Divulgar o estoque atual das recomendações por categoria e grau de atendimento. -Metas a serem alcançadas no período de vigência do plano.	-Registros contábeis que reflitam de forma completa e precisa as transações da pessoa jurídica. -Controles internos que assegurem a pronta elaboração e a confiabilidade de relatórios e demonstrações financeiras da pessoa jurídica. -Procedimentos específicos para prevenir fraudes e ilícitos no âmbito de processos licitatórios, na execução de contratos administrativos ou em qualquer interação com o setor público, ainda que intermediada por terceiros, como pagamento de tributos, sujeição a fiscalizações ou obtenção de autorizações, licenças, permissões e certidões. -Independência, estrutura e autoridade da instância interna responsável pela aplicação do programa de integridade e pela fiscalização de seu cumprimento.	-Todas as empresas, com exceção do empresário individual a que se refere o art. 966 da Lei nº 10.406, de 10 de janeiro de 2002 - Código Civil, precisam registrar contabilmente suas operações. Vendas, compras, empréstimos, rendimentos e prejuízos são fatos que afetam o patrimônio de uma empresa e, por isso, devem ser registrados. -As PEMs, optantes pelo Simples Nacional, podem observar a contabilidade prevista no art. 27 da Lei Complementar nº 123, de 2006, na forma regulamentada pelo Comitê Gestor do Simples Nacional.	-Implantar sistema eletrônico de registro contábil; Registrar as transações nos livros oficiais; -Preservar os livros e registros contábeis; -Preservar os documentos que comprovem o recolhimento de impostos e contribuições devidas enquanto não ocorrer a decadência ou a prescrição; -Assegurar-se de que o contador é profissional habilitado; -Definir, sempre que possível, as atribuições dos funcionários; -Confrontar receitas e despesas com os registros contábeis realizados, confirmando o registro das transações;

Componente	Itens do Plano do Setor Público	Itens do Plano do Setor Privado: Cias Abertas, Sociedades de Grande Porte e Demais Entidades (exceto pequenas empresas e microentidades)	Esclarecimentos sobre os Parâmetros de Integridade para as microempresas e empresas de pequeno porte	Exemplos de medidas de integridade para as microempresas e empresas de pequeno porte
10.Controle interno e cumprimento de recomendações **(órgãos sem auditoria interna)**	-Apresentação da composição da equipe responsável (titular, data de nomeação e demais integrantes). -Posicionamento do setor perante a Alta Administração. -Divulgar o estoque atual das recomendações recebidas por categoria e grau de atendimento. -Metas a serem alcançadas no período de vigência do plano.	-Diligências apropriadas, baseadas em risco, para: a) contratação e, conforme o caso, supervisão de terceiros, tais como fornecedores, prestadores de serviço, agentes intermediários, despachantes, consultores, representantes comerciais e associados; b) contratação e, conforme o caso, supervisão de pessoas expostas politicamente, bem como de seus familiares, estreitos colaboradores e pessoas jurídicas de que participem; e c) realização e supervisão de patrocínios e doações. -Verificação, durante os processos de fusões, aquisições e reestruturações societárias, do cometimento de irregularidades ou ilícitos ou da existência de vulnerabilidades nas pessoas jurídicas envolvidas.	-Controles internos são procedimentos que verificam se as transações, compras, vendas, controle de estoque, pagamentos, dentre outros, estão sendo feitos de forma correta e de acordo com as instruções da direção. -O controle interno também tem a função de apontar e corrigir eventuais erros, além de atuar de forma preventiva, diminuindo a possibilidade de ocorrência de fraudes e irregularidades.	-Estabelecer regras sobre a necessidade de aprovação e autorização específica sobre pagamentos de alto valor, alto risco ou relacionados com o setor público; -Definir regras claras para a aprovação de relatórios e documentos contábeis; Realizar auditorias.

Componente	Itens do Plano do Setor Público	Itens do Plano do Setor Privado: Cias Abertas, Sociedades de Grande Porte e Demais Entidades (exceto pequenas empresas e microentidades)	Esclarecimentos sobre os Parâmetros de Integridade para as microempresas e empresas de pequeno porte	Exemplos de medidas de integridade para as microempresas e empresas de pequeno porte
11.Resolução de Conflitos **(setor facultativo)**	-Histórico de criação do setor. -Apresentação da composição da equipe (titular, data de nomeação e demais integrantes). -Apresentar fluxo das mediações (a exemplo do que fora visto no Capítulo 14). -Metas a serem alcançadas no período de vigência do plano.	-Padrões de conduta, código de ética, políticas e procedimentos de integridade, aplicáveis a todos os empregados e administradores, independentemente do cargo ou da função exercida. -Padrões de conduta, código de ética e políticas de integridade estendidas, quando necessário, a terceiros, tais como fornecedores, prestadores de serviço, agentes intermediários e associados.	Pode ser dispensado.	
12.Gerenciamento de Riscos para Integridade	-Indicar a existência ou não da Política de Riscos. -Identificar as subcategorias de riscos para integridade aplicáveis à unidade. -Indicar a existência ou não de Plano/Metodologia de Gestão de Riscos. -Metas a serem alcançadas no período de vigência do plano.	Gestão adequada de riscos, incluindo sua análise e reavaliação periódica, para a realização de adaptações necessárias ao programa de integridade e a alocação eficiente de recursos	Desenvolver procedimentos que assegurem a interrupção imediata de irregularidades e infrações e que permitam a reparação dos danos causados de forma rápida e direta, evitando a ocorrência futura de situações análogas.	-Garantir que mais de um representante da PEM supervisione as operações ou atividades relevantes, como aquelas que envolvam grandes valores ou que estejam relacionadas com o setor público; -Investigar situações ou comportamentos inadequados; -Registrar todas as irregularidades constatadas e a forma de reparação dos danos; -Interromper as irregularidades logo que elas forem detectadas.

Componente	Itens do Plano do Setor Público	Itens do Plano do Setor Privado: Cias Abertas, Sociedades de Grande Porte e Demais Entidades (exceto pequenas empresas e microentidades)	Esclarecimentos sobre os Parâmetros de Integridade para as microempresas e empresas de pequeno porte	Exemplos de medidas de integridade para as microempresas e empresas de pequeno porte
13. Asseguração os direitos humanos e trabalhistas e a preservação do meio ambiente (responsabilidade socioambiental)	- Prevenção e enfrentamento ao assédio moral e sexual. - Prevenção e enfrentamento à discriminação. -Ações afirmativas para grupos específicos: portadores de necessidades especiais, equidade de gênero, etc. -Prevenção e enfretamento do trabalho análogo à escravidão. -Ações afirmativas ambientais (uso de insumos certificados e enfrentamento a extração de ilegal).	- Prevenção e enfrentamento ao assédio moral e sexual. - Prevenção e enfrentamento à discriminação. -Ações afirmativas para grupos específicos: portadores de necessidades especiais, equidade de gênero, etc. -Prevenção e enfretamento do trabalho análogo à escravidão. -Ações afirmativas ambientais (uso de insumos certificados e enfrentamento a extração de ilegal).	Deve constar de forma reduzida.	
14.Instrumento de Monitoramento	-Definir documento de monitoramento, periodicidade e data limite de publicação.	-Monitoramento contínuo do programa de integridade com vistas ao seu aperfeiçoamento na prevenção, na detecção e no combate à ocorrência de fraudes, de irregularidades, de atos lesivos praticados contra a administração pública, nacional ou estrangeira, **e de condutas que atentem contra os direitos humanos e trabalhistas e o meio ambiente**	Em que pese esse item ter sido dispensado pela Portaria Conjunta CGU e Secretaria da micro e pequena empresa nº 2.279/2015, estes autores defendem **que seja feita uma declaração trazendo de forma resumida as ações realizada no ano anterior.**	

Componente	Itens do Plano do Setor Público	Itens do Plano do Setor Privado: Cias Abertas, Sociedades de Grande Porte e Demais Entidades (exceto pequenas empresas e microentidades)	Esclarecimentos sobre os Parâmetros de Integridade para as microempresas e empresas de pequeno porte	Exemplos de medidas de integridade para as microempresas e empresas de pequeno porte
15.Declaração final	Declaração de compromisso do dirigente máximo do Titular a UGI com o Plano e assumindo que a UGI não possui relação hierárquica perante as demais instâncias, mas que deve atuar em regime de mútua cooperação.	-Comprometimento da alta direção da pessoa jurídica, incluídos os conselhos, evidenciado pelo apoio visível e inequívoco ao programa, bem como pela destinação de recursos adequados	A alta direção de uma PEM é representada por seus administradores, sejam eles seus sócios, proprietários, donos, chefes ou gerentes. O comprometimento da alta direção será verificado mediante a atuação e a postura da direção da empresa em relação aos seus funcionários. A direção deve disseminar a cultura de integridade, atuar na execução das medidas estabelecidas e tornar público o seu compromisso com o tema.	Disponibilizar cursos, palestras, debates e exposições sobre a ética e integridade, bem como fomentar a participação de funcionários em tais atividades; Difundir a cultura de integridade por meio de e-mails, redes sociais, cartazes, entre outros, informando os funcionários sobre a importância e necessidade das medidas de integridade; Implementar as condutas definidas no código de ética e incentivar que seus funcionários façam o mesmo; Difundir posturas éticas e íntegras de funcionários; Promover e incentivar debates sobre comportamentos éticos e íntegros, inclusive por meio de estudos de casos; e Promover a conscientização de que a corrupção é prejudicial a todos e deve ser combatida.

6. REFLEXÕES SOBRE A CONFIABILIDADE DAS DEMONSTRAÇÕES FINANCEIRAS NO SETOR PRIVADO NO CONTEXTO DE UM PROGRAMA DE INTEGRIDADE

O ponto de partida desse tópico tem como origem os trechos do Decreto nº 11.129/2022 e do Decreto 12.304/2024:

> **Decreto nº 11.129/2022**
>
> *Art. 57. Para fins do disposto no inciso VIII do* **caput** *do art. 7º da Lei nº 12.846, de 2013, o programa de integridade será avaliado, quanto a sua existência e aplicação, de acordo com os seguintes parâmetros:*
>
> *[...]*
>
> *VI - registros contábeis que reflitam de forma completa e precisa as transações da pessoa jurídica;*
>
> *VII - controles internos que assegurem a pronta elaboração e a confiabilidade de relatórios e demonstrações financeiras da pessoa jurídica;*
>
> **Decreto 12.304/2024**
>
> *Art. 3º O programa de integridade será avaliado, quanto a sua implantação, seu desenvolvimento ou a seu aperfeiçoamento, de acordo com os seguintes parâmetros:*
>
> *[...]*
>
> *VI - registros contábeis que reflitam de forma completa e precisa as transações da pessoa jurídica;*
>
> *VII - controles internos que assegurem a pronta elaboração e a confiabilidade de relatórios e demonstrações financeiras da pessoa jurídica;*

Observa-se que os Decretos não exigiram que haja auditoria externa sobre as demonstrações contábeis, mas "tão somente" que os controles internos devem assegurar a confiabilidade das demonstrações financeiras. Contudo, existem 3 tipos hipotéticos de asseguração: (i) absoluta; (ii) razoável; (iii) limitada. O Quadro 20.5 traz as diferenças entre a asseguração razoável e asseguração limitada.

Quadro 20.5: Diferenças entre a asseguração razoável e asseguração limitada

Asseguração Razoável	Asseguração Limitada
São auditorias.	**São revisões ou estudos.**
Nível de asseguração alto, mas não absoluto, uma vez que devido às limitações que lhes são inerentes, as auditorias e outros trabalhos de asseguração nunca poderão oferecer uma segurança absoluta.	Nível de asseguração **mais baixo do que o nível de asseguração razoável**, embora, no julgamento profissional do auditor, espera-se que seja uma segurança significativa para os usuários previstos.
Conclusão na **forma positiva.**	Conclusão na **forma negativa.**

Fonte: ISSAI 100

Assim, embora o Decreto não cite o grau de asseguração, pode-se descartar de início a asseguração absoluta. Outro ponto importante é que o Decreto exige que a Pessoa Jurídica possua controles internos que assegurem a confiabilidade das demonstrações contábeis. Para tanto é necessário segmentar as Pessoas Jurídicas em 3 grupos: (i) companhias abertas e sociedades de grande porte; (ii) empresas sujeitas a fiscalização de setores específicos (que acabam sendo enquadradas como de grande porte); (iii) demais empresas.

A Lei nº 6.404/1976 define que:

> *Art. 177. A escrituração da companhia será mantida em registros permanentes,* ***com obediência aos preceitos da legislação comercial e desta Lei e aos princípios de contabilidade geralmente aceitos****, devendo observar métodos ou critérios contábeis uniformes no tempo e registrar as mutações patrimoniais segundo o regime de competência.*
>
> *§ 1º As demonstrações financeiras do exercício* ***em que houver modificação de métodos ou critérios contábeis, de efeitos relevantes, deverão indicá-la em nota*** *e ressaltar esses efeitos.*
>
> *§ 2º* ***A companhia observará exclusivamente em livros ou registros auxiliares, sem qualquer modificação da escrituração mercantil e das demonstrações reguladas nesta Lei, as disposições da lei tributária, ou de legislação especial sobre a atividade que constitui seu objeto****, que prescrevam, conduzam ou incentivem a utilização de métodos ou critérios contábeis diferentes ou determinem registros, lançamentos ou ajustes ou a elaboração de outras demonstrações financeiras.*
>
> *§ 3º* ***As demonstrações financeiras das companhias abertas observarão, ainda, as normas expedidas pela Comissão de Valores Mobiliários e serão obrigatoriamente submetidas a auditoria por auditores independentes nela registrados.***
>
> *§ 4º As* ***demonstrações financeiras serão assinadas pelos administradores e por contabilistas*** *legalmente habilitados.*
>
> *§ 5º As normas expedidas pela Comissão de Valores Mobiliários a que se refere o § 3º deste artigo* ***deverão ser elaboradas em consonância com os padrões internacionais de contabilidade*** *adotados nos principais mercados de valores mobiliários.*
>
> *§ 6º As* ***companhias fechadas poderão optar*** *por observar as normas sobre demonstrações financeiras expedidas pela Comissão de Valores Mobiliários para as companhias abertas.*

Cabe destacar que a Lei nº 11.638/2007 que atualizou a Lei nº 6.404/1976 trouxe a determinação que a CVM (Comissão de Valores Mobiliários) deve elaborar normas em consonância com os padrões internacionais de contabilidade adotados nos principais mercados de valores mobiliários. **Porém, como funciona essa dinâmica? Por meio nos pronunciamentos contábeis formulados pelo Comitê de Pronunciamentos Contábeis (CPC).**

A seguir constam as entidades originárias que formaram parte na constituição inicial do CPC:

- Associação Brasileira das Companhias Abertas (Abrasca);
- Associação dos Analistas e Profissionais de Investimento do Mercado de Capitais do Brasil (Apimec Brasil);
- B3 S/A - Brasil, Bolsa, Balcão;
- Conselho Federal de Contabilidade (CFC);
- Instituto dos Auditores Independentes do Brasil (Ibracon);
- Fundação Instituto de Pesquisas Contábeis, Atuariais e Financeiras (Fipecafi);
- Entidades representativas de investidores do mercado de capitais.

A seguir constam os órgãos e entidades convidados obrigatórios do CPC:

- Banco Central do Brasil (BACEN);
- Comissão de Valores Mobiliários (CVM);
- Secretaria da Receita Federal do Brasil (RFB);
- Superintendência de Seguros Privados (SUSEP);
- Federação Brasileira de Bancos (FEBRABAN);
- Confederação Nacional da Indústria (CNI); e
- Superintendência Nacional de Previdência Complementar (PREVIC).

A Figura 20.10 traz um extrato dos pronunciamentos técnicos, a Figura 20.11 evidencia que os pronunciamentos utilizam como referência no processo de convergência normas internacionais (IFRS ou IAS[5]) e a Figura 20.12 evidencia os órgãos reguladores no Brasil que precisam ratificar o pronunciamento para que ele gere efeito para o setor relacionado.

5 IAS e IFRS são conjuntos de normas contábeis destinadas a fornecer orientação sobre como preparar demonstrações financeiras. O IAS foi desenvolvido pelo International Accounting Standards Committee, enquanto o IFRS foi desenvolvido pelo International Accounting Standards Board, que substituiu o IASC. Embora ambas as normas sejam utilizadas internacionalmente, as IFRS tornaram-se cada vez mais populares nos últimos anos, uma vez que foram concebidas para serem mais consistentes a nível global, tornando mais fácil aos investidores comparar demonstrações financeiras entre diferentes empresas e países.

Figura 20.10: Extrato dos Pronunciamentos Contábeis

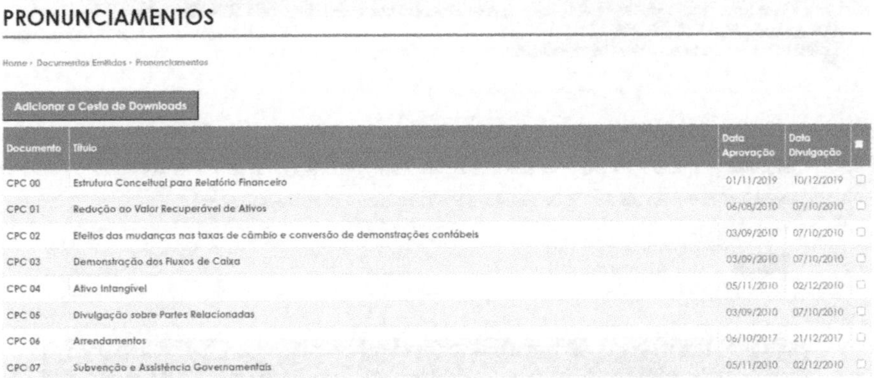

PRONUNCIAMENTOS

Home › Documentos Emitidos › Pronunciamentos

Adicionar a Cesta de Downloads

Documento	Título	Data Aprovação	Data Divulgação
CPC 00	Estrutura Conceitual para Relatório Financeiro	01/11/2019	10/12/2019
CPC 01	Redução ao Valor Recuperável de Ativos	06/08/2010	07/10/2010
CPC 02	Efeitos das mudanças nas taxas de câmbio e conversão de demonstrações contábeis	03/09/2010	07/10/2010
CPC 03	Demonstração dos Fluxos de Caixa	03/09/2010	07/10/2010
CPC 04	Ativo Intangível	05/11/2010	02/12/2010
CPC 05	Divulgação sobre Partes Relacionadas	03/09/2010	07/10/2010
CPC 06	Arrendamentos	06/10/2017	21/12/2017
CPC 07	Subvenção e Assistência Governamentais	05/11/2010	02/12/2010

Fonte: https://www.cpc.org.br/CPC/Documentos-Emitidos/Pronunciamentos

Figura 20.11: Exemplo de Pronunciamento Contábil e sua referência internacional

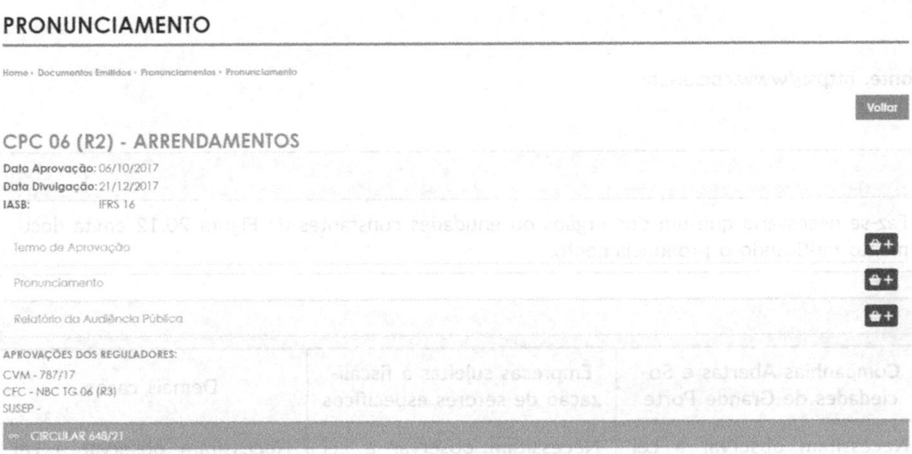

PRONUNCIAMENTO

Home › Documentos Emitidos › Pronunciamentos › Pronunciamento

Voltar

CPC 06 (R2) - ARRENDAMENTOS

Data Aprovação: 06/10/2017
Data Divulgação: 21/12/2017
IASB: IFRS 16

Termo de Aprovação

Pronunciamento

Relatório da Audiência Pública

APROVAÇÕES DOS REGULADORES:
CVM - 787/17
CFC - NBC TG 06 (R3)
SUSEP -

CIRCULAR 648/21

Fonte:https://www.cpc.org.br/CPC/Documentos-Emitidos/Pronunciamentos/Pronunciamento?Id=37

Figura 20.12: Órgãos Reguladores que ratificam os pronunciamentos do CPC

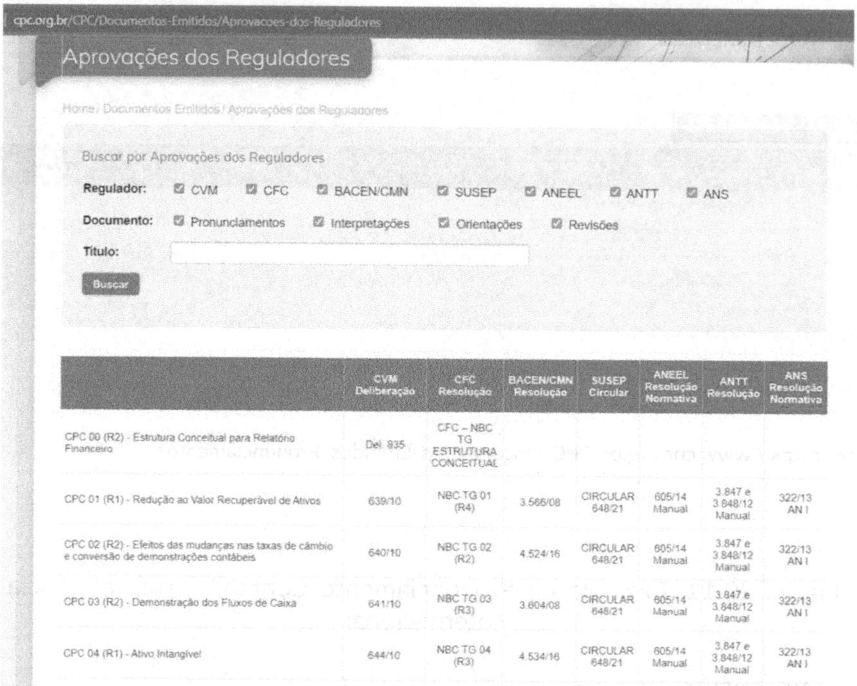

	CVM Deliberação	CFC Resolução	BACEN/CMN Resolução	SUSEP Circular	ANEEL Resolução Normativa	ANTT Resolução	ANS Resolução Normativa
CPC 00 (R2) - Estrutura Conceitual para Relatório Financeiro	Del. 835	CFC – NBC TG ESTRUTURA CONCEITUAL					
CPC 01 (R1) - Redução ao Valor Recuperável de Ativos	639/10	NBC TG 01 (R4)	3.566/08	CIRCULAR 648/21	605/14 Manual	3.847 e 3.848/12 Manual	322/13 AN I
CPC 02 (R2) - Efeitos das mudanças nas taxas de câmbio e conversão de demonstrações contábeis	640/10	NBC TG 02 (R2)	4.524/16	CIRCULAR 648/21	605/14 Manual	3.847 e 3.848/12 Manual	322/13 AN I
CPC 03 (R2) - Demonstração dos Fluxos de Caixa	641/10	NBC TG 03 (R3)	3.604/08	CIRCULAR 648/21	605/14 Manual	3.847 e 3.848/12 Manual	322/13 AN I
CPC 04 (R1) - Ativo Intangível	644/10	NBC TG 04 (R3)	4.534/16	CIRCULAR 648/21	605/14 Manual	3.847 e 3.848/12 Manual	322/13 AN I

Fonte: https://www.cpc.org.br

Como um Pronunciamento do CPC se torna obrigatório a determinado setor regulado?
Faz-se necessário que um dos órgãos ou entidades constantes da Figura 20.12 emita documento ratificando o pronunciamento.

Tratamento dado as demonstrações financeiras das Pessoas Jurídicas de Direito Privado		
Companhias Abertas e Sociedades de Grande Porte	**Empresas sujeitas à fiscalização de setores específicos**	**Demais casos**
Necessitam observar a Lei 6.404/1976 e os CPCs que foram ratificados pela CVM.	Necessitam observar a Lei 6.404/1976 e os CPCs que foram ratificados pelos órgãos reguladores específicos: BACEN, SUSEP, ANEEL, ANTT ou ANS conforme o caso.	Necessitam observar a Lei 6.404/1976 e os CPCs que foram ratificados pelo CFC.

Tratamento dado as demonstrações financeiras das Pessoas Jurídicas de Direito Privado		
Companhias Abertas e Sociedades de Grande Porte	**Empresas sujeitas à fiscalização de setores específicos**	**Demais casos**
Obrigatoriamente as demonstrações devem submetidas a auditoria por auditores independentes registrados na CVM.	Se forem de companhias abertas ou sociedades de grande porte submetem-se a mesma regra da CVM. Caso fiquem fora do escopo anterior, podem vir a ser submetidas a auditoria por auditores independentes registrados na CVM, caso o órgão regulador assim determine.	As demonstrações dispensam a submissão a auditoria por auditores independentes registrados na CVM.
Em todos os casos, as demonstrações financeiras devem ser enviadas para as autoridades fiscais.		

O que a confiabilidade das demonstrações financeiras busca?
1. Tornar as demonstrações financeiras úteis para seus usuários (**investidores** ou **credores** por empréstimos e outros credores, existentes e potenciais) **na tomada de decisões** referente à oferta de recursos à entidade. 2. Evitar distorções contábeis.

O que é uma distorção contábil?
Nas auditorias contábeis financeiras os achados são denominados **distorções.** Uma distorção nas demonstrações contábeis seria **a diferença entre a informação contábil declarada e a requerida pelos padrões contábeis aplicáveis**, no que concerne **ao Valor, à Classificação, à Apresentação ou à Divulgação de um item das demonstrações contábeis.**

Reflexão Final
O Decreto nº 11.129/2022 e o Decreto 12.304/2024 não exigem, nem dispensam no âmbito de um programa de integridade que haja auditoria externa sobre as demonstrações financeiras como condição essencial para cumprir o quesito. As regras contábeis (Lei 6.404/1976 e Pronunciamentos dos CPCs) continuam válidas e devem ser observadas. **O programa de integridade deve evidenciar medidas (existência e institucionalização) de que o processo de escrituração, elaboração e divulgação das demonstrações contábeis é confiável, seja com asseguração razoável (preferencialmente), seja com asseguração limitada.**

A auditoria externa (independente) pode ser responsabilizada por parecer sobre a confiabilidade dos relatórios e demonstrações contábeis e financeiras?
Em caso inédito e que abriu precedentes, em março de 2025, a Terceira Turma do Superior Tribunal de Justiça (STJ) no julgamento do Recurso Especial nº 1931678 condenou a KPMG a pagar indenização milionária por aprovar demonstrações financeiras do Banco BVA, resultando em prejuízo ao investidor[6,7].

6. https://www.nordinvestimentos.com.br/blog/stj-condena-kpmg-indenizacao-milionaria-investidor/
7 https://mandatum.com.br/stj-condena-kpmg-a-pagar-indenizacao-milionaria-a-investidor/

A decisão do STJ manteve o entendimento do Tribunal de Justiça de São Paulo (TJSP) de que a auditoria é responsável pelo mau investimento, se agir com negligência e imperícia.

A KPMG foi considerada responsável por emitir pareceres sem ressalvas sobre as demonstrações financeiras do Banco BVA, que posteriormente entrou em colapso financeiro. Essa conduta levou investidores a acreditarem na solidez da instituição, resultando em prejuízos significativos.

Com base nos pareceres da KPMG, uma holding familiar do setor agropecuário investiu R$ 3,5 milhões em Certificados de Depósito Bancário (CDB) do Banco BVA. Meses depois, o banco sofreu intervenção do Banco Central, culminando em sua falência em 2014.

A decisão do STJ determinou que a KPMG e seu sócio paguem mais de R$ 10 milhões à holding, considerando o total investido, atualização monetária e honorários de sucumbência, descontando o valor recebido do Fundo Garantidor de Crédito (FGC).

Esta decisão estabelece um precedente importante ao atribuir responsabilidade civil às empresas de auditoria por negligência e imperícia na avaliação das demonstrações financeiras de instituições financeiras. Destaca-se a importância de uma atuação diligente e transparente das auditorias para garantir a confiança no mercado financeiro e proteger os investidores.

A KPMG alegou que não pode garantir 100% da veracidade das demonstrações financeiras auditadas e que o auditor pode ser enganado se a empresa auditada agir de má-fé. No entanto, o STJ reforçou que a auditoria tem responsabilidade sobre a confiabilidade das informações que certifica.

Nessa linha, é importante reforçar o entendimento da CVM sobre o tema. **A NE - Nota Explicativa nº 9/78 referente à Instrução CVM nº 04/1978**, que dispõe sobre as Normas relativas ao Registro de Auditor Independente na CVM:

> *Por sua relevância, uma auditoria efetivamente independente constitui um suporte indispensável ao bom desempenho das atribuições cometidas à Comissão de Valores Mobiliários.* ***A figura do auditor independente é imprescindível à credibilidade do mercado****, representando um instrumento de inestimável valor na proteção do investidor, na medida em que* ***sua função é zelar pela fidedignidade e confiabilidade das demonstrações financeiras das companhias abertas****. A exatidão e clareza dessas demonstrações financeiras, a divulgação em notas explicativas de informações indispensáveis a uma visualização da situação patrimonial e financeira e dos resultados da companhia, dependem de um sistema de auditoria eficaz e, principalmente, da tomada de consciência do auditor independente quanto ao seu papel.*

Além disso, nos termos da Lei nº 6.385/1976, tem-se:

> *Art . 26.* ***Somente as empresas de auditoria contábil ou auditores contábeis independentes, registrados na Comissão de Valores Mobiliários poderão auditar****, para os efeitos desta Lei, as demonstrações financeiras de companhias abertas e das instituições,* ***sociedades ou empresas que integram o sistema de distribuição e intermediação de valores mobiliários.***
>
> *§ 1º - A Comissão estabelecerá as condições para o registro e o seu procedimento, e definirá os casos em que poderá ser recusado, suspenso ou cancelado.*
>
> *§ 2º -* ***As empresas de auditoria contábil ou auditores contábeis independentes responderão, civilmente, pelos prejuízos que causarem a terceiros em virtude de culpa ou dolo no exercício das funções previstas neste artigo.***
>
> *§ 3º Sem prejuízo do disposto no parágrafo precedente, as empresas de auditoria contábil ou os auditores contábeis independentes* ***responderão administrativamente, perante o Banco Central do Brasil, pelos atos praticados ou omissões em que houverem incorrido no desempenho das atividades de auditoria de instituições financeiras e demais instituições autorizadas a funcionar pelo Banco Central do Brasil.***

Em suma, as empresas de auditoria contábil ou auditores contábeis independentes responderão pelos prejuízos que causarem a terceiros em virtude de culpa ou dolo no exercício das funções.

7. REFLEXÕES SOBRE O NÍVEL DE TRANSPARÊNCIA NO SETOR PRIVADO NO CONTEXTO DA INTEGRIDADE

Antes de adentrar no nível de transparência em um programa de integridade, será trazida a questão do custo associado na produção de informações. Será utilizado como referência inicial as informações contábeis.

7.1. Restrição para geração de informações contábeis

Segundo o CPC, o custo para gerar uma informação contábil-financeira é uma restrição sempre presente na entidade no processo de fornecer informação útil.

Os fornecedores de informação contábil-financeira envidam grande parte de seus esforços na coleta, no processamento, na verificação e na disseminação de informação contábil-financeira, **mas os usuários em última instância pagam por esses custos na forma de retornos reduzidos.**

Os usuários de informação contábil-financeira também incorrem em custos de análise e interpretação de informação fornecida. **Se a informação demandada não é fornecida, os usuários incorrem em custos adicionais de obtenção da informação por meio de outras fontes ou por meio de sua estimativa.**

Na aplicação da restrição do custo, avalia-se se os benefícios proporcionados pela elaboração e divulgação de informação em particular são provavelmente justificados pelos custos incorridos para fornecimento e uso dessa informação. Quando da aplicação da restrição do custo no desenvolvimento do padrão proposto de elaboração e divulgação, **o órgão normatizador deve procurar se informar junto aos fornecedores da informação, usuários, auditores independentes, acadêmicos e outros agentes sobre a natureza e quantidade esperada de benefícios e custos desse padrão**. Em grande parte dos casos, as avaliações são baseadas na combinação de informação quantitativa e qualitativa.

Em função da subjetividade inerente ao processo, as avaliações de diferentes indivíduos acerca dos custos e benefícios da elaboração e divulgação de itens particulares de informação contábil-financeira devem variar. Dessa forma, o órgão normatizador deve procurar tomar por base os custos e benefícios com relação à elaboração e à divulgação de modo geral, e não somente em relação a entidades individuais que reportam a informação. Isso não quer dizer que as avaliações de custos e benefícios sempre são justificadas pelas mesmas exigências de divulgação para todas as entidades. Diferenças podem ser apropriadas em decorrência dos tamanhos variados das entidades, das diferentes formas de captação de capital (publicamente ou privadamente), das diferentes necessidades de usuários ou de outros fatores.

7.2. Limites da transparência: do setor público ao setor privado

Observou-se nos capítulos 8 e 9 que no setor público, a regra é a transparência e o sigilo ou a restrição a exceção (ou seja, há limites). **A questão é qual seria a regra aplicável ao setor privado?**

Para responder essa provocação, vamos nos servir da Lei nº 13.303, de 30 de junho de 2016:

> *Art. 86. As informações das empresas públicas e das sociedades de economia mista relativas a licitações e contratos, inclusive aqueles referentes a bases de preços, constarão de bancos de dados eletrônicos atualizados e com acesso em tempo real aos órgãos de controle competentes.*
>
> *§ 1º As demonstrações contábeis auditadas da empresa pública e da sociedade de economia mista serão disponibilizadas no sítio eletrônico da empresa ou da sociedade na internet, inclusive em formato eletrônico editável.*
>
> *§ 2º* ***As atas e demais expedientes oriundos de reuniões, ordinárias ou extraordinárias, dos conselhos de administração ou fiscal das empresas públicas e das sociedades de economia mista, inclusive gravações e filmagens, quando houver, deverão ser disponibilizados para os órgãos de controle sempre que solicitados, no âmbito dos trabalhos de auditoria.***
>
> *§ 3º O acesso dos órgãos de controle às informações referidas no caput e no § 2º será restrito e individualizado.*
>
> *§ 4º* ***As informações que sejam revestidas de sigilo bancário, estratégico, comercial ou industrial serão assim identificadas, respondendo o servidor administrativa, civil e penalmente pelos danos causados à empresa pública ou à sociedade de economia mista e a seus acionistas em razão de eventual divulgação indevida.***
>
> *§ 5º Os critérios para a definição do que deve ser considerado sigilo estratégico, comercial ou industrial serão estabelecidos em regulamento.*

Limites da Transparência para as Pessoas Jurídicas de Direito Privado em que o Poder Público é acionista majoritário (Empresas Públicas ou Sociedades de Economia Mista)
A Lei nº 13.303/2016 insere situações de sigilo: bancário, estratégico, comercial ou industrial. Competindo a empresa estatal estabelecer as definições em regulamento.
Observa-se que não foi inserido sigilo das informações contábeis, até porque a CVM[8] e CFC exigem que sejam cumpridas para essas empresas os requisitos sobre evidenciação nos diversos pronunciamentos contábeis aprovados pelo CPC.

8 **Decreto nº 7.724/2012.**
Art. 5º Sujeitam-se ao disposto neste Decreto os órgãos da administração direta, as autarquias, as fundações públicas, **as empresas públicas, as sociedades de economia mista e as demais entidades controladas direta ou indiretamente pela União.**
§ 1º A divulgação de informações de empresas públicas, sociedade de economia mista e demais entidades controladas pela União que atuem em regime de concorrência, sujeitas ao disposto no art. 173 da Constituição, **estará submetida às normas pertinentes da Comissão de Valores Mobiliários, a fim de assegurar sua competitividade, governança corporativa e, quando houver, os interesses de acionistas minoritários.**

Diante do exposto, considerando que no setor público existem limitações para a transparência, que para as empresas estatais que operam em um mercado competitivo existem limitações para a transparência, não seria razoável que para as empresas sem vínculo com o Poder Público a transparência seria absoluta. Por outro lado, os órgãos reguladores definem níveis mínimos de transparência, podendo as empresas adotarem uma transparência adicional voluntária, também denominado "**Disclosure Voluntário**", ou seja, divulgam além do requisitado pelos órgãos reguladores.

Estudos acadêmicos indicam que empresas que adotam maios nível **disclosure** reduzem a assimetria informacional gerando externalidades positivas, tais como: (i) empresas que mais divulgam informações voluntariamente conseguem captar capital próprio a uma taxa mais barata[9]; (ii) empresas que mais divulgam informações voluntariamente possuem maior nível de governança corporativa (que está relacionada ao programa de *compliance* e integridade)[10]; (iii) empresas que mais divulgam informações geram mais valor das empresas[11]; (iv) empresas que mais divulgam informações voluntariamente reduzem a volatilidade das ações[12].

Por fim, o Quadro 20.6 traz um comparativo entre as 3 situações exploradas nesse tópico.

---

§ 2º Não se sujeitam ao disposto neste Decreto as informações relativas à atividade empresarial de pessoas físicas ou jurídicas de direito privado obtidas pelo Banco Central do Brasil, pelas agências reguladoras ou por outros órgãos ou entidades no exercício de atividade de controle, regulação e supervisão da atividade econômica cuja divulgação possa representar vantagem competitiva a outros agentes econômicos.

Art. 6º O acesso à informação disciplinado neste Decreto não se aplica:

I - às hipóteses de sigilo previstas na legislação, como fiscal, bancário, de operações e serviços no mercado de capitais, comercial, profissional, industrial e segredo de justiça; e

II - às informações referentes a projetos de pesquisa e desenvolvimento científicos ou tecnológicos cujo sigilo seja imprescindível à segurança da sociedade e do Estado, na forma do §1º do art. 7º da Lei nº 12.527, de 2011.

9 Castro Júnior, F. H. F.; Conceição, P. M.; Santos, D. A. A relação entre o nível voluntário de transparência e o custo de capital próprio das empresas brasileiras não-financeiras. Revista Eletrônica de Administração - Porto Alegre - Edição 70 - Vol. 17 - Nº 3 - setembro/dezembro 2011 - p. 617-635.

10 LANZANA, Ana P. Relação entre disclosure e governança corporativa das empresas brasileiras. Dissertação (Mestrado em Administração). Faculdade de Economia, Administração e Contabilidade da Universidade de São Paulo. São Paulo, 2004.

11 GARCIA, Fábio G.; SATO, Lívia G.; CASELANI, César N. O impacto da política de transparência sobre o valor das empresas brasileiras. In: 4o Encontro Brasileiro de Finanças, Rio de Janeiro, 2004.

12 MALACRIDA, Mara J. C.; YAMAMOTO, Marina M. Governança corporative: nível de evidenciação das informações e sua relação com a volatidade das ações do IBOVESPA. Revista de Contabilidade e Finanças. São Paulo, Vol. 3, p. 65-79, 2006.

Quadro 20.6: Limites da Transparências no Setor Público e Privado

Setor Público: Administração Direta, Autarquias e Fundações Públicas	Setor Público: Empresas Públicas e Sociedades de Economia Mistas - Pessoas Jurídicas de Direito Privado	Setor Privado: Pessoas Jurídicas (Companhias Abertas, Sociedades de Grande Porte, Pequenas Empresas e Microentidades)
A transparência é a regra. Não se aplica para: (i) informação classificada em grau de sigilo; (ii) informação pessoal.	A transparência é a regra. Não se aplica para: (i) informação classificada em grau de sigilo; (ii) informação pessoal; (iii) sigilo: bancário, estratégico, comercial ou industrial.	A transparência é desejada e incentivada e gera externalidades positivas. Contudo, a fim de assegurar sua competitividade, governança corporativa e, quando houver, os interesses de acionistas minoritários, sugere-se não se aplicar transparência plena nos casos a seguir: (i) informação pessoal; (ii) sigilo: bancário, estratégico, comercial ou industrial.
As informações contábeis seguem as orientações da Secretaria do Tesouro Nacional.	As informações contábeis seguem as orientações CVM.	As informações contábeis seguem as orientações da CVM, CFC e demais órgãos reguladores (BACEN, SUSEP, ANEEL, ANTT ou ANS conforme o caso).
Em qualquer caso não se aplica a transparência nas hipóteses de segredo de justiça.		

7.3. O Programa de Integridade e o Relato Integrado à luz do Comitê de Pronunciamentos Contábeis

7.3.1. Relatório de Administração

A Lei nº 6.404/1976 define que:

> *Art. 133.* **Os administradores devem comunicar, até 1 (um) mês antes da data marcada para a realização da assembleia-geral ordinária, por anúncios publicados na forma prevista no artigo 124, que se acham à disposição dos acionistas:**
>
> **I - o relatório da administração sobre os negócios sociais e os principais fatos administrativos do exercício findo;**
>
> *II - a cópia das demonstrações financeiras;*
>
> *III - o parecer dos auditores independentes, se houver.*
>
> *IV - o parecer do conselho fiscal, inclusive votos dissidentes, se houver;*

> *V - demais documentos pertinentes a assuntos incluídos na ordem do dia.*
>
> *§ 1º Os anúncios indicarão o local ou locais onde os acionistas poderão obter cópias desses documentos.*
>
> *§ 2º A companhia remeterá cópia desses documentos aos acionistas que o pedirem por escrito, nas condições previstas no § 3º do artigo 124.*
>
> *§ 3º Os documentos referidos neste artigo, à exceção dos constantes dos incisos IV e V, serão publicados até 5 (cinco) dias, pelo menos, antes da data marcada para a realização da assembleia-geral.*_
>
> *§ 4º A assembleia-geral que reunir a totalidade dos acionistas poderá considerar sanada a falta de publicação dos anúncios ou a inobservância dos prazos referidos neste artigo; mas é obrigatória a publicação dos documentos antes da realização da assembleia.*
>
> *§ 5º A publicação dos anúncios é dispensada quando os documentos a que se refere este artigo são publicados até 1 (um) mês antes da data marcada para a realização da assembleia-geral ordinária.*

O Pronunciamento Contábil 26 – Apresentação das Demonstrações Contábeis por sua vez traz o seguinte embasamento:

> *13. Muitas entidades apresentam, fora das demonstrações contábeis, comentários da administração que descrevem e explicam as características principais do desempenho e da posição financeira e patrimonial da entidade e as principais incertezas às quais está sujeita.*
>
> **Esse relatório pode incluir a análise:**
>
> *(a) dos principais fatores e influências que determinam o desempenho, incluindo alterações no ambiente em que a entidade opera, a resposta da entidade a essas alterações e o seu efeito e a política de investimento da entidade para manter e melhorar o desempenho, incluindo a sua política de dividendos;*
>
> *(b) das fontes de financiamento da entidade e a respectiva relação pretendida entre passivos e o patrimônio líquido; e*
>
> *(c) dos recursos da entidade não reconhecidos nas demonstrações contábeis de acordo com os Pronunciamentos Técnicos, Interpretações e Orientações do CPC.*

Já a Resolução CVM nº 80, de 29 de março de 2022, e atualizações posteriores segrega as empresas em 2 categorias: A e B.

O registro na categoria A autoriza a **negociação de quaisquer valores mobiliários do emissor em mercados regulamentados de valores mobiliários.**

O registro na categoria B autoriza a negociação de valores mobiliários do emissor **em mercados regulamentados de valores mobiliários, exceto os seguintes valores mobiliários:** (i) ações e certificados de depósito de ações; ou (ii) valores mobiliários que confiram ao titular o direito de adquirir os valores mobiliários mencionados no inciso I, em consequência da sua conversão ou do exercício dos direitos que lhes são inerentes, desde que emitidos pelo próprio emissor dos valores mobiliários referidos no inciso I ou por uma sociedade pertencente ao grupo do referido emissor.

A referida resolução define exigências maiores para a categoria A em relação a categoria B. Essas exigências são supridas por meio de informações mediante preenchimento de formulários que consideram informações do Relatório de Gestão.

Segundo Santos et alli (2022), o relatório de administração pode conter os seguintes itens:

1. Decrição dos negócios, produtos e serviços.
2. Comentários sobre a conjuntura econômica atual.
3. Recursos humanos.
4. Investimentos.
5. Pesquisa e desenvolvimento.
6. Novos produtos e serviços.
7. Proteção ao meio ambiente.
8. Reformulações administrativas.
9. Investimentos em controladas e coligadas.
10. Direito dos acionistas e dados de mercado.
11. Perspectivas e planos para o exercício em curso e os seguintes.
12. Empresas investidoras.
13. Fontes de obtenção de recursos.
14. Itens fora do balanço.
15. Análise de Riscos.

7.3.2. Relato Integrado

A Orientação Técnica CPC 09 Relato Integrado de 06 de novembro de 2020, define **relato integrado** como um relato conciso sobre como a estratégia, a governança, o desempenho e as perspectivas da organização, no contexto de seu ambiente externo, levam à geração de valor a curto, médio e longo prazos.

Aplicação do Relato Integrado
A OCPC 09 foi aprovada pelo CTG CFC nº 9/2020 e pela Resolução CVM nº 14/2020, logo se aplica a todas as empresas sob a jurisdição do CFC[13] e da CVM (companhias abertas).

O Relato Integrado deve ser mais do que um resumo de informações que constam em outras comunicações (por exemplo: demonstrações contábeis, relatório de sustentabilidade, apresentação para analistas ou informações que constam

13. CTG/09 1.4. Esta Orientação é escrita considerando, principalmente, o setor privado e empresas com fins lucrativos de qualquer porte, mas pode ser aplicada e adaptada, conforme necessário, para organizações do setor público e sem fins lucrativos.

em sítios na internet); ele torna explícita a conectividade de informações para comunicar como se gera valor ao longo do tempo.

O Relato Integrado pode ser elaborado para atender às exigências de integridade ("compliance") vigentes. Por exemplo, **a organização pode ser obrigada por lei aplicável a elaborar o relatório de administração ou outro relatório dentro do contexto para suas demonstrações contábeis. Se esse relatório for elaborado conforme esta Orientação, ele pode ser considerado o Relato Integrado.**

O Relatório de Administração pode ser o Relato Integrado?
Se o Relatório de Administração for elaborado nos termos da OCPC 09, ele pode ser denominado Relato Integrado.

Se for exigido que o relatório inclua informações específicas, além das requeridas por esta Orientação, o relatório ainda assim pode ser considerado o Relato Integrado, contanto que essas outras informações não ocultem a concisão exigida por esta Orientação.

O Relato Integrado pode ser um relatório independente ou ser uma parte distinta, destacada e retirada de outro relatório ou informe. Ele pode, por exemplo, ser incluído no início de relatório que também abranja as demonstrações contábeis da organização.

O Relato Integrado pode servir de "porta de entrada" para informações mais detalhadas, fora do informe ao qual está vinculado. A forma do vínculo depende do formato do Relato Integrado (por exemplo: no caso de relatório impresso, os vínculos podem ser outras informações anexas; no caso de relatório em formato eletrônico, podem ser hyperlinks que levem a outras informações).

Responsabilidade pela Elaboração
O Relato Integrado deve incluir declaração dos responsáveis pela governança que inclua: -o reconhecimento de sua responsabilidade por assegurar a **integridade** do Relato Integrado; -o reconhecimento de terem aplicado o pensamento coletivo na elaboração e na apresentação do Relato Integrado; e - sua opinião ou conclusão quanto ao fato de a apresentação do Relato Integrado estar de acordo com esta Orientação;
Ou, se o Relato Integrado não contiver a declaração dos responsáveis pela governança deve explicar: - o papel desempenhado pelos responsáveis pela governança na elaboração e na apresentação do Relato Integrado; - as medidas que estão sendo tomadas para emitir tal representação no suporte de relatórios futuros; e - o prazo para fazê-lo, **que não deve ultrapassar o terceiro Relato Integrado da organização que faça referência a esta Orientação.**

O Quadro 20.7 contém a estrutura do Relato Integrado.

Quadro 20.7: Estrutura do Relato Integrado

Estrutura	Detalhamento
Princípios de Orientação	1. Foco estratégico e orientação para o futuro 2. Conectividade de Informações. 3. Relação com as partes interessadas (stakeholders). 4. Materialidade (relevância). 5. Concisão. 6. Confiabilidade e completude. 7. Uniformidade e comparabilidade.
Elementos de conteúdo	1. Visão geral da organização e de seu ambiente externo. 2. Governança. 3. Modelo de negócios. 4. Riscos e oportunidades. 5. Estratégia e alocação de recursos. 6. DesePEMnho. 7. Perspectiva. 8. Base para elaboração e apresentação. 9. Orientações gerais sobre o Relato Integrado.

Princípios
Foco estratégico e orientação para o futuro: o Relato Integrado deve oferecer uma visão da estratégia da organização e como ela se relaciona com a capacidade que a organização tem de gerar valor a curto, médio e longo prazos, bem como com seu uso e seus efeitos sobre os capitais.
Conectividade de Informações: o Relato Integrado deve mostrar uma imagem holística da combinação, do inter-relacionamento e das dependências entre os fatores que afetam a capacidade da organização de gerar valor ao longo do tempo.
Relação com as partes interessadas (*stakeholders*): o Relato Integrado deve prover uma visão da natureza e da qualidade das relações que a organização mantém com suas principais partes interessadas (stakeholders), incluindo como e até que ponto a organização entende, leva em conta e responde aos seus legítimos interesses e necessidades.
Materialidade (relevância): o Relato Integrado deve divulgar informações sobre temas que afetam, de forma substancial, a capacidade de a organização gerar valor a curto, médio e longo prazos.
Concisão: o Relato Integrado deve incluir contexto suficiente para compreensão da estratégia, da governança, do desempenho e das perspectivas da organização, **sem que fique sobrecarregado com informações menos relevantes.**
Confiabilidade e completude: o Relato Integrado deve abranger todos os temas relevantes, tanto positivos quanto negativos, de maneira equilibrada e isenta de erros significativos.

Uniformidade e comparabilidade: As informações no Relato Integrado devem ser apresentadas: (i) em bases uniformes ao longo do tempo; e (ii) de maneira a permitir a comparação com outras organizações à medida que seja importante para a capacidade de a própria organização gerar valor ao longo do tempo.

Quadro 20.8: Elementos de Conteúdo do Relato Integrado e o que se deve buscar responder

Elementos de Conteúdo	Questão a ser respondida?
1. Visão geral da organização e de seu ambiente externo.	O que a organização faz e quais são as circunstâncias em que ela atua?
2. Governança.	Como a estrutura de governança da organização apoia sua capacidade de gerar valor a curto, médio e longo prazos?
3. Modelo de negócios.	Qual é o modelo de negócios da organização?
4. Riscos e oportunidades.	Quais são as oportunidades e os riscos específicos que afetam a capacidade que a organização tem de gerar valor a curto, médio e longo prazos, e como a organização lida com eles?
5. Estratégia e alocação de recursos.	Para onde a organização deseja ir e como ela pretende chegar lá?
6. Desempenho.	Até que ponto a organização já alcançou seus objetivos estratégicos para o período e quais são os resultados no tocante aos efeitos sobre os capitais?
7. Perspectiva.	Quais são os desafios e as incertezas que a organização provavelmente deve enfrentar ao perseguir sua estratégia e quais são as potenciais implicações para seu modelo de negócios e seu desempenho futuro?
8. Base para elaboração e apresentação.	Como a organização determina os temas a serem incluídos no Relato Integrado e como esses temas são quantificados ou avaliados?
9. Orientações gerais sobre o Relato Integrado.	Os assuntos gerais de relato a seguir são relevantes para diversos Elementos de Conteúdo: divulgação de temas relevantes; divulgação sobre os capitais; períodos de tempo de curto, médio e longo prazos; agregação e desagregação.

A integridade é mencionada no elemento Governança

O Relato Integrado pode ser elaborado para atender às exigências de integridade ("compliance") vigentes. Por exemplo, a organização pode ser obrigada por lei aplicável a elaborar o relatório de administração ou outro relatório dentro do contexto para suas demonstrações contábeis. Se esse relatório for elaborado conforme esta Orientação, ele pode ser considerado o Relato Integrado. Se for exigido que o relatório inclua informações específicas, além das requeridas por esta Orientação, o relatório ainda assim pode ser considerado o Relato Integrado, contanto que essas outras informações não ocultem a concisão exigida por esta Orientação.

O Relato Integrado oferece uma visão sobre como os temas a seguir estão ligados à sua capacidade de gerar valor:

-a estrutura de liderança da organização, incluindo as habilidades e a diversidade (por exemplo: a variedade de formação, gênero, competência e experiência) dos responsáveis pela governança e se as exigências regulatórias influenciam o desenho da estrutura de governança;

-processos específicos usados na tomada de decisão estratégica, e para estabelecer e monitorar a cultura da organização, incluindo sua atitude em relação a riscos e mecanismos para lidar com questões de ética e integridade;

-ações específicas tomadas por responsáveis pela governança para influenciar e monitorar a direção estratégica da organização e sua abordagem de gestão de risco;

-como a cultura, ética e valores da organização se refletem nos capitais que ela utiliza e afeta, incluindo suas relações com as principais partes interessadas (stakeholders);

- se a organização está implementando práticas de governança que excedem as exigências legais;

- a responsabilidade que os responsáveis pela governança assumem para promover e viabilizar a inovação; e

-como o sistema de remuneração e incentivos está vinculado à geração de valor a curto, médio e longo prazos, e como esse sistema está ligado à forma como a organização usa e afeta os capitais.

O Relato Integrado deve incluir a representação dos responsáveis pela governança com:

-o reconhecimento de sua responsabilidade por assegurar a completitude (integridade) do Relato Integrado;

- o reconhecimento de terem aplicado o pensamento coletivo na elaboração e na apresentação do Relato Integrado;

- sua opinião ou conclusão quanto ao fato de a apresentação do Relato Integrado estar de acordo com esta Estrutura ou, se o Relato não contiver tal representação, deve explicar: (i) o papel desempenhado pelos responsáveis pela governança na elaboração e na apresentação do Relato Integrado; (ii) as medidas que estão sendo tomadas para emitir tal representação no suporte de relatórios futuros; (iii) **o prazo para fazê-lo, que não deve ultrapassar o terceiro Relato Integrado da organização que faça referência a esta Estrutura.**

PODCAST com *Expert*:

Mariana Covre trata da composição de um programa de *compliance* e integridade do setor privado.

UNIDADE DIDÁTICA V:
Tópicos Especiais Transversais

Como a integridade organizacional interage com o ambiente externo?

Quais os efeitos comportamentais sobre a integridade?

Quais os mitos envolvidos em um programa de integridade?

Como as organizações da Sociedade Civil promovem a integridade?

Quais estratégias de fomento à integridade podem fortalecer as políticas públicas?

Materiais complementares de apoio aos leitores	

CAPÍTULO 21

A INTEGRIDADE DA ORGANIZAÇÃO E SUA RELAÇÃO COM O AMBIENTE EXTERNO

1. A INTEGRIDADE NAS ORGANIZAÇÕES NÃO É UM SISTEMA HERMETICAMENTE FECHADO

Nos capítulos anteriores foi evidenciado o "como" fazer um programa de integridade, bem como dissertado acerca seus componentes. Por sua vez, esta unidade será dedicada a algumas reflexões importantes que decorrem sobre a **integração do sistema de integridade de uma organização com o seu ambiente externo.**

Tal esforço em debater essa perspectiva se faz necessário haja vista que estes autores compreendem que a **organização seja pública ou privada está inserida em uma realidade política, econômica e social plural.** Além disso, dentro da própria organização possui também fatores intrínsecos como motivação, satisfação laboral ou perspectiva de crescimento profissional de seus agentes que influenciam condutas dotadas de valores éticos, não só dentro da organização, mas também impactam em como tais agentes criam expectativas ao interagir com concorrentes, fornecedores e governos nacionais e estrangeiros ou até como se comportam na condução de sua vida particular.

Neste diapasão, este capítulo trará **insights** de como essas interações ocorrem. No capítulo 22, serão evidenciados elementos influenciadores de comportamentos humanos e repercussão em condutas éticas ou não éticas. Já no capítulo 23, veremos que existem mitos sobre a gestão da integridade como o de que caso implante programas de integridade em uma organização a corrupção vai simplesmente desaparecer. Em relação ao capítulo 24, será alardeado que inexiste enfrentamento à corrupção sem a participação da sociedade. E, por fim, no capítulo 25, serão apresentadas propostas de políticas públicas de indução a integridade que o poder público.

Nesse sentido, entender a relação entre uma organização e o ambiente em que faz parte não deve ser algo relevante apenas para aquela, mas sim é algo de interesse também dos atores que com ela se relaciona ou a fiscaliza. Em suma: é um movimento de dentro para fora e de fora para dentro.

Por exemplo, o Departamento de Justiça dos Estados Unidos ("DOJ") em seu guia "**Evaluation of Corporate Compliance Programs**", ao estabelecer as diretrizes para avaliação da efetividade de programas de *compliance*, reconhece que o **perfil de risco de cada empresa e as soluções para reduzir seus riscos justificam uma avaliação particularizada.** Dessa forma, o DOJ toma uma decisão razoável e individualizada em cada caso, que considera **vários fatores**, incluindo, entre outros, o tamanho da empresa, **o setor, a presença geográfica, o cenário regulatório e outros fatores, tanto internos quanto externos às operações da empresa, que possam impactar seu programa de compliance[1].**

2. REFLEXÕES SOBRE CONDUTAS INDIVIDUAIS SOBRE A INTEGRIDADE DA ORGANIZAÇÃO

No capítulo 10 foi evidenciado de maneira detalhada as situações e circunstâncias de eventuais conflitos de interesses por parte do colaborador de uma organização que possam causar prejuízos do exercício de sua função que fora confiada de forma independente e imparcial. Para esse tipo de interação vinculada ao ambiente interno e externo (a semelhança do *due diligence*) já existe um sistema de controle com políticas, procedimentos e instâncias de governança próprios e internalizados. **Ocorre que, ao olhar de maneira mais abrangente, existem muitos outros atos que aparentemente são alheios a qualquer interação de possível benefício direto ou indireto do individuo, mas que não podem deixar de entrar no debate correlacionado ao ambiente de integridade da organização.** Por exemplo, trazem-se os seguintes reflexos de situações na esfera pública e privada entre a conduta pessoal e seu reflexo na conduta profissional.

O que eu faço na minha vida privada afeta minha profissional?
Na prática, as pessoas tendem a fazer distinção entre ações realizadas na vida privada e ações realizadas no trabalho ou como parte da vida profissional.
Contudo, dependendo do tipo de ação realizada no âmbito pessoal, ela pode desencadear efeitos positivos ou negativos na vida profissional, assim como para a organização na qual você trabalha.

O Quadro 21.1 traz situações hipotéticas que serão úteis na reflexão inicial.

1 https://www.justice.gov/criminal-fraud/page/file/937501/download.

Quadro 21.1: Situações hipotéticas ocorrida na vida pessoal de diferentes profissionais

1	Um motorista ministerial perde a carteira de motorista devido a uma infração de trânsito nas horas vagas.	Uma enfermeira perde a carteira de motorista devido a uma infração de trânsito.
2	Um advogado aparece bêbado para defender um processo judicial.	Um advogado está bêbado fora do expediente, e não é por causa do trabalho.
3	Um carteiro é condenado por furto em seu tempo livre.	Um consultor em um ministério é condenado por furto em seu tempo livre.
4	Um agente penitenciário é condenado por violência.	Um limpador é condenado por violência.

Análise por Grupo de Situações
No Grupo 1, em que a carteira de trânsito foi perdida; há prejuízo para o servidor que ocupa o cargo de motorista. Não há prejuízo para a enfermeira na execução de suas atribuições.
No Grupo 2, em que uma pessoa está bêbada; há prejuízo em tese apenas para caso essa pessoa se apresente no trabalho nesse estado. Haveria prejuízo também, caso essa situação se tornasse constante e tivesse como causa uma pressão do trabalho.
No Grupo 3, sem fazer juízo de valor sobre a pena e condenação imposta e partindo da premissa que a situação foi equacionada na justiça; haverá dúvida maior sobre o carteiro, pois no dia a dia ele é responsável pela guarda de bens em trânsito.
No Grupo 4, sem fazer juízo de valor sobre a pena e condenação imposta e partindo da premissa que a situação foi equacionada na justiça; haverá dúvida maior sobre o agente penitenciário, pois no dia a dia ele é responsável pela vida dos presos no sistema penal.
Conclui-se que uma mesma ação no âmbito privado, pode ter reflexos distintos para cada pessoa envolvida em função das atividades que essa pessoa realiza e cargo que ocupa.

Vale rememorar que o Decreto Federal n. 1.171/94, que estipula o código de ética do servidor administração federal brasileira, expõe em suas regras deontológicas que **"A função pública deve ser tida como exercício profissional e, portanto, se integra na vida particular de cada servidor público. Assim, os fatos e atos verificados na conduta do dia a dia em sua vida privada poderão acrescer ou diminuir o seu bom conceito na vida funcional.**[2]**"**

2 Capítulo I, Seção I, inciso VI – das regras deontológicas.

Caso do TCE-RO[3]: Manifestação política de servidor da carreira de controle externo

Em janeiro de 2023, o TCE-RO aplicou penalidade a servidor que estava propaganda político-partidária em rede social (Facebook) e com isso violando dispositivo do código de ética dos servidores do tribunal de contas do estado. A seguir segue ementa da decisão prolatada:

> *1. Os direitos fundamentais previstos na Constituição Federal devem ser garantidos e respeitados, entretanto, quando houver colisão entre dois postulados constitucionais, cabe ao intérprete promover a solução da antinomia com base na técnica da ponderação.*
>
> *2. O direito à liberdade de expressão, garantido pelo art. 5º, IX, da Constituição Federal, apesar de caracterizado como fundamental, pode ser restrito ao servidor público no que se refere a manifestações político-partidárias, quando se trate de carreira compostas por cargos elevados e que tenham relação com a pauta política, a exemplo da carreira de controle externo.*
>
> *3. A restrição ao direito não configura ato ilegal quando visa preservar a credibilidade dos entes públicos, bem como quando tem fundamento em norma interna da instituição (Resolução n. 269/2018, Código de Ética dos Servidores) e em normas institucionais que regem as entidades de fiscalização superior (ISSAI 30).*
>
> *4. Os servidores do Tribunal de Contas, especialmente aqueles integrantes das carreiras de controle externo, têm a obrigação normativa, prevista no art. 4º, V e VI, § 2º, art. 7º, XV e XVIII e art. 12, I de* ***manter neutralidade no exercício das funções, tanto a real quanto a percebida, conservando independência em relação a influências político-partidárias ou ideológicas que afetem ou pareçam afetar a imparcialidade e neutralidade do agente.***
>
> *5.* ***A reiteração da conduta consistente em promover publicações de conteúdo político-partidário em redes sociais, quando já alertado pela Corregedoria e comprometido, por meio de termo de ajustamento de conduta, a cessar a prática****, configura infração disciplinar punível com suspensão de até 10 (dez) dias, nos termos do art. 168, I, da Lei Complementar Estadual n. 68/1992, dada a repetição de conduta prevista no art. 167, I, da mesma norma.*

Como se trata de servidor da carreira de controle externo, o servidor manter neutralidade no exercício das funções, tanto a real quanto a percebida, conservando independência em relação a influências político-partidárias ou ideológicas que afetem ou pareçam afetar a imparcialidade e neutralidade do agente. Além disso, repetiu a conduta mesmo após ter assinado o TAC (termo de ajustamento de conduta).

Posturas em Grupos de Mensagens

1. Mensagem que caracterize assédio sexual é crime e será tratada no âmbito da corregedoria.
2. Mensagens conflituosas, porém sem relação com o exercício das atribuições do cargo, e sem relação com as atribuições do cargo em que se encontre investido, **devem ser tratadas na comissão de ética.**
3. Mensagens conflituosas que tenham relação com o exercício das atribuições do cargo ou tenham relação com as atribuições do cargo em que se encontre investido, **podem ser tratadas na comissão de ética ou corregedoria, conforme a natureza e gravidade do fato.**

Essas condutas exemplificadas foram de colaboradores da organização, por tal razão mais uma vez se faz necessária a entidade adotar políticas ESG, pois assim terá uma melhor atuação com seu campo social e ambiental externo. Igualmente

3 http://www.tce.ro.gov.br/doe/arquivos/Diario_02752_2023-1-9-13-14-16.pdf.

importante é o compromisso institucional de aderir a boas práticas de inclusão, diversidade e equidade, conformem exposto á exposto nessa obra.

3. A ORGANIZAÇÃO GERANDO UM EFEITO POSITIVO SOBRE AGENTES EXTERNOS: SELOS DE INTEGRIDADE

Aqui é um exemplo claro de interação entre o ambiente interno e externo (foi tratado no capítulo 18 e será mais detalhado nos capítulos 24 e 25). Logo, seja no setor público, seja no setor privado, pode-se criar incentivos para que agentes externos à Organização, possam se pautar por condutas íntegras. **Foi selecionado como boa prática: o Selo Mais Integridade do MAPA (Ministério da Agricultura, Pecuária e Abastecimento).** A metodologia desenvolvida pelo MAPA é perfeitamente replicável para outros interessados, seja no setor público, seja no setor privado.

Histórico do Selo Mais Integridade do MAPA[4]
O **SELO DE INTEGRIDADE DO MAPA (MAIS INTEGRIDADE)** foi instituído com objetivo de fomentar, reconhecer e premiar práticas de integridade por empresas do agronegócio sob a ótica da responsabilidade social, sustentabilidade, ética e ainda o empenho para a mitigação das práticas de fraude, suborno e corrupção (integridade).
No seu segundo ano, o Selo ganha nova perspectiva de atuação, possibilitando a participação de cooperativas e inserindo os requisitos para a renovação das premiadas.
Esta linha de atuação, voltada para o apoio e fomento à implantação de políticas de integridade pelos estabelecimentos agropecuários, já estava prevista quando da implementação do Programa de Integridade do MAPA que colocou a pasta como pioneira entre os Ministérios do Governo Federal na implementação de selo setorial.
Em sua terceira edição, o Selo avançou nos temas Transparência e Gestão de Riscos, acompanhado de um novo patamar de maturidade no setor.
Indo para a sua quarta edição, e buscando o aperfeiçoamento do processo de premiação das empresas e cooperativas através da demonstração de evolução dos Programas de Integridade, **o Selo passa a contemplar a participação do setor pesqueiro no certame, além de prever uma melhor avaliação quanto à existência de Termo de Ajustamento de Condutas (TAC), demandas judiciais e notícias desabonadoras que envolvam as interessadas, bem como seus sócios ou dirigentes**, quando couber.
Já em sua quinta edição, o regulamento da premiação do Selo, passou por uma adequação em sua estrutura, de forma a conferir maior clareza em relação **ao rol dos requisitos de habilitação e avaliação, exigidos de acordo com a situação de cada empresa ou cooperativa concorrente.** O MAPA, alinhado com as tendências atuais, se preocupa em buscar cada vez mais o aperfeiçoamento do processo de premiação, principalmente em relação à sustentabilidade ambiental, para tanto, a partir deste regulamento há a previsão para que as interessadas em renovar a premiação, e consequentemente, conquistar o "Selo Amarelo" apresentem a forma como estão contribuindo, ou planejam contribuir, para a descarbonização de seus processos, sistemas ou cadeias produtivas agropecuárias.

4 https://www.gov.br/agricultura/pt-br/assuntos/integridade/selo-mais-integridade.

Comitê Gestor do Selo Mais Integridade do MAPA5
A estrutura, que visa garantir uma visão colegiada a todo o processo de premiação, é a seguinte:
I - Unidade Técnica (Secretaria-Executiva do Comitê Gestor - SECG) responsável pela ação operacional do SELO DE INTEGRIDADE - com objetivo de acompanhar as inscrições, dirimir dúvidas, avaliar a documentação apresentada e assegurar todo o suporte logístico e técnico para o bom funcionamento do Comitê Gestor, e
II - Comitê Gestor - com a participação majoritária de instituições privadas, de âmbito nacional, vinculadas ao Agronegócio e órgãos públicos, com a função pétrea de homologação dos trabalhos de análise empreendidos pela Secretaria-Executiva do Comitê Gestor - SECG.

Participantes	
Esfera Privada	**Esfera Pública**
• Alliance for Integrity; • Confederação da Agricultura e Pecuária do Brasil - CNA; • Confederação Nacional da Indústria - CNI; • Instituto Ethos de Empresas e Responsabilidade Social - ETHOS; • Federação Brasileira de Bancos - FEBRABAN; • Organização das Cooperativas Brasileiras - OCB; e • Instituto Rede Brasil do Pacto Global - PACTO GLOBAL.	• Ministério da Agricultura, Pecuária e Abastecimento - MAPA; • Agência Brasileira de Promoção de Exportações e Investimentos - Apex-Brasil; • Empresa Brasileira de Pesquisa Agropecuária - EMBRAPA; • Companhia Nacional de Abastecimento - CONAB; e • Controladoria-Geral da União - CGU.

É essencial essa participação de agentes reconhecidos na promoção da integridade tanto da esfera privada, quanto da esfera pública.

Figura 21.1: Fluxo do processo de certificação do Selo Mais Integridade

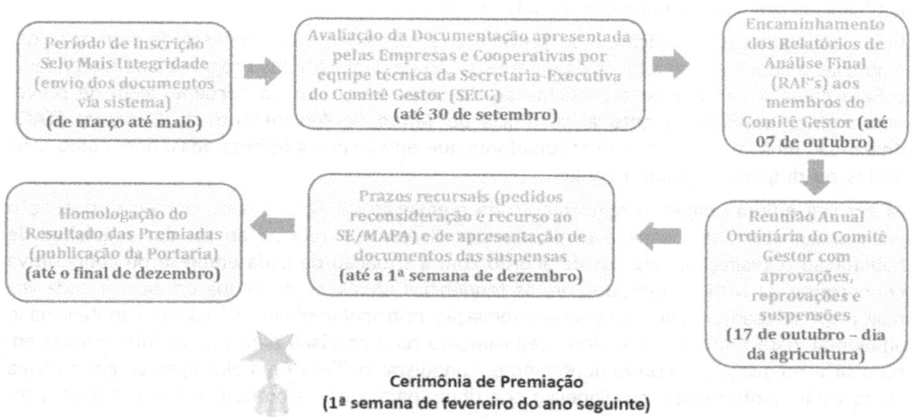

Fonte: https://www.gov.br/agricultura/pt-br/assuntos/integridade/selo-mais-integridade

5 https://www.gov.br/agricultura/pt-br/assuntos/integridade/selo-mais-integridade.

PODCAST com *Expert*:

Mariana Covre trata do relacionamento do setor privado com o setor público no campo da integridade.

CAPÍTULO 22

REFLEXÕES SOBRE A ECONOMIA COMPORTAMENTAL APLICADA À INTEGRIDADE

1. FATORES QUE PODEM DESENCADEAR UM ATO DE CORRUPÇÃO

Até por uma questão de respeito aos pesquisadores e estudiosos, bem como a objetividade que esta obra se permeia, não se propõe aqui esgotar um tema tão profundo quanto este. Assim, faremos apenas de forma ousada um breve sobrevoo que levante ***insights*** aos leitores começando pelas Figuras 22.1 e 22.2.

Figura 22.1: Triângulo da Fraude de Donald Cressey

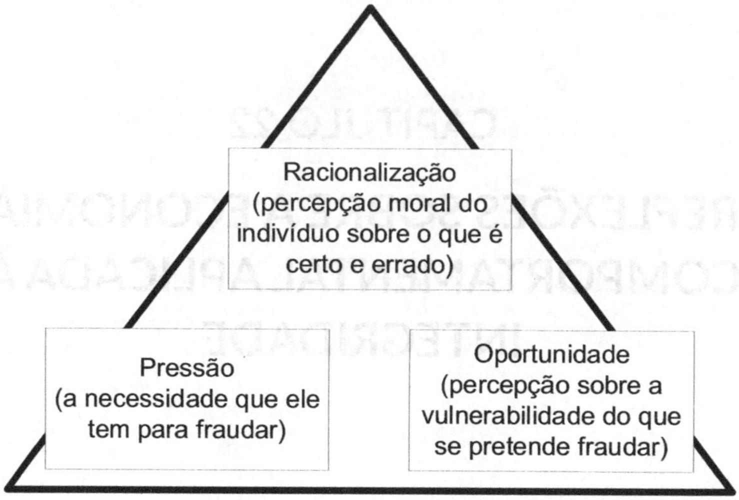

Fonte: Donald Cressey. Fraudulent Behavior and Crime: A Sociological Perspective, 1953.

Figura 22.2: Diamante da Fraude de Wolfe e Hermanson

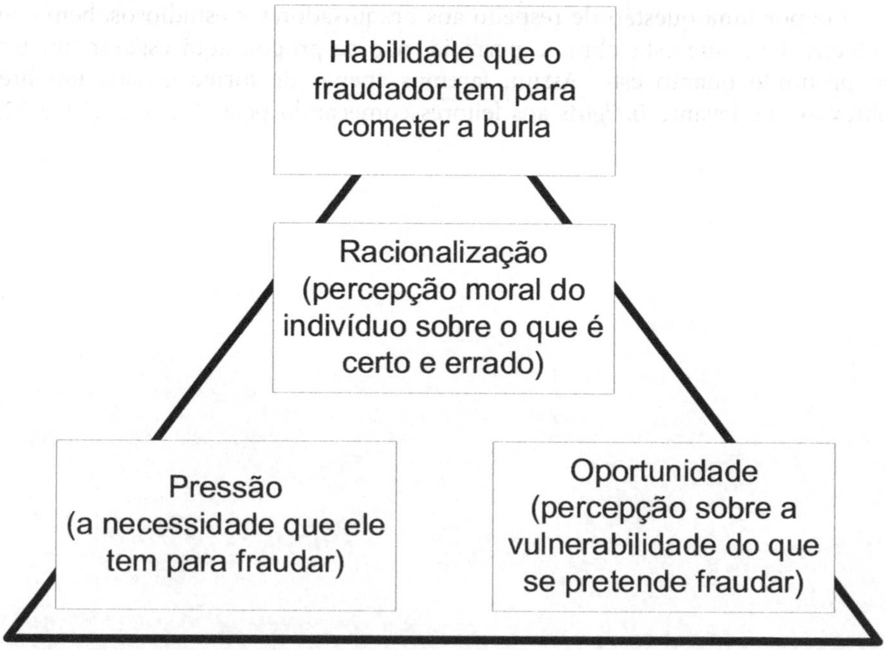

Fonte: Wolfe, D. T., & Hermanson, D. R. (2004). The Fraud Diamond: Considering the Four Elements of Fraud. The CPA Journal, 74(12), 38-42.

O diamante da Fraude foi desenvolvido para ser uma ampliação e um aperfeiçoamento da teoria de Cressey, incorporando a ideia de que a posição e as habilidades do indivíduo também desempenham um papel crucial na fraude. Assim, fora incorporado um **4º elemento - a capacidade** (ou características do perpetrador) que se referem as qualidades ou habilidades do indivíduo que permitem a execução da fraude, como o conhecimento técnico ou a posição dentro da organização.

O **"Pentágono da Fraude"** é um modelo teórico que foi desenvolvido por **Albrecht et alli** (2008) que enfatiza a importância dos controles internos e da ética na prevenção da fraude. O **5º elemento** - controle (ou ética) refere-se ao grau de controle interno que existe em uma organização. A ética e os controles internos funcionam como barreiras que dificultam a racionalização de comportamentos fraudulentos e minimizam as oportunidades para sua ocorrência. A cultura organizacional, que promove a ética e a integridade, e a presença de controles rigorosos, são, portanto, fundamentais para reduzir o risco de fraude. Se os controles são fracos ou inexistem, a possibilidade de fraudes aumenta significativamente.

Figura 22.3: Pentágono da Fraude

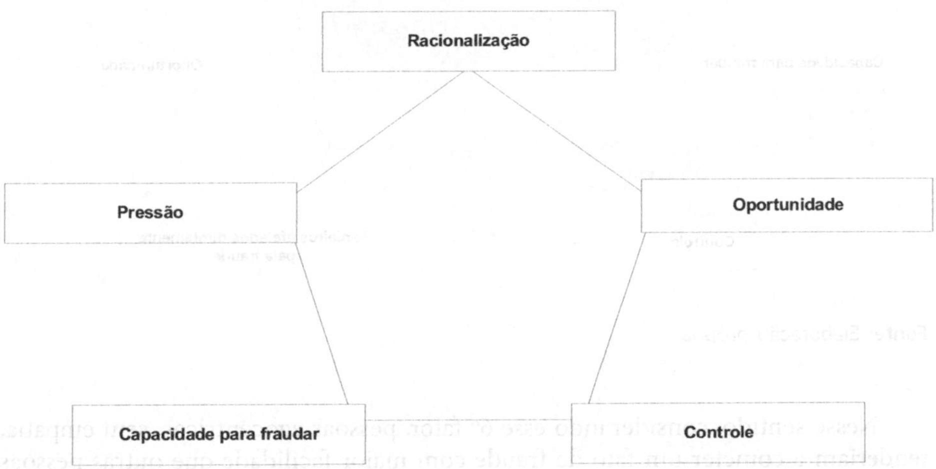

Fonte: Albrecht, W. S., Albrecht, C. C., & Albrecht, C. O. (2008). *Fraud Examination*. Cengage Learning.

Silva (2016)[1] também sugeriu o Pentágono da Fraude adicionando o seguinte fator: **Arrependimento ou Intenção**. A proposta do modelo é abordar a fraude sob uma perspectiva mais abrangente, considerando também fatores psicológicos e de comportamento moral no processo de decisão dos indivíduos envolvidos. A

1. **Silva, T. V. D. (2016). "O Pentágono da Fraude: A Teoria Expandida sobre os Fatores que Influenciam a Ocorrência da Fraude."** *Revista de Administração de Empresas*, 56(1), 42-57.

ausência de remorso ou a falta de uma intenção moral em relação ao ato também pode influenciar na decisão de cometer fraude.

Estes autores defendem a existência de um 6º elemento: **terceiros afetados diretamente pela fraude ou desvio ético**. Exceto o modelo **Albrecht et alli** (2008) que inclui os controles internos existentes preventivos a fraude, os demais modelos focam no indivíduo fraudador. Contudo, **estes autores defendem que quando o fraudador estabelece uma relação empática com o afetado (ainda que desconhecido) durante o ato, tal relação pode ser um fator impeditivo.**

Veremos no tópico 2.2 deste capítulo que a relação entre o fraudador e o afetado diretamente pelo ato, **ainda que seja uma pessoa desconhecida**, influencia o fraudador e reduz o comportamento indevido.

Figura 22.4: Hexágono da Fraude

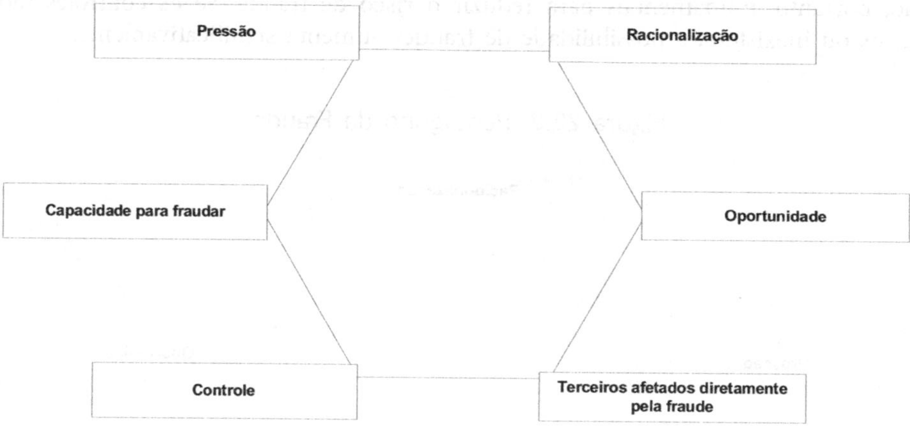

Fonte: Elaboração própria.

Nesse sentido, considerando esse 6º fator, pessoas egocêntricas, sem empatia, tenderiam a cometer um fato de fraude com maior facilidade que outras pessoas com elevado grau de empatia, independente da pressão, racionalização, capacidade, oportunidade, controle (ética).

A escolha de tais figuras, como ponto de partida de nossa reflexão, deve-se ao fato de que historicamente tais representações têm dominado o debate corporativo público e privado voltado à compreensão da existência de correlação entre o comportamento humano e riscos de integridade. Vale ressaltar, ainda, que a teoria tradicional de controle e respostas aos riscos se adequa muito bem às representações acima pois, tais construtos, fazem parte do cotidiano tanto em entidades públicas ou privadas sejam estas com, ou sem fins lucrativos.

Aspectos Essenciais do Triângulo da Fraude
1º Aspecto: A ideia do Triangulo da Fraude possui certa relação com o Triângulo do Fogo. Para Ocorrer uma combustão são necessários 3 elementos: combustível (elemento que pode entrar em combustão), comburente (associado quimicamente ao combustível como é o oxigênio) e ignição (calor inicial). 2º Aspecto: Diferente do Triângulo do Fogo que necessita dos 3 elementos, o Triângulo na Fraude pode ou não contar com os 3 elementos. A Fraude pode ser motivada apenas pelo elemento racionalização, como pode ser motivada simultaneamente pelos 3 elementos (Cressey) ou 4 elementos (Wolfe e Hermanson).

Dimensões de Prevenção e Enfrentamento da Corrupção[2]
1ª Dimensão do Comportamento Ético-Moral: Nessa dimensão serão concentradas ações que visem de forma prévia indicar comportamentos desejáveis ou indesejáveis a fim de reduzir a **probabilidade** de um evento de corrupção ocorrer. Deve-se atuar na capacitação e na sensibilização coletiva (empresários, agentes públicos, cidadãos) e na instituição de sistemas estruturantes. **Essa dimensão está representada no eixo da prevenção de um programa de integridade.** **2ª Dimensão da Responsabilização:** Nessa dimensão serão concentradas ações que aumentem a probabilidade da corrupção ser descoberta e que a punição tenha a **dosimetria adequada** a cada caso a fim de inibir tal comportamento. **Essa dimensão está representada nos eixos da detecção e remediação de um programa de integridade.**

Um dos desafios nos estudos comportamentais sobre integridade pública ou privada, consiste na escolha da ferramenta certa no formato e na dosagem adequados.

2. REFLEXÕES SOBRE ESTUDOS COMPORTAMENTAIS

2.1. A característica do objeto influencia o comportamento íntegro

A fim de ilustrar essa observação, será trazido extrato de exemplo contido na Obra "O naturalista da Economia". Em um dos diversos casos é trazida a seguinte situação constante no Quadro 22.1.

Quadro 22.1: Extrato de estudo sobre a **característica do objeto** influenciando o comportamento íntegro

Fatores para Reflexão	Fato observado	
	Jornal é vendido em máquina que permite ao comprador levar mais de 1 unidade	**O refrigerante é vendido em máquina que permite ao comprador levar apenas 1 unidade**

2 KLITGAARD, Robert. A Corrupção sob controle. Rio de Janeiro, RJ: Jorge Zahar Ed., 1994.

Análise Inicial	1. A máquina do jornal é mais **simples e com baixo custo** de fabricação. 2. Um consumidor desonesto **não leva vantagem** em possuir mais de 1 jornal.	1. A máquina do refrigerante é mais **complexa e com maior** custo de **fabricação.** 2. Um consumidor desonesto **leva vantagem** em possuir mais de 1 refrigerante.
Conclusão do Estudo	A **característica do objeto** quanto à sua serventia afeta o comportamento de um consumidor desonesto. Logo, a ação mitigadora de risco para a integridade deve considerar isso.	

Fonte: Adaptado da Obra "O naturalista da Economia"

Dessa reflexão é possível aduzir que, à semelhança do que foi narrado, as organizações têm entrega de produtos (negócios) diferentes. Portanto, além da missão, visão e valores, a natureza do negócio e produtos de uma organização devem ser levados em consideração pela alta administração para que esta possa compreender o quanto aqueles potencialmente poderiam impactar no comportamento dos seus colabores. O programa de integridade adotado deve ser parametrizado a essas diferentes formatações. De igual modo, a atualização de programas de integridade é – por vezes – necessária pela mudança de objeto social (especialmente em um ambiente globalizado) pois podemos ter mesma pessoa jurídica e mesmos colaboradores, mas com possíveis reflexos comportamentais diferentes guiados pela ótica do objeto. Não raras às vezes isso pode ocorrer em um mundo mais globalizado, competitivo e dinâmico.

2.2. A integridade depende da característica do agente afetado

A fim de ilustrar essa observação, será trazido extrato de outro exemplo contido na Obra "O naturalista da Economia". Em um dos diversos casos é trazida a seguinte situação constante no Quadro 22.2.

Quadro 22.2: Extrato de estudo sobre a **característica do agente afetado** influenciando o comportamento íntegro

Fatores para Reflexão	Fato observado	
	Pessoas tendem a devolver troco em excesso	**Pessoas tendem a não devolver mercadoria em excesso**
Análise Inicial	1. Na pesquisa realizada, **90% dos consultados devolveriam** à loja um troco em excesso de US$20. 2. O consumidor desonesto teve contato com o Caixa e sabe que ao final do dia, **essa falta no caixa será descontada do Caixa.** O consumidor sabe que o salário do Caixa não permite custear esse prejuízo.	1. Na pesquisa realizada, **apenas 10% dos consultados devolveriam** à loja um abajur de US$20, caso o caixa deixasse de cobrar o item. 2. O consumidor desonesto sabe que **o Caixa não irá pagar imediatamente pelo objeto não registrado.** Talvez recaia posteriormente sobre o Estoquista ou compartilhado com outras pessoas com as quais ele não teve contato.

Conclusão do Estudo	A **característica do agente afetado** afeta o comportamento de um consumidor desonesto. Logo, a ação mitigadora de risco para a integridade deve considerar isso.

Fonte: Adaptado da Obra "O naturalista da Economia".

Em relação à informação externada no Quadro 22.2, tem-se que é possível vislumbrar o aspecto comportamental no processo de tomada de decisões dotadas de maior "valor" íntegro se levarmos em consideração o agente afetado. Por isso, que o comprometimento da alta administração é de suma importância para a implementação de programas de integridade, haja vista que esta é a maior responsável em conduzir o esforço na busca do comprometimento dos valores institucionais. Por tanto, pautas transversais como a ESG nas organizações são aliadas no sucesso de programas de integridade. Por exemplo, imagine uma empresa de logística de transporte escolar fluvial na Amazônia. Pelos achados do quadro 22.2, tem-se que uma boa estratégia de construção de um ambiente íntegro seria a internalização por parte dos colaboradores de que uma criança (agente afetado) que vive em uma área isolada tem, como única chance de melhoria de sua condição social e o desenvolvimento de sua capacidade cognitiva, a assiduidade escolar. Assim, a absorção do trecho acima narrado de forma incontroversa por todos os colaboradores, tende a ser um fato inibidor de desvios éticos e de condutas ímprobas que possam afetar tragicamente o futuro dessas crianças uma vez que pode ser um aliado importante para ações de controle que visem evitar riscos de desvios de combustíveis, por exemplo.

2.3. Quanto maior a materialidade, maior a integridade

A fim de ilustrar essa observação, será trazido extrato de exemplo contido no estudo de Alain Cohn e demais pesquisadores[3]. O extrato do estudo consta no Quadro 22.3.

Quadro 22.3: Extrato de estudo sobre a **materialidade do valor** influenciando o comportamento íntegro

Fatores para Reflexão	Fato observado foram deixados 2 tipos de carteira transparentes na qual se podia ver o conteúdo internos. Pesquisa realizada em 355 cidades de 40 países envolvendo 17.000 carteiras.	
	Carteiras sem dinheiro	**Carteiras com dinheiro (US$ 13)**

3 Cohn A, Maréchal MA, Tannenbaum D and Zünd CL (2019) Civic honesty around the globe. Science 365, 70–73. - PubMed.

Análise Inicial	1. As pessoas do experimento **tendiam a devolver menos** esse tipo de carteira. 2. No Brasil, a taxa de devolução foi de 33% e nos EUA foi de 46%.	1. As pessoas do experimento **tendiam a devolver mais** esse tipo de carteira. 2. No Brasil, a taxa de devolução foi de 50% e nos EUA foi de 61%. 3. Posteriormente foi repetido o experimento em alguns países, aumentado o valor envolvido de US$ 13 para US$ 94. No caso dos EUA, a taxa de devolução subiu para 72%.
Conclusão do Estudo	Quando havia dinheiro na carteira (em torno de US$ 13) houve um acréscimo na taxa de devolução: 17% no Brasil e 15% nos EUA. Quando se repetiu a experiência aumentando o valor contido na carteira, houve um aumento da taxa de devolução. No caso dos EUA, chegou a 72%.	

Fonte: Adaptado do artigo "Civic honesty Around the globe".

A "materialidade do valor" vertida nessa seção mostra aspectos comportamentais decorrentes do valor afetado, entretanto um ponto é digno de nota: o conceito de valor (em uma perspectiva econômica) não deve ser medido apenas em termos monetários (preço), mas em uma ótica de outros componentes intrínsecos que possam adicionar maior interesse à mudança de comportamento íntegro. Assim, a variação de uma conta corrente de um cliente bancário de apenas R$ 0,01 centavo de real pode causar um estrago imenso nos lucros de uma instituição bancária, pois revela um prejuízo reputacional significativo. Desta maneira, por mais que o cliente bancário tenha milhões de reais em sua conta, ele certamente vai deixar de acreditar naquilo que seria seu maior bem (valor): a confiança. Portanto, agentes ao entenderam os componentes de maior valor da organização e ser isso compartilhado e percebido por todos os colaboradores, pode ser um ponto positivo na implantação de programas de integridade.

2.4. A ferramenta "lembrete", ainda que inexistente a ação de integridade, influencia o comportamento íntegro

A fim de ilustrar essa observação, será trazido extrato de exemplo contido na obra de Dan Ariely[4]. O extrato do estudo consta no Quadro 22.4.

Quadro 22.4: Extrato de estudo sobre **o poder da ferramenta "lembrete" ainda que inexistente** influenciando o comportamento íntegro

Fatores para Reflexão	Alunos de 2 universidades americanas foram submetidos a um teste de integridade	
	MIT e Yale não possuem Código de Ética	**Princenton possui Código de Ética**

4 Ariely, D. (2012), The (honest) truth about dishonesty: How we lie to everyone-especially ourselves, New York: Harper.

Análise Inicial	1. Os alunos **assinaram o termo assumindo o compromisso de seguir "o código de ética"** antes do experimento. 2. Os alunos foram honestos, sendo que nem Yale, nem MIT têm um código.	1. Os alunos **foram submetidos a um curso de indução** (duração de 1 semana) no qual informava sobre a existência de penalidades e multas. 2. Após 2 semanas do curso, os alunos foram desonestos no experimento. Princenton possui o código de ética.
Conclusão do Estudo	Mais importante do que ter um código de ética seria a ferramenta utilizada para divulgá-lo. No experimento ficou claro que entre o curso e o lembrete assinado, a segunda ferramenta foi mais efetiva.	

Fonte: Adaptado da obra "The (honest) truth about dishonesty: How we lie to everyone–especially ourselves".

O estudo anterior mostra que entre as 2 macro variáveis dos modelos de maturidade (vide capítulo 15): existência e institucionalização; a variável institucionalização é mais efetiva.

2.5. Compromissos públicos são mais eficazes que compromissos gerais e abstratos

A fim de ilustrar essa observação, será trazido extrato de exemplo contido no estudo de Allen Hicken e demais pesquisadores[5]. O extrato do estudo consta no Quadro 22.5.

Quadro 22.5: Extrato de estudo sobre **o poder dos compromissos públicos influenciando o comportamento íntegro**

Fatores para Reflexão	Durante eleição nas Filipinas, os cidadãos participantes do experimento foram convidados a assinar publicamente 2 perguntas de controle (sim ou não): 1ª Você promete não aceitar dinheiro de nenhum candidato ou líder local antes das eleições? 2ª Caso você receba dinheiro antes das eleições de candidato ou líder local, você promete votar de acordo com sua consciência?	
	Grupo de Controle (fora do experimento)	**Grupo Experimental**
Análise Inicial	Mesmo fora do experimento, 47,1% dos cidadãos afirmaram ter votado de acordo com sua consciência (não venderam o voto).	Nesse grupo, 58% dos cidadãos afirmaram ter votado de acordo com sua consciência. O experimento ajudou a reduzir em 10,9% a venda de voto.
Conclusão do Estudo	Um compromisso público assinado de forma manual na presença de outras pessoas é uma ferramenta poderosa para fortalecer a integridade.	

5 Hicken A, Leider S, Ravanilla N, Yang D. (2017): Temptation in vote-selling: Evidence from a field experiment in the Philippines, Journal of Development Economics 131, 1–14.

Fonte: Adaptado do estudo "Temptation in vote-selling: Evidence from a field experiment in the Philippines".

Os tópicos 2.4 e 2.5 atinentes aos lembretes e compromissos públicos discorridos nos Quadros 22.4 e 22.5, respetivamente, reforçam mais uma vez que mecanismos de transparência se revelam grandes aliados na efetividade de manutenção de um ambiente íntegro, pois moldam comportamentos chaves de atores do processo de maneira a mitigar riscos de desvios éticos de uma organização. No caso do "lembrete" reforça o poder de valores compartilhados dentro de uma cultura organizacional, já no experimento do compromisso público este tende a mudar o comportamento pela velocidade de informações compartilhadas em rede. Um caso prático deste último é que algumas corporações diminuíram seus gastos restituíveis de hospedagem e alimentação de seus executivos em serviço, apenas pelo fato de divulgar na intranet da instituição o valor gasto de cada um. Por tal prisma, os compromissos públicos (impulsionados por transparência) potencialmente têm o condão de repercutir nos aspectos comportamentais individuais, afetos ao tema integridade.

2.6. Uma ação de integridade pode ter várias abordagens com resultados distintos

A fim de ilustrar essa observação, será trazido extrato de exemplo apresentado em palestra *on-line* proferida por Frédérick Boehm. O extrato do estudo consta no Quadro 22.6.

Quadro 22.6: Extrato do estudo sobre como **diferentes abordagens de integridade** influenciam o comportamento íntegro

<table>
<tr><th>Fatores para Reflexão</th><th colspan="2">Órgão de controle do México realizou ação de integridade visando fortalecer a política de registro de presentes enviando mensagens para seus servidores.</th></tr>
<tr><td rowspan="7">Análise Inicial</td><td colspan="2">Foram utilizadas 5 abordagens nas mensagens.</td></tr>
<tr><td>Legal</td><td>É sua obrigação legal registrar os presentes recebidos.</td></tr>
<tr><td>Honestidade</td><td>Reconhecemos sua honestidade como funcionário público. Você é obrigado a registrar presentes. Mostre sua honestidade.</td></tr>
<tr><td>Imparcialidade</td><td>Receber presentes pode comprometer sua imparcialidade. Quando você receber um presente, registre-o.</td></tr>
<tr><td>Social</td><td>Mais de 1.000 inscrições por ano são feitas pelos seus colegas. Faça o mesmo!</td></tr>
<tr><td>Sanção</td><td>Se você receber um presente e não nos informar, outra pessoa o poderá fazer. Não seja punido. Registre seus presentes.</td></tr>
<tr><td colspan="2">1. Receber um lembrete por e-mail aumentou o número de presentes registrados.
2. Algumas mensagens foram mais eficazes do que outras: lembrar aos funcionários públicos de suas obrigações legais e apelar à sua imparcialidade e honestidade encorajou mais pessoas a registrar presentes do que se referir a sanções ou registros feitos por colegas (social).</td></tr>
</table>

Conclusão do Estudo	Apesar da campanha ser a mesma, determinada abordagem a ser utilizada para se conectar ao público-alvo pode ser mais eficaz que outra. Compete ao responsável pelo programa de integridade considerar isso e fazer testes a fim de identificar a mais efetiva.

Fonte: Adaptado de estudo contido em apresentação on line realizada por Frédérick Boehm.

Em relação à multiplicidade de abordagens, esta pode ter o condão de influenciar agentes a não somente ter condutas íntegras, mas também pode se revelar cada vez mais útil para influenciar – em nível estratégico – a decisão dos atores chave da alta administração em instituir um programa de integridade. **Por exemplo**, os colaboradores da área de integridade podem induzir o comportamento decisório da Alta Administração em aderir a um programa sobre o prisma de que, caso não faça, **poderia ensejar aplicação pelos Tribunais de Contas (se a organização for pública) de recomendação ou de determinação e posteriormente eventual multa pelo descumprimento;** ou que isso pode gerar benefício direto para ambiente de negócios ou até mesmo em razão de que seria uma medida inédita em sua região, com grande possibilidade de avaliação positiva dos cidadãos administrados (eleitores).

Ou seja, diferentes abordagens podem funcionar para um gestor e não serem tão atraentes para outros, mas compete à estrutura de integridade identificar as estratégias mais eficazes.

Por tal baila, o *framework* utilizado pela OCDE busca parametrizar ações de integridade levando em consideração o prisma comportamental.

OCDE e o Método BASIC

A OCDE desenvolveu método para aplicar ações de integridade considerando o aspecto comportamental do público-alvo a alcançar. O método possui 5 fases:

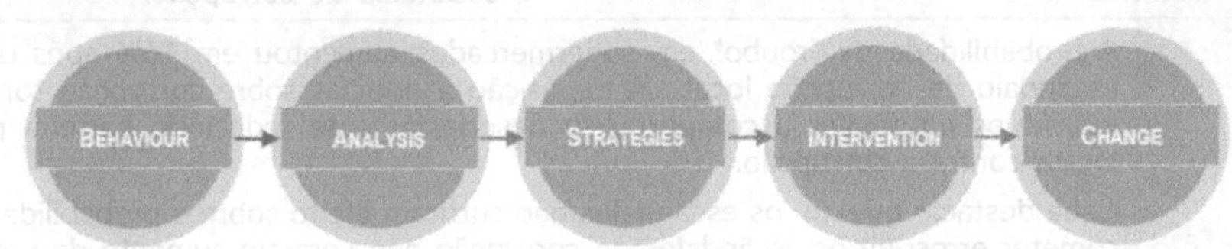

1ª Fase: Identifique e defina o problema de conduta.

2ª Fase: Entenda o porquê de as pessoas agirem assim.

3ª Fase: Identifique soluções.

4ª Fase: Teste para verificar se realmente funciona.

5ª Fase: Implemente em larga escala.

2.7. Escândalos de corrupção reduzem a barreira psicológica contra a corrupção

A fim de ilustrar essa observação, serão trazidos extratos de exemplos contidos no estudo de Gulino e Masera[6] no Quadro 22.7 e no estudo de Ajzenman[7] no Quadro 22.8.

6. Gulino, Giorgio, & Masera, Federico (2023). Contagious dishonesty: Corruption scandals and supermarket theft. American Economic Journal: Applied Economics, 15(4), 218-251.
7. Ajzenman, Nicolás. (2021). The power of example: Corruption spurs corruption. American Economic Journal: Applied Economics, 13 (2), 230-257.

Quadro 22.7: Extrato de estudo sobre a capacidade da desonestidade ser contagiosa

<table>
<tr><td rowspan="2">Fatores para Reflexão</td><td colspan="2">Foram observados os clientes de uma única rede de supermercado na Itália que faziam compras self-service utilizando uma máquina leitora de código de barra.
Foram considerados: (i) 103 mil clientes distribuídos em 35 supermercados da mesma rede e (ii) 20 escândalos locais de corrupção entre 23/11/2016 e 11/11/2017 em diversas localidades Italianas.</td></tr>
<tr><td>Grupo de Controle (locais cujos clientes não vivem na localidade do escândalo)</td><td>Grupo Experimental (locais cujos clientes vivem na localidade do escândalo)</td></tr>
<tr><td>Análise Inicial</td><td>A probabilidade incondicional de subnotificação de compras self-service é de 14%, enquanto a probabilidade de supernotificação de compras self-service é de 6,3%. Fazendo a suposição simplificadora de que erros honestos são responsáveis por uma quantidade equivalente de subnotificação (6,3%), a probabilidade incondicional de roubar deveria ser de 7,7%.
Ou seja, 7,7% seria a "subnotificação dolosa" equiparada ao roubo.</td><td>Entre os clientes que notificam compras self-service em excesso, o efeito de um escândalo é um aumento em 6% na subnotificação.
Esse número que sobe para 16% entre clientes que normalmente não cometem erros.
Efeitos menores sobre a probabilidade de subnotificação podem ser detectados em até 20 dias após o escândalo de corrupção ter sido
anunciado pela primeira vez.
Os escândalos de corrupção não geraram aumento da notificação excessiva, descartando a hipótese que os clientes passariam a ser mais íntegros após o escândalo de corrupção.</td></tr>
<tr><td>Conclusão do Estudo</td><td colspan="2">A probabilidade de "roubo" em supermercados aumentou em 16% após um de escândalo de corrupção local. A exposição a notícias sobre corrupção torna os indivíduos propensos a comportar-se desonestamente reduzindo barreira psicológica contra a corrupção.
Cabe destacar que: (i) os escândalos não surtiram efeito sobre a probabilidade de cometer erros; (ii) os escândalos de corrupção não geraram aumento da notificação excessiva das compras self-service, descartando a hipótese que os clientes passariam a ser mais íntegros após o escândalo de corrupção.</td></tr>
</table>

Fonte: Adaptado do estudo "Contagious dishonesty: Corruption scandals and supermarket theft".

O resultado do estudo do Quadro 22.7 reforça a importância dos programas de integridade considerarem eventos externos que gerem efeitos negativos sobre a organização, **no caso em tela perda de receita** por "roubo" (subnotificação dolosa). É essencial que a organização trabalhe ainda mais o atributo da familiaridade como forma de mostrar que apesar de eventuais escândalos a pauta da integridade é uma pauta ampla e constante. No caso em tela, estes autores sugeririam como possíveis medidas para reduzir o prejuízo: (i) campanhas assertivas voltadas aos clientes após eventos externos com impacto negativo para organização; (ii) reforçar o número de supervisores pelo menos nos 10 dias (metade o tempo de persistência de 20 dias indicado no estudo) seguintes ao escândalo.

Quadro 22.8: Extrato de estudo sobre o poder do exemplo e capacidade da corrupção estimular corrupção

<table>
<tr><td rowspan="2">Fatores para Reflexão</td><td colspan="2">Foram considerados no estudo em escolas do México entre 2006 e 2013:
(i) 1.085.861 (um milhão, oitenta e cinco mil, e oitocentos e sessenta e um) alunos do ensino primário (8 a 11 anos);
(ii) 336.730 (trezentos e trinta e seis mil e setecentos e trinta) alunos do ensino secundário (12 a 15 anos);
(iii) de 2006 a 2008, foram apenas alunos do 3º ano do ensino médio, enquanto de 2009 a 2013 foram incorporados alunos do 1º, 2º e 3º anos do ensino médio;
(iv) proporção de alunos que trapacearam no exame padronizado (Prueba Enlace Básica);
(v) resultados de 898 auditorias da Auditoría Superior de la Federación (ASF) sobre o Fundo Municipal para Infraestrutura Social (FISM) na qual se considerou como corrupção o termo "despesas não autorizadas pelo FISM;
(vi) os relatórios são publicizados em fevereiro momento no qual há um aumento de buscas no google;
(vii) 54% das auditorias revelaram algum grau de corrupção e, em média, 12% dos achados foram rotulados como "gastos não autorizados" pelo FISM;
(viii) foram considerados municípios corruptos aqueles com gastos não autorizados superiores a 5%, e muito corruptos quando essa proporção chega a 15% e 25%;
(ix) municípios que não foram fiscalizados pelo menos 1 vez entre 2006 e 2013, ficaram fora do estudo.</td></tr>
<tr><td>Grupo de Controle:
Municípios que foram fiscalizados pelo menos 1 vez no período não corruptos</td><td>Grupo Experimental:
Municípios corruptos</td></tr>
<tr><td>Análise Inicial</td><td>Englobam os municípios que foram fiscalizados pelo menos 1 vez entre 2006 e 2013 e que os achados com "gastos não autorizados pelo FISM" foram de até 5%.
A seguir constam as médias de trapaças detectadas entre 2006 e 2013 (3º ano do ensino secundário):
2006 → 2,4%
2007 → 2,8%
2008 → 6,5%
2009 → 6,1%
2010 → 6,2%
2011 → 3,4%
2012 → 6,7%
2013 → 4,1%</td><td>Englobam os municípios que foram fiscalizados pelo menos 1 vez entre 2006 e 2013 e que os achados com "gastos não autorizados pelo FISM" foram superiores a 5%.
Após as revelações de corrupção envolvendo autoridades locais (normalmente o prefeito):
-Em municípios com gastos não autorizados superiores a 5%, os alunos do ensino secundário têm 8,8% mais probabilidade de trapacear no exame padronizado.
-Em municípios com gastos não autorizados superiores a 15%, os alunos do ensino secundário têm 10,2% mais probabilidade de trapacear no exame padronizado.
-Em municípios com gastos não autorizados superiores a 25%, os alunos do ensino secundário têm 10,9% mais probabilidade de trapacear no exame padronizado.
Os alunos do ensino fundamental praticamente não foram afetados por líderes corruptos do que os alunos do ensino médio, e o efeito para os primeiros é indistinguível de 0.
O efeito é mais pronunciado para alunos mais velhos, que são indiscutivelmente mais expostos a discussões políticas dentro e fora da família.</td></tr>
</table>

Conclusão do Estudo	**Quando a má conduta do governo se torna pública, as pessoas reagem instantaneamente, se comportando de forma mais desonesta.** Não houve antecipação do efeito a partir do evento de corrupção e da auditoria. **O efeito foi detectado a partir da divulgação do relatório.** O fato de os relatórios de auditoria serem publicados dois anos após a corrupção ter ocorrido ajuda a reduzir esses tipos de ameaças à estratégia de identificação. Isso ocorre porque, se houvesse uma terceira variável causando um aumento na trapaça e na corrupção simultaneamente, **muito provavelmente isso teria um efeito no ano em que a corrupção ocorreu e não dois anos depois.** Ver Figura 22.5. Para os alunos do ensino secundário, o impacto é persistente por pelo menos 1 ano após a exposição à corrupção.

Fonte: Adaptado do estudo "The power of example: Corruption spurs corruption".

Cidadãos corruptos escolhem políticos corruptos ou políticos corruptos estabelecem a norma para que os cidadãos se tornem desonestos? E se os cidadãos agora pensam que a corrupção não é um valor negativo ou mesmo porque agora percebem que para progredir na vida é necessário ser desonesto?

O estudo de Ajzenman (2021) confirma que alunos em municípios expostos a um modelo corrupto de seus líderes tendem se comportar de forma mais desonesta. **Contudo, isso deve ocorrer entre crianças pré-adultas (ensino secundário: 12 a 15 anos), com menos ou nenhuma mudança comportamental entre crianças mais novas (ensino primário: 8 a 11 anos).**

Ajzenman (2021), explica que afetar os valores das crianças não é necessariamente fácil. Por um lado, os valores e traços de personalidade são especialmente maleáveis em pessoas mais jovens, mas, por outro lado, para que as crianças sejam afetadas por um evento como a corrupção, elas precisam ter atingido uma certa idade para serem informadas (e se importarem) sobre a situação política. Eles também precisam ter chegado a um certo nível de desenvolvimento cognitivo para entender a corrupção e refleti-la em seus próprios valores e comportamento.

Madestam et al. (2011)[8], por exemplo, mostram que comparecer a um desfile de 4 de julho tem um efeito significativo nas preferências políticas, especialmente para crianças entre 9 e 13 anos, um efeito menor entre crianças mais novas e nenhum efeito entre crianças pequenas, **precisamente porque suas habilidades cognitivas não estão desenvolvidas o suficiente para processar o conceito do evento ao qual são expostas.**

Figura 22.5: Linha do tempo entre o evento de corrupção e a divulgação do relatório

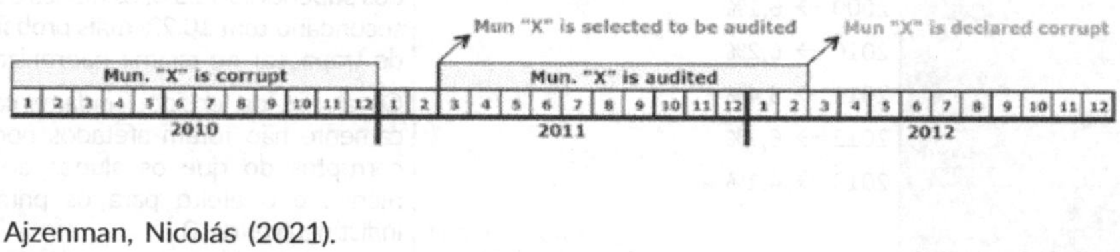

Fonte: Ajzenman, Nicolás (2021).

8. A. Madestam, D. Yanagizawa-Drott, et al. (2011), "Shaping the nation: The effect of fourth of July on political preferences and behavior in the United States", mimeo.

A Figura 22.5 ilustra um exemplo hipotético em que o prefeito do Município "X" desvia fundos de suas finalidades legais durante 2010. No início de 2011 o município é selecionado para ser auditado, o processo leva um ano e em fevereiro de 2012 os resultados, que correspondem a 2010, são publicados. **Esse estudo mostra que o efeito sobre a sociedade não ocorre no momento em que a corrupção ocorre ou é detectada, mas no momento é que é publicizada.**

O efeito negativo da cultura de corrupção dentro de um país deve ser adicionado aos efeitos bem conhecidos e prejudiciais da corrupção no desenvolvimento e que, juntos, eles devem ser incluídos em qualquer análise de custo-benefício de políticas que visem promover a transparência.

A corrupção tem um efeito multiplicador: gera mais corrupção ao dar o exemplo. Gerar uma mudança cultural sem reduzir a corrupção no nível mais alto parece muito difícil porque as pessoas aprendem com seus líderes.

O resultado do estudo do Quadro 22.8 reforça a importância dos líderes governamentais em darem o exemplo seguindo o mantra de qualquer programa de integridade: "o tom vem do topo". Por outro lado, considerando que as demandas são maiores que os recursos disponíveis, o estudo em tela traz resultado significativo: qual público está mais suscetível ao evento. Neste caso, as contramedidas para reduzir o efeito da má conduta dos líderes devem ser voltados ao público mais afetado, tais como: campanhas assertivas voltadas aos alunos **do ensino secundário**; (ii) reforçar o número de supervisores externos nos locais de prova dos alunos **do ensino secundário** nos municípios considerados mais corruptos; (iii) premiar bons comportamentos dos alunos **do ensino secundário**.

2.8. Os aspectos comportamentais estão sendo considerados no debate normativo brasileiro

Não obstante as consagradas Teorias do Triangulo e Diamante da fraude e suas interações com a governança de gestão de *compliance*, imperioso faz se comentar que o debate de teorias econômicas tem ganhado espaço não somente no ambiente corporativo público ou privado, mas também no enfrentamento de controvérsias importantes por parte do Poder Judiciário ao apreciar relevantes litígios.

Assim, o aspecto da teoria econômica comportamental tem crescido no país através da análise econômica do Direito (AED). Por exemplo, a Teoria da Escolha Racional (*Rational choyce theory - RCT),* conquanto teoria econômica tradicional, reafirma a escolha humana é influenciada como *homo economicus*. Por essa teoria o ser humano é visto do ponto de vista racional e age para maximizar seus interesses. A ação previsível do indivíduo influencia nas suas escolhas. O STF utilizou a Teoria da ação racional no julgamento de algumas decisões como a ADI 3.995. Segundo o ministro relator Luís Roberto Barroso por serem pessoas racionais, as pessoas adotariam comportamentos que as levassem a o otimizar seus ganhos em uma análise de custo-benefício.

Dessa forma, a análise econômica do direito (AED) poderá ser levada em consideração também, em um futuro não muito distante, para a análise de repercussão das consequências positivas e negativas afetas a programas de integridade. Portanto, teorias como Kaldor – Hicks e de Pareto podem ser utilizadas para verificar a eficiência de mensuração de aspectos comportamentais ao medir o bem-estar de um sistema e ambiente, por exemplo.

Um bom programa de integridade, é algo pactuado dentro de uma organização e que diminui a incidência estatal na pacificação de conflitos diminuindo, dessa forma, custos de transação na pacificação social. Sobre tal afirmação, há espaço para debater preceitos de custo de transação e pacificação de interesses. Como representante dessa ideia, elenca-se o Teorema de Coase, por exemplo.

Por derradeiro, o Quadro 22.9, conforma obra de Flavio Martins[9], expõe alguns exemplos de como a Análise Econômica do Direito já é uma tendência para solução de conflitos completos, pois há registros significativos no âmbito do supremo Tribunal Federal pátrio (STF).

Quadro 22.9: STF e o uso de Teoria da Análise Econômica do Direito (AED)

Instituto da AED (Análise Econômica do Direito)	Exemplo de Decisões do STF
Eficiência e bem-estar social	RE 240.785 e RE 760.931
Eficiência	ADI 4.923
Análise de Custo-Benefício	ADI 2.160
Teoria de Escolha Racional e Racionalidade Limitada	ADI 3.995
Teoria *Nudge*	RE 1.070.522
Falhas de Mercado	ADI 5.062
Externalidades	ADI 2.160
Bens Públicos	ADI 5.794
Teoria da Agência	ADI 3.510
Teoria dos Jogos	ADI 3.995

Fonte: Adaptado de Flavio Martins.

PODCAST com *Expert*:

Susana Amaral trata das dimensões comportamentais da integridade e boas práticas internacionais.

9 Direito Constitucional. 6ª edição. Ed. Saraiva.

CAPÍTULO 23

ESG: CONSIDERAÇÕES INICIAIS E O EIXO AMBIENTAL

1. VISÃO GERAL

A capacidade de uma organização atuar de forma transversal em relação a diversos temas é notadamente uma vantagem competitiva. Essa obra já procedeu, em capítulos anteriores, reflexões atinentes o quanto uma entidade, seja pública ou privada, pode agregar valor aos seus propósitos se tiver pessoas, processos e sistemas que façam coexistir, juntamente com as suas operações, os preceitos de ética, integridade e probidade no campo empresarial e governamental.

Assim, é inegável que essa obra, ao tratar de compliance e integridade, traz por lógica de construção algumas reflexões sobre a legislação nacional e internacional relativa ao tema (vide Parte I) e que progressivamente em suas páginas emergiram discussões sobre participação social, estratégias empresariais, políticas públicas e entre outras. Isso remete a uma lição importante: compliance é transversal, ou seja, "não é uma ilha normativa".

Agora, uma pergunta importante: essa transversalidade impacta na implantação de programas de compliance e integridade? A resposta é positiva, e como já falado, o que é parâmetro de compliance hoje pode não ser mais amanhã pelo fato do surgimento de novos temas que impactam na ética cotidiana das organizações. Como exemplo cita-se o debate ético da inteligência artificial nos mundos atuais que até na última década era inimaginável no trazer para a grande arena de ideias e questões gerenciais.

Portanto, o profissional que implanta programas de integridade deve estar antenado em aplicar a legislação brasileira e estrangeira, saber sua vigência, eficácia e regras de transição dos atos normativos primários e secundários sobre o tema de forma a executar mecanismos que possibilitam a estruturação de controles existentes. Logo, as competências exigidas de um profissional do compliance em termos de conhecimentos, habilidades e atitudes historicamente estiveram atreladas à sua capacidade de concretização de diplomas jurídicos de referência.

Por outro lado, o mundo real cada vez mais dinâmico torna fácil de perceber que o arcabouço normativo de compliance pode não ser suficiente fornecer base teórica e conceitual ágil e pragmática para problemas sociais, ambientais e debates contemporâneos sobre governança. Logo, nós autores trazemos mais uma outra pergunta: será se as normas de compliance sempre estão em defasagem quando ao assunto é preparar organizações para um ambiente integro e ético no século XXI? Como resposta, e se olharmos sob a ótica do processo legislativo brasileiro previsto na constituição, tem-se que é extremamente árduo e tormentoso debater temas de recente repercussão nas organizações (como a da inteligência artificial e marco civil da internet) em virtude da ausência de informação fidedigna ou demasiada assimetria de informação que seja capaz de subsidiar o diálogo de construção normativa.

Por tal percepção até aqui compartilhada, o leitor talvez alçaria uma ideação de que a melhoria contínua dos programas de integridade implantados ou futuros poderia estar prejudicada neste século XXI pela não atualização tempestiva de seus macros parâmetros normativos.

Quanto a essa assertiva entendemos que ela é falsa não pelo fato de que o mundo irá diminuir o fenômeno da sua dinâmica metamorfose social e institucional ou tampouco acreditamos na melhoria significativa na celeridade do processo legislativa brasileiro insculpido na nossa Constituição (embora nos últimos anos tivemos no Brasil avanços em pautas relevantes como a Lei de Acesso à Informação, Lei Anticorrupção, Lei de liberdade econômica e a Lei Geral de Proteção de Dados pessoais, por exemplo), **mas sim que é possível mudar a lente de enxergar as normas existentes de uma maneira diferente.** É esse olhar diferente para as normas e para o mundo atual que vem à tona a lente do conceito **ESG - Environmental, Social and Governance (Ambiental, Social e Governança).**

Dilemas atuais
ESG é uma sigla em inglês que significa environmental, social and governance, e corresponde às práticas ambientais, sociais e de governança de uma organização. O termo foi cunhado em 2004 em uma publicação do Pacto Global em parceria com o Banco Mundial, chamada Who Cares Wins. Surgiu de uma provocação do secretário-geral da ONU Kofi Annan a 50 CEOs de grandes instituições financeiras, sobre como integrar fatores sociais, ambientais e de governança no mercado de capitais. Na mesma época, a UNEP-FI lançou o relatório Freshfield, que mostrava a importância da integração de fatores ESG para avaliação financeira. Já em 2006, do PRI (Princípios do Investimento Responsável), que hoje possui mais de 3 mil signatários, com ativos sob gestão que ultrapassam USD 100 trilhões – em 2019, o PRI cresceu em torno de 20%.

Sobre a introdução dessa lente transversal é possível verificar o avanço da perspectiva ESG no território nacional, conforme estudo realizado no Brasil[1] tem-se os seguintes dados:

- Discussões em redes sociais sobre o tema ESG (da sigla em inglês para Ambiental, Social e Governança), cresceram seis vezes de 2019 para 2020;
- Políticas de equidade de gênero (57%) são mais frequentemente trabalhadas dentro das empresas do que equidade de raça (46%) e LGBTQIA+ (31%);

1. https://conteudos.stilingue.com.br/estudo-a-evolucao-do-esg-no-brasil

- Dentre os segmentos analisados, apenas o setor de Moda e Beleza elenca política de equidade LGBTQIA+ no top 3 de iniciativas de impactos sociais;
- No digital, os cinco setores mais vinculados à discussão sobre ESG em 2020 foram, nesta ordem: Financeiro, Óleo e Gás, Alimentos e Bebidas, Agronegócio e Varejo;
- O Agronegócio foi o setor com mais familiaridade com a sigla ESG no aprofundamento da pesquisa qualitativa.

Assim, é inegável que o termo ESG tem ganhado grande visibilidade, graças a uma preocupação capitaneada pelo mercado financeiro sobre a sustentabilidade. As questões ambientais, sociais e de governança passaram a ser consideradas essenciais nas análises de riscos e nas decisões de investimentos, colocando forte pressão sobre o setor empresarial[2]. Vale salientar que esse tema emergente pode, em tese trazer preocupação para as organizações, que buscam entender o que é ESG e as adaptações necessárias para estar em conformidade com esta exigência.

Por outro lado, acreditamos que os atores – chave do processo decisório das organizações ao desenvolver suas competências e habilidades em matéria de ESG podem ter resultados mais satisfatórios e competitivos, independentemente do processo legislativo de novas regras, na medida em que forem adequando seus fluxos e procedimentos corporativos a uma lente de que seja possível harmonizar suas rotinas e competências essenciais e gerenciais para entregas com benefícios que repercutem na área ambiental, social e governança de suas instituição e de toda sociedade.

De maneira didática explica-se como o esforço de visão do mundo corporativo pela lente ESG, implantada por uma organização, pode repercutir na sua cultura ética e, com isso, gerar vantagem competitiva e/ou evitar prejuízos reputacionais.

Quadro 23.1: Exemplos de impacto da implantação de uma Lente ESG no cotidiano da Organização

Atividade	Preocupação Pragmática	Olhar sob a lente do ESG
Uma instituição está organizando um evento de capacitação das 8h às 18h,	É muito importante a programação não atrase pois pode gerar reclamação ou insatisfação de quem pago, além de não haver recomendação positiva para a edição do seguinte quando na reedição do evento.	Além de reclamações de atrasos na programação, estender o evento para após as 18h acaba prejudicando mais um grupo do que outros. Por exemplo: geralmente são mulheres (mães) que buscam seus filhos na escola ou preparam o jantar destes. Uma estratégia é colocar palestras de interesse desse público (geralmente pela avaliação do ano anterior consegue ter uma noção de preferência) no começo da programação de forma que atrasos não prejudicaria tanto. Ou disponibilizar salas específicas para quem esteja amamentando ou lugar recreativos para deixar seus filhos de até 8 anos enquanto assistem o evento. Esse é um exemplo de uso da perspectiva *social* do ESG.

2. https://www.pactoglobal.org.br/esg/

Atividade	Preocupação Pragmática	Olhar sob a lente do ESG
Políticas de incentivo e/ou isenção fiscal do IPTU	Geralmente políticas de incentivo ou isenção fiscal utilizam critérios objetivos (ex: pequenos terrenos) ou subjetivos em que precisam de comprovação (ex: baixa renda ou imóvel localizado em áreas atingidas por desastres).	Embora critérios pragmáticos sejam importantes e muitos existem por adequação aos critérios do Código Tributário Nacional -CTN, uma iniciativa de incentivo fiscal do IPTU - sobre uma lente *ambiental* - seria possível desconto no IPTU de cada terreno que plantasse uma árvore. Esse desconto, ainda que de baixo valor, geraria engajamento do cidadão. A manutenção dele poderia estar condicionado a comprovação da existência da árvore aos longos dos anos. O monitoramento seria por meio de um aplicativo que tirasse a fotografia da arvore e rastreasse a localização do imóvel. Para efeito de comprovação e benefício.
Publicação de um Plano de Auditoria Governamental	O Plano de auditoria Interna de uma entidade governamental é publicado no Diário Oficial e Sítio Oficial como pressuposto de transparência e eficácia (apto a produzir seus efeitos).	Os Planos de Auditoria são publicados pelos órgãos de controle. A escolha dos programas a serem auditados são baseados por critérios de materialidade, relevância e criticidade (até porque não daria para auditar todos) ou até por sorteio. Uma alternativa de uso ESG na área de *Governança* seria ampliar a transparência e a familiaridade do cidadão com esse plano. Assim, além de publicar os programas que são relevantes monetariamente ou críticos, poderia fazer uma enquete de programas que não foram selecionados para que o cidadão elegesse, por meio de votação, qual programa que ainda assim gostaria que fosse fiscalizado, mas que incialmente foi excluído da amostra governamental. Assim, uma pequena instalação de corrimão destinado a subir uma área íngreme de uma comunidade populosa, de valor não muito significativo caso comparado com o orçamento total, poderia ser eleito pelo cidadão como apta a ser auditada por ser a principal via de acesso da região. Só quem tem essa percepção de importância é o cidadão com voz ativa.

Fonte: Elaborado pelos Autores

Considerando a importância do tema, falaremos neste e o nos próximos dois capítulos acerca das particularidades em matéria ambiental, governança e social que são relevantes durante para a execução e institucionalização de programas de integridade. Começaremos com o espectro do ESG na área ambiental.

2. AÇÕES TRANSVERSAIS PÚBLICAS EM MATÉRIA AMBIENTAL QUE FORTALECE A INTEGRIDADE

Nos últimos anos, tem havido uma expectativa crescente de que as empresas devem produzir e fornecer bens e serviços de forma responsável. Atualmente, é amplamente reconhecido que as empresas devem contribuir para o desenvolvimento sustentável e observar os princípios e padrões internacionalmente reconhecidos de Conduta Empresarial Responsável (CER). Essa expectativa de que as empresas ajam com responsabilidade tem sido acompanhada por um maior reconhecimento de que os Governos têm um papel essencial a desempenhar na criação de uma política e ambiente regulatório favoráveis para impulsionar, apoiar e promover práticas empresariais responsáveis.

O Estudo da OCDE[3] sobre a Política de Conduta Empresarial Responsável do Brasil faz um balanço das leis, regulamentos, e políticas relevantes existentes no Brasil em áreas abrangidas pelas Diretrizes da OCDE para Empresas Multinacionais, bem como em outras áreas de políticas relevantes. O Estudo faz recomendações de políticas para apoiar o Brasil não apenas na regulamentação e aplicação da lei em busca da CER, mas também para alavancar e incentivar práticas empresariais responsáveis. Inclui também uma análise do Ponto de Contato Nacional brasileiro para CER e propõe ações para fortalecer seu papel como agente de coerência das políticas.

Em relação ao meio ambiente, o Brasil tem um conjunto avançado de leis ambientais. A Constituição brasileira de 1988 reconhece o direito a um meio ambiente ecologicamente equilibrado e reconhece a política ambiental como uma responsabilidade comum e convergente compartilhada pelas esferas federal, estadual e municipal do governo (Artigos 22, 23, 24). Na esfera internacional, o Brasil ratificou ou aderiu aos principais acordos ambientais multilaterais, incluindo, entre outros, o Acordo de Paris, a Convenção-Quadro das Nações Unidas sobre Mudanças Climáticas (UNFCCC), o Protocolo de Quioto, a Convenção sobre Diversidade Biológica (CDB) e seus Protocolos de Cartagena e Nagoya. Além disso, desde a adoção da Política Nacional do Meio Ambiente (PNMA) de 1981 o Brasil desenvolveu um conjunto de leis ambientais abrangente e avançado na esfera nacional e na maioria dos estados.

Pois bem, em relação a matéria ambiental, podemos citar que a conduta empresarial responsável em matéria ambiental requer alguns desafios a serem enfrentados, mas com a ajuda governamental. De acordo com a OCDE (2022) "o Brasil deve garantir que quaisquer revisões da regulamentação ambiental busquem fortalecer as normas de direito ambiental, incluindo mecanismos de coordenação institucional e capacidade de fiscalização de regimes de proteção ambiental e ações para atingir os objetivos ambientais globais, como por exemplo, abordando as incertezas e lacunas no licenciamento de atividades empresariais causadoras de poluição".

Comunidades indígenas amazônicas instauram ação contra varejista
Em março de 2021, povos indígenas da Colômbia e do Brasil instauraram uma ação contra a rede de supermercados e varejista francesa Grupo Casino devido ao desmatamento na Amazônia. O Grupo Casino está sendo acusado de comprar carne de fornecedores ligados à destruição da floresta, trabalho análogo à escravidão e de não ter evitado o desmatamento e as violações de direitos humanos em terras de povos indígenas. Os autores fundamentam tal ação na Lei Francesa de Devida Diligência de 2017 (Loi de Vigilance). Os autores alegam, entre outras coisas, a violação de certos direitos e a invasão das terras da comunidade Uru Eu Wau Wau por fazendas de gado no estado de Rondônia, no Brasil. Apoiados por várias ONGs, eles buscam indenização pelos danos sofridos. O processo está esperando para ser aceito pelo tribunal francês antes de poder ir a julgamento. Fonte: (El País, 2021).

3. OCDE (2022), Estudos da OCDE sobre a política de conduta empresarial responsável: Brasil.

No quadro, 24.1 evidencia alguns desafios que o Brasil deve enfrentar em relação à questão ambiental que certamente favorece o fomento de um ambiente mais integro e ético nas organizações, seja pública ou privada.

Quadro 23.2: Recomendação de atuação governamental para fomento a uma Conduta Empresarial Responsável - OCDE (2022) em matéria ambiental.

Tema	Fomento a Conduta Empresarial Responsável em área ambiental
Justiça Ambiental	O Brasil deve melhorar o acesso a informações ambientais e a transparência dos dados, inclusive por meio relatórios acessíveis ao público, atualizados e publicados periodicamente sobre dados ambientais nos âmbitos federal e estadual, inclusive os processos de licença ambiental. Isso é particularmente relevante para dados acessíveis e precisos a respeito do desmatamento e da mudança climática.
Avaliações de Impacto Ambiental (AIA)	O Brasil deve abordar as lacunas na regulamentação da AIA para garantir uma forte estrutura regulatória e de fiscalização na prevenção e enfrentamento de impactos ambientais adversos pelas empresas, e apoiar a implementação de práticas da indústria alinhadas às recomendações de guias internacionais.
Combate ao desmatamento	Brasil deve garantir que o CAR forneça informações precisas e atualizadas, assim proporcionando clareza para as empresas e outras partes interessadas quanto aos direitos à terra e combatendo a apropriação de terras que pode levar ao desmatamento ilegal.
Mudança climática.	O Brasil deve garantir que tais medidas estejam alinhadas com as metas do Acordo de Paris, as declarações mais recentes do governo sobre ambição climática e chegar à neutralidade climática até 2050 e não 2060, e apoiar o setor privado na implementação de compromissos alinhados, inclusive por meio de processos de gerenciamento de riscos ambientais.

Fonte: Elaborado pelos autores a partir de adaptação de estudos da OCDE sobre a política de conduta empresarial responsável (2022).

3. EXEMPLOS DE AÇÕES QUE INCENTIVAM A INTEGRIDADE SOB UMA PERSPECTIVA AMBIENTAL

Com o intuito de observar a melhoria de processos, bem como agregar valor as organizações sob uma lente ambiental em matéria de integridade, elenca-se algumas boas iniciativas que evidencia como a busca da integridade institucional pode ser procedida mediante ênfase em matéria ambiental.

3.1 ClimateScanner de desenvolvido pelo Tribunal de Contas da União - TCU

As mudanças climáticas são tema de relevância mundial. Emissão de gases de efeito estufa, derretimento de geleiras, queimadas, desmatamentos e remanejamento de recursos hídricos são alguns dos problemas que precisam ser enfrentados por todo o planeta. Pensando nisso, o Tribunal de Contas da União (TCU), na qualidade de então presidente da Organização Internacional de Instituições Superiores de Controle (Intosai), propôs o ClimateScanner, uma iniciativa em que Instituições Superiores de Controle (ISC) ao redor do mundo promoverão uma avaliação global das ações governamentais relacionadas à mudança do clima.

As ISC têm um papel único no enfrentamento da crise climática haja vista que podem oferecer informações confiáveis e contribuir para a transparência dos governos e o aperfeiçoamento das políticas.

Quadro 23.3: Objetivos do Climatescanner

Objetivo	Descrição
Avaliar	As informações obtidas em nível nacional e internacional.
Consolidar	Dados produzidos pelas Instituições Superiores de Controle (ISC) participantes.
Comunicar	Informações relevantes em linguagem de fácil compreensão.
Suporte	Ao planejamento das ISC e à tomada de decisões pelos governos nacionais.

Fonte: Elaborado pelos Autores

3.2. Parceria entre órgão de controle interno governamental e a sociedade civil levantou riscos de integridade na governança pública do Setor Ambiental no Estado de Rondônia[4]

Por ser o terceiro maior produtor de madeira nativa do Brasil, o estado de Rondônia encontra nessa atividade uma importante fonte econômica, sendo responsável por gerar empregos e renda para muitos dos seus municípios. Nesse sentido, a criação de medidas que fomentem a economia florestal e, ao mesmo tempo, combatam a exploração ilegal de madeira é de grande importância para a região. Além da evidente degradação ambiental, a exploração ilegal de madeira tem causado diversos outros problemas no estado, como conflitos fundiários, perda de receita pública e a concorrência desleal com aqueles que realizam a exploração dentro dos limites da lei.

Buscando responder a esse desafio, a Controladoria do Controladoria Geral do Estado de Rondônia (CGE) e a Secretaria de Estado do Desenvolvimento Ambiental (SEDAM), com apoio da Transparência Internacional-Brasil, realizaram, entre junho de 2020 e março de 2021, a auditoria da integridade socioambiental do setor florestal do estado, iniciativa pioneira e por meio da qual foram elaboradas recomendações com o objetivo de fortalecer a gestão florestal rondoniense.

4. https://transparenciainternacional.org.br/posts/auditoria-inedita-e-realizada-em-rondonia-para-fortalecer-governanca-florestal-do-estado/

A metodologia foi construída a partir de normas, padrões e manuais nacionais e internacionais sobre o tema, contando com um conjunto de técnicas de coleta e análise de informações, que inclui visitas à campo em unidades de conservação, áreas de exploração de madeira e indústrias do setor. Além de ter sido pioneira pelo fato de ter sido uma auditoria ampla sobre a gestão florestal empreendida por um órgão de controle interno, o processo metodológico inovou ao realizar consulta pública permitindo que outras organizações da sociedade civil, do setor privado e órgãos públicos pudessem enviar contribuições para o planejamento da auditoria. Os resultados indicaram para a necessidade de um aprimoramento da gestão florestal rondoniense em áreas como a exploração de madeira, gestão das Unidades de Conservação e na regularização e fiscalização ambiental. Foram identificados 89 riscos, sendo 31 deles considerados extremos, 26 altos, 23 médios e 9 baixos. A partir desse diagnóstico, a auditoria propôs 58 recomendações.

3.3. Política Socioambiental do Banco do Brasil[5]

Banco do Brasil desenvolveu uma Política de responsabilidade socioambiental com o objetivo de gerar valor para as partes interessadas e mitigar os possíveis impactos adversos de suas atividades no meio ambiente e na sociedade (Banco do Brasil, 2021). Além dessa política de base, o Banco do Brasil também adotou políticas específicas adicionais para gerenciar riscos socioambientais em suas atividades de crédito, como as Diretrizes de Sustentabilidade para o Crédito e as Diretrizes Socioambientais — Lista Restritiva e Lista de Exclusão (Banco do Brasil, 2021) .

Em 2020, também desenvolveu um Manual Corporativo de Gerenciamento de Riscos Socioambientais, que reúne e fornece explicações sobre as iniciativas e ferramentas que utiliza para gerenciar riscos socioambientais, como monitoramento de mídia e legislação socioambiental, uma lista de embargos, um questionário socioambiental, uma classificação socioambiental (Banco do Brasil(2021).

PODCAST com *expert*:
Larissa Ananda apresenta a importância da auditoria e controles internos em matéria ambiental

PODCAST com *expert*:
Louise Gomes fala sobre controles internos no âmbito municipal e a temática ambiental

5. Banco do Brasil (2021), Annual Report 2020, https://api.mziq.com/mzfilemanager/v2/d/5760dff3-15e1-4962-9e81-322a0b3d0bbd/22f3f814-cc25-4b66-d8ef-2c17811ade81?origin=2.

CAPÍTULO 24

ESG: EIXO SOCIAL – PREVENÇÃO AO ASSÉDIO E À DISCRIMINAÇÃO

1. VISÃO GERAL

De que adianta um programa de integridade que prega valores como equidade em uma organização, se ela não previne comportamentos tóxicos, nocivos e até mesmo criminosos como assédio sexual, moral ou discriminação?

Segundo o Guia Lilás da CGU, assédios e discriminações são problemas coletivos e individuais que impactam a convivência entre colegas de trabalho, violam a dignidade e a integridade das pessoas, a salubridade do ambiente, a saúde física e mental da pessoa trabalhadora e a sua produtividade.

Estes autores observaram nos últimos anos diversas ações quanto à prevenção de tais comportamentos indevidos. Contudo ainda existem lacunas a serem exploradas nas fases de apuração e proteção física e moral dos envolvidos.

Dilemas atuais
1. O que fazer no nível organizacional quando a(o) denunciante desiste de prosseguir com a denúncia após o acolhimento, mas antes do registro formal da denúncia?
2.Como proteger a vítima sem pré-condenar o acusado durante a fase de apuração?

2. ASSÉDIO SEXUAL

A resolução CNJ nº 351, de 28 de outubro de 2020, define assédio sexual como a "**conduta de conotação sexual praticada contra a vontade de alguém, sob forma verbal, não verbal ou física, manifestada por palavras, gestos, contatos físicos ou outros meios, com o efeito de perturbar ou constranger a pessoa, afetar a sua dignidade, ou de lhe criar um ambiente intimidativo, hostil, degradante, humilhante ou desestabilizador**".

Conforme o art. 216-A do Código Penal é definido como "**o ato de constranger alguém, com o intuito de obter vantagem ou favorecimento sexual, prevalecendo-se o agente da sua condição de superior hierárquico ou ascendência inerentes ao exercício de emprego, cargo ou função**".

Quadro 23.1: Tipos de assédio sexual

Tipo	Descrição	Fundamentação
Assédio sexual vertical: assédio sexual típico	Ocorre entre chefe e subordinado	Descrita no art. 216-a do código penal, bem como no art. 215-a, importunação sexual, senado federal, 2017, p. 18.
Assédio sexual horizontal: importunação sexual	Ocorre entre colegas sem hierarquia	Não é "crime de assédio" previsto no código penal brasileiro, mas pode ser entendido como o crime de importunação sexual previsto no mesmo código penal, em seu art. 215-a. Pode ser punido administrativamente (no case federal: demissão), civilmente e penalmente (1 a 5 anos de prisão).

Fonte: Adaptado da 2ª versão do Guia Lilás da CGU

Entendimento da Procuradoria-Geral Federal sobre o tema Assédio Sexual[1]
Segue trecho final do Parecer 0001/2023/PG-ASSEDIO/SUBCONSU/PGF/AGU *62. SERVIDOR. A* ***prática de assédio sexual deve ser compreendida de forma ampla*** *como quaisquer condutas de natureza sexual manifestadas no exercício do cargo, emprego ou função pública ou em razão dele,* ***externada por atos, palavras, mensagens, gestos ou outros meios, propostas ou impostas a pessoas contra a sua vontade, independentemente do gênero, que causem constrangimento e violem sua liberdade sexual, sua intimidade, sua privacidade, sua honra e sua dignidade, afrontam a moralidade administrativa, o decoro, a dignidade da função pública e da instituição, caracterizando-se como transgressão disciplinar de natureza gravíssima.*** *SERVIDOR.* ***Para a configuração da infração administrativa como assédio sexual é necessário apenas um ato, uma única conduta, não sendo exigida a sua repetição.*** *SERVIDOR. Para o fim de enquadramento no regime disciplinar do servidor público, a conduta considerada como assédio sexual encontra fundamento no artigo 117, inciso IX, c/c artigo 132, inciso V, e artigo 137, todos da Lei n. 8.112/90; artigo 2°, inciso VIII, c/c artigo 5°, inciso I, e parágrafo único, inciso I, c/c artigo 8°, §6°, todos da Lei n. 8.027/90.* ***Por outro lado, uma vez realizado o enquadramento da conduta nas hipóteses em que a legislação prevê a pena de demissão,*** *não existe discricionariedade para aplicação de pena menos gravosa, conforme entendimento já pacificado pelos Pareceres vinculantes da AGU*

1. https://www.gov.br/agu/pt-br/comunicacao/noticias/parecer-da-agu-fixa-pena-de--demissao-para-casos-de-assedio-sexual-nas-autarquias-e-fundacoes-publicas-federais.

GQ 177 e GQ 183, aprovados pelo Presidente da República e de cumprimento obrigatório por toda a Administração Pública Federal, nos termos do artigo 40 da Lei Complementar n. 73, de 10 de fevereiro de 1993.

Conclui-se que para o assédio sexual é necessário apenas 1 ato. Estes autores recomendam que uma vez identificado elementos do assédio sexual, não compete o evento ser tratado na Comissão de Ética apesar de ser uma instância independente, mas sim no âmbito da corregedoria. Isso porque a punição a ser aplicada será a demissão e neste caso não haveria porque sobrecarregar a comissão de ética e até mesmo fazer com que a vítima seja revitimizada em 2 comissões distintas.

Em setembro de 2023, o parecer anterior foi convertido em vinculante pelo Chefe do Executivo Federal aplicando-se a toda a administração pública federal.

3. ASSÉDIO MORAL

A Convenção nº 190 da Organização Internacional do Trabalho define assédio moral como: "um conjunto de comportamentos e práticas inaceitáveis, ou de ameaças de tais comportamentos e práticas, **que se manifestam apenas uma vez ou repetidamente**, que objetivam causar, causam ou são suscetíveis de causar danos físicos, psicológicos, sexuais ou econômicos, incluída a violência e o assédio em razão de gênero".

Segundo a 1ª versão do Guia Lilás[2], o assédio moral consiste na violação da dignidade ou integridade psíquica, ou física de outra pessoa por meio de conduta abusiva. Manifesta-se por meio de gestos, palavras (orais ou escritas), comportamentos ou atitudes que exponham o(a) servidor(a), o(a) empregado(a) ou o(a) estagiário(a) ou o(a) terceirizado(a), individualmente ou em grupo, a situações humilhantes e constrangedoras, degradando o clima de trabalho e muitas vezes impactando a estabilidade emocional e física da vítima.

Entendimento atual da CGU sobre assédio moral[3]

Segue trecho da Nota Técnica nº 93/2024/CGUNE/DICOR/CRG:

Assédio moral: Condutas graves que impliquem: a) uso indevido das prerrogativas/poderes/ferramentas do cargo com o intuito de causar grave humilhação, afronta à dignidade ou dano à saúde psicológica da vítima; b) a prática de condutas graves, consideradas escandalosas nos termos da lei, o que também envolve a prática de alguma conduta tipificada no código penal como gravemente ofensiva à vítima; e c) a situação de ofensa física. Daí decorre que, configurado o assédio moral nesta perspectiva, impõe-se o enquadramento da conduta como infração disciplinar grave (art. 117, IX – Valer-se do cargo para lograr proveito pessoal ou de outrem, em detrimento da dignidade da função pública –, art. 132, V – Incontinência pública e conduta escandalosa, na repartição – ou art. 132, VII – ofensa física, em serviço, a servidor ou a particular), em face da qual se obriga a autoridade competente à aplicação de penalidade expulsiva, sem qualquer margem de discricionariedade para dosimetria diversa.

Conclui-se que no âmbito do Executivo federal, o termo assédio moral é reservado para casos graves que ensejará a aplicação de penalidade expulsiva. Diferente do assédio sexual, não existia ainda quando da publicação dessa edição **parecer vinculante do Chefe do Poder Executivo Federal.**

2. https://repositorio.cgu.gov.br/bitstream/1/16385/4/Guia_para_prevencao_assedio.pdf.
3. Nota técnica nº 93/2024/CGUNE/DICOR/CRG.

Quadro 23.2: Tipos de assédio moral

Tipo	Descrição
Assédio moral vertical	Relação de hierarquia descendente ou ascendente entre agressor(a) e assediado(a).
Assédio moral horizontal ou "bullying hexagonal"	Entre pessoas de mesma hierarquia.
Assédio moral misto ou "bullying misto"	Assédio coordenado de superiores hierárquicos e de colegas de trabalho com os quais não possui relação de subordinação.
Assédio moral organizacional ou institucional	São condutas abusivas amparadas por estratégias organizacionais ou por métodos gerenciais para conseguir o cumprimento de metas ou a adesão a políticas institucionais a qualquer custo. Um dos exemplos é a gestão por estresse, quando a pressão para atingir objetivos e melhorar desempenho extrapola as condições normais de trabalho. As consequências são o comprometimento da saúde física e emocional dos envolvidos, esgotamento físico, mental, sentimento de incapacidade, depressão, ansiedade, insônia, entre outras descompensações.

Fonte: Adaptado da 2ª versão do Guia Lilás da CGU

Quadro 23.3: Condutas típicas do Poder Hierárquico versus condutas que podem caracterizar Assédio Moral

Condutas típicas do Poder Hierárquico	Condutas que podem caracterizar Assédio Moral
-Cobranças de trabalho **firmes** desde que realizadas de maneira respeitosa. -Atribuição de tarefas aos subordinados, no interesse da Administração. -Conflitos esporádicos com colegas ou chefias – divergências sobre determinado tema comunicadas de forma direta e respeitosa. -Críticas construtivas. -Avaliações de desempenho realizadas por colegas ou superiores, desde que não seja feita de forma a causar situação vexatória na pessoa avaliada.	-Não atribuir atividades à pessoa, deixando-a sem quaisquer tarefas a cumprir, provocando a sensação de inutilidade e de incompetência, ou colocando-a em uma situação humilhante frente aos colegas de trabalho. -Contestar sistematicamente todas as suas decisões e criticar o seu trabalho de modo exagerado ou injusto, em especial na frente de outras pessoas. -Entregar, de forma permanente, quantidade superior de tarefas comparativamente a seus colegas. -Exigir a execução de tarefas urgentes de forma permanente e desnecessária. -Agredir verbalmente, gritar, dirigir gestos de desprezo, ou ameaçar com outras formas de violência física e/ou emocional. -Desconsiderar problemas de saúde ou recomendações médicas na distribuição de tarefas. -Realizar um controle excessivo e desproporcional apenas sobre a pessoa assediada. -Ignorar a presença da pessoa.

Fonte: Adaptado da 2ª edição do Guia Lilás da CGU

4. DISCRIMINAÇÃO

De acordo com a resolução CNJ nº 351, de 28 de outubro de 2020, discriminação **compreende toda distinção, exclusão, restrição ou preferência fundada na raça, etnia, cor, sexo, gênero, religião, deficiência, opinião política, ascendência nacional, origem social, idade, orientação sexual, identidade e expressão de gênero, ou qualquer outra que atente contra o reconhecimento ou exercício, em condições de igualdade, dos direitos e liberdades fundamentais nos campos econômico, social, cultural, laboral ou em qualquer campo da vida pública; abrange todas as formas de discriminação, inclusive a recusa de adaptação razoável.**

Entendimento atual da CGU sobre discriminação[4]
Segue trecho da Nota Técnica nº 93/2024/CGUNE/DICOR/CRG: *Discriminação: condutas graves que impliquem: a) conduta tipificada como crime (racismo, injúria racial, homofobia e transfobia); b) conduta grave que seja direcionada diretamente a uma pessoa ou conjunto determinado de pessoas, que se vale de uma condição específica da vítima (etnia, orientação sexual ou de gênero, etc.) com intenção discriminatória, tendo como intuito ou resultado causar humilhação, grave constrangimento ou dano psicológico. Configurada a discriminação nesta perspectiva, impõe-se o enquadramento da conduta como infração disciplinar grave (art. 132, V – Incontinência pública e conduta escandalosa, na repartição), em face da qual se obriga a autoridade competente à aplicação de penalidade expulsiva, sem qualquer margem de discricionariedade para dosimetria diversa.* **Conclui-se que no âmbito do Executivo federal, o termo discriminação é reservado para casos graves que ensejará a aplicação de penalidade expulsiva. Diferente do assédio sexual, não existe ainda parecer vinculante do Chefe do Poder Executivo Federal.**

Quadro 23.4: Tipos discriminação

Tipo	Descrição
Racismo	Entende-se uma ideologia que considera uma raça superior a outra, levando à construção de estereótipos e à perpetuação de desigualdades sociais.
Discriminação racial	Refere-se ao tratamento desigual a indivíduos e grupos com base em sua raça ou etnia. Comportamentos ou falas de distinção, exclusão, restrição ou preferência por determinada raça, nacionalidade, ascendência, cor ou etnia são consideradas discriminação.
Gordofobia	É o preconceito, discriminação ou aversão dirigida a pessoas com corpos gordos ou acima do peso.
Capacitismo	É a discriminação e o preconceito direcionados a pessoas com deficiência, baseado na crença de que a deficiência é uma característica inferior.
Etarismo	Se manifesta através de atitudes, estereótipos e práticas que marginalizam ou desrespeitam pessoas devido à sua idade, seja por serem muito jovens ou muito velhas.

4. Nota técnica nº 93/2024/CGUNE/DICOR/CRG.

Tipo	Descrição
Discriminação em função de sexo/ gênero / orientação sexual	Referem-se a manifestações que incluem atitudes, crenças, estereótipos, linguagem, práticas institucionais e comportamentos discriminatórios como: machismo, misoginia, LGBTQIA+fobia.

Fonte: Adaptado da 2ª versão do Guia Lilás da CGU

Assédio Moral versus Discriminação[5]
O assédio moral pode ser motivado por discriminação, como machismo, etarismo, racismo, capacitismo ou LGBTfobia.
A discriminação tem origem na diferença entre pessoas. É toda distinção, exclusão ou preferência fundada na raça, cor, sexo, religião, deficiência, opinião política, ascendência nacional ou origem social, idade, orientação sexual, identidade e expressão de gênero.
O assédio moral pode reforçar uma discriminação, ou ocorrer de forma concomitante a uma prática discriminatória.

5. SÍNTESE DAS CONDUTAS PASSÍVEIS DE OCORRER NO AMBIENTE DE TRABALHO SOB A PERSPECTIVA CORREICIONAL NO ÂMBITO DO EXECUTIVO FEDERAL

O Quadro 23.5 traz um resumo dos procedimentos correcionais considerando os mais recentes entendimentos da CGU para o âmbito do Executivo federal.

Quadro 23.5: Síntese das condutas passíveis de ocorrer no ambiente de trabalho sob a perspectiva correicional no âmbito do executivo federal

Tipo	Tratamento no âmbito correicional do Executivo federal
Assédio Sexual	Aplica-se a penalidade expulsiva. Possui parecer vinculante pelo Chefe do Executivo Federal aplicando-se a toda a administração pública. Conclui-se que uma vez identificado elementos do assédio sexual, estes autores entendem que não compete o evento ser tratado na Comissão de Ética, mas sim no âmbito da corregedoria.
Assédio Moral	Aplica-se a penalidade expulsiva. Possui parecer vinculante pelo Chefe do Executivo Federal aplicando-se a toda a administração pública. Conclui-se que uma vez identificado elementos do assédio moral nos termos da Nota Técnica nº 93/2024/CGUNE/DICOR/CRG, estes autores entendem que não compete o evento ser tratado na Comissão de Ética, mas sim no âmbito da corregedoria. Posteriormente, caso não seja aplicada a penalidade expulsiva, a comissão de ética poderia abrir um procedimento ética para avaliar a aplicação da censura ética.

5. 2ª versão do Guia Lilá da CGU.

Tipo	Tratamento no âmbito correicional do Executivo federal
Discriminação	Aplica-se a penalidade expulsiva. Não possui parecer vinculante pelo Chefe do Executivo Federal aplicando-se a toda a administração pública. Conclui-se que uma vez identificado elementos da discriminação nos termos da Nota Técnica nº 93/2024/CGUNE/DICOR/CRG, estes autores entendem que não compete o evento ser tratado na Comissão de Ética, mas sim no âmbito da corregedoria. Posteriormente, caso não seja aplicada a penalidade expulsiva, a comissão de ética poderia abrir um procedimento ética para avaliar a aplicação da censura ética.
Outras condutas impróprias nas relações interpessoais de trabalho	Aplicam-se penalidades como: advertência ou suspensão. Estes autores entendem que nestes casos, o evento poderia ser tratado simultaneamente na Comissão de Ética e na Corregedoria.
Conflitos e atritos inerentes às relações de trabalho, que não representam ofensa a alguém nem desrespeito a deveres funcionais	Situações aceitáveis no dia a dia da organização visando alcance das metas. Efeitos inerentes quando da aplicação do Poder Hierárquico.

Fonte: Adaptado da 2ª versão do Guia Lilás da CGU

Atuação simultânea da Comissão de Ética e da Corregedoria em casos de assédio e discriminação
A rigor não existe impedimento para atuação simultânea das 2 instâncias. Ocorre que são análises feitas por equipes diferentes em tempos diferentes. Essa repetição de procedimentos aumenta o risco de revitimização por parte da(o) denunciante o que deve ser evitado. **Assim, estes autores sugerem que nestes casos em que estejam presentes elementos graves, primeiro se esgote a esfera disciplinar para depois iniciar a esfera ética caso a punição não seja expulsiva.**

6. DESAFIOS

6.1. O que fazer no nível organizacional quando a(o) denunciante desiste de prosseguir com a denúncia após o acolhimento, mas antes do registro formal da denúncia?

Não se deve e não se pode exigir da vítima que ela atue no processo, sob pena de se incorrer em um processo de revitimização. **Por outro lado, pode a organização fingir que nada ocorreu? E se esse evento se repetir no futuro?**

Assim, para ajudar como pode ser tratada tal questão, estes autores irão recorrer ao direito penal que separa as ações em condicionadas e incondicionadas. A ação penal é condicionada quando a lei estabelece que é privativa do ofendido (depende de representação) e incondicionada quando independe do ofendido.

O Quadro 23.6 contém os tipos penais associados para assédio moral e discriminação nos termos da NT CRG/CGU 93/2024. No caso de assédio sexual, já existe tipo penal associado.

Quadro 23.6: Tipos penais associados a condutas reprováveis

Conduta reprovável	Tipos penais associados	Tipo de ação penal
Assédio Sexual[a]	Existe tipo penal específico	Incondicionada
Assédio Moral[b]	Constrangimento Ilegal	Incondicionada
	Intimidação Sistemática ou *Bullying*	Incondicionada
	Ameaça	**Condicionada**[6]**, porém há exceção.**
	Perseguição ou *Stalking*	**Condicionada**[7]
	Violência Psicológica	Incondicionada
Discriminação[c,d]	Injúria	Incondicionada
	Praticar, induzir ou incitar a discriminação	Incondicionada

Legenda:

(a) **Código Penal (Decreto-Lei nº 2.848/1940)**: Art. 216-A (Assédio Sexual: "*Constranger alguém com o intuito de obter vantagem ou favorecimento sexual, prevalecendo-se o agente da sua condição de superior hierárquico ou ascendência inerentes ao exercício de emprego, cargo ou função*").

(b) **Código Penal (Decreto-Lei nº 2.848/1940)**: Art. 146 (Constrangimento Ilegal: "*Constranger alguém, mediante violência ou grave ameaça, ou depois de lhe haver reduzido, por qualquer outro meio, a capacidade de resistência, a não fazer o que a lei permite, ou a fazer o que ela não manda*"); Art.146-A (Intimidação Sistemática ou *Bullying*: "*Intimidar sistematicamente, individualmente ou em grupo, mediante violência física ou psicológica, uma ou mais pessoas, de modo intencional e repetitivo, sem motivação evidente, por meio de atos de intimidação, de humilhação ou de discriminação ou de ações verbais, morais, sexuais, sociais, psicológicas, físicas, materiais ou virtuais*" e Intimidação Sistemática Virtual ou *Cyberbullying*: quando "*a conduta é realizada por meio da rede de computadores, de rede social, de aplicativos, de jogos on-line ou por qualquer outro meio ou ambiente digital, ou transmitida em tempo real*"); Art.147 (Ameaça: "*Ameaçar alguém, por palavra, escrito ou gesto, ou qualquer outro meio simbólico, de causar-lhe mal injusto e grave*"); Art.147-A (Perseguição ou *Stalking* "*Perseguir alguém, reiteradamente e por qualquer meio, ameaçando-lhe a integridade física ou psicológica, restringindo-lhe a capacidade de locomoção ou, de qualquer forma, invadindo ou perturbando sua esfera de liberdade ou privacidade*"); e Art.147-B (Violência Psicológica contra a Mulher: "*Causar dano emocional à mulher que a prejudique e perturbe seu pleno desenvolvimento ou que vise a degradar ou a controlar suas ações, comportamentos, crenças e decisões, mediante ameaça, constrangimento, humilhação, manipulação, isolamento, chantagem, ridicularização, limitação do direito de ir e vir ou qualquer outro meio que cause prejuízo à sua saúde psicológica e autodeterminação*").

(c) **Lei nº 7.716/1989**: Art. 2°-A (Injúria: "*Injuriar alguém, ofendendo-lhe a dignidade ou o decoro, em razão de raça, cor, etnia ou procedência nacional*"); Art. 20 ("*Art. 20. Praticar, induzir ou incitar a discriminação ou preconceito de raça, cor, etnia, religião ou procedência nacional*").

---

6. Decreto-Lei nº 2.848/1940.
   Art. 147 [...]
   § 1º Se o crime é cometido contra a mulher por razões da condição do sexo feminino, nos termos do § 1º do art. 121-A deste Código, aplica-se a pena em dobro.
   § 2º Somente se procede mediante representação, exceto na hipótese prevista no § 1º deste artigo).
7. Decreto-Lei nº 2.848/1940.
   Art. 147-A [...]
   § 3º Somente se procede mediante representação.

(d) Ação Direta de Inconstitucionalidade por Omissão nº 26. Relator Ministro Celso de Mello. Julgado em 13/06/2019. *Até que sobrevenha lei emanada do Congresso Nacional destinada a implementar os mandados de criminalização definidos nos incisos XLI e XLII do art. 5º da Constituição da República, as condutas homofóbicas e transfóbicas, reais ou supostas, que envolvem aversão odiosa à orientação sexual ou à identidade de gênero de alguém, por traduzirem expressões de racismo, compreendido este em sua dimensão social, ajustam-se, por identidade de razão e mediante adequação típica, aos preceitos primários de incriminação definidos na Lei nº 7.716, de 08/01/1989.*

Nos tipos penais condicionados, a administração encerrará sumariamente o processo quando o denunciante que fora acolhido não desejar prosseguir com registro no canal de denúncias.

Contudo, quando do acolhimento do denunciante, se a administração se deparar com conduta imprópria **associada a um tipo penal incondicional,** a administração não pode encerrar sumariamente o processo utilizando como justificativa a ausência de formalização no **denunciante** via canal de denúncias. Nestes casos, ausente a colaboração, a Administração deve avaliar se há ou não condições de agir de forma eficaz e efetiva com os elementos apresentados no acolhimento. Caso haja condições para agir de forma eficaz e efetiva é dever da Administração dar andamento ao processo mesmo sem participação do denunciante. Caso não haja condições de atuar de forma eficaz e efetiva, a administração encerrará o processo com a devida justificativa que não pode se limitar nestes casos a simples a ausência de registro do denunciante.

6.2. Como proteger a vítima sem pré-condenar o acusado durante a fase de apuração?

> Se por um lado não se pode pré-julgar o acusado, não se pode permitir que a (o) denunciante permaneça durante todo o período de apuração (meses ou anos) convivendo no mesmo ambiente. Não se pode pré-condenar o acusado, mas também não é possível esperar todo o período de apuração para dar o benefício da dúvida à (ao) denunciante e adorar medidas protetivas conforme a gravidade de caso.

É essencial definir protocolos para preservar a saúde e a integridade física e moral dos envolvidos a partir da aceitação da denúncia na fase análise preliminar (exame de admissibilidade) até o final da fase de apuração. Cabe destacar que não se considera uma prévia punição ou condenação, mas situação inerente a quaisquer profissionais que atuem na Organização e que possam ser envolvidos direta ou indiretamente em eventos de comportamentos impróprios. Esses protocolos não são exigíveis na fase de acolhimento e análise prévia da denúncia, devendo ser aplicados na visão destes autores apenas após o exame de admissibilidade pelo setor de apuração.

Fatores que podem ser considerados pelo setor responsável pelo exame de admissibilidade para sugerir protocolo de preservar a saúde e a integridade física e moral dos envolvidos:
1.Existência de evidência (áudio, vídeo, mensagens de texto, etc.) que indique o evento de comportamento impróprio.
2.Existência de laudo (corpo de delito, laudo de psicólogo/psiquiatra) que indique o evento de comportamento impróprio.

3.Existência de testemunhas que indique o evento de comportamento impróprio.
4.Aderência do "*iter eventus*[a]" com a agenda (presencial/on line) dos envolvidos no evento de comportamento impróprio.
5.Existência de casos correlatos nos últimos 5 anos referentes ao mesmo acusado envolvido no evento de comportamento impróprio.
6.Reconhecimento por parte do acusado de que houve o evento de comportamento impróprio.
7.Outros fatores constantes na denúncia.

Legenda: (a) o caminho do evento deve comprovar que a agenda dos envolvidos permitiria que o que foi alegado na denúncia pudesse ter de fato ocorrido.

A CGU na 2ª versão do Guia Lilás, trouxe uma escala de avaliação que pode ser perfeitamente utilizada para decidir para o acionamento de protocolo de preservação da saúde e da integridade física e moral dos envolvidos.

Quadro 23.7: Fatores para avaliação da gravidade do evento envolvendo assédio e discriminação

Fatores	Categorias
Níveis (1 a 6)	1-Não ofensivo[a]
	2-Constrangedor e levemente ofensivo[b]
	3-Ofensivo[c]
	4-Bastante ofensivo[d]
	5-Agressivo e não-fisicamente violento[e]
	6-Agressivo e fisicamente violento[f]
Contexto em que ocorreu a conduta	Formal ou informal: conduta ocorre em reuniões, apresentações ou em situações que requerem um comportamento profissional rigoroso; ou a conduta ocorre em eventos menos formais ou em conversas casuais.
	Público ou Privado: conduta foi um ato público, afetando a percepção de mais pessoas; ou a conduta foi um ato privado, influenciando diretamente apenas indivíduos específicos. Se a conduta tem conotação sexual e a privacidade do ato contribui para a percepção de vulnerabilidade da possível vítima, aumenta a gravidade.
Histórico	Primário: Sem histórico anterior de condutas inapropriadas.
	Reincidente: Histórico de condutas similares ou relacionadas.
	Frequente: Múltiplas reincidências que indicam um padrão comportamental.
Frequência	Isolado: Incidente único sem repetições conhecidas. A frequência isolada é suficiente para caracterizar o assédio sexual.
	Ocasional: Ocorre esporadicamente, mas mais de uma vez.
	Repetitivo e/ou insistente: Acontece frequentemente.
Impacto na vítima	Impacto não-significativo: Não teve maiores repercussões para a vítima.
	Impacto negativo considerável: Gerou consequências de curto prazo e não muito graves à vítima.
	Impacto negativo intenso: Gerou consequências de médio e longo prazo à vítima, causando-lhe sofrimento físico, emocional ou psicológico, bem como impactando sua saúde e bem-estar.

Sinais não-verbais	Neutro: Sem sinais não-verbais significativos que exacerbem o comportamento.
	Agravado: Sinais não-verbais que intensificam a negatividade da conduta.
Intenção percebida	Acidental: Sem intenção clara de causar dano.
	Negligente: Falta de consideração pelas consequências.
	Intencional: Evidente objetivo de causar dano ou desconforto.
Relação Hierárquica	Mesmo nível hierárquico ou nível hierárquico não relevante: Os envolvidos possuem o mesmo nível de autoridade ou são colegas sem relação de subordinação direta.
	Superior-subordinado direto: O agressor é superior direto da vítima, caracterizando uma clara relação de subordinação. A presença de uma relação de superioridade, especialmente se o agressor é o superior direto da vítima, pode aumentar significativamente a gravidade da conduta.
	Superior-subordinado indireto: O agressor tem uma posição superior, mas não é o superior direto da vítima, ainda assim possui algum grau de influência hierárquica.

Legenda: **(a)** interações que são geralmente percebidas como neutras e não provocam desconforto ou ofensa entre as partes envolvidas. São exemplos comentários sobre alguém ter mudado o corte de cabelo, elogios por uma roupa nova, ou discussões sobre assuntos neutros como o clima. **(b)** Inclui comportamentos que, embora possam não ser intencionados para prejudicar, acabam criando uma atmosfera de desconforto ou embaraço. Esses comentários ou ações podem ser percebidos como desrespeitosos ou insensíveis, especialmente quando evocam estereótipos ou preconceitos sutis. São exemplos as perguntas ou afirmações sobre habilidades de trabalho baseadas em estereótipos de gênero, ou comentários sobre a aptidão física ou aparência de pessoas de certos grupos étnicos. **(c)** Esta categoria é caracterizada por uma evidente falta de consideração pelas diferenças individuais, sociais e culturais, manifestando-se por meio de ações ou palavras que reforçam negativamente estereótipos ou preconceitos e/ou que reproduzem estruturas de privilégio. São exemplos dessas condutas piadas ou insinuações sobre a orientação sexual de uma pessoa, uso de apelidos pejorativos com marcas raciais ou de gênero, retirar oportunidades de trabalho por questões relacionadas ao gênero. **(d)** Comportamentos ou declarações que são explicitamente humilhantes ou degradantes, frequentemente intencionais e com o objetivo de insultar ou diminuir a pessoa no contexto de suas características pessoais ou sociais. Inclui também condutas fisicamente intrusivas, como toques não solicitados. São exemplos os insultos diretos e ostensivos, comentários depreciativos sobre a capacidade intelectual de uma mulher, a humilhação ou ridicularização maliciosa de alguém por suas características físicas, sociais ou culturais e a imitação ofensiva do sotaque de alguém. **(e)** Envolve ações persistentes ou degradantes baseadas em gênero, raça ou sexualidade. Este nível inclui comportamentos que não apenas violam a dignidade da pessoa, mas também criam um ambiente hostil e intimidador, que pode ter repercussões legais sérias para os perpetradores e para a instituição. Consistem em avanços sexuais não solicitados, comentários racistas, compartilhamento ou armazenamento de material pornográfico no local de trabalho e a sugestão de retaliação a alguém que não queira se envolver sexualmente com a pessoa. **(f)** Representa a forma mais extrema de conduta inapropriada, envolvendo agressões físicas, ameaças de violência grave, ou qualquer forma de coerção que coloque em risco a segurança física dos indivíduos. Essas ações não só têm um impacto devastador sobre as vítimas, mas também comprometem a cultura e a integridade da organização, exigindo uma resposta imediata e medidas disciplinares severas. São os comportamentos que representam uma ameaça direta à integridade física ou psicológica de uma pessoa, incluindo qualquer forma de coerção ou violência física.

Fonte: Adaptado da 2ª versão do Guia Lilás da CGU

Considerando os fatores previamente definidos em protocolos internos, o setor responsável pelo exame de admissibilidade considerando os critérios pode sugerir as seguintes medidas ao dirigente máximo que as ratificará ou retificará.

Possíveis medidas de preservação da saúde e a integridade física e moral dos envolvidos
1.Adoção do teletrabalho pelos envolvidos. Essa medida permitirá que as comunicações doravante sejam rastreáveis.
2.Mudança de setor mediante anuência prévia da (o) denunciante. Conforme for o caso, a permanência da(o) denunciante pode agravar a situação dela(e). Assim deve ser oferecida essa possibilidade à (ao) denunciante. Não se recomenda, sem estarem presente elementos graves, a mudança do setor do superior hierárquico na situação de acusado, pois pode configurar uma pré-punição.
3.Caso seja um ambiente de ensino, sugere-se que as aulas de toda a turma passem a ser virtuais e não apenas da (o) denunciante. Caso a (o) denunciante seja um (a) aluno (a) e mesmo assim não haja ambiente, ou mesmo condições técnicas, para realização das aulas no formato virtuais, sugere-se a mediante anuência prévia da (o) denunciante a mudança de turma ou realização da disciplina de forma isolada com o coordenador do curso.

É possível a alta administração afastar cautelarmente o (a) acusado (a)?

Sim.

Existem 2 tipos de medidas cautelares no âmbito do processo administrativo disciplinar: própria e imprópria.

> **Quanto às medidas cautelares próprias do PAD, a Lei nº 8.112/1990 define que:**
>
> *Art. 147. Como medida cautelar e a fim de que o servidor não venha a influir na apuração da irregularidade, a autoridade instauradora do processo disciplinar* ***poderá*** *determinar o seu afastamento do exercício do cargo, pelo prazo de até 60 (sessenta) dias, sem prejuízo da remuneração.*
>
> *Parágrafo único. O afastamento poderá ser prorrogado por igual prazo, findo o qual cessarão os seus efeitos, ainda que não concluído o processo.*
>
> **Quanto às medidas cautelares impróprias do PAD, a Lei nº 9.784/1999 define que:**
>
> *Art. 45. Em caso de risco iminente, a Administração Pública* ***poderá motivadamente*** *adotar providências acauteladoras sem a prévia manifestação do interessado.*

Assim, caso a alta administração entenda que estejam presentes elementos de gravidade referente ao acusado nos termos na Lei nº 8.112/1990 ou da Lei nº 9.784/1999, pode optar por acionar as medidas cautelares, sem que isso configure pré condenação.

Medida Cautelar Própria do PAD	Medida Cautelar Imprópria do PAD
Lei nº 8.112/1990	Lei nº 9.784/1999
Durante o PAD	Antes, durante ou após o PAD
60 dias prorrogáveis por mais 60	Indeterminado
Autoridade Instauradora do PAD	Autoridade Instauradora do PAD ou Autoridade Administrativa
Visa assegurar a produção de provas.	Visa resguardar o interesse público

6.3. Fluxo ajustado para casos de assédio e discriminação

A seguir, consta o fluxo ajustado para acolhimento, registro e tratamento de denúncias envolvendo assédio e discriminação considerando os desafios consignados nos tópicos 6.1 e 6.2.

Figura 24.1: Fluxo ajustado para casos de assédio e discriminação

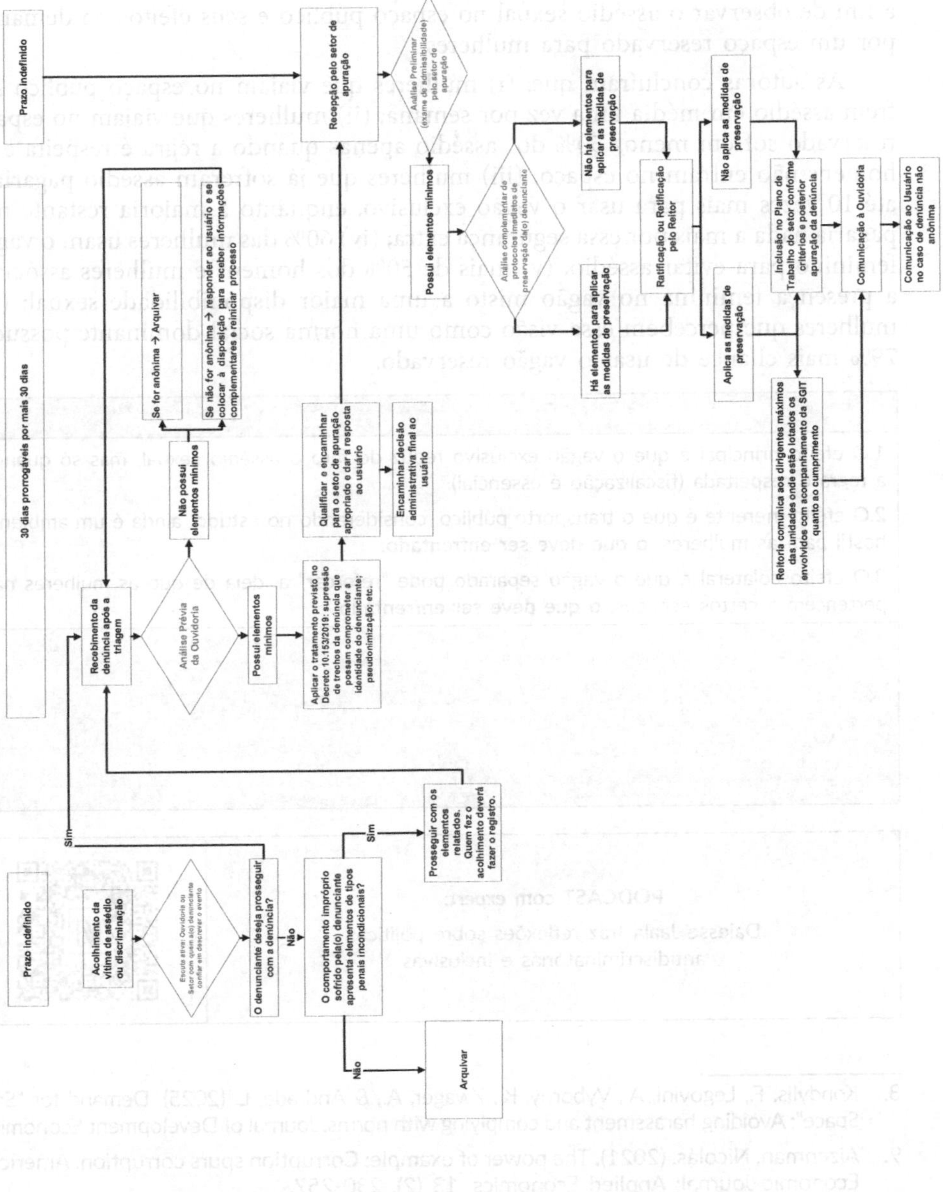

7. REFLEXÕES SOBRE A INTERVENÇÃO ESTATAL

7.1. Prevenção de assédio sexual no transporte público

Uma das soluções para prevenir assédio sexual e outras condutas impróprias no dia a dia da sociedade foi a criação de espaços exclusivamente femininos.

No estudo "Demand for Safe Space: Avoiding Harassment and Complying with Norms"[8], as autoras coletaram informações sobre 22.000 viagens de trem realizadas por 357 mulheres que viajam diariamente na cidade do Rio de Janeiro a fim de observar o assédio sexual no espaço público e seus efeitos na demanda por um espaço reservado para mulheres.

As autoras concluíram que: (i) mulheres que viajam no espaço público sofrem assédio em média uma vez por semana; (ii) mulheres que viajam no espaço reservado sofrem menos 50% do assédio apenas quando a regra é respeita e os homens não entram no espaço; (iii) mulheres que já sofreram assédio pagariam até 10 vezes mais para usar o vagão exclusivo, enquanto a maioria restante não pagaria nada a mais por essa segurança extra; (iv) 60% das mulheres usam o vagão feminino para evitar assédio; (v) mais de 50% dos homens e mulheres associam a presença feminina no vagão misto a uma maior disponibilidade sexual; (vi) mulheres que percebem essa visão como uma norma social dominante possuem 79% mais chance de usar o vagão reservado.

Efeitos principal, inerente e colateral da medida de prevenção
1.O efeito principal é que o vagão exclusivo reduz de fato o assédio sexual, mas só quando a regra é respeitada (fiscalização é essencial).
2.O efeito inerente é que o transporte público, considerando no estudo, ainda é um ambiente hostil para as mulheres, **o que deve ser enfrentado.**
3.O efeito colateral é que o vagão separado pode "reforçar" a ideia de que as mulheres não pertencem a certos espaços, **o que deve ser enfrentado.**
Reflexão dos autores
É essencial que o respeito a mulher e o enfrentamento do assédio sexual seja trabalhado na formação escolar em especial a partir do momento da formação humana em que haja capacidade para compreender as questões complexas envolvidas. Sugere-se a partir do ensino secundário (12 a 15 anos)[9] e que posteriormente essa mesma cultura de respeito à mulher seja reforçada na fase adulta no ambiente profissional no âmbito dos programas de integridade.

PODCAST com *expert*:

Daiesse Jaala traz reflexões sobre políticas antidiscriminatórias e inclusivas

8. Kondylis, F., Legovini, A., Vyborny, K., Zwager, A., & Andrade, L. (2025). Demand for "Safe Space": Avoiding harassment and complying with norms. Journal of Development Economics.
9. Ajzenman, Nicolás. (2021). The power of example: Corruption spurs corruption. American Economic Journal: Applied Economics, 13 (2), 230-257.

CAPÍTULO 25

ESG: EIXO GOVERNANÇA – LIDERANÇA ORGANIZACIONAL

1. REFLEXÕES SOBRE A LIDERANÇA ORGANIZACIONAL NO PROCESSO DE IMPLEMENTAÇÃO DO PROGRAMA DE INTEGRIDADE

Fora observado no capítulo 3 (Eixos de Integridade na visão da OCDE), que no "Eixo Cultura", o componente "Liderança" exerce papel fundamental no sucesso de uma ação transversal como é o programa de integridade.

A tropa é espelho do guia
Existe uma frase comum usada pelos bombeiros militares de que a tropa é o espelho do guia. A tropa representaria os integrantes de uma unidade organizacional e o guia seu dirigente máximo. Em termos de integridade, pode-se dividir uma organização em 3 grupos: frágeis, tíbios e íntegros. Os tíbios representam a maior massa intermediária e os íntegros são aqueles que independente da chefia, sempre exercerão suas atividades com diligência. Ocorre que se o dirigente máximo não der o exemplo, não se fizer presente, não decidir; os tíbios irão de afastar dos íntegros e se aproximarão do grupo frágil em termos de integridade.

Dentro do componente liderança é essencial que a alta administração entenda o papel da Psicologia Social e do Compliance Comportamental (Compliance Behavior). A Psicologia Social é o ramo da Psicologia que estuda como os pensamentos, sentimentos e comportamentos das pessoas são influenciados pela presença real ou imaginada de outros. O Quadro 25.1 contém as principais abordagens da psicologia social sob a perspectiva da liderança organizacional.

Quadro 25.1: Abordagens da psicologia social sob a perspectiva da liderança organizacional

Abordagem	Descrição
Teoria de Campo de Kurt Lewin[1]	Introduziu a teoria de campo, que sugere que o comportamento é o resultado de uma interação dinâmica entre o indivíduo e seu ambiente social. No contexto de Compliance Behavior, isso implica que o comportamento dos colaboradores será moldado não só pela liderança, mas também pelas normas e expectativas do grupo. A liderança organizacional, ao criar um ambiente que promove e reforça práticas éticas, pode influenciar de forma significativa o comportamento de todos dentro da organização. **Criar um ambiente que favoreça o compliance pode ser mais eficaz do que simplesmente impor regras.**
Teoria da Decisão e Racionalidade Limitada de Herbert A. Simon[2]	Introduziu o conceito de "racionalidade limitada", sugerindo que, devido a limitações cognitivas, os indivíduos muitas vezes tomam decisões com base em heurísticas e regras simplificadas, como seguir normas e procedimentos estabelecidos. No contexto organizacional, isso significa que as políticas de compliance e as diretrizes claras podem atuar como atalhos para os colaboradores, ajudando-os a tomar decisões rápidas e éticas sem precisar de uma análise profunda em cada situação. **A liderança organizacional, ao fornecer uma estrutura de regras bem definidas, facilita o processo de tomada de decisão e assegura que os comportamentos de compliance sejam seguidos com mais consistência.**
Teoria da Conformidade de Solomon Asch[3]	Demonstrou, através de seus experimentos de conformidade, que as pessoas tendem a ajustar seus comportamentos para se alinhar ao grupo, mesmo quando acreditam que o grupo está errado. Aplicado ao Compliance Behavior, isso sugere que criar uma cultura organizacional forte, onde a conformidade ética é a norma, pode incentivar os colaboradores a aderirem voluntariamente às práticas de compliance. **A liderança, ao reforçar e exemplificar comportamentos éticos, pode garantir que as normas de conformidade sejam internalizadas, tornando o comportamento desejado parte da cultura organizacional.**

1. Lewin, K. (1935). A Dynamic Theory of Personality. McGraw-Hill.
2. Simon, H. A. (1947). Administrative Behavior: A Study of Decision-Making Processes in Administrative Organizations. Free Press.
3. Asch, S. E. (1956). Studies of independence and conformity: I. A minority of one against a unanimous majority. Psychological Monographs, 70(9), 1-70.

Abordagem	Descrição
Experimento de Milgram sobre Obediência[4]	Milgram mostrou como as pessoas podem obedecer à autoridade, mesmo contra seus próprios princípios. No contexto corporativo, isso significa que a liderança desempenha um papel crucial na modelagem do comportamento dos colaboradores. Líderes que exemplificam práticas éticas e de conformidade influenciam positivamente a adesão dos funcionários a essas práticas. A obediência à liderança pode ser uma poderosa ferramenta para garantir que as políticas de compliance sejam seguidas, desde que os líderes sirvam como exemplos de integridade e responsabilidade.
Teoria das Fontes de Poder de French e Raven[5]	French e Raven identificaram cinco fontes principais de poder: legítimo, de recompensa, coercitivo, referencial e pericial. No contexto de compliance, a liderança organizacional que exerce poder legítimo e referencial tem a capacidade de moldar o comportamento dos colaboradores de maneira mais eficaz. Líderes que demonstram poder ético e que são respeitados por suas habilidades, integridade e capacidade de recompensar comportamentos corretos podem influenciar significativamente a adesão dos funcionários às práticas de compliance. **O uso adequado de poder pode promover uma cultura de compliance, onde os funcionários são motivados a seguir as normas não apenas por obrigação, mas por respeito e admiração pela liderança.**
Teoria da Aprendizagem Social de Albert Bandura[6]	Albert Bandura propôs que o comportamento é aprendido por observação e imitação. Em um ambiente corporativo, se os líderes e colegas praticam o compliance de forma visível e consistente, os outros colaboradores são mais propensos a adotar esses comportamentos. A liderança organizacional, ao demonstrar práticas de compliance de forma clara e contínua, serve como um modelo para os funcionários, fazendo com que eles imitem comportamentos éticos e responsáveis.
Teoria da Dissonância Cognitiva de Elliot Aronson[7]	Elliot Aronson, expandindo a teoria da dissonância cognitiva de Leon Festinger, explicou como os indivíduos buscam consistência entre suas atitudes e comportamentos. Quando há uma discrepância, os indivíduos tendem a mudar suas atitudes ou comportamentos para reduzir a dissonância. No contexto organizacional, se um colaborador violar uma norma ética, ele pode experienciar dissonância cognitiva e, para resolvê-la, pode se alinhar às práticas de compliance estabelecidas pela organização. A liderança pode ajudar a reduzir essa dissonância ao criar um ambiente em que o comportamento ético é recompensado, e as violações de compliance são abordadas de forma construtiva, encorajando os colaboradores a ajustarem seus comportamentos sem o peso da culpa.

4. Milgram, S. (1974). *Obedience to Authority: An Experimental View*. Harper & Row.
5. French, J. R. P., & Raven, B. (1959). The Bases of Social Power. In D. Cartwright (Ed.), Studies in Social Power (pp. 150-167). University of Michigan Press.
6. Bandura, A. (1963). *Social Learning and Personality Development*. Holt, Rinehart & Winston.
7. Aronson, E. (1969). *The Theory of Cognitive Dissonance: A Current Perspective*. In L. Berkowitz (Ed.), *Advances in Experimental Social Psychology* (Vol. 4, pp. 1-34). Academic Press.

Abordagem	Descrição
Teoria da Comunicação Não Verbal de Albert Mehrabian[8]	Albert Mehrabian estudou a importância da comunicação não verbal, argumentando que as mensagens não verbais, como gestos e expressões faciais, têm um impacto significativo sobre as atitudes e comportamentos dos outros. No contexto de compliance, as formas como os líderes se comportam e se comunicam em situações cotidianas pode ter um efeito profundo sobre a adesão dos colaboradores às práticas de conformidade. A liderança organizacional deve ser consciente de como suas ações não verbais, como a postura e os gestos, reforçam ou contradizem as mensagens de ética e compliance que estão sendo comunicadas verbalmente.
Comportamento Organizacional e Cultura Corporativa de Christopher Paul[9]	Christopher Paul focou no impacto da cultura organizacional no comportamento dos colaboradores, sugerindo que uma cultura sólida de ética e conformidade pode moldar os comportamentos de forma mais eficaz do que a simples imposição de normas. Para Paul, a liderança organizacional deve trabalhar ativamente para criar uma cultura onde o compliance seja visto como uma parte integral dos valores e práticas diárias da organização. Líderes que modelam e promovem a ética de forma consistente contribuem para um ambiente onde os colaboradores se sentem naturalmente inclinados a seguir as diretrizes de conformidade.
Experimento da Prisão de Stanford de Philip Zimbardo[10]	Philip Zimbardo, com seu famoso experimento, demonstrou como o comportamento dos indivíduos pode ser profundamente influenciado pelos papéis sociais e pelas expectativas associadas a esses papéis. No contexto organizacional, isso sugere que a liderança deve ser atenta à forma como os papéis dentro da organização são definidos. Líderes que assumem papéis de autoridade devem ser cuidadosos para não criar um ambiente que favoreça comportamentos abusivos ou antiéticos. O papel da liderança é criar um ambiente em que os papéis sociais promovam comportamentos positivos, alinhados às práticas de compliance e ética.

Silêncio Moral nas Organizações: um Obstáculo ao Progresso Ético
O conceito de **silêncio moral** refere-se à situação em que os membros de uma organização optam por não levantar questões éticas ou não desafiar decisões que consideram problemáticas ou imorais. Esse comportamento pode ser motivado por vários fatores, como o receio de represálias, a preocupação com a própria reputação ou a percepção de que expressar preocupações não resultará em mudanças reais (Miceli, Near, & Schwenk, 1991)[11].

8. Mehrabian, A. (1971). *Silent Messages: Implicit Communication of Emotions and Attitudes.* Wadsworth Publishing.
9. Paul, C. (2003). *The United States and the Organization of the World in the 21st Century.* RAND Corporation.
10. Zimbardo, P. G. (2007). *The Lucifer Effect: Understanding How Good People Turn Evil.* Random House.
11. Miceli, M. P., Near, J. P., & Schwenk, C. R. (1991). Who blows the whistle and why? *Industrial Relations Research Association, 46*(1), 1-35.

Silêncio Moral nas Organizações: um Obstáculo ao Progresso Ético
O silêncio moral é prejudicial, pois contribui para a consolidação de práticas danosas e antiéticas dentro de uma organização. Quando condutas questionáveis não são contestadas, elas se tornam progressivamente vistas como aceitáveis, o que pode resultar em comportamentos ilegais, prejudiciais ou negligentes que se tornam parte da cultura organizacional. Estudos demonstram que a falta de intervenção ética de indivíduos que presenciam condutas erradas é um fator comum em escândalos corporativos e crises éticas (Kish-Gephart, Harrison, & Treviño, 2010)[12]. Portanto, é fundamental que líderes e profissionais comprometidos com a ética promovam um ambiente onde os colaboradores se sintam seguros e incentivados a expressar suas preocupações. Para isso, devem ser estabelecidos mecanismos de comunicação eficazes e confidenciais, garantindo que as vozes dos colaboradores sejam ouvidas e que medidas concretas sejam tomadas para resolver as questões levantadas. **O silêncio moral seria o arqui-inimigo ou antítese do componente abertura do eixo liderança da OCDE visto no capítulo 3.**

2. FORMAS INSTITUCIONAIS DO PODER HIERÁRQUICO INTERVIR NA GESTÃO

Segundo Hely Lopes Meireles, Poder Hierárquico é o de que dispõe o Poder Executivo para distribuir e escalonar as funções de seus órgãos, **ordenar e rever a atuação de seus agentes** estabelecendo a relação de subordinação entre os servidores de seu quadro de pessoal. A partir dessa ideia de ordenação da atuação dos agentes, foi elaborado o Quadro 25.2 que contempla formas institucionais à disposição dos líderes de nível estratégicos, táticos (gerenciais) e operacionais.

Quadro 25.2: Formas institucionais do Poder Hierárquico

Forma	Detalhamento
Ajustes nos objetivos e prazos	- Durante a gestão, objetivos principais podem tornar-se secundários em função de limitações técnicas, orçamentárias, etc. Compete ao dirigente identificar quando ajustar, evitando a alocação de esforço em projetos e atividades não prioritários. - Após dar "bandeira de largada da corrida", o planejamento todo pode mudar. Eventualmente podem ser necessários ajustes nos prazos especialmente em projetos inéditos e com fatores exógenos. - É importante ter pontos intermediários de controle para tomada de decisão dos ajustes. Isso exige engajamento e comunicação eficaz em todos os níveis.

12. Kish-Gephart, J. J., Harrison, J. A., & Treviño, L. K. (2010). Bad apples, bad cases, and bad barrels: Meta-analytic evidence about the antecedents of unethical behavior. *Journal of Applied Psychology, 95*(1), 1-31.

Forma	Detalhamento
Normatização do bem	- O Brasil possui a cultura do "code law". Deve-se "aceitar" isso. - A "burocracia do bem" consiste em revogar normas desnecessárias, rever fluxos com o intuito de simplificar e aumentar a integridade do processo. - Não cair na armadilha de que para cada situação adversa deve-se criar norma para evitar novas ocorrências (vide capítulo 4 – caso da bilhetagem na Dinamarca). A implementação de controles deve sempre observar a relação custo/benefício e os riscos envolvidos. - Definir o apetite ao risco do que é aceitável. - Considerar efeitos adversos da decisão.
Ajustes no kit de governança	- O kit é formado por um conjunto de ferramentas: planejamento estratégico, gestão do conhecimento, gestão de competências, gestão de riscos, plano de integridade etc. - O dirigente deve identificar quais ferramentas dessas não estão incorporadas a cultura organizacional ou quais estão sendo utilizadas aquém do esperado. - Os instrumentos de governança devem ser pauta em reuniões periódicas com toda a equipe, de modo que o corpo funcional incorpore as diretrizes nos projetos, evitando o conhecimento somente pela alta administração. - Pode ser interessante ter um único comitê estratégico e para cada tema um comitê setorial.
Uso intensivo de TI: infraestrutura, sistemas, escritório digital	- Envolve dentre outros aspectos digitalizar processos como forma de: (i) tornar mais célere, (ii) reduzir erros; (iii) criar um ambiente mais íntegro. - Não trazer a "burocracia do mal" física para a digital. - Rever fluxos e considerar no digital pode e deve-se realizar a análise simultânea dos processos. - Implementar modelos. - Todo sistema precisa de uma fonte de entrada. Não há ainda inteligência artificial para entrada dos dados.
Redesenho da equipe	- A equipe pode ser ótima, porém os servidores estão alocados em tarefas que não maximizam suas capacidades. A comunicação aberta ajuda a identificar situações de ineficiência. - O dirigente deve com o tempo (3 a 4 meses) perceber o que cada um pode contribuir de melhor no âmbito interno da equipe. - Quebrar rotinas pré-estabelecidas: "sempre fiz isso e não sei fazer outra tarefa". Para tanto, deve haver certa tolerância ao erro nas novas curvas de aprendizagem. Assim, é essencial manter o diálogo e a supervisão no momento de transição.

Forma	Detalhamento
Reforço da Equipe	- Após ter esgotado o redesenho ou ter identificado a sobrecarga das tarefas de alguns membros, pode ser necessário incluir novos membros na equipe. - Deve-se definir o quanto antes a matriz de responsabilidade da equipe em função do novo membro. - Preferencialmente retirar tarefas dos servidores mais sobrecarregados e repassá-las de forma integral ao novo membro. Estabelecer um servidor responsável como tutor ou mentor do novo servidor por um prazo determinado (1 mês).
Capacitações Setoriais e Específicas	- O gestor deve de forma proativa identificar e publicizar quais são as capacitações mais relevantes para o alcance dos objetivos de curto, médio e longo prazo da organização; pois tal medida reduz frustrações e dá o tom da organização. -Deve-se socializar o conhecimento adquirido (reuniões de equipe) em capacitações relevantes ajuda a estimular a participação. - O gestor deve divulgar quais serão as capacitações setoriais promovidas oportunizando igualitariamente a todos da equipe. Caso haja sobra de recursos, incluir as capacitações específicas. - Suprir as lacunas de competências com as licenças para capacitação.
Presença do Dirigente/Alta Administração	- A presença do dirigente em determinado processo mostra a importância que ele dá ao mesmo e motiva os demais servidores envolvidos. Caso ele não tenha disponibilidade, tentar participar da abertura, de um momento intermediário e do fechamento, ou, alternativamente, designar um representante para participar. - Estar presente não significa ser onipresente. Utilizar membros da alta administração como representantes do Dirigente. - Caso o dirigente possua domínio técnico sobre o tema, atuar como colaborador qualificado: "mão na massa".
Sistema de Reconhecimento	-O reconhecimento formal e informal é uma forma de incentivar os colaboradores. -Dar o feedback do que viu de positivo (publicamente) e negativo (reservadamente), e observar as dificuldades encontradas visando melhorar as entregas. Mesmo entregas menores devem ser avaliadas (positivamente ou negativamente), pois é uma forma do servidor saber que seu trabalho não foi esquecido. -Se possível implementar um sistema formal anual de reconhecimento nível macro e um sistema mensal/bimestral/trimestral de reconhecimento nível intermediário; deixando os chefes nos núcleos/setores encarregados de reportar as entregas merecedoras de registro de reconhecimento, com base nos critérios objetivos definidos pelo dirigente máximo juntamente com a equipe de chefes, dentro dos limites dos normativos internos.

3. ATÉ QUE PONTO ADOTAR BOAS PRÁTICAS PODE SER A SOLUÇÃO DOS PROBLEMAS?

É comum no âmbito da administração pública ser sugerido para a alta administração por outros gestores, especialistas, consultores bem como pelos órgãos de controle a adoção de boas práticas. **Contudo, até que ponto a adoção de boas práticas será realmente a solução dos problemas enfrentados?**

O Quadro 25.3 traz o modelo de Cynefin em que fica evidenciado que **nem sempre as boas práticas serão a solução conforme o cenário organizacional encontrado.**

Quadro 25.3: Modelo de Cynefin e as Boas Práticas

Domínios da Organização	Descrição do domínio	Medidas a serem adotadas
Simples	Representa o "conhecimento conhecido", ou seja, situações e contextos onde a situação é clara e estável e a relação que existe entre causa e efeito é óbvia. Aqui a tomada de decisão está diretamente no domínio da razão: é preciso encontrar a regra e aplicá-la.	Nesse caso processo de tomada de decisão consiste em: 1.Detectar os eventos. 2.Categorizar os eventos. 3.Aplicar as melhores práticas.
Complicado	Representa "as variáveis conhecidas", ou seja, situações e contextos onde a relação entre causa e efeito é difícil de encontrar (não são aparentes) e que requerem a análise ou experiência de um especialista na área. Aqui a tomada de decisão está no domínio da razão, mas o especialista tem que saber diferenciar as soluções de acordo com a análise efetuada uma vez que a avaliação dos fatos é interpretável de acordo com o conhecimento e a experiência do especialista.	A tomada de decisão em tal situação pode variar, pois dada a dificuldade, pode haver várias respostas corretas Nesse caso processo de tomada de decisão consiste em: 1.Detectar os eventos. 2.Analisar os eventos. 3.Aplicar as boas práticas. É possível aplicar a razão para tomar uma decisão, porém, fazê-lo requer conhecimento e experiência no assunto.

Domínios da Organização	Descrição do domínio	Medidas a serem adotadas
Complexo	Representa "as variáveis desconhecidas", ou seja, situações e contextos onde a relação entre causa e efeito só pode ser deduzida retrospectivamente, olhando para trás, uma vez que não existem respostas corretas (existem muitas respostas competindo entre si).	A tomada de decisão em tal situação depende da quantidade de elementos que tornam a situação complexa, pois depende da relação entre todos os elementos, onde cada um também exerce influência sobre os demais (relações sistêmicas), portanto a intervenção sobre um afetará outros sem saber como. Nesse caso processo de tomada de decisão consiste: 1.Sondar. 2.Detectar. 3.Responder com práticas emergentes.
Caótico	Representa situações muito confusas para esperar uma resposta baseada no conhecimento. É impossível e também contraproducente tentar estabelecer uma relação de causa e efeito: muitas decisões para tomar e pouco tempo para pensar. As intervenções buscar estabilizar e gerir a crise.	Nesse caso, o processo de tomada de decisão baseia-se em agir e responder de acordo com a percepção da ação realizada: 1.Adotar uma atitude. 2.Detectar. 3.Responder.
Desordem	Representa situações em que não há clareza sobre qual dos outros domínios se aplica. Normalmente ocorre em situações onde diferentes pessoas discutem e também ocorre uma situação de confusão, mas onde cada um interpreta a situação de uma forma absolutamente diferente.	Neste caso, o processo indica dividir a própria situação em partes mais pequenas em se se possa categorizar em um dos outros quatro domínios anteriores, para que os líderes possam tomar decisões e intervir em contextos apropriados.

4. COMO A ALTA ADMINISTRAÇÃO PODE DEMONSTRAR COMPROMETIMENTO NO ÂMBITO DE UM PROGRAMA DE INTEGRIDADE?

Esse questionamento remete a uma reflexão que é conhecida por muitos *experts*, "**o tom vem do topo**". A proposta aqui seria sugerir medidas que dependem exclusivamente do dirigente máximo e que podem contribuir de forma contundente para que o tom seja adequado. O Quadro 25.4 contém essas medidas.

Quadro 25.4: Medidas para Alta Administração demonstrar comprometimento com O programa de integridade perante as partes interessadas

Medidas	Descrição
Importância dada às Instâncias de Integridade	- Definição dos titulares por instâncias. Nas instâncias com mandatos (Auditor Interno, Corregedor, Ouvidor), respeitar o mandato e seguir rito de nomeação nas trocas. - Garantir condições de trabalho (mão de obra compatível com o volume existente, orçamento).
Incluir proativamente a pauta da integridade de forma sistemática nas reuniões da alta administração	- Solicitar apresentação de relatórios de acompanhamento. - Celebração de atas com definição de correções, prazos e responsáveis (a alta administração deve decidir face as adversidades e encorajar boas práticas).
Definir a partir de uma escuta ativa os processos críticos	- Apoiar a política de riscos. - Fomentar o uso de metodologia de gestão de riscos nas tomadas de decisões.
Conduzir campanhas com engajamento	- Dirigente máximo e membros na Alta Administração (evitar a concentração apenas do dirigente) participando das campanhas. - Estudar o tema com profundidade e interagir com a instância.
Estar presente nos eventos	- O líder não precisar estar onipresente, mas deve valorizar eventos simbólicos. - Exemplo: caso uma unidade tenha recebido recomendações e multas dos órgãos de controle por falhas do fiscal do contrato e se promova uma capacitação setorial. Quando da realização da capacitação dos fiscais, seria essencial a presença do dirigente máximo e chefe do setor de contratos a fim de mostrar que Alta Administração está comprometida na resolução da questão.
Fomentar a liderança baseada na confiança	- Os líderes devem aprender que a liderança baseada na confiança depende de elevado grau de delegação (atentar para culpa in eligendo e culpa e vigilando) e auto governança. - O líder deve definir as metas e motivar, mas não o micro gerenciar.

Medidas	Descrição
Adotar política de reconhecimento contínua[13]	- Definir sistemática de reconhecimento **não apenas** no nível estratégico, mas no nível tático e operacional.

5. SISTEMA DE RECONHECIMENTO

O sistema de reconhecimento nas organizações é uma prática essencial para a construção de um ambiente de trabalho saudável e produtivo. Reconhecer o esforço e os resultados dos colaboradores não só valoriza o capital humano, como também impulsiona o engajamento, a motivação e a satisfação no trabalho, independentemente do tipo e da complexidade da entrega. De acordo com Robbins e Judge (2013)[14], o reconhecimento é uma ferramenta poderosa para melhorar o clima organizacional, pois atende a uma das principais necessidades psicológicas dos colaboradores: a necessidade de sentir-se valorizado. Quando implementado de forma eficaz, um sistema de reconhecimento pode gerar diversos benefícios tangíveis para a organização.

Primeiramente, a prática regular de reconhecimento, seja formal ou informal, tem o potencial de reduzir problemas judiciais. Isso ocorre porque o reconhecimento contribui para a percepção de justiça dentro da empresa, o que diminui o sentimento de discriminação e favorecimento (Greenberg, 1990)[15]. Trabalhadores que se sentem respeitados e valorizados têm menos propensão a buscar litígios, pois percebem que seus esforços são reconhecidos e recompensados de maneira justa.

Além disso, um sistema bem estruturado de reconhecimento pode diminuir incidentes de assédio moral no ambiente de trabalho. Quando as empresas adotam a prática de dar feedbacks construtivos de forma contínua e transparente, criando canais adequados para expressar elogios e críticas, o risco de ações que possam ser interpretadas como abusivas é significativamente reduzido. A liderança deve, portanto, se engajar ativamente nesse processo, criando um espaço seguro para que o reconhecimento seja uma ferramenta de crescimento, e não de julgamento ou repressão (Cortina, 2008)[16].

Por fim, a implementação de um sistema de reconhecimento baseado no mérito e nas entregas resulta diretamente no aumento de resultados organizacionais.

---

13. Estudo de 2017 intitulado "Building Support? The importance of verbal reward for employee perceptions of governance initiatives" de Lotte Bogh Andersen, Stefan Boye e Ronni Laursen identificou em amostra de 1.273 empregados de 82 escolas da Dinamarca que o reconhecimento verbal foi considerado um instrumento significativamente estatístico.

14. Robbins, S. P., & Judge, T. A. (2013). **"Comportamento Organizacional."** Pearson.

15. Greenberg, J. (1990). **"Organizational Justice: Yesterday, Today, and Tomorrow."** Journal of Management, 16(2), 399-432.

16. Cortina, L. M. (2008). **"Unseen Injustice: Incivility as Modern Discrimination in Organizations."** Current Directions in Psychological Science, 17(1), 19-24.

Pesquisas indicam que equipes reconhecidas regularmente são mais produtivas, engajadas e comprometidas com os objetivos organizacionais, o que reflete em um desempenho superior e melhor atingimento das metas corporativas (Kuvaas, 2006)[17]. Ao integrar práticas de feedback contínuo e reconhecimento, as organizações não apenas promovem a melhoria do desempenho individual, mas também fortalecem o alinhamento estratégico, o que é fundamental para o sucesso a longo prazo. O reconhecimento torna o servidor mais participativo e disposto a colaborar ainda mais com as entregas. Para o servidor que está com desempenho abaixo do esperado, o reconhecimento tende a gerar o efeito persuasivo, fazendo com que o servidor mude de comportamento e busque melhorar suas entregas.

Figura 25.1: Exemplo de Política de Reconhecimento nível estratégico

REPÚBLICA FEDERATIVA DO BRASIL
MINISTÉRIO DO DESENVOLVIMENTO REGIONAL

PORTARIA MDR Nº 2320, DE 31 DE AGOSTO DE 2020

Regulamenta a concessão de elogios aos servidores em efetivo exercício no âmbito do Ministério do Desenvolvimento Regional, pela prática de ato excepcional, de relevância profissional, humanitária e de interesse do bem comum.

O SECRETÁRIO-EXECUTIVO DO MINISTÉRIO DO DESENVOLVIMENTO REGIONAL, no uso das atribuições que lhe confere a alínea "c", inciso III do artigo 7º, do Decreto 10.290, de 24 de março de 2020, **RESOLVE**:

CAPÍTULO I
DISPOSIÇÕES PRELIMINARES

Art. 1º Regulamentar a concessão de elogios aos servidores em efetivo exercício no âmbito do Ministério do Desenvolvimento Regional, pela prática de ato excepcional, de relevância profissional, humanitária e de interesse do bem comum.

17. Kuvaas, B. (2006). **"Work Performance, Affective Commitment, and Work Motivation: The Roles of Pay Administration and Pay Level."** Journal of Organizational Behavior, 27(3), 365-385.

Reflexão acerca dos programas de reconhecimento e os Diamantes Mudos
Os programas de reconhecimento costumam ser criados para premiar ou incentivar alguns funcionários, mas não alcançam todos. **Reconhecimento é o servidor ou empregado ser elogiado a qualquer pelo seu chefe imediato com a mesma rapidez que seria corrigido caso cometesse um erro.** O que não pode ocorrer em um programa de reconhecimento é o chefe imediato transferir essa responsabilidade para a unidade de recursos humanos. Até porque essa unidade não conhece a rotina de entregas esperadas do setor do servidor. Desse modo, além de um programa de reconhecimento anual e estratégico, é essencial e necessário para uma melhoria do clima organizacional, um programa de reconhecimento no nível operacional baseado em entregas. O reconhecimento com base em entregas tende a identificar **"diamantes mudos"** nas equipes: **pessoas que falam pouco e entregam muito**. Esses reconhecimentos ou feedbacks positivos podem inclusive serem feitos de forma corriqueira (1 vez por mês) e publicamente. Os feedbacks negativos devem ser feitos de forma reservada.

Uma sistemática de reconhecimento aplicada a uma situação profissional: o caso da CGU-CE entre 2018 e 2023

Um dos autores quando desempenhou a função de Superintendente Regional da Controladoria--Geral da União no Estado do Ceará aplicou o sistema de reconhecimento contínuo dos servidores e colaboradores. A CGU-CE contava aproximadamente com 80 servidores sendo 8 cargos de chefias que eram responsáveis por equipes de 5 a 12 servidores e colaboradores.

Para tanto, foram adotados os seguintes passos:

1.Realização de estudo e inventário das normas sobre avaliação dos servidores. O objetivo aqui era que os parâmetros de reconhecimento servissem também para a avaliação funcional.

2.Estabelecimento para cada item padronizado da avaliação, parâmetros de entregas que seriam registrados ao mês. A seguir seguem exemplos:

Item presente na avaliação	Exemplos de parâmetros definidos
Quantidade e Qualidade do trabalho: -Capacidade de desempenhar as tarefas com cuidado, exatidão e precisão. -Volume de trabalho produzido, levando-se em conta a complexidade, a capacidade de aprendizagem e o tempo de execução, sem prejuízo da qualidade.	-Quantidade de trabalhos que participou durante o ano: alta, média e baixa complexidade. -Baixo grau de revisão das entregas efetuadas. -Realizou trabalhos fora da sede. -Participou de ação que gerou benefício financeiro ou não financeiro.
Iniciativa e Cooperação: -Capacidade de visualizar situações a agir prontamente, assim como a de apresentar sugestões ou ideias tendentes ao aperfeiçoamento do serviço.	-Voluntário para ser coordenador de auditoria. -Participou de trabalhos em equipe. -Voluntário para ser fiscal de contrato. - Voluntário para ser agente suprido.
-Contribuição espontânea ao trabalho de equipe para atingir o objetivo.	

Observa-se que normalmente os itens presentes na avaliação são genéricos e abstratos, enquanto os parâmetros definidos se aproximam de realizações e entregas atuais que indicam a todos o que deve ser perseguido no dia a dia. Assim, os servidores conseguem visualizar o que precisam fazer para serem reconhecidos.

Uma sistemática de reconhecimento aplicada a uma situação profissional: o caso da CGU-CE entre 2018 e 2023
Esse método de reconhecer as competências com base nas entregas está suportado pela corrente francesa de Le Boterf[18] e Zarifian[19] pela qual a competência está associada não a um conjunto de qualificações de um indivíduo, mas sim as realizações das pessoas em determinado contexto, ou seja, àquilo que ela produz ou realizada no trabalho. 3.Os parâmetros anteriores foram divulgados internamente e posteriormente inseridos em um banco de dados do sistema ACCESS. 4.Apenas os chefes e seus substitutos tinham o poder de registrar elogios. Todos os chefes durante o primeiro ano de implantação dessa sistemática ficaram de fora escopo de elogio individual, pois o foco eram os servidores e não chefes. Essa medida visou evitar a criação de um ambiente de competividade sobre qual chefe seria melhor. Contudo, após 12 meses de implementação, os chefes passaram a ser elogiados formalmente pelo Superintendente por entregas de sua equipe. 5.Frequência das reuniões de reconhecimento e agenda:

Frequência	Agenda
Mensal	-Aniversariantes do mês. -Leitura pública dos elogios. -Apresentação do Superintendentes das entregas institucionais e orientações do órgão central.
Trimestral	-Mesmos procedimentos da agenda mensal; -Entrega dos certificados dos destaques do trimestre a partir do conjunto de entregas mensais.
Anual	-Mesmos procedimentos da agenda mensal; -Entrega dos certificados dos destaques do ano a partir do conjunto de entregas trimestrais e mensais. -Entrega dos certificados por tempo de serviço: 10, 15, 20, 25, 30 e 35 anos.

Resultados:

-Entre dezembro de 2018 e fevereiro de 2023, nas 2 avaliações bianuais de clima organizacional (escala de 0 a 1, sendo 1 o grau máximo de clima organizacional) que ocorreram em toda a CGU; a CGU-CE na avaliação de 2019 obteve uma melhoria de 0,56 para 0,67; e na avaliação de 2021 obteve uma melhoria de 0,67 para 0,74.

-Em 2022, a CGU-CE foi a unidade que mais gerou benefícios financeiros: R$ 2,49 bilhões de benefícios financeiros alcançando a 1ª posição do ranking nacional.

Relatos importantes:

-Durante a aplicação dessa sistemática, esse autor observou que o nível de compromisso dos servidores aumentou sensivelmente;

-Ocorrências disciplinares foram zero;

18. **Le Boterf, G. (1994). "La compétence: un concept pour renouveler l'éducation et la formation".**
19. **Zarifian, P. (1996). "La compétence au travail: L'avenir de l'homme dans l'entreprise".**

Uma sistemática de reconhecimento aplicada a uma situação profissional: o caso da CGU-CE entre 2018 e 2023
-Necessidades de melhorias eram tratadas de forma reservada, jamais pública. Servidores que mesmo com a sistemática possuíam baixa entrega ou deixavam a desejar jamais foram expostos publicamente. Nestes casos ocorriam reuniões pontais com o servidor, o superintendente e o chefe imediato;
-Algumas situações foram resolvidas no campo da ética com base em termos de compromissos e retratações pontuais sob a perspectiva de resolução de conflitos utilizando ao máximo o diálogo;
-Servidores que tinham baixo grau de entrega, ao serem elogiados pela primeira vez em função de alguma entrega, subiram sensivelmente de patamar de entregas. É o que definimos como “”**elogio catapulta**“: elogio para um servidor que está buscando a recuperação perante o grupo e que o encoraja a assumir trabalhos mais desafiadores.
-Servidores passaram a demonstrar interesse em ocupar cargos de chefia (historicamente havia grande dificuldade de preencher os cargos de chefia pois os servidores enxergavam apenas como sobrecarga de trabalho), sendo necessário criar um banco de interessados em ocupar cargo de chefia.

Boas práticas ao chefe que busca ser líder
1. O reconhecimento honesto com base em entregas e no momento oportuno é a melhor recompensa e passa a sinalização perante o grupo da direção a ser seguida.
2. Escuta ativa dos envolvidos antes de decidir: ter e demonstrar empatia.
3. Possuir rotinas de registro individual das entregas com os respectivos *feedbacks*.
4. Preservar o caráter institucional da autoridade, sem se omitir.
5. Cuidado com o “ponto sem retorno”: uso do Poder Disciplinar antes de esgotar o Poder hierárquico.
6. Agir de forma proporcional aos eventos exercendo na plenitude o poder hierárquico.
7. Dar o *feedback* sobre algo que não foi bem-feito não é assédio moral, e sim dever do gestor.
8. Agir com transparência e imparcialidade.
9. Ser proativo para gerenciar as expectativas da equipe (divisão de tarefas, férias, licenças para capacitação, recessos etc.).
10. Liderança positiva: ser empático e focar nos pontos fortes das pessoas (subir a régua pelos exemplos positivos).

6. FERRAMENTAS E INSTRUMENTOS ORGANIZACIONAIS PARA SE CONECTAR AO PÚBLICO-ALVO

É necessário também que o responsável os líderes organizacionais, incluindo o titular da UGI, detenham conhecimentos sobre as ferramentas e instrumentos mais operacionais que poderão ser utilizadas para se conectar aos servidores, colabores partes interessadas. O Quadro 25.5 contém algumas dessas ferramentas.

Quadro 25.5: Ferramentas e instrumentos para se conectar ao público-alvo

Categoria	Exemplos
Ferramentas de Engajamento	1. Declarações do tipo lembrete (aplicável para processos críticos como forma de prevenir conflitos de interesses). 2. Quiz na intranet ou em uma ferramenta como Teams (aplicável para fazer uma enquete rápida interna sobre algum tema). 3. Abertura ou Descanso de Tela (consiste em disponibilizar uma mensagem pré-programada no computador do servidor). 4. E-mails em datas especiais (consiste em disparar e-mail contendo determinado assunto relevante). 5. Vídeos institucionais (vídeos divulgando conteúdos, fluxos, entregas com ou sem a participação de membros da alta administração). 6. Pesquisas organizacionais (seria um questionário mais longo e profundo sobre diversos temas; recomenda-se não demorar mais que 20 min; atentar para a divulgação tempestiva do resultado após a consolidação e análise). 7. Campanhas Institucionais (consiste em um conjunto estruturado de ações em função de um tema macro; podendo combinar 2 ou mais ferramentas).
Repositório de Informações em locais de fácil acesso na intranet	1. Prestações de contas (página virtual e painéis). 2. Fluxogramas dos processos (por exemplo, fluxo de tratamento das denúncias). 3. Tutoriais (por exemplo, como fazer uma consulta de conflito de interesses). 4. Enunciados de Ética (a partir de casos recorrentes, é de bom tom consolidar e dar uma orientação geral visando prevenir novos casos). 5. Pareceres da Jurídica (a partir de falhas processuais recorrentes, é de bom tom consolidar e dar uma orientação geral visando aperfeiçoar a instrução processual). 6. *Checklist* de aquisições, contratos e outras áreas. 7. Atas de reunião.

O poder da Ata de Reunião
Fora apresentado no capítulo 22 reflexões sobre a economia comportamental aplicada à integridade. Dentre essas reflexões ficou evidenciado que compromissos públicos são mais eficazes que compromissos gerais e abstratos. Nesse sentido, uma ata de reunião com agente internos e/ou externos a organização é a materialização dessa ferramenta capaz de mudar a cultura organizacional. Estes autores ao longo de sua carreira profissional utilizaram e continuam utilizando tal ferramenta como forma de gerar compromisso das áreas responsáveis pela resolução de determinada questão.

Atas de Reunião da Alta Administração devem ser públicas?

Em regra, sim. É o que determina o Decreto 9.203/2017 atualizado pelo 9.901/2019:

> *Art. 11-A. A Secretaria-Executiva do CIG será exercida pela Secretaria Especial de Relações Governamentais da Casa Civil da Presidência da República.*
>
> *[...]*
>
> *V - **disponibilizar as atas e as resoluções do CIG** em sítio eletrônico ou, quando o seu conteúdo for classificado como confidencial, encaminhá-las aos membros.*

Assim, por analogia, as atas da Alta Administração representam a institucionalização da atuação da Alta Administração em diversas áreas, inclusive Integridade.

PODCAST com *expert*:

Eduardo Alencar Nepomuceno traz reflexões sobre a liderança perante a cultura organizacional

CAPÍTULO 26

PROTEÇÃO AOS DADOS PESSOAIS

1. BASE NORMATIVA

A base normativa sobre proteção aos dados pessoais é a Lei nº 13.709/2018 – Lei Geral de Proteção de Dados Pessoais (LGPD). Ela estabelece regras para o tratamento de dados pessoais.

A LGPD foi sancionada em 2018 e entrou em vigor em 2020. A lei foi inspirada na norma europeia de Proteção de Dados.

A LGPD tem como objetivos: (i) proteger os direitos fundamentais de liberdade, privacidade e formação da personalidade; criar um cenário de segurança jurídica; (iii) padronizar regulamentos e práticas para proteger os dados pessoais.

A seguir segue trecho da LGPD contendo sua abrangência e fundamentos:

> *Art. 1º Esta Lei dispõe sobre o tratamento de dados pessoais, inclusive nos meios digitais, por pessoa natural ou por pessoa jurídica de direito público ou privado, com o objetivo de proteger os direitos fundamentais de liberdade e de privacidade e o livre desenvolvimento da personalidade da pessoa natural.*
>
> *Parágrafo único. As normas gerais contidas nesta Lei* **são de interesse nacional e devem ser observadas pela União, Estados, Distrito Federal e Municípios.**
>
> *Art. 2º A disciplina da proteção de dados pessoais tem como fundamentos:*
>
> *I - o respeito à privacidade;*
>
> *II - a autodeterminação informativa;*
>
> *III - a liberdade de expressão, de informação, de comunicação e de opinião;*
>
> *IV - a inviolabilidade da intimidade, da honra e da imagem;*
>
> *V - o desenvolvimento econômico e tecnológico e a inovação;*
>
> *VI - a livre iniciativa, a livre concorrência e a defesa do consumidor; e*
>
> *VII - os direitos humanos, o livre desenvolvimento da personalidade, a dignidade e o exercício da cidadania pelas pessoas naturais.*

A LGPD se aplica a entidades do setor privado?
Sim. Conforme consta na Lei: Art. 3º Esta Lei aplica-se a **qualquer operação de tratamento realizada por pessoa natural ou por pessoa jurídica de direito público ou privado**, independentemente do meio, do país de sua sede ou do país onde estejam localizados os dados, desde que: I - a operação de tratamento seja realizada no território nacional; II - a atividade de tratamento tenha por objetivo a oferta ou o fornecimento de bens ou serviços ou o tratamento de dados de indivíduos localizados no território nacional; ou III - os dados pessoais objeto do tratamento tenham sido coletados no território nacional. § 1º Consideram-se coletados no território nacional os dados pessoais cujo titular nele se encontre no momento da coleta. § 2º Excetua-se do disposto no inciso I deste artigo o tratamento de dados previsto no inciso IV do caput do art. 4º desta Lei.

O termo "Poder Público" é definido pela LGPD de forma ampla e inclui órgãos ou entidades dos entes federativos (União, Estados, Distrito Federal e Municípios) e dos três Poderes (Executivo, Legislativo e Judiciário), inclusive das Cortes de Contas e do Ministério Público. Assim, os tratamentos de dados pessoais realizados por essas entidades e órgãos públicos devem observar as disposições da LGPD, ressalvadas as exceções previstas no art. 4º da lei.

Também se incluem no conceito de Poder Público: (i) os serviços notariais e de registro (art. 23, § 4º); e (ii) as empresas públicas e as sociedades de economia mista (art. 24), neste último caso, desde que (ii.i) não estejam atuando em regime de concorrência; ou (ii.ii) operacionalizem políticas públicas, no âmbito da execução destas[1].

2. CONCEITOS INICIAIS

O Quadro 26.1 contém a diferença entre Dados Pessoais e Dados Pessoais Sensíveis.

Quadro 26.1: Dados Pessoais versus Dados Pessoais Sensíveis

Dados Pessoais	Dados Pessoais Sensíveis
Dados pessoais referem-se a qualquer informação relacionada a uma pessoa identificada ou identificável.	São uma categoria especial de dados pessoais que exigem um nível de proteção ainda maior devido ao seu caráter mais íntimo ou potencial discriminatório. **Exigem cuidados adicionais.**

1. Guia orientativo: Tratamento de dados pessoais pelo Poder Público. Versão 2.0. Jun. (2023).

Dados Pessoais	Dados Pessoais Sensíveis
Exemplos: -Dados básicos: nome, RG, CPF, data de nascimento, gênero, endereço, telefone. -Dados financeiros: dados bancários, cartão de crédito. -Dados digitais: localização via GPS, fotos, histórico de navegação, cookies. -Qualquer dado que possa ser usado para identificar direta ou indiretamente uma pessoa.	**Exemplos:** -Origem racial ou étnica; -Opiniões políticas; -Convicções religiosas ou filosóficas; -Filiação a sindicato ou a organização de caráter religioso, filosófico ou político; -Dados referentes à saúde (como históricos médicos, diagnósticos, etc.); -Dados sobre vida sexual ou orientação sexual; -Dados genéticos (como informações de DNA); -Dados biométricos (como impressões digitais, reconhecimento facial, entre outros); **-Dados pessoais de crianças e adolescentes.**

A principal diferença entre **dados pessoais** e **dados sensíveis** está no nível de proteção e no potencial de impacto sobre a privacidade do indivíduo caso essas informações sejam usadas de forma inadequada.

O que seria o tratamento de dados pessoais?
Toda operação realizada com dados pessoais, como as que se referem a coleta, produção, recepção, classificação, utilização, acesso, reprodução, transmissão, distribuição, processamento, arquivamento, armazenamento, eliminação, avaliação ou controle da informação, modificação, comunicação, transferência, difusão ou extração.

Principais Atores
Titular: pessoa física a quem se referem os dados pessoais. **Controlador:** pessoa natural ou jurídica, de direito público ou privado, a quem competem as decisões referentes ao tratamento de dados pessoais (inciso VI do art. 5º da LGPD). O controlador pode exercer diretamente o tratamento dos dados, mas pode, também, designar um operador. **Operador:** pessoa natural ou jurídica, de direito público ou privado, que realiza o tratamento de dados pessoais em nome do controlador (inciso VII do art. 5º da LGPD). **Ambos**, controlador e operador, recebem a nomeação de "**agentes de tratamento**[2]" (inciso IX do art. 5º da LGPD). **Encarregado:** corresponde a uma pessoa inequivocamente investida nessa função (que, na legislação europeia, corresponde ao **Data Protection Officer – DPO**). Sua incumbência é de fazer a intermediação entre o titular e os agentes de tratamento, assim como entre estes agentes e a ANPD (inciso VII do art. 5º da LGPD); **Autoridade Nacional de Proteção de Dados (ANPD):** tem a missão de regular o setor de tratamento de dados pessoais. Está autorizada, portanto, a agir em proteção aos princípios e fundamentos da LGPD.

2. Os agentes de tratamento são considerados sob o ponto de vista institucional, ou seja, a instituição é o agente de tratamento (controlador ou operador) e não uma área, equipe ou funcionário.

Quem é o Encarregado de Dados Pessoais (DPO)?
É pessoa indicada pelo **controlador** e **operador** para atuar como **canal de comunicação** entre o controlador, os titulares dos dados e a Autoridade Nacional de Proteção de Dados (ANPD).
O controlador seria pessoa natural ou jurídica, de direito público ou privado, a quem competem as decisões referentes ao **tratamento** de dados pessoais.
O operador é pessoa natural ou jurídica, de direito público ou privado, que realiza o **tratamento** de dados pessoais em nome do controlador.
O **tratamento é toda operação realizada com dados pessoais, como as que se referem** a coleta, produção, recepção, classificação, utilização, acesso, reprodução, transmissão, distribuição, processamento, arquivamento, armazenamento, eliminação, avaliação ou controle da informação, modificação, comunicação, transferência, difusão ou extração.
As funções do Encarregado de Dados são:
I - aceitar reclamações e comunicações dos titulares, prestar esclarecimentos e adotar providências;
II - receber comunicações da autoridade nacional e adotar providências;
III - orientar os funcionários e os contratados da entidade a respeito das práticas a serem tomadas em relação à proteção de dados pessoais; e
IV - executar as demais atribuições determinadas pelo controlador ou estabelecidas em normas complementares.

Quadro 26.2: Hipóteses para tratamento dos Dados Pessoais versus hipóteses para tratamento dos Dados Pessoais Sensíveis

Hipótese	Dados Pessoais[3]	Dados Pessoais Sensíveis[4]
Mediante o fornecimento de consentimento pelo titular.	Sim	Sim, desde que o titular ou seu responsável legal consentir, de forma específica e destacada, para finalidades específicas
Para o cumprimento de obrigação legal ou regulatória pelo controlador.	Sim	Sim, ainda que sem consentimento do titular e desde que seja indispensável.
Pela administração pública, para o tratamento e uso compartilhado de dados necessários à execução de políticas públicas previstas em leis e regulamentos **ou respaldadas em contratos, convênios ou instrumentos congêneres.**	Sim	Sim, ainda que sem consentimento do titular e desde que seja indispensável. Neste caso, não basta estar respaldado em contratos, convênios ou instrumentos congêneres.
Para a realização de estudos por órgão de pesquisa, garantida, sempre que possível, a anonimização dos dados.	Sim	Sim, ainda que sem consentimento do titular e desde que seja indispensável.

3. Art. 7º da Lei nº 13.709/2018.
4. Art. 11 da Lei nº 13.709/2018.

Hipótese	Dados Pessoais[3]	Dados Pessoais Sensíveis[4]
Quando necessário para a execução de contrato ou de procedimentos preliminares relacionados a contrato do qual seja parte o titular, a pedido do titular dos dados.	Sim	Não há previsão legal.
Para o exercício regular de direitos em processo judicial, administrativo ou arbitral, esse último nos termos da Lei nº 9.307, de 23 de setembro de 1996 (Lei de Arbitragem).	Sim	Sim, ainda que sem consentimento do titular e desde que seja indispensável.
Para a proteção da vida ou da incolumidade física do titular ou de terceiro.	Sim	Sim, ainda que sem consentimento do titular e desde que seja indispensável.
Para a tutela da saúde, exclusivamente, em procedimento realizado por profissionais de saúde, serviços de saúde ou autoridade sanitária.	Sim	Sim, ainda que sem consentimento do titular e desde que seja indispensável.
Quando necessário para atender aos interesses legítimos do controlador ou de terceiro, exceto no caso de prevalecerem direitos e liberdades fundamentais do titular que exijam a proteção dos dados pessoais.	Sim	**Não consta tal hipótese de forma explícita.**
Para a proteção do crédito, inclusive quanto ao disposto na legislação pertinente.	Sim	**Não consta tal hipótese de forma explícita.**
Garantia da prevenção à fraude e à segurança do titular, nos processos de identificação e autenticação de cadastro em sistemas eletrônicos, resguardados os direitos mencionados no art. 9º[5] da LGPD Lei e exceto no caso de prevalecerem direitos e liberdades fundamentais do titular que exijam a proteção dos dados pessoais.	Não consta tal hipótese de forma explícita.	Sim, ainda que sem consentimento do titular e desde que seja indispensável.

5. Art. 9º O titular tem direito ao acesso facilitado às informações sobre o tratamento de seus dados, que deverão ser disponibilizadas de forma clara, adequada e ostensiva acerca de, entre outras características previstas em regulamentação para o atendimento do princípio do livre acesso:

   I - finalidade específica do tratamento;

   II - forma e duração do tratamento, observados os segredos comercial e industrial;

   III - identificação do controlador;

   IV - informações de contato do controlador;

   V - informações acerca do uso compartilhado de dados pelo controlador e a finalidade;

   VI - responsabilidades dos agentes que realizarão o tratamento; e

Como se dá o consentimento do titular do dado?
O consentimento é a "manifestação livre, informada e inequívoca pela qual o titular concorda com o tratamento de seus dados pessoais para uma finalidade determinada". Adicionalmente, no caso de dados sensíveis, o consentimento deve ser fornecido "de forma específica e destacada, para finalidades específicas.
O consentimento nos termos da LGPD deverá ser fornecido por escrito ou por outro meio que demonstre a manifestação de vontade do titular. Caso o consentimento seja fornecido por escrito, esse deverá constar de cláusula destacada das demais cláusulas contratuais.
Cabe ao controlador o ônus da prova de que o consentimento foi obtido em conformidade com o disposto nesta Lei.
É vedado o tratamento de dados pessoais mediante vício de consentimento.
O consentimento deverá referir-se a finalidades determinadas, e as autorizações genéricas para o tratamento de dados pessoais serão nulas.

3. LGPD E LAI

Não existe uma superioridade de uma lei sobre a outra, mas particularidades em ambas: uma em garantir o acesso à informação, em regra; e a outra em assegurar a privacidade dos dados pessoais.

É notório que ambas buscar resguardar a informação pessoal de terceiros não autorizados, porém apenas a LGPD decanta na preocupação em ter análise de impacto de privacidade documentada, políticas de privacidade e proteção documentada, políticas de respostas a incidentes.

Desta forma, nota-se que as leis, apesar de suas peculiaridades, mais contribuem para a proteção de dados pessoais comuns e especiais do que se repelem.

VII - direitos do titular, com menção explícita aos direitos contidos no art. 18 desta Lei.

Art. 18. O titular dos dados pessoais tem direito a obter do controlador, em relação aos dados do titular por ele tratados, a qualquer momento e mediante requisição:

I - confirmação da existência de tratamento;

II - acesso aos dados;

III - correção de dados incompletos, inexatos ou desatualizados;

IV - anonimização, bloqueio ou eliminação de dados desnecessários, excessivos ou tratados em desconformidade com o disposto nesta Lei;

V - portabilidade dos dados a outro fornecedor de serviço ou produto, mediante requisição expressa, de acordo com a regulamentação da autoridade nacional, observados os segredos comercial e industrial;

VI - eliminação dos dados pessoais tratados com o consentimento do titular, exceto nas hipóteses previstas no art. 16 desta Lei;

VII - informação das entidades públicas e privadas com as quais o controlador realizou uso compartilhado de dados;

VIII - informação sobre a possibilidade de não fornecer consentimento e sobre as consequências da negativa;

IX - revogação do consentimento, nos termos do § 5º do art. 8º desta Lei.

A LGPD não pode ser utilizada como subterfúgio não evidenciar as informações de interesse público seja pela transparência ativa, seja pela transparência passiva. a Lei Geral de Proteção de Dados Pessoais (LGPD) não proíbe o uso de dados pessoais.

Figura 26.1: Principais pontos LGPD e LAI

Fonte: Ilderlândio Teixeira. LGPD e LAI: uma análise sobre a relação entre elas. Serpro. 2020.

Figura 26.2: Quadro comparativo LAI e LGPD

QUADRO COMPARATIVO

		LAI	LGPD
01	*Tratamento da informação*	art. 4°, III, IV, V; art. 25, 26, 31, 34, 35, 36, 37.	Capítulo II - art. 7° ao 16; art. 23 ao 32; art. 37 ao 45.
02	*Disponibilidade, autenticidade e integridade*	art. 4°, VI, VII, VII; art. 6°, 8° §3° V, 13, 23, 35 III	art. 17, 18, 19, 20, 26
03	*Segurança*	art. 3°, 7°, 11, 23, 24, 26, 36, 37,	art. 6°, 11, 12, 13, 26, 34, 38, 40, 44, 45, 46, 47, 48, 49, 50, 55-J,
04	*Entes Públicos*	art. 1° e 2°.	art. 23 ao 32, Capítulo IV.

Fonte: Ilderlândio Teixeira. LGPD e LAI: uma análise sobre a relação entre elas. Serpro. 2020.

Os dados pessoais podem ser utilizados livremente?
Não. Tomando por exemplo o âmbito federal, consideremos 3 casos: **1° caso - nome completo do servidor:** Essa informação é utilizada de forma livre sem restrição. **2° caso - CPF:** No âmbito federal ao dispor sobre o CPF de um servidor público no portal da transparência, se divulga o CPF incompleto da seguinte forma: ***.123.456-**. Neste caso, os campos com *** nunca são divulgados, enquanto os demais, sim. Essa medida visa evitar o uso indevido do CPF do servidor por terceiros. **3° caso - Endereço:** Mesmo quando um servidor ocupa um imóvel funcional, não se divulga no portal da transparência o endereço, apenas os servidores que ocupam imóveis. Essa medida visa preservar conforme o caso, a integridade física do servidor (que pode atuar em uma área sensível da segurança pública por exemplo.)

Um servidor público pode solicitar a retirada de seus dados de portais públicos?
A questão da divulgação de dados de servidores foi objeto de questionamento, inclusive judicial, mas os tribunais (como o Tribunal Regional Federal da 1ª Região, o Tribunal Superior do Trabalho e o Supremo Tribunal Federal) já se manifestaram no sentido de permitir a publicidade dos dados. Em decisão unânime proferida em abril de 2011, o STF decidiu que "a pessoa que decide ingressar no serviço público adere ao regime jurídico próprio da Administração Pública, que prevê a publicidade de todas as informações de interesse da coletividade". **No caso em tela, a remuneração dos agentes públicos é informação de interesse coletivo e fortalece o controle social, por isso, a princípio, não há mudança com a entrada em vigência da LGPD.**

Caso hipotético: Pedido via Lei de Acesso à Informação à Órgão Federal solicita dados dos servidores aposentados nos últimos 5 anos segregando em aposentados por invalidez dos demais casos
Inicialmente cabe destacar que o ato de aposentadoria com nome completo e matrícula SIAPE consta no Diário Oficial da União. Então a rigor, não haveria óbice em fornecer os dados pessoais: nome, matrícula SIAPE, data da aposentadoria. A questão reside no pedido extra de segregar os aposentados por invalidez dos demais. **Haveria uma afronta à LGDP?** Retornando ao Diário Oficial da União, quando é publicada a portaria de aposentadoria se indica o motivo da aposentadoria: tempo de serviço, invalidez, etc. Então a rigor, poderia se criar uma coluna na resposta com "sim" para invalidez e "não" para os demais casos. **Contudo e isso é muito importante, jamais deve-se ir em processo a processo e detalhar a causa que motivou a invalidez, pois neste caso trata-se Dado Pessoal Sensível.**

4. O QUE PODE DAR ERRADO?

Os riscos de lidar com dados sensíveis são altos, pois envolvem informações que, se expostas ou manipuladas inadequadamente, podem afetar a privacidade, segurança e dignidade dos titulares. O Quadro 26.3 evidencia potenciais riscos às organizações que exercem a custódia de tais dados.

Quadro 26.3: Riscos envolvendo a custódia de Dados Pessoais e Dados Pessoais Sensíveis

Riscos	Descrição
Violação da privacidade	Dados sensíveis, como saúde, orientação sexual, religião e preferências políticas, revelam aspectos profundamente pessoais e, se expostos, podem invadir a privacidade do titular. **Esse tipo de violação vai além da simples exposição de dados: pode impactar a vida pessoal, profissional e social da pessoa envolvida.** Vazamentos ou compartilhamento inadequado podem resultar em embaraço, vulnerabilidade e constrangimento para o titular
Discriminação e preconceito	Dados sensíveis sobre origem racial, religião ou orientação sexual **são suscetíveis a usos discriminatórios, aumentando o risco de exclusão em ambientes de trabalho, em processos de recrutamento, ou no acesso a serviços essenciais.** Empresas e instituições que coletam esses dados devem adotar medidas rigorosas para garantir que o tratamento seja feito de forma ética, minimizando a possibilidade de uso discriminatório ou preconceituoso, que pode gerar danos e desigualdades sociais.

Riscos	Descrição
Fraudes e roubo de identidade	Dados sensíveis **são frequentemente usados em fraudes, especialmente dados biométricos e de saúde.** Como dados biométricos (impressões digitais, reconhecimento facial) não podem ser alterados como uma senha, sua exposição representa um risco vitalício, tornando os titulares vulneráveis a uma variedade de crimes cibernéticos. Informações de saúde também podem ser exploradas em esquemas de fraude de seguros, em práticas abusivas de cobrança ou em roubo de identidade.
Perda de confiança e reputação	Empresas ou organizações que não tratam dados sensíveis com o devido cuidado podem sofrer crises de reputação ao expor esses dados. **A confiança dos clientes, fornecedores e parceiros diminui drasticamente após um incidente de vazamento, e recuperar essa credibilidade é um processo longo e oneroso.** Além disso, **a exposição pode desencadear ações legais e afastar novos clientes**, comprometendo os resultados financeiros e operacionais da empresa.
Impactos psicológicos e emocionais	Expor dados sensíveis pode causar danos psicológicos aos titulares, especialmente em casos de saúde, vida sexual ou estado emocional. Essas informações, quando divulgadas indevidamente, **podem gerar estresse, ansiedade e constrangimento público.** Além disso, o titular pode desenvolver um sentimento de insegurança e falta de controle sobre suas próprias informações, o que pode afetar seu bem-estar emocional.
Manipulação e assédio	Dados sensíveis, como opiniões políticas, religião ou orientação sexual, **podem ser usados para manipulação, assédio e até chantagem.** Esse risco aumenta quando dados específicos são acessados por pessoas com intenções maliciosas, podendo resultar em pressão social, coerção e constrangimento. No ambiente online, esses dados também são explorados em campanhas de marketing direcionadas que podem levar o titular a situações de vulnerabilidade.

A LGPD impõe sanções para o uso inadequado de dados sensíveis. Isso inclui desde advertências e multas até a suspensão das atividades de tratamento de dados e, em casos graves, a proibição de operar.

Sanções e Penalidades Institucionais: agentes de tratamento de dados
A Lei nº 13.709/2019 traz as sanções administrativas: ***Art. 52. Os agentes de tratamento de dados, em razão das infrações cometidas às normas previstas nesta Lei, ficam sujeitos às seguintes sanções administrativas aplicáveis pela autoridade nacional:*** *I - advertência, com indicação de prazo para adoção de medidas corretivas;*

Sanções e Penalidades Institucionais: agentes de tratamento de dados

II - multa simples, de até 2% (dois por cento) do faturamento da pessoa jurídica de direito privado, grupo ou conglomerado no Brasil no seu último exercício, excluídos os tributos, limitada, no total, a R$ 50.000.000,00 (cinquenta milhões de reais) por infração;

III - multa diária, observado o limite total a que se refere o inciso II;

IV - publicização da infração após devidamente apurada e confirmada a sua ocorrência;

V - bloqueio dos dados pessoais a que se refere a infração até a sua regularização;

VI - eliminação dos dados pessoais a que se refere a infração;

X - suspensão parcial do funcionamento do banco de dados a que se refere a infração pelo período máximo de 6 (seis) meses, prorrogável por igual período, até a regularização da atividade de tratamento pelo controlador; (Incluído pela Lei nº 13.853, de 2019)

XI - suspensão do exercício da atividade de tratamento dos dados pessoais a que se refere a infração pelo período máximo de 6 (seis) meses, prorrogável por igual período; (Incluído pela Lei nº 13.853, de 2019)

XII - proibição parcial ou total do exercício de atividades relacionadas a tratamento de dados.

§ 1º As sanções serão aplicadas após procedimento administrativo que possibilite a oportunidade da ampla defesa, de forma gradativa, isolada ou cumulativa, de acordo com as peculiaridades do caso concreto e considerados os seguintes parâmetros e critérios:

I - a gravidade e a natureza das infrações e dos direitos pessoais afetados;

II - a boa-fé do infrator;

III - a vantagem auferida ou pretendida pelo infrator;

IV - a condição econômica do infrator;

V - a reincidência;

VI - o grau do dano;

VII - a cooperação do infrator;

VIII - a adoção reiterada e demonstrada de mecanismos e procedimentos internos capazes de minimizar o dano, voltados ao tratamento seguro e adequado de dados, em consonância com o disposto no inciso II do § 2º do art. 48 desta Lei;

IX - a adoção de política de boas práticas e governança;

X - a pronta adoção de medidas corretivas; e

XI - a proporcionalidade entre a gravidade da falta e a intensidade da sanção.

Um órgão público está sujeito as multas previstas nos incisos II e II do art. 52 da LGPD?

As sanções pecuniárias por infração em decorrência do tratamento de dados, as quais podem chegar até R$ 50 milhões por infração, **não são aplicáveis ao setor público.**

É certo também que, em ocasião de vazamento de dados pelo setor público, os agentes responsáveis poderão receber informe da autoridade nacional (ANPD) para: 1) fazer cessar a violação; 2) publicar relatórios de impacto à proteção de dados (RIPDs); e 3) adotar padrões e boas práticas no tratamento aos dados pessoais.

1ª multa aplicada por descumprimento da LGPD

Em julho de 2023, a Coordenação-Geral de Fiscalização da ANPD (CGF/ANPD) publicou no Diário Oficial da União sanção decorrente da conclusão de processo administrativo sancionador contra a empresa T.I.

A CGF/ANPD concluiu que a empresa infringiu os arts. 7º e o 41 da LGPD, além do art. 5º do Regulamento de Fiscalização da ANPD.

Para a infração ao art. 7º da LGPD e ao art. 5º do Regulamento de Fiscalização foram aplicadas sanções de multa simples. O descumprimento ao art. 41 da Lei resultou em sanção de advertência.

Por se tratar de uma microempresa, o valor para cada infração ficou limitado a 2% do seu faturamento bruto, conforme art. 52, II, da LGPD, totalizando uma multa de R$14.400,00.

DIÁRIO OFICIAL DA UNIÃO

Publicado em: 06/07/2023 | Edição: 127 | Seção: 1 | Página: 74

Órgão: Ministério da Justiça e Segurança Pública/Autoridade Nacional de Proteção de Dados/Coordenação-Geral de Fiscalização

DESPACHO

Processo Administrativo Sancionador nº 00261.000489/2022-62

Autuado: Telekall Inforservice

Representante Legal: Emmanuel Gomes de Jesus

O COORDENADOR-GERAL DE FISCALIZAÇÃO DA AUTORIDADE NACIONAL DE PROTEÇÃO DE DADOS - ANPD, no uso de suas atribuições legais e regulamentares, com fundamento no art. 17, inciso I, do Regimento Interno da ANPD, aprovado pela Portaria nº 1, de 8 de março de 2021, examinando os autos do processo em epígrafe, instaurado em face da TELEKALL INFOSERVICE, inscrita no CNPF/MF sob o nº 11.193.228/0001-24, micro empresa, em razão dos indícios de infração à Lei Geral de Proteção de Dados Pessoais (LGPD); e

CONSIDERANDO o teor do Relatório de Instrução nº 1/2023/CGF/ANPD (4232669), cujas razões acolho e integro à presente decisão, inclusive como motivação, com fulcro no §1º do art. 50 da Lei nº 9.784/1999 c/c o art. 55 e seguintes do Regulamento de Fiscalização, aprovado pela Resolução CD/ANPD nº 1/2021:, decide:

1. Aplicar à empresa TELEKALL INFOSERVICE as sanções de:

1.1. ADVERTÊNCIA, sem imposição de medidas corretivas, por infração ao art. 41 da LGPD; e

1.2. MULTA SIMPLES, nos valores de R$ 7.200,00 (sete mil e duzentos reais) por infração ao art. 7º da LGPD e de R$ 7.200,00 (sete mil e duzentos reais) por infração ao art. 5º do Regulamento de Fiscalização, totalizando R$ 14.400,00 (catorze mil e quatrocentos reais).

1.2.1. Caso o autuado resolva, de acordo com o disposto no art. 18 do Regulamento de Fiscalização, renunciar expressamente ao direito de recorrer da decisão de primeira instância, fará jus a um fator de redução de 25% (vinte e cinco por cento) no valor da multa aplicada, desde que faça o recolhimento no prazo para pagamento definido no caput do art. 17 do Regulamento de Fiscalização, 20 (vinte) dias úteis, totalizando nestas circunstâncias o montante de R$ 10.800,00 (dez mil e oitocentos reais).

2. Pela intimação do autuado para cumprimento da sanção e/ou apresentação de recurso, em até 10 (dez) dias úteis, em consonância com o art. 44 da Lei nº 9.784/99 c/c o art. 58 do Regulamento de Fiscalização. Advirto o autuado que a multa deverá ser paga no prazo de até 20 (vinte) dias úteis, contados a partir da ciência oficial da decisão de aplicação da sanção, nos termos do art. 55, §2º, II, do Regulamento de Fiscalização.

3. Aguarde-se o trânsito em julgado. Após, em caso de não cumprimento desta decisão, encaminhe-se este Processo Administrativo Sancionador para a Procuradoria Federal Especializada - PFE da ANPD para a execução da multa cominada, sob pena de inscrição do autuado no Cadastro Informativo de Créditos não Quitados do Setor Público Federal (Cadin) e na Dívida Ativa da União, nos termos do art. 56 c/c art. 67 do Regulamento de Fiscalização.

FABRÍCIO GUIMARÃES MADRUGA LOPES

Caso de vazamento de dados em órgão público: caso do INSS em junho de 2024[6]

Dados cadastrais de aposentados e pensionistas foram expostos por meio de acessos sem controle, confirmou em nota o Instituto Nacional do Seguro Social (INSS). **O problema ocorreu por décadas por meio de *logins* de servidores públicos de órgãos externos ao INSS que se aposentaram, foram exonerados ou pediram demissão.** O INSS informou que ainda está levantando o impacto da exposição de dados dos beneficiários e verifica se, de fato, houve vazamento de informações. **Somente após a conclusão das análises, o caso será encaminhado à Polícia Federal. No total, são cerca de 40 milhões de segurados.**

O problema, ressaltou o órgão, **não causou prejuízos aos cofres públicos porque o Sistema Único de Informações de Benefícios (Suibe) não é usado para liberar benefícios. O sistema apenas armazena dados dos beneficiários como nome, Cadastro de Pessoa Física (CPF), tipo de benefício (aposentadoria, pensão, salário-maternidade, auxílios e Benefício de Prestação Continuada), data de concessão e valor recebido.**

Segundo o INSS, em gestões anteriores, foram distribuídas senhas a outros órgãos federais para o ingresso ao sistema. A distribuição era feita a órgãos de controle, como a Controladoria-Geral da União, e à Advocacia-Geral da União, para a defesa do governo em ações judiciais. No entanto, não havia monitoramento para as senhas. **O acesso era feito apenas com *login* e senha, sem camadas de segurança como autenticação de duplo fator, certificado digital e criptografia.**

Após os servidores de órgãos externos deixarem as funções, os *logins* e as senhas continuavam válidos, podendo cair nas mãos de *hackers*, fraudadores ou criminosos. Um dos possíveis usos das senhas externas é a venda de dados a financeiras que oferecem crédito consignado a beneficiários. Outra possibilidade é que criminosos, de posse dos dados, tenham pedido crédito especial no nome do segurado do INSS.

Medidas

No comunicado, o INSS informou que a Dataprev, órgão que desenvolveu a solução tecnológica do Suibe, detectou um aumento no fluxo de pedidos de informações ao sistema. **As senhas externas foram suspensas imediatamente, e o governo criou um protocolo para a concessão de acessos por outros órgãos federais. O acesso externo agora exigirá certificado digital e criptografia.**

"Um servidor de alguns dos órgãos que têm acesso ao Suibe se aposenta ou passa em outro concurso e detém a senha. Ele não era 'descadastrado'. Agora, com a certificação digital e a criptografia, quem tiver a posse da senha ficará sem acesso", destacou o INSS na nota.

"O Suíbe foi o primeiro sistema extrator de dados do INSS que teve o fluxo de acesso alterado pelas novas regras de segurança tecnológica, que estão sendo renovadas em 2024. Os sistemas que geram a concessão de benefícios já estão com a nova camada de segurança", destaca o comunicado.

Paralisação de estatísticas

Antes de acrescentar camadas de segurança ao Suibe, **o INSS desligou o sistema no início de maio.** A desativação temporária paralisou a produção de estatísticas, como o Boletim Estatístico da Previdência Social (Beps).

Com informações detalhadas sobre a concessão e o pagamento de benefícios, o Beps é feito com base nos dados do Suibe. A edição mais recente do relatório foi produzida em fevereiro deste ano.

6. https://agenciabrasil.ebc.com.br/geral/noticia/2024-06/inss-confirma-exposicao-de-dados-de-segurados

Sanções e Penalidades ao servidor público
As sanções disciplinares previstas na Lei nº 8.112/1990 incluem advertência, suspensão, demissão e destituição de cargo em comissão. Além disso, o servidor público também pode ser responsabilizado civilmente por danos causados a terceiros em decorrência de sua conduta no tratamento de dados pessoais. No âmbito penal, o servidor público pode responder por crimes previstos no Código Penal, como violação de sigilo funcional (art. 325), falsidade ideológica (art. 299) e improbidade administrativa[7]. Por exemplo, caso o servidor trate dados pessoais indevidamente, como, por exemplo, vendendo banco de dados, alterando ou suprimindo cadastros de forma inadequada ou usando dados pessoais para fins ilegítimos pode levar à responsabilização do servidor público que praticou o ato ilegal.

Sanções e Penalidades no setor privado[8]: empresa e empregados
1. Processo 0000176-17.2023.5.08.0004/TRT8 julgado em 12.12.2023: condenação no valor de R$10.000,00 a título de danos morais pela perda do prontuário médico. Falta de observância das regras estabelecidas pela Lei Geral de Proteção de Dados, pois a empresa não teve o sigilo devido em relação aos dados sensíveis e a perda do prontuário médico com o histórico da empregada desde 2016. **2. Processo XXXXXXX-98.2021.5.04.0731 julgado em 09.10.2023:** a Empresa moveu Ação Revisional com o intuito de modificar a pensão vitalícia paga ao trabalhador. Objetivando sustentar as suas alegações, a Empresa utilizou fotografias do trabalhador em diversos momentos, e, inclusive na sua própria residência. Ainda, teve acesso aos documentos do atual Empregador do trabalhador tais como: (i) exame admissional; (ii) ficha de empregado; (iii) fotografias em seu local de trabalho. O trabalhador ao tomar conhecimento da referida ação, apresentou sua defesa, e requereu a condenação da Empresa em danos morais, sob os seguintes argumentos: (i) violação à imagem e dados pessoais; (ii) não tinha o conhecimento de que estava sendo fotografado; (iii) empresa estava vigiando; (iv) uso indevido da imagem; (v) violação da intimidade; (vi) afronta os fundamentos da liberdade e privacidade inseridos na LGPD. O Tribunal modificou a sentença, de forma a condenar a Empresa ao pagamento de R$10.000,00 a título de danos morais. Foram utilizados os seguintes argumentos: (i) violação da intimidade, fotos foram tiradas na frente da sua residência, a Empresa estava vigiando o trabalhador; **(ii) o art.7º, VI da LGPD, violou os princípios da finalidade e da necessidade, nos termos do art.6º, I e III da LGPD;** (iii) direito fundamental da proteção de dados, art.5º, LXXX da CF; (iv) violação da intimidade e da privacidade, pois a Empresa utilizou documentos da atual Empregadora do trabalhador , art.5, V e X da CF; (v) foi desproporcional a invasão da privacidade, eis que as fotografias utilizadas pela Empresa foram tiradas sem o conhecimento do trabalhador; (vi) a Empresa poderia ter se utilizados de outros meios menos invasivos, a exemplo do laudo pericial. **3. Processo XXXXXXX-98.2021.5.04.0731 julgado em 03.10.2023:** A colaboradora de uma farmácia, publicou em suas redes sociais a receita médica de controle especial de um cliente. Da foto publicada em suas redes sociais é possível identificar o nome e endereço do paciente. Diante desse cenário, a Empresa optou por desligar a colaboradora, eis que a mesma já

7. Lei 13.709/20218. Art. 52. [...] § 3º O disposto nos incisos I, IV, V, VI, X, XI e XII do **caput** deste artigo poderá ser aplicado às entidades e aos órgãos públicos, sem prejuízo do disposto na Lei nº 8.112, de 11 de dezembro de 1990, na Lei nº 8.429, de 2 de junho de 1992, e na Lei nº 12.527, de 18 de novembro de 2011.
8. Fonte: LinkedIn da profisisonal de LGDP Renata Paula Ferreira.

Sanções e Penalidades no setor privado[8]: empresa e empregados
tinha outras advertências. Por entender que a justa foi arbitrária, a Reclamante moveu ação trabalhista, com o intuito de reverter a situação. A Empresa, ao apresentar sua defesa alegou: (i) exposição de uma receita de controle especial com dados e informações de paciente; (ii) abalo da reputação da Empresa, já que a mesma possui o " selo melhor lugar para se trabalhar" e atua no ramo há mais de 40 anos, sempre tendo como pauta o trabalho ético; (iii) ofensa à LGPD por expor a receita de um cliente com os seus dados; (iv) juntou conversas privadas do whatsapp da Reclamante com a sua gestora e outros colegas O Juiz ao proferir a sentença, argumentou que: (i) não parecer ser necessário que alguma empresa, em pleno século XXI, e com o advento das redes sociais dominando o cotidiano de todos nós, tenha que explicitar, seja de forma escrita ou verbal, que um funcionário não possa divulgar dados pessoais de terceiros em redes sociais; (ii) trata- se de se ter uma mínima noção do que é certo ou errado; (iii) justificou a existência da Lei Geral de Proteção de Dados pessoais, que vida resguardar o direito das pessoas em sua privacidade perante terceiros; (iv) quanto ao fato da Empresa ter ou não alguma política ostensiva acerca do assunto, justamente porque, desde a publicação de tal lei, presume - se que todos os brasileiros que vivem sob o pálio do ordenamento jurídico devem saber que ela existe... " ninguém se escusa de cumprir a lei, alegando que não a conhece"; (v) manteve a justa causa.
4. Processo XXXXXXX- 16.2023.5.07.0039 julgado em 03.10.2023: No caso em apreço, a colaboradora foi desligada sem justa causa. Porém, a Empresa identificou que após o recebimento do aviso prévio, a colaboradora enviou informações da Empresa para o seu e-mail pessoal. Foram enviados 69 e-mails contendo uma planilha de Excel com: relação de clientes; dados pessoais; dados sigilosos; contracheques completos dos aposentados e pensionistas; nome pessoal; endereço; margem consignável; 90 mil CPF dos clientes. De posse dessas informações, a Empresa modificou o desligamento para justa causa, eis que a colaboradora havia praticado atos de indisciplina, insubordinação, improbidade e violação do segredo da empresa. A colaboradora não se confirmou com a despedida por justa causa e moveu reclamatória trabalhista em face da Empresa.
Como meio de defesa a Empresa apresentou:
(i)termo de confidencialidade;
(ii) termo de responsabilidade;
(iii) código de ética e disciplina;
(iv) relatório da auditoria interna contendo toda as evidências de que a colaboradora havia violado as normas internas da Empresa e concorrência desleal.
Ainda, como meio de se precaver contra outros possíveis transtornos, moveu uma Ação de Obrigação de Fazer com pedido de Tutela (Vara Cível) para proteger os seus ativos intangíveis, segredos de negócios e dados pessoais dos clientes e evitar que a colaboradora fizesse uso das informações. A tutela foi deferida e a colaboradora impossibilitada de compartilhar ou tirar proveito das informações, sob pena de pagar multa. A sentença de primeiro grau manteve a justa causa. Situação que foi confirmada pelo Tribunal Regional do Trabalho.

5. MEDIDAS PREVENTIVAS E DE REMEDIAÇÃO

Medidas Preventivas Institucionais
-Designar o encarregado de proteção de dados pessoais (DPO).
-Elaborar um relatório de impacto à proteção de dados pessoais.
-Obter o consentimento específico e em destaque dos titulares, quando necessário.
-Informar aos titulares sobre finalidade, forma e duração do tratamento dos dados sensíveis de acordo com a LGPD, dentre outras.

Medidas preventivas específicas do responsável pela manipulação de dados pessoais
1.Deixar claro aos titulares o que está sendo feito com seus dados pessoais e não fazer nenhum tipo de tratamento que extrapole esse objetivo, sem autorização dos mesmos. Por exemplo, em um formulário de coleta na web, por exemplo, procure deixar clara a finalidade de cada informação, ou conjunto de informações, que estão sendo coletadas.
2.Além disso, deve-se ter o cuidado de não compartilhar os dados pessoais aos quais você tem acesso com ninguém, de dentro ou fora da organização. Por compartilhamento, entende-se: conceder acesso a bancos de dados, enviar e-mails com dados pessoais para qualquer pessoa, tramitar documentos físicos (papel) ou deixá-los acessíveis sem procedimentos de segurança.
3.Adotar medidas de segurança no descarte de papéis ou documentos que contenham dados pessoais.
4.Não deixar papéis e documentos à vista.
5.Guardar papéis e documentos em local apropriado e seguro.
6.Utilizar a opção sair ou desconectar para fechar qualquer sistema em uso.
7.Evitar marcar as opções "Lembrar-me da senha" ou "Mantenha-me conectado".
8.Não compartilhar senha.
9.Comunicar ao órgão competente falhas de segurança.
10.Não usar o e-mail funcional para fins particulares.
11.Não postar nas redes sociais dados pessoais e sensíveis de terceiros.
12.Utilizar a função bloqueio quando se ausentar da estação de trabalho.
13.Não deixar a tela do computador exposta/aberta quando estiver ausente, ainda que temporariamente, da estação de trabalho.
14.Não fornecer dados pessoais por e-mail, telefone ou qualquer outro canal inapropriado.

O que fazer em caso de incidente?
1. Notificar a ANPD e os titulares sobre o ocorrido.
2. Cooperar com as autoridades na investigação do caso.
3. Identificar a origem, a extensão e a gravidade do vazamento.
4. Avaliar as falhas de segurança que permitiram o incidente e implementar melhorias.
5. Isolar o sistema ou o dispositivo afetado e interromper o acesso não autorizado aos dados.

5.1. Caso federal: PPSI

O Programa de Privacidade e Segurança da Informação (PPSI) caracteriza-se como um conjunto de projetos e processos de adequação nas áreas de privacidade e segurança da informação e tem como valores: a maturidade; a resiliência; a efetividade; a colaboração e a inteligência.

O PPSI foi regulamentado pela Portaria SGD/MGI nº 852, de 28 de março de 2023:

> **Art. 1º** Estabelecer o Programa de Privacidade e Segurança da Informação (PPSI), no âmbito dos órgãos e entidades da administração pública federal direta, autárquica e fundacional, que **possuem unidades que compõem o Sistema de**

Administração dos Recursos de Tecnologia da Informação - SISP, conforme art. 3º do Decreto nº 7.579, de 11 de outubro de 2011[9].

O PPSI tem duas áreas de atuação: (i) Maturidade (desenvolve progressivamente e de forma sustentável as capacidades relacionadas à privacidade e segurança da informação); (ii) framework de Privacidade e Segurança da Informação (orienta as instituições públicas e empresas privadas na identificação, acompanhamento e implementação de controles de privacidade e cibersegurança).

Entregas realizadas no âmbito do PPSI entre 2023 e 2023
-32 controles e 310 medidas de privacidade e segurança da informação do Framework de Privacidade e Segurança da Informação estabelecidos na Portaria nº 852/23.
-Cartilha do Programa de Privacidade e Segurança da Informação (PPSI).
Framework de Privacidade e Segurança da Informação.
-Modelo de Política de Proteção de Dados Pessoais.
-Modelo de Política de Desenvolvimento Pessoas em Privacidade e Segurança da Informação.
-Modelo de Política de Backup.
-Modelo de Política de Gestão de Ativos.
-Modelo de Política de Controle de Acesso.
-Modelo de Política de Gestão de Registros (Logs) de Auditoria.
-Modelo de Política de Gerenciamento de Vulnerabilidades.
-Cartilha sobre Finalidades e Hipóteses Legais.
-Programa de Governança em Privacidade.
-Inventário de Dados Pessoais.
-Termo de Uso e Política de Privacidade.
-Requisitos e Obrigações quanto a Privacidade e à Segurança da Informação.

9. Art. 3º Integram o SISP:
I - como Órgão Central, a Secretaria de Governo Digital do Ministério da Gestão e da Inovação em Serviços Públicos;
II - como Órgãos Setoriais, representadas por seus titulares, as unidades de administração dos recursos de tecnologia da informação **dos Ministérios e dos órgãos da Presidência da República;**
III - a Comissão de Coordenação, formada pelos representantes dos Órgãos Setoriais, presidida por representante do Órgão Central;
IV - como Órgãos Seccionais, representadas por seus titulares, **as unidades de administração dos recursos de tecnologia da informação das autarquias e das fundações públicas**; e
V - como Órgãos Correlatos, representados pelos seus titulares, as unidades desconcentradas e formalmente constituídas de administração dos recursos de tecnologia da informação nos Órgãos Setoriais e Seccionais.
Parágrafo único. Poderão colaborar com o SISP, mediante acordos específicos com o Órgão Central, outras entidades do Poder Público e entidades da iniciativa privada interessadas no desenvolvimento de projetos de interesse comum.

Entregas realizadas no âmbito do PPSI entre 2023 e 2023
-Relatório de Impacto à Proteção de Dados Pessoais (RIPD).
-Guia de Requisitos Mínimos de Privacidade e SI para Aplicações Web.
-Guia de Resposta a Incidentes de Segurança.
-Guia de Requisitos Mínimos de Privacidade e SI para API.
-Guia de Requisitos Mínimos de Privacidade e SI para Aplicativos Móveis.
-Guia de Boas Práticas – LGPD.

5.2. Medidas adotadas no setor privado: caso da Petrobrás

A seguir seguem ações desenvolvidas em 2023/2024 pela Diretoria de Governança e Conformidade da Petrobras:

- A inclusão de uma seção específica sobre privacidade e proteção de dados no Código de Conduta Ética e no Guia de Conduta Ética para Fornecedores;
- A implementação do curso "LGPD na Prática", realizado por mais de 100 mil pessoas até o momento, com o objetivo de capacitar não apenas os colaboradores da Petrobras, mas também disseminar esse conhecimento para a sociedade;
- A realização de 27 ações personalizadas e direcionadas, com cerca de 2.400 pessoas treinadas, de acordo com a realidade operacional e administrativa de diversas unidades da Petrobras;
- A implementação de novas regras antivazamento por meio da ferramenta Data Loss Prevention (DLP), para detectar potenciais incidentes;
- A criação de um canal para esclarecimentos sobre assuntos relacionados às atividades da Petrobras, disponível para todos os colaboradores;
- O fortalecimento de iniciativas para garantir a privacidade desde a concepção (Privacy by Design) de projetos, processos e soluções tecnológicas;
- A inclusão do tema de proteção de dados no processo de Due Diligence de Integridade, em famílias prioritárias de contratação, para avaliar as práticas de proteção de dados de nossa cadeia de fornecedores;
- O acompanhamento regulatório para atualização dos processos internos impactados e contribuição em consultas públicas da Autoridade Nacional de Proteção de Dados (ANPD);
- O fornecimento de assessoria especializada a todas as empresas do Sistema Petrobras.

6. COMPARTILHAMENTO DE DADOS PESSOAIS

6.1. Entre órgãos da administração pública

O Supremo Tribunal Federal, em 2022, no âmbito no julgamento da ADI 6.649 e da ADPF 695 decidiu que:

1. O compartilhamento de dados pessoais entre órgãos e entidades da administração pública pressupõe a realização de propósitos legítimos, específicos e explícitos para o tratamento de dados, assim com a compatibilidade do tratamento dos dados com as finalidades informadas.

2. O compartilhamento deve ser limitado ao mínimo necessário para o atendimento da finalidade informada.

3. Devem ser cumpridos integralmente os requisitos, garantias e procedimentos estabelecidos na Lei Geral de Proteção de Dados no que for compatível com o setor público.

4. O compartilhamento de dados entre órgãos públicos pressupõe rigorosa observância da determinação da LGPD para que seja dada a devida publicidade às hipóteses em que cada entidade governamental compartilhe ou tenha acesso a bancos de dados pessoais, fornecendo informações claras e atualizadas sobre a previsão legal, a finalidade e os procedimentos, e as práticas utilizadas para a execução dessas atividades em veículos de fácil acesso, preferencialmente em seus sítios eletrônicos.

5. Instituir medidas de segurança compatíveis com os princípios de proteção da LGPD, em especial a criação de sistema eletrônico de registro de acesso para efeito de responsabilização em caso de abuso.

6. O compartilhamento de informações pessoais em atividades de inteligência [como por órgãos policiais ou pela Abin] observará o disposto em legislação específica e os parâmetros fixados na ADI 6.529, quais sejam: adoção de medidas proporcionais e estritamente necessárias ao atendimento do interesse público; instauração de procedimento administrativo formal acompanhado de prévia e exaustiva motivação, para permitir o controle de legalidade pelo Poder Judiciário; utilização de sistemas eletrônicos de segurança e de registro de acesso, inclusive para efeito de responsabilização em caso de abuso; a observância dos princípios gerais de proteção dos direitos do titular dos dados previstos na LGPD no que for compatível com o exercício da função estatal.

7. O tratamento de dados pessoais promovido por órgãos públicos ao arrepio dos parâmetros legais e constitucionais importará responsabilidade civil do Estado pelos danos suportados pelos particulares, associado ao exercício do direito de regresso contra os servidores e agentes políticos responsáveis pelo ato ilícito em caso de culpa ou dolo.

8. A transgressão dolosa ao dever de publicidade estabelecido pela LGPD, fora das hipóteses constitucionais de sigilo, importará em responsabilização do

agente estatal por ato de improbidade administrativa, sem prejuízo da aplicação das sanções disciplinares previstas nos estatutos dos servidores públicos federais, municipais e estaduais.

6.2. Entre o poder público e o setor privado

É vedado ao Poder Público transferir a entidades privadas dados pessoais constantes de bases de dados a que tenha acesso, exceto:

- Em casos de execução descentralizada de atividade pública que exija a transferência exclusivamente para esse fim específico e determinado, observado o disposto na Lei nº 12.527, de 18 de novembro de 2011 (Lei de Acesso à Informação);
- Nos casos em que os dados forem acessíveis publicamente, observadas as disposições da LGPD;
- Quando houver previsão legal ou a transferência for respaldada em contratos, convênios ou instrumentos congêneres; ou
- Na hipótese de a transferência dos dados objetivar exclusivamente a prevenção de fraudes e irregularidades, ou proteger e resguardar a segurança e a integridade do titular dos dados, desde que vedado o tratamento para outras finalidades.

PODCAST com *expert*:

Valmir Dias traz interfaces entre a LGPD e a LAI

CAPÍTULO 27

DUE DILIGENCE E SUA IMPORTÂNCIA PARA A ÉTICA E INTEGRIDADE

1. VISÃO GERAL

Em capítulos anteriores percebemos que o sistema de controle interno tem papel crucial na implantação e efetivação dos programas de integridade mediante estruturação de fluxos e rotinas, além de proceder avaliação independente e objetiva acerca da maturidade e funcionamento dos mecanismos implantados.

Por sua vez foi invocado também o seu importante papel no suporte à tomada de decisão através de atividades de assessoria e de consultoria. Desta forma, a alta administração pública ou privada conta com procedimentos de controle (que embora estes quase nunca têm poder decisório diretivos do rumo da organização) podem se revelar capazes de gerar informações úteis para a tomada de decisão de quem tem a tal competência. Entre estes se enquadram conselhos de administração, CEO`s ou agentes públicos da alta cúpula governamental.

Neste contexto é que ferramentas e rotinas de controle são estratégicas para a gestão de riscos de terceiros e due diligence anticorrupção dentro de uma organização. A gestão de riscos de terceiros é extremamente importante para o sucesso de um sistema de integridade pois tem o condão de evitar riscos como os financeiros ou reputacionais, por exemplo. A gestão de riscos de terceiros se torna necessária por alguns motivos, conforme quadro 27.1.

Quadro 27.1: Motivos Relevantes para a implantação de Controles de due diligence

Motivo	Fomento a Conduta Empresarial Responsável em área ambiental
Crescimento de demanda de terceiros	Terceiros são realidade frequente de todas as organizações: em pesquisa[10] realizada com mais de 5.000 entidades ¾ delas terceirizam atividades meio (desde o jurídico, passando por atendimento até a área comercial). Esse número tendo a aumentar haja vista que mais 90% noticiaram intenção de ampliar o uso de terceiros em seus negócios.
Razões Econômicas	Há razões econômicas para adotar terceiros como parceiros de negócios: redução de custos, acessos a mercados, uso de maior experiência e especialização profissional.
Precaução	Ao mesmo tempo que relacionamento com terceiros possui vantagens econômicas, por outro lado, faz-se imperioso a implementação de medidas de cautela com tais entidades pois é uma das principais áreas de riscos para empresas o relacionamento com terceiros. O relatório sobre corrupção transnacional (OCDE 2014)[11]enfatizou que 75% dos casos de suborno de agentes públicos transnacionais, as empresas não atuaram diretamente, se valendo de intermediários (distribuidores, representantes ou fornecedores). Em mesmo relatório, discorreu-se ainda que em 41% dos casos de suborno transnacional de agentes públicos foram utilizados "agentes locais" (agentes de vendas, agentes de marketing, distribuidores, corretores, etc.) para o pagamento da propina.
Assimetria de informação entre os valores da organização e terceiros	Terceiros nem sempre estão alinhados os valores da organização: terceiros querem lucro como fim como toda e qualquer entidade ou sociedade empresarial. Ocorre que algumas investem em valores social, ambiental e de equidade de maneira a entregar confiança e credibilidade. Estas entidades se estruturam para ter a coerência institucional pregada perante seus financiadores e clientes. Por sua vez, é possível que para alguns terceiros o capitalismo e lucro a todo custo deve ser o timoneiro de sua gestão, ainda que signifique usar todos os meios (lícitos ou não) para a busca do retorno econômico. Essa diferença de maturidade na condução dos negócios pode significar riscos para quem se relaciona com o terceiro mais displicente em regras ou com baixa cultura de valores;
Responsabilidade solidária	De acordo com legislações anticorrupção, tanto os que praticam atos lesivos seja em nome próprio ou em benefício de uma empresa contratante, geram também a responsabilização destas. Além das razões já mencionadas é possível ainda perceber que a legislação e guias de orientação global afetos ao tema de compliance incentiva a vigilante gestão de terceiros com o intuito de evitar responsabilidade solidária.

Fonte: elaborado pelos autores

10. CEB 2015 Third-Party Risk Diagnostic (CEB Compliance & Ethics Leadership Council/2015).
11. http://www.oecd.org/corruption/oecd-foreign-bribery-report-9789264226616-en.htm

Assim, a legislação internacional e as ações coletivas têm engajado incentivo a devida diligencia na condução de negócios nas mais diversas áreas (trabalhistas, compras públicas, contratação de terceirizados entre outros) conforme referências e guias práticos elencados na figura 27.1

Figura 27.1: Motivos Relevantes para a implantação de Controles de due diligence

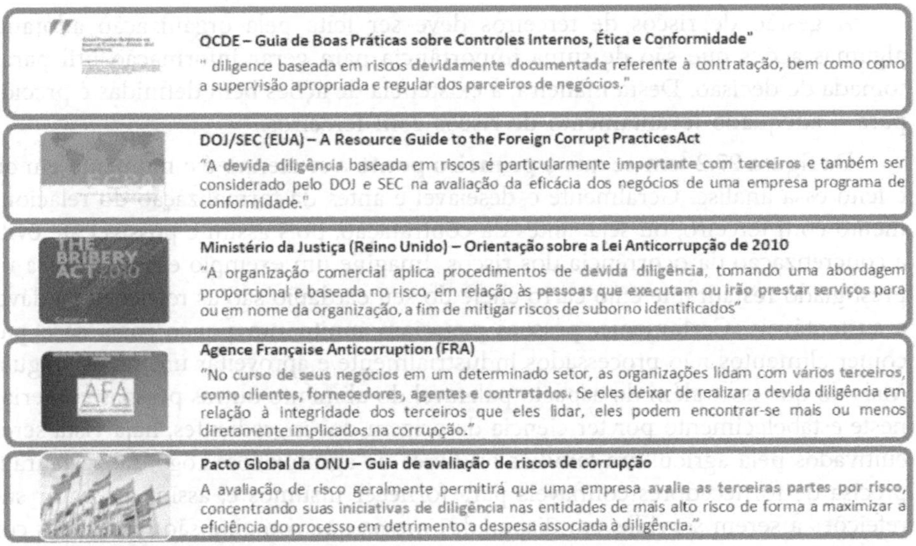

Fonte: elaborado pelos autores

Por sua vez, já em relação a legislação brasileira, o Decreto Federal n. 11.129/22 dispõe que o programa de integridade será avaliado quanto a sua existência e aplicação, entre outros parâmetros de ter em seu escopo diligências apropriadas baseada em riscos para (art. 57, XIII):

a) **contratação** e, conforme o caso, supervisão de terceiros, tais como **fornecedores, prestadores de serviço, agentes intermediários, despachantes, consultores, representantes comerciais e associados**;

b) **contratação** e, conforme o caso, supervisão de **pessoas expostas politicamente**, bem como de seus **familiares, estreitos colaboradores e pessoas jurídicas de que participem**; e

c) realização e supervisão **de patrocínios e doações.**

Logo, para a gestão de riscos de terceiros, é essencial que se leve em consideração algumas ações que são valiosas para o propósito pretendido, conforme figura 27.2.

Figura 27.2: Ações relevantes para a Gestão de Riscos de Terceiros

Fonte: Elaborada pelos autores.

A gestão de riscos de terceiros deve ser feita pela organização adotando algumas ações que são de suma importância para gerar informação útil para a tomada de decisão. Desta maneira, a existência de ações bem definidas é preciosa para o adequado levantamento de riscos com terceiros.

Da figura 27.2 tem-se que o **primeiro ponto** a se atentar é o momento em que é feito essa análise. Geralmente o desejável é antes da formalização do relacionamento com terceiro, ou seja, antes da contratação, pois assim é possível até evitar a concretização da ocorrência dos riscos. Imagine um exemplo em que exista um prestigiado restaurante cujo carro chefe do seu cardápio são as refeições saudáveis e sustentáveis. Certamente, pessoas pagariam muito um pouco mais caro para comer alimentos não processados industrialmente e aproveitar um sabor singular. Mais do que isso: além do aspecto palatável do alimento outras pessoas comeriam neste estabelecimento por ter ciência da origem dos ingredientes, haja vista serem cultivados pela agricultura familiar ou livres de agrotóxicos. Logo, tal restaurante precisa de fornecedores confiáveis para fornecer insumos e, assim, preparar suas refeições a serem servidas em disputadas mesas que somente são reservadas com antecedência. Agora suponhamos que, visando agregar ainda mais valor ao seu produto, o restaurante garante não só refeição saudável, este garante ao seu fiel cliente toda uma retirada do lixo produzido pela cozinha mediante coleta seletiva e produção de adubo orgânico para doar aos agricultores carentes. Pois bem, para esse serviço de logística reversa do lixo o restaurante contrata uma empresa X para fazer de maneira terceirizada todo esse serviço. Afinal, o restaurante não tem funcionários suficiente para tanto e, ainda que tivesse, gastaria muito para treiná-los. Ocorre que após 6 meses de execução do serviço sai uma notícia de que um terceiro contratado estava coletando o lixo remanescente da cozinha e jogando a céu aberto em uma floresta sem tratamento algum. Certamente o desastre financeiro e reputacional está feito pela diminuição dos fiéis clientes e devido a veiculação no jornal da noite de maior audiência do lamentável fato.

De tal exemplo hipotético é possível perceber que uma boa estrutura de controle poderia, antes da contratação, fazer uma gestão de riscos de terceiros ao levantar as possíveis multas ambientais ou processos judiciais por crimes contra o meio ambiente. Poderia de igual modo verificar a reputação dos sócios ou sindicar a qualificação de treinamento de sua equipe técnica. Assim, um relatório com todos os requisitos levantados poderia ter subsidiado a alta administração na decisão de contratar ou não tal prestador de serviço.

Semelhantemente ocorreu no âmbito na administração pública durante a pandemia de COVID-19. Infelizmente não faltaram eventos negativos, no Brasil, de órgãos governamentais que contrataram mascaras, álcool em gel e luvas de empresas que não entregaram os produtos ou quando estregavam estes estavam acima do valor de mercado. O motivo desses dissabores se deu talvez em razão de que, antes da contratação ou do empenhamento da despesa, não se verificava o histórico da empresa através de uma trilha de controle mediante consulta e/ ou pesquisa do seu CNAE (verificar se as atividades previstas no objeto social contemplava o ramo de atividade que ela se propunha a vender para o Estado), a data de constituição na junta comercial (em razão de que empresas recém constituídas durante uma pandemia global, além de baixa expertise ou habilitação técnica, estas têm alto risco de serem formalizadas apenas para tirar proveito desleal dos recursos públicos em virtude da grande procura de produtos já escassos no mercado); pesquisa de endereço para verificar a aparência de natureza comercial, entre outros exemplos.

Vale verter o comentário de que a gestão de riscos de terceiros pode ocorrer **após a contratação**, mas ao invés de evitar o que resta a organização é mitigar o risco caso ele ocorra.

Por seguinte, igualmente importante, é necessário **priorizar terceiros com alta exposição a riscos.** Isso deve-se ao fato de que a gestão de riscos de terceiros requer tempo e recursos financeiros e de pessoal. Por sua vez é necessário salientar que nem todos os ramos empresariais de terceiros tem o mesmo risco. Logo é possível priorizar a gestão de riscos de terceiros a empresas que tem maiores riscos de ocorrência de eventos adversos otimizando, destarte, mão de obra e recursos financeiros de diligências. Algumas atividades se revelam mais propensas à lavagem de dinheiro ou financiamento de ilícitos, bem como ainda infringência a direitos humanos e a regras de meio ambiente.

Por seguinte, necessário se faz a definição de critérios para **categorizar os achados** das diligencias com terceiros que revelam grau maior, médio ou baixo – por exemplo- de exposição ao risco. De igual modo, após a categorização, oportuno é saber **analisar os resultados** *(red flags)* tais quais o possível relacionamento do terceiro com agentes públicos, riscos de domicílio geográfico (localidade do país), seguimento ou indústria de atuação, insuficiente comprovação de capacidade técnica ou histórico de envolvimento de questões judiciais relativa a má execução do produto que oferece.

E uma última ação importante que deve ter em uma gestão de riscos de terceiros é ter conhecimento de como motorizar os riscos descobertos. **Várias estratégias de monitoramento** são possíveis tais quais pedir suporte da área de compliance estabelecendo controles de liberação de alçada baseado nos riscos ou exigências contratuais específicas (clausulas anticorrupção, clausula de auditoria ou penalidades), imposição de conscientização ao terceiro (adesão a código de ética ou treinamento de integridade/compliance) entre outras medidas (renovação da due diligence). De outro giro, entre os objetivo do processo de due diligence estão o de analisar documentos e dados contábeis e financeiros a fim de eliminar ou mitigar riscos envolvidos em uma operação de aquisição. Ou, ainda, descortinar informações até então não conhecidas sobre um negócio. Assim o due diligence é importante em processos **de fusão e incorporação de entidades**. Nesse tipo de atuação (em operações de M&A) é possível levantar os passivos trabalhistas, fiscais, operações financeiras como retorno de investimentos e margem de lucro (payback e ROI), além de estratégias de marketing. Em relação a essas informações é oportuno externar que o processo de due diligence não é somente para evitar eventos incertos que podem impactar negativamente na atividade de uma entidade, este serve ainda para auxiliar na decisão de aproveitar ou não oportunidades de negócios em um fusão ou incorporação empresarial.

Esta abrangência do processo de due diligente é evidenciada no Decreto Federal n. 11.129/22 em seu art. 57, XIV, ao dispor que a efetividade de programas de integridade depende de parâmetros de verificação, durante os processos de fusões, aquisições e reestruturações societárias, do cometimento de irregularidades ou ilícitos ou da existência de vulnerabilidades nas pessoas jurídicas envolvidas.

2. CASOS E EXEMPLOS RELEVANTES.

Segue alguns casos e exemplos de due diligence executados no Brasil e no Exterior.

Due Diligence de Integridade (DDI): Caso da PETROBRAS
A Petrobras adota os processos de due diligence de integridade desde 2015. Por meio da DDI, exige-se que os fornecedores da Petrobras demonstrem a existência e o funcionamento de estruturas e mecanismos de governança, compliance e de auditoria interna proporcionais ao tamanho, complexidade e criticidade de suas operações. Após a realização da análise o fornecedor recebe um Grau de Risco de Integridade (GRI), que varia de baixo, médio ou alto. Fornecedores com GRI alto, ficam com restrições para fazer negócios com a Petrobras. Desde outubro de 2023, a DDI foi ampliada no espectro da agenda ESG passando a exigir que seus fornecedores tenham ações de promoção e defesa dos direitos humanos, como combate ao trabalho análogo à escravidão, ao trabalho infantil, à exploração sexual, ao assédio moral ou sexual e à discriminação de quaisquer tipos.

É importante, por sua vez, que o leitor se atente que há certas práticas administrativas que podem ser efeitos práticos de agregar valor, mas não é considerado Due Diligence.

O que não é Due Diligence?
A autodeclaração somente **sem averiguação e confrontação documental de informações**, não é due dilligence. Muitas empresas têm assumido autodeclaração e formulário em questionários como "documentos" comprovantes e ainda, sem se certificarem sobre a veracidade dos documentos entregues.

Cada vez mais alguns países tem procedido políticas governamentais de incentivo à devida diligência. Assim, como os preceitos da legislação brasileira, alguns países tem enfatizado a importância de instituições estatais aderirem procedimentos de precaução em relacionamento com terceiros.

A Política de Propriedade Estatal Norueguesa
A Conduta empresarial Responsável (CER) é o foco da recente política de propriedade estatal norueguesa, que apresenta expectativas claras a esse respeito. Além de serem sustentáveis e contribuírem para a criação de valor a longo prazo, as estatais devem: (i) liderar pelo exemplo em matéria de CER; (ii) trabalhar para proteger os direitos humanos e trabalhistas, reduzir a sua pegada climática e ambiental e prevenir crimes econômicos, incluindo corrupção e lavagem de dinheiro; (iii) adotar uma política fiscal justificada que esteja disponível ao público; (iv) realizar a devida diligência sobre CER com base em métodos reconhecidos; e (v) ser transparentes sobre áreas relevantes, metas e medidas relacionadas ao seu trabalho a respeito da CER. Isso implica que as estatais devem identificar e gerenciar os riscos que suas operações e cadeias de fornecimento representam para a sociedade, as pessoas e o meio ambiente e seguir princípios e padrões de CER reconhecidos internacionalmente, como as Diretrizes em termos de ODS da ONU. O trabalho das estatais em matéria de CER deve ser apoiado por seus conselhos e incorporado em suas metas, estratégias e diretrizes. Também implica que as estatais devem realizar a devida diligência para identificar, gerenciar, relatar e avaliar riscos e ter sistemas em vigor para remediar qualquer impacto adverso. Para esse fim, as estatais recorrem ao Guia da Devida Diligência para CER e às diferentes etapas do processo de devida diligência. Por fim, para dar o exemplo em matéria de CER, as empresas estatais devem ser transparentes e fornecer informações aos clientes e partes interessadas sobre como gerenciam os riscos relevantes e qual é a base para a criação de valor futuro. Fonte : OCDE (2020)

PODCAST com *expert*:

Iuri Camilo traz aspectos essenciais do Due Diligence nas investigações corporativas

CAPÍTULO 28

O PAPEL DA PARTICIPAÇÃO SOCIAL E DAS ORGANIZAÇÕES DA SOCIEDADE CIVIL NA PROMOÇÃO DA INTEGRIDADE

1. PLANTANDO VALORES PARA COLHER INTEGRIDADE

Esta obra noticiou copiosamente a maneira pela qual os arranjos institucionais impactam na construção de estruturas de *compliance* em organizações públicas e privadas. Neste sentido, o poder regulador do Estado em disciplinar parâmetros objetivos de construção e de avaliação de programas de integridade, bem como o advento de ações coletivas de entidades privadas (vide capítulo 18), difundiram o que temos hoje de referencial base de boas práticas acerca a matéria.

Por sua vez, ainda se faz necessário compreender mais um importante compartilhamento do processo de difusão da cultura ética nas instituições: o **controle social** e sua forma de interação na promoção da integridade.

Assim, este capítulo se propõe a analisar o papel da sociedade na construção de soluções de integridade. Entretanto, como já foi vertido a importância do cidadão (conquanto *indivíduo* titular de direitos e obrigações) no uso de ferramentas de ouvidoria (vide capítulo 7), acesso à informação (vide capítulo 8) e transparência ativa (vide capítulo 9), o enfoque do controle social aqui tratado segmenta-se em:

(i) **sociedade civil organizada mediante arranjos mais formalizados de entidades** (sem natureza negocial e sem fins lucrativos) representada por **instituições com propósito específico de controle social;**

(ii) **identificação da intensidade da relação entre o controle social e o Estado** (ora com menos, ora com mais).[1]

1 Por sua vez, entender como o Estado fomenta políticas públicas será detalhado no capítulo 25.

Nesta baila, fora visto que o poder público tem muito a se beneficiar através de sua interação com a iniciativa privada no bojo da integridade (vide capítulo 18). De igual modo acontece quando aquele se relaciona com a sociedade civil organizada. Dito, um questionamento interessante seria o fato de que **se realmente o Poder Público gostaria de ter um controle social que o monitorasse.** O posicionamento firmado por nós, autores, é de que sim! A razão por tal afirmativa decorre de 2 (dois) aspectos.

Quanto ao primeiro aspecto, a alta administração, seja no setor público, seja no setor privado, necessita ser avaliada como pressuposto de sobrevivência. Por mais antagônico que pareça, essa é a realidade do mercado ou de um ciclo eleitoral cada vez mais competitivo. Para compreensão desse enunciado, considere de forma alegórica os seguintes exemplos do setor privado: aquelas reportagens jornalísticas especiais que corriqueiramente passam na televisão avaliando um produto em termos de parâmetros de qualidade e metrologia deve – de algum modo – gerar uma apreensão nos seus fabricantes. Assim, algumas das melhores marcas de azeite de oliva provavelmente devem ficar com um "frio na barriga" em relação ao resultado que revele quais são as melhores marcas em termos de índice de acidez e de pureza. A mesma sensação deve sentir um dono do restaurante em relação aos seus clientes emitirem opinião em plataformas de avaliação (por exemplo: Tripadvisor) ou, de igual modo, os produtores cinematográficos em relação à avalição de suas séries e filmes nos serviços de streaming. Talvez, se pudessem escolher, prefeririam não passar por tamanho suspense e sem contar do risco de ser descortinada para todos a qualidade de seus produtos. Mas já que passam por isso e, caso a avaliação seja positiva, certamente aparecerá nas midas digitais que o produto ou serviço prestado possui credibilidade e familiaridade. Muito provável também seria a iniciativa de se colocar um banner do restaurante transcrevendo o elevado *score* de avaliação em letras garrafais para todos verem logo na saída de desembarque do aeroporto da respectiva cidade. **Assim também seria com o governante em relação ao controle social.** Caso seus indicadores sejam positivos, tem grande chance do resultado virar propaganda institucional no horário nobre da televisão ou até slogan de campanha para reeleição.

Quanto ao segundo aspecto, é natural que exista e que continue a existir controle social. Ele é um produto da democracia, da imprensa livre e independente. As organizações devem valorizar a sua existência. É por esses valores e canais que grupos menos favorecidos, ou por vezes esquecidos pelo Estado, conseguem levantar voz ativa. Logo, enquanto zelarmos e **plantarmos valores** como a democracia, **colheremos a colaboração do controle social** na busca da integridade.

2. MUDANÇA DA DINÂMICA NO CONTROLE SOCIAL NO BRASIL

Na perspectiva da Nova Administração Pública, deu-se grande engajamento na participação social de forma que o conceito de *accountability* foi de fundamental importância para que se possa falar em participação social nas políticas públicas e responsabilização dos gestores públicos, ou seja, a ideia de controle social da administração pública.

Com os movimentos de reforma do Estado, decorrentes principalmente, das disfunções que os governos passaram a assimilar decorrentes do modelo burocrático, deu-se início à implementação de novas formas de gestão, com modelos mais próximos daqueles empregados na iniciativa privada, efetivando-se experiências, especialmente, em países anglo-saxões (ABRUCIO, 1997)[2]. Esses novos modelos deveriam dar maior agilidade às ações dos governos, tendo, como gênese, uma preocupação central com as crises fiscais que impuseram sérias limitações às ações das administrações públicas.

Por seguinte a essa mudança de paradigma que levou ao controle de resultados, há um fator moderno que vem ganhando destaque no impulsionado do esforço coletivo de fomento à integridade. Assim é que emergiu a **New Public Governance (NPG) ou Nova Governança Pública.** Essa perspectiva legitima o controle social em razão de esforços entre Estado e Sociedade em prol da conciliação de interesses dispersos voltados a uma administração pública mais eficiente, responsiva e *democrática*[3]. Assim, os preceitos da gestão pública voltados para resultados de maneira pura são revistos pelo NPG. Ou seja, o paradigma gerencial da administração pública motivou reformas estruturantes do Estado, mas não devemos tratar o cidadão como usuário puro, este deve ser mais um grande tomador de decisão.

3. O CONTROLE SOCIAL COMO INSTRUMENTO DE FOMENTO À INTEGRIDADE

É essencial descortinar como se dá a interação entre o controle social da sociedade civil organizada e as estruturas públicas relativo ao assunto integridade. Quanto a essa relação pode-se perceber que as organizações que exercem controle social podem atuar de maneira parametrizada. Essa adaptabilidade de sua atuação varia de acordo com o ambiente institucional e o grau de abertura de propensa atuação conjunta que atores públicos concedem, bem como a urgência da pauta a ser reivindicada.

2 ABRUCIO, Fernando L. O impacto do modelo gerencial na administração pública: um breve estudo sobre a experiência internacional recente. Cadernos ENAP, n. 10. Brasília: Escola Nacional de Administração Pública (ENAP), 1997.

3 Osborne, S. P. (2006). The New Public Governance. Public Management Review, 3, 377-387.

Desta maneira, pode-se ter uma interação baseada em **intensidade na relação entre organizações públicas e entidades de controle social** de maneira que por vezes essas ocorrem quase sem nenhuma colaboração (de maneira heroica e aguerrida) ou, não raras às vezes, ocorre um trabalho construído praticamente "a quatro mãos". O que movimenta essa interação, por um lado, é a pauta reivindicatória da sociedade. **É um movimento que vai da sociedade em direção aos entes estatais.**

Por sua vez o poder público pode também oxigenar essa relação através **do fornecimento de dados e abertura de espaços de discussão.** Essa é uma interação que sai do **poder público para a sociedade.**

A Figura 24.1 exemplifica esses tipos de interação. Veja que pode ocorrer partindo da sociedade para o poder público (da esquerda para direita) e do poder público para a sociedade (da direita para a esquerda).

Figura 28.1: Grau de Interações entre o poder público e entidades de controle social

Fonte: Elaborada pelos autores.

A Figura 28.1 ilustra as seguintes interações de iniciativa da sociedade civil em direção para o poder público:

(i) Sociedade civil impulsionado por iniciativa própria: nesse tipo de ação as entidades de controle social, quase sem interação com o poder público, exercem seu papel através de medidas que representam a sua pauta reivindicatória mais emergente. É excelente para respostas rápidas em situações extraordinárias. Nessa espécie de interação o controle social tem ampla flexibilidade para formular suas estratégias de fomento. Como exemplo podemos citar iniciativas como da Transparência Internacional Brasil[4] e da Open knowledge (OKBR)[5] que conseguiram através de seus rankings de gastos emergenciais e de dados de saúde, respectivamente, alavancar os dados de transparência de praticamente todos os Estados e Capitais do Brasil durante a pandemia de COVID-19. Através dessa pauta, por iniciativa própria, geraram a competitividade (positiva) entre governos locais e estímulos para estes prestarem contas para a sociedade;

(ii) Entidades de controle social com Ações coletivas de iniciativa privada: Nesse tipo de interação a sociedade civil organizada atua em projetos, mas em parceria com outras ações coletivas privadas visando a promoção do controle social. Entre eles cita-se a "o Diário do Clima[6]" que foi construído por uma coalizão especializada em temas sociais, ambientais e de transparência de dados. São seis organizações envolvidas: eco, Eco Nordeste, Agência Envolverde, InfoAmazonia, Open Knowledge Brasil e Projeto #Colabora. Nessa ação, os diários oficiais são monitorados e os tópicos mais relevantes para quem acompanha o tema são disponibilizados na plataforma. Cada ato é categorizado e organizado, de modo que os usuários possam filtrar e receber alertas sobre temas e locais de interesse. Jornalistas, pesquisadores, ativistas e profissionais dos setores de sustentabilidade podem usar a tecnologia como aliada para monitorar assuntos que, antes, fugiam do radar. Juntos, visam produzir ações efetivas em prol da sustentabilidade e transparência;

(iii) Entidades de controle social com Associações Representativas de membros ou Entidades Públicas: Nesse tipo de interação acontece um impacto de fomento à integridade nas repartições públicas de uma maneira interessante. O controle social consegue ter uma atuação mais uniforme e engajadora através de trocas de experiências com **entidades representativas de entes governamentais.** Por exemplo, os guias de transparência de obras de infraestrutura foram elaborados em conjunto entre Transparência Internacional-Brasil e o Conselho Nacional de Controle Interno – CONACI[7]. Já a mesma, transparência Internacional Brasil renovou parceria com a Atricon (Associação dos membros dos Tribunais de Contas). Nesse tipo de atuação, o controle social fomenta a integridade de

4 https://arquivo.transparenciainternacional.org.br/ranking-covid/.

5 https://transparenciacovid19.ok.org.br/.

6 https://ok.org.br/projetos/diario-do-clima/.

7 https://conaci.org.br/noticias/conaci-e-transparencia-internacional-brasil-lancam-guia-de--transparencia-ativa-obras-de-infraestrutura/.

entidades governamentais (unidades de centrais de controle interno e tribunais de contas) de maneira tempestiva e simultânea. Não se trata de uma parceria *direta* com Estados ou órgãos públicos, mas sim, trata-se de uma parceria reflexa por meio de suas entidades representativas;

(iv) Sociedade Civil na intermediação de compartilhamento de boas práticas para entidades governamentais: Entidades de controle social, devido a sua capilaridade, pode induzir o poder público a aprender boas práticas mediante incentivo de intercambio e capacitação. Como exemplo, cita-se o projeto integridade dos Estados Brasileiros. A iniciativa consistia em trocas de experiências entre alguns Estados brasileiros e o Governo da Dinamarca para aprender boas práticas de integridade que são referências no mundo. Tal iniciativa foi promovida pela transparência internacional-Brasil e a embaixada da Dinamarca. Veja que nesse caso já há uma maior interação entre órgão governamental e o controle social, atrelado a uma atividade que não tem como objetivo uma fiscalização e monitoramento deste, mas sim um melhor incremento de conhecimento técnico por parte daquele. Veja que o controle social, ao agir por essa estratégia, tem o condão de inspirar ações futuras dos entes participantes como nos Estados do Ceará[8], Goiás[9] e Paraná[10], por exemplo;

(v) Capitaneando iniciativas de projetos e pacotes de medidas perante órgãos públicos: Neste tipo de atuação as entidades de controle social atuam provocando diretamente o poder público mediante entrega de medidas ou pedido de providências sobre determinadas demandas. É comum colher nesse tipo de ação o poder público construir soluções com ajuda de especialistas da área integridade, bem como colher autorização dos cidadãos para maior engajamento e legitimidade. Esse é uma atuação em que as entidades de controle social fazem um papel de levar voz ativa da sociedade, mas atreladas a requerimentos de impulsionamento de sugestões. Como exemplo podemos citar a entrega no parlamento brasileiro de novas medidas de combate à corrupção por várias entidades[11] ou entregas de assinaturas coletivas exigindo medidas de defesa de direitos humanos pela anistia internacional[12];

(vi) Construindo conjuntamente com governos ações de integridade: É possível ainda que entidades de controle social construam a quatro mãos ações de integridade junto com entidades governamentais. Essa é a maior interação entre o poder público e entidades de controle social. Vejam que nesse caso não se trata de uma medida de monitoramento, capacitação ou pressionamento republicano,

8 https://www.cge.ce.gov.br/wp-content/uploads/sites/20/2020/12/Manual-Ouvidoria--Publica-do-Estado-2020-Versao-Final-22Dez.pdf.

9 https://folhaz.com.br/politica/novo-codigo-de-etica-de-goias/.

10 https://www.cge.pr.gov.br/Noticia/CGE-se-inspira-na-Dinamarca-para-unir-etica-solidariedade-e-exercicio-fisico.

11 https://www.camara.leg.br/noticias/543111-entidades-apresentam-novo-pacote-com-70--medidas-de-combate-a-corrupcao/.

12 https://www.youtube.com/watch?v=pG4x6o4v0cc.

mas se trata (na prática) de um processo de construção coletiva. Como exemplo, cita-se uma auditoria inédita no Estado de Rondônia que avaliou o ambiente de integridade no setor florestal relativo à exploração da madeira[13]. A Auditoria foi realizada pela Controladoria Geral do Estado de Rondônia, pela Secretaria de Meio Ambiente de Rondônia e pela Transparência Internacional Brasil que, não só demandou o serviço ao ente Estatal mediante requerimento, mas também foi convidada a dar suporte técnico no planejamento e execução dos trabalhos, além de participar das reuniões de monitoramento das recomendações após a conclusão.

De outro giro, a Figura 28.1 ilustra também iniciativas que nascem com do poder público em direção para a sociedade civil[14]:

(i) Sociedade Civil inserida no processo de tomada de decisão pública: O poder público pode buscar inserir a sociedade civil em espaço público de discussão que visa o fortalecimento da integridade. Esse tipo de interação se revela de grande intensidade entre poder público e a sociedade. Quando proposta pelo Poder Público esse espaço geralmente acontece em colegiados e fóruns deliberativos atrelados à transparência e prevenção à corrupção. A participação da sociedade civil nestes colegiados tem o condão de diretamente participar do processo deliberativo de políticas públicas de integridade. É uma interação, direta, democrática e institucionalizada. Como exemplo tem-se o **Conselho de Transparência, Integridade e Combate à Corrupção – CTICC**[15], órgão consultivo vinculado à estrutura da Controladoria-Geral da União, é um colegiado composto por representantes do governo (11 membros) e da sociedade civil (30 membros).Tem por finalidade *debater e sugerir medidas de aperfeiçoamento e fomento de políticas e estratégias, no âmbito da administração pública federal, e monitorar e avaliar políticas públicas e serviços públicos destinados à transparência e ao combate à corrupção.* O ponto importante a ser ventilado é a composição ser, em maior número, representantes da sociedade.

(ii) Consultas Públicas: mediante canais diretos de comunicação o poder público cria mecanismos de obtenção de percepção da sociedade para opinarem e/ou aprovarem sobre certos temas quanto aberto para a sociedade se manifestar. As consultas públicas são instrumentos poderosíssimos para a sociedade levantar voz. Qual a diferença em relação ao item anterior: nas consultas públicas são abertos espaços para opinarem, mas sem participar do processo institucionalizado e nominado (como um colegiado conselho deliberativo). Nas consultas públicas há um direcionamento do encaminhando do poder público em como proceder.

13 https://transparenciainternacional.org.br/posts/auditoria-inedita-e-realizada-em-rondonia-para-fortalecer-governanca-florestal-do-estado/#:~:text=outubro%20de%202021,Auditoria%20in%C3%A9dita%20%C3%A9%20realizada%20em%20Rond%C3%B4nia%20para%20fortalecer%20governan%C3%A7a%20florestal,para%20melhorias%20na%20%C3%A1rea%20ambiental.

14 Estratégias relacionadas de como o poder público pode fomentar a integridade é vista no capítulo 25. O atual capítulo destina-se apenas em verificar o tipo de interação com a sociedade civil.

15 https://www.gov.br/cgu/pt-br/assuntos/transparencia-publica/conselho-da-transparencia.

Como exemplo tem a plataforma "Participa + Brasil" do Governo Federal[16]. É uma plataforma digital criada com o propósito de promover e qualificar o processo de participação social, a partir da disponibilização de módulos para divulgação de consultas e audiências públicas, pesquisas e na promoção de boas práticas.

(iii) Poder Público induzindo conhecimento sobre controle social: outra atuação importante é a do poder público fomentar cursos de fomento ao controle social. Veja que o poder público pode - presencialmente ou *on-line* - induzir o fortalecimento do controle social através de e capacitações. Essa é uma ação que é engajada pelo poder público para a sociedade. Diferentemente da anterior, não se trata da sociedade debater política pública. Nessa formatação de interação, o poder público direciona certos cursos de interesse para a sociedade livremente aderir e através do conhecimento obter uma para melhor qualificação e exercer seu papel. São exemplos de atuação nesse tipo de interação as realizadas pelo governo federal[17] e Estados de Rondônia[18] e Piauí[19].

(iv) Dados abertos e transparência: são formas de interação cujo poder público fornece informações para que o cidadão faça uso dentro de sua oportunidade e conveniência. Os capítulos 8 e 9 trataram como o acesso à informação e transparência ativa têm servido para contribuir na construção de um ambiente ético. Essa interação não é parametrizada por um tema específico ou agenda pré-definida, o como usar a informação ou o porquê fica exclusivamente a cargo do cidadão ou entidade que a utilize. A participação do Estado se presta a disponibilizar dados e informação.

Vale ainda descrever que a Figura 24.1 ilustra uma interação importante ao centro da parte superior. Essa interação é da sociedade civil organizada ao interagir com outras instâncias não governamentais, mas igualmente importante para o monitoramento da integridade. Como exemplo é possível **capacitar jornalistas para geração de conteúdo com o intuito investigativo** (vide curso fornecido pela OKBR[20]. Por outro lado, o poder público deve instituir mecanismos de governança para garantir a independência da imprensa livre e proteção aos denunciantes.

16 https://www.gov.br/participamaisbrasil/.

17 https://www.gov.br/cgu/pt-br/assuntos/controle-social/capacitacoes-da-cgu-para-o-exercicio-do-controle-social.

18 https://rondonia.ro.gov.br/governo-de-rondonia-lanca-3a-etapa-de-formacoes-do-programa-de-fortalecimento-ao-controle-social/.

19 https://www.pi.gov.br/noticias/cge-capacita-organizacao-para-uso-de-nova-plataforma-de-parcerias-com-governo-do-estado/.

20 https://ok.org.br/noticia/inscricoes-abertas-para-segunda-turma-de-curso-de-investigacoes-digitais/.

4. DESAFIOS PARA O CONTROLE SOCIAL

Por fim deve-se estar ciente que existem grandes avanços do controle social no Brasil, mas é preciso superar muitos desafios para que este tenha cada vez mais efetividade na luta pelo incremento da integridade.

Desafios a serem superados
1. Incentivar cada vez mais o surgimento de unidades da sociedade civil organizada em nível local. O Brasil é um País continental com mais de 5500 municípios, mas nem todos possuem entidades organizadas para exercer esse papel;
2. O Poder Público deve sim alavancar estratégias de fomento ao controle social, mas deve ter o cuidado de que ações não sejam um limitador de pauta ou de independência da voz cidadã. O controle social é livre para pautar o que bem entender e da forma que entender;
3. Unir controle social e inovação mediante aplicativos e outras ferramentas interativas; e
4. Melhorar cada vez mais o sistema de proteção a identidade dos denunciantes.

PODCAST com *Expert*:
Nicole Verillo traz tendências da participação social no contexto da integridade.

PODCAST com *Expert*:
Paulo Henrique traz exemplos práticos do controle social aplicado com efetividade.

PODCAST com *Expert*:
Maria Dominguez traz tendências da participação social no contexto da integridade.

CAPÍTULO 29

ESTRATÉGIAS ALTERNATIVAS DE FOMENTO À INTEGRIDADE POR MEIO DE POLÍTICAS PÚBLICAS

1. É POSSÍVEL O PODER PÚBLICO FOMENTAR A INTEGRIDADE?

Conforme visto nessa obra, a absorção do conceito de integridade e a importância de seus programas instituídos tem ganhado espaço no debate corporativo público e privado como pressuposto de mitigação de riscos. Portanto, atualmente de forma alardeada, já são conhecidos os possíveis prejuízos financeiros e de imagem que eventuais disfunções éticas, por parte dos colaboradores e gestores, têm causado na gestão das entidades. Por sua vez, também conhecido é o entendimento de que a implantação de programas de integridade pode repercutir positivamente tanto na vantagem competitiva em mercados (locais e globalizados) para sociedades empresárias, quanto para a melhoria do nível de confiança institucional por parte dos cidadãos em relação às entidades governamentais.

Dito isso, a indagação inicial que se faz é de que: **considerando um grande conjunto de evidências positivas que podem decorrer da decisão de se implantar programas de integridade, os atores chave das organizações estão se conscientizando da importância desses programas e, assim, teremos cada vez mais adeptos dessa boa prática? A reposta é de que não em sua capacidade máxima.**

É inegável que os mercados dinâmicos do mundo têm exigido de seus parceiros comerciais boas práticas de **compliance** e isso faz com que cada integrante de arranjos produtivos da cadeia comercial de cada setor (bancário, industrial, comercio ou agricultura, por exemplo) se sintam cada vez mais instigados a formularem seus programas.

Entretanto, o poder público assume um importante papel de fomentador de programas de integridade. Na concepção dessa obra, o poder público pode e deve ser um ator chave e grande fomentador por alguns motivos, a saber:

a) **Histórico de regulação na área de *compliance*;**

b) **Em alguns países tem grande representatividade na economia local e na capilaridade territorial;**

c) **Agente interlocutor de boas práticas nacionais e internacionais.**

Quanto ao histórico de regulação, vale sempre lembrar que se hoje existem diretrizes e critérios objetivos para a implementação e avaliação de programas de integridade muito se deu em virtude da atuação normativa do Poder Público em definir quesitos parametrizáveis tais quais os dispostos no **Foreign Corrupt Practices FCPA (1977)** *e* **U.K. Bribery Act (2010)** dos Estados Unidos da América e do Reino Unido, respectivamente, bem como na **Lei Anticorrupção Brasileira (Lei nº 12.846/13).** Logo, antes de o leitor entrar no debate específico sobre o papel e as estratégias do poder público em fomentar ou não ações de **compliance**, não esqueçamos que ele já fez e ainda procura fazer esforços para tanto. Mesmo tais esforços sendo, em algumas ocasiões, passíveis de críticas quanto à sua efetividade.

Outro ponto importante é o fato de que a Administração pública, em alguns países, tem uma **participação significativa nos mercados nacionais**. Por exemplo, na federação brasileira formada por inúmeros entes, tem-se que para um número representativo deles (principalmente nos 5.570 municípios) o componente de Consumo Governamental tem grande relevância no seu PIB e na sua demanda agregada. Essa participação pode ser aproveitada, e de alguma forma já está sendo (conforme visto no Capítulo 19) exigida nas compras e licitações públicas efetuadas que realizam avaliações de integridade de seus fornecedores (licitantes) através de regulamentação local.

De igual modo, o **poder público tem capilaridade territorial**. Dessa maneira, em um país continental como o Brasil, o governo além de ser o maior comprador é também a organização mais presente no cotidiano do cidadão. Assim, em algumas localidades, é o governo o maior provedor de serviço e **benchmarking** de gestão. Logo, políticas de **compliance** governamental podem impactar inúmeras pessoas e servem de guia de referência para outros arranjos que venham surgir em torno ou, em razão, da máquina governamental. Por exemplo: a transformação digital em algumas regiões do país somente se fará presente, ao menos em um primeiro momento, por meio da máquina governamental conquanto instituição de maior capilaridade. Assim, muitos brasileiros somente poderão ter serviços públicos de qualidade ou canais de denúncia eficientes por causa de soluções incentivadas pela Lei nº14.129/2021(que trata diretrizes de burocratização, da inovação, da transformação digital e participação do cidadão). Assim também pode ocorrer no tema integridade pública. Por exemplo: mercados locais com baixa competitividade podem não enxergar como vantagem competitiva possuir um programa de integridade; competindo ao poder público exigir de seus fornecedores que vão atender a população uma gestão ética por intermédio de programas de integridade efetivos.

Outro ponto positivo de que **o poder público deve ser protagonista no fomento à integridade** se deve ao fato da sua participação em eventos de trocas de experiências com organismos internacionais como a ONU e a OCDE bem como a lavratura de compromissos públicos. Assim, o poder público ganha legitimidade e autoridade técnica para conduzir programas e ações. A seguir, destacam-se algumas dessas ações:

(i) Proética: Consiste em uma iniciativa de fomento à integridade empresarial, promovida pela Secretaria de Transparência e Prevenção da Corrupção - STPC, da Controladoria-Geral da União – CGU. Com efeito, para a Organização dos Estados Americanos (OEA), trata-se de uma "Boa Prática" adotada pelo Brasil. A Organização para a Cooperação e Desenvolvimento Econômico (OCDE) considera o projeto como "um esforço positivo do governo brasileiro". Segundo o Escritório das Nações Unidas sobre Drogas e Crime (UNODC), "é um dos melhores exemplos de incentivos para que as empresas invistam voluntariamente em programas anticorrupção e outras medidas que fortaleçam a integridade corporativa"[1];

(ii) Programa Nacional de Prevenção à Corrupção: é uma proposta inovadora adotada pela Estratégia Nacional de Combate à Corrupção e à Lavagem de Dinheiro (ENCCLA), por intermédio da Ação 09/2021, com coordenação e execução pelas Redes de Controle nos Estados, patrocinado pelo Tribunal de Contas da União (TCU) e pela Controladoria-Geral da União (CGU), e conta com o apoio da Associação dos Membros dos Tribunais de Contas do Brasil (ATRICON), do Conselho Nacional dos Presidentes dos Tribunais de Contas (CNPTC), da Associação Brasileira dos Tribunais de Contas dos Municípios (ABRACOM), do Conselho Nacional de Controle Interno (CONACI) e da Confederação Nacional dos Municípios (CNM). O Programa é voltado a todos os gestores das organizações públicas e tem o objetivo de reduzir os níveis de fraude e corrupção, sendo ainda um relevante instrumento para o aperfeiçoamento da governança institucional[2];

(iii) Rede Nacional de Integridade Privada: A Controladoria-Geral da União (CGU) lançou em junho de 2023 a Rede Nacional de Promoção da Integridade Privada, que contou inicialmente com a participação de Controladorias de 19 Estados e 13 capitais. O objetivo da iniciativa é fomentar e uniformizar a aplicação da Lei Anticorrupção (Lei nº 12.846/2013) nos três níveis da federação, por meio da disseminação de conhecimentos, de boas práticas e de estratégias integradas de promoção da integridade no ambiente privado[3];

1 https://www.gov.br/cgu/pt-br/assuntos/integridade-privada/avaliacao-e-promocao-da-integridade-privada/empresa-pro-etica/historico.

2 https://sites.tcu.gov.br/verifique-adesao-pnpc/.

3 https://www.gov.br/cgu/pt-br/assuntos/noticias/2023/06/cgu-lanca-rede-nacional-de-promocao-da-integridade-privada.

(iv) Programas visando alunos em formação escolar: O Programa **UM POR TODOS E TODOS POR UM! PELA ÉTICA E CIDADANIA (UPT)**[4] **criado em 2008** é uma iniciativa da Controladoria-Geral da União (CGU), em parceria com o Instituto Maurício de Sousa, cujo objetivo é despertar nos estudantes o senso de cidadania, de ética, de participação e de responsabilidade, tendo a escola como núcleo principal de desenvolvimento das ações. As experiências proporcionadas pelo processo de ensino-aprendizagem colaborativo são desenvolvidas em sala de aula ou ambiente virtual de aprendizagem com a participação de um educador, que pode contar com uma capacitação no Programa, em formato EAD (plataforma AVAMEC). O UPT é voltado para estudantes do Ensino Fundamental e dispõe de materiais indicados para os anos iniciais do Ensino Fundamental (1º ao 5º). E ainda, materiais complementares como vídeos, tirinhas, histórias que podem ser usados livremente pelo educador em qualquer fase escolar. Outro programa que pode ser mencionado seria o **PRÊMIO HONESTIDADE NAS ESCOLAS**[5] é um concurso cultural vigente desde 2019 promovido pela CGE em parceria com a Secretaria de Estado da Educação. O público-alvo são crianças do 1º ao 5º ano do Ensino Fundamental da rede estadual de ensino.

2. A ESTRATÉGIA GOVERNAMENTAL COMO ELEMENTO PRINCIPAL DE FOMENTO À INTEGRIDADE NO BRASIL

Não obstante as iniciativas públicas já elencadas em tópico anterior, algumas percepções devem ser compartilhadas para a compreensão de como o poder público pode desenvolver, com maior resultado, o fomento à integridade no Brasil.

Antes de se vislumbrar qualquer ação específica sobre integridade, o poder público necessita fazer a reflexão de como o tema pode ser melhor tratado e discutido no Brasil. Portanto, independentemente da Administração Pública ter o poder de império na regulação, bem como ter dimensão e/ou capilaridade de atuação, é sempre oportuno resgatar que qualquer atividade de sucesso de eventual fomento à integridade, **ainda assim, depende da vontade do gestor público ou privado em aderir às iniciativas e, logicamente, ser este o principal patrocinador da implementação de um plano de integridade.** Tal assertiva nos leva a crer que nenhuma organização terá um programa de integridade efetiva caso ele tenha sido fomentado apenas com base na "coerção punitiva estatal", é preciso que haja o convencimento genuíno.

Por essa primeira reflexão é que devemos entender que em nenhuma hipótese um processo de formulação de uma política pública de fomento à integridade, por parte do governo, deve ser feito sem um amplo debate com todos os envolvidos.

4 https://www.gov.br/cgu/pt-br/educacao-cidada/programas/upt.

5 https://www.cge.sc.gov.br/integridade-e-*compliance*/premio-honestidade-nas-escolas/.

É sabido que a nova administração pública representa um conjunto de premissas e valores sobre como organizações públicas devem ser constituídas, organizadas, gerenciadas e, semelhante aos negócios privados, funcionar (Diefenbach, 2009)[6]. Entretanto, criar iniciativas focando apenas na eficiência, no controle e na gestão por resultados, pode gerar um *descolamento* entre a iniciativa proposta (ideia) e o sentimento de pertencimento por parte dos atores destinatários da suposta política de para fomento da integridade.

Por isso, o que se sugere é que qualquer esforço público de fomento à integridade deve ser pautado por um modelo que se adeque à **New Public Governance (NPG) ou Nova Governança Pública** em razão de que essa perspectiva busca que o Estado trabalhe em prol da conciliação de interesses dispersos voltados a uma administração pública mais eficiente, responsiva e democrática[7]. Assim, os preceitos da gestão pública voltados **para resultados de maneira pura** são revistos pelo NPG.

Para Osborne (2006), a gestão pública contempla cada vez mais uma articulação Inter organizacional, envolvendo um conjunto de atores que participam da execução das políticas públicas e de identificação e concepção. Em suma, os parâmetros modernos decorrentes da nova governança pública afirmam que o sucesso de uma política ou ação governamental, como a de fomento à integridade, por exemplo, **depende um debate prévio com escuta ativa envolvendo a sociedade e os atores privados interessados.** Isso é essencial para que possam ter sentimento de pertencimento na criação de políticas ou programas.

Portanto, a nova governança pública é um modelo de administração pública capaz de conciliar interesses de uma gestão eficiente e eficaz, com **maior inserção das bases democráticas** para **formulação, implementação, execução das políticas públicas.**

De tal maneira, a formulação de agenda pública de fomento à integridade deve necessariamente levar em consideração as percepções de entidades representativas de classe, setor produtivo, associação de gestores públicos (como de prefeitos e consórcios Inter federativos), comunidade acadêmica e científica, pois gera maior cidadania, participação nas decisões e ideia de construção coletiva.

Assim, um modo de abordagem da NPG demanda a análise dos seguintes construtos: **democracia deliberativa, valor público das decisões e coprodução das decisões.**

6 Diefenbach, T. (2009). New public management in public sector organizations: the dark side of managerialistic "en lightenment". Public Administration, 87(4), 892-909.

7 Osborne, S. P. (2006). The New Public Governance. Public Management Review, 3, 377-387.

Figura 29.1: Elementos da Nova Governança Pública (NGP)

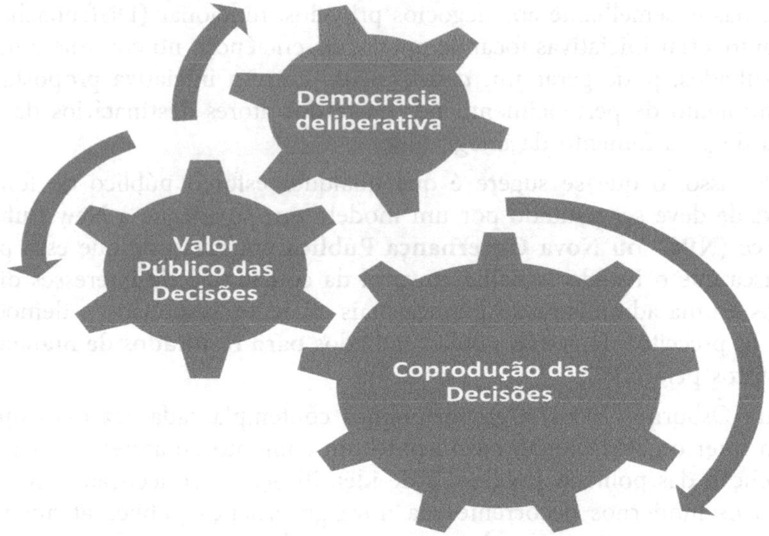

Fonte: Elaborada pelos autores a partir de adaptação de Diniz Pereira e Ckagnazaroff (2021)[8].

Sob a perspectiva da nova governança pública essas três condicionantes são importantes para a formulação de políticas públicas de fomento à integridade:

(i) A democracia deliberativa: uma política de fomento à integridade discutida com a sociedade permite os atores interessados (empresas e entidades representativas, bem como cidadãos) saberem as intenções e propósito do Estado com a política de incentivo. A democracia deliberativa, de acordo com Habermas (1995), está destinada ao modo com o qual os cidadãos fundamentam racionalmente as regras do jogo democrático[9];

(ii) O valor público das decisões pode ser produzido por organizações governamentais, empresas privadas, organizações sem fins lucrativos ou voluntárias, usuários de serviços. **Os valores públicos de uma sociedade são aqueles que fornecem consenso normativo sobre como (i)** os direitos, benefícios e prerrogativas aos quais os cidadãos devem (e não devem) ter; **(ii)** as obrigações dos cidadãos para com a sociedade, o estado e entre si; e **(iii)** os princípios nos quais os governos e as políticas devem se basear[10]. Esse ponto pode ser explorado pelo poder público ao chamar atores para uma espécie de alinhamento de expectativa aonde o poder público espera chegar com a política de fomento à integridade e quais serão os ganhos diretos e indiretos para as respectivas organizações que aderirem essa política;

8 https://doi.org/10.1590/1679-395120200104.

9 Habermas, J. (1995). Três modelos normativos de democracia. Revista Lua Nova.

10 Bozeman, B. (2007). Public Values and Public Interest: Counterbalancing Economic Individualism. Washington, DC: Georgetown University Press.

(iii) A coprodução das decisões envolve a percepção da certeza entre Estado e agente privado de que se trata de uma construção conjunta e republicana. Isso é importante para tirar o "ar de imposição" o que se mostra relevante para a convicção de que os gestores estão realizando uma ação de protagonismo mútuo. Tão importante quanto o técnico-administrativo (burocrata) que idealizou a chamada pública de consulta de participação dos interessados ou o governante que teve a ideia ou assinou o decreto para um eventual programa de lançamento da iniciativa, é o empresário e o gestor público que aderiu à iniciativa. Afinal, é ele quem decidiu aderir à iniciativa, ele que vai implantar e assumir custos. Logo ele também que deve ter o protagonismo.

Seguir os preceitos da Nova Governança Pública (NPG) permite a abertura de espaço para que diversos atores interessados contribuam na formulação de políticas que visem fomentar a integridade na medida que são convidados ou é dada abertura para o processo de criação conjunta com uma escuta ativa.

O referencial do TCU (2021) sobre políticas públicas expõe as etapas de formulação, implementação e execução de uma política pública. Na Figura 29.2 percebe-se a necessidade de haver o amplo debate com os atores interessados sobre a política a ser fomentada com uso intensivo da transparência sobre o problema a ser resolvido ou demanda a ser atendida por parte do Estado (Passo 2), passando pela formulação da política em si (Passo 3) e posteriormente pelo processo aberto de decisão (Passo 4).

Figura 29.2: Ciclo de Formulação de Políticas Públicas

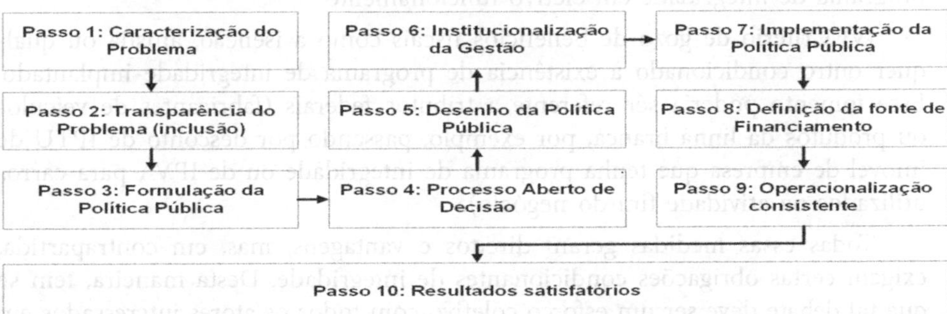

Fonte: Elaborada pelos autores a partir de adaptação de referencial do TCU (2021)[11].

11 https://portal.tcu.gov.br/data/files/1E/D0/D4/DF/12F99710D5C6CE87F18818A8/Politica%20Publica%20em%20Dez%20Passos_web.pdf.

Após a exposição de como seria um fluxo desejável de formulação de uma política de fomento à integridade, resta agora exemplificar que tipos de políticas de fomento seriam viáveis no cenário atual. A seguir, constam algumas sugestões dos autores de fomento à integridade:

(i) Exigência, para o recebimento de transferências legais e voluntárias de que Entes possuam programas de integridades criados ou em implantação. Assim, a União repassaria a Estados ou municípios, por exemplo, certos recursos de instrumentos congêneres ou acordo para aqueles que tenham programa de integridade instituído. Não necessariamente serviria para todos os entes ou todos os recursos. Poderia ter uma faixa de exigência para certos ajustes ou também em razão do porte do Ente, por exemplo;

(ii) Exigência de programas de integridade como requisito para concessão de operações de crédito ou refinanciamento de dívida concedida pela união a Entes Estatais ou no âmbito do projeto beneficiado. Assim como é costume, certas exigências como certidão negativa do ente ou demonstrativo de despesa de pessoal e de dívida, o programa de integridade em funcionamento poderia ser uma nova condição;

(iii) Linhas de créditos exclusivas ou de custo mais vantajoso para entidades privadas que tenham programa de integridade;

(iv) Linha de financiamento imobiliário a juros mais vantajosos ou com melhores condições de pagamentos para sociedades empresariais que tenham programa de integridade em efetivo funcionamento;

(v) Critério de gozo de benefícios fiscais como a isenção, anistia ou qualquer outro condicionado à existência de programa de integridade implantado. Esse fomento poderia ser referente a tributos federais (fabricantes de veículos ou produtos da linha branca, por exemplo, passando por desconto de IPTU de imóvel de empresa que tenha programa de integridade ou de IPVA para carros utilizados na atividade fim do negócio).

Todas essas medidas geram direitos e vantagens, mas, em contrapartida, exigem certas obrigações condicionantes de integridade. Desta maneira, tem se que tal debate deve ser um esforço coletivo com todos os atores interessados em construir um país mais íntegro.

3. OUTROS FATORES DE IMPULSIONAMENTO

A **participação social** é um importante fator de impulsionamento das políticas de fomento a integridade. A participação da sociedade civil organizada é um importante ator no processo de incentivo a uma melhor governança de integridade para as organizações públicas (principalmente) em 2 momentos:

(i) na formulação de política pública mediante participação em debates e audiências públicas e conscientização de tais atores; e

(ii) no acompanhamento e fiscalização de políticas públicas fazendo de maneira livre e independente.

Por exemplo, a **Transparência Internacional Brasil** exerceu a participação social em 2020 sobre o grau de transparência de Estados e Capitais brasileiras em relação as compras emergências dos Entes em relação à pandemia de COVID-19. Na primeira avaliação (maio/2020) somente 4 Estados Brasileiros e 2 capitais tinham nível ótimo de transparência, após 3 avaliações (set/2020) esse número chegou a 19 estados e 19 capitais com nível ótimo em transparência.

A **Open Knowledge Brasil**, fez levantamentos semelhantes e revelou evolução em dados de saúde (vacinação, número de internação e leitos vagos entre outros) e pode constatar dados de evolução.

Sem sombra de dúvida a participação social tem o papel de fomentar ações por parte de poder público nas mais diversas áreas como transparência e integridade.

Outro fator de impulsionamento é o **mercado autorregulado** a exemplo do setor bancário. **A Febraban**[12] como respostas a fraudes no sistema financeiro tem exigido cada vez mais políticas de *compliace e integridade.*

De outro giro, tão importante quanto implementar e pôr em prática uma política de integridade bem definida é que os gestores estejam aptos a executá-las com presteza. Não é somente querer ser íntegro em aderir ou instituir um programa de integridade, é necessário também ter **competências e habilidades gerenciais de operacionalizá-los**.

Conforme visto no tópico 2, a Nova Governança Pública (NGP) exige o alinhamento de expectativa entre os atores, amplo debate de discussão e uso de transparência para a instituição de programas de integridade. Ocorre que, uma vez depois de implementando, se faz necessária a governança na condução do programa por intermédio de ferramentas e conhecimentos de gestão atinentes a *liderança, estratégia e controle* do programa instituído[13].

Ocorre que é um desafio selecionar líderes, especialmente na esfera pública, que sejam aptos a implementar e executar programas de integridade com sucesso. Nesse sentido, adotar a estratégia certa para selecionar e/ou capacitar líderes se faz importante. O relatório da OCDE (2022) elencou alguns casos interessantes:

(i) Possível adoção de programa de formação conjunta com a Administração Pública dos Países Baixos, através do qual os gestores da alta administração seriam capacitados para multiplicar o conhecimento. Isso permite o mentoring transfronteiriço entre pares, que tem várias vantagens, como permitir que os pares se beneficiem da vasta experiência de gestores da alta administração de organizações públicas. Às vezes, é necessária uma perspectiva externa para de-

12 https://cmsarquivos.febraban.org.br/Arquivos/documentos/PDF/febraban_manual_*compliance*_2018_2web.pdf.

13 Liderança, estratégia e controle são mecanismos de governança para o setor público. https://portal.tcu.gov.br/data/files/FA/B6/EA/85/1CD4671023455957E18818A8/Referencial_basico_governanca_2_edicao.PDF.

safiar percepções e garantir um maior senso de confidencialidade e honestidade na troca; o mentoring transfronteiriço pode atender a ambas as expectativas. Por meio de mentoring e treinamento conjunto, os colaboradores também se familiarizam com os costumes e estilos de governança do outro país.

(ii) Na Alemanha, a Academia Federal de Administração Pública estabeleceu um centro de coaching que gerencia um grupo de especialistas externos composto por acadêmicos e *coaches* particulares, que conecta líderes públicos com especialistas apropriados, dependendo de suas necessidades específicas. Em 2018, o centro facilitou aproximadamente 380 sessões de *coaching* (individual e em equipe). Alguns ministérios (por exemplo, relações exteriores) administram seu próprio grupo de especialistas em liderança, e também existem muitos em nível subnacional/municipal.

(iii) Na Bélgica, o TIFA (Instituto de Formação da Administração Federal) oferece aos gestores um programa de gestão enxuta que combina três importantes modos de aprendizagem: *on-line*, presencial e *coaching* mais intensivo para projetos específicos.

Alguns entes governamentais fazem até mapeamento de competências desejáveis para os responsáveis pela liderança das ações de integridade. Por exemplo, na Austrália, a estrutura de competências do governo de Nova Gales do Sul identifica cinco níveis de integridade e os comportamentos associados a cada um conforme consta na Tabela 29.1.

Tabela 29.1: Agir com integridade: uma estrutura para avaliação em Nova Gales do Sul, Austrália

Fundacional	Intermediário	Especialista	Avançado	Muito Avançado
• Comportar-se de forma honesta, ética e profissional • Aproveitar as oportunidades para esclarecer a compreensão dos requisitos de comportamento ético.	• Representar a organização de forma honesta, ética e profissional. • Apoiar uma cultura de integridade e profissionalismo.	• Representar a organização de forma honesta, ética e profissional e encorajar outros a fazê-lo também. • Demonstrar profissionalismo para apoiar uma cultura de integridade na equipe/unidade.	• Modelar os mais altos padrões de comportamento ético e reforçá-los nos outros. • Representar a organização de forma honesta, ética e profissional e ser um exemplo para outros seguirem.	• Defender e agir como defensor dos mais altos padrões de comportamento ético e profissional. • Impulsionar uma cultura de integridade e profissionalismo em toda a organização e em relacionamentos intergovernamentais, interjurisdicionais e não governamentais.

Fundacional	Intermediário	Especialista	Avançado	Muito Avançado
• Identificar e seguir a legislação, regras, políticas, diretrizes e códigos de conduta que se aplicam à sua função. • Denunciar má conduta e comportamento ilegal e inadequado. • Reportar aparentes conflitos de interesse.	• Compreender e seguir a legislação, regras, políticas, diretrizes e códigos de conduta. • Reconhecer e denunciar má conduta e comportamento ilegal ou inadequado. • Reportar e gerenciar aparentes conflitos de interesse.	• Definir um exemplo para outros seguirem e identificar e explicar questões éticas. • Garantir que outros entendam a legislação e a estrutura regulatória na qual operam. • Agir para prevenir e denunciar má conduta e comportamento ilegal.	• Garantir que outros tenham uma compreensão funcional da legislação e da estrutura regulatória em que operam. • Promover uma cultura de integridade e profissionalismo dentro da organização e nas relações externas ao governo. • Monitorar práticas, padrões e sistemas éticos e reforçar seu uso. •Agir sobre violações relatadas de regras, políticas e diretrizes.	• Definir, comunicar e avaliar práticas, padrões e sistemas éticos e reforçar seu uso • Criar e promover um clima em que os funcionários se sintam aptos a denunciar violações aparentes de regras, políticas e diretrizes e agir pronta e visivelmente em resposta a tais denúncias.

Fonte: Adaptado de New South Wales Government Public Service Commission, The NSW Public Sector Capability Framework www.psc.nsw.gov.au/workforce-management/capability-framework/access-the-capability-framework/the-capability-framework
(acessado em 22 de fevereiro de 2020).

PODCAST com *Expert*:

José Matias-Pereira traz comparativos de ações do Poder Público no campo da integridade.

PODCAST com *Expert*:

Luana Cardoso traz aplicações da integridade que o setor público promove perante a sociedade.

CAPÍTULO 30

10 MITOS EM PROGRAMAS DE INTEGRIDADE

"Uma mentira contada mil vezes não vira uma verdade" em programas de integridade

Este capítulo vai direto ao ponto: **para implementar programas de integridade deve-se evitar ao máximo assimetria de informação quanto ao seu conteúdo, alcance e impacto no valor agregado que gera para a organização.**

Nesse sentido, sabe-se que um dos principais componentes para a formulação de um programa de integridade é o *comprometimento da alta administração.* Portanto, o engajamento da alta administração somente será conquistado se houver alinhamento de expectativa baseado em informações fidedignas e lealdade institucional.

Portanto, compete as instâncias de integridades e órgãos reguladores promoverem a conscientização de todos os *stakeholders* sobre o processo de construção de um programa de integridade. Isso se faz necessário porque não raras às vezes gestores, clientes e colaboradores têm uma visão errônea sobre um programa ou plano de integridade quando exaram opiniões no sentido de acharem **que é a mesma coisa que corregedoria** ou que **basta implantar programa de integridade para terem lucros astronômicos** ou até mesmo os que **capitanearem a sua implantação nunca serem penalizados pelos órgãos de controle**.

Essa preocupação de afastar assimetria de informação, foi tomada já no prefácio da legislação **antissuborno do Reino Unido** (Bribery act 2010)[1]:

> *"Alguns perguntaram se as empresas podem arcar com esta legislação – especialmente num momento de recuperação econômica.* ***Mas a escolha é falsa.*** *Não temos de decidir entre combater a corrupção e apoiar o crescimento. Abordar o suborno é bom para os negócios porque cria as condições para o florescimento dos mercados livres".*

Nos tópicos seguintes estes autores insculpirão quais são os maiores mitos relativos aos programas de integridade que costumeiramente já se ouviu falar no Brasil. Domar bem esses mitos durante a gestão estratégica da integridade é essencial para a efetividade dos seus programas.

1 https://www.justice.gov.uk/downloads/legislation/bribery-act-2010-guidance.pdf.

Figura 30.1: Os 10 mitos de um programa de integridade

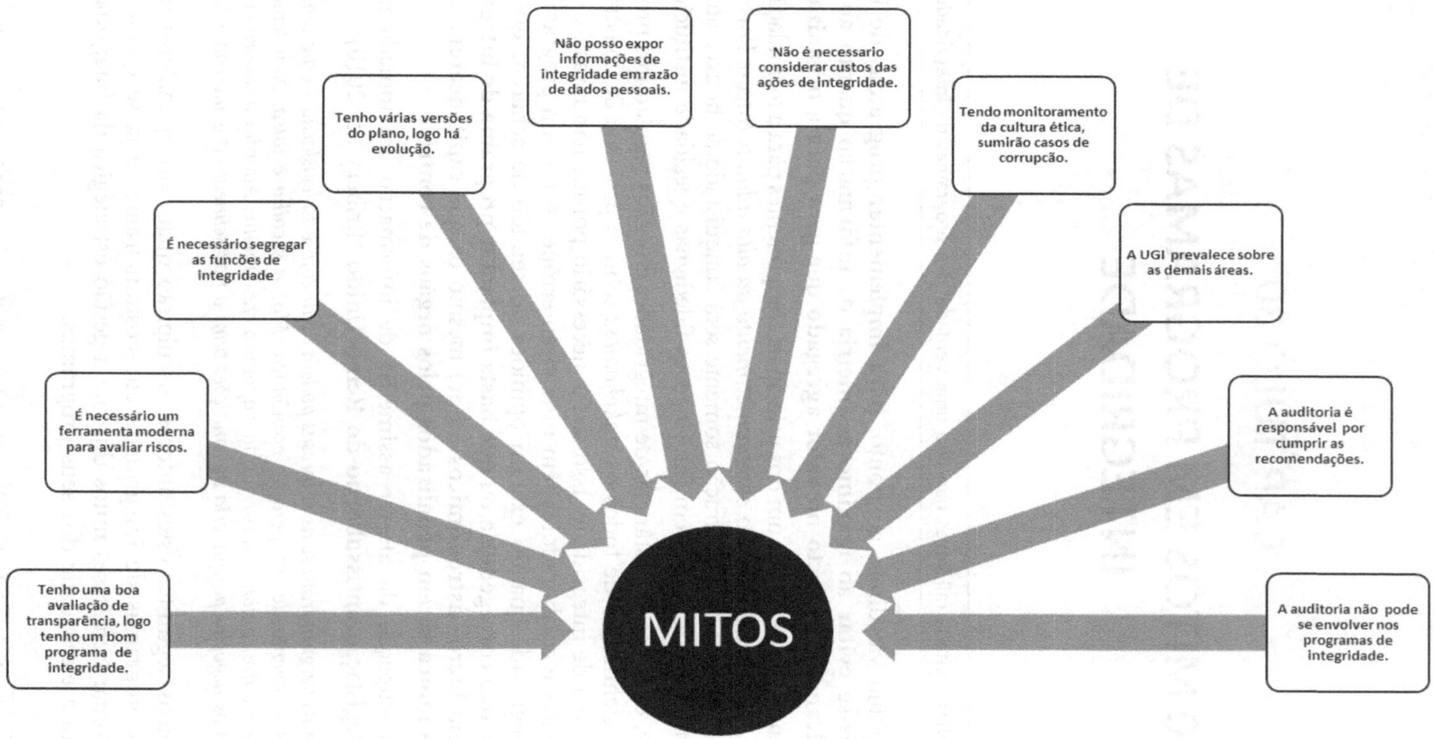

Fonte: Elaborada pelos autores.

1. MINHA ORGANIZAÇÃO É BEM RANQUEADA EM UM PAINEL DE TRANSPARÊNCIA, LOGO MEU PROGRAMA DE INTEGRIDADE ESTÁ EXCELENTE

Não necessariamente. A função transparência é apenas 1 das funções da integridade. Receber prêmios institucionais é excelente e fortalece a equipe, porém não pode gerar a "Cegueira Coletiva" da acomodação. Deve-se lembrar que a função transparência possui menor grau de "beligerância" que outras funções como Auditoria Interna e Corregedoria que não possuem tal ranking de premiação. A "corrente" do programa de integridade será tão forte quanto seu "elo" (função da integridade) mais fraco.

2. MINHA ORGANIZAÇÃO PRECISA DE UMA FERRAMENTA MODERNA PARA AVALIAR RISCOS PARA INTEGRIDADE

O resultado de avaliação de riscos é mais importante que a ferramenta, método ou modelo.

Fases essenciais
1º Foram identificados os riscos e hierarquizados.
2º Com base no apetite ao risco, os riscos foram categorizados.
3º Para cada risco categorizado como não aceito, foram definidas ações gerenciais mitigadoras, responsáveis e prazos.
4º Haver o monitoramento ações gerenciais mitigadoras e do prazo.

3. PRECISO SEGREGAR AS FUNÇÕES DE INTEGRIDADE, NÃO PODENDO REUNIR DUAS OU MAIS FUNÇÕES EM UMA MESMA ÁREA

Normalmente não existe excesso de pessoas nas organizações. De fato, a auditoria interna não pode "dar um passeio" na 1ª ou 2ª linha sob pena de prejudicar sua independência; contudo, outras funções permitem essa agregação de funções conforme visto no capítulo 15.

4. ESTOU NA 2ª OU 3ª VERSÃO DO PLANO DE INTEGRIDADE, LOGO MEU PROGRAMA DE INTEGRIDADE ESTÁ EM UMA CRESCENTE EVOLUÇÃO

Não necessariamente. O Plano de Integridade deve ser atualizado pelo menos a cada 3 anos (a sua elaboração possui elevado custo transacional devido ao envolvimento efetivo de todas as instâncias das funções de integridade).

Se essa atualização for feita com base em *feedbacks* (boas práticas e oportunidades de melhoria identificadas durante o monitoramento), essa atualização está robusta. De nada adianta lançar um novo Plano apenas porque se mudou o dirigente máximo e não usar os resultados anteriores como insumos da nova versão. Nessa linha, é importante a UGI de fato acompanhar e atuar na elaboração do plano de integridade promovendo integração entre todas as instâncias das funções de integridade.

5. NÃO POSSO EXPOR DADOS DAS INSTÂNCIAS DE INTEGRIDADE POR ESTAREM RELACIONADOS A INFORMAÇÕES PESSOAIS

Existe uma linha divisória na divulgação de dados que comprovem a institucionalização dos resultados de integridade e dados pessoais. Institucionalmente isso é resolvido conforme visto nos Capítulos 17 e 20: divulgando os dados quantitativos sem citar casos específicos. Não expor dados gerais compromete a institucionalização do programa de integridade.

6. É IRRELEVANTE CONSIDERAR OS CUSTOS ENVOLVIDOS NAS AÇÕES DE INTEGRIDADE, POIS ELAS SE JUSTIFICAM POR SI

Seja no setor público, seja no setor privado, os custos associados a uma decisão devem ser considerados. Deve ser considerado também o custo de não decidir ou se omitir. O que se deve evitar é uma visão essencialmente romântica sobre o tema e achar que qualquer ideia é válida sem considerar os custos.

7. CASO A ORGANIZAÇÃO CONSIGA MONITORAR COM SUCESSO O PROGRAMA DE INTEGRIDADE E INTERNALIZAR A CULTURA DE INTEGRIDADE, OS CASOS DE CORRUPÇÃO VÃO SUMIR

Fora visto nos capítulos 21 e 22 que por mais que a Organização se esforce no aprimoramento contínuo da integridade condutas individuais podem vir a prejudicar a imagem da Organização.

Gostamos de usar a seguinte metáfora que serve bem para o caso: "As ações estruturadas de integridade não se constituem um sistema antifraude, mas em um sistema imunológico da organização contra fraudes. Como nas organizações, quando nosso sistema imunológico está fraco, está suscetível a toda sorte de comorbidades. Por outro lado, quando nosso sistema imunológico está forte, podemos até pegar uma gripe, mas a chance de se recuperar e de se criar anticorpos aumenta consideravelmente".

8. A UGI POSSUI ASCENDÊNCIA NATURAL SOBRE AS DEMAIS INSTÂNCIAS DAS FUNÇÕES DE INTEGRIDADE

Em que pese a UGI ser uma unidade de 2ª linha no modelo de 3 linhas do IIA (vide capítulo 5), ela deve agir em regime de mútua cooperação com as demais instâncias. **Se o titular da UGI passar sensação de superioridade, ele perdeu o jogo antes de começar. Deve-se adotar uma postura agregadora.**

No setor público, existe um agravante. As outras instâncias fazem parte de outros sistemas estruturantes, logo respondem aos órgãos centrais desses sistemas e não à UGI.

9. A RESPONSABILIDADE FINAL PELO NÃO CUMPRIMENTO DAS RECOMENDAÇÕES É DA AUDITORIA

Esse eterno debate sobre o papel da Auditoria Interna, Auditoria Externa, seja no setor público, seja no setor privado, rende dúvidas especialmente para dirigentes iniciantes.

Compete à auditoria por meio dos serviços (avaliação ou consultoria) agregar valor à Organização. Contudo o papel da Auditoria não se reveste em decidir pela gestão. Inclusive a Alta Administração pode assumir o risco de não implementar as recomendações da auditoria.

10. COMO AUDITORIA INTERNA É 3ª LINHA, ELA NÃO PODE SE ENVOLVER NO PROGRAMA DE INTEGRIDADE

Essa afirmação é totalmente falsa. Nos Capítulos 13 e 15 fora visto que a Auditoria Interna pode prestar serviços de consultoria inclusive na gestão de riscos para integridade.

Além disso, não se pode afirmar que um Programa de Integridade é efetivo se sistematicamente a Alta Administração desconsidera as recomendações da Auditoria. Por outro lado, deve haver uma reflexão contínua da Auditoria se realmente as recomendações estão agregando valor, estão gerando benefícios (financeiros e não financeiros) e são monitoráveis.

PODCAST com *Expert*:

Cláudia Fusco explica aspectos de existência e de institucionalização dos parâmetros de integridade.

BIBLIOGRAFIA

ABRUCIO, Fernando L. **O impacto do modelo gerencial na administração pública: um breve estudo sobre a experiência internacional recente.** Cadernos ENAP, n. 10. Brasília: Escola Nacional de Administração Pública (ENAP), 1997.

ARIELY, D. **The (honest) truth about dishonesty: How we lie to everyone–especially ourselves**, New York: Harper. 2012.

AUSTRALIA. **Australian Public Service Commission (2018),** *Recruitment: Guidelines*. Disponível em: <https://www.apsc.gov.au/recruitment-guidelines>. Acessado em: 2 de agosto de 2023.

BELO HORIZONTE. Minas Gerais. **LEI Nº 11.557, DE 26 DE JULHO DE 2023.** Edição: 6811 | 1ª Edição | Ano XXIX | Publicada em: 27/07/2023 GP - Gabinete do Prefeito.

BOZEMAN, B. **Public Values and Public Interest: Counterbalancing Economic Individualism.** Washington, DC: Georgetown University Press. 2007.

BRASIL. LEI Nº 14.600, DE 19 DE JUNHO DE 2023. **Estabelece a organização básica dos órgãos da Presidência da República e dos Ministérios.** Publicado em: 20/06/2023 | Edição: 115 | Seção: 1 | Página: 7.

BRASIL. **Resoluções da Comissão de ética pública.** Disponível em: <https://www.gov.br/planalto/pt-br/assuntos/etica-publica/legislacao/resolucoes-da-cep>. Acessado em: 5 de agosto de 2023.

BRASIL. DECRETO DE 26 DE MAIO DE 1999. **Cria a Comissão de Ética Pública e dá outras providências.** Disponível em: https://www.planalto.gov.br/ccivil_03/dnn/dnnconduta.htm.

BRASIL. DECRETO Nº 11.129, DE 11 DE JULHO DE 2022. **Regulamenta a Lei nº 12.846, de 1º de agosto de 2013, que dispõe sobre a responsabilização administrativa e civil de pessoas jurídicas pela prática de atos contra a administração pública, nacional ou estrangeira.** Publicado em: 12/07/2022 | Edição: 130 | Seção: 1 | Página: 1.

BRASIL. **Código de Ética Profissional do Servidor Público Civil do Poder Executivo Federal.** Diário Oficial [da] República Federativa do Brasil, Brasília, df, 23/06/1994, p. 9296 texto original.

BRASIL. Portaria CGU 2.737/ 2017. **Disciplina o procedimento de consulta para nomeação, designação, exoneração ou dispensa do titular de unidade de auditoria interna ou auditor interno.** Publicada no DOU 245, de 22 de dezembro de 2017, seção 1, p. 245.

BRASIL. **Dispõe sobre critérios e procedimentos para a nomeação, designação, exoneração, dispensa, permanência e recondução ao cargo ou função comissionada de titular da unidade setorial de ouvidoria no âmbito do Sistema de Ouvidoria do Poder Executivo federal - SisOuv**, e revoga a Instrução Normativa CGU nº 17, de 3 de dezembro de 2018. Publicado em: 16/06/2020 | Edição: 113 | Seção: 1 | Página: 38. Órgão: Controladoria-Geral da União/Gabinete do Ministro.

BRASIL. **Guia Lilás: Orientações para prevenção e tratamento ao assédio moral e sexual e à discriminação no Governo Federal.** 2023. Disponível em: <https://repositorio.cgu.gov.br/bitstream/1/16385/4/Guia_para_prevencao_assedio.pdf>. Acessado em: 15 de setembro de 2023.

BRASIL. Portaria CGU 1.182/2020. **Procedimentos para nomeação, designação, exoneração, dispensa, permanência e recondução ao cargo ou função comissionada de titular de unidade correcional no âmbito do Sistema de Correição do Poder Executivo federal – SisCor.** Publicada em: 12/06/2020 | Edição: 111 | Seção: 1 | Página: 82.

BRASIL. PORTARIA-TCU Nº 75, DE 29 DE MARÇO DE 2023. **Atualiza e divulga a relação das Unidades Prestadoras de Contas (UPC) do exercício de 2023.**

BRASIL. DECRETO Nº 9.492, DE 5 DE SETEMBRO DE 2018. **Regulamenta a Lei nº 13.460, de 26 de junho de 2017, que dispõe sobre participação, proteção e defesa dos direitos do usuário dos serviços públicos da administração pública federal, institui o Sistema de Ouvidoria do Poder Executivo federal, e altera o Decreto nº 8.910, de 22 de novembro de 2016**. Publicado em: 06/09/2018 | Edição: 173 | Seção: 1 | Página: 3-4.

BRASIL. **Carta de serviço ao cidadão. Ministério Público Federal**. Disponível em: <https://www.mpf.mp.br/servicos/carta-de-servicos-ao-cidadao/carta-de--servicos-ao-cidadao>. Acessado em 13 de setembro de 2023.

BRASIL. Instituto Nacional da Propriedade Industrial (Brasil). **Carta de serviços ao usuário. / Instituto Nacional da Propriedade Industrial.** Presidência. - Rio de Janeiro: INPI, 2021. Disponível em: http://www.inpi.gov.br/cartaservicos. Acessado em 10 de agosto de 2023.

BRASIL. Portaria Normativa CGU 27. **Dispõe sobre o Sistema de Correição do Poder Executivo Federal de que trata o Decreto nº 5.480, de 30 de junho de 2005, e sobre a atividade correcional nos órgãos e entidades do Poder Executivo Federal**. Publicado em: 14/10/2022 | Edição: 196 | Seção: 1 | Página: 143.

BRASIL. Lei n. 12.527. **Lei de acesso a informação. 18 de novembro de 2011.** D.O.U de 18/11/2011, pág. nº 1.

BRASIL. LEI 13.140/2016. **Dispõe Sobre a Mediação entre Particulares como Meio de Solução de Controvérsias e Sobre a Autocomposição de Conflitos no Âmbito da Administração Pública.** D.O.U. DE 29/06/2015, P. 4.

BRASIL. Decreto 11.529/2023. **Institui o Sistema de Integridade, Transparência e Acesso à Informação da Administração Pública Federal e a Política de Transparência e Acesso à Informação da Administração Pública Federal.** Publicado em: 17/05/2023 | Edição: 93 | Seção: 1 | Página: 4.

BRASIL. LEI N° 12.846, DE 01 DE AGOSTO DE 2013. **Dispõe sobre a responsabilização administrativa e civil de pessoas jurídicas pela prática de atos contra a administração pública, nacional ou estrangeira, e dá outras providências.** Publicada em D.O.U.: 02.08.2013. Brasília-DF.

BRASIL. Decreto n. 3.591, de 6 de setembro de 2000. **Dispõe sobre o Sistema de Controle Interno do Poder Executivo Federal e dá outras providências.** Diponível em: http://www.planalto.gov.br/ccivil_03/decreto/d3591.htm. Acessado em 7 de agosto de 2023.

BRASIL. Lei nº 6.404, de 15 de dezembro de 1976. **Dispõe sobre as Sociedades por Ações.** Diário Oficial [da] República Federativa do Brasil, Brasília, DF, 17 dez. 1976.

BRAITHWAITE, John B. **Enforced self-regulation: a new strategy for corporate crime control**. Michigan Law Review, v. 80, n. 7, p. 1.470, 1982. apud. ALBUQUERQUE, Eduardo Lemos Lins de. Risco, autorregulação e *compliance*: bases para um modelo de responsabilização autônoma das pessoas jurídicas no direito penal. Dissertação de Mestrado - Centro de Ciências Jurídicas da Universidade Federal de Pernambuco, Pernambuco, 2017. p. 60.

CANADA. Government of Canada (2017). **Ineligibility and Suspension Policy**. Disponível em: https://www.tpsgc-pwgsc.gc.ca/ci-if/politique-policy-eng.html. Acessado em 30 de Agosto de 2023.

CHARRON, N. ET AL. **Careers, Connections, and Corruption Risks: Investigating the Impact of Bureaucratic Meritocracy on Public Procurement Processes.** 2017. *The Journal of Politics*, Vol. 79/1, pp. 89-104. Disponível em: https://doi.org/10.1086/687209. Acessado em 21 de Agosto de 2023.

CONACI. Resolução CONACI nº 003/2022. **Aprova a "Declaração de Posicionamento" dos Órgãos Centrais do Sistema de Controle Interno, relacionado à temática da Atividade de "Auditoria Interna Governamental. Disponível em:** https://conaci.org.br/wp-content/uploads/2021/09/20200711_IC-WB_Final_Reportpt.pdf. Acessado em 10 de setembro de 2023.

COUNCIL OF EUROPE. **Designing and Implementing Anti-Corruption Policies.** 2013. Disponível em: https://rm.coe.int/16806d8ad7. Acessado em 10 de setembro de 2023.

COHN A, MARÉCHAL MA, TANNENBAUM D AND ZÜND CL (2019) **Civic honesty around the globe**. Science 365, 70–73. - PubMed.

DAHLSTRÖM, C., V. LAPUENTE AND J. TEORELL. **The merit of meritocratization: Politics, bureaucracy, and the institutional deterrents of corruption**. 2011. *Political Research Quarterly*, Vol. 65/3, pp. 656-668. Diponível em: https://doi.org/10.1177/1065912911408109. Acessado em 22 Agosto de 2023.

DEPARTMENT OF JUSTICE, SECURITIES AND EXCHANGE COMMISSION. A **Resource Guide to the U.S. Foreign Corrupt Practices Act Second Edition-FCPA.** 2020. Disponível em: https://www.justice.gov/criminal-fraud/file/1292051/download. Acessado em: 3 de agosto de 2023

DIEFENBACH, T. **New public management in public sector organizations: the dark side of managerialistic "en lightenment".** 2009. Public Administration, 87(4), 892-909.

FIEDMAN, M. **The Social Responsibility of Business Is to Increase Its Profits**. The New York Times Magazine, 1970.

HABERMAS, J. **Três modelos normativos de democracia.** 1995. Revista Lua Nova.

HICKEN A, LEIDER S, RAVANILLA N, YANG D. **Temptation in vote-selling: Evidence from a field experiment in the Philippines.** Journal of Development Economics. 2017. 131, 1–14.

HOUSE OF COMMONS. **The Code of Conduct, House of Commons, London**. 2009. Disponível em: https://publications.parliament.uk/pa/cm200809/cmcode/735/735.pdf. Acessado em: 29 de setembro de 2023.

KLITGAARD, Robert. **A Corrupção sob controle**. Rio de Janeiro, RJ: Jorge Zahar Ed., 1994.

LANZANA, Ana P. **Relação entre disclosure e governança corporativa das empresas brasileiras. Dissertação** (Mestrado em Administração. Faculdade de Economia, Administração e Contabilidade da Universidade de São Paulo. São Paulo, 2004. Disponível em: https://doi.org/10.11606/D.12.2004.tde-11022005-094807. Acessado em: 18 de setembro de 2023.

MATOS. **Autorregulação de integridade**. Amanda Prado Matos. Disponível em: https://tede.pucsp.br/bitstream/handle/22973/2/Amanda%20Prado%20de%20Matos.pdf. Acessada em 30 de setembro de 2023.

MARTINS. F. **Direito Constitucional**. 6ª edição. Ed. Saraiva. 2022.

MEYER-SAHLING, J. AND K. MIKKELSEN. **Civil Service Laws, Merit, Politicization, and Corruption: The Perspective of Public Officials from Five East European Countries**. 2016. *Public Administration*, Vol. 94/4, pp. 1105-1123. Disponível em: https://doi.org/10.1111/padm.12276. Acessado em 10 de setembro de 2023.

MICHAELIS. **Dicionário Brasileiro da Língua Portuguesa.** 2023. Disponível em: <https://michaelis.uol.com.br/>. Acessado em: 20 de agosto de 2023.

OECD. ***SME and Entrepreneurship Outlook** 2019* Paris. Disponível em: https://doi.org/10.1787/34907e9c-en. Acessado em 7 de Agosto de 2023.

OCDE. **Brazil's Federal Court of Accounts: Insight and Foresight for Better Governance**, 2017, Paris. Disponível em: <https://www.oecd.org/governance/brazil-s-federal-court-of-accounts-9789264279247-en.htm>. Acessado em: 20 de setembro de 2023.

OCDE. **Manual de Integridade Pública da OCDE**. 2022. Paris. Disponível em: <https://doi.org/10.1787/db62f5a7-pt>. Acessado em: agosto 10 de agosto de 2023.

OCDE. **Open Government: The Global Context and the Way Forward.** 2016. Paris. Disponível em https://doi.org/10.1787/9789264268104-en. Acessado em 10 de setembro de 2023.

OECD. Guidelines for Managing Conflict of Interest in the Public Service.2004., in **Managing Conflict of Interest in the Public Service: OECD Guidelines and Country Experiences, OECD.Paris.** Disponível em https://doi.org/10.1787/9789264104938-2-en. Acessado em: 14 agosto de 2023.

OCDE. **Recomendação do Conselho da OCDE sobre integridade pública.** Disponível em: <https://www.oecd.org/gov/ethics/integrity-recommendation-brazilian-portuguese.pdf>. Acessado em 5 de agosto de 2023.

OECD. **Behavioural Insights for Public Integrity: Harnessing the Human Factor to Counter Corruption,** (2018), Public Governance Reviews, OECD Publishing, Paris, https://doi.org/10.1787/9789264297067-en. Acesso em: 25 de agosto de 2023.

OSBORNE, S. P. (2006). **The New Public Governance.** Public Management Review, 3, 377-387.

PIETH, MARK. PIETH, MARK. **"Collective Action and Corruption." Collective Action: Innovative Strategies to Prevent Corruption**. Zurich/St.Gall: Dike, 2012. 3–22.

REINO UNIDO. **U.K. Bribery Act ("UKBA") de 2010.** Disponível em: https://www.justice.gov.uk/downloads/legislation/bribery-act-2010-guidance.pdf. Acessado em 29 de agosto de 2023.

SÃO PAULO. **Governo do Estado de São Paulo.** Notícias. Disponível em: <https://www.saopaulo.sp.gov.br/spnoticias/sp-lanca-radar-anticorrupcao-para-ampliar-integridade-e-transparencia-na-gestao-publica/>. Acessado em 10 de setembro de 2023.

SEBRAE. **Integridade para pequenos negócios: Construa o país que desejamos a partir da sua empresa**. 2019. Disponível: <https://sebrae.com.br/Sebrae/Portal%20Sebrae/Anexos/Integridade%20para%20pequenos%20neg%C3%B3cios.pdf>. Acessado em: 05 de agosto de 2023.

TRANSPARENCIA INTERNACIONAL BRASIL. **Nota Metodológica Índice de Transparência e Governança Pública (ITGP) Poder Executivo – Estados e Distrito Federal.** Disponível em: https://comunidade.transparenciainternacional.org.br/itgp-executivo-estadual-nota-metodologica?_gl=1*o7xuuv*_ga*MjQxMTU1NjAyLjE2OTA4NjE3NjA.*_ga_E136MXN2HN*MTY5NDM5ODM2Mi42LjEuMTY5NDM5ODQwMS4yMS4wLjA. Acessado em: 25 de agosto de 2023.

UNITED NATIONS GLOBAL COMPACT. **JUNTOS CONTRA A CORRUPÇÃO: Um Manual sobre Ação Coletiva Anticorrupção**. 2021. United Nations Global Compact, 685 Third Avenue New York, NY 10017, USA. Disponível em: https://d15k2d11r6t6rl.cloudfront.net/public/users/Integrators/7ba73aaa-3da9-4cf1-abf2--ccc85dea5875/uid_3084837/2021_Anti-Corruption_Collective_v12_PT-BR.pdf. Acessado em 30 de agosto de 2023.

UNODC. **The United Nations Convention against Corruption. National Anti-Corruption Strategies: A Practical Guide for Development and Implementation**. United Nations,. Vienna. 2015. Disponível em: https://www.unodc.org/documents/corruption/Publications/2015/National_Anti-Corruption_Strategies_-_A_Practical_Guide_for_Development_and_Implementation_E.pdf. Acessado em: 27 de setembro de 2023.

UNODC. **Estudo Técnico sobre a Promoção da Integridade com base em Risco conforme a Nova Lei de Licitações e Contratos Administrativos (Lei nº 14.133/2021).** 2023. Disponível em: https://www.unodc.org/documents/lpo-brazil/01_-_Relatorio_sobre_o_quadro_normativo_nacional_e_estadual_-_WEB_25662.pdf. Acessado em: 30 de setembro de 2023.

UNODC. **Cartilha sobre a Promoção da Integridade com base em Risco conforme a Nova Lei de Licitações e Contratos Administrativos (Lei nº 14.133/2021).** 2023. Disponível em: https://www.unodc.org/documents/lpo-brazil/01_-_Relatorio_sobre_o_quadro_normativo_nacional_e_estadual_-_WEB_25662.pdf. Acessado em: 30 de setembro de 2023.

USA. **U.S. Federal Sentencing Guidelines** (1991) e (2004). Diposnível em: https://www.ussc.gov/guidelines/2018-guidelines-manual/2018-chapter-8. Acessado em 10 de setembro de 2023.

WORLD BANK GROUP. **Diagnóstico Nacional de controle interno: Estados e Capitais.** 2020. Disponível em: <https://conaci.org.br/wp-content/uploads/2021/09/20200711_IC-WB_Final_Reportpt.pdf>. Acessado em: 20 de agosto de 2023.

WORLD BANK GROUP. **Diagnóstico Nacional do Controle Interno: Uma avaliação do nível de estruturação das unidades centrais de controle interno do Poder Executivo dos municípios brasileiros Baseada no COSO e no IA-CM.** 2022. Disponível em <https://conaci.org.br/wp-content/uploads/2023/06/Digital-Diagnostico-Nacional-do-Controle-Interno.pdf>. Acessado em: 23 de agosto de 2023.